KB069210

한국목간학회총서 23

木簡과 文字 연구 23

| 한국목간학회 엮음 |

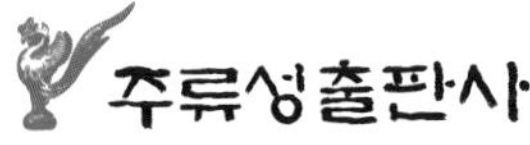

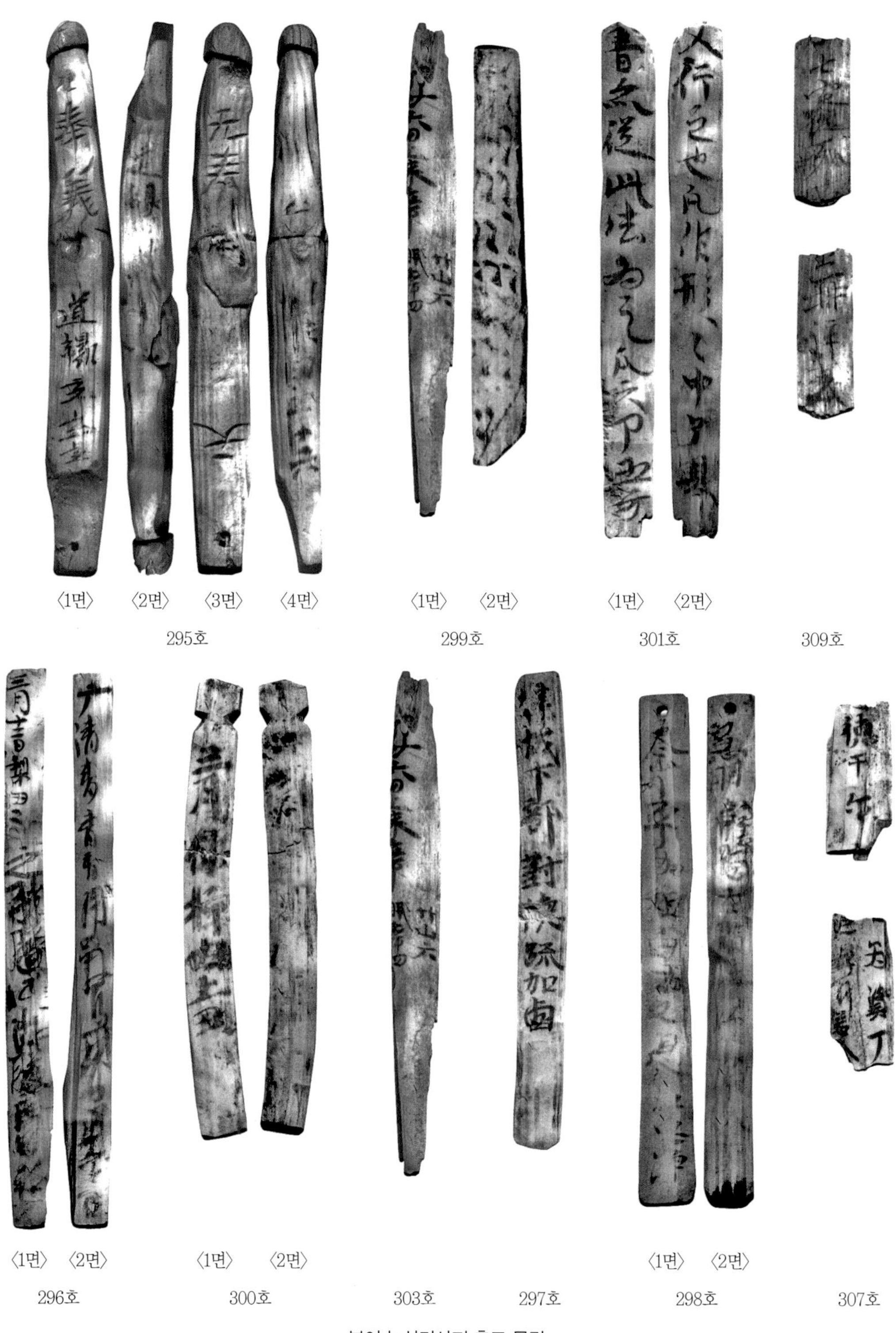

부여 능산리사지 출토 목간

경산 소월리 출토 목간 수습 직전 모습

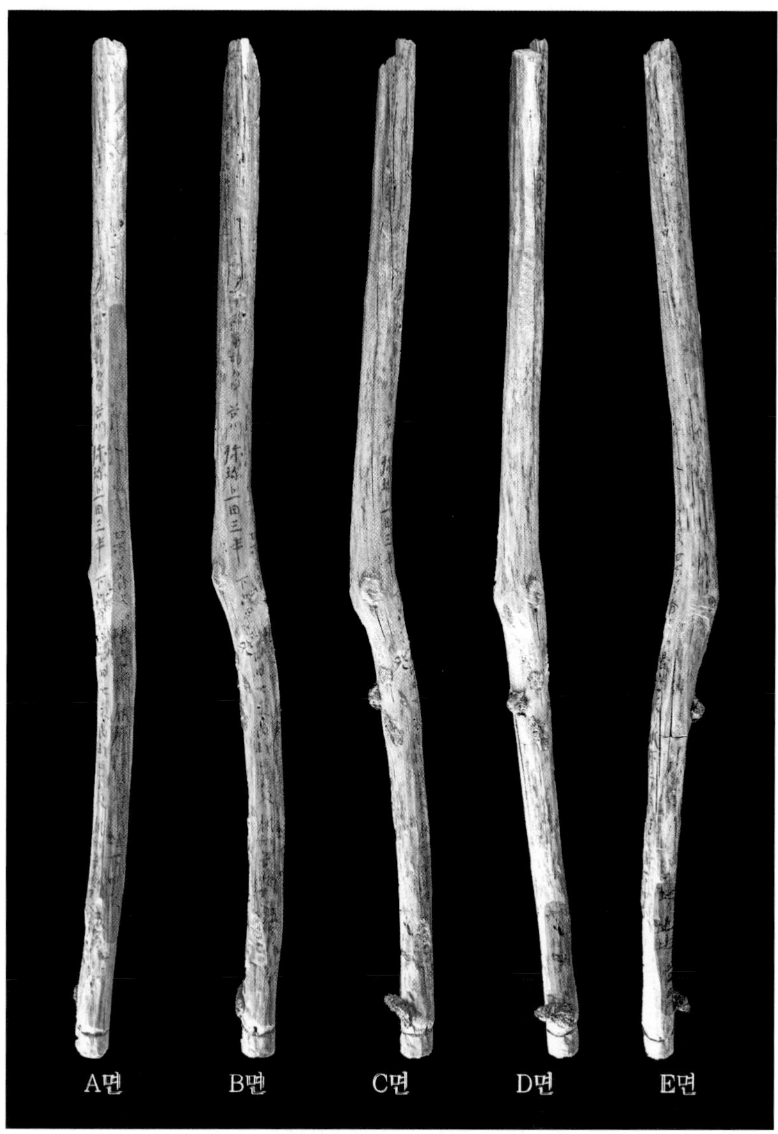

경산 소월리 유적 출토 목간 전체 적외선 사진

65호 목간 적외선 사진

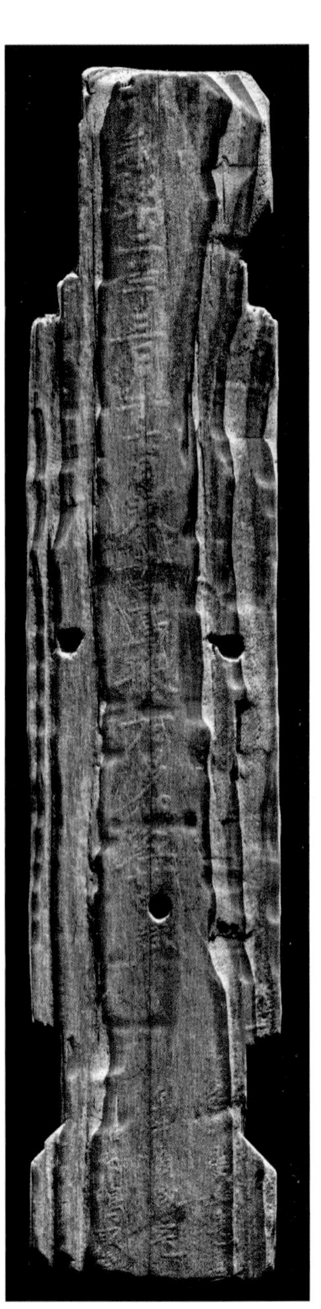

49호 목간

일본 青谷横木遺跡 출토 목간
(사진제공: 鳥取県埋蔵文化財센터)

월성해자 신출토 임069(2016) 목간

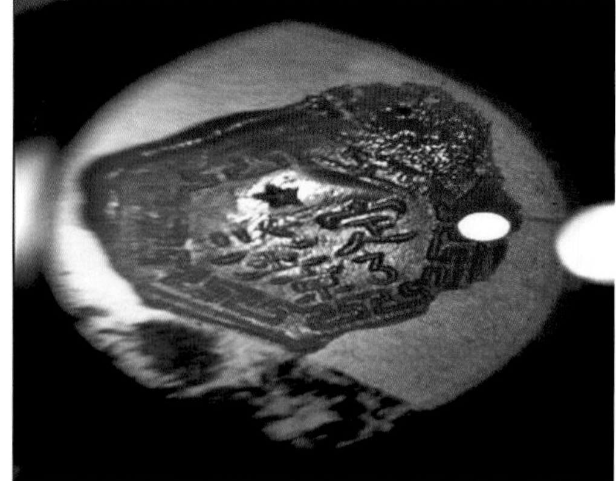

광개토태왕릉비 탁본 혜정본 Ⅰ-1-1자 위의 朱印

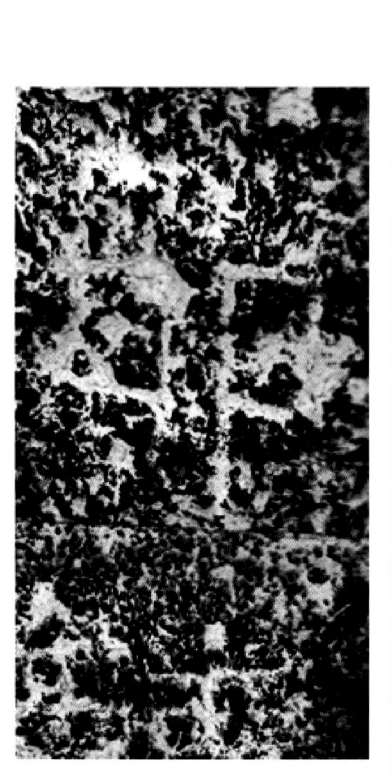

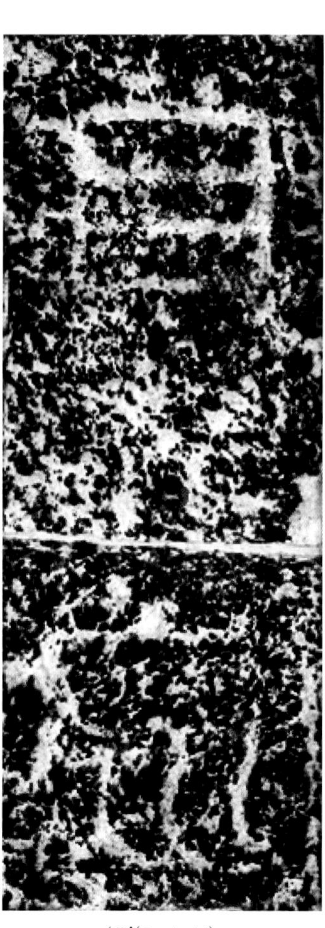

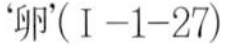

'卵'(Ⅰ-1-27) '王'(Ⅰ-2-14) '北'(Ⅰ-1-14)

광개토태왕릉비 탁본 혜정본의 朱圓

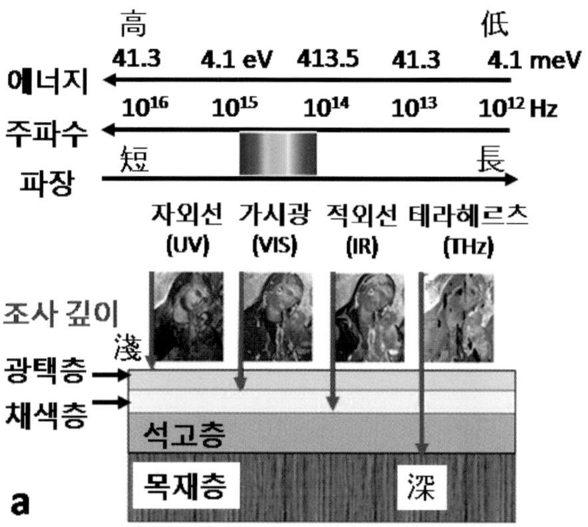

(a) 문화재와 예술품의 조사에 활용되는 전자기파의 대역별 조사 깊이의 차이

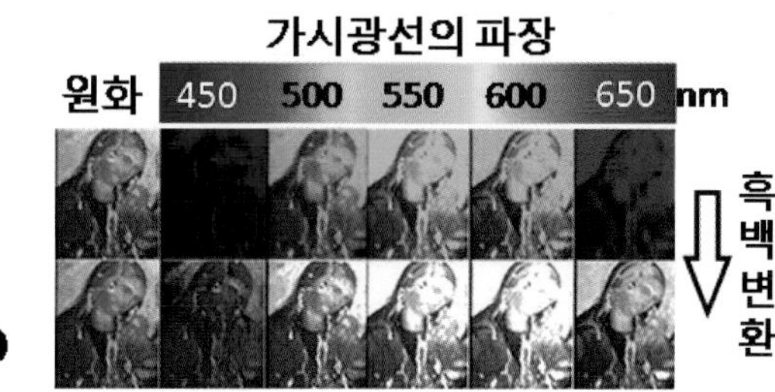

(b) 원화를 이미지 해석 소프트웨어를 사용하여 가시광선의 파장대역 이미지로 추출한 예

전자기파의 구분과 특징

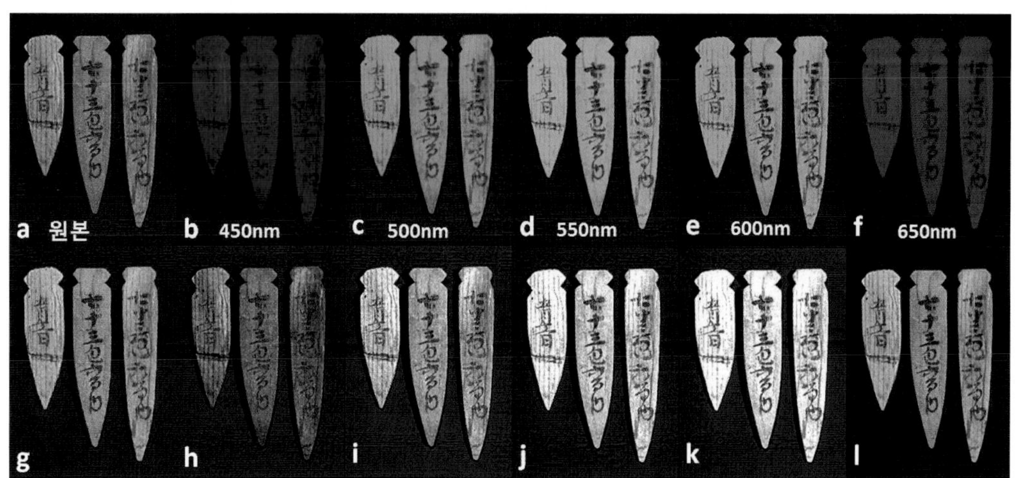

전라남도 신안군 앞바다에서 발굴된 원나라의 목간의 컬러 사진의 문자를 이미지 분석 소프트웨어로 가시광선의 파장대역별 가상 초분광 이미지를 추출하고 흑백 이미지로 추출한 예(국립중앙박물관 소장, 소장품번호: 신안 23608)

求古尋論

庚子年 신년휘호
(尤齋 文東元 先生, 2020. 1. 18 제33회 정기발표회장에서)

木簡과 文字

第24號

| 차 례 |

특집 1. 출토자료로 본 백제 사비기의 문화와 동아시아

특집 2. 출토자료로 본 동아시아의 數量詞와 量制

논문

문자자료 및 금석문 다시 읽기

신출토 문자자료

해외현장조사

휘보

부록

특집 1

사비기 백제의 對中관계와 문화교류

동아시아의 典籍交流와 『論語』 목간

扶餘 陵山里寺址 木簡을 통해 본 백제의 불교 의례

백제 부여목간과 나주목간의 서풍

梁 武帝의 『阿育王經』 轉輪聖王 표방과 백제 聖王

특 집

사비기 백제의 對中관계와 문화교류

– 도교·불교를 중심으로 –

박지현*

〈국문초록〉

백제는 동진과 교섭한 이래 주로 남조와 교류해 왔다. 개로왕대 북조와의 관계가 단절된 이후, 웅진도읍기의 대중관계는 남조에 편중되어 있었다. 그러나 한강유역을 둘러싼 각축전 속에서 성왕이 사망하고 한강유역도 다시 상실하면서 백제의 국제적 입지가 약화되었다. 어지러운 국내외 정세 속에서 즉위한 위덕왕은 위기를 타개하기 위해 노력하였고, 그것이 대외적으로 나타난 것이 북조와의 교섭 재개였다. 당시 북제 역시 국제적 입지를 강화하기 위해 백제와의 관계에 적극적으로 임하였다.

이러한 백제-남북조 간의 교섭양상은 문헌과 유물에서 드러난다. 472년 개로왕이 북위와 국교를 단절한 이래 100여 년이 지난 후 재개된 백제와 북조와의 교섭은 서로에게 새로운 문화를 접할 수 있게 하는 계기가 되었다. 『周書』와 『北史』 등에는 교류단절의 기간 동안 변화, 발전해 온 백제의 정치, 제도, 사회, 문화, 사상, 풍습 등 다양한 분야에 관한 정보가 기록되었다. 이는 백제에 대한 북조의 관심사가 무엇이었는지를 알려주기도 한다. 특히 백제의 도교문화는 매우 산발적·단편적으로 나타나는데, 북조 사서에 기록된 도교 관련 기록들은 사비기 백제 도교문화의 일면을 살펴보는데 매우 중요한 정보들을 제공하고 있다.

백제 역시 북조의 문화에 상당한 관심을 보였던 것 같다. 먼저, 왕흥사지에서 출토된 북제의 상평오수전은 백제와 북조 간 교류를 직접적으로 뒷받침하는 근거이다. 그리고 6세기 이래 제작된 불상들에 남조의 요소가 그대로 유지되는 동시에 북조적 특징이 나타나고 있다. 또한 돌이 불상을 제작하는 주요 재료로 사

* 충남역사문화연구원 선임연구원

용되었다는 점, 북조의 경우처럼 교통로상에서 불상이 만들어진다는 점도 북조의 영향을 짐작케 한다.

▶ **핵심어: 백제의 對북조관계, 위덕왕, 도교, 『周書』, 『北史』, 정림사지 출토 소조상, 백제 마애불**

Ⅰ. 머리말

고대 한반도의 여러 정치체들이 중국을 통해 선진문물을 받아들였다는 것은 이미 주지의 사실이다. 중국이 아닌 인도에서 기원한 불교도 중국을 거쳐 한반도로 전해질 정도로[1)] 고대 한반도의 선진문물 수입 통로는 중국이었다. 도교도 마찬가지였다. 한반도 자생설도 제기되기는 하지만, 도교 자체가 중국의 민간신앙의 요소를 강하게 지니고 있다는 점에서 이는 받아들이기 어렵다. 다만 도교의 전래에 대해서는 불교처럼 공식적인 기록으로 남아있지는 않은 까닭에 고대 한반도 도교의 수용과 발전에 대해서는 아직 밝혀지지 않은 바가 많다. 그러나 중국에서 발생한 도교의 요소가 한반도 문화 속에서 나타난다면, 이는 중국과의 관계를 매개로 전해졌다고 보는 것이 자연스러운 해석일 것이다.

백제는 일찍부터 중국 남조와의 긴밀한 관계를 형성하였기에 백제 문화에서는 쉽게 남조의 영향을 찾아볼 수 있다. 무령왕릉의 발견은 백제 문화와 남조 문화의 연관성을 강력하게 웅변하기도 하였다. 그런 만큼 상대적으로 북조와의 관계와 그 영향에 대한 관심은 적었다. 472년 북위와 국교를 단절한 이래 100여 년에 가까운 기간 동안 백제와 북조 간 공식적인 교류가 없었기 때문이다. 그러나 위덕왕대에 변화하는 국제정세에 대응하여 북조와의 관계를 재개하였다. 기존에 지속해 왔던 남조와의 관계도 역시 유지되었다. 이러한 대중관계 속에서 북조로부터의 새로운 문물의 유입은 충분히 상정해 볼 만하다.

불교문화는 다양한 측면에서 연구가 많이 이루어졌다. 『삼국유사』와 여러 고승전들을 통해 문헌에 기록된 고대 불교의 양상을 살필 수 있으며, 이를 뒷받침할 물질적 증거들이 고고학적 발굴 성과를 통해서 발견되었기 때문이다. 반면 도교의 경우는 그렇지 못했다. 대부분의 물적 증거들이 불교 유물과 섞여 나타나며, 고대 도교의 내용을 말해주는 문헌기록도 거의 없기 때문이다. 그러나 고구려와 백제의 고분벽화, 도교적 도상과 상징이 남아있는 여러 유적과 유물들은 한반도 고대 도교를 단편적으로나마 보여주고 있다.

이에 이 글에서는 먼저 백제 대중관계의 전개와 변화 양상을 검토하고 그것이 사비도읍기 백제 문화에 미친 영향을 살펴보고자 한다. 당시 위덕왕이 북조와의 관계를 재개했던 배경, 당시의 국제정세 등을 살펴보는 것은 백제가 남조와의 관계를 통해 기존에 받아들여 왔던 것들과 다른 새로운 문물을 수용했을지 여부를 확인하기 위한 기초 작업이 될 것이다. 이러한 기반 위에서 실제 북조의 문화 수입이 이루어졌는지, 이루어졌다면 백제 문화상에서 어떤 양상으로 나타났는지 살펴보고자 한다.

---

1) 한역 경전 등 중국화한 불교가 전해졌으며, 한반도의 승려들이 인도로 구법행을 떠난 것은 그 이후의 일이다.

II. 백제의 대중교류

1. 웅진도읍기 대중관계의 양상

백제의 대중교류는 근초고왕대 들어 본격적으로 시작된다.[2] 근초고왕 27년 동진으로 사신을 파견한 것이 『三國史記』와 『晉書』에 모두 기록되어 있는데, 그 내용은 백제가 방물을 바치니 진 簡文帝가 근초고왕을 鎭東將軍領樂浪太守에 봉했다는 것이다.[3] 이후 근구수왕 5년(379)[4], 침류왕 원년(384)[5], 전지왕 2년(406)[6]에도 동진에 사신을 파견했으며, 동진에서는 전지왕을 使持節 都督百濟諸軍事 鎭東將軍 百濟王으로 삼았다(전지왕 12년, 416).[7] 같은 시기 백제의 北魏에 대한 사신 파견은 확인되지 않는다. 472년 개로왕은 고구려의 남진을 억제하고자 북위에 사신을 파견하여 파병을 요청하지만 받아들여지지 않자 북위와의 교섭을 중단하였다.[8] 반면 남조와의 관계는 꾸준히 유지되었다. 동진을 이어 성립된 劉宋은 백제왕의 작위를 鎭東大將軍으로 높였고, 백제는 424년을 시작으로 매년 송에 사신을 파견하였다.[9]

한성을 빼앗기고 웅진으로 천도하면서 백제는 대중국항로 사용에 어려움을 겪게 된다. 송으로 보낸 문주왕의 사신이 고구려의 방해로 되돌아온 사실은 이를 방증한다.[10] 동성왕대에 이르러 국력을 회복한 백제는 동성왕, 무령왕대에 다시 중국과의 교섭을 재개하여 남조의 齊·梁으로 사신을 파견하였다. 아래의 [표 1]은 웅진도읍기 백제의 대중관계기사를 정리한 것이다.

표 1. 문주왕~성왕대 백제의 대중관계기사

연도	대상	삼국사기	중국사서	내 용
476	宋	문주왕 2년		3월 宋에 조공사 파견, 고구려의 방해로 실패하고 귀국
480	南齊		南 史(建元 2년)	南齊에 조공사를 파견, 이에 백제왕 牟都를 鎭東大將軍에 책봉
484	南齊	동성왕 6년		2월에 南齊에 사신을 파견하여 內屬을 청하니 남제가 허락

2) 그 이전에는 한군현을 통해 중국과 교류했으며, 『晉書』 馬韓傳에는 馬韓主가 조공한 기록들이 남아있다.

3) 『三國史記』 卷24 百濟本紀2 近肖古王 28年 "春二月, 遣使入晉朝貢."
『晉書』 卷9 帝紀9 簡文帝 咸安2년 "春正月辛丑, 百濟林邑王各遣使貢方物. (중략) 六月, 遣使拜百濟王餘句爲鎭東將軍領樂浪太守."

4) 『三國史記』 卷24 百濟本紀2 近仇首王5年 "春三月, 遣使朝晉, 其使海上遇惡風, 不達而還"

5) 『三國史記』 卷24 百濟本紀2 枕流王元年 "秋七月, 遣使入晉朝貢."

6) 『三國史記』 卷25 百濟本紀3 腆支王2年 "二月, 遣使入晉朝貢."

7) 『三國史記』 卷25 百濟本紀3 腆支王12年 "東晉安帝遣使, 冊命王爲使持節·都督百濟諸軍事·鎭東將軍·百濟王."

8) 『三國史記』 卷25 百濟本紀3 蓋鹵王18年

9) 『宋書』 卷97 列傳57 夷蠻 東夷 百濟國 "少帝景平二年, 映遣長史張威詣闕貢獻. 元嘉二年, 太祖詔之曰 ...(중략)... 其後每歲遣使奉表, 獻方物."

10) 『三國史記』 卷26 百濟本紀4 文周王2년 "三月, 遣使朝宋, 高句麗塞路, 不達而還." 웅진 천도 이후 백제의 대중국항로에 대해서는 박종욱의 논고에서 상세하게 다루고 있다(박종욱, 2017 「백제의 對中國交涉 航路」, 『백제학보 19』).

연도	대상	삼국사기	중국사서	내 용
484	南齊	동성왕 6년		7월에 內法佐平 沙若思를 파견하였으나 고구려의 방해로 실패
486	南齊	동성왕 8년		3월에 南齊에 조공사 파견
488	魏	동성왕 10년		魏가 침공했으나 패퇴시킴
490	南齊		南齊書(永明 8년) 梁 書(永明 중) 南 史(永明 중)	공신 7명의 官爵을 청구하여 책봉. 南齊가 백제왕 牟大를 (조부 牟都를 이어) 使持節都督百濟諸軍事鎭東大將軍으로 책봉
490	魏		南齊書(永明 8년)	魏가 침공했으나 패퇴시킴
495	南齊		南齊書(建武 2년)	공신 4명의 官爵을 청구하여 책봉
502	梁		梁 書(天監 1년) 南 史(天監 1년)	梁이 백제왕 餘大를 征東大將軍에 책봉
512	梁	무령왕 12년		4월에 梁에 조공사 파견
521	梁	무령왕 21년	梁 書(普通 2년) 南 史(普通 2년)	11월에 梁에 조공사 파견
521	梁	무령왕 21년	梁 書(普通 2년) 南 史(普通 2년)	12월에 梁이 백제왕 餘隆을 使持節都督百濟諸軍事寧東大將軍에 책봉
524	梁	성왕 2년	梁 書(普通 5년) 南 史(普通 5년)	梁이 백제왕 明을 使持節都督百濟諸軍事綏東將軍에 책봉
534	梁	성왕 12년	梁 書(中大通 6년) 南 史(中大通 6년)	3월에 梁에 조공사 파견
541	梁	성왕 19년	梁 書(大同 7년)	梁에 조공하고 毛詩博士, 涅槃 등의 경의 및 工匠, 畫師 등을 요청
549	梁	성왕 27년	南 史(太淸 3년) 梁 書(太淸 3년)	梁에 사신을 보냈으나 수도가 불탄 것을 보고 통곡한 뒤, 후경의 난이 평정된 후 돌아옴.

[표 1]에서 동성왕대 魏와의 전투기사를 제외하면 남조관계 기사만 남는다. 488년 魏의 침공 기사는 『삼국사기』에 전하며, 『남제서』에 490년 동성왕이 남제에 올린 표문 뒤에 "이 해 다시 위가 침공했다"는 내용이 보인다. 따라서 사서의 기록대로라면 488년과 490년 2차례에 걸쳐 위가 백제를 침공한 것이 된다. 그러나 이때의 위를 당시 중국 북조의 왕조인 北魏로 볼 수 있을지에 대해서는 의문이다. 당시 백제와 북위 사이에는 고구려가 있었기에 북위가 백제를 공격하기 위해서는 고구려 영토를 통과하거나 바다를 건너야 했다. 그 과정에는 상당한 물자와 시일이 소요될 수밖에 없다. 그러나 이러한 출혈을 감수하고서라도 북위가 백제를 공격해야 할 당위성을 찾기 어렵다.[11)] 따라서 일찍부터 이 기사에 보이는 위의 실체에 대한 연구가

11) 『魏書』에 기록된 490년은 서북 변경 庫莫奚의 침략과 오랜 기간 섭정을 해 오던 馮太后의 사망 등이 있었던 해이다. 또한 북위의 대외정책에서 중요한 상대는 북방의 유연, 서방의 토욕혼, 동방의 고구려였으며, 472년까지도 백제는 북위에게 五服의 밖

진행되어, 고구려나 고구려·북위의 연합군으로 보거나, 위를 북위로 보고 이 전투가 벌어진 장소를 한반도가 아닌 중국대륙으로 비정하는 견해 등이 제기되었다.[12] 최근에는 이 기사가 동성왕의 표문과 연결되어 있다는 점에 주목하여 정치외교적 실익을 얻기 위한 수사적 표현이었다고 보는 견해도 제기되었다.[13] 이 견해를 수용한다면 웅진도읍기 백제의 공식적인 대중관계는 모두 남조와의 사이에서 이루어진 것이 된다. 그리고 위 기사에 보이는 '위'가 북위라 할지라도 양자 간에 사신 교환 등이 이루어진 것이 아니라 적대적인 성격의 관계, 즉 전투가 발생했다는 점에서 남아있는 문헌기록에 웅진도읍기 백제와 우호적인 교섭·교류 관계에 있었던 중국 왕조는 모두 남조였다고 할 수 있다.

이러한 대중관계의 경향성은 이 시기 백제 문화상에 그대로 드러나고 있다. 양 무제를 위해 건립되었다는 大通寺, 송산리 6호분에서 발견된 "梁"이 새겨진 명문전[14] 등은 백제와 양 사이의 관계를 직접적으로 보여주는 자료들이며, 이러한 자료들의 발견은 학계가 백제와 남조의 관계를 중시하게 하는 배경이 되었다.

사비로 천도한 이후에도 성왕 재위기까지는 대중교섭의 주요 상대국은 梁이었다. 특히 성왕대 양과의 관계에서 주목되는 것은 성왕이 서적과 학자, 기술자 등을 요청했으며, 양 무제가 이에 응하여 백제가 요청한 것들을 보내주도록 했다는 내용이다.[15] 이는 앞서 살펴본 백제 문화양상에서 나타나는 양의 영향력을 뒷받침해주는 또 다른 근거가 된다.

2. 위덕왕대 대중관계의 변화

그러나 위덕왕대 들어서 백제의 대중관계에 변화가 나타난다. 남조의 陳뿐만 아니라 北齊와 北周에도 사신을 보내고 있는 것이다. 그 배경은 당시 한반도 내에서 백제의 국제적 위치와 국내 정세에서 찾을 수 있다. 위덕왕은 554년 관산성 전투에서 성왕이 사망하면서 급작스럽게 왕위를 이어받게 되었다. 이에 따른 정치적 혼란을 수습해야 했으며, 신라에 의해 한강유역을 완전히 상실하게 되면서 한반도 내의 입지도 약화된 상황에서 다시 국가의 위상을 높여야 했다. 이러한 국가적 과제들을 강하게 추진해나가기 위해서 위

에 있는 나라로 인식되었다. 따라서 북위가 백제를 공격해야 할 동인이 전혀 발견되지 않는다는 것이다(박찬우, 2017 「백제 동성왕대 대남제 외교전략」, 『한국고대사연구』 85, pp.304-305).

12) 고구려설은 兪元載, 1995, 『中國正史 百濟傳 硏究』, 學硏文化社(增補版); 강종훈, 2015, 「4세기 전반 백제군(百濟軍)의 요하(遼河) 일대에서의 활동에 관한 기사의검토」, 『백제와 요서지역』, 한성백제박물관. 북위설은 김세익, 1967, 「중국 료서지방에 있었던 백제의 군에 대하여」, 『력사과학』 1967-1; 金庠基, 1967, 「百濟의 遼西經略에 對하여」, 『白山學報』 3; 方善柱, 1971, 「百濟軍의 華北進出과 그 背景」, 『白山學報』 11; 李明揆, 1983, 「百濟 對外關係에 關한 一試論」, 『史學硏究』 37; 姜孟山, 1997, 「熊津時期 百濟와 中國과의 關係」, 『百濟文化』 26(이상의 제 설은 박찬우의 2017년 논고를 참고하여 작성함).

13) 박찬우, 2017, 앞의 글

14) 기존에 많은 연구자들이 "梁官瓦爲師矣"로 읽어 왔던 명문이다. 그러나 최근 해당 명문에 대해 "梁宣以爲師矣"로 읽는 견해도 제기되었다. 양자 모두 당시 梁의 기술이 전해졌다는 것에 대해서는 부정하지 않기 때문에, 이 글에서는 논지 전개에 집중하기 위해 본문과 같이 서술하였다. 해당 명문전의 판독에 대해서는 다음의 논고에 잘 정리되어 있다.
박지현, 2015, 「송산리 6호분 출토 문자자료」, 『한국고대 문자자료 연구』 백제편-上, 주류성.

15) 『三國史記』 卷26 百濟本紀4 聖王19年 "王遣使入梁朝貢, 兼表請毛詩博士·涅槃等經義并工匠·畫師等, 從之."
『梁書』 卷54 列傳48 諸夷 東夷 百濟 "中大通六年·大同七年, 累遣使獻方物 并請涅盤等經義·毛詩博士, 并工匠·畫師等, 敕並給之."

덕왕은 먼저 자신의 왕권 기반을 다질 필요가 있었다.

그런데 『일본서기』에는 후에 위덕왕으로 즉위하는 태자 餘昌이 신라 정벌을 주도한 것으로 기록되어 있다.[16] 여창은 신라 정벌의 위험성을 제기하는 耆老들의 의견을 물리치고 신라 공격의 선봉에 섰다. 성왕은 전선에 있는 아들을 위로하러 가는 길에 신라군의 기습을 받아 포로로 사로잡혀 죽었고, 여창은 좌평 4명을 비롯하여 3만에 가까운 병사를 잃고 백제로 돌아왔다.[17] 국가의 정치적 위기에 더하여 부왕의 죽음에 대한 책임을 안은 채 왕위에 오른 위덕왕의 정치적 기반은 불안정할 수밖에 없었다. 때문에 위덕왕은 국가적 과제 해결에 앞서 성왕의 사망과 패전에 대한 책임 추궁에 대처하고 성왕이 구축해 놓은 왕권 기반을 이어받아 재건할 방안을 마련해야 했다. 『일본서기』에는 위덕왕이 出家修道를 언급한 것도 당시의 압박을 타개하기 위한 한 방안이었다. 그가 출가할 경우 왕위가 공석이 되므로, 기로들은 더 이상의 책임추궁보다는 앞으로의 국정운영을 당부하며 상황을 마무리하고자 하였다.[18] 관산성 전투의 패전으로 인해 위덕왕의 정치적 위상도 약화되었지만 주화파였던 耆老세력 역시 패전의 피해에서 자유로울 수 없었기 때문이다.[19]

이러한 국내의 상황에 더하여, 당시 백제는 국제적으로 위기의 상황에 놓여 있었다. 관산성 전투 이후 고구려, 신라와 적대적 관계가 되었고, 우호 관계였던 가야는 신라의 압박으로 백제에게 큰 힘이 되지 못했다. 이에 더하여 성왕대까지 긴밀한 관계를 맺고 있던 남조의 梁은 侯景의 반란 이후 황위가 빈번하게 교체되는 등 내분이 이어져 557년 멸망하고 陳이 성립되었다. 북조의 상황 역시 北魏가 東魏와 西魏로 양분되고 다시 北齊와 北周로 교체되는 등 복잡한 양상으로 전개되고 있었다. 또한 그동안 북조와의 관계에 치중하고 있던 고구려가 陳에게 사신을 파견하는 등 남조에 적극적인 태도를 보였으며,[20] 한강유역을 차지한 신라는 이제 백제를 통하지 않고 중국과 직접 교류할 수 있게 되었다. 이러한 상황에서 위덕왕은 기존 대중관계의 기조를 변화시킬 필요성을 느끼게 되었던 것으로 생각된다. 아래 [표 2]는 위덕왕대 대중교류를 정리한 것이다.

---

16) 『日本書紀』 卷19 欽明天皇15年 "(冬12月)餘昌謀伐新羅. 耆老諫曰 天未與. 懼禍及. 餘昌曰 老矣 何怯也. 我事大國. 有何懼也. 遂入新羅國築久陀牟羅塞. 其父明王憂慮 餘昌長苦行陣久廢眠食. 父慈多闕 子孝希成. 乃自往迎慰勞. 新羅聞明王親來 悉發國中兵 斷道擊破. 是時新羅謂佐知村飼馬奴苦都[更名谷智]曰 苦都賤奴也 明王名主也. 今使賤奴殺名主 冀傳後世莫忘於口. 已而苦都乃獲明王. 再拜曰 請斬王首. 明王對曰 王頭不合受奴手. 苦都曰 我國法違背所盟 雖曰國王當受奴手. [一本云 明王乘踞胡床. 解授佩刀於谷知令斬] 明王仰天大憩涕泣 許諾曰 寡人每念 常痛入骨髓. 願計不可苟活 乃延首受斬. 苦都斬首而殺 堀坎而埋.[一本云 新羅留理明王頭骨而以禮送餘骨於百濟. 今新羅王埋明王骨於北廳階下 名此廳曰都堂.]"

17) 『三國史記』 卷4 眞興王15年 "百濟王明襛與加良來攻管山城. 軍主角干于德·伊湌耽知等, 逆戰失利. 新州軍主金武力以州兵赴之, 及交戰, 裨將三年山郡高于刀急擊殺百濟王. 於是, 諸軍乘勝, 大克之, 斬佐平四人·士卒二萬九千六百人, 匹馬無反者."

18) 『日本書紀』 卷19 欽明天皇16年 "百濟餘昌謂諸臣等曰 少子今願奉爲考王出家脩道. 諸臣百姓報言 今君王欲得出家修道者. 且奉教也. 嗟夫前慮不定. 後有大患. 誰之過歟. 夫百濟國者. 高麗. 新羅之所爭欲滅. 自始開國迄于是歲. 今此國宗將授何國. 要須道理分明應教. 縱使能用耆老之言. 豈至於此. 請悛前過無勞出俗. 如欲果願. 須度國民. 餘昌對曰 諾. 卽就圖於臣下 臣下遂用相議 爲度百人 多造幡盖種種攻德云云."

19) 양기석, 2003, 「百濟 威德王代의 對外關係」, 『先史와 古代』 9, pp.230-232.

20) 『삼국사기』 고구려본기를 살펴보면 장수왕, 문자명왕대의 대중관계는 북위에 집중되어 있고 남송과 남제, 양으로의 사신 파견 혹은 남조의 책봉사 파견은 8회에 그치고 있다. 안장왕대 이후 양과의 관계가 전보다는 활발해지는 양상을 보이지만 대체적으로 북조 중심의 대중관계를 유지하고 있었다.

표 2. 위덕왕대 백제의 대중관계

연도	대상	삼국사기	중국사서	내 용
562	陳		陳 書(天嘉 3년)	2월 己酉에 백제왕 餘明을 撫東大將軍으로 임명.
567	陳	위덕왕 14년	陳 書(光大 1년)	陳에 조공사 파견
567	北齊		北齊書(天統 3년)	北齊에 조공사 파견
570	北齊	위덕왕 17년	北齊書(武平 1년) 北 史(武平 1년)	위덕왕을 使持節侍中驃騎[車騎]大將軍帶方郡公百濟王으로 임명.
571	北齊	위덕왕 18년	北齊書(武平 2년) 北 史(武平 2년)	위덕왕을 또 使持節都督東青州諸軍事東青州刺史로 임명.
572	北齊	위덕왕 19년	北齊書(武平 3년)	北齊에 조공.
577	陳	위덕왕 24년	陳 書(太建 9년)	陳에 조공.
577	周	위덕왕 24년	周 書(建德 6년) 北 史(建德 6년)	北周에 조공사 파견
578	周	위덕왕 25년	周 書(宣政 1년) 北 史(宣政 1년)	北周에 사신 파견.
581	隋	위덕왕 24년	隋 書(開皇 1년) 北 史(開皇 1년)	왕을 開府儀同三司 帶方郡公으로 임명.
582	隋	위덕왕 29년		隋에 사신 파견하여 조공.
584	陳	위덕왕 31년	陳 書(至德 2년)	陳에 사신을 보내 조공.
586	陳	위덕왕 33년	陳 書(至德 4년)	陳에 사신을 보내 조공.
589	隋	위덕왕 36년	隋 書(開皇 9년)	수의 진 평정을 축하하자 조서를 내려 왕래하는 길이 험하여 풍랑으로 인명을 손실하니 사신을 자주 보내지 않아도 된다고 함.
598	隋	위덕왕 45년	隋 書(開皇 8년) 北 史(開皇 18년)	長史 王辯那를 시켜 수나라에 조공하게 함.

562년의 책봉은 그 대상이 위덕왕이 아니라 이미 사망한 성왕이다. 백제는 549년 성왕이 양으로 파견한 사신이 후경에게 억류되어 있다가 풀려난 이후 양이 멸망하는 557년까지 사신을 보내지 않았고, 이에 陳에서는 성왕의 사망 사실을 모른 채 작위를 수여한 것으로 생각된다.[21] 새로운 왕조는 개창 후 주변의 諸國王에 대해 전 왕조가 가지고 있던 정보를 바탕으로 책봉호를 내리는 경우가 많았고, 왕의 교체 사실이 반영되지 않는 경우가 빈번했다.[22] 왕의 사망으로 인해 혼란했던 내부 정세를 수습하던 백제는 대중교섭에 쏟을 여력이 없었기에 진에 사신을 파견하지 못했던 것으로 보인다.[23] 책봉기록이 『陳書』에만 보이는 것도 당시

21) 양기석, 2003, 앞의 글, p.237; 박윤선, 2006, 「위덕왕대 백제와 남북조의 관계」, 『역사와 현실』 61, p.106.

22) 박윤선, 2006, 앞의 글, p.106.

23) 양기석, 2003, 앞의 글, p.238.

의 상황을 짐작케 한다.

교착상태에 머물러 있던 대중관계가 변화하기 시작한 것은 567년이다. [표 2]를 보면 남조 陳과 북조 齊에 대한 조공사 파견을 시작으로 남북조와의 사신교환이 빈번하게 이루어지고 있는 양상을 확인할 수 있다. 589년 수의 중국통일 이전까지 백제의 사신파견 횟수를 살펴보면 총 9회 중 진으로의 사신 파견이 4회, 북제·북주·수에 대한 사신 파견이 5회이다. 이렇게 보면 큰 차이가 없어 보이지만, 이전의 사신파견 횟수와 비교한 증감률을 살펴보면 북조로의 사신파견은 0회에서 5회로 급격히 증가한 반면 남조로의 사신 파견은 5회에서 4회로 1회 감소한 것을 확인할 수 있다. 이는 웅진도읍기 남조 일변도였던 백제의 대중교류가 위덕왕대 들어 변화하기 시작한 것을 알려준다.

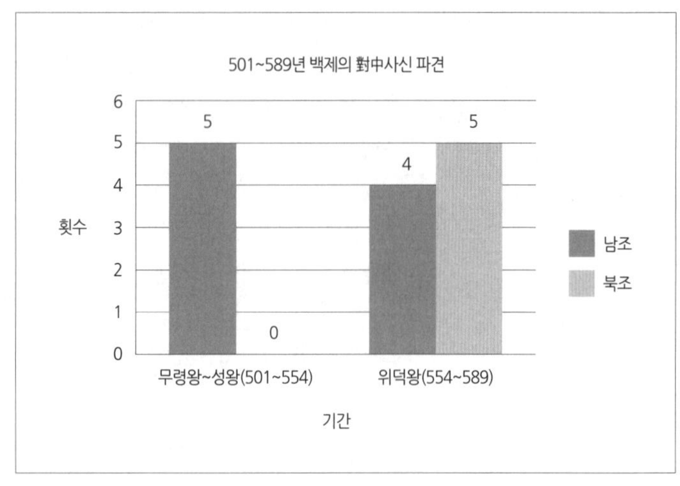

앞서 언급했듯이, 위덕왕은 불안정한 정세 속에서 즉위했으며 고구려·신라와 외교전을 벌여야 할 상황에 놓여 있었다. 고구려 평원왕과 신라 진흥왕이 각각 560년, 565년에 북제로부터 책봉을 받았고, 양국이 모두 남북조와 빈번하게 교섭을 전개해 나가고 있었다. 이에 그동안 국내 체제 정비에 전념하고 있던 백제도 자극을 받아 대북조관계를 재개한 것이다.[24] 특히 주목할 만한 것은 성왕을 위한 원찰이었던 능산리 사원[25]의 목탑이 567년에 건립되었다는 것이다.[26] 대중관계의 재개가 567년을 기점으로 시작되었다는 점으로 보아 이때에 이르면 성왕의 사망으로 인한 국내 정세의 수습이 어느 정도 완료되었을 것으로 추정할 수 있을 것이다.

24) 양기석, 2003, 앞의 글, pp.240-241; 위덕왕의 대북조관계의 배경을 한반도 삼국과의 관계와 국제정세 속에서 설명하고 있다는 점에서 김금자의 논고도 유사한 입장을 취하고 있다고 볼 수 있다(김금자, 2017 「남북조시기 백제와 북조와의 관계에 대하여」, 『백제학보』 19, pp.9-11).

25) 위덕왕은 자신이 출가수도를 포기하는 대신 100명을 출가시키자는 여러 건의를 수용하였다. 이때 출가한 승려들이 많은 幡蓋를 만들고 여러 공덕을 닦았다고 하므로, 이는 곧 부왕의 추복을 위한 국가적인 사업이 추진되었다는 것을 의미할 것이며, 이들이 결과적으로 능산리사지 창건의 주역이 되었을 것이다(김상현 1999, 「百濟 威德王의 父王을 위한 追福과 夢殿觀音」, 『한국고대사연구』 15, p.56; 길기태, 2006 『백제 사비시대의 불교신앙 연구』, 서경, pp.78-79. 이병호, 2014, 『백제 불교사원의 성립과 전개』, 사회평론, p.232에서 재인용). 능산리 사원은 567년 목탑 건립을 경계로 그 성격이 변화하는데, 초기 건물지는 성왕의 상장례와 관련된 시설로 보이며, 목탑 건립 이후로는 불교 사원인 원찰이나 능사로 전환되었던 것으로 보는 견해가 있다(이병호, 2014, 앞의 책, pp.233-239).

26) 사리감의 명문에서 567년이라는 절대연대를 추출할 수 있다. 그러나 567년은 사리감을 목탑 심초석 안에 매립한 시점이며 목탑이 567년에 완성되었다는 의미는 아니다(이병호, 2014, 앞의 책, p.222).

국내 정세의 안정화를 바탕으로 위덕왕은 적극적으로 대중외교에 나설 수 있었다. 지속적으로 사신을 주고받던 남조와의 관계에 안주하지 않고 북조와의 교섭을 시도한 것이다. 자신의 입지를 확고히 하고 정치력을 인정받기 위한 하나의 방편으로 북조와의 관계 개선을 통한 대외관계의 확장이라는 성과를 얻어내고자 했던 것이다. 또한 새로운 문물에 대한 호기심도 있었을 것으로 보인다.[27] 북주와 진 사이에서 국가를 운영해야 했던 북제로서도 백제의 遣使는 자신들의 국제적 위상을 높이는 긍정적인 요소였을 것이다. 571년 북제는 북주로부터 군사적 위협을 받는 상황에서 진과 연합하여 북주 정벌을 도모하였다. 그런데 정벌 전인 571년 초에 북제는 이미 570년 책봉호(使持節侍中驃騎[車騎]大將軍帶方郡公百濟王)를 내렸던 위덕왕에게 다시 작호(使持節都督東青州諸軍事東青州刺史)를 추가하여 내린다. 당시 고구려·신라가 북제와의 교섭을 일시 중단하고 진과의 관계 형성에 힘을 기울이고 있었고, 북제는 이에 대한 대응조치로 백제와의 관계를 강화하려 한 것이다.[28] 이러한 양상은 6세기 후반 북제와 백제 간의 관계가 일상적으로 사신을 교환하는 관계에 머무르지 않고 서로의 필요에 의해 적극적으로 진행되던 관계였음을 의미한다. 그리고 이러한 관계는 정치 외적인 측면에서도 확인된다.

III. 사비기 백제의 도 · 불교 문화

1. 사비기 백제의 도교문화 – 『周書』·『北史』의 기록을 중심으로

백제가 북조와의 교섭을 재개하자, 북제, 북주 등 북조의 왕조들은 그동안 얻지 못했던 백제에 대한 정보를 적극적으로 흡수하였다. 이는 문헌기록을 통해 확인된다. 『魏書』, 『周書』, 『北史』, 『隋書』로 이어지는 북조계 사서에는 백제 정치, 제도 뿐만 아니라 사회와 문화, 생활 풍습 등까지 서술되어 있다. 게다가 『위서』 백제전과 『주서』 백제전의 내용을 살펴보면, 『주서』의 내용이 훨씬 풍부한 것을 알 수 있다. 『위서』에는 백제의 出自와 위치, 농업생산과 생활방식 등에 대해서만 간략하게 서술된 반면, 『주서』는 관등, 관부, 지방제도, 도성구조, 군사 배치, 인구, 문화, 생활습속 등 백제의 다양한 면모를 상세하게 기술하고 있다.

백제-북조 관계의 변화는 이러한 내용상의 차이를 발생시킨 하나의 원인이었을 것으로 생각된다. 472년 개로왕이 북위에 조공을 중단하면서 북위에는 백제에 관한 정보가 충분히 전달되지 않았을 것이다. 그러다가 위덕왕대에 이르러 관계가 재개되어 백제를 방문한 북조의 사신들은 이전과 달리 변화하고 발전한 백제의 모습을 보게 되었고, 그렇게 전해진 새로운 정보들이 『주서』에 상세히 기록되었던 것이다.

『주서』에 남아 있는 백제 문화에 관한 기록들 중에서 백제의 불교와 도교에 관해 서술한 부분은 다음과 같다.

---

27) 박현숙, 2003, 「6세기 백제 대외관계의 변화와 그 의미」, 『先史와 古代』 19, pp.222-223.
28) 양기석, 2003, 앞의 글, p.247.

또한 ①陰陽·五行도 이해하였다. 宋 元嘉曆을 채용하여 寅月로 歲首를 삼았다. 또 ②醫藥·卜筮 및 占相의 術도 알고 있었다. 投壺와 樗蒲 등의 여러 가지 놀이가 있으나 바둑이나 장기를 더욱 좋아한다. 僧尼, 절, 탑은 매우 많으나, ③道士는 없다.[29)]

(『周書』 百濟傳)

백제에 불교가 전래된 것은 침류왕 원년(384)의 일로 이후 백제에서 불교문화가 발전한 것은 이미 주지의 사실이다. 이는 수많은 寺址의 발굴과 금동불 및 소조불의 출토, 일본으로의 불교 전래 기사 등을 통해 뒷받침된다. 그러나 백제에 공식적으로 도교가 전래된 기록은 보이지 않는다. 그러나 지배층과 피지배층의 생활 깊숙이 스며들어 있던 문화였던 만큼, 오가는 사람들을 통해 일찍부터 도교문화가 전해졌던 것으로 보인다. 백제 지역에서 출토되는 도교적 요소가 담긴 銅鏡, 4세기 말 장군 莫古解가 "道家"를 언급하며 근구수왕에게 간언한 기록,[30)] 진사왕대 園池 조영 기사 등을 근거로 한성도읍기부터 백제가 도교에 대해 알고 있었으며 도교문화를 향유하고 있었다는 것에 대해 많은 학자들이 동의하고 있다.[31)]

도교는 고대 중국의 민간신앙을 기반으로 신선설을 중심에 세우고 도가·주역·음양·오행·참위·의학·점성 등과 무속신앙을 더한 것을 불교의 조직과 체계를 모방하여 종합 정리하였으며 불로장생을 주된 목적으로 하는 주술종교적이고 현세이익적인 자연종교라고 정의할 수 있다.[32)] 진 시황제와 서복 이야기, 한 무제의 上林園 조영, 태평도와 신선사상의 유행 등은 중국 사회에 일찍부터 도교문화와 사상이 널리 퍼져 있었음을 잘 보여준다. 漢 시기의 동경에 보이는 도교적 요소는 이러한 현상을 뒷받침하는 물질적 증거이다. 낙랑군이 설치되었던 평양에서도 이러한 동경들이 다수 출토되어, 한반도에 전해져 있던 도교문화의 존재를 알려주고 있다.[33)]

그러나 종교로서의 도교의 성립 여부에 대해서는 단언하기 어렵다. 위에서 제시한 『주서』의 문장을 살펴보면, ①과 ②로 미루어보아 6세기 후반에 백제인들이 도교와 관련된 각종 사상과 방술 등을 이해하고 있었다는 사실을 알 수 있다.[34)] 그런데 ③은 '도사는 없다'라며 ①, ②와 모순되는 내용을 전하고 있다. '道士'라

---

29) 『周書』 卷49 列傳41 異域 上 百濟 "又解陰陽五行. 用宋元嘉曆 以建寅月爲歲首. 亦解醫藥卜筮占相之術. 有投壺·樗蒲等雜戱·然尤尙奕棊. 僧尼寺塔甚多 而無道士."

30) 『三國史記』 卷24 百濟本紀2 近仇首王 元年 "將軍莫古解諫曰, 嘗聞道家之言, '知足不辱, 知止不殆.'今所得多矣, 何必求多." 太子善之止焉."

31) 노중국, 2010, 『백제사회사상사』, 지식산업사, pp.375-380; 김영심, 2011a, 「백제문화의 도교적 요소」, 『한국고대사연구』 64, pp.366-367; 김영심, 2011b, 「百濟의 道敎 成立 問題에 대한 一考察」, 『백제연구』 53, pp.181-182; 장인성, 2017, 『한국 고대 도교』, 서경문화사, pp.83-102.

32) 구보 노리따다 지음·최준식 옮김, 1990, 『도교사』, 분도출판사, p.55.

33) 노중국, 2010, 앞의 책, pp.376-377.

34) 五行은 비단 도교와만 연관이 있는 사상은 아니다. 다만 그 다음으로 제시한 『北史』의 기록을 보면 陰陽五行을 醫藥, 蓍龜, 相術에 이어서 서술하고 있어, 문맥상 서로 연결된 내용으로 보인다. 그렇다면 앞서 언급했듯이 이러한 사상적 요소들이 모두 결합되어 있는 것, 즉 도교와 관련된 내용으로 이해할 수 있다. 『周書』가 정제된 것이 『北史』임을 감안한다면 『周書』에 보이는 五行 역시 이어서 서술된 문장 속에 보이는 醫藥卜筮占相之術과 연결된 내용임을 알 수 있다.

는 용어의 연원은 '道術'과 연결시켜 살펴보아야 한다. 秦漢 시기의 '道術'이 후에 『後漢書』 方術傳에서 方術과 같은 의미로 사용되기 시작하면서 도술과 방술이 서로 상통하게 되었다. 그러면서 方(術)士가 곧 道士를 의미하게 되었다는 것이다.[35] 즉 후한대의 도사는 道術(方術)을 행할 수 있는 사람을 의미하는 보통명사였지만, 북주 시기에 이르면 그 의미가 보다 구체화된 것이다.

도교가 불교를 준용하여 나름의 교리체계를 세워 종교로서의 면모를 갖추게 된 것은 북위 때 寇謙之가 新天師道를 제창하면서부터이다.[36] 구겸지에 의해 성립된 신천사도에서는 도사의 수행에 따라 그 자격을 4단계 이상으로 나누고 있었으므로[37] 당시 북주 사회에서 '도사'는 도교교단에서 부여한 자격이 있는 종교인을 가리키는 명칭이었을 것이다. 이에 더하여 북주의 武帝가 유학을 강조하고 불교와 도교를 경계했으며, 결국 574년에 이르러 불교와 도교를 폐하고 경전·불상·도상을 파괴하고 沙門·道士를 환속시켰다는 기록[38] 역시 불교의 사문에 버금가는 도교의 도사가 존재했음을 말해준다. 또한 무제는 불교와 도교를 폐한 이후 通道觀이라는 기관을 장안에 설치하여 유학을 중심으로 불·도의 귀일을 표방하고 유교 선비, 승려, 도사들을 학사로 선발하여 연구하게 하기도 하였다.[39]

이러한 상황을 고려한다면 당시 북주에서 백제의 '도사'를 바라보는 기준도 자신들 사회의 '도사'를 판별하는 기준과 같았을 가능성이 높다. 이를 바탕으로 ③을 해석하면 백제에는 '도사'의 자격을 부여할 수 있는 도교교단과 도사가 존재하지 않았다는 결과가 도출된다. 그러나 ①과 ②에서 보이듯이 도교를 구성하는 음양·오행·의학을 알고 행할 수 있다고 하였으므로, 후한대의 '도사(=방사)'의 역할을 하는 사람들은 존재했다고 할 수 있다.[40] 그러나 앞서 언급했듯이 도교와 관련된 단편적인 기록과 유물들이 남아있으므로, 백제에 국가적 차원의 도교 교단조직은 없었을지라도 도교의 교리를 받아들이고 도교의 의례와 계율을 따르는 수련도사나 재가신자의 존재는 상정할 수 있다.[41]

그런데 이러한 내용은 『周書』를 비롯하여 『北史』와 『隋書』 등 북조계 사서에서만 보이는데, 각 사서에서 서술된 내용이 조금씩 다르다.

---

35) 酒井忠夫 외 지음·최준식 옮김, 1990, 『도교란 무엇인가』, 민족사, pp.27-32.

36) 구겸지 이전, 서진 말에 葛洪이 신선사상을 집대성하여 『포박자』를 서술하였는데, 이 저술은 도교사에 있어서 태평도나 오두미도와 같은 도교적 종교집단과 후대에 확립된 도교 교단 사이에 위치한 것으로 이 두 집단의 다리 역할을 한 것으로 생각되기도 한다(구보 노리따다, 1990, 앞의 책, p.162).

37) 구보 노리따다, 1990, 앞의 책, p.177.

38) 『周書』 卷5 帝紀5 武帝 上 5月 "丙子 初斷佛·道二教 經像悉毁 罷沙門·道士 並令還民. 並禁諸淫祀 禮典所不載者 盡除之."

39) 구보 노리따다, 1990, 앞의 책, pp.193-194. 이렇듯 당시 북주에서 종교와 관련된 정치적인 사건들이 발생하고 있었기 때문에 『주서』에서 백제의 종교에 대한 내용을 기록했을 가능성도 있을 것이다.

40) 이는 중국 도교교단에 대한 이해를 바탕으로 추론한 것이라는 점을 밝혀 둔다. 기사에 언급된 '도사'와 다른 성격의 '도사'가 존재했을 가능성을 언급한 논고는 다음과 같다. 김영심, 2011a, 앞의 글, pp.367-368.

41) 백제에서의 도교성립에 관해서는 다음의 논고에서 상세히 다루고 있다.
김영심, 2011b, 「百濟의 道教 成立 問題에 대한 一考察」, 『백제연구』 53.

또 醫藥·蓍龜 및 相術·陰陽五行에 대해서도 알았다. 僧尼가 있고 寺塔은 많아도 道士는 없다.[42)]

(『北史』 百濟傳)

또 醫藥·蓍龜 및 占相의 術도 안다. 두 손을 땅에 닿게 하는 것으로 공경을 나타냈다. 僧尼가 있고, 寺塔이 많다.[43)]

(『隋書』 百濟傳)

『北史』의 기록은 『周書』보다 정연한 형태로 나타난다. 『周書』와 달리 醫藥, 陰陽五行 등에 관한 내용에 이어서 승려와 寺塔, 도사에 관한 내용이 곧바로 서술되어 주제별로 내용이 잘 정리되어 있다.[44)] 『隋書』에는 의약, 점복 등에 대해서만 서술하고 『周書』와 『北史』에 있었던 음양오행에 대한 내용이 보이지 않으며 도사에 관한 서술도 없다. 이러한 기록상의 차이는 사서 편찬시 이전의 내용을 그대로 전재하지 않고 내용을 정리하거나 변화상을 반영하여 기사를 수정, 보완하여 서술했음을 말해준다. 이로 보아 당시 중국 북조인들이 지니고 있던 백제의 도교문화에 대한 지식은 상당히 상세한 수준이었던 것 같다.

북조 사서에서 또 하나 주목해야 할 것은 3개 사서 모두 백제의 '醫藥'에 대해 언급하고 있다는 것이다. 도교의 중요한 목적 중 하나가 금단과 같은 영약을 복용하고 수련하여 불로장생에 이르는 것이기 때문에, 약학의 발전은 도교와 관련이 깊다.[45)] 백제의 22부사 중 藥部의 존재는 사비도읍기 의약 지식과 기술이 높은 수준이었음을 알려주는 단적인 예이다. 약부가 외부로부터의 영향이 아니라 백제 내부의 필요성에 의해 설치되었다는 견해[46)] 역시 이를 뒷받침한다. 뿐만 아니라 능산리에서 출토된 '支藥兒食米記' 목간이나 일본에 파견된 醫博士·採藥師 등의 관직도[47)] 사비기 의학의 발전을 보여주는 하나의 사례이다. 더 나아가 한성기 유적인 풍납토성 경당지구 제사 유구에서 약재로 사용되었던 것으로 보이는 운모와 매실이 출토되어 백제 의약의 높은 수준이 일시적인 것이 아니라 오랜 전통에서 비롯된 것임을 알려주고 있다.[48)] 또한 운모와

42) 『北史』 卷94 列傳82 四夷 上 百濟 "又知醫藥·蓍龜, 與相術·陰陽五行法. 有僧尼, 多寺塔, 而無道士."

43) 『隋書』 卷81 列傳46 東夷 百濟 "亦知醫藥·蓍龜·占相之術. 以兩手據地爲敬. 有僧尼, 多寺塔."

44) 이는 주지하듯이 『北史』가 『魏書』, 『周書』 등의 기록 중에서 정수만을 뽑아 서로 연계성을 갖도록 정연하게 정리하여 서술되었다는 특징에서 기인한 것이다. 시간이 흐르면서 『魏書』, 『周書』 등은 점점 散失된 내용이 많아져 불완전해졌으나, 『北史』는 거의 완벽하게 보존되어 더 많이 읽히는 사서가 되었다.

45) 서진 말, 신선사상을 집대성한 갈홍은 영역, 벽곡 등을 복용하고 수련하여 육신 그대로 불로장생하는 방법으로, 금단과 관련된 것을 모아 자신의 계통을 창시하려 했다. 금단을 최고의 불로장생약으로 강조하며 금단 제조법을 연금술과 연결시키기도 했다. 도홍경 역시 본초학에 기초를 두고 합리적 체계의 도교를 완성시키려 하였다. 북위의 구겸지 역시 금단 제조의 비법을 북위 태무제에게 바치는 등, 종교로서의 교리와 교단을 갖춰가던 시기에도 본초, 의약, 금단 제조 등은 도교에서 매우 중요한 요소였다(이상의 내용은 구보 노리따다, 1990, 앞의 책과 장인성, 2017, 앞의 책 등에 상세하게 서술되어 있다).

46) 정동준, 2013, 앞의 책, p.89.

47) 『일본서기』에는 554년에 백제가 의박사인 王有㥄陀와 채약사인 潘量豊 및 丁有陀를 파견한 기록이 남아 있다.

48) 김영심, 2011a, 앞의 글, pp.380-381.

매실은 『神農本草經』과 『抱朴子』에서 신선에 이르는 것을 돕는 약으로 설명하고 있는 것들로, 이러한 약재의 발견은 한성도읍기에 이미 전해져 있던 도교 문화와 본초학의 관계를 보여주기도 한다.[49] 이 외에도 부여 능산리사지에서 발견된 支藥兒食米記 목간과 쌍북리에서 발견된 五石 목간은 백제에서 꾸준히 의약관련 지식이 축적되고 있었음을 알려주고 있다.

백제의 발전한 의약 지식과 기술은 일본으로 전해졌다. 推古天皇 10년(602) 백제승 관륵이 曆書, 天文地理書와 遁甲 및 方術의 서적을 바치자 천황이 서너 명의 서생을 선발하여 관륵에게 각각을 배우게 했다고 한다. 관륵이 가르친 방술의 내용을 구체적으로 알 수는 없지만, 방술은 醫方術이라고도 하여 의술을 포함하는 경우가 대부분이다.[50] 승려들이 의약 지식과 의술을 지니고 있었던 것은 몬무천황 4년(700)에 환속한 승려 惠俊가 의술에 능통했으며, 이후에도 그 실력을 인정받아 관위를 받은 사실을 통해서도 알 수 있다.[51]

의약 분야 외에 사비도읍기 백제의 도교문화를 보여주는 자료로는 능산리사지에서 출토된 금동대향로가 가장 대표적일 것이다. 금동대향로는 그 형태와 도상의 특징으로 보아 중국 漢代 博山香爐를 모델로 했음을 알 수 있다. 박산로는 상림원과 같이 신선이 사는 세계를 구체화한 것인데, 백제의 금동대향로 역시 도교적 이상세계를 재현하고 있다.[52] 인면조신, 인면수신은 고구려 고분벽화에도 보이는데 한대부터 종종 등장하는 도상이다. 귀면직립형 괴수는 남북조와 한반도에서 공유되던 도상으로 인면조신·인면수신과 마찬가지로 고구려 고분벽화에서도 찾아볼 수 있으며, 부여 외리 출토 문양전에서도 나타난다.[53] 특히 귀면직립형 괴수는 화북지역에 전통적으로 전해오던 괴수상에 남조의 괴수도가 결합되어 유행했던 도상이다. 남조의 괴수도는 주로 회화본인데, 북조에서는 석각으로 표현되면서 재료의 한계 때문에 남조 회화본에 나타나는 세밀한 표현이 북조에서는 생략되어 나타나기도 한다.[54] 금동대향로의 귀면직립형 괴수상은 간략화된 모양으로 나타나고 있어 북조의 영향을 짐작할 수 있다. 물론 백제의 대중관계가 남조와의 교류를 기반으로 하고 있으니만큼, 금동대향로에서도 남조 문화의 영향이 나타난다. 금동대향로의 鋪首像은 강소성 단양현의 남조묘에서 출토된 형상과 형식상 친연성이 높다는 견해가 제기되었으며[55] 금동대향로와 비슷한 모양을 한 향로가 남조 후기 전실묘의 화상전에서 확인되며 오악사의 악기 중 阮咸이 남조에서 널리 사

49) 장인성, 2017, 앞의 책, pp.168-170.

50) 酒井忠夫 외, 1990, 앞의 책, p.28.

51) 『續日本記』 卷1, 文武天皇 4年 8月 "乙丑 勅僧通德·惠俊並還俗. 代度各一人. 賜通德姓陽侯史, 名久尒曾, 授勤廣肆. 賜惠俊姓吉 名宜 授務廣肆 爲用其藝也." 이 기록에 따르면 문무천황은 승려 惠俊이 지니고 있던 '기예(藝)'를 활용하기 위해 환속시켰다. 이때 받은 속세의 이름인 吉宜는 이후에도 몇 차례 등장하는데, 겐메이천황 7년(714)에는 從5位下의 관위를 받았고, 겐쇼천황 7년(721)에는 의술로 從5位上의 관위에 있는 자로 그 이름이 보인다. 이로 보아 문무천황 때 언급된 그의 기예는 의술이었을 것이다.

52) 장인성, 2017, 앞의 책, pp.154-160. 최근 금동대향로의 도상을 상세히 분석한 박사학위논문이 제출되기도 하였다(박경은 2018, 「百濟金銅大香爐의 圖像과 상징성 연구」, 홍익대학교 대학원 박사학위논문).

53) 박경은, 2013, 「백제금동대향로의 도상 연구 시론」, 『하늘에 올리는 염원, 백제금동대향로』, pp.239-242.

54) 박경은, 1999, 「韓國 三國時代 古墳美術의 怪獸像 時論」, 『온지논총』 5, p.198.

55) 박경은, 2013, 앞의 글, p.242.

용되었다는 점 등이 언급되기도 하였다.[56)]

금동대향로의 제작 기법에서도 북조의 영향을 찾아볼 수 있다. 금동대향로에 베풀어진 彫金기법이 웅진도읍기의 대표적 금속유물이라 할 수 있는 무령왕릉 출토품의 것과 다르다는 견해가 제기되었다. 이에 따르면 彫金 기술의 전파는 공인의 이동이 전제되어야 하는 매우 고도의 기술인데, 남조 공인들이 기술을 전해주던 웅진도읍기 금속유물에 보이지 않는 毛彫 기법이 금동대향로에서 처음 확인된다는 것이다. 이는 당시 새롭게 시작된 북조와의 교류를 통해 백제로 온 북조 공인들에 의해 전해진 기법이라고 보았다.[57)] 즉 남조 공인들로부터 전해지지 않았던 기술이 새롭게 북제와 교류를 시작하면서 도입되었다는 것이다. 이러한 연구성과들은 남조와의 교섭을 유지하면서 새롭게 북조와의 교섭을 시작한 백제의 대중관계가 백제 문화에 어떤 영향을 미치고 있었는지를 보여준다.

그림 6. 금동대향로 괴수상(국립부여박물관, 2013, 『하늘에 올리는 염원 백제금동대향로』, p.47)

2. 사비기 백제의 불교문화에 보이는 중국 남 · 북조의 영향

백제 사회에 관한 북조의 관심이 문헌기록을 통해 드러난다면, 반대로 북조 문화에 대한 백제의 호기심은 유적·유물을 통해 표현되었다. 웅진도읍기에도 중국 남조의 선진문화를 적극적으로 수입해 왔던 백제는 기존에 교류해 왔던 남조의 것과는 다른 북조의 신선한 문화적 요소들에도 흥미를 가졌을 것으로 생각된다. 이러한 양상을 살펴보는데 가장 풍부한 자료는 불교와 관련된 자료이다. 불교는 4세기대에 한반도에 전해진 이래[58)] 고대 사회에서 사상·종교·문화적 측면에서 거대한 영향을 미쳤으며 그 흔적이 지금까지 상당수 남아 있다. 백제에서도 마찬가지로, 여러 재질의 불상들과 사찰 건축 유적들이 전해지고 있다.

그중에서도 불상들을 주목할 필요가 있다.[59)] 비록 많지는 않지만, 보살상과 불상, 입상과 좌상, 반가상, 마애불 등 다양한 형태의 불상이 전해진다. 다만 불교 전래 초기의 것은 없으며, 모두 6세기 이후에 만들어진 것으로 비정되고 있다. 재질은 소형으로는 금동제가 많으며, 중대형으로는 서산, 태안, 예산의 석불이 대표적이다. 그리고 부여 정림사지에서 소조불상 파편이 다수 발견되었는데, 파편들의 완형은 소형에 대형에

56) 권오영, 2005, 「百濟文化의 이해를 위한 中國 六朝文化 탐색」, 『한국고대사연구』 37, pp.102-109.

57) 鈴木 勉, 2013, 「백제의 금속공예와 고대 일본」, 『백제금동대향로 발굴 20주년 기념 : 백제금동대향로, 고대문화의 향을 피우다』, pp.138-141; 장인성, 2017, 앞의 책, p.155.

58) 고구려는 372년 前秦의 符堅이 보낸 불상과 경문, 승려 순도로부터 불교를 전해 받았다. 백제는 384년 동진을 거쳐 온 인도 승려 마라난타로부터 불교를 받아들였다. 신라가 공식적으로 불교를 받아들인 것은 법흥왕 때로, 고구려·백제보다 1세기 이상 늦은 시점이다(그 이전에 사적인 전래는 존재).

59) 현재 중국 남북조시기의 사찰 유적은 조사된 곳이 많지 않다. 북조의 대표적인 사찰로는 북위의 영녕사가 언급되며, 최근에 알려진 남경 종산 2호 유적이 梁의 상정림사로 추정되기도 한다. 이렇듯 비교검토가 가능한 사례가 손에 꼽는 형편으로, 본격적인 연구가 이루어지기는 어려운 실정이다.

이르는 다양한 크기였을 것으로 추정된다.[60] 출토된 불상들은 양식이나 도상에 대한 분석을 바탕으로 대략적인 시기가 비정되고 있다.

그런데 백제 불상의 양식이 6세기 말을 기점으로 변화했다는 견해가 있어 주목된다. 6세기 말 이전에는 주로 중국의 북위 말 내지는 동위양식, 또는 남조 양의 불상양식을 따르고 있다고 한다면 6세기 말 이후는 북제와 북주, 수 불상양식의 영향을 받았다는 것이다. 그러면서 그 배경을 백제와 중국과의 관계에서 찾고 있다. 즉 위덕왕대 북조와의 교섭의 결과가 반영된 결과라는 것이다. 7세기의 작품으로 비정되는 서산 마애여래삼존불에서 남조의 전통으로 생각되는 '捧寶珠' 형식이 나타나기는 하지만[61] 천의나 몸의 표현에서 북제나 수의 영향이 보인다는 점이 지적되었다.[62]

이런 측면에서 생각해보아야 할 것은 과연 6~7세기의 백제 불상들을 양식적인 근거만 가지고 남조의 영향, 북조의 영향으로 구분하여 생각하는 것이 가능한가 하는 점이다. 이에 대해서 현재 남조의 불상으로 알려진 사례가 매우 적어서 남조불상의 일반적인 특징을 파악하기 어려우며, 또한 북위의 낙양 천도 이후 적극적으로 추진된 漢化정책에 따라 북위의 불상에서도 남조의 요소가 나타나기 시작하여 양식상 남북조가 뚜렷하게 구분되지 않는다는 견해가 제기된 바 있다.[63]

양식적인 측면을 벗어나 다른 시각에서의 접근이 시도되기도 하였다. '돌'이라는 재료의 등장에 주목한 것이다. 중국에서는 5세기 말~6세기에 석상이 매우 성행하는데, 이는 북위 太武帝의 불교 탄압을 겪으면서 금동불이나 소조불이 훼손되거나 파괴되기 쉽다는 단점이 부각되자 영원한 속성을 지닌 석굴과 석상이 선호되었다는 것이다. 그러나 남조에서는 황제에 의한 불교 탄압이 없었고, 때문에 석굴과 석상에 대한 선호와 필요가 크지 않아 불교가 매우 융성했음에도 불구하고 석질의 불상들이 많이 제작되지 않고 금동상과 소상이 대부분이었다고 한다. 남조 불교의 중심지인 건강과 형주에서 다수의 불상이 제작되었다는 문헌기록이 있지만 현전하는 불상이 많이 없는 것은 이러한 배경에서 비롯되었다는 것이다. 반면 북조에서 마애불을 포함한 석상의 제작은 매우 활발하였고, 그렇다면 '마애불'이면서 6세기 후반~7세기에 큰 절벽이나 바위에 새겨진 서산, 태안, 예산의 백제 불상들은 위덕왕대에 북조와의 교류가 재개된 영향으로 보아야 한다는 것이다. 이에 더하여 백제 마애불이 교통로에 조성되었다는 점도 지적하였다. 6세기 북조에서 교통로나 수륙이 만나는 지점에 석굴이나 마애불 등을 조영하는 것이 매우 일반적이었는데, 이러한 양상이 북조

60) 국립부여박물관, 2015, 『백제 정림사와 북위 영녕사』, pp.83-98, p.190.

61) 김리나, 1993, 「百濟初期 佛像樣式의 成立과 中國佛像」, 『百濟寺의 比較硏究』, 충남대학교 백제연구소, p.244; 김춘실, 1996, 「百濟 彫刻의 對中交涉」, 『百濟 美術의 對外交涉』, p.91.

62) 김춘실, 2000, 「百濟 7세기 佛像과 中國 佛像」, 『先史와 古代』 19.

63) 김리나, 1993, 앞의 글, p.236·pp.238-239. 양식적인 측면에 대한 분석은 미술사 전공자가 아닌 필자로서는 깊이 파고들기 어려운 측면이 있다. 그러나 몇몇 논고들을 검토하면서 느낀 점은, 하나의 불상에서 어느 한 쪽의 영향만 나타나는 경우는 거의 없다는 것이다. 부여 군수리 출토 납석제 여래좌상에 대해서 북조의 동위 불상과 비교되는 동시에 南齊 永明 元年銘 석조 여래좌상에서 연원을 찾기도 하며(김춘실, 1996, 앞의 글, pp.92-93), 예산 사면석불도 남조 양과 북제의 연관성이 동시에 지적되기도 한다(정은우, 2005, 「禮山 四面石佛의 미술사적 검토」, 『백제문화』 34, pp.217-218, p.227).

를 방문한 백제 사신들에 의해 전파되어 백제의 마애불 조영에 영향을 미쳤다고 보았다.[64)]

이상의 내용은 다음과 같이 정리해볼 수 있을 것이다. 백제의 불상 양식에는 남조와 북조의 요소들이 혼재되어 나타나며 중국에서도 6세기에 이르면 남북조의 불상 양식이 섞여 중국화된 양식을 형성하기도 하므로, 양식적인 측면만으로는 남조와 북조의 영향을 구분하여 살펴보기 어렵다. 최근 재질과 입지에 대한 분석을 바탕으로 6세기 후반~7세기로 편년되는 백제 마애불의 조영을 위덕왕대 북조와의 관계 속에서 이해하려는 견해가 제기되기도 하였다. 하지만 7세기의 백제 마애불에서도 남조의 전통적인 형식이 적용되고 있다는 점을 고려하면 6~7세기 백제 불상의 조영에는 남조와 북조의 영향이 모두 작용하고 있다고 볼 수 있다. 백제 불상이 이러한 양상을 나타내는 것에는 분명 당시 남북조와 모두 교류하던 백제 대외관계의 영향이 있었을 것이다. 중국 왕조와의 교섭을 개시한 이래 끊어지지 않고 유지되어 온 남조와의 관계에 더하여, 위덕왕대 재개된 북조와의 관계가 백제 불상에 반영되었던 것이다.

그런데 이보다 앞서 북조의 영향을 보여주는 자료가 있다. 바로 정림사지 출토 소조상이다. 정림사지는 사비 천도 이후 가장 이른 단계에 건립된 사원으로 볼 수 있으며 백제 사원 가람배치의 기본 모델이 된 중요한 유적이다.[65)] 정림사의 가람배치는 1탑 1금당식으로 516년에 건설된 북위 낙양 영녕사와 유사하며, 두 사원유적에서 출토된 소조상에서도 유사성이 확인된다. 그런데 최근 중국 남경에서 남조시기 上定林寺로 추정되는 鍾山 2호 유적이 조사되고 그곳에서도 유사한 소조상이 출토되면서 정림사와 남조 사원 간의 관

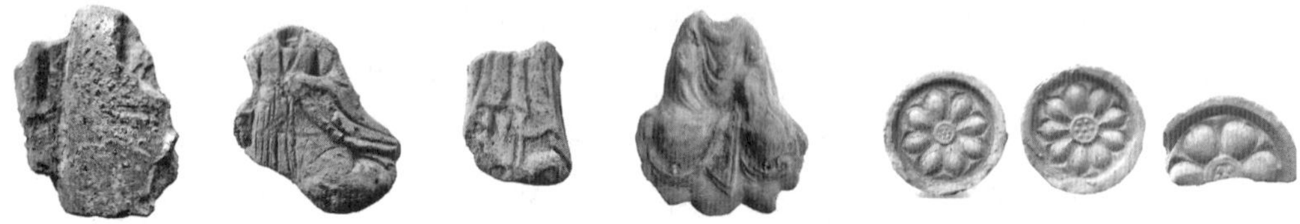

그림 1. 남경 종산 2호 유적(추정 상정림사지) 출토 유물(국립부여박물관, 2015, 『百濟 定林寺와 北魏 永寧寺』, p.81)

그림 2. 북위 영녕사 출토 소조상(국립부여박물관, 2015, 『百濟 定林寺와 北魏 永寧寺』, p.73 · p.213)

64) 소현숙, 2018, 「백제 불상에 나타난 중국 불교예술의 영향-마애불을 중심으로」, pp.311-313.

65) 이병호, 2014, 앞의 책, 95쪽.

그림 3. 정림사 출토 소조상(국립부여박물관, 2015, 『百濟 定林寺와 北魏 永寧寺』, pp.98-99)

계도 주목되고 있다.[66] 개로왕대에 북위와 관계를 단절한 이래 위덕왕이 북제에 사신을 보내기까지 100년에 가까운 시간 동안 백제와 북조 간 교류가 없었던 것에 비해, 백제와 남조 간 교류는 상대적으로 꾸준히 이어져 왔으므로, 백제의 사찰에서 남조의 영향이 나타나는 것은 자연스러운 현상일 것이다. 그러나 한편으로 북조의 영향으로 볼 수 있는 요소들도 함께 나타나는 것은 흥미로운 점이다.

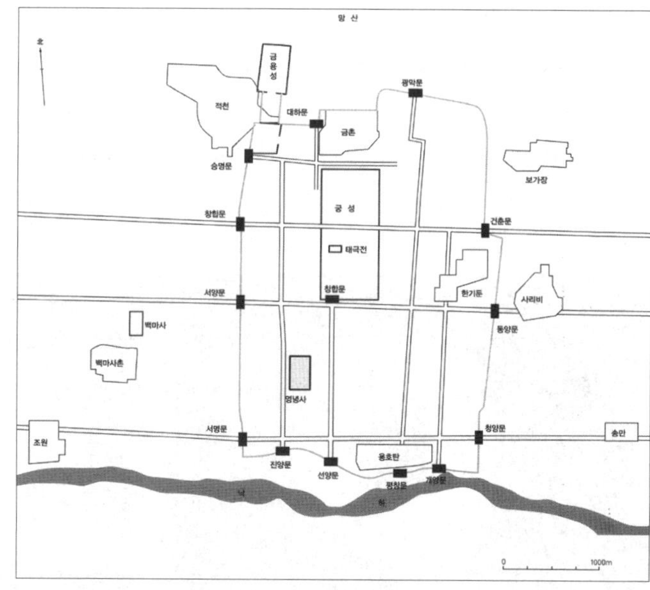

그림 4. 낙양 한위고성과 영녕사 위치도(국립부여박물관, 2015, 『百濟 定林寺와 北魏 永寧寺』, p.61)

정림사지와 영녕사지 출토 소조상들을 살펴보면 여러 측면에서 유사성이 발견된다. 머리와 몸을 별도로 만들어 결합하는 방식, 채색와 유약의 흔적 등이 동일하게 나타난다. 또한 양 갈래 소관을 쓰거나 양 갈래 상투를 튼 모양의 두상이 발견되는 등 비슷한 형태를 한 소조상편도 다수 확인되었다.[67] 또한 정림사의 입지적 특징도 북조 사원들과 유사한 면이 있다. 문헌에 따르면 남조 건강성의 사원들은 東晉 山林佛寺의 특징을 계승하여 자연지형을 그대로 활용한 경우가 많은 반면 북조에서는 영녕사와 한위고성처럼 잘 구획된 성곽 내에 평면적 가람배치를 한 사원이 조성되었다고 한다.[68]

---

66) 정림사와 남조 사원에 대한 전반적인 비교 검토는 이병호, 2014, 앞의 책 II장에 자세하게 서술되어 있다.

67) 신광섭, 2003, 「능산리사지 발굴조사와 가람의 특징」, 『百濟 金銅大香爐와 古代東亞世亞』, pp.54-56.

사비도성 내에서 관북리 추정왕궁지와 정림사지는 남북 일직선상에 위치하고 있다.

북위와의 공식적인 교류가 단절되었던 시기에도 북위 문화의 영향으로 보이는 양상이 백제에 나타난다는 것은 두 가지 가능성을 시사한다. 하나는 고구려를 통한 북위 문화의 전달 가능성이다. 불상에서도 고구려 양식의 영향이 확인된다는 점,[69] 정림사지 금당지의 이중기단에서 고구려의 청암리사지 팔각건물지에서 보이는 下成礎石이 보인다는 점[70] 등이 이러한 추정의 근거가 될 것이다. 그러나 475년 이후 백제와 고구려의 관계를 고려한다면 양국 간 문화교류가 원만하게 이루어지고 있었다고 보기는 어렵다. 다른 하나는 민간 차원의 비공식적인 인적교류를 통해 북위의 문화가 수입되었을 가능성이다. 당시 고구려에서 한강 유역을 뺏긴 백제가 중국항로를 사용하는 것은 제약이 있었으나 서해횡단항로를 개척하여 사용했을 것으로 추정하기도 하므로, 직접 교류의 가능성을 완전히 배제하기도 어렵다.[71] 민간 승려의 신분으로 인도로 향한 겸익을 비롯한 여러 구법승들의 활동을 염두에 둔다면 공식적인 사신 교환이 당시 국제 교류의 전부였을 것으로 보기는 어렵다. 그렇다면 북조 문화가 백제에 유입될 수 있는 통로가 존재했을 가능성도 충분하다.

북조 문화의 흔적은 왕흥사지에서도 발견된다. 왕흥사지 사리장엄구 공양품 중에서 북제의 常平五銖錢이 발견된 것이다.[72] 이는 위덕왕대 북제와의 교섭을 물질적으로 증명하는 중요한 자료이다. 왕흥사지 사리장엄구 중 가장 바깥을 감싸고 있는 석함 옆에서 발견된 목제함의 흔적도 주목된다.[73] 왕흥사지 뿐만 아니라 금강사지와 군수리사지 등 백제 목탑지에서 종종 목제함의 흔적이 확인되지만[74] 보존상태가 좋지 않

그림 5. 왕흥사지 목탑지 출토 상평오수전(국립부여문화재연구소, 2009, 『왕흥사지Ⅲ』, p.81)

68) 국립부여박물관, 2015, 앞의 책, p.56.

69) 김춘실, 1996, 앞의 글, p.92.

70) 이병호, 2014, 앞의 책, pp.100-101.

71) 임동민, 2016, 「백제와 동진의 교섭 항로」, 『백제학보』 17, pp.106-107; 박순발 2016, 「백제의 해상교통과 기항지-對中國 航路를 중심으로」, 『백제학보』 16, pp.10-11; 정진술, 2009, 『한국의 고대 해상교통로』, 한국해양전략연구소, p.274(박종욱, 2017, 앞의 글, pp.145-146에서 재인용).

72) 국립부여문화재연구소, 2009, 『왕흥사지Ⅲ』, p.63.

73) 국립부여문화재연구소, 2009, 앞의 책, p.52.

74) 국립부여문화재연구소, 2009, 『한·중·일 고대사지 비교연구(Ⅰ)-목탑지편』, pp.44-45.

아 현존하는 유물은 거의 없다. 그런데 중국 북제 鄴城에서 조사된 핵도원 목탑지와 趙彭城 목탑지에서도 중앙의 석함 주변으로 목칠기가 봉안되어 있는 것이 확인되었다. 또한 왕흥사지 목탑지와 마찬가지로 사리석함 주변에 상평오수전과 같은 동전이나 각종 유리구슬류 등의 공양품을 대량으로 배치해 놓은 것도 비슷한 점이다.[75] 왕흥사가 위덕왕대 조영된 사찰이며, 위덕왕은 앞서 살펴보았듯이 북조와의 관계를 적극적으로 개척해나간 왕이라는 사실은 왕흥사에서 북조 문화의 흔적이 발견되는 배경을 설명해 주고 있다.

Ⅳ. 맺음말

이상에서 사비기를 중심으로 백제와 대중관계와 문화양상에 대하여 살펴보았다. 내용을 요약하는 것으로 맺음말을 대신하고자 한다. 백제는 동진과 교섭한 이래 주로 남조와 교류해 왔다. 개로왕대 북조와의 관계가 단절된 이후, 웅진도읍기의 대중관계는 남조에 편중되어 있었다. 그러나 한강유역을 둘러싼 각축전 속에서 성왕이 사망하고 한강유역도 다시 상실하면서 백제의 국제적 입지가 약화되었다. 어지러운 국내외 정세 속에서 즉위한 위덕왕은 위기를 타개하기 위해 노력하였고, 그것이 대외적으로 나타난 것이 북조와의 교섭 재개였다. 당시 북제 역시 국제적 입지를 강화하기 위해 백제와의 관계에 적극적으로 임하였다.

이러한 백제-남북조 간의 교섭양상은 문헌과 유물에서 드러난다. 472년 개로왕이 북위와 국교를 단절한 이래 100여년이 지난 후 재개된 백제와 북조와의 교섭은 서로에게 새로운 문화를 접할 수 있게 하는 계기가 되었다. 『周書』와 『北史』 등에는 교류단절의 기간 동안 변화, 발전해 온 백제의 정치, 제도, 사회, 문화, 사상, 풍습 등 다양한 분야에 관한 정보가 기록되었다. 『南齊書』와 『梁書』 등이 외교관계기사에 집중되어 있는 것과는 다른 양상이다. 이는 백제에 대한 북조의 관심사가 무엇이었는지를 알려주기도 한다. 특히 백제의 도교문화는 매우 산발적·단편적으로 나타나는데, 『주서』에 기록된 도교 관련 기록들은 사비기 백제 도교문화의 일면을 살펴보는데 매우 중요한 정보들을 제공하고 있다.

반대로 북조와의 교섭을 재개한 백제의 입장에서 새로운 선진문화의 도입이 어떻게 이루어졌는지는 불교 유물 및 유적을 통해 살펴보았다. 6세기 이래 제작된 불상들에 남조의 요소가 그대로 유지되면서 북조적 특징이 나타나거나, 불상의 재료나 입지에서 북조의 영향이 보인다는 점, 왕흥사지에서 북제의 상평오수전이 발견되었다는 점 등을 근거로 제시하였다.

그간 백제와 중국 여러 왕조 간 문화교류에 대한 연구는 백제가 중국의 어떤 선진문물을 도입하였고, 어떻게 자체적으로 발전시켜 나갔으며, 그것이 어떤 유물을 통해 드러나는지를 중점적으로 살펴보는 방향으로 이루어져 왔다. 이 과정에서 유적과 유물이 많이 남아있는 불교 관련 자료들이 주로 검토 대상이 되었

75) 주경미, 2017 「백제 왕흥사지 출토 사리장엄구와 6세기 동아시아 불교문화」, 『백제 왕흥사 창건 1440년 기념 학술심포지엄 자료집 : 百濟 王興寺와 昌王』, p.104, pp.108-109; 이 외 능산리 출토 석조사리감에 새겨진 '兄'자가 북조의 서체와 유사하며, 왕흥사지 출토 청동사리함의 서체는 북조와 남조의 서체가 섞여 있다고 보는 등 북조 문화의 영향이 곳곳에서 산견된다.

다. 반면 도교문화에 대한 검토는 상대적으로 미진했다. 이는 백제에서 종교로서의 위치를 확고히 했던 불교와는 달리, 도교는 교단 성립 여부도 명확히 밝혀지지 않아 도교문화라는 것을 규정하기 어려운 측면이 있다. 이러한 상황에서 대외관계와의 관련성을 밝히는 것은 매우 어려운 작업이라고 생각된다. 이는 필자가 다룰 수 있는 범위를 벗어나는 까닭에 깊이있게 다루지 못하였다. 여러 선후배 연구자 선생님들의 질정을 바란다.

투고일: 2020. 4. 30.	심사개시일: 2020. 5. 3.	심사완료일: 2020. 5. 26.

참/고/문/헌

국립부여문화재연구소, 2009, 『왕흥사지Ⅲ』.

국립부여문화재연구소, 2009, 『한·중·일 고대사지 비교연구(Ⅰ)-목탑지편』.

국립부여박물관, 2013, 『하늘에 올리는 염원 백제금동대향로』.

국립부여박물관, 2015, 『百濟 定林寺와 北魏 永寧寺』.

국립중앙박물관, 2013, 『한국의 도교문화:행복으로 가는 길』.

구보 노리따다 지음·최준식 옮김, 1990, 『도교사』, 분도출판사, p.55.

권오영, 2005, 「百濟文化의 이해를 위한 中國 六朝文化 탐색」, 『한국고대사연구』 37.

길기태, 2006, 『백제 사비시대의 불교신앙 연구』, 서경.

김금자, 2017, 「남북조시기 백제와 북조와의 관계에 대하여」, 『백제학보』.

김리나, 1993, 「百濟初期 佛像樣式의 成立과 中國佛像」, 『百濟寺의 比較硏究』, 충남대학교 백제연구소.

김수태, 2018, 「사비시대 백제의 도교」, 『한국고대사탐구』 32.

김영심, 2011a, 「백제문화의 도교적 요소」, 『한국고대사연구』 64.

김영심, 2011b, 「百濟의 道教 成立 問題에 대한 一考察」, 『백제연구』 53.

김영심, 2012, 「무령왕릉에 구현된 도교적 세계관」, 『韓國思想史學』 40.

김종만, 2003, 「扶餘 陵山里寺址 出土遺物의 國際的 性格」, 『百濟 金銅大香爐와 古代東亞細亞』.

김춘실, 1996, 「百濟 彫刻의 對中交涉」, 『百濟 美術의 對外交涉』.

김춘실, 2000, 「百濟 7세기 佛像과 中國 佛像」, 『先史와 古代』 19.

노중국, 2010, 『백제사회사상사』, 지식산업사.

令木 勉, 2013, 「백제의 금속공예와 고대 일본」, 『백제금동대향로 발굴 20주년 기념 : 백제금동대향로, 고대 문화의 향을 피우다』.

박경은, 1999, 「韓國 三國時代 古墳美術의 怪獸像 時論」, 『온지논총』 5, p.198.

박경은, 2013, 「백제금동대향로의 도상 연구 시론」, 『하늘에 올리는 염원, 백제금동대향로』.

박경은 2018, 「百濟金銅大香爐의 圖像과 상징성 연구」, 홍익대학교 대학원 박사학위논문).

박순발, 2008, 「百濟 籠冠俑 硏究」, 『백제연구』 48.

박윤선, 2006, 「위덕왕대 백제와 남북조의 관계」, 『역사와 현실』 61.

박종욱, 2017, 「백제의 對中國交涉 航路」, 『백제학보 19』.

박지현, 2015, 「송산리 6호분 출토 문자자료」, 『한국고대 문자자료 연구』 백제편-上, 주류성.

박찬우, 2017, 「백제 동성왕대 대남제 외교전략」, 『한국고대사연구』 85.

박현숙, 2003, 「6세기 백제 백제 대외관계의 변화와 그 의미」, 『先史와 古代』 19.

소현숙, 2016, 「泰安 마애삼존상의 도상과 성격-竝立한 二佛의 존명 추정과 정치적 서상으로서의 가능성

탐색」, 『백제문화』 54.
소현숙, 2018, 「백제 불상에 나타난 중국 불교예술의 영향-마애불을 중심으로」.
신광섭, 2003, 「陵山里寺址 發掘調査와 伽藍의 特徵」, 『百濟 金銅大香爐와 古代東亞世亞』.
양기석, 2003, 「百濟 威德王代의 對外關係」, 『先史와 古代』 19.
윤선태, 2007, 『목간이 들려주는 백제 이야기』, 주류성.
이병호, 2014, 『백제 불교사원의 성립과 전개』, 사회평론.
임동민, 2016, 「백제와 동진의 교섭 항로」, 『백제학보』 17.
장인성, 2017, 『한국 고대 도교』, 서경문화사.
정동준, 2013, 『동아시아 속의 백제 정치제도』, 일지사.
정은우, 2005, 「禮山 四面石佛의 미술사적 검토」, 『백제문화』 34.
주경미, 2017 「백제 왕흥사지 출토 사리장엄구와 6세기 동아시아 불교문화」, 『백제 왕흥사 창건 1440년 기념 학술심포지엄자료집 : 百濟 王興寺와 昌王』.
酒井忠夫 외 지음·최준식 옮김, 1990, 『도교란 무엇인가』, 민족사.

〈Abstract〉

The Relationship of Baekje with China and Cultural Exchange in Sabi Era
−Focusing on Buddhism and Taoism

Park, Ji−hyun

Baekje developed diplomatic relationship with the Southern Dynasties of China since it sent an envoy to East Jin(東晉, Dōng Jìn) in 372. Moreover, King Gaero discontinued diplomatic relationship with North Wei(北魏, Běi Wèi) in 472. Since then, Baekje only interacted with the Southern Dynasties of China in various fields. Although the capital and Hangang River basin were taken by Goguryeo in 475, Baekje developed power and interacted with the Southern Dynasties of China.

However, by the middle of the 6th century, having a feeding frenzy around the Hangang River basin with Shilla, King Seong of Baekje fell in Gwansanseong Fortress Battle. King Uideok, who succeeded to the throne, tried to overcome the crisis. In the crisis, to establish a solid foothold in East Asia, he resumed the development of diplomatic ties with the Northern Dynasties of China while maintaining the relationship with the Southern Dynasties of China, sending an envoy to North Qi(北齊, Běi Qí).

Because of this change in relations with China, Zhōushū(『周書』) and Bĕish(『北史』), histories of the Northern Dynasties, included the contents about Baekje's political system, social custom, culture, religion and so on. In particular records related to Taoism(道敎) in Baekje were important to study Taoism of Baekje due to the lack of historical literature and archeological materials about that. Also, the existence of those records implies what the Northern Dynasties of China were interested.

On the other hand, several relics, especially the sculptures of Buddha, showed what Baekje accepted and adopted from the Northern Dynasties of China. Since the 6th century, some sculptures of Buddha made in Baekje presented features of both the Southern and Northern China style. It seemed that these sculptures were added the Northern China's features based on the Southern China style. Moreover, it seemed to be affected by the Northern Dynasties of China, sculptures of Buddha seem to be made of stone and located in the main roads of Baekje.

▶ Key words: Relationship between Baekje and Norther Dynasties of China, King Uideok, Taoism, Zhōushū(『周書』), Bĕishǐ(『北史』), Clay Figure of Jeongnimsa Temple Site, Stone Statue of Buddha

동아시아의 典籍交流와『論語』목간*

정동준**

〈국문초록〉

이 글에서는 쌍북리『논어』목간이 동아시아의 전적 교류에서 가지는 의미를 파악하기 위해서, 쌍북리『논어』목간의 출토상황과 선행연구, 한국의『논어』목간 출토사례를 정리한 후, 출토된『논어』간독의 특징을 중국왕조 및 고대 일본과 비교하였다. 정리하면 다음과 같다.

쌍북리 출토『논어』목간은 신라 지역에서 출토된 것으로 보이는 봉황동·계양산성『논어』목간과 차이가 적지 않았는데, 다면체의 觚라는 점만 공통점일 뿐 출토지가 당시의 지방이 아니라 왕경이고 남은 것이 완형에 가까워서 좁고 장대한 형태가 아닌 데다가 學而篇의 맨 앞부분을 적었다는 차이가 있었다.

비교대상을 북한·중국·일본 등의『논어』간독으로 확대하였을 경우, 쌍북리 출토『논어』목간은 규격이라는 측면에서 漢代의 서적간과, 봉황동·계양산성『논어』목간은 1章1觚라는 기재방식에서 河西 지역 출토 서적목간과 공통점이 있었다. 둘 모두 중국 출토의『논어』간독보다는 여타의 서적간독과 공통점이 있었던 것이다. 고대 일본의 경우 學而篇의 기재나 휴대용 학습 목적은 백제 즉 쌍북리 출토『논어』목간의 영향이, 대형 목간에 1章1觚라는 기재방식을 채택하여 공공의 교육 목적으로 사용하는 것은 봉황동·계양산성『논

* 이 글은 2019년 11월 2일 한국목간학회 제32회 정기발표회 "출토자료로 본 백제 사비기의 문화와 동아시아"(한성백제박물관 대강당)에서「백제의 儒學教育과 동아시아 典籍交流」라는 제목으로 발표한 내용 중에서『논어』목간 관련부분만 분리한 후 대폭 보완한 것이다.

** 성균관대학교 사학과 BK21+ 사업단 연구교수

어』 목간의 영향이 있었다고 할 수 있었다. 쌍북리 출토 『논어』 목간의 저본에 대해서는 『논어집해』와 『논어의소』 중 하나라고 생각되지만, 현재 어느 한쪽으로 추정하기는 어려웠다.

▶ **핵심어: 백제, 논어 목간, 觚, 전적, 학이편, 휴대용, 동아시아**

I. 머리말

니시지마 사다오[西嶋定生]는 '동아시아세계'에서 나타나는 공통요소로서 '유교, 불교, 율령제, 한자문화'를 거론하였다.[1] 그중에서 가장 중요한 것은 역시 한자문화라고 할 수 있다. 왜냐하면 유교도 불교도 율령제도 모두 한자문화를 매개로 주변제국에 전달되기 때문이다. 그렇게 한자문화를 주변제국에 전달하는 매개체로서는 무엇보다 한문으로 된 典籍이 중요하다. 간단히 말해서 동아시아세계에서 한자문화를 전달하는 매개체는 한문 전적이라고 할 수 있다.

그러나 고대 동아시아에서 후대가 아닌 당시의 형태로 남아 있는 한문 전적은 어느 나라에서도 찾기 어렵다. 운 좋게 남아 있는 경우라고 하더라도 서적이 아닌 간독의 형태로 되어 있다. 특히 중국왕조와 일본 사이에서 한자문화를 전달하는 매개로서 역할을 한 한반도에서 최근 한문 전적인 『論語』 목간이 출토된 것은 주목된다. 특히 2018년 백제의 중심부에서 발견된 쌍북리 출토 『논어』 목간이 대표적인 사례라고 할 수 있다.

이러한 한문 전적의 교류에 대해서는 유학교육을 전제로 하여 설명해야 한다. 필자는 최근 백제의 유학교육에 대하여 한문 전적의 유통상황과 연결시켜 교육내용을 추정한 바가 있다.[2] 그에 따르면 『논어』는 중국왕조나 신라, 고대 일본에서 국가교육기관의 필수적인 교육내용이었고, 백제에서도 목간의 출토 이외에 『논어』의 유통과 교육을 뒷받침하는 자료들이 존재하였다. 따라서 백제에서도 『논어』는 국가교육기관인 태학의 필수적인 교육내용일 가능성이 높다. 이 글에서는 이러한 점을 바탕으로 하여 『논어』 목간의 출토가 동아시아의 전적 교류에서 가지는 의미에 대해서 파악해 보고자 한다.

백제 지역에서 출토된 부여 쌍북리의 『논어』 목간에 대해서는 간단한 소개[3] 이외에 다룬 연구가 없었다가, 최근에서야 몇가지 연구가 이루어졌다.[4] 다만 여전히 동아시아의 전적 교류라는 시각에서 시도된 연구

---

1) 西嶋定生, 1970, 「序說-東アジア世界の形成」, 『岩波講座 世界歷史4-古代4』, 岩波書店; 李成市 編, 2000, 『古代東アジア世界と日本』, 岩波書店, p.5.

2) 정동준, 2020, 「동아시아의 전적 교류로 본 백제의 유학교육」, 『한국사연구』 188.

3) 김성식·한지아, 2018, 「부여 쌍북리 56번지 사비한옥마을 조성부지 유적 출토 목간」, 『목간과 문자』 21; 李成市, 2019, 「신라·백제 목간과 일본 목간」, 『문자와 고대 한국 2-교류와 생활』, 주류성, pp.121-122.

4) 權仁瀚, 2019, 「扶餘 雙北里 論語木簡에 대한 몇 가지 생각」, 『목간과 문자』 23; 金永旭, 2020, 「字間空白에 關한 考察」, 『구결연구』 44.

는 없었다.

따라서 쌍북리의 『논어』 목간에 대해서는 한국은 물론 북한·중국·일본 등에서 출토된 『논어』 간독과 비교하여야 할 것이다. 이 글에서는 쌍북리 『논어』 목간이 동아시아의 전적 교류에서 가지는 의미를 파악하기 위해서, 쌍북리 『논어』 목간의 출토상황과 선행연구, 한국의 『논어』 목간 출토사례를 정리한 후, 출토된 『논어』 간독의 특징을 중국왕조 및 고대 일본과 비교하고자 한다. 이러한 검토결과를 통하여 동아시아세계에서의 한반도 한자문화의 특징과 역할 등을 파악할 수 있을 것이다.

II. 한반도의 『논어』 목간

1. 부여 쌍북리 출토 『논어』 목간

2018년에 충청남도 부여군 부여읍 쌍북리 56번지 유적에서 『논어』 목간이 출토되었다.[5] 이 유적은 부여군 문화재사업소가 사비한옥마을 조성사업을 추진하는 과정에서 사전 발굴조사를 실시하여 발견된 것이다. 주변에는 다량의 목간이 출토된 현내들 유적과 「佐官貸食記 목간」, 「外椋部 목간」 등이 출토된 쌍북리 280-5 유적 등이 인접해 있다. 유적에 대한 발굴조사는 2017년 2월23일부터 2018년 5월 4일까지 실시되었다.

유적 내에서 출토된 목간은 총 17점이다. 그중 백제 사비시대 후반기 문화층에 해당하는 상층에서 12점, 일부분만 조사되어 아직 시기를 판별하기 어려운 하층에서 5점이 출토되었다. 출토 목간은 형태상으로는 홀형, 부찰형, 사면형 등이, 내용상으로는 문서, 습서목간 등이 있다. 다만 지형과 유구의 잔존상태 때문에 목간이 출토된 위치는 유구 내부에서 확인되지 않았다. 목간은 주로 도로의 측구와 유구의 주변에서 출토되었다.

『논어』 목간은 길이 28.0㎝, 너비가 각각 1.8㎝, 2.5㎝이다. 이 목간은 단면형태가 장방형으로 되어 있는 습서용 사면목간이고, 하단부에 1글자 정도의 폭 만큼 결실되었다고 한다. 목간은 시굴조사 트렌치를 이용한 토층조사 과정 중 회색점질층, 즉 상층 내에서 출토되었다. 목간이 출토된 동일층의 바로 옆에서 높이가 5.7㎝ 정도인 회색경질토기 소형호 1점이 함께 출토되었다. 결실된 1글자의 크기까지 고려하면 본래의 길이는 후술하듯이 30㎝ 전후라고 생각된다.

목간의 내용은 다음의 사료 A와 같은데, 각 구절의 비교용으로만 이용할 것이기 때문에 번역 없이 원문만 제시하였다(〈사진 1〉 참조).[6]

---

5) 이하 목간의 출토상황에 대해서는 김성식·한지아, 2018, 앞의 논문, pp.342-346에 의거하여 서술하였다.

6) 이하 사료 A에 대해서는 김성식·한지아, 2018, 앞의 논문, pp.346-347에 의거하여 석독하고 서술하였다.

A ▨ 子曰 學而時習之 不亦悅[乎] (1면)
有朋自遠方來 不亦樂[乎] (2면)
人不知 而不慍 不亦[君] (3면)
子乎 有子曰 其爲人也 (4면)
(「부여 쌍북리 출토 논어 목간」)

A의 내용은 『논어』의 「학이편」 제1장과 제2장의 일부이다. 1면은 1열인데, 결실된 1글자를 포함하면 12자이다. 첫머리는 「학이편」 제1장의 도입부인 "子曰 … "의 앞에 글자 흔적이 보인다. 자세히 보면 "習"으로 추정되는 글자 아래에 책받침(辶)이 돌아가는 형태의 글자가 확인되는 듯한데, 다른 글자들보다 크게 적었다. 언뜻 보면 이 글자는 사람의 얼굴을 그린 것처럼 보이기도 한다.[7)]

2면은 1열인데, 결실된 1글자를 포함하면 10자이다. 이 중 "來"는 약식으로 적었고 "亦"자는 왕희지체와 유사하다. 3면은 1열인데, 결실된 1글자를 포함하면 9자이다. 특히 '人不知'와 '而不慍' 사이의 공간 중 오른쪽 가장자리에는 판독할 수는 없지만 묵서 흔적이 확인되고 있다. 한국식 어법에 맞추어 구결방식이 적용된 부분이라고 생각된다.[8)] 4면은 1열인데, 9자이다. 마지막 글자 "也"는 아래쪽의 절반이 결실되었다. 4면의 3번째 글자부터는 제2장이어서, 장별로 다른 묶음이 더 있었을 것으로 추정되는데, 현존하는 내용이 쭉 이어지게 되어 있다.

사진 1. 쌍북리 『논어』 목간 적외선 사진
(김성식, 2019, 「부여 쌍북리 56번지 유적-사비도성의 외곽 마을 모습」, 『2018 한국고고학저널』, p.99)

A에서는 띄어쓰기가 분명히 보이고, 예서

7) 김성식·한지아, 2018, 앞의 논문, p.347 표 2 참조. 이에 비해 權仁瀚은 적극적으로 인면화임을 주장하였다(權仁瀚, 2019, 앞의 논문, p.202).

8) 權仁瀚, 2019, 앞의 논문, pp.204-205; 金永旭, 2020, 앞의 논문. pp.46-52.

와 행서를 혼용하였다는 특징이 있다. 그리고 논어 본문의 글자 이외에도 작은 묵흔들이 오른쪽 가장자리의 여러 곳에서 확인되고 있다.

A는 출토된 지역이 백제 왕경의 중심지이다. 주요내용은 『論語』 學而篇의 1장 및 2장 일부 즉 『論語』 전체의 첫 부분이다. 현존 부분과 본래의 목간은 크기상으로 거의 차이가 없을 것으로 판단된다. 그렇다면 대략 30㎝ 전후의 길이여서 휴대가 가능한 크기이다. 또 구결방식의 흔적이 보이고 있어 학습용으로 사용되었을 가능성이 높다.[9)]

지금까지 쌍북리에서 출토된 『논어』 목간에 대한 정보를 파악해 보았다. 다음 절에서는 이 목간을 한반도의 다른 지역에서 출토된 『논어』 목간과 비교해 보도록 하겠다.

2. 한반도 출토 『논어』 목간과의 비교

지금까지 한국에서 출토된 전적간독은 『논어』목간이 유일하다.[10)] 현재까지 쌍북리를 제외하고 두 곳에서 출토되었는데, 1999년 경상남도 김해시 봉황동유적에서 출토된 『논어』 목간(사료 B-1), 2005년에 인천광역시 계양구의 계양산성에서 출토된 『논어』 목간(사료 B-2)이 그것이다. 또 한국 지역은 아니지만, 1990년대 초 북한의 평양시 낙랑구역 정백동 364호 낙랑묘(이하 '낙랑구역'이라고 약칭한다.)에서 『논어』 죽간이 출토된 사례도 있다.[11)]

이 중 한국 지역에서 출토된 2개의 『논어』 목간을 제시하면 아래와 같다.[12)]

B-1. × 不欲人之加諸我 吾亦欲无加諸人 子 × (1면)
× [文也] 子謂子産有君子道四焉 其 × (2면)
× 已▨▨ ▨色 舊令尹之政 必以告新 × (3면)
× 違之 何如 子曰 淸矣 ▨ 仁▨▨ 曰 未知 × (4면) (「김해 봉황동 출토 논어 목간」)

B-2. × 賤 君子▨ 若人 ▨ × (1면)
× 吾斯之未能信 子▨ × (2면)
× ▨ 不知其仁也 求也 × (3면)
× ▨▨ × (4면)
× ▨▨ 子曰 吾 × (5면) (「인천 계양산성 출토 논어 목간」)

9) 權仁瀚은 典籍 學習用 習·落書木簡이라고 하였다(權仁瀚, 2019, 앞의 논문, p.202).

10) 이하 B-1·2에 대한 분석은 김경호, 2012, 「출토문헌 『논어』, 고대 동아시아사에서의 수용과 전개」, 『地下의 논어, 地上의 논어』, 성균관대학교 출판부에 기초하여 작성되었다.

11) 이 목간은 1992년에 공개되었지만(류병홍, 1992, 「고고학 분야에서 이룩한 성과」. 『조선고고연구』 1992-2, 사회과학원 고고학연구소), 오랫동안 주변국의 학계에 알려지지 않았다. 이 목간이 한국이나 일본의 학계에 알려진 것은 2009년이다(李成市·尹龍九·金慶浩, 2009, 「平壤 貞柏洞 364號墳 출토 竹簡 『論語』에 대하여」, 『木簡과 文字』 4).

12) 橋本繁, 2014, 『韓國古代木簡の研究』, 吉川弘文館, p.127 및 p.132에 의거하여 석독하였다.

B-1은 『論語』 公冶長篇 중 중반부분에 해당하는 내용이고, 잔존길이는 20.6㎝, 폭은 1.5~2.1㎝이다. 이 목간이 觚의 형태를 가지고 있기 때문에, 公冶長篇의 특정 章句 전체를 기재하였을 가능성이 매우 높다는 지적이 있다.[13] 그 견해에서는 그 이유로 漢代에 觚의 형태를 가지고 있는 목간의 용도는 주로 습자용 및 습자교재, 문건 내용의 초고, 독서를 위해 초록한 경서의 제작 등이고, 거기에 서사된 내용에는 '1章1觚'라는 기재원칙이 있는 것을 들었다. 발굴보고서에 따르면, 목간의 연대는 이것과 동일한 층위에서 출토된 토기의 유형에 따라 6세기 후반~7세기 초반이라고 추정된다.[14] 본래의 길이가 100㎝ 정도라고 추정되기 때문에,[15] 특정한 목적을 위해서 만든 학습도구의 목간일 가능성이 높다.[16]

5면체의 형태를 가지고 있는 B-2도 또한 『論語』 公冶長篇의 일부 내용을 전하고 있다. 잔존길이는 49.3㎝, 폭 2.5㎝, 묵서한 부분의 길이 13.8㎝이다. 발굴보고서에 따르면, 이 목간도 또한 '1章1觚'라는 서사원칙이 있고, 비교적 完整한 문자를 확인할 수 있는 제3면의 한 글자가 약 1.3㎝ 정도의 공간을 차지한다고 추정하면, 본래의 길이는 대략 96㎝라고 추정할 수 있다.[17] 이 목간의 사용시기와 관련하여 집수정 호안석축의 상부에서 '主夫吐'라는 문자가 새겨진 명문기와가 출토되어, 여기에 고구려시대부터 신라시대까지 主夫吐郡이 존재하였음을 알 수 있다. 또 발굴보고서에 따르면, 목간의 같은 집수정의 바닥 부분(Ⅶ층)에서 출토된 원저단경호의 특징은 4~5세기의 백제토기와 공통점을 가지고 있기 때문에, 목간의 사용연대를 동일시기라고 파악하고 있지만,[18] 이에 대해서는 보다 신중히 고찰해야 할 것이다.[19]

B-1·2는 출토된 지역이 왕경 등 중심지가 아니라 지방이고 신라의 영역 내이며 본래의 목간이 현존 부분보다 훨씬 컸을 것으로 추정된다는 공통점을 발견할 수 있다. 또한 주요내용은 전부 『論語』 公冶長篇의 일부가 서사되고 있다. A가 왕경의 중심지에서 출토되고 주요내용도 『論語』 전체의 첫 부분이며 현존 부분과 본래의 목간이 크기상 거의 차이가 없을 것으로 판단되는 것과는 차이가 있다. 다만 셋 모두 다면체인 觚의 형태를 가지고 있다는 공통점이 있다. 세 목간이 제작된 거의 동시기에 종이에 기록된 『논어』가 吐魯番의 唐代 묘지에서 출토된 것을 볼 때, 당시 한반도에서는 목간은 종이 『논어』와는 다른 특수한 목적으로 제작되었을 것이다.[20]

이러한 사실이 무엇을 의미하는가를 파악하기 위해서는 북한·중국·일본 등의 『논어』 간독과 비교할 필

13) 윤재석, 2012, 「한국·중국·일본 출토 『논어』 목간의 비교연구」, 『地下의 논어, 紙上의 논어』, 성균관대학교 출판부, pp.118-125.

14) 부산대학교 박물관, 2007, 『김해 봉황동 저습지 유적』.

15) 尹在碩, 2011, 「韓國·中國·日本 출토 論語木簡의 비교 연구」, 『동양사학연구』 114, pp.66-76. 橋本繁은 125.4-146.3㎝라고 추정하였다(2012, 「한국에서 출토된 『논어』 목간의 형태와 용도」, 『地下의 논어, 紙上의 논어』, 성균관대학교 출판부, p.209).

16) 李成市, 2009, 「新羅の識字教育と『論語』」, 高田時雄 編, 『漢字文化三千年』, 臨川書店, p.129.

17) 본래의 길이를 130㎝ 전후라고 추정하는 견해도 있다(橋本繁, 2012, 앞의 논문, pp.209-210).

18) 선문대학교 고고연구소, 2008, 『계양산성 발굴조사보고서』.

19) 겨레문화유산연구원, 2009, 『인천 계양산성 4차발굴조사약보고서』에 따르면, 출토된 유물 중 토기류의 연대는 신라~통일신라시대, 기와의 연대는 통일신라 말~고려 초기라고 추정하고 있다.

20) 尹在碩, 2011, 앞의 논문, pp.15-16.

요가 있을 것이다.

III. 동아시아의 전적 교류와 『논어』 목간

1. 중국왕조 및 고대 일본의 『논어』 간독

한국에서 출토된 3개의 『논어』 목간과 비교할 수 있는 것으로는 북한·중국·일본 등에서 출토된 『논어』 간독을 들 수 있을 것이다. 그것들을 하나씩 한국에서 출토된 3개의 『논어』 목간과 비교하겠다.[21]

먼저 북한의 낙랑구역에서 출토된 『논어』 죽간은 先進篇과 顔淵篇의 전체이고,[22] 죽간의 양끝과 중간 부분에 편철한 흔적이 선명하게 남아 있으며, 게다가 중간 부분의 편철한 흔적을 중심으로 위아래 각 10자씩 균등하게 쓰여 있어서 편철한 후에 서사되었음을 알 수 있다. 같은 장소에서 '初元四年(B.C.45)'이라는 연호가 명기되어 있는 호구부가 출토된 것으로 보아 元帝代(B.C.49~33)의 것임을 알 수 있다. 이 죽간은 중국 河北省 定州에 있는 前漢 中山懷王 劉脩의 무덤(이하 '定州'라고 약칭한다.)에서 출토된 『논어』 죽간과 공통되는 바가 많은데, 특히 공개되지 않아서 알 수 없는 죽간의 길이 또한 定州 출토 『논어』 죽간과 거의 같을 것으로 추정할 수 있다.[23] 죽간 오른쪽에 위쪽 끝, 중간, 아래쪽 끝에 편철을 위한 契口가 만들어져 있고, 契口의 크기가 다양하여 묘주가 생전에 곁에 두고 오래도록 사용한 것으로 추정된다.[24]

定州에서 출토된 『논어』 죽간은 620매가 있고, 대부분 殘簡이다. 묘주인 中山懷王 劉脩는 B.C.55년에 사망하였기 때문에, 그 이전 다시 말해서 宣帝代(B.C.74~49)에 만들어졌음을 알 수 있다. 길이는 16.2㎝, 폭 0.7㎝, 글자수는 19~21자이고, 편철한 흔적 등은 북한의 낙랑구역에서 출토된 『논어』 죽간과 똑같다.[25] 1973년 출토된 이 죽간은 피휘 등으로 보아 前漢 高祖代(B.C.206~195)에 저본이 서사되었을 가능성이 높다.[26] 이 죽간에 대해서는 1993년 석문과 교감기가 완성되고 1997년에 출간되어 전면적 연구가 지체되었다.[27]

무엇보다 이 죽간의 길이는 탄화에 따른 수축을 고려하면 현재의 7寸(16.2㎝)보다 큰 漢尺 8촌(18.4㎝)

---

21) 이하의 내용 중 북한 낙랑구역, 중국 定州, 일본 출토의 『논어』 간독에 대한 내용은 김경호, 2012, 앞의 논문; 윤재석, 2012, 앞의 논문; 橋本繁, 2012, 앞의 논문에 기초하여 작성되었다.

22) 종래에는 죽간 39매로 일부라고 알려졌으나, 더 많은 죽간이 정리되지 않은 채 쌓여 있는 사진이 발견되어, 추산해 보면 120매 전후의 죽간에 전체를 서사한 것으로 수정되었다(李成市, 2015, 「平壤樂浪地區出土『論語』竹簡の歷史的性格」, 『國立歷史民俗博物館硏究報告』 194, pp.208-213).

23) 尹在碩, 2011, 앞의 논문, pp.40-51.

24) 윤용구, 2010, 「낙랑·대방지역 신발견 문자자료와 연구동향」, 『한국고대사연구』 57, pp.74-75.

25) 구체적으로는 죽간의 위쪽 끝, 중간, 아래쪽 끝의 세 군데에 각각 끈을 매었던 흔적이 있다(朴載福, 2009, 「출토문헌에 보이는 論語 고찰」, 『동양고전연구』 36, pp.139-140).

26) 朴載福, 2009, 앞의 논문, pp.139-140.

27) 尹在碩, 2011, 앞의 논문, pp.5-6.

정도로 추정되는데, 『論衡』에서 『논어』 간독의 크기가 8촌이라고 규정한 것과 일치한다.[28] 8촌이라는 크기에 대해서 『論衡』에서는 휴대의 편리성 때문이라고 설명하였는데, 여기에 더하여 경전은 아니지만 『急就篇』 등의 식자교본 다음 단계에서 학습하는 활용도가 높은 서적이기 때문이라고도 할 수 있어서, 오늘날의 문고판과 같은 역할을 한 것이라고 볼 수 있다.[29] 이는 앞서 죽간의 길이가 거의 같을 것으로 추정하였던 낙랑구역 출토 『논어』 죽간도 마찬가지이다.

이상의 두 『논어』 죽간은 前漢의 변경과 내지라는 차이가 있음에도 불구하고, 편철방식, 글자수, 기재방식 등 공통되는 점이 많다.[30] 둘 다 부장용이 아니라 생전에 곁에 두고 장기간 사용된 것으로 보이고, 만들어진 시기도 元帝代와 宣帝代라는 연속된 시기여서 그다지 떨어져 있지 않으며, 마침 유가이념이 큰 영향력을 발휘한 시기였다. 그것을 고려하면, 두 죽간은 민간에서 유가이념을 습득하기 위해서 휴대용의 書籍簡으로 만들어졌다고 추정할 수 있다. 특히 定州 출토 『논어』 죽간이 구전되던 『논어』를 서사한 것이어서 암송하기에 쉬운 구어체가 많이 포함되었다는 사실은[31] 이 죽간이 학습을 위한 휴대용으로 제작된 서적간이라는 점을 뒷받침한다.

최근 이 두 죽간과 유사한 『논어』 죽간이 江西省 南昌市 新建區의 海昏侯 劉賀(?~B.C.59) 墓에서 출토되었다.[32] 출토된 물품으로 보아 묘주는 유가적 이념을 바탕으로 하여 禮教를 중시하는 생활을 한 인물이라고 생각되고, 그에 따라 『논어』 죽간 또한 부장용보다는 생전에 곁에 두고 애독하던 것이었다고 보인다. 다만 아직 정식보고서가 나오지 않아 죽간의 길이는 알 수 없다. 그 대신에 定州와 樂浪郡 이외의 지역에서 비슷한 시기의 『논어』 죽간이 출토되어, 유교적 통치이념의 보급 수단으로 『논어』가 前漢 전 지역에 유통되었음을 보여준다고 할 수 있다.

이러한 『논어』죽간 이외에 변경 지역에서는 『논어』 목간도 출토되었다. 먼저 甘肅省 懸泉置 유적 출토 『논어』 목간은 길이가 8촌이 아닌 1척(23㎝)으로서 漢代의 일반적인 표준 서적간의 규격으로 제작되었다.[33] 新疆自治區 羅布淖爾 유적 출토 『논어』 목간은 길이가 18.2㎝여서 定州 등의 8촌(18.4㎝)과 거의 같다. 두 『논어』 목간에서 각 구절의 시작 부분을 기호로 표시한 것은 『논어』 죽간과 같은 방식이어서 전문적인 『논어』 간독 제작자가 만든 것으로 추정된다. 두 목간 모두 변경의 근무자가 승진 등의 목적으로 구입하였을 가능성이 높다고 한다.

다음으로 일본에서 출토된 『논어』 목간은 〈표 1〉과 같다. 총 34점이 있고, 그중 중앙에서 23점, 지방에서

28) 尹在碩, 2011, 앞의 논문, pp.13-29. 참고로 『論衡』에서는 유가의 경전인 六經은 2척4촌(55.2㎝), 『孝經』은 六經의 절반인 1척2촌(27.6㎝)으로 만드는 것이 원칙이라고 하였는데, 이렇게 용도별로 간독의 규격을 정하게 된 것은 전한 말 후한 초라고 한다(같은 논문, pp.18-29).

29) 尹在碩, 2011, 앞의 논문, pp.18-29.

30) 尹在碩, 2011, 앞의 논문, pp.40-51.

31) 朴載福, 2009, 앞의 논문, p.156; 尹在碩, 2011, 앞의 논문, pp.30-38.

32) 이하 이 죽간에 대해서는 김경호, 2017, 「前漢 海昏侯 劉賀 墓의 性格과 『論語』 竹簡」, 『사림』 60에 의거하여 서술하였다.

33) 이하 懸泉置 유적 및 羅布淖爾 유적 출토 『논어』 목간에 대해서는 尹在碩, 2011, 앞의 논문, pp.52-57에 의거하여 서술하였다.

11점이 출토되었다.[34] 〈표 1〉에 따르면, 34점 중 篇章을 알 수 있는 것이 18점이고, 그중 學而篇이 11점으로 비중이 높다. 學而篇의 경우 24번을 제외하면 모두 1장이라는 특징이 있다.

형태의 측면에서는 단면이 31점, 다면(觚)이 3점이어서, 단면이 압도적으로 많기는 하지만 한국에서 출토된 『논어』 목간과 마찬가지인 觚 형태의 다면목간도 존재한다. 특히 지방 출토 『논어』목간(24번~34번)의 경우, 29번(觀音寺 목간)을 제외하면 모두 단면목간이라는 특징이 있다.

길이의 측면에서는 漢代의 사례처럼 규격화된 흔적은 찾기 어렵다. 다만 길이가 보고된 25점 중 완형이 아닌 단간이 20점이나 될 정도로 비중이 높다는 점에 주의해야 할 것이다. 특히 觀音寺 목간의 경우 단간임에도 불구하고 현재 길이만 65.3㎝로 2척4촌(55.2㎝)의 규격을 넘을 정도로 커서, 한반도에서 출토된 B-1·2와 유사할 가능성이 높아 보인다. 완형으로서 길이가 알려진 5점 중 4번(14.5㎝)·12번(12.8㎝)은 8촌(18.4㎝) 규격과, 28번(〈사진 2〉, 27㎝)은 1척2촌(27.6㎝)의 규격과 관련이 있을 가능성이 있다. 그에 비해 17번(44.4㎝)·30번(33.1㎝)은 규격과 연관시키기 어렵다. 이러한 상황을 볼 때, 일본의 『논어』 목간은 규격화되지 않았을 가능성이 높다. 漢代의 사례로 볼 때, 학습용 목간은 규격화할 필요성이 있지만 습서목간은 규격화의 필요성이 적다.

실제로 이 목간들은 경서를 뽑아서 베낀

표 1. 일본 출토 『논어』 목간

연번	지역	유적명	篇·章	형태	길이(㎝)
1	奈良	飛鳥京		단면	(4.0)
2	奈良	飛鳥池	學而1	단면	
3	奈良	飛鳥池		단면	(9.2)
4	奈良	飛鳥池	學而1	다면(觚)	14.5
5	奈良	石神		단면	
6	奈良	石神	學而1	다면(觚)	(25.9)
7	奈良	藤原宮	公冶長10	단면	(18.8)
8	奈良	藤原宮	爲政15	단면	(8.5)
9	奈良	藤原京	學而1	단면	
10	奈良	平城宮		단면	(12.2)
11	奈良	平城宮		단면	(23.5)
12	奈良	平城宮		단면	12.8
13	奈良	長屋王邸		단면	
14	奈良	二條大路		단면	
15	奈良	二條大路		단면	
16	奈良	平城京	堯曰7	단면	
17	奈良	平城京	公冶長19	단면	44.4
18	奈良	平城京		단면	(20.3)
19	奈良	平城京	學而1	단면	(31)
20	奈良	平城京	八佾1	단면	
21	奈良	東大寺		단면	(26.6)
22	奈良	西大寺		단면	(14.4)
23	奈良	西大寺		단면	
24	奈良	阪原阪戸	學而10	단면	(25.3)
25	兵庫	袴狹	公冶長1	단면	(19.6)
26	兵庫	袴狹		단면	(33.2)
27	兵庫	柴	學而1·2	단면	(10)
28	兵庫	深江北町	學而1	단면	27
29	德島	觀音寺	學而1	다면(觚)	(65.3)
30	滋賀	勸學院		단면	33.1
31	靜岡	城山		단면	(2.2)
32	長野	屋代	爲政15	단면	(20.2)
33	長野	屋代	學而1	단면	(19.6)
34	福岡	國分松本	學而1	단면	(7.6)

① 橋本繁, 2014, 앞의 책, pp.163-165 표10을 바탕으로 奈良文化財研究所 홈페이지의 木簡庫(https://mokkanko.nabunken.go.jp)에서 형태·길이 등을 수정·보완하였음.
② 길이 중 ( )에 표기된 것은 斷簡의 현재 길이임.

34) 橋本繁, 2014, 앞의 책, p.166에서는 총 33점(지방 10점)이라고 하였으나, 이후 1점(28번)이 추가되었다.

사진 2. 28번 목간
(보고서 사진)

학습용 목간도 있지만, 주로 자구를 익히기 위해서 동일한 자구를 반복한 습서목간이 많다. 학습용 목간은 『논어』의 구절(문장)을 익히기 위해서, 습서목간은 『논어』에 쓰여 있는 문자를 배우고 『논어』의 내용을 암기하기 위해서 만들어졌다고 추정된다. 또 7~8세기에 만들어진 것이 많고, 시기적으로 유가이념의 확산과 관련되는 것은 앞서 서술한 한국·북한·중국 등의 사례와 마찬가지이다.

결국 습서목간으로서의 단면목간이 대부분이지만, 학습용 목간으로서의 觚도 공존하는 것이 일본에서 출토된 『논어』 목간의 특징이라고 할 수 있을 것이다. 이러한 특징이 발생하게 된 원인은 다음 절에서 검토하고자 한다.

2. 쌍북리 출토 『논어』 목간의 동아시아적 의미[35]

이 절에서는 앞서 검토한 한반도 출토의 『논어』 목간 3종(A, B-1·2)을 북한, 중국, 일본 등에서 출토된 것과 비교하여, 동아시아의 전적 교류라는 관점에서 어떠한 역할을 하였는지를 검토하고자 한다. 특히 그중에서도 A, 즉 쌍북리 출토 『논어』 목간의 역할에 주목하려고 한다.

먼저 길이의 측면을 고려하면 A는 30㎝ 전후여서 漢代의 척도를 기준으로 하면 8촌(18.4㎝)은 물론 1척2촌(27.6㎝)과도 차이가 난다. 쌍북리 『논어』 목간은 7세기에 제작된 것으로 추정되기 때문에 南朝尺(1척 24.5~25㎝)이나 唐尺(1척 29~30㎝)을 기준으로 하였을 가능성도 있다. 南朝尺일 경우 대략 1척2촌, 唐尺은 대략 1척이 된다.

그런데 주28에서 서술했듯이 1척2촌은 『孝經』의 규격이다. 백제의 태학에서 『논어』와 『효경』이 공통필수과목일 가능성이 높다는 점을 고려하면,[36] 『논어』가 五經과 같은 경전에는 못 미치더라도 『효경』과 함께 그 다음의 동급 정도로는 인식되었음을 보여준다고 할 수 있다. 반면 1척은 표준 서적간의 규격이고, 변경(懸泉置 유적)에서 출토된 後漢代의 『논어』 목간은 이 규격으로 되어 있었다. 이와 관련하여 백제에서 6세기 말까지는 南朝尺이, 7세기에는 唐尺이 통용되었다는 선행연구도 있다.[37] 그 기준이 남조척이건 당척이건 漢代의 서적간 규격이 척도의 변화에 맞춰 6~7세기의 백제에서 변용된 사례라고 할 것이다.

결국 A는 크기로 볼 때 중국왕조의 사례처럼 휴대용 서적간의 일부였을 가능성이 높은데, 사비 천도 이후에 만들어졌다고 추정되기 때문에 백제가 국가체제를 정비하는 다시 말해서 유가이념이 큰 영향력을 발

35) 이 절의 내용은 2015년 3월18일 중국 鄭州大學에서 개최된 「東亞世界論與漢字文化圈」 국제학술회의에서 필자가 발표한 「韓國出土の典籍簡牘—『論語』木簡を中心に—」을 번역하여 수정한 후 대폭 보완하고, 새롭게 출토된 쌍북리 『논어』 목간에 대한 내용을 추가한 것이다.

36) 정동준, 2020, 앞의 논문, pp.132-135.

37) 盧重國, 2005, 「백제의 度量衡과그運用-척도의 변화를 중심으로-」, 『한국고대사연구』 40, pp.109-117.

휘한 시기에 해당한다. 이렇게 漢代의 서적간 규격이 7세기 백제에서 변용되고 있었다면, 그것은 『논어』가 백제에 수용된 초기의 규격을 의식한 결과가 아닐까 한다. 그리고 그 과정에서는 帶方郡 출신자의 후예들이 관여하였을 가능성이 높을 것이다.[38)]

B-1·2는 현재의 길이가 아닌 본래의 길이를 고려하면 북한·중국 출토의 『논어』 죽간보다 훨씬 커서, 도저히 휴대용의 서적간이라고는 생각하기 어렵다. 또 일부의 견해를 제외하면 6~7세기에 만들어졌다고 추정되기 때문에 신라가 국가체제를 정비하는 다시 말해서 유가이념이 큰 영향력을 발휘한 시기에 해당한다. B-1·2의 용도에 대해서는 학교 또는 개인의 학습용과 의례용(주로 釋奠)이라는 견해가 제시되어 있다. 어느 견해를 취하더라도 북한·중국 출토의 『논어』 죽간과는 용도가 다른데, 시기적으로 유가이념의 확산과 관련되는 것은 마찬가지이다.

나무와 대나무라는 서사재료의 차이는 입수할 수 있는 재료의 차이일 것이다. 이것은 중국에서도 漢代의 서북 변경이었던 河西 지역(懸泉置 유적, 羅布淖爾 유적 등)에서 『논어』 목간(목독)이 출토된 것에서도 뒷받침된다. 河西 지역은 죽간이 많이 사용되는 시기에도 죽간보다 목간이 많이 사용되고 있어서, 대나무를 입수하기 어려운 장소로 알려져 있다. 또 목간에 『논어』가 쓰여 있기는 하지만 길이가 20㎝ 전후이기 때문에, 위의 『논어』 죽간처럼 휴대용의 서적간으로 만들어졌다고 추정된다. 더욱이 만들어진 시기는 낙랑구역·定州와 마찬가지로 宣帝代·元帝代에 해당한다. 이러한 河西 지역의 『논어』 목간은 B-1·2보다는 A와 더 유사하다고 할 수 있다. 다만 河西 지역에서 출토된 2종의 『논어』 목간은 오탈자가 전혀 없이 특정한 구절의 내용이 일관되게 기재되어 있어 한국에서 출토된 3종의 『논어』 목간과 유사하지만, 단면목간이어서 한국에서 출토된 3종의 『논어』 목간이 觚 즉 다면목간인 것과는 차이가 있다.[39)]

일본에서 출토된 『논어』 목간은 규격과 연결시킬 수 있는 것이 많지 않다. 다만 2014년에 출토된 〈표 1〉 28번(兵庫縣 深江北町 유적)의 경우 완형으로서 27㎝여서 A와 마찬가지로 1척2촌이라는 규격을 의식하였을 가능성이 있다. 기재된 내용도 學而篇 1장이라는 점에서 같은데, A처럼 "子曰"부터 기재되지는 않았고 단면이라는 차이가 있다.[40)] 28번이 출토된 유적은 山陽道라는 간선도로에 설치된 葦屋驛家 관련의 것일 개연성이 높아서, 28번은 지방사회에서의 문자문화 확산을 보여주는 자료라고 한다.[41)]

고대 일본의 驛家는 한국 전근대의 驛에 해당하는 시설인데, 驛馬의 운용을 통하여 문서행정이 광범위하게 기능하게 하는 것은 물론 그 자체에서도 말단의 문서행정이 이루어지는 곳이다. 이러한 곳에서 『논어』

---

38) 帶方郡 출신자의 후예에 의한 백제의 각종 제도 제정에 대해서는 鄭東俊, 2019, 『古代東アジアにおける法制度受容の硏究』, 早稲田大學 出版部를 참조. 그들은 자신들의 선조가 직접 제도 운용에 참여했던 최후시기인 後漢 말~曹魏 전기 각종 제도의 내용과 운용방식을 대대로 숙지하여 정치적 기반으로 삼고, 그것을 백제에 소개하여 제도 제정과정에서 반영시키려 한 것으로 추정된다.

39) 尹在碩, 2011, 앞의 논문, pp.52-57.

40) 神戸市教育委員會, 2014, 『深江北町遺跡第12·14次調査埋藏文化財發掘調査報告書』, p.3에 따르면, 석문은 "遠方来不亦楽乎人不知而不慍不亦君子乎"라고 한다. A에 기재된 "子曰 學而時習之 不亦悅乎 有朋自"가 보이지 않는 것인데, 보고서에서는 현재 글자가 보이지 않는 뒷면에 해당 내용이 있을 가능성을 지적하였다.

41) 神戸市教育委員會, 2014, 앞의 보고서, p.184 및 p.3.

목간이 출토된 것은 河西 지역의 사례와 유사하여, 驛家의 하급 관인이 승진 등을 위한 목적으로 『논어』를 학습한 사례가 아닐까 유추해 볼 수 있다. 학습용이라는 점에서는 A와 유사하다고 할 수 있지만, 출토지가 왕경과 지방이라는 차이가 있어서 그에 따라 목간 사용자의 신분에도 차이가 있었을 가능성이 높다.

다음으로 목간 형태의 측면으로 보자면, 『논어』 목간은 중국에서는 죽간이건 목간이건 전부 단면에 기재되어 있다. 반면 고대 일본의 觀音寺 목간처럼 다면체인 觚의 형태를 가지고 있는 것이 한국에서도 출토되고 한국 쪽이 시기적으로 이른 것으로 보아, 그것은 한국에서 일본으로 전파되었을 가능성이 높다고 생각된다.

그중에서도 크기상으로 볼 때, 휴대가 가능한 크기의 觚는 A와 유사하므로 백제의 영향일 가능성이, 觀音寺 목간처럼 휴대가 불가능한 대형의 觚는 B-1·2와 유사하므로 신라의 영향일 가능성이 있다. 전자의 경우 2개 사례 모두 學而篇 맨 앞부분이 기록되었다는 공통점도 있다. 후자의 경우 중국에서도 습자 교재인 『急就篇』 등을 1章씩 대형의 觚에 기재하였고 唐代에도 觚가 이러한 교육자료로 활용된 사례가 있어, 이러한 1章1觚의 방식이 신라에서 『논어』에 적용되었다고 볼 수 있다.[42] 결국 크기의 차이는 있어도 A와 B-1·2 모두 교육 내지 학습 목적의 측면이 강하였던 것이다. 다만 A는 휴대가 가능하기 때문에 개인의 학습 차원일 가능성이 높고, B-1·2는 휴대가 불가능하기 때문에 공공의 교육 차원일 가능성이 높을 것이다.

다만 고대 일본에서는 단면목간이건 觚건 學而篇을 기재한 것이 많다는 점은 역시 A와 유사하여, 백제의 영향일 가능성이 높을 것이다. 반면 고대 일본에서 『논어』 목간 중 습서목간의 비중이 높고 단면목간과 觚의 두 형태가 공존하는 것은 河西 지역에서 출토된 『논어』 이외 각종 교재의 습서목간에서 적지 않은 유사 사례를 찾을 수 있다.[43] 백제와의 유사성은 大學寮의 성립에 백제의 유민들이 관여하였다는 점과도[44] 관련될 것이다.

다음으로 쌍북리 『논어』 목간이 동아시아의 전적 교류상에서 가지는 의미에 대해서는, 필자가 이미 견해를 정리한 것이 있어[45] 그 내용을 간단히 제시하고자 한다. 백제의 태학에서는 오경, 『논어』, 『효경』을 필수과목으로 삼고, 특히 오경 중 『毛詩』·『尙書』·『周易』을 교재로 교육하였을 가능성이 높았다. 나아가서 전적의 교류와 유통이라는 측면에서는 백제에서는 앞서 제시한 서적들 이외에도 『周禮』·『儀禮』·『禮記』, 諸子, 『春秋左氏傳』·『漢書』·『史記』 등이 유통되고 교육되는 모습을 확인 또는 추정할 수 있었다. 즉 유학교육이라는 측면에서 동아시아에서 가장 중요한 교재가 오경과 『논어』, 『효경』이었고, 쌍북리 『논어』 목간은 그러한 『논어』가 실제로 교육에 활용되고 있었음을 보여주는 자료였던 것이다.

마지막으로 A의 저본에 대하여 검토하고자 한다. 이에 대해서는 1면 하부의 "不亦悅乎"의 '悅'자를 기준으로 삼아, 고본 계통이라고 판단한 선행연구가 있었다.[46] 曹魏代 何晏(193?~249)의 『論語集解』, 梁代 皇侃

42) 尹在碩, 2011, 앞의 논문, pp.66-76.

43) 尹在碩, 2011, 앞의 논문, pp.76-78.

44) 서보경, 2019, 「고대 일본의 백제 망명귀족과 후손」, 『사림』 67, pp.331-332.

45) 정동준, 2020, 앞의 논문, pp.132-138.

46) 權仁瀚, 2019, 앞의 논문, pp.202-204.

(488~545)의 『論語義疏』까지는 '悅'자였다가 北宋代 邢昺(932~1010)의 『論語正義』부터 '說'자로 바뀐다는 것을 고려하면, 정확한 지적이다. 그런데 그 논문에서는 일본의 『논어』목간에서 『논어집해』가 등장하고 있다는 점(〈 표 1 〉의 26번 목간)을 강조하면서 『논어집해』 필사본과의 텍스트 비교를 거쳐, A의 저본이 『논어집해』일 것이라고 추정하고 있다.[47)]

문제는 현행본 『논어의소』가 존재하는 데도 텍스트 비교를 시도하지 않았다는 점이다. 필자가 조사해 본 결과, 현재 국내에서는 1920년대에 간행된 영인본을 확인할 수 있는데,[48)] A에 기재된 부분에서는 『논어집해』와 텍스트상의 차이가 없다. 무엇보다 『논어의소』는 백제가 고대 일본에 『논어』를 전수할 때의 텍스트라는 견해도 있어,[49)] 전적 교류에서는 반드시 확인이 필요한 자료이다.

따라서 A의 저본에 대해서는 아직 결론을 내리기에 이르다고 할 수 있다. 특히 『논어의소』가 『논어집해』에 皇侃의 疏를 덧붙인 주석서라는 점을 고려하면, 두 텍스트의 본문은 다를 가능성이 적다고 할 수 있다. 이러한 상황에서 두 텍스트의 본문만을 비교하여 주석 없이 본문만 기재된 A의 저본을 판단하기는 어렵지 않을까 한다.

Ⅳ. 맺음말

지금까지 쌍북리 『논어』 목간이 동아시아의 전적 교류에서 가지는 의미를 파악하기 위해서, 쌍북리 『논어』 목간의 출토상황과 선행연구, 한국의 『논어』 목간 출토사례를 정리한 후, 출토된 『논어』 간독의 특징을 중국왕조 및 고대 일본과 비교하였다. 정리하면 다음과 같다.

쌍북리 출토 『논어』 목간은 신라 지역에서 출토된 것으로 보이는 봉황동·계양산성 『논어』 목간과 차이가 적지 않았는데, 다면체의 觚라는 점만 공통점일 뿐 출토지가 당시의 지방이 아니라 왕경이고 남은 것이 완형에 가까워서 좁고 장대한 형태가 아닌 데다가 學而篇의 맨 앞부분을 적었다는 차이가 있었다.

비교대상을 북한·중국·일본 등의 『논어』 간독으로 확대하였을 경우, 쌍북리 출토 『논어』 목간은 규격이라는 측면에서 漢代의 서적간과, 봉황동·계양산성 『논어』 목간은 1章1觚라는 기재방식에서 河西 지역 출토 서적목간과 공통점이 있었다. 둘 모두 중국 출토의 『논어』 간독보다는 여타의 서적간독과 공통점이 있었던 것이다. 고대 일본의 경우 學而篇의 기재나 휴대용 학습 목적은 백제 즉 쌍북리 출토 『논어』 목간의 영향이, 대형 목간에 1章1觚라는 기재방식을 채택하여 공공의 교육 목적으로 사용하는 것은 봉황동·계양산성 『논어』 목간의 영향이 있었다고 할 수 있었다. 쌍북리 출토 『논어』 목간의 저본에 대해서는 『논어집해』와 『논

47) 權仁瀚, 2019, 앞의 논문, pp.202-204 및 pp.207-210.

48) 국립중앙도서관의 전자자료를 이용하였다(1923, 『論語義疏』 1~6, 懷德堂). 일본에 早稲田大學 圖書館 소장 1750년 江戶(東京) 간행본이 있는데, 현재 코로나19 때문에 도서관이 폐쇄 중이어서 확인할 수 없다.

49) 이근우, 2010, 「『日本書紀』에 보이는 五經博士와 吳音」, 『일본역사연구』 31, pp.23-26.

어의소』 중 하나라고 생각되지만, 현재 어느 한쪽으로 추정하기는 어려웠다.

이상과 같은 검토결과에서 파악할 수 있는 동아시아세계에서의 한반도 한자문화의 특징이나 역할은 무엇일까? 한국·북한·중국·일본에서 출토된 『논어』 간독은 유가이념이 큰 영향력을 발휘한 시기에 만들어졌다는 공통점이 있지만, 나라에 따라서 『논어』 간독의 형태나 용도에는 차이가 있다. 그 점에서 다면체인 觚의 형태를 가지고 있는 『논어』 목간은 중국에서는 아직 출토되지 않았고, 한국에서 일본으로 전파되었을 가능성이 높다는 점에 주목하고자 한다. 이것은 본래 낙랑구역에서 출토된 『논어』 죽간과 같은 것이 삼국에서 습자 교재인 『急就篇』 등이나 唐代의 사례를 참조하여 다면체인 觚의 형태를 가지고 있는 『논어』 목간으로 바뀌고, 그대로 일본에 전파되었을 가능성을 보여준다고 생각한다. 그 과정에서 척도의 변화 등 변용된 요소도 나타난 것이다.

다시 말해서 이러한 현상에 대해서는 '중국왕조(A) → 삼국(A′→ B) → 고대 일본(B′→ C)'이라는 모델을 제시하여 주변제국의 역할을 강조한 견해가 참고가 될 것이다.[50] 다소 표현은 다르지만 한국 목간이 동아시아 한자체계의 전파를 해명하는 관건적 위치에 있어서 각 지역에서의 한자 문화권 형성을 파악할 수 있다는 견해도 마찬가지이다.[51]

이 견해들은 동아시아세계론이 가지고 있는 중국중심주의라는 문제점을 비판한 후 보완한 것이라고 생각하는데, 바로 이러한 사례가 그것을 뒷받침한다. 나라에 따라서 『논어』 간독의 용도에는 차이가 있는 것도 이 모델로 설명할 수 있는 것은 아닐까? 특히 '삼국(A′→ B)'의 부분에서 신라보다는 백제의 역할이 강조되는 것은 『논어』 목간에서도 마찬가지가 아닐까 한다.

투고일: 2020. 4. 29.	심사개시일: 2020. 5. 3.	심사완료일: 2020. 5. 22.

50) 李成市, 2012, 「목간·죽간을 통해서 본 동아시아세계」, 『地下의 논어, 紙上의 논어』, 성균관대학교 출판부, pp.164-165.

51) 金慶浩, 2017, 「한국학계의 '고대 동아시아 簡牘자료' 연구하기」, 『대동문화연구』 99, pp.14-16.

참/고/문/헌

김경호 외, 2012, 『地下의 논어, 紙上의 논어』, 성균관대학교 출판부.

정동준, 2013, 『동아시아 속의 백제 정치제도』, 일지사.

한국목간학회 편, 2019, 『문자와 고대 한국 2-교류와 생활』, 주류성.

부산대학교 박물관, 2007, 『김해 봉황동 저습지 유적』.

선문대학교 고고연구소, 2008, 『계양산성 발굴조사보고서』.

겨레문화유산연구원, 2009, 『인천 계양산성 4차발굴조사약보고서』.

西嶋定生 著/李成市 編, 2000, 『古代東アジア世界と日本』, 岩波書店.

橋本繁, 2014, 『韓國古代木簡の研究』, 吉川弘文館.

鄭東俊, 2019, 『古代東アジアにおける法制度受容の研究』, 早稲田大學 出版部.

神戸市教育委員會, 2014, 『深江北町遺跡第12·14次調査埋藏文化財發掘調査報告書』.

盧重國, 2005, 「백제의 度量衡과 그 運用-척도의 변화를 중심으로-」, 『한국고대사연구』 40.

李成市·尹龍九·金慶浩, 2009, 「平壤 貞柏洞 364號墳 출토 竹簡 『論語』에 대하여」, 『목간과 문자』 4.

朴載福, 2009, 「출토문헌에 보이는 論語 고찰」, 『동양고전연구』 36.

이근우, 2010, 「『日本書紀』에 보이는 五經博士와 吳音」, 『일본역사연구』 31.

윤용구, 2010, 「낙랑·대방지역 신발견 문자자료와 연구동향」, 『한국고대사연구』 57.

尹在碩, 2011, 「韓國·中國·日本 출토 論語木簡의 비교 연구」, 『동양사학연구』 114.

김경호, 2017, 「前漢 海昏侯 劉賀 墓의 性格과 『論語』 竹簡」, 『사림』 60.

金慶浩, 2017, 「한국학계의 '고대 동아시아 簡牘자료' 연구하기」, 『대동문화연구』 99.

김성식·한지아, 2018, 「부여 쌍북리 56번지 사비한옥마을 조성부지 유적 출토 목간」, 『목간과 문자』 21.

김성식, 2019, 「부여 쌍북리 56번지 유적-사비도성의 외곽 마을 모습」, 『2018 한국고고학저널』.

權仁瀚, 2019, 「扶餘 雙北里 論語木簡에 대한 몇 가지 생각」, 『목간과 문자』 23.

서보경, 2019, 「고대 일본의 백제 망명귀족과 후손」, 『사림』 67.

金永旭, 2020, 「字間空白에 關한 考察」, 『구결연구』 44.

정동준, 2020, 「동아시아의 전적 교류로 본 백제의 유학교육」, 『한국사연구』 188.

李成市, 2009, 「新羅の識字教育と『論語』」, 高田時雄 編, 『漢字文化三千年』, 臨川書店.

石川泰成, 2013, 「日本出土木簡·漆紙文書を用いた『論語』『古文孝經孔氏傳』の隋唐テキストの復原」, 『九州産業大學國際文化學部紀要』 56.

李成市, 2015, 「平壤樂浪地區出土『論語』竹簡の歷史的性格」, 『國立歷史民俗博物館研究報告』 194.

〈Abstract〉

The Exchange of Classic books in East Asia and the Analects of Confucius(論語) Wooden Tablets

Jeong, Dong-jun

This article aims at understanding the meaning of the *Analects of Confucius*(論語) wooden tablets (abbreviated as 'ACWT' hereafter) excavated from Ssangbuk-ri(雙北里) in the exchange of classic books in East Asia. First, this article organized the current situation of excavation and preceding research of Ssangbuk-ri ACWT, and the excavation cases of ACWT in Korea. After organizing, this article compared the characteristics of the excavated ACWT with the Chinese dynasties and ancient Japan. The summary is as follows.

Ssangbuk-ri ACWT is quite different from the Bonghwang-dong(鳳凰洞) and Gyeyangsanseong(桂陽山城) ACWT, which are considered to have been excavated in Silla region. The only thing in common is that it is a Gu(觚: the multi-faceted wooden tablets). The difference is that the excavation site of Ssangbuk-ri ACWT is not the local area but the royal city of kingdom at that time, and that the remaining ones are not narrow and elongated but close to the original form, and that the first part of the Xueer Chapter(學而篇) is written on it.

When the comparison target was expanded to the ACWT of North Korea, China, and Japan, Ssangbuk-ri ACWT has common standard with the wooden tablets for books of Han(漢) dynasty, and Bonghwang-dong and Gyeyangsanseong ACWT have common writing method such as one chapter per one Gu with the wooden tablets for books excavated from Hexi(河西) region. Both have more in common with the wooden tablets for books than with ACWT excavated from China. In the case of ancient Japan, it is considered that writing of Xueer chapter and purpose of portable learning was influenced by Baekje represented by Ssangbuk-ri ACWT, and that the purpose of public education by adopting the one chapter per one Gu writing method in large size wooden tablets was influenced by Bonghwang-dong and Gyeyangsanseong ACWT. This article estimates that the original script of Ssangbuk-ri ACWT is one of *Lunyujijie*(論語集解) and *Lunyuyishu*(論語義疏), which are a variorum edition of the *Analects of Confucius*, but it is difficult to decide between the two.

▶ Key words: Baekje, *Analects of Confucius*(論語) Wooden Tablets(ACWT), Gu(觚: the multi-faceted wooden tablets), Classic Books, Xueer Chapter(學而篇), Portable, East Asia

특 집

扶餘 陵山里寺址 木簡을 통해 본 백제의 불교 의례

이장웅*

〈국문초록〉

본고는 부여 능산리사지에서 출토된 백제의 다양한 목간을 통해, 이곳이 유교·불교·도교의 사상이 불교의 범주 내에서 융화된 의례가 행해졌던 복합적인 불교 사원이었음을 살펴보았다.

먼저 2장에서는 능산리사지 발굴을 통해 강당지 일대가 목탑과 금당보다 먼저 건립된 유교식 제례 건축이라는 사실이 밝혀지면서, 이후 이곳이 불교 사원으로 변화되면서 불교와 함께 다양한 성격을 복합적으로 가지게 되었음을 살폈다. 필자는 이곳을 백제 사비기의 특징적인 제사인 五帝를 모시는 유교식 祭場이었다가, 위덕왕 시기인 567년에 妹兄公主가 목탑에 사리를 매납하면서 불교 사원으로 개편되었고, 이에 따라 불교와 유교의 성격이 융화된 것으로 파악하였다. 특히 같은 위덕왕 시기인 577년에 왕이 직접 죽은 왕자를 위해 목탑을 건립한 왕흥사 지역도 능산리사지와 비슷한 구조를 하고 있어, 서로 성격을 비교해 볼 수 있었다.

3장에서는 능산리사지에서 출토된 목간을 대략 5가지로 분류하여 살펴보었다. 먼저 '天'銘 刻墨書木簡은 원래 오제 제사의 제장이 불교 사원으로 변화하면서 장승의 시원이 되는 성격을 지녔음을 살폈다. 이어 '三貴', '六卩五方', '再拜' 목간을 통해서는 바로 옆의 능산리 고분군과 관련된 불교식 상장례가 이루어졌을 가능성을 살폈다. 또한, 창고와 물품 관련 목간을 통한 신성한 불교 의례의 가능성과, 관등을 지닌 인물 목간

* 한성백제박물관 학예연구사, 건국대학교 글로컬캠퍼스 겸임교수

및 支藥兒食米記 목간을 통해 불교 의학과 관련된 불교식 주술 의례의 모습도 살폈다. 마지막으로 불교와 관련된 목간에 나타난 날짜를 통해 석가탄신일의 行像 의례와 열반일 중시 및 行香에 대하여 알아보았다.

▶ 핵심어: 百濟, 威德王, 木簡, 陵山里寺址, 王興寺, 佛敎 儀禮

I. 머리말

扶餘 陵山里寺址는 사비 도성의 동쪽 羅城과 능산리 고분군 사이의 저습지를 매립하여 건립되었다. 1992년부터 2009년까지 11차례 조사가 이루어졌는데, 그중 1993년의 2차 조사 중 공방지 I 에서 금동대향로가, 1995년의 4차 조사 중 목탑지 심초석 상면에서 昌王銘 石造舍利龕이 출토되어 많은 관심을 받았으며, 2000~2002년의 6·7·8차 조사에서는 중문지 남쪽과 서쪽에서 목간들이 출토되면서 또다시 주목을 받았다.

능산리사지의 성격에 대해서는 이곳에서 100m 떨어진 능산리 고분군 중의 中下塚이 聖王의 능으로 추정되면서,[1] 고구려 동명왕릉의 追福 사찰인 定陵寺와 비교하여 성왕을 비롯한 백제왕들을 追福하는 陵寺로 보려는 견해가 일찍부터 제기되었다.[2] 특히 목탑지에서는 昌王銘 石造舍利龕이 출토되어 567년에 성왕의 딸이자 위덕왕의 누이인 妹兄公主가 사리를 공양하였음이 확인되었으므로,[3] 聖王의 명복을 빌기 위한 陵寺였다는 견해는 통설적인 위치를 얻게 되어[4] 발굴조사보고서에도 '陵寺'라는 명칭이 제목으로 채택되었다.[5]

그러나 같은 위덕왕 시기인 577년에 만들어진 「왕흥사지 사리기 명문」에는 '亡王子'에 대한 추복을 명시하였지만, 능산리사지 목탑지 출토 「창왕명 석조 사리감 명문」에는 정해년(567)에 妹兄公主가 사리를 공양하였음을 밝히고 있을 뿐 先王을 추복한다는 목적이 언급되지 않았다는 점에서, 능산리사지 목탑 건립이 성왕을 추복하기 위함이라는 직접적인 근거가 없다는 견해도 제기되었다.[6]

능산리사지는 가람 중심부의 건물 건립 순서에 차이가 있음이 드러났다. 일반적인 고대 사원의 건립 과정은 목탑이나 금당이 먼저 축조된 후에 중문과 회랑이 만들어지며, 강당이 가장 늦게 만들어진다. 그러나 능산리사지는 조영척, 기단 축조 방법, 와당의 상대 편년 등 여러 방면의 연구를 통해, 강당지와 그 부속 건물(공방지 I · II 및 불명건물지 I · II)이 가장 먼저 건립되었고, 이후 567년에 목탑이 건립되면서 금당이 건

1) 姜仁求, 1977, 『百濟古墳硏究』, 一志社, pp.86-88.

2) 이도학, 1997, 『새로 쓰는 백제사』, 푸른역사, p.463.

3) 百濟昌王十三秊太歲在 丁亥妹兄公主供養舍利 〈「百濟昌王銘石造舍利龕」〉

4) 金壽泰, 1998, 「百濟 威德王代 扶餘 陵山里 寺院의 創建」, 『百濟文化』 27; 金相鉉, 1999, 「百濟 威德王의 父王을 위한 追福과 夢殿觀音」, 『한국고대사연구』 15.

5) 國立扶餘博物館·扶餘郡, 2000, 『陵寺-扶餘陵山里寺址發掘調査進展報告書』; 國立夫餘博物館, 2007, 『陵寺-부여 능산리사지 6~8차 발굴조사보고서』; 국립부여문화재연구소·문화재청, 2008, 『陵寺-부여 능산리사지 10차 발굴조사보고서』.

6) 이재환, 2014, 「扶餘 陵山里寺址 유적 출토 목간 및 삭설」, 『목간과 문자』 12, p.24.

립되었으며, 그후 중문과 회랑이 순차적으로 건립되었음이 밝혀졌다. 곧, 능산리사지에서 가장 이른 단계의 건물지는 목탑지가 아닌 강당지이며, 567년의 목탑 심초석 매립 이전에 이미 초기의 강당지가 어떤 기능을 수행하고 있었던 것이다. 그리고 이들 강당을 중심으로 한 초기 건물지의 성격이 일반적인 불교 사원과 다른 특수한 의례 공간이었다는 점에 대해서 모두 공감하고 있다. 다만 구체적인 성격에 대해서는 조금씩 차이를 보이고 있다.

먼저 重層으로 복원되는 강당지는 한 지붕 아래 격벽을 한 2개의 방이 있고, 온돌 시설이 있으며, 용도 미상의 대형 판석재가 있는 독특한 건물 구조를 하고 있어, 고구려의 集安 東台子 유적과 비교되고 있다. 동대자 유적의 성격과 관련해서는, 『삼국사기』 고구려본기 고국양왕 8년(391) 춘3월조에 나오는 "社稷을 세우고 宗廟를 수리하게 하였다"는[7] 기록에 따라 고구려 왕실의 제사 시설로 보고 있다.[8] 이에 능산리사지 강당지도 불교 사원 본래의 강당지가 아니라, 평상시에는 왕실의 능묘를 조영하고 왕릉의 관리와 왕실 조상에 관한 각종 의례를 주관하는 神廟로 사용되다가 왕실의 喪葬儀禮 때는 殯宮으로도 사용되었을 것으로 보는 견해가 제기되었다.[9] 또한, 능산라사지 강당이 神宮이나 祭堂이라는 견해도 있고,[10] 仇台廟와 연관시켜 보는 견해도 있다.[11] 그중 구태묘는 宗廟의 성격이 강하므로,[12] 도성의 동문 바깥보다는 내부에 위치해야 할 것이다.

강당지 일대를 공주 정지산 유적과 연관시켜 보면서 원래 陵墓 제사나 殯殿과 같은 유교식 상장례와 관련된 시설로 건립되었고, 567년 목탑 건립 이후에 불교 사원으로 전환된 것으로 보기도 한다.[13] 백제의 특징적인 五帝 제사와 함께 성왕을 配位하는 형식의 五郊迎氣祭와 관련된 유교식 의례 시설로 건립되었다가 567년 이후 불교 사원과 융화된 것으로 본 견해도 있다.[14] 강당지는 가장 격이 높은 우진각 중층의 장엄한 寢殿 건축이고, 그 뒤편의 북편 건물지 2를 소형의 殯殿施設로 추정하는 견해도 제기되었다.[15]

특히 능산리사지에서는 많은 양의 木簡이 발굴되어, 이와 관련된 연구도 활발히 진행되었다. 목간은 대부분 중문지 남서쪽의 초기 자연 배수로에서 출토되었는데, 초기의 배수로나 최하층 유구에서는 대체로 6세기 중엽경의 중국 청자편이나 각종 벼루편들이 출토되었으므로, 이 유물들은 목탑지 심초석의 매립 연대(567년)보다 약간 빠르다. 이에 능산리사지 출토 목간이 웅진기부터 진행된 羅城 건립과 관련된 목간이라는 견해도 있었으나,[16] 이보다는 불교나 제사 의례와 연관되는 목간이 다수 존재한다는 반론이 제기된[17]

7) "三月 下教 崇信佛法求福 命有司 立國社 修宗廟" [『三國史記』 卷18 高句麗本紀6 故國壤王 8年(391)]

8) 방기동, 1999, 「집안 동대자 고구려건축 유지의 성질과 연대」, 『고구려 유적과 유물 연구』, 백산자료원, pp.44-55.

9) 申光燮, 2003, 「능산리사지 발굴조사와 가람의 특징」, 『百濟金銅大香爐와 古代東亞細亞』, 국립부여박물관, pp.45-46.

10) 장경호, 2004, 『아름다운 백제 건축』, 주류성, pp.152-159.

11) 金吉植, 2008, 「百濟 始祖 仇台廟와 陵山里寺址 -仇台廟에서 廟寺로」, 『韓國考古學報』 69.

12) 盧明鎬, 1981, 「百濟의 東明神話와 東明墓」, 『歷史學硏究』 10.

13) 이병호, 2008, 「扶餘 陵山里寺址 伽藍中心部의 變遷 過程」, 『韓國史硏究』 143, pp.38-61.

14) 이장웅, 2010, 「百濟 泗沘期 五帝 祭祀와 陵山里寺」, 『百濟文化』 42.

15) 한국전통문화학교 고고학연구소·부여군, 2010, 『扶餘 陵山里寺址 제9차 발굴조사보고서』, p.300.

16) 近藤浩一, 2004, 「夫餘 陵山里 羅城築造 木簡의 硏究」, 『百濟硏究』 39.

이후, 능산리사지 초기 건물지군 및 이후 건립된 불교 사원과도 함께 관련된다고 보는 것이 통설화되었다.[18] 따라서 이들 목간들은 554년 성왕의 죽음 이후 능산리 일대에서 행해진 각종 불교 의례, 주술 의식, 물품의 이동, 행정 행위 등 다양한 성격을 담고 있는 것으로 볼 수 있다.[19]

불교 의례와 관련이 있는 능산리사지 목간에 대하여 각각의 개별 연구도 활발히 진행되었다. 295번 남근형 '天'銘 刻墨書木簡을 일본의 道饗祭와 비교하여 도로 제사를 위한 도구[20] 및 장승의 시원으로 파악한 연구,[21] 299번 '三貴' 목간을 물과 관련된 祓禊 행사에 사용된 주술 목간으로 본 연구,[22] 301호 '六 卩五方' 목간을 통해 지방 통치와의 관련을 살핀 연구,[23] 304번 '寶憙寺' 목간을 근거로 불교 경전의 백제 찬술 가능성을 살핀 연구,[24] 305번 '宿世結業' 목간을 통해 백제 吏讀를 살핀 연구와,[25] 이를 통해 宿世 善惡의 業을 관찰하여 懺悔한 후 三世 果報의 差別相을 점쳐보는 의식인 占察法會가 신라 圓光만이 아닌 玄光을 통해 백제에서도 행해졌을 가능성을 논한 연구[26] 등 다양한 분야에서 이들 목간이 주목되었다.

한편, 부소산성에서 북쪽으로 금강을 건너 위치한 왕흥사지가 발굴되면서 능산리사지와 비슷한 구조를 하고 있음이 밝혀졌다. 곧, 567년에 위덕왕의 매형공주에 의해 사리가 봉안된 능산리사지 목탑과, 이보다 10년 뒤인 577년에 죽은 왕자를 위해 위덕왕이 직접 사리를 봉안한 왕흥사 지역의 목탑이 건립 시기, 가람 배치에 서로 유사한 점이 많음이 드러난 것이다. 이에 본고에서는 먼저 2장에서 능산리사지의 성격에 대하여 왕흥사지와 서로 비교하면서 살펴보고자 한다. 이어 3장에서는 복합적인 모습을 보이고 있는 능산리사지 출토 목간의 성격에 집중하여 대략 5가지로 나누어 거기에 담긴 다양한 불교 의례의 모습을 추정해 보고자 한다.

II. 백제 위덕왕과 부여 능산리사지 및 왕흥사의 성격

백제 사비 도성의 東羅城 동문 바로 외곽에 위치한 陵山里寺址의 성격에 대해서는 앞서 연구사 정리에서 살폈듯이, 목탑 건립 연대인 567년을 기준으로 하여 그 이전에 건립된 강당을 중심으로 한 초기 건물지는

17) 尹善泰, 2004, 「扶餘陵山里 出土 百濟木簡의 再檢討」, 『東國史學』 40.

18) 李炳鎬, 2008, 「扶餘 陵山里 出土 木簡의 性格」, 『木簡과 文字』 創刊號.

19) 능산리사지 목간의 현황과 판독에 대한 견해들은 이재환, 2014, 「扶餘 陵山里寺址 유적 출토 목간 및 삭설」, 『목간과 문자』 12에 잘 정리되어 있다.

20) 平川南, 2006, 「百濟と古代日本における道の祭祀-陽物木製品の檢討を中心に」, 『百濟 泗沘時期 文化의 再照明』, 춘추각.

21) 윤선태, 2007, 『목간이 들려주는 백제 이야기』, 주류성.

22) 方国花, 2010, 「扶餘 陵山里 출토 299호 목간」, 『木簡과 文字』 6.

23) 김영심, 2009, 「扶餘 陵山里 출토 '六 卩五方' 목간과 백제의 數術學」, 『木簡과 文字』 3.

24) 최연식, 2007, 「백제 찬술문헌으로서의 《大乘四論玄義記》」, 『韓國史研究』 136.

25) 金永旭, 2003, 「百濟 吏讀에 對하여」, 『口訣研究』 11; 조해숙, 2006, 「백제 목간기록 "宿世結業…"에 대하여」, 『冠嶽語文研究』 31.

26) 이장웅, 2018, 「百濟 法華信仰과 占察懺悔 -부여 능산리사지 '宿世結業' 목간을 중심으로」, 『韓國古代史研究』 92.

특수한 유교식 의례 공간이었으며, 이후 불교 사원이 건립되면서 유불 융화 공간으로 재탄생되었음이 대개 공감되고 있다. 특히 능산리사지가 원래 백제 사비기의 특징적인 제사인 五帝를[27] 모시는 유교식 祭場이었다가 567년 妹兄公主의 목탑 사리 매납을 계기로 하여 불교 사원으로 개편되면서 그 성격이 융화된 것으로 보는 견해가 있다.[28]

능산리사지 발굴보고서에서는 강당지를 가장 격이 높은 우진각 중층의 장엄한 침전 건축으로 보았다. 강당지 뒤편의 북대배수로 건너편에는 통로가 부가된 3실 구조를 하고 있으면서 치미와 연화문와당이 사용되어 매우 격이 높은 남향 건물인 북편 건물지 2가 위치하고 있는데, 이를 소형의 殯殿施設로 추정하였다.[29] 이를 따르면, 강당지와 북편 건물지 2는 성왕 재위 시기인 6세기 중엽경에 능침 제도와 관련하여 성왕릉인 중하총과 함께 불교 사원보다 먼저 조성된 유교식 상장례 시설로 볼 수 있다. 그리고 성왕 사후 위덕왕이 이곳에 불교 사원을 추가하면서 침전 시설은 강당지를 겸하는 등 유교와 불교가 결합된 시설로 변모하게 된 것이다.

북편 건물지 2 뒤쪽의 배수로 북쪽 1.8m 지점 한단 높은 곳 정중앙에서는 ㄴ자형 석축 단 시설도 확인되었는데, 이를 殯葬 기간에 사용된 제단 시설로 보는

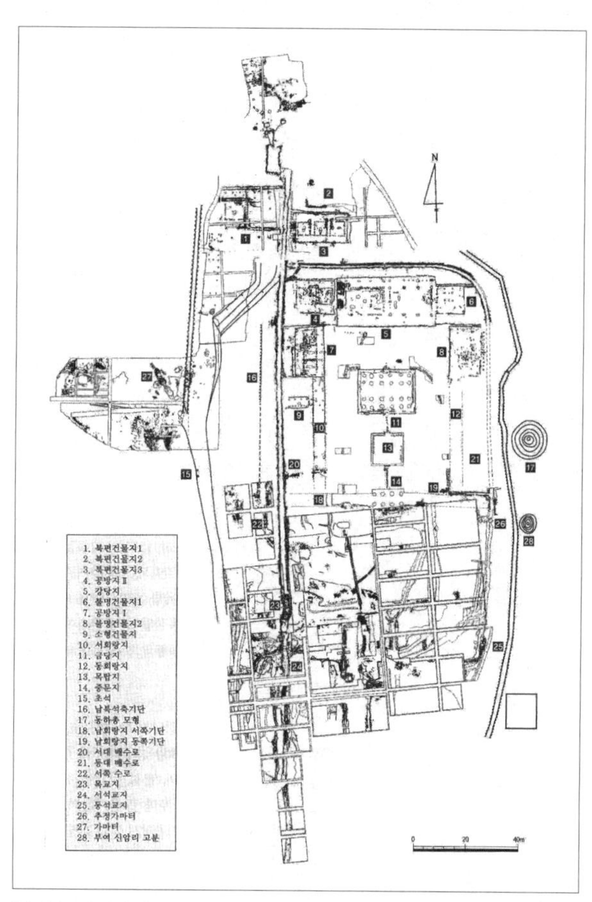

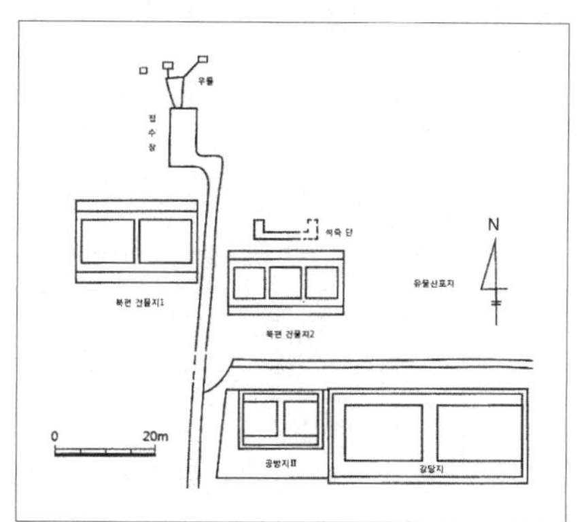

능산리사지 유교 제사 관련 시설(김종만, 2016)

부여 능산리사지 유구배치도

27) "其王以四仲之月 祭天及五帝之神 又每歲四祠其始祖仇台之廟" (『周書』 卷49 列傳41 百濟); "括地志曰 百濟四仲之月 祭天及五帝之神 冬夏用鼓角 奏歌舞 春秋奏歌而已" (『翰苑』 蕃夷部 百濟)

28) 이장웅, 2010, 「百濟 泗沘期 五帝 祭祀와 陵山里寺」, 『百濟文化』 42.

29) 한국전통문화학교 고고학연구소·부여군, 2010, 『扶餘 陵山里寺址 제9차 발굴조사보고서』, p.300.

견해가 있다. 이 석축 단 동쪽 유물산포지에서 발견된 다량의 祭器(기대, 복합문 토기, 장경병 등)는 제사 후 파쇄하여 폐기된 것으로 보고 있다. 6세기 중엽 이전 초기 건물지와 관련하여 사용된 복합문 토기에는 땅을 상징하는 방곽, 하늘을 상징하는 원문 등의 우주관, 태극문·기하문과 관련된 음양사상 등이 시문되었다고 한다.[30)]

한편, 북편 건물지 2의 성격에 대하여 주변에 얼음을 저장할 수 있는 빙고 시설이 없다는 점에서 빈전지가 아닌 소형 승방지로 보고, 그 뒤쪽의 ㄩ자형 석축 시설은 창고로 보려는 견해도 있다.[31)] 하지만, 북편 건물지에서는 일반 승려가 사용하기 힘든 金銅鉸具가 발견되었고, 이곳에서 발견된 다른 여러 건물지들 중에서는 석축 시설을 찾아볼 수 없다는 점에서 특수한 성격이 있음을 인정할 수 있다. 이에 필자는 이곳 석축 단과 동쪽 유물 산포지를 유교식 五帝 제사를 위한 부속 시설이면서, 능산리 고분군과 관련된 상장례도 행해진 유구로 보고자 한다.

동·서 회랑지 북단에는 맞배지붕 아래에 내부가 3실로 나누어진 부속 건물인 공방지 I 과 불명건물지 II 가 정면으로 서로 마주보면서 배치되어 있다. 서회랑지 북단에 동향하고 있는 공방지 I 은 6세기 중엽경으로 편년되는 多室 건물로, 의례와 관련된 공방 시설로 보인다. 외부에서 방으로 들어가는 문이 각각 별도로 있지만 내부에서 옆방으로 이동하는 문은 없으며, 내부 바닥에서 소토층이 확인되었고, 중앙방에서 담금질 시설이 발견되었다. 여기서 금동대향로, 금동제 불상 광배편, 금동제 풍경판, 원형 채화칠기편, 창건기 연화문와당 등이 수습되었다.

한편, 최근 왕흥사지 발굴조사에서는 중심 사역 외곽의 서쪽에서도 건물지들이 발견되었고, 이러한 구조가 동쪽에도 대칭을 이루면서 존재했을 것으로 보면서, 7세

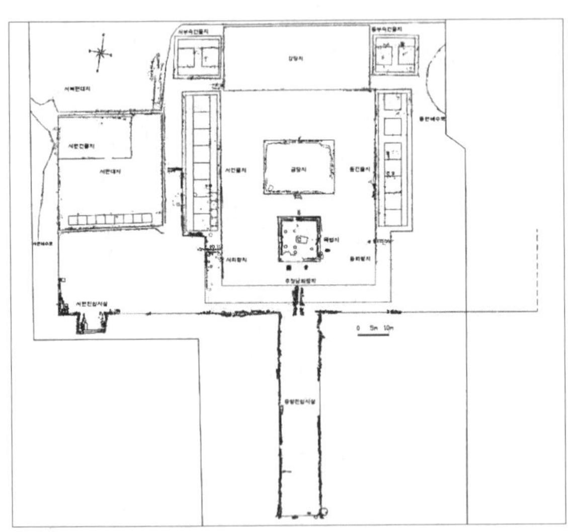

왕흥사지 발굴조사 현황 및 가람배치도

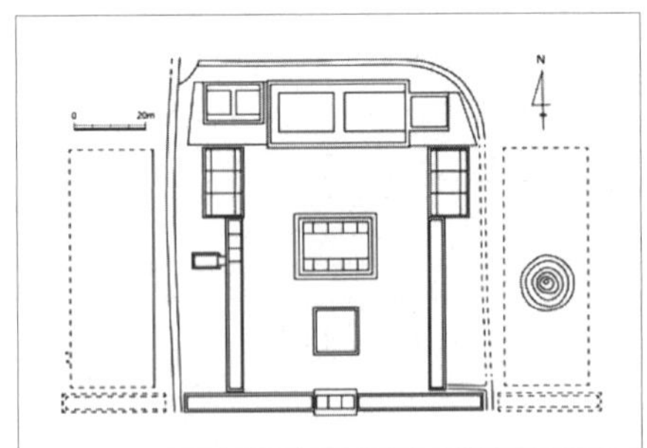

능산리사지 가람 배치 추정도

30) 김종만, 2016, 「부여 능산리사지 발견 新要素」, 『선사와 고대』 48, pp.33-45.

31) 조원창, 2014, 「扶餘 陵寺의 僧域 構造와 姓格」, 『백제 사원유적 탐색』, 서경문화사, pp.57-69.

기 미륵사지에 이르러 등장한 것으로 본 3원식 구조가 이미 6세기 후엽 경의 왕흥사지에서부터 존재했을 가능성이 제기되었다.[32] 그런데 능산리사지에서도 중심 사원지 서쪽에서 건물지가 발견되었고, 동대배수로 동쪽 지역에서도 건물지의 흔적이 확인되어 서쪽과 대칭으로 건물이 있었을 가능성이 높으므로, 3원 구조가 능산리사지에서부터 시작되었다는 견해도 제기되었다.[33] 능산리사지의 제사 의례를 위한 부속 건물지로 볼 수 있는 공방지Ⅰ, 불명건물지Ⅱ와 같은 건물지의 배치 양상이 왕흥사지에서 동일하게 확인된 사실도 주목된다.

특히 이 왕흥사지 사역 서쪽 대지는 가장 이른 시기에 가장 높은 위치에 조성되었고, 중앙 지점에서 서 건물지와 연결되는 보도 시설을 마련하여 통행에 격식을 갖추었으며, 제의용 토기인 기대와 삼족기가 출토되었다고 한다. 그러므로 이 지역은 사역 외곽에 배치된 단순한 생활 공간이 아니라 죽은 왕자를 위한 빈전으로 먼저 건립되었으며, 왕흥사 조성 이후에도 계속 제의 공간(사당)으로 사용된 것으로 보고 있다.[34]

이러한 발굴 성과들을 종합해 보면, 왕흥사는 능산리사지와 가까운 시기에 서로 비슷한 구조를 하고 있었던 불교 사원으로 볼 수 있다.

백제 위덕왕 시기를 정치·외교 관계의 변화에 따라 세 시기로 나누어 파악하는 견해에 의하면, 제1기인 위덕왕 즉위년(554)부터 13년(566)까지는 관산성 전투 패전의 충격에 따른 왕권의 약화와 '耆老'로 지칭되는 주화파 귀족 세력에 의해 정국 운영이 주도되었지만, 제2기인 위덕왕 14년(567)부터 23년(576)까지는 陳·北齊의 남·북조 모두와 외교를 전개하면서 정치적 발전과 왕권 신장을 꾀했다. 이후 제3기인 위덕왕 24년(577)부터 45년(598)까지는 대내 지배 체제를 정비한 후 중국의 통일 왕조인 수·당 및 왜를 대상으로 대외 관계를 더욱 다변화하면서 한반도 정세에 탄력적으로 대응하였다.[35] 여기서 이 세 시기의 분기점이 567년 능산리사지의 목탑 건립, 577년 왕흥사 지역의 목탑 건립과 맞물린다는 점에서, 불교를 정치 이데올로기로 이용하여 왕권을 강화하고자 했던 위덕왕의 의도를 파악할 수 있다.[36]

능산리사지 목탑에 石造舍利龕을 매납한 567년은 위덕왕이 대내외적인 체제 정비를 통해 왕권 강화 작업을 본격화한 연대로 평가되는데,[37] 강당지를 중심으로 한 초기의 건물지가 목탑과 금당, 중문, 회랑을 갖춘 사원으로 증축된 배경은 이러한 위덕왕의 정치적 면모 일신과도 관련이 있을 것이다. 위덕왕은 점차 국왕 중심의 정치 운영을 위해 北齊에서 『周禮』를 근간으로 했던 이념을 채택하였다는 견해도 있다.[38] 부여

32) 국립부여문화재연구소, 2012, 『王興寺址』 Ⅳ.

33) 김종만, 2016, 「부여 능산리사지 발견 新要素」, 『선사와 고대』 48, p.39.

34) 정성목, 2015, 「扶餘 王興寺址 최근 발굴조사 성과」, 『백제 사비도성의 불교사찰(국립부여문화재연구소·한국고대학회 국제학술대회 자료집)』, pp.189-191.

35) 양기석, 2007, 「위덕왕의 즉위와 집권세력의 변화」, 『사비도읍기의 백제(百濟文化史大系 硏究叢書 5)』, 충청남도역사문화연구원, pp.161-198.

36) 이장웅, 2018, 「백제 法王의 정치와 불교」, 『지방사와 지방문화』 21-1, p.205.

37) 梁起錫, 2000, 「百濟 威德王代 王權의 存在形態와 性格」, 『百濟硏究』 21, pp.43-48.

38) 이기동, 1990, 「百濟國의 政治理念에 대한 一考察 -특히 '周禮'主義的 정치이념과 관련하여」, 『震檀學報』 69; 1996, 『百濟史硏究』, 一潮閣, pp.161-193.

능산리사지 출토 「昌王銘石造舍利龕」 명문에 보이는[39] '兄'자의 別字는 북위와 북제에서 사용된 예가 있다고 한다.

성왕릉이 있는 능산리 고분군 옆에 자리한 능산리사지에 妹兄公主가 발원한 목탑이 있다면, 왕흥사 지역에는 위덕왕이 죽은 아들을 위해 건립한 목탑이 있다. 왕흥사 지역의 목탑지에서 출토된 사리장엄구 명문(577)은[40] 위덕왕 집권 후기 왕권의 추이를 예고해주는 것으로, 577년에 위덕왕 자신이 직접 죽은 왕자의 追福을 위해 탑을 조영하는 발원자로 주도적인 역할을 하고 있으므로, 이후 지속적인 왕권 강화를 추진하려는 의지가 담겨 있다.

이처럼 왕흥사 지역에는 「王興寺址 舍利器 銘文」에 의해 이미 위덕왕 때인 丁酉年(577)에 죽은 왕자를 추복하기 위한 목탑이 건립되었음이 밝혀졌는데, 이후 法王 2년(600) 정월에 王興寺를 창건하고 승려 30명을 得度시켰다는 기록이 있어,[41] 佛法에 의지하여 왕실을 흥하게 하려는 뜻을 갖고 이 지역에 있던 사원의 성격을 변화시킨 것으로 보인다. 그렇다면 위덕왕 때에는 죽은 왕자의 추복을 위한 왕실의 원찰 기능을 하던 왕흥사 지역의 사원이 법왕 때에 국가적인 규모로 기능이 변화되면서 명칭도 이에 걸맞게 '王興'이라 명명한 것으로 볼 수 있다.[42] 왕흥사는 이후 법왕의 아들인 무왕 35년(634)에 완공되어[43] 왕이 강을 건너 자주 行香하던[44] 백제의 중요한 불교 사원으로 나타나고 있다.

법왕은 성왕의 직계인 위덕왕의 아들이 아니라 위덕왕의 동생인 혜왕의 아들이었으므로, '성왕→위덕왕→亡王子'로 이어지는 소가계 집단의 정통성을 보여주는 목탑과는 다른 방식으로 정통성을 확보하기 위해 왕흥사 지역에 있던 사원의 성격을 변화시킬 필요가 있었으며, 이후 그의 아들 무왕 시기에 이르러 왕흥사는 '惠王-法王-武王'으로 이어지는 소가계 혈통의 정통성을 강조하기 위한 불교 사원으로 재탄생되었다.[45]

한편, 중국에서 능 주변에 불교 사원을 만들어 능원을 관리하고 제사를 담당하게 한 제도는 北魏 馮太后(문명태후)의 무덤인 永固陵의 전면에 祠廟(永固堂)·思遠佛寺·齋堂(靈泉宮)을 결합시킨 데에서 시작되는데, 이것은 풍태후가 직접 漢族의 제도와 鮮卑의 제도를 결합하여 본인을 위한 새로운 능침 제도를 만든 것이다.[46] 이에 비해 남조 梁 무제는 자신의 부인 德皇后를 위해 解脫寺를, 아버지 文帝를 위해 大愛敬寺와 皇基寺를, 어머니를 위해 智度寺를 건립하였다는 점에서, 백제 위덕왕이 아버지를 위해 만든 능산리사지와 위치, 성격, 발원자, 추복 대상이 皇基寺와 유사한 것으로 보고 있다.[47] 특히 문제의 무덤이 502년에 건립을

---

39) "百濟昌王十三季太歲在 丁亥妹兄公主供養舍利" (「百濟昌王銘石造舍利龕」)

40) "丁酉年二月十五日 百濟王昌爲亡王子 立刹本舍利二枚 葬時神化爲三" (「王興寺址 舍利器」)

41) "春正月 創王興寺 度僧三十人" (『三國史記』 卷27 百濟本紀5 法王 2년)

42) 양기석, 2009, 「百濟 王興寺의 創建과 變遷」, 『百濟文化』 41, p.50.

43) "百濟第二十九主法王諱宣 或云孝順 … 創王興寺於時都泗沘城[今扶餘] 始立栽而升遐 武王繼統 父基子構歷數紀而畢成" (『三國遺事』 卷3 興法3 法王禁殺)

44) "春二月 王興寺成 其寺臨水 彩飾壯麗 王每乘舟入寺行香" [『三國史記』 卷27 百濟本紀5 武王 35년(634)]

45) 이장웅, 2018, 「백제 法王의 정치와 불교」, 『지방사와 지방문화』 21-1.

46) 楊寬 저, 장인성·임대희 역, 2005, 『중국 역대 능침제도』, 서경, pp.91-97.

47) 양은경, 2009, 「梁 武帝시기 불교사찰, 불교조각과 사회변화」, 『美術史學』 23, p.248.

시작하여 508년에 완공되었으나, 황기사는 536년에 이르러서야 추복 사원으로 건립되었다는 점에서, 陵寺는 문제의 무덤이 축조될 당시의 능원과는 관련이 없고 뒷 시기에 아들에 의해 건립되었다는 점도 능산리사지의 성격과 비슷하다고 한다.[48] 이후 544년에 무제는 蘭陵에 행차하여 부모의 합장묘인 建陵과 부인의 修陵을 참배하고 皇基寺에서 法會를 열었다.[49]

이후 중국 당 시기에는 불교가 크게 번성하면서 기존의 침전이 담당했던 추복의 기능을 불교 사원인 능사에서 다시 반복하여 담당하게 되는데, 이로써 중국의 전통적인 사상과 외래 종교가 융합하여 새로운 능침 제도가 형성된다고 한다.[50]

필자는 능산리사지의 성격과 관련하여 이러한 중국의 예도 중요하지만, 그보다는 백제의 영향을 받은 것으로 보이는 신라의 成典寺院에 더 주목하고 있다. 신라 고유의 儀禮 集會所였던 南堂을 계승한 中代 成典寺院에서는 護國과 先王의 追福, 국왕의 장수를 위한 法會와 祭禮가 개최되었다.[51] 신라 중대에는 唐의 貞觀禮를 기초로 하여 五廟制 이하 大·中·小祀의 국가 제사 체계를 완성하였는데, 이는 중고기부터 불교와 깊은 관계에 있던 國家儀禮의 場이 大·中·小祀라는 중국 예제의 외형적인 체제에 따라 재편된 것일 뿐이며, 중고기 이래 재래의 祭天儀禮 요소를 계승한 내용으로 불교 의례와 결합되어 행해졌을 가능성이 크다.

신라의 대표적인 성전사원인 四天王寺는 狼山의 神遊林에 건립되었다. 四天王寺에서는 五方神과 四天王의 힘을 빌려 불국토 신라를 지키기 위한 밀교 의례인 문두루비법을 행하여 당나라의 군사를 물리쳤는데, 이곳은 본래 토착신앙의 신성 지역이었던 神遊林이 불교가 수용된 이후 수미산, 도리천, 사천왕으로 구성되는 불교적 세계의 중심으로 인식된 곳이다. 신라 중대 왕권은 밀교의 만다라적 세계관에 따라 왕경의 한 공간을 천하의 중심이면서 전체이기도 한 의례 공간으로 창출하였으니, 사천왕사는 의례 속에서 神과 만나는 세계의 중심이며, 五方神과 四天王으로 수호되는 신라 불국토 전체를 상징하는 특별한 國家儀禮의 場으로서 기능하였다. 또한, 신라 왕경의 사방과 중앙에 위치한 성전사원은 신라 국토의 사방과 중앙에 배치된 中祀의 祭場들과 밀접히 연관된 祭場으로 활용되었으며, 이는 중앙과 천하 사방을 하나로 연결한다는 의미를 지닌다고 한다.[52]

성전사원은 특정 왕을 위해 건립된 것으로 표현되었는데, 이를 통해 성전사원의 의례에 이들 왕이 配位되었음도 알 수 있다. 따라서 신라에서 成典이 설치된 사원은 모두 국왕이 흔히 行幸하는 사원이었으며, 국가의 불교 의례와 긴밀한 관계가 있었다.

이와 관련하여 중국의 五郊迎氣祭는 東·西·南·北의 4郊에서 입춘, 입하, 입추, 입동에 青帝, 赤帝, 白帝,

48) 梁銀景, 2013, 「陵寢制度를 통해 본 高句麗, 百濟 陵寺의 性格과 特徵」, 『高句麗渤海硏究』 47, p.76.

49) "三月甲午 幸蘭陵 庚子 謁建陵 有紫雲蔭陵上 食頃乃散 帝望陵流涕 所霑草皆變色 陵傍有枯泉 至是而流水香潔 辛丑 哭于脩陵 壬寅 於皇基寺設法會" (『建康實録』 卷17 梁 高祖武皇帝)

50) 양은경, 2019, 「중국 수당대 고분 주변 불교시설물에 대한 연구」, 『한국고대사탐구』 31, pp.140-142.

51) 尹善泰, 2000, 「新羅의 寺院成典과 衿荷臣」, 『韓國史硏究』 108, pp.24-32.

52) 尹善泰, 2002, 「新羅 中代의 成典寺院과 國家儀禮-大·中·小祀의 祭場과 관련하여-」, 『新羅文化祭學術論文集』 23(新羅 金石文의 現況과 課題), p.87 및 pp.107-115.

黑帝를, 일년의 중간인 季夏 土王日에는 黃帝를 모시는 형식으로 五帝에 대한 제사가 이루어졌는데, 여기에는 당 황제들도 配位된다고 한다. 이러한 配位는 이미 王莽이 天地를 王者의 부모로 간주하여 祭天, 郊祀에 어버이를 配祀할 것으로 강조하면서부터 시작되었다.[53] 그리고 唐의 경우에는 수도의 五郊에서 열리는 迎氣祭와 함께, 지방에서 五嶽과 四瀆 등의 中祀가 함께 거행되었다고 한다.[54]

이러한 점에서 필자는 능산리사지를 天神과 地神(方位神)의 성격을 함께 지닌 五帝를 모신 五郊迎氣祭의 祭場이면서 위덕왕의 아버지인 聖王이 함께 배향된 곳으로 보았고, 이후 불교 사원으로 변화하면서 陵寺의 성격도 함께 지닌 것으로 파악한 바 있다.[55] 그동안에는 능산리사지에 보이고 있는 각각의 단편적인 성격을 강조했을 뿐, 종합적으로 파악하지는 못한 면이 있었다. 하지만 五帝를 모시면서 先王이 함께 배향된 五郊迎氣祭의 祭場이 불교 사원으로 복합화되었다고 본다면 능산리사지의 종합적 성격이 잘 드러난다.

이제 능산리사지에서 발견된 목간들을 통해 복합적인 불교 의례의 모습을 찾아보고자 한다.

III. 부여 능산리사지 출토 목간과 불교 의례

1. '天'銘 刻墨書木簡과 五帝 제사

A. 〈1면〉 天在 无奉義 十 道緣立立立
〈2면〉 道緣其十
〈3면〉 无奉 門 天
〈4면〉 門徒日五十六

〈「扶餘 陵山里寺址 295호 목간」〉

부여 능산리사지의 초기 건물지군에서 이루어진 제사의 성격과 관련해서는 A의 刻書와 墨書가 함께 쓰여진 男根 형태의 295호 '天'銘 刻墨書木簡이 크게 주목되었다. 4면의 기록면 가운데 한쪽 면에는 '天在 无奉義' 刻書와 '道緣立立立' 墨書가 방향을 달리하여 쓰여 있고, 다른 한쪽 면에는 '天'과 '无奉'이라는 글자가 방향을 달리하여 刻書되어 있다.

이 목간은 출토지가 都城으로 진입하는 羅城의 문 앞이라는 점에서, 일본에 남아있는 都城 진입로와 길 제사의 원조격으로 백제의 道饗祭를 상정하는 견해가 있다. 이에 의하면, 이 목간을 백제왕이 상시 거주하는 도성 입구 시설의 문기둥 같은 곳에 매달아 놓아(道緣立) 도성 바깥에서 사악한 기운이 들어오는 것을

53) 김일권, 2007, 『동양 천문사상, 인간의 역사』, 예문서원.

54) 『唐令拾遺補』 祠令 23條; 『大唐開元禮』 卷35 吉禮 祭五嶽四鎭; 『大唐開元禮』 卷36 吉禮 祭四海四瀆.

55) 이장웅, 2010, 「百濟 泗沘期 五帝 祭祀와 陵山里寺址」, 『百濟文化』 42, p.52.

막는 주술적인 역할을 수행한 것으로 보았다.[56]

한편, 이 목간의 형태나 용도가 장승과 비슷하다는 견해도 있다. 장승은 경계의 聖標이면서 외부로부터의 흉재를 막는 거리제 때 세우는데, 거리제에서는 목재의 장승 대신에 남근석이 신주로 모셔지기도 한다.[57] 그리고 이 목간의 문구를 '道禓立立立'으로 판독하면서 '도로(道)의 신인 禓이 일어섰다!!!'는 의미로 해석하여, 도성으로 들어오는 사방 외곽 도로에 사악한 鬼魅가 침입하는 것을 막기 위해, 羅城 東門 입구 부근의 도로에 세운 道祭 祭場의 神物로 보고 있다.[58] 필자도 이러한 의견에 대략 동의하지만, 그것이 처음부터 道祭의 성격만을 가졌던 것은 아니라고 본다. 곧, 이곳에서는 본래 天과 연결되는 오제 제사와 관련된 국가 의례가 거행되었으나, 이후 시간이 흐르면서 불교 사원으로 재편되고 道祭의 성격으로 약화되면서 변화된 모습이 이 목간에 반영된 것으로 파악된다.

백제의 天地合祀 장소가 국도의 南郊였으며, 제사 때마다 제단을 새로 축조하였다는 점에 주목하여 능산리사지를 사비시기 도성의 남교로 설정하고, '天'銘 刻墨書木簡을 백제의 天祭와 같은 국가 제사에 사용되었던 내구성을 갖지 못한 제의 용구로 본 견해도 있다.[59] 보고서에서도 이 295번 목간은 '天'을 제사의 대상으로 하여 왕이 직접 祭主가 되어 거행한 백제의 국가 제사와 관련되는 유물일 가능성이 있다고 보았다.[60]

그러나 능산리사지는 羅城의 東門 바로 바깥에 자리잡고 있다는 점에서, 그곳을 南郊로 설정하려는 것은 무리이다. 이에 필자는 이곳을 五帝神(五方神) 중 東方神을 제사하던 오교영기제의 東郊 祭場으로 보고 있다. 五帝의 성격은 기본적으로 天神에 해당하면서 方位神의 성격을 지닌 地神의 성격도 복합적으로 가지고 있다. 그리고 이러한 五帝神의 위에는 太一이나 天皇大帝로 불리워진 최고 天神인 북극성의 신격이 자리잡고 있다. 그러므로 능산리사지에서 출토된 내구성을 갖지 못한 제의 용구인 '天'銘 刻墨書木簡은 북극성의 신격을 모신 天神祭보다는 격이 떨어지지만, 천신과 방위신(지신)의 성격을 함께 지니고 있었던 백제의 국가 제사인 五帝 제사와 연결시켜 볼 수 있다.[61]

백제에 북극성을 중심으로 한 천문 우주론적 사상 체계가 있었고, 그것이 궁궐 건축에도 반영되었을 가능성은 台耀殿의 존재를 통해 살필 수 있다. 李能和의 『朝鮮佛敎通史』에 채록된 「彌勒佛光事蹟記」에 의하면, 謙益이 성왕 4년(526)에 인도의 倍達多三藏과 함께 귀국하자 성왕은 그를 興輪寺에 살게 하면서 28명의 고승과 함께 律部 72권을 번역하게 하였고, 曇旭·惠仁 두 법사가 律疏 36권을 지어 왕에게 바치자 왕도 毗曇新律의 序를 지어 台耀殿에 보관하였다고 한다.[62] 이와 관련하여 『集神州三寶感通錄』 中卷 梁荊州優塡王栴

---

56) 平川南, 2006, 「百濟と古代日本における道の祭祀-陽物木製品の檢討を中心に」, 『百濟 泗沘時期 文化의 再照明』, 춘추각.

57) 尹善泰, 2004, 「扶餘 陵山里 出土 百濟木簡의 再檢討」, 『東國史學』 40, p.73.

58) 윤선태, 2007, 『목간이 들려주는 백제 이야기』, 주류성, pp.119-128.

59) 朴仲煥, 2007, 『百濟 金石文 硏究』, 전남대 사학과 박사논문, pp.155-156.

60) 국립부여박물관, 2007, 『陵寺 -부여 능산리사지 6~8차 발굴조사보고서』, p.328.

61) 이장웅, 2010, 「百濟 泗沘期 五帝 祭祀와 陵山里寺址」, 『百濟文化』 42, p.49.

62) 백제의 聖王 4년(526) 丙午에 沙門 謙益은 굳은 결심으로 律을 구하러 바다를 건너 전전하다가 中印度에 있는 常伽那大律寺에 이르렀다. 梵文을 5년 동안 배워서 인도어를 환히 깨달았고, 律部를 깊이 연구하여(功), 戒體로 자신을 莊嚴하였다. 인도의 승려 倍達多三藏과 함께 梵語本 阿曇藏과 五部律文을 가지고 귀국하였다. 백제왕은 羽葆와 북·피리 악대(鼓吹)를 갖추고, 교외에

檀像綠에 의하면, 511년에 양 무제의 요청으로 中天竺에서 불상을 모사하여 건강에 가져온 후 太極殿에 불상을 봉안했다는 기록이 있다.[63] 이들 기록을 연결시켜 보면, 「彌勒佛光事蹟記」에 등장하는 백제 성왕이 불경과 서문을 보관한 台耀殿은, 양 무제가 불상을 봉안했던 궁궐의 정전이자 북극성을 형상화한 太極殿에 해당하는 건물이었을 가능성이 크다.

「彌勒佛光事蹟記」의 사료적 가치에 약간의 의문이 있다면, 백제의 불교 사원에 태극전 형태의 금당이 존재했음을 통해서도 궁궐에 태극전 형태의 정전이 존재했음을 간접적으로 살필 수 있다. 북위 洛陽 도성에는 정전으로 太極殿이 있고 불교 사원인 永寧寺에 太極殿 형태의 금당이 존재하였으며, 일본 藤原京 도성에도 태극전이 있고 불교 사원인 大官大寺에 太極殿 형태의 금당이 있었다. 그런데 백제의 익산 지역에도 大官寺라는 불교 사원이 있었음이 『삼국사기』 신라본기 태종무열왕 8년 6월조에 나타나고 있으며,[64] 실제 익산 왕궁리 유적에서 '大官寺', '大官官寺', '大官宮寺', '官宮寺', '王宮寺' 銘 기와가 발견되면서 실증되었다.[65] 따라서 백제의 큰 영향 아래 지어진 일본의 大官大寺에 태극전의 형식을 가진 금당이 존재하였으므로, 백제 대관사에도 태극전의 형식을 가진 금당이 존재했을 가능성이 높다.

이는 익산의 예이지만, 남조의 양나라에 태극전이 존재했고, 백제의 영향을 받은 일본에도 태극전의 형식이 존재했으며, 백제의 도성을 이루던 東·西 兩城 중 하나로 생각되는 익산에도 태극전 형식이 존재한다면, 사비 도성에 태극전의 성격을 가졌을 台耀殿의 존재를 상정해도 무리가 없을 것이다.

특히 익산 왕궁리 유적 대형 건물지(건물지22)는 사비도성 추정 왕궁지인 부여 관북리 유적 '라'지구 正殿級 대형 건물지와 거의 동일한 모습이라는 점에서,[66] 사비 도성과 익산 왕궁을 구성하던 건물들이 서로 밀접한 공통성을 가지고 있음을 알 수 있다.

능산리사지의 남근형 刻墨書木簡을 통해, 오제 제사의 제장이 불교 사원으로 변화되면서 道祭나 장승의 시원으로 변모된 모습을 살필 수 있다면, 강당지 등 초기 건물지군과 함께 연결시켜 능산리사지의 전체적인 구조도 살펴볼 수 있다. 이와 관련하여 절의 입구 下堂 부분에 장승이 위치하고, 절의 뒷부분인 上堂에 토착신앙의 제장이었던 산신각이 위치한 현재 사찰 구조의 모습이, 토착신앙과 불교가 융화하면서 고대 신앙의 성역 구조 안에 불당을 받아들인 특유한 형태를 보여준다는 견해가[67] 참고된다. 그렇다면 능산리사지

서 맞이하여 興輪寺에 안치하고는 국내의 유명한 승려 28인을 불러 모아 겸익 법사와 함께 律部 72권을 번역하게 하였다. 겸익은 백제 律宗의 鼻祖가 되었다. 이때 曇旭·惠仁 두 법사가 律疏 36권을 지어 왕에게 바쳤는데, 왕도 毗曇 新律의 序를 지어, 台耀殿에 받들어 보관하였다. 장차 板刻하여(剞劂) 널리 반포하려 하였으나, 갑자기 세상을 떠났다(薨). (「彌勒佛光事蹟記」)

63) 양은경, 2009, 「梁 武帝시기 불교사찰, 불교조각과 사회변화」, 『美術史學』 23, p.252.

64) "六月 大官寺井水爲血 金馬郡地流血廣五步 王薨" (『三國史記』 卷5 新羅本紀5 太宗武烈王 8年)

65) 藤澤一夫, 1977, 「百濟別都 益山王宮里 廢寺 卽大官寺考」, 『馬韓·百濟文化』 2, p.161; 金容民, 2007, 「益山 王宮城 發掘成果와 그 性格」, 『馬韓·百濟文化』 17, p.31.

66) 박순발, 2010, 「사비도성」, 『백제의 도성』, 충남대학교출판부, pp.285-319.

67) 최광식, 1981, 「무속신앙이 한국불교에 끼친 영향-산신각과 장승을 중심으로」, 『白山學報』 26; 최광식, 2007, 『한국고대의 토착신앙과 불교』, 고려대학교출판부, pp.292-301. 이러한 견해에 대해 17세기 이전에는 사찰에 산신각이 존재했다고 보기 어렵다는 시각이 있지만(윤열수, 1998, 『산신도』, 대원사), 그 이전에도 전각과 별도로 사찰에 산신을 모신 장소가 있었다는 견해가 있다(신종원, 2003, 「한국 산악숭배의 역사적 전개」, 『숲과 문화』 12-4, p.71). 실제 『三國遺事』 卷5 感通7 仙桃聖母隨喜

는 도로와 가까운 입구 쪽에 장승의 성격을 지닌 목간이 봉안되었고, 뒤쪽 토착신앙의 산신각 위치에는 유교식 오제 제사의 제장이자 상장례 공간이 배치되었으며, 중앙에는 목탑과 금당이 배치된 복합적인 불교 사원의 구조를 하고 있었음을 알 수 있다.

2. '三貴', '六卩五方', '再拜' 목간과 불교식 상장례

B-①. 〈1면〉

三貴 丑牟 市丁	至丈 至夂 大貴	今毌 女貴 • •	兄久 ▨女

〈2면〉 ZZZZZZZZZ
ZZZZZZZZZ
ZZZZZZZZZ

〈「扶餘 陵山里寺址 299호 목간」〉

B-②. 〈1면〉 書亦從此法爲之凡六卩五方
〈2면〉 又行色也凡作形〃中了其

〈「扶餘 陵山里寺址 301호 목간」〉

B-③. 〈1면〉 ▨七定便死▨
〈2면〉 出再拜云

〈「扶餘 陵山里寺址 309호 목간」〉

B-① 299호 목간은 일찍이 祈福的 성격의 표현이라고 생각되는 '貴'字가 '父'·'母'·'兄'·'女' 등 가족관계 명칭에 수반되어 반복 출현한다고 보아, 吉祥을 추구하기 위해 행한 讖緯나 占卜的 성격을 갖는 목간일 것으로 추정되었다.[68] 그러나 '父'·'母'·'兄'·'女'의 판독에는 문제가 있으므로, 이들을 모두 인명으로 보면서, 상단이 圭頭 형태로 괘선을 긋고 여러 인명을 순차적으로 나열하고 있다는 점에서 慰靈祭와 같은 제사 의례에 사용된 위패였을 가능성이 제기되었으며, 목간 좌측에서 의도적 폐기 흔적이 보이는 점은 제사에 사용된 토기를 毁棄했던 행위와 유사한 의례의 마지막 절차였던 것으로 보고 있다.[69] 다만 姓氏나 직함도 없이

佛事의 기록을 보면, 仙桃山 神母(山神)가 佛事를 도우면서 主尊 三像과 함께 여러 天神과 五岳神君의 모습을 조성하고 있어, 사찰에 불상과 산신상이 함께 있었음이 잘 드러나고 있다.

68) 朴仲煥, 2002, 「扶餘 陵山里 發掘 木簡 豫報」, 『한국고대사연구』 28, pp.222-223.

9명의 인명이 나열되고 있다는 점에서 聖王의 추복이나 陪臣의 位牌로 보기에는 격이 맞지 않다는 견해가 있다.[70)]

한편, 목간의 뒷면 전체를 乙과 같은 형태의 반복적인 부호로 채운 점에서는 符籍이나 呪符의 성격을 가진 것으로 보고 있다.[71)] 이 부호를 '水'자의 이체자로 보면서 물과 관련된 祓禊 행사에 罪穢消去나 除災招福의 목적으로 사용되었다는 견해도 있다.[72)] 이 목간이 불교식 占卜 도구였을 가능성도 제기되었다.[73)]

이와 관련하여 일본에서 장례를 마친 후에 부정함을 쫓기 위해 행한 禊浴 의식이 참고된다.

> C. 사람이 죽으면 관을 쓰되 곽은 쓰지 않으며, 흙을 쌓아 무덤을 만든다. 처음 사람이 죽으면 10여 일 동안 喪을 치르는데, 이때는 고기를 먹지 않으며, 喪主가 울며 곡을 하지만, 다른 사람들은 술을 마시고 노래하며 춤춘다. 장례를 마치면 온 가족이 물속에 들어가 목욕을 하는데, 마치 練沐과 같다.[74)]
>
> 〈『三國志』 魏書30 烏丸鮮卑東夷傳 倭人〉

C의 3세기 이전 왜의 상장례를 보여주는 『三國志』 倭人傳에 의하면, 10여 일 동안 죽은 영혼을 소생시키기 위한 각종 의례를 거행하는 殯 기간에 고기를 먹지 않으면서 상주는 슬피 울지만, 다른 조문객들은 술을 마시고 노래하며 춤을 춘다고 하였다. 장례를 마치면 온 가족이 물속에 들어가 목욕을 한다는 기록은, 부정함을 쫓는 禊浴을 의미한다. 이러한 일본의 禊浴 전통은 『古事記』와 『日本書紀』에 기록된 伊耶那美命(伊奘諾尊)과 伊耶那岐命(伊奘冉尊)의 黄泉國 방문 신화에도 잘 나타나 있으니, 그 줄거리는 다음과 같다.

> 伊耶那美命(伊奘諾尊)이 여러 섬들을 낳고 나서 불의 신 가우돌지를 낳다가 죽자 伊耶那岐命(伊奘冉尊)은 사랑하는 아내를 한 아이와 바꿀 수 없다고 하면서 시신의 주변을 네발로 기어다니면서 통곡한다. 이후 十握劒을 빼서 가우돌지의 몸을 세 토막으로 벤 伊耶那岐命은 죽음의 세계인 黄泉國에 가서 죽은 伊耶那美命을 현세로 다시 데려오고자 한다. 그러나 伊耶那美命은 이미 黄泉國의 음식을 먹어서 돌아올 수 없게 되었으므로, 돌아가는 문제를 黄泉國 神과 의논한다며 들어가서는 나오지 않는다. 이에 伊耶那岐命이 문 안으로 들어가 보니

---

69) 尹善泰, 2004, 「扶餘陵山里 出土 百濟木簡의 再檢討」, 『東國史學』 40.

70) 이재환, 2014, 「扶餘 陵山里寺址 유적 출토 목간 및 삭설」, 『목간과 문자』 12, p.124.

71) 윤선태, 2007, 『목간이 들려주는 백제 이야기』, 주류성, pp.150-152; 이용현, 2007, 「목간」, 『百濟의 文化와 生活(백제문화사대계 12)』, 충청남도역사문화연구원.

72) 方国花, 2010, 「扶餘 陵山里 출토 299호 목간」, 『木簡과 文字』 6, p.31.

73) 이장웅, 2018, 「백제 법화신앙과 점찰참회」, 『한국고대사연구』 92, p.149.

74) "其死 有棺無槨 封土作冢 始死停喪十餘日 當時不食肉 喪主哭泣 他人就歌舞飮酒 已葬 擧家詣水中澡浴 以如練沐" (『三國志』 魏書30 烏丸鮮卑東夷傳 倭人)

> 여신의 시신에는 이미 구더기가 끓고 여덟 종류의 雷神이 생겨나고 있었으므로 死穢의 공포를 느끼고 도망친다. 그러자 伊耶那美命은 원망하면서 泉津醜女(또는 泉津日狹女) 8명을 보내 그를 쫓았고, 伊耶那岐命은 칼을 빼어 뒤로 휘두르면서 黑鬘과 湯津爪櫛을 던지자 이것이 포도와 죽순으로 변해 醜女가 먹게 하여 추격을 늦췄다. 또한, 복숭아 나무 아래 숨어서 그 열매를 따서 던졌더니 추격하던 雷神들이 모두 도망쳤다고 한다. 뒤이어 伊耶那美命(伊奘諾尊)이 직접 쫓아오자 伊耶那岐命(伊奘諾尊)이 큰 나무를 향해 소변을 보니 이것이 커다란 냇가가 되었고, 泉津日狹女가 그 내를 건너려 할 때 伊耶那岐命(伊奘諾尊)은 泉津平坂에 이르렀다고 한다. 이후 천 명이 끌어당길 수 있는 바위로 그 길을 막고 서로 마주하며 絶婚의 맹세를 한다. 그리고 伊耶那岐命(伊奘諾尊)은 筑紫 日向의 小戶가 있는 橘의 檍原에 이르러 禊浴(祓除)을 한다.[75]

이는 일본 국토를 만든 부부신인 伊耶那美命(伊奘諾尊)과 伊耶那岐命(伊奘冉尊) 신화로, 불의 신을 출산하여 목숨을 잃은 伊耶那美命(伊奘諾尊)을 만나기 위해 伊耶那岐命(伊奘冉尊)이 황천국에 방문하였다고 돌아오는 이야기이다. 이 신화의 무대는 대개 규슈의 횡혈식 석실에서 이루어진 의례에서 확인되는 벽사 행위

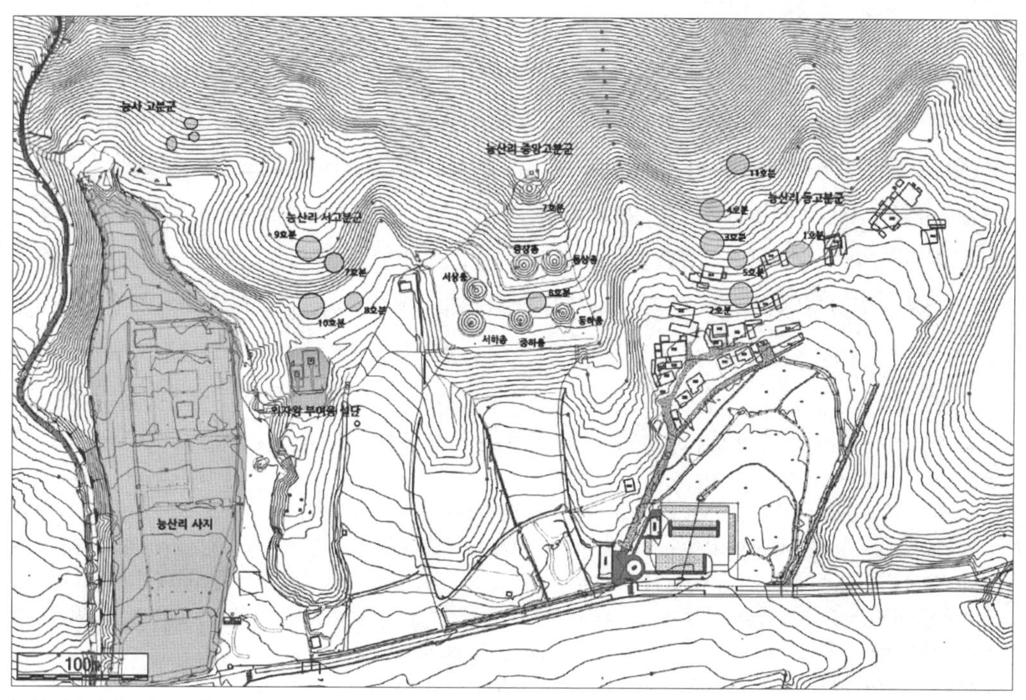

능산리사지와 고분군 배치도

75) 이상의 내용은 『古事記』 上卷과 『日本書紀』 卷1 神代 上의 내용을 줄거리로 정리한 것이다.

로 보고 있으며, 음식물은 악령을 붙들어 두기 위한 것으로 6~7세기의 매장 관념이 잘 드러난 기록이라고 한다.[76]

매장된 伊耶那美命(伊奘諾尊)은 黄泉國의 악령인 추악한 여자(泉津醜女)를 시켜 뒤쫓아가게 하였고, 이에 伊耶那岐命(伊奘冉尊)은 칼, 머리 장식(黑鬘), 빗(湯津爪櫛)으로 이들을 쫓아내려고 하였다. 머리 장식과 빗은 포도와 죽순으로 변하였고, 이것을 악령이 먹는 사이에 그는 도주한다. 그리고 최후에 귀신을 쫓는 복숭아를 던져 악령을 퇴치시켰다.

능산리사지는 기본적으로 왕실 고분군 옆에 자리한 불교 사원이라는 점에서 죽음과 밀접한 관련이 있는 불교 의례가 자주 행해졌을 것이다. 특히 능산리 고분군에는 왕릉인 중앙 고분군과 함께, 왕계가 달라지는 동고분군, 서고분군의 왕족 무덤도 함께 자리하고 있으므로,[77] 왕과 관련된 다양한 인물들에 대한 불교식 상장례가 이곳에서 행해졌을 것으로 볼 수 있다.

B-② 301호 목간은 5부 5방의 백제 지방통치 조직을 연상시키는 “6부 5방”이라는 문구로 주목되었던 자료이다. 이에 대해서는 ‘從此法’이 佛法 의식을 가리킨다고 보아 이 목간의 성격을 불교와 관련된 儀式에서 사용된 呪符木簡으로 간주하면서, 백제 영역조직인 ‘6부 5방’ 영역의 사람들을 대상으로 하는 ‘法’을 통한 복속의례가 이 장소에서 행해진 것으로 추정하기도 한다.[78] 마지막 부분을 ‘尸具’로 판독한 뒤, 전쟁에서 전사하여 신원 확인이 어려운 상태로 귀환한 전몰 병사들의 장송 절차를 규정한 律令의 일부가 곧 ‘此法’이라는 견해가 있다.[79] 形과 色이 불교적 분위기의 용어이며 ‘法’이 곧 불법을 가리킨다고 보아, 佛法 시행과 관련된 문건으로 파악하기도 한다.[80] ‘6부 5방’을 백제의 통치구획에 대한 용어가 아니라고 보면서 ‘作形’을 도교의 術數學과 연관지어 ‘형체의 보전’으로 해석하고, 전쟁 중 참혹한 죽음을 맞은 성왕과 전사자의 영혼을 달래기 위한 장송 의례 또는 제사 의례와 연관된 주술·의례용 목간으로 파악한 견해도 있다.[81] 필자도 이에 어느 정도 동의하면서 天과 五帝 제사의 祭場으로 둘러싸인 신성한 사비 도성을‘ 六部(天+五帝=六)’로 표현한 것으로 본 바 있다.[82] 다만 백제의 術數學이 도교보다는 불교와 관련됨을 뒤의 (4)절에서 더 살펴보겠다.

B-③ 309호 목간은 “死”·“再拜”와 같은 묵서 내용을 근거로 死者를 위한 儀禮와 관련된 목간으로 보았

76) 坂本豊治, 2019, 「古代日本の埋葬儀礼」, 『고대 동아시아의 금동신발과 금동관(국제학술대회 자료집)』, 국립나주문화재연구소, p.249.

77) 능산리 중앙 고분군의 중하총은 성왕(재위 523~554)의 능이며, 벽화가 그려진 고구려계의 동하총이나 동상총은 위덕왕(재위 554~598)의 능, 중상총은 혜왕(재위 598~599)의 능, 서하총은 법왕(재위 599~600)의 능, 서상총과 중앙 7호분은 무왕이나 의자왕대의 왕비나 왕자의 무덤일 가능성이 있다고 한다. 또한, 동고분군은 중앙 고분군에 묻히지 못한 성왕 후손의 왕족 무덤, 서고분군은 왕위 계승에서 멀어진 위덕왕과 관련된 왕족의 무덤일 가능성이 있다고 한다(서현주, 2017, 「백제 사비기 왕릉 발굴의 새로운 성과와 역사적 해석」, 『韓國古代史研究』 88, pp.81-86).

78) 近藤浩一, 2004, 「扶餘 陵山里 羅城築造 木簡의 研究」, 『百濟研究』 39, pp.114-125.

79) 朴仲煥, 2007, 『百濟 金石文 研究』, 전남대 사학과 박사학위논문, pp.116-120.

80) 국립부여박물관, 2008, 『백제목간-소장품조사자료집-』, p.243.

81) 김영심, 2009, 「扶餘 陵山里 출토 ‘六卩五方’ 목간과 백제의 數術學」, 『木簡과 文字』 3, pp.133-134.

82) 이장웅, 2010, 「百濟 泗沘期 五帝 祭祀와 陵山里寺址」, 『百濟文化』 42, p.55.

고,[83)] 295호 목간과 동일 지점에서 출토되었으면서 '再拜'는 의례 절차에 등장하는 어휘라는 점에서, 백제 道祭의 의례 절차를 기록한 笏記이거나, 죽은 자의 不淨을 京外로 몰아내기 위한 大祓儀式과 관련되었을 가능성도 제기되었다.[84)] 이를 554년 聖王 사망 이후 567년 목탑 건립 공사 착수 이전까지 聖王陵 조영이나 조상신 제사 등의 기능을 담당했던 특수 시설물에서 사용된 목간으로 보기도 하였다.[85)] 다만 '死'는 王의 죽음과 관련되는 용어는 아니라는 점에서, 이곳이 왕의 상장례만이 아니라 다양한 왕족들의 불교식 상장례와도 관련된 장소였음을 보여준다.

3. '三月十二日梨丑', '三月仲椋內上丑', '月卄六日上來席' 목간과 창고 의례

D-①. 〈1면〉 三月十二日梨丑▨之▨膰▨▨▨▨▨▨

〈2면〉 广淸靑靑靑用▨▨用今用▨

〈「扶餘 陵山里寺址 296호 목간」〉

D-②. 〈1면〉 三月仲椋內上丑

〈2면〉 稗二石

〈「扶餘 陵山里寺址 300호 목간」〉

D-③. 〈1면〉 竹山六

月卄六日上來席 眼席四

〈「扶餘 陵山里寺址 303호 목간」〉

D-① 296호 목간은 "三月十二日梨丑□之□膰"이 판독되는데, 3월 12일의 날짜와 함께 배밭과 감나무가 등장한다고 보아 봄철의 삼림 관리와 관계된 내용이라는 견해가 있다.[86)] 사찰에서 관리하는 토지 이용에 관한 내용일 가능성도 제기되었다.[87)] 원래 帳簿 목간이었다가 쓰임이 다한 후 하단부를 삭도로 깎아낸 뒤 습서 목간으로 재활용하였고, 이후 좌·우 측면을 잘라내 폐기된 것으로 추정하기도 한다.[88)] 원래 3월 12일의 배밭 등과 관련된 생산품 및 보리 등에 관한 기록이었다가 이후 다른 용도로 습서 혹은 낙서된 것으로 보면서, 梨, 麥, 麻가 단순한 농산품을 넘어 약재의 의미도 가진다고 본 견해가 있다.[89)] 梨田이 약재를 재배·공급하는 존재로 보면서 醫藥과 관련된 道敎書의 이해도를 보여준다는 견해도 있다.[90)]

---

83) 尹善泰, 2004, 「扶餘陵山里 出土 百濟木簡의 再檢討」, 『東國史學』 40, p.66.

84) 윤선태, 2007, 『목간이 들려주는 백제 이야기』, 주류성, pp.132.

85) 李炳鎬, 2008, 「扶餘 陵山里 出土 木簡의 性格」, 『木簡과 文字』 創刊號, p.75.

86) 국립부여박물관, 2003, 『百濟의 文字』, p.106.

87) 朴仲煥, 2002, 「扶餘 陵山里 發掘 木簡 豫報」, 『한국고대사연구』 28, p.220.

88) 윤선태, 2007, 『목간이 들려주는 백제 이야기』, 주류성, p.153.

89) 이용현, 2007, 「목간」, 『百濟의 文化와 生活(백제문화사대계 12)』, 충청남도역사문화연구원, p.292.

D-② 300호 목간은 "三月仲椋內上丑"의 내용으로 보아 8세기 신라 안압지의 창고 관리용 꼬리표 목간에서 확인되는 "월일+창고 위치+물품"의 기재 양식과 동일한 부찰이나 하찰로 보고 있다.[91] 이 목간이 출토된 지점 인근에 창고 시설이 있었음을 보여주며,[92] 쌍북리 280번지에서 발견된 '外椋卩' 목간과 비슷하게 보면서 3월에 창고인 椋 안의 上田 물품에 매달았던 부찰 혹은 하찰로 본 견해도 있다.[93]

D-③ 303호 목간은 竹山이 약초를 재배·공급하는 존재를 보여주므로, 의약과 관련된 道教書에 대한 이해도를 알게 해 준다는 견해가 있다.[94] 다만 필자는 뒤의 (4)절에서 보듯이 백제의 의약은 도교보다 불교와의 관련이 크다고 보고 있으므로, 불교 의약 관련 물품의 보관이나 출납과 관련된 것으로 보고자 한다.

본래 공동 창고는 신성처에 설치되어 제수용 공납품과 교역품을 보관하였고, 정기적인 제의와 재분배도 창고를 통해 이루어졌다.[95] 이는 하늘에 제사를 지내 해와 달이 광채를 되찾게 했던 細烏女가 짠 비단을 보관한 신라 왕의 창고인 貴妃庫,[96] 불면 바람이 잦아들고 물결이 평온해진다는 萬波息笛을 보관한 신라 月城의 天尊庫와도[97] 비교해볼 수 있다. 곧, 능산리사지에 불교 의례와 관련된 제의적 의미를 가진 물품을 보관하던 창고가 존재했다고 본다.

4. 奈率 · 對德 · ▨德 관등을 지닌 인물 목간, 支藥兒食米記 목간과 불교 의학

E-①. 〈1면〉 漢城 下部 對德 疎加鹵

〈「扶餘 陵山里寺址 297호 목간」〉

E-②. 〈1면〉 奈率 加租白加之恩以思淨

〈2면〉 急朋 靜腦右隋法師闕八

〈「扶餘 陵山里寺址 298호 목간」〉

E-③. 〈1면〉 ▨德干尓

〈2면〉 ▨爲資丁

追存耳若▨

〈「扶餘 陵山里寺址 307호 목간」〉

---

90) 김영심, 2009, 「扶餘 陵山里 출토 '六卩五方' 목간과 백제의 數術學」, 『木簡과 文字』 3.

91) 윤선태, 2007, 『목간이 들려주는 백제 이야기』, 주류성, p.154.

92) 李炳鎬, 2008, 「扶餘 陵山里 出土 木簡의 性格」, 『木簡과 文字』 創刊號, p.79.

93) 국립부여박물관, 2008, 『백제목간-소장품조사자료집』.

94) 김영심, 2009, 「扶餘 陵山里 출토 '六卩五方' 목간과 백제의 數術學」, 『木簡과 文字』 3, p.133.

95) 김창석, 2004, 「창고제의 성립과 운영」, 『삼국과 통일신라의 유통체계 연구』, 일조각, p.112.

96) "雖然朕之妃有所織細綃 以此祭天可矣 仍賜其綃 使人來奏 依其言而祭之 然後日月如舊 藏其綃於御庫爲國寶 名其庫爲貴妃庫" (『三國遺事』 卷1 紀異1 延烏郎 細烏女)

97) "駕还以其竹作笛藏於月城天尊庫 吹此笛則兵退病愈 旱雨雨晴 風定波平 號萬波息笛稱爲國寶" (『三國遺事』 卷2 紀異2 萬波息笛)

E-① 297번 목간은 하찰이나 부찰, 혹은 공식적 측면이 강한 신분증명서로 "漢城 下部 對德 疎加鹵"라는 표기 방식이 고구려 성벽 석각의 "漢城 下後部 小兄 文達"과 유사하다.[98] 그리고 뒤에서 살필 능산리 목간과 같은 시기의 F-① 『日本書紀』 기록에 보이는 "下部 杆率 將軍 三貴"와 "上部 奈率 物部烏"와 같은 백제 인명 표기 방식과도 유사하다.

E-② 298호 목간 역시 奈率 加租과 白加의 신분증명서일 가능성이 높은데, 뒤에서 살필 F-③ 『日本書紀』 기록에 보이는 "畵工 白加" 및 F-④의 일본 大阪 桑津 유적 출토 百濟系 木簡에 보이는 "白加"와 연결시켜 볼 여지가 있으며, 2면에는 판독에 약간 문제가 있기는 하지만 불교와 관련된 '法師'로 볼 여지가 있는 글자가 확인되고 있음이 주목된다.

E-③ 307호 목간도 "▨德 干尓"로 보아 德계 관등을 가진 干尓라는 인물의 신분증명서일 가능성이 높다. 뒤에서 살필 F-①과 ③의 『日本書紀』 기록에 오경박사 固德 馬丁安, 易博士 施德 王道良, 曆博士 固德 王保孫, 採藥師 施德 潘量豊, 固德 丁有陀, 樂人 施德 三斤, 季德 己麻次, 季德 進奴, 對德 進陀, 鑪盤博士 將德 白味淳 등 德계 관등을 가진 많은 인물들이 불교 승려와 함께 선진 문물을 왜에 전파하는 실무자로 활약하고 있으므로, 이들과 비슷한 역할을 가진 인물로 볼 수 있다.

F-①. 2월에 백제가 下部 杆率 將軍 三貴와 上部 奈率 物部烏 등을 보내 구원병을 요청하였다. 그리고 德率 東城子莫古를 바치면서 이전의 番인 奈率 東城子言과 교대시키고, 오경박사 王柳貴를 固德 馬丁安과 교대하도록 하였다. 승려 曇慧 등 9인은 승려 道深 등 7인과 교대시켰다. 그리고 따로 칙을 받들어 易博士 施德 王道良, 曆博士 固德 王保孫, 醫博士 奈率 王有悛陀, 採藥師 施德 潘量豐, 固德 丁有陀, 樂人 施德 三斤, 季德 己麻次, 季德 進奴, 對德 進陀를 바쳤다. 모두 요청에 따라 교대시켰다.[99] 〈『日本書紀』 卷19 欽明天皇 15년(554)〉

F-②. 겨울 11월 경오삭(1일)에 백제국의 왕이 돌아가는 사신 大別王 등에게 딸려서 經論 몇 권과 律師·禪師·比丘尼·呪禁師·造佛工·造寺工 6인을 바쳤다. 마침내 難波의 大別王寺에 안치하였다. 〈『日本書紀』 卷20 敏達天皇 6年(577) 11月〉

F-③. 이 해에 백제국이 사신과 승려 惠總·令斤·惠寔 등을 보내어 佛舍利를 바쳤다. 백제국이 恩率 首信, 德率 蓋文, 那率 福富味身 등을 보내 調를 바치고, 아울러 불사리와 승려 聆照律師, 令威, 惠衆, 惠宿, 道嚴, 令開 등과 寺工 太良未太와 文賈古子, 鑪盤博士 將德 白味淳, 瓦博士 麻奈文奴와 陽貴文·悛貴文·昔麻帝彌, 畵工 白加를 바쳤다. 蘇我馬子宿

98) 朴仲煥, 2002, 「扶餘 陵山里 發掘 木簡 豫報」, 『한국고대사연구』 28.

99) "二月 百濟遣下部杆率將軍三貴·上部奈率物部烏等 乞救兵 仍貢德率東城子莫古 代前番奈率東城子言 五經博士王柳貴 代固德馬丁安 僧曇慧等九人 代僧道深等七人 別奉勅 貢易博士施德王道良·曆博士固德王保孫·醫博士奈率王有悛陀·採藥師施德潘量豐·固德丁有陀·樂人施德三斤·季德己麻次·季德進奴·對德進陀 皆依請代之" [『日本書紀』 卷19 欽明天皇 15년(554)]

禰는 백제의 승려들을 청하여 受戒의 법에 대하여 물었다. 그리고 善信尼 등을 백제국의 사신 恩率 首信 등에게 딸려서, 학문을 배우도록 파견하였다. 한편 飛鳥衣縫造의 조상 樹葉의 집을 부수고, 처음으로 法興寺를 지었다.[100] 〈『日本書紀』 卷21 崇峻天皇 元年(588)〉

F-④. 〈1면〉  口安 欠田里 寡之乎

道章白加之

〈2면〉 各家客等之

〈「大阪 桑津 유적 출토 百濟系 木簡」〉

『周書』에는 백제가 經傳과 史書를 애독하여 뛰어난 사람은 제법 문장을 엮을 줄 알았으며, 陰陽·五行도 이해하고 역법과 함께 醫藥·卜筮 및 점치고 관상보는 법을 알고 있었다고 기록하였다. 또한, 僧尼와 寺塔이 매우 많으나 道士는 없다고 하였다.[101] 이처럼 백제에서는 術數 관련 학문에 관심이 많았고, 특히 이들이 도교보다는 불교와 깊은 관련이 있는 것으로 나타나고 있다. 그리고 F의 『日本書紀』 기록들을 통해서는 백제에서 왜로 術數와 관련된 여러 분야의 인물들이 불교 승려와 연관되어 파견되었음도 알 수 있다.

F-①은 553년에 왜가 백제에 사신을 파견하여 이전의 醫博士, 易博士, 曆博士를 교대하고 卜書, 曆本과 각종 藥物을 보내달라고 요청하자, 백제가 위덕왕 원년(554) 2월에 구원병을 청하면서 승려, 易博士, 曆博士, 樂人 등과 함께 醫博士 奈率 王有凌陀와 採藥師 施德 潘量豊·固德 丁有陀 등을 파견한 기록이다. 이를 통해 553년 이전에 백제에 醫博士와 採藥師가 따로 존재하였고, 불교 승려와 함께 왜에 파견되었음을 알 수 있다. 이들 의박사와 채약사는 백제 중앙 관제인 內官 12部 중 藥部에 소속되었을 것이다.[102]

F-②는 위덕왕 24년(577)에 倭의 사신 大別王 등이 본국으로 돌아갈 때에 經論과 함께 律師, 禪師, 比丘尼, 呪禁師, 造佛工, 造寺工 등 6인을 보내 大別王寺에 안치된 내용이다. 巫, 도교, 불교가 모두 주술을 통하여 질병을 치료하는 기능을 가지고 있지만, 백제에서 주술을 통해 질병을 치유하는 呪禁師는 불교와 밀접한 관련 속에서 활동하고 있음을 알 수 있다. 특히 佛醫로서 呪禁의 내용이 『十誦律』에서 찾아지며, 이는 겸익이 인도에서 귀국하면서 五部律文을 가지고 온 이후 성왕 시기에 22부가 정립되면서 확립되었다는 견해도 있다.[103]

100) "是歲 百濟國遣使幷僧惠總·令斤·惠總等 獻佛舍利 百濟國遣恩率首信·德率蓋文·那率福富味身等 進調幷獻佛舍利 僧聆照律師·令威·惠衆·惠宿·道嚴·令開等 寺工太良未太·文賈古子 鑪盤博士將德白昧淳 瓦博士麻奈文奴·陽貴文·㥄貴文·昔麻帝彌 畵工白加 蘇我馬子宿禰 請百濟僧等 問受戒之法 以善信尼等 付百濟國使恩率首信等 發遣學問 壞飛鳥衣縫造祖樹葉之家 始作法興寺" [『日本書紀』 卷21 崇峻天皇 元年(588)]

101) "俗重騎射 兼愛墳史 其秀異者 頗解屬文 又解陰陽五行 用宋 元嘉曆 以建寅月爲歲首 亦解醫藥卜筮 占相之術 … 僧尼寺塔甚多 而無道士" (『周書』 卷49 列傳41 異域上 百濟)

102) 장인성, 2009, 「고대 일본에 전파된 백제 도교」, 『한국고대사연구』 55, pp.313-314.

103) 길기태, 2006, 「백제의 呪禁師와 藥師信仰」, 『新羅史學報』 6, pp.79-87.

F-③에는 위덕왕 35년(588)에 法興寺(飛鳥寺) 창건을 위해 倭에 승려를 통해 佛舍利를 보내면서 절을 짓는 실무자라 할 수 있는 寺工, 鑪盤博士, 瓦博士, 畵工 등도 같이 보내고 있다.

F-③에서 왜에 파견된 백제 畵工의 이름이 白加로 나타나는데, F-④ 大阪 桑津 유적 출토 百濟系 木簡에는 승려의 이름으로 보이는 '道章'과 함께 '白加'가 나오고 있어, 이들을 동일인으로 보면서 이 목간을 백제계 渡來人과 관련시켜 이해하는 견해가 있다.[104] 이 목간의 '白加'를 '畵工 白加'와 같은 인물로 보기는 힘들다고 보면서, 이를 통해 백제에 삼한 이래의 전통과 중국의 도교 문화가 결합된 별자리에 대한 신앙과 제사 의례가 다양하게 전개되었음을 알 수 있다는 의견도 제시되었다.[105]

이 목간이 출토된 大阪市 桑津 유적은 古墳 시대 말기의 壁柱建物 1동, 掘立柱建物 2동과 우물, 飛鳥 시대의 掘立柱建物 3동과 목책, 우물로 구성되어 있는데, 이 일대가 百濟郡에 속하고 한반도계 씨족인 田辺氏의 본거지라는 점, 벽주 건물이 나타나는 점에서 이 유적을 남긴 집단은 백제계 이주민임이 분명하다고 한다. 이 목간에는 유려한 필체로 남아 있는 불교적 요소와 도교적 요소의 공존을 볼 수 있으며, 여기에 나타난 白加는 畵工이자 識者로 당시 벽주 건물에 거주하던 백제계 이주민 식자층의 존재 양태를 잘 보여주고 있다.[106]

앞의 E-②의 298호 목간에는 '奈率 加租白加'가 등장하고 있는데, 이 목간의 작성 시기가 F-③ 기록에서 위덕왕 35년(588)에 백제에서 왜로 파견된 '畵工 白加'보다 약간 앞서거나 비슷한 시기로 볼 수 있다는 점에서, 필자는 '奈率 加租白加'와 '畵工 白加'를 연결시켜 볼 가능성이 높다고 본다. 특히 E-②의 298호 목간에도 불교와 연관되는 法師가 판독될 수 있다는 점에서, F-③에서 승려, 寺工과 함께 畵工이 등장하고 있는 점과 연결되어 주목된다. 그렇다면 F-④의 백제계 이주민 목간에 등장하는 '白加'와도 연결시켜 볼 수 있을 것이다.

한편, 능산리사지 목간에서는 의료 업무를 담당한 支藥兒의 존재도 확인되었다.

G. 〈1면〉 支藥兒食米記 初日食四斗 二日食米四斗小升一 三日食米四斗
〈2면〉 五日食米三斗大升一 六日食三斗大二 七日食三斗大升二 八日食米四斗
〈3면〉 食道使家因次如逢使 猪耳其身者如黑也 道使後後 彈耶方 牟氏 祋耶
牟祋
〈4면〉 又十二石 又十二石 又十二石 十二石 又十二石 又十二石 又十二石
〈「扶餘 陵山里寺址 '支藥兒食米記' 목간」〉

G. '支藥兒食米記' 목간은 능산리사지에서 발견된 목간들 중 가장 늦은 시기의 것이며, 목탑 건립 이후인

---

104) 高橋工, 1991, 「桑津遺跡から日本最古のまじない札」, 『葦火』 35, 大阪市文化財協會.
105) 김창석, 2008,「大阪 桑津 유적 출토 百濟系 木簡의 내용과 용도」, 『목간과 문자』 창간호, pp.246-247.
106) 권오영, 2008, 「壁柱建物에 나타난 백제계 이주민의 일본 畿內지역 정착」, 『한국고대사연구』 49, pp.15-18.

6세기 후반에 폐기되었으므로 불교 사원의 운영과 관련된 목간이다. 이를 '藥兒에게 식미를 지급한 기록'으로 보면서, 백제의 藥兒를 唐 尙藥局의 '藥童'이나 日本 內藥司의 '藥生'과 같은 관인으로, 藥部에 속한 하위급 직원으로 이해하는 견해가 있다.[107] 하지만 藥部는 중앙 관부이므로 그 관원으로 보는 것은 적당하지 않으며, 능산리사지의 운영과 관련된 기구에 소속된 것으로 보는 의견도 있다.[108]

다만 지급된 食米의 양으로 볼 때 그 인원은 22명이 넘는데, 당의 약동이 30인, 일본의 약생이 10인이라는 점에서 藥部 소속도 아닌 능산리사지 예하의 (支)藥兒 수로는 너무 많다. 이에 일본의 典藥寮 하에는 '藥戶' 75호가 예속되어 1년마다 47丁이 番役을 섰다고 하는데, 『延喜式』에서 '嘗藥小兒', '客作兒', '造酒兒'가 국가의 여러 잡무를 수행했던 최말단 사역인을 뜻했다는 점에서, 백제에서도 '支藥兒'가 도성 인근의 藥田과 수요처를 연결하여 약재 공급을 담당했던 사역인이라는 견해가 있다. 이에 의하면 이 목간을 작성한 주체는 지방관과 지방인의 병증을 기록하면서 도성 바깥의 藥田과 약재의 공급을 담당하던 '지약아'들에게 식미를 지급하였으며, 도성의 경계에 해당하는 비일상적 제의 공간인 이곳에는 都城人이나 지방관(道使), 지방인(彈耶方) 등 도성을 출입하는 이들을 치료하기 위한 시설이 존재했다고 한다.[109] 필자는 앞서 살핀대로 불교 사원에서 주술적인 불교 의학을 행하던 呪禁師의 활동과 관련될 가능성이 더 높다고 본다.

신라에서는 興輪寺의 승려 法惕이 선덕여왕의 병을 오랫동안 치료하였지만 효험이 없자 密本 法師를 불렀다. 밀본은 宸仗 밖에서 『藥師經』을 읽었는데, 卷軸이 한번 돌자 가지고 있던 六環杖이 침전 안으로 날아들어가서 한 마리의 늙은 여우와 법척을 찔러 뜰 아래로 거꾸로 내던졌고, 이에 선덕여왕의 병이 나았다고 한다.[110] 또한, 신라 말인 908년에 壽昌郡의 八角燈樓 落成齋 참가자 중에는 흥륜사 소속의 融善이라는 呪師가 있었다.[111] 이에 동아시아 사회에서 불교 사원이 서양 중세의 기독교 수도원과 같이 질병을 치료하는 공간으로도 이용되었다는 견해가 있다.[112] 백제의 呪禁師와 신라의 呪師는 불교 사원에서 의학 활동을 행한 것이다.

---

107) 이용현, 2007, 「목간」, 『百濟의 文化와 生活(百濟文化史大系硏究叢書12)』, 충청남도역사문화연구원, p.277.

108) 노중국, 2009, 「백제 의·약 기술의 발전과 사찰의 의료활동」, 『물질문화와 농민의 삶(이태진 교수 정년 기념 논총)』, 태학사, p.76.

109) 윤선태, 2016, 「百濟의 '九九段' 木簡과 術數學」, 『목간과 문자』 17,pp. 26-29.

110) "善德王德曼遘疾弥留 有興輪寺僧法惕應詔侍疾久而無効 時有密本法師以德行聞於國 左右請代之 王詔迎入內 本在宸仗 外讀藥師經 卷軸纔周 所持六環飛入寢內 刺一老狐與法惕 倒擲庭下 王疾乃瘳 時本頂上發五色神光覩者皆驚" (『三國遺事』 卷5 神呪6 密本摧邪)

111) "其年孟冬 建燈樓已 至十一月四日 邀請公山桐寺弘順大德爲座主 設齋慶讚 有若泰然大德靈達禪大德景寂禪大德持念緣善大德興輪寺融善呪師等 龍象畢集 莊嚴法筵 妙矣是功德也" (『孤雲集』 卷1 新羅壽昌郡護國城八角燈樓記)

112) 이현숙, 2019, 「치유 공간으로서의 한국고대 사찰」, 『新羅史學報』 46, p.190.

5. 석가탄신일 行像, 열반일 및 行香 의례

I-①. 〈1면〉 智寔
四月七日寶憙寺
乘▨
〈2면〉 ▨送塩二石

〈「扶餘 陵山里寺址 304호 목간」〉

I-②. 〈1면〉 者三月十五日則
〈2면〉 ▨ ▨▨

〈「扶餘 陵山里寺址 308호 목간」〉

I-③. 〈1면〉 子基寺
〈2면〉 代和寫

〈「扶餘 陵山里寺址 313호 목간」〉

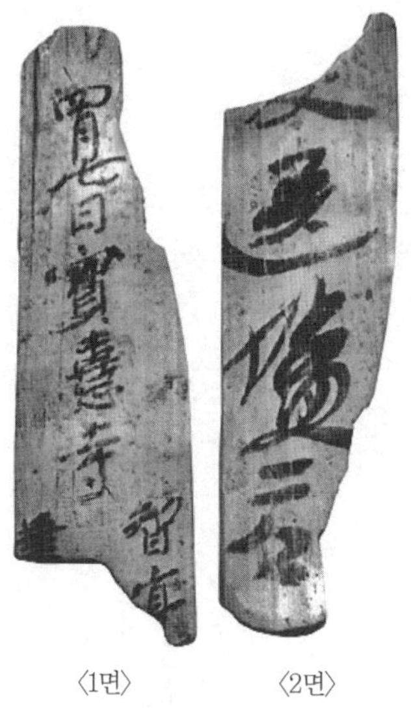
〈1면〉 〈2면〉
扶餘 陵山里寺址 304호 목간

〈1면〉 〈2면〉
扶餘 陵山里寺址 308호 목간

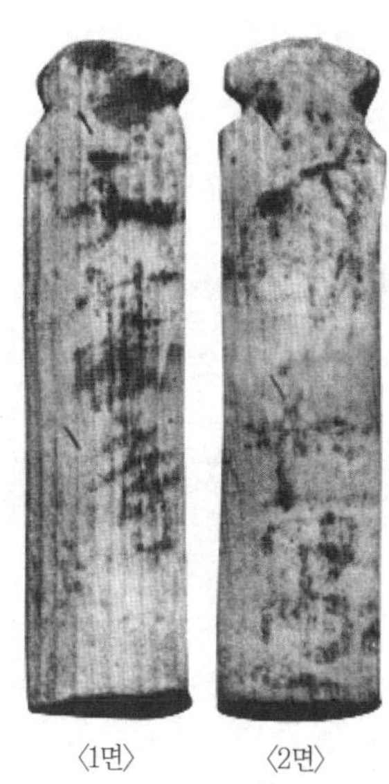
〈1면〉 〈2면〉
扶餘 陵山里寺址 313호 목간

I-① 304호 목간은 석가탄신일 의례에 참석하러 4月 7日에 온 寶憙寺 승려들에게 답례로 보낸 소금 2석을 기록한 것으로 볼 수 있다. 그렇다면 이는 석가탄신일 의례에 참석하러 온 승려들을 날짜와 사찰별로 정리한 승려의 출석 명단 중 하나였으며, 뒷면은 의례 이후 승려들에게 주어진 답례품을 출납 장부 정리를 위해 앞면과 연결시켜 추기한 메모인 것이다.[113] 寶憙寺는 이 목간에만 등장하는 백제의 사찰명인데 『大乘四

論玄義記』에 寶憙寺가 등장하고 있어 이 불교 문헌이 백제 승려에 의해 찬술되었음을 보여주는 중요한 증거이며, 소금을 보냈다는 점에서 寶憙寺는 능산리사지와 가까운 지역에 자리했던 사원으로 보는 견해가 있다.[114]

백제에서 이루어졌을 것으로 추정되는 석가탄신일 의례와 관련해서는 북위에서 제국의 통합을 위해 황제에 의해 낙양성에서 연례 행사로 개최된 불교 의식인 行像과 비교해볼 수 있다.

行像은 4월 7일 尙書 祠部曹에 등록된 낙양성 내외 천여 구의 불상이 정남문인 宣陽門 밖 1리에 자리한 景明寺에 모이는 것으로 시작한다. 이어 석가탄신일인 4월 8일에는 行像 행렬이 경명사를 출발하여 宣陽門을 지나 도성의 중심 대로인 銅駝街를 따라 북상하여 太廟와 太社 등 여러 관서를 차례로 지나 궁성 정문인 閶闔門에 이른다. 이 행렬에는 불상과 고승들 외에도 50만의 낙양성민 대부분이 손에 꽃을 들고 따랐으며, 황제는 낙양성의 온 성민이 지켜보는 가운데 百尺이나 솟은 창합문 위의 이층 누각에서 광장과 어도에 몰려든 불상과 대중을 향해 散花를 했다고 한다.[115]

景明寺는 북위 宣武帝(재위 499~515년)가 景明(500~503년) 연간에 건립한 國家大寺로, 낙양성 정남문

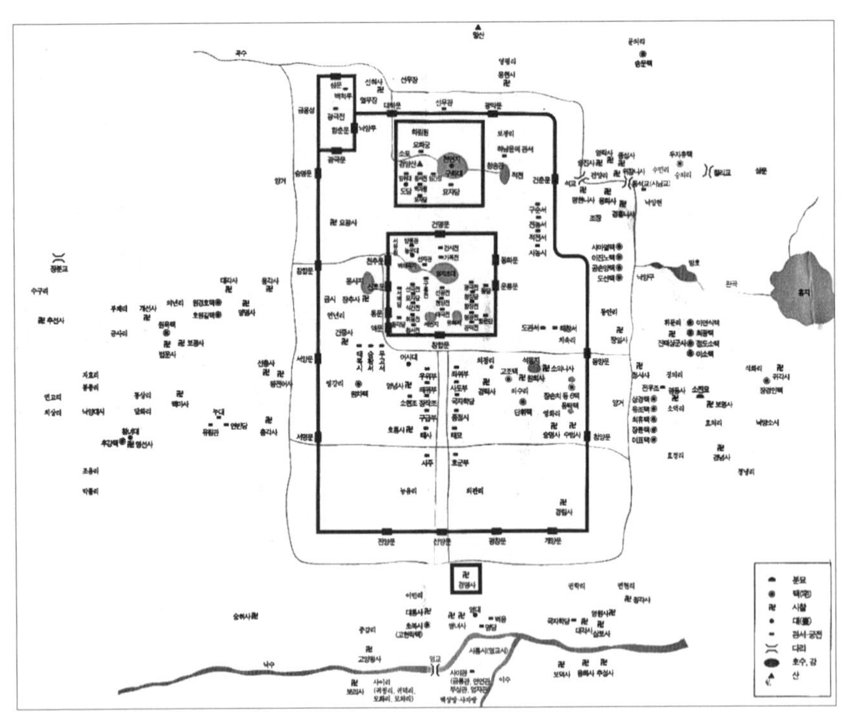

북위 낙양성의 景明寺 위치

113) 尹善泰, 2004, 「扶餘陵山里 出土 百濟木簡의 再檢討」, 『東國史學』 40.

114) 최연식, 2007, 「백제 찬술문헌으로서의 《大乘四論玄義記》」, 『韓國史硏究』 136, p.17.

115) 蘇鉉淑, 2013, 「皇權과 佛教儀禮-北魏 行像과 梁의 無遮大會」, 『中國古中世史硏究』 29, pp.126-133.

인 宣陽門 밖 1리 정도 떨어진 街道의 동쪽에 위치한 한 변 500步의 정방형 대사원이었다.[116] 북위 경명사는 永寧寺를 뛰어넘는 낙양성 최대 사찰로, 동위·북제 鄴城의 國家大寺였던 趙彭城寺址와 입지가 유사하며, 이보다 뒷시기에 해당하는 隋의 國家大寺인 大興善寺와도 입지와 기능이 유사하다. 이들 사원은 도성의 남단에 위치하여 황제가 주최하는 정치적 상징성이 농후한 불교 행사에서 매우 중요한 기능을 담당했던 것이다.

위덕왕은 북제 등 북조와 활발히 교류하면서 남·북조 모두와 균등하게 외교를 하였으므로, 이 목간을 통해 백제에 북위~북제로 이어지는 북조식 불교 의례의 영향도 살필 수 있다고 본다. 능산리사지 목탑지 출토 창왕명 석조사리감의 서체에 보인다는 북제의 영향도 이와 연관시켜 볼 수 있겠다.

한편, 앞서 살핀 왕흥사 지역 목탑지에서 발견된 사리기 명문에 의하면, 죽은 왕자의 追福과 극락왕생을 기원하기 위하여 丁酉年 2월 15일에 위덕왕(昌王)이 직접 사리를 봉안하였다.[117] 여기에는 사리 봉안이 행해진 날짜가 2월 15일로 나타나 있는데, 이날은 석가모니의 열반일인 동시에 미륵보살이 열반한 이후 도솔천에 왕생한 날이다. 이로 보아 백제에서는 석가탄신일과 함께 석가모니의 열반일도 중요시한 점을 알 수 있다.

그런데 백제의 불교 사리 장엄이 일본에서 발견된 묘지에 큰 영향을 주었다는 견해가 있어 참고된다.[118] 일본의 장골기에 刻銘한 墓誌, 방형 묘광 안에 火葬骨을 넣은 木櫃의 바닥면에 점토로 붙여진 금속제 장방형 판형 묘지가 각각 부여 왕흥사지 사리기, 익산 미륵사지 사리봉안기와 비슷하다는 것이다. 그렇다면 왕흥사지 사리기도 죽은 왕자를 위해 매납한 사리를 봉안한 장치라는 점에서, 비록 백제 사비기 왕릉에서 묘지가 발견되지는 않았지만 이를 통해 당시 상장례의 일면을 살펴볼 수 있다.[119] 일본의 장골기와 백제 사리기에 내재된 관념이 비슷하다면, 백제에서 부처의 뼈에 해당하는 사리를 중시한 점을 통해 뼈를 통한 영혼의 재생을 바라는 관념이 있었음도 알 수 있다고 본다.

신라에서는 매년 2월 석가의 출가일인 초 8일에서 열반일인 15일까지 7일 동안에 都中의 남녀들이 흥륜사의 殿塔을 도는 福會를 행했는데,[120] 이러한 행사는 당에서도 거행되었다. 唐代에는 불사리 신앙이 대단히 성행하여 長安城 안에 있던 대장엄사, 숭성사, 흥복사, 천복사 등의 사원에서 해마다 2월 8일 또는 3월 8일부터 7일 동안에[121] 걸쳐 불사리 공양을 성대하게 베풀었다고 한다.[122]

이와 관련하여 I-② 308호 목간에 3월 15일이라는 날짜가 나타나는데, 이 날짜가 唐 長安城에서 성대한

116) 楊衒之, 서윤희 역, 2001, 『洛陽伽藍記』, 눌와, p.115.

117) “丁酉年二月十五日 百濟王昌爲亡王子 立刹本舍利二枚 葬時神化爲三” (「王興寺址 舍利器」)

118) 이나다나츠코, 2018, 「일본 고대묘지와 한국, 그리고 무령왕릉 지석」, 『백제학보』 26, pp.226-228.

119) 이장웅, 2019, 「백제 武寧王과 王妃의 喪葬」, 『한국고대사탐구』 33, p.269.

120) “新羅俗 每當仲春 初八至十五日 都人士女 競遶興輪寺之殿塔爲福會” (『三國遺事』 卷5 金現感虎)

121) “又大莊嚴寺 開釋迦牟尼佛牙供養 從三月八日至十五日 薦福寺開佛牙供養 藍田縣從八日至十五日 設無碍茶飯 … 興福寺 亦二月八日至十五日 開佛牙供養 崇聖寺 亦開佛牙供養 城中都有四佛牙” (圓仁, 『入唐求法巡禮行記』 卷3, p.252 上~下)

122) 蔡尙植, 1995, 「慈藏의 교단정비와 僧官制」, 『佛敎文化硏究』 4, p.80.

불사리 공양이 끝나는 날짜인 점이 주목된다. 앞서 살핀 D-① 296번 목간에는 불사리 공양 행사가 이루어지는 기간에 해당하는 3월 12일의 날짜가 나오고, D-② 300번 목간에는 3월이 나타나고 있다는 점도 이 시기에 이루어졌을 불교 의례와 관련하여 참고된다.

백제 武王(600~641)은 왕흥사가 낙성되자 그곳에 行香하였다. 능산리사지는 왕흥사와 성격이 비슷할 뿐만 아니라, 공방지에서 금동대향로도 발견되었으므로 역시 행향이 이루어졌을 가능성이 높다.

특히 唐에서는 國忌日에 行香을 시행하였다. 당의 국기일 행사는 中宗(683~684, 705~710) 때 "내전에서 재를 열고 行香하도록 하였다."는 기록과 武宗(840~846) 때 칙서를 내려 "僧寺에서 배알하고 行香하되 舊典과 같게 하였다."는 기록으로 보아[123] 황실 선조의 기일 행사에 불교 사원 등에서의 행향이 주요 의례 절차로 포함되었음을 알 수 있다.[124] 한편, 671년(문무왕11) 당에서 신라에 사신으로 온 禮部侍郎 樂鵬龜가 먼저 당 황제를 祝壽하는 공간으로 지었다는 天王寺에 行香하겠다는 기록도 보이고 있다.[125]

I-③ 313호 목간은 신분 증명서로 보기도 하고,[126] "子基寺"에서 물품에 매달아 보낸 꼬리표 목간(부찰목간)으로 보면서 목간이 출토된 능산리사지와 자기사 사이에 인적·물적 소통이 활발하게 이루어졌음을 살피기도 한다.[127]

필자는 백제에서 중앙의 天·五帝 제사와 지방의 五岳 제사가 함께 四仲月에 이루어지면서 중앙과 주변, 지방의 제사가 서로 관련을 가지면서 행해졌으며, 이를 통해 중앙과 천하 사방을 하나로 연결한다는 의미를 지니게 되었던 것으로 보고 있다.[128] 이에 I-③ 313호 목간은 백제 사비 도성 바로 외곽에 위치하면서 五帝 제사가 이루어졌던 중앙의 불교 사원인 능산리사지와 지방 사원(外寺)인 子基寺와의 활발한 교류를 보여주는 것으로 보고자 한다. 중앙과 지방 사원의 활발한 교류와 불교 의례는 이처럼 목간을 통해서도 그 편린을 살펴볼 수 있다.

Ⅳ. 마무리

본고는 부여 능산리사지에서 출토된 목간을 통해 백제의 불교 의례를 복원해보고자 하였다. 먼저 2장에서는 능산리사지 발굴을 통해 강당지 일대가 목탑과 금당보다 먼저 건립된 유교식 제례 건축이라는 사실이 밝혀졌고, 이후 이곳이 불교 사원으로 변화되면서 불교와 함께 다양한 성격을 복합적으로 가지게 되었음을 살폈다. 필자는 이곳을 백제 사비기의 특징적인 제사인 五帝를 모시는 유교식 祭場이었다가, 위덕왕 시기인

---

123) 『佛祖統記』 卷40(『大正藏』 卷49; 『佛祖統記』 卷42(『大正藏』 卷49).

124) 옥나영, 2019, 「신라 시대 '香'과 그 문화-香의 용례 검토를 통하여」, 『숭실사학』 42, p.138.

125) "使至曰 必先行香於皇帝祝壽之所天王寺" (『三國遺事』 卷2 紀異2 文武王法敏)

126) 近藤浩一, 2004, 「扶餘 陵山里 羅城築造 木簡의 研究」, 『百濟研究』 39.

127) 윤선태, 2007, 『목간이 들려주는 백제 이야기』, 주류성, pp.145-150.

128) 이장웅, 2016, 「百濟 西岳 且那山과 慧顯의 修德寺·達拏山寺」, 『한국고대사연구』 84, p.316.

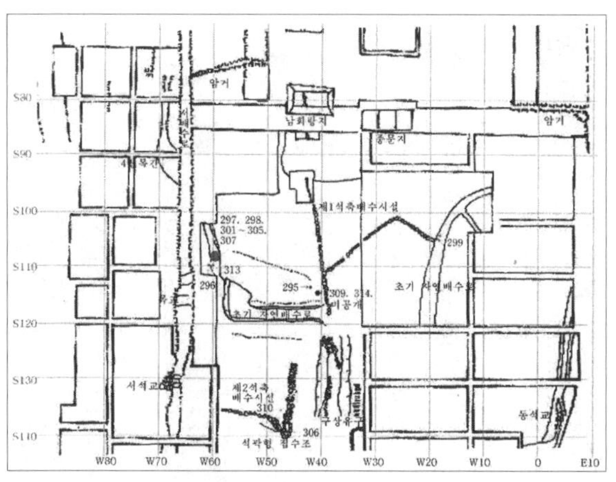

부여 능산리사지 목간 출토지

567년에 妹兄公主가 목탑에 사리를 매납하면서 불교 사원으로 개편되었고, 이에 따라 불교와 유교의 성격이 융화된 것으로 파악하였다. 특히 같은 위덕왕 시기인 577년에 왕이 직접 죽은 왕자를 위해 목탑을 건립한 왕흥사 지역도 능산리사지와 비슷한 구조를 하고 있어, 서로 성격을 비교해 볼 수 있었다.

3장에서는 능산리사지에서 출토된 목간을 대략 5가지로 분류하여, 먼저 '天'銘 刻墨書木簡은 원래 오제 제사의 제장이 불교 사원으로 변화하면서 장승의 시원이 되는 성격을 지녔음을 살폈다. 이어 '三貴', '六卩五方', '再拜' 목간을 통해서는 바로 옆의 능산리 고분군과 관련된 불교식 상장례가 이루어졌을 가능성을 살폈다. 또한, 창고와

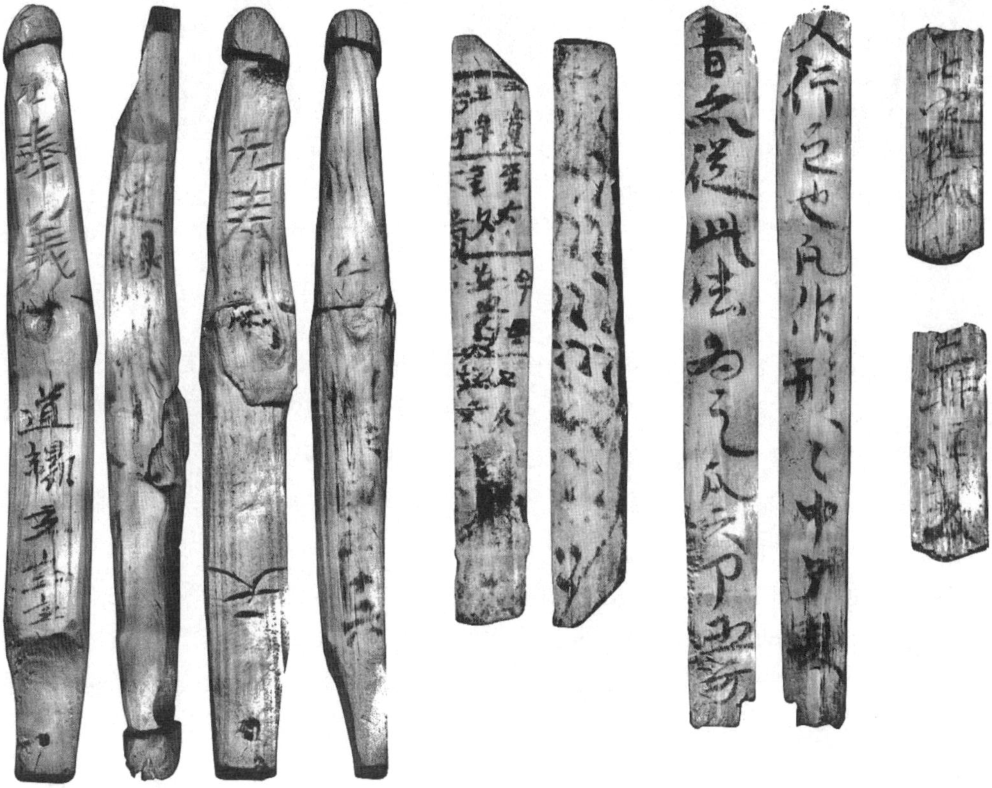

〈1면〉 〈2면〉 〈3면〉 〈4면〉 〈1면〉 〈2면〉 〈1면〉 〈2면〉

295호 299호 301호 309호

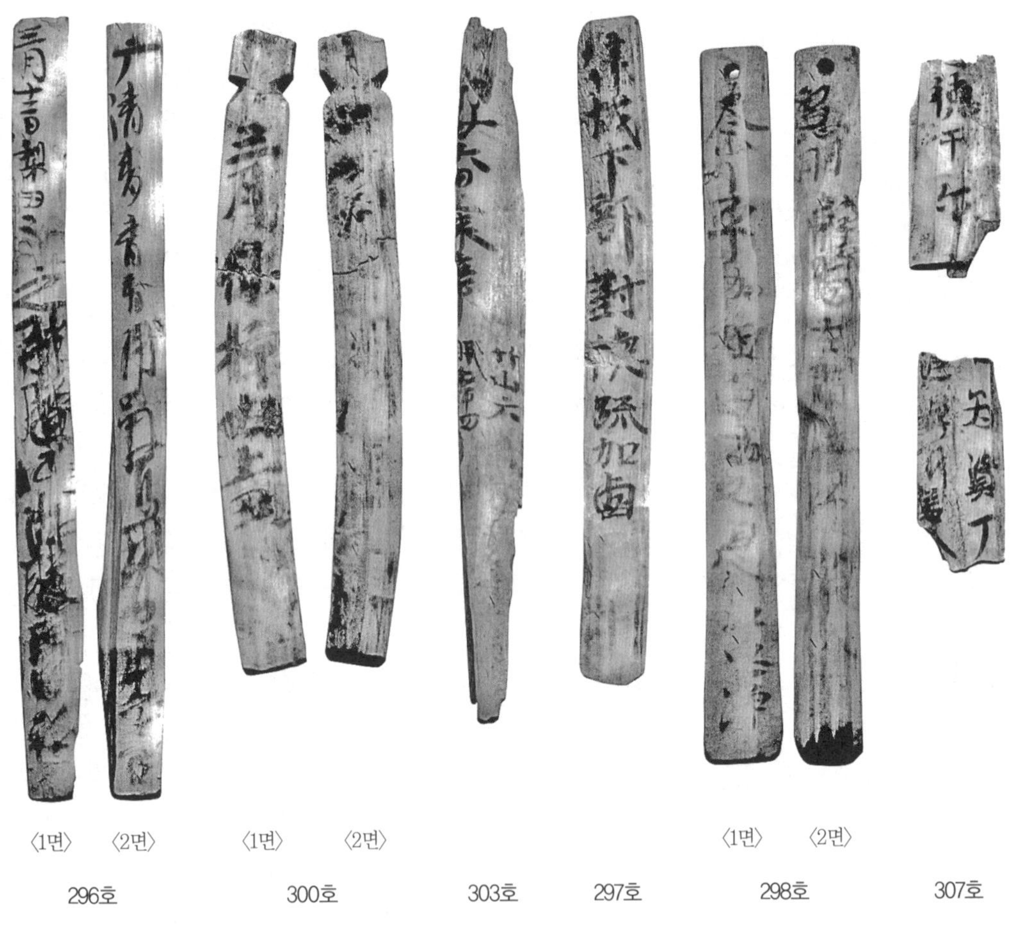

물품 관련 목간을 통한 신성한 불교 의례의 가능성과, 관등을 지닌 인물 목간 및 支藥兒食米記 목간을 통해 불교 의학과 관련된 불교식 주술 의례의 모습도 살폈다. 마지막으로 불교와 관련된 목간에 나타난 날짜를 통해 석가탄신일의 行像 의례와 열반일 중시 및 行香에 대하여 알아보았다.

이를 통해 능산리사지는 유교·불교·도교의 성격이 불교의 범주 내에서 복합된 의례가 행해졌던 불교 사원이었음을 알 수 있었다.

백제 이후 고려, 조선 시기에는 영주 소수서원과 숙수사, 서울 도봉서원과 영국사와 같이 불교 사원이 있었던 자리에 유교의 서원이 들어서는 모습이 나타나며, 근대에는 익산 나바위 성당과 마애불처럼 불교 사원이 있었던 자리에 천주교 성당이 들어서는 모습도 보인다. 이처럼 같은 장소에 있는 종교 제장이지만, 각 시대를 주도하던 중심 사상에 따라 그 성격이 변화되는 모습을 찾아볼 수 있다.

투고일: 2020. 4. 29. 심사개시일: 2020. 5. 3. 심사완료일: 2020. 5. 20.

참/고/문/헌

1. 사료

『三國史記』『三國遺事』

「百濟昌王銘石造舍利龕」「王興寺址 舍利器」「彌勒佛光事蹟記」

『三國志』『周書』『建康實録』『大唐開元禮』

『佛祖統記』『入唐求法巡禮行記』

『古事記』『日本書紀』

2. 단행본

姜仁求, 1977, 『百濟古墳研究』, 一志社.

국립부여문화재연구소·문화재청, 2008, 『陵寺-부여 능산리사지 10차 발굴조사보고서』.

국립부여문화재연구소, 2012, 『王興寺址』 Ⅳ.

國立扶餘博物館·扶餘郡, 2000, 『陵寺-扶餘陵山里寺址發掘調査進展報告書』.

국립부여박물관, 2003, 『百濟의 文字』.

國立夫餘博物館, 2007, 『陵寺-부여 능산리사지 6~8차 발굴조사보고서』.

국립부여박물관, 2008, 『백제목간-소장품조사자료집』.

김일권, 2007, 『동양 천문사상, 인간의 역사』, 예문서원.

김창석, 2004, 『삼국과 통일신라의 유통체계 연구』, 일조각.

박순발, 2010, 『백제의 도성』, 충남대학교출판부.

朴仲煥, 2007, 『百濟 金石文 研究』, 전남대 사학과 박사논문.

楊寬 저, 장인성·임대희 역, 2005, 『중국 역대 능침제도』, 서경.

楊衒之, 서윤희 역, 2001, 『洛陽伽藍記』, 눌와.

윤선태, 2007, 『목간이 들려주는 백제 이야기』, 주류성.

윤열수, 1998, 『산신도』, 대원사.

이기동, 1996, 『百濟史研究』, 一潮閣.

이도학, 1997, 『새로 쓰는 백제사』, 푸른역사.

장경호, 2004, 『아름다운 백제 건축』, 주류성.

조원창, 2014, 『백제 사원유적 탐색』, 서경문화사.

최광식, 2007, 『한국고대의 토착신앙과 불교』, 고려대학교출판부.

한국전통문화학교 고고학연구소·부여군, 2010, 『扶餘 陵山里寺址 제9차 발굴조사보고서』.

3. 논문

高橋工, 1991,「桑津遺跡から日本最古のまじない札」,『葦火』35, 大阪市文化財協會.

권오영, 2008,「壁柱建物에 나타난 백제계 이주민의 일본 畿內지역 정착」,『한국고대사연구』49.

近藤浩一, 2004,「扶餘 陵山里 羅城築造 木簡의 硏究」,『百濟硏究』39.

金吉植, 2008,「百濟 始祖 仇台廟와 陵山里寺址 -仇台廟에서 廟寺로」,『韓國考古學報』69.

金永旭, 2003,「百濟 吏讀에 對하여」,『口訣硏究』11.

金容民, 2007,「益山 王宮城 發掘成果와 그 性格」,『馬韓·百濟文化』17.

길기태, 2006,「백제의 呪禁師와 藥師信仰」,『新羅史學報』6.

金相鉉, 1999,「百濟 威德王의 父王을 위한 追福과 夢殿觀音」,『한국고대사연구』15.

金壽泰, 1998,「百濟 威德王代 扶餘 陵山里 寺院의 創建」,『百濟文化』27.

김영심, 2009,「扶餘 陵山里 출토 '六 卩五方' 목간과 백제의 數術學」,『木簡과 文字』3.

김종만, 2016,「부여 능산리사지 발견 新要素」,『선사와 고대』48.

김창석, 2008,「大阪 桑津 유적 출토 百濟系 木簡의 내용과 용도」,『목간과 문자』창간호.

노중국, 2009,「백제 의·약 기술의 발전과 사찰의 의료활동」,『물질문화와 농민의 삶(이태진 교수 정년 기념 논총)』, 태학사.

藤澤一夫, 1977,「百濟別都 益山王宮里 廢寺 卽大官寺考」,『馬韓·百濟文化』2.

盧明鎬, 1981,「百濟의 東明神話와 東明墓」,『歷史學硏究』10.

朴仲煥, 2002,「扶餘 陵山里 發掘 木簡 豫報」,『한국고대사연구』28.

方国花, 2010,「扶餘 陵山里 출토 299호 목간」,『木簡과 文字』6.

방기동, 1999,「집안 동대자 고구려건축 유지의 성질과 연대」,『고구려 유적과 유물 연구』, 백산자료원.

서현주, 2017,「백제 사비기 왕릉 발굴의 새로운 성과와 역사적 해석」,『韓國古代史硏究』88.

蘇鉉淑, 2013,「皇權과 佛敎儀禮-北魏 行像과 梁의 無遮大會」,『中國古中世史硏究』29.

申光燮, 2003,「능산리사지 발굴조사와 가람의 특징」,『百濟金銅大香爐와 古代東亞細亞』, 국립부여박물관.

신종원, 2003,「한국 산악숭배의 역사적 전개」,『숲과 문화』12-4.

梁起錫, 2000,「百濟 威德王代 王權의 存在形態와 性格」,『百濟硏究』21.

양기석, 2007,「위덕왕의 즉위와 집권세력의 변화」,『사비도읍기의 백제(百濟文化史大系 硏究叢書 5)』, 충청남도역사문화연구원.

양기석, 2009,「百濟 王興寺의 創建과 變遷」,『百濟文化』41.

양은경, 2009,「梁 武帝시기 불교사찰, 불교조각과 사회변화」,『美術史學』23.

梁銀景, 2013,「陵寢制度를 통해 본 高句麗, 百濟 陵寺의 性格과 特徵」,『高句麗渤海硏究』47.

양은경, 2019,「중국 수당대 고분 주변 불교시설물에 대한 연구」,『한국고대사탐구』31.

옥나영, 2019,「신라 시대 '香'과 그 문화-香의 용례 검토를 통하여」,『숭실사학』42.

尹善泰, 2000,「新羅의 寺院成典과 衿荷臣」,『韓國史硏究』108.

尹善泰, 2002,「新羅 中代의 成典寺院과 國家儀禮-大·中·小祀의 祭場과 관련하여-」,『新羅文化祭學術論文集』23(新羅 金石文의 現況과 課題).

尹善泰, 2004,「扶餘陵山里 出土 百濟木簡의 再檢討」,『東國史學』40.

윤선태, 2016,「百濟의 '九九段' 木簡과 術數學」,『목간과 문자』17.

이기동, 1990,「百濟國의 政治理念에 대한 一考察 -특히 '周禮'主義的 정치이념과 관련하여」,『震壇學報』69.

이나다나츠코, 2018,「일본 고대묘지와 한국, 그리고 무령왕릉 지석」,『백제학보』26.

李炳鎬, 2008,「扶餘 陵山里 出土 木簡의 性格」,『木簡과文字』創刊號.

이병호, 2008,「扶餘 陵山里寺址 伽藍中心部의 變遷 過程」,『韓國史硏究』143.

이용현, 2007,「목간」,『百濟의 文化와 生活(백제문화사대계 12)』, 충청남도역사문화연구원.

이장웅, 2010,「百濟 泗沘期 五帝 祭祀와 陵山里寺」,『百濟文化』42.

이장웅, 2016,「百濟 西岳 旦那山과 慧顯의 修德寺·達拏山寺」,『한국고대사연구』84.

이장웅, 2018,「백제 法王의 정치와 불교」,『지방사와 지방문화』21-1.

이장웅, 2018,「百濟 法華信仰과 占察懺悔 -부여 능산리사지 '宿世結業' 목간을 중심으로」,『韓國古代史硏究』92.

이장웅, 2019,「백제 武寧王과 王妃의 喪葬」,『한국고대사탐구』33.

이재환, 2014,「扶餘 陵山里寺址 유적 출토 목간 및 삭설」,『목간과 문자』12.

이현숙, 2019,「치유 공간으로서의 한국고대 사찰」,『新羅史學報』46.

장인성, 2009,「고대 일본에 전파된 백제 도교」,『한국고대사연구』55.

정성목, 2015,「扶餘 王興寺址 최근 발굴조사 성과」,『백제 사비도성의 불교사찰(국립부여문화재연구소·한국고대학회 국제학술대회 자료집)』.

조해숙, 2006,「백제 목간기록 "宿世結業…"에 대하여」,『冠嶽語文硏究』31.

蔡尙植, 1995,「慈藏의 교단정비와 僧官制」,『佛敎文化硏究』4.

최광식, 1981,「무속신앙이 한국불교에 끼친 영향-산신각과 장승을 중심으로」,『白山學報』26.

최연식, 2007,「백제 찬술문헌으로서의《大乘四論玄義記》」,『韓國史硏究』136.

坂本豊治, 2019,「古代日本の埋葬儀礼」,『고대 동아시아의 금동신발과 금동관(국제학술대회 자료집)』, 국립나주문화재연구소.

平川南, 2006,「百濟と古代日本における道の祭祀-陽物木製品の檢討を中心に」,『百濟 泗沘時期 文化의 再照明』, 춘추각.

〈Abstracts〉

Buddhist rites of Baekje based on the wooden tablet of Neungsan–ri Temple Site in Buyeo

Lee, Jang–Woong

Through the various wooden tablet of Baekje, which excavated from the Neungsan–ri Temple Site in Buyeo, This Temple Site examined that Confucian, Buddhist, and Taoist ideas were a complex Buddhist temple where rituals were held within the Buddhist category.

In Chapter 2, the excavation of Neungsan–ri Temple Site revealed that the area of the lecture hall was built earlier than the wooden pagoda and the main building, and later, the temple was transformed into a Buddhist temple, which led to a combination of diverse characteristics with Buddhism. In this research, we could found that this place was a Confucian site dedicated to the characteristic ancestral rites of the Baekje Sabi period, but was reorganized into a Buddhist temple in 567 during the reign of King Witŏk(威德王) when the first princess(妹兄公主) buried Sari in a wooden pagoda, thereby harmonizing the characteristics of Buddhism and Confucianism. In particular, Wangheungsa Temple, which built a wooden pagoda for the prince died in 577 during the same period of King Witŏk(威德王)'s reign, had a similar structure to Neungsan–ri Temple Site, so it was possible to compare the characteristics of each other.

In Chapter 3, through the wooden tablet excavated from the Neungsan–ri Temple Site were divided into five categories. First, the wooden tablet which written in "天" shows that the temple was originally for the ancestral rites of Ohje(五帝), and it turned into a Buddhist temple, and it becoming the temple of Jangseung. And we could examined the possibility of a Buddhist funeral related to the Neungsan–ri Ancient Tombs right next to them through the wooden tablet of "三貴", "六 卩五方" and "再拜." It also examined the possibility of sacred Buddhist rites through the wooden tablets about warehouses and stuffs, and Buddhist shamanistic rites related to Buddhist medicine through the wooden tablet of figures with official rank and the wooden tablet of "支藥兒食米記". Lastly, we examined the rites of Buddha's Birthday, the importance of Nirvana, and incense–burning ritual Based on the Buddhist–related wooden tablet.

▶ Key words: Baekje, King Witŏk(威德王), wooden tablet, Neungsan-ri temple site, Wangheungsa Temple, Buddhist rites

특 집

백제 부여목간과 나주목간의 서풍*

정현숙**

〈국문초록〉

사비기에 제작된 백제의 목간은 대부분 부여 지역의 15곳과 나주 복암리에서 출토되었다. 부여목간은 6~7세기 도성 관리들의 글씨를, 나주목간은 7세기 지방 관리들의 글씨를 보여 주므로 두 지역의 목간 글씨를 비교해 보면 백제 京鄕 서예의 특징과 연관성을 알 수 있다.

80여 점의 부여목간에는 해서, 행서, 초서가 각각 또는 혼용되어져 있다. 북위 해서의 웅강함, 남조 행초서의 유려함 등 서풍도 다양하여 도성의 서사 교육 수준이 상당히 높았음을 알 수 있다. 능산리사지 출토 〈'支藥兒食米記'목간〉의 노련한 행서는 거침이 없어 자연스럽고, 부드러우면서 힘차 백제의 미감이 가득하다. 궁남지의 문서목간은 변화무쌍하면서 능숙하고, 관북리 목간의 웅강무밀한 해서는 백제의 남북조 취향을 드러낸다. 감사 인사를 담은 동남리의 꼬리표목간은 드물게 유창한 초서로 쓰였다. 618년의 환곡 기록을 적은 쌍북리 출토 〈'佐官貸食記'목간〉은 용도에 맞게 정연한 해서로 쓰였지만 동시에 획의 강약과 길게 늘어진 파책에서 변화를 주었다. 구아리 출토 해서 목간의 단아하면서 절제된 서풍과 행서 목간의 유려하면서 자유분방한 서풍은 대조를 이루지만 각기 다른 분위기로 특출하다.

* 이 논문은 2017년 대한민국 교육부와 한국학중앙연구원(한국학진흥사업단)의 한국학분야 토대연구지원사업의 지원을 받아 수행된 연구임(AKS-2017-KFR-1230009). 이 논문은 2019년 11월 2일 한성백제박물관에서 열린 한국목간학회 제32회 정기발표회 "출토자료로 본 백제 사비기의 문화와 동아시아"의 발표 원고를 수정, 보완한 것이다.

** 원광대학교 서예문화연구소 연구교수

13점의 나주 복암리 목간의 해서에는 행서 필의가, 행서에는 해서와 초서 필의가 있다. 문서목간의 행서도 자간이 일정하고 질서정연하다. 특히 목간 1호와 12호의 글씨는 부여목간만큼 유려하지도, 변화무쌍하지도 않지만 그 전아미, 절제미, 노련미에는 부여목간이 범접할 수 없는 오묘한 맛이 있다.

두 지역의 목간 글씨는 다를 뿐 우열을 가릴 수는 없다. 이는 나주목간 글씨가 부여목간 글씨에 견줄 수 있을지언정 결코 뒤지지 않음을 의미한다. 나주목간 글씨의 출중함은 중앙의 영향도 있겠지만 중국과의 직접 교류를 통한 영향일 수도 있다. 따라서 나주목간 글씨의 특출함은 부여목간의 글씨와는 별개로 나주 관리의 독창성으로 보아도 무방하다.

▶ **핵심어: 백제, 부여목간, 나주목간, 능산리사지, 복암리, 소자운**

I. 머리말

주로 공적 사건을 쓰고 새긴 가공 과정을 거친 금석문과는 달리 대부분 행정 기록인 목간은 무명 관리들이 쓴 생생한 육필이기 때문에 당시의 서사문화를 소상하게 살펴볼 수 있다는 점에서 서예사적 가치가 크다. 또 주로 해서로 쓰인 금석문과는 달리 목간은 해서는 물론 행서와 초서로 쓰인 것들도 많아 다양한 서체와 서풍을 보여 준다는 점에서도 간과할 수 없는 중요한 서예 자료다.

사비기(538~660)에 제작된 백제의 목간은 도성인 부여 지역의 15곳과 지방인 나주 복암리와 금산 백령산성에서 출토되었다. 현재까지의 백제 목간 글씨 관련 연구는 출토 목간의 수에 비해 양이 턱없이 부족하고, 그것마저도 지역 구분 없이 전체적으로 서체를 살피거나 특정 목간에 한하여 서술하는 데 그쳤다.[1] 그래서 필자는 최근 단행본에서 출간 시점까지 출토된 것을 포함한 백제 목간의 대표적 글씨를 세밀하게 살펴보았다.[2] 도성 출토 목간은 6~7세기 중앙 관리들의, 지방 출토 목간은 7세기 지방 관리들의 서사 솜씨를 보여 주므로 단행본에서 미처 살피지 못한 목간을 보충하고 지역별로 글씨를 비교하여 백제 京鄕 서예의 특징과 연관성을 살펴보는 것은 서예사적으로 상당히 유의미한 일이라 여겨진다.

백령산성에서는 세 글자만 판독된 1점의 목간만 출토되었으므로 부여와 나주 출토 목간 글씨의 고찰을 통해 6~7세기 백제 사비기 목간 글씨의 특징을 드러내고자 한다. 먼저 부여와 나주 출토 목간의 현황과 내용 등을 대략 살피고, 다음으로 두 지역 목간 글씨의 서체별 특징과 서풍을 살피겠다.

---

1) 이성배, 2004, 「百濟書藝와 木簡의 書風」, 『百濟硏究』 40, 충남대학교 백제연구소; 2011, 「百濟木簡의 書體에 대한 一考」, 『木簡과 文字』 7, 한국목간학회; 손환일, 2008, 「百濟 木簡 『佐官貸食記』의 分類體系와 書體, 『韓國思想과 文化』 43, 한국사상문화학회; 2010, 「百濟木簡 〈支藥兒食米記〉와 〈佐官貸食記〉의 文體와 書體」, 『新羅史學報』 18, 신라사학회; 2016, 「百濟 九九段의 記錄體系와 書體-〈扶餘雙北里出土九九段木簡〉과 〈傳大田月平洞山城收拾九九段蓋瓦〉를 중심으로-」, 『韓國史學史學報』 33, 한국사학사학회.

2) 정현숙, 2018, 『삼국시대의 서예』, 일조각, pp.249-298.

Ⅱ. 부여목간과 나주목간의 개관

1. 부여 지역 목간의 개관

부여 지역에서 목간이 출토된 곳은 15곳인데, 그중 쌍북리가 9곳으로 가장 많다(표 1). 출토된 묵서목간의 수는 능산리사지가 가장 많고 쌍북리, 관북리, 구아리, 석목리, 동남리순이다. 부여 출토 목간 대부분은 사비기 왕경의 왕실, 관청, 왕사 등에서 주로 공적 용도로 사용되었다.[3] 왕사인 능산리사지에서는 종교, 의

표 1. 부여 지역 목간 개요

연번	출토지	제작 시기	묵서목간	용도	서체	크기(㎝)	묵흔면(특징)
1	능산리사지	6C 중후반	37	주술 문서	해서 행서	16.5×3.5×3.5 43.8×2.1×2	사면(남근형) 사면(지약아식미기)
2	관북리	7C	10	문서 꼬리표 꼬리표	행서 해서 해서	12.2×4.2×0.2(285호) 9.3×4.8×0.7(286호) 12.6×2.45×0.5(288호)	양면(병기 지급) 단면 단면
3	궁남지	7C	3	문서 습서 문서	해서 행서 행서	25.5×1.9×0.6(1호) 34.8×2.8×2.8(2호) 35×4.5×1(295호)	양면 사면 양면
4	동남리	7C	1	꼬리표	초서	26.45×2.05×0.6	단면
5	쌍북리 102	7C 초	2	문서 꼬리표	해서 행서	18.2×3.1×0.8(316호) 20.9×1.9×0.8(317호)	양면 단면(일본 교류 증거)
6	쌍북리 현내들 85-8	7C	7	문서 꼬리표	해서	6.1×3.1×0.5(85-8호) 4.1×0.9×0.3(95호)	양면 양면('상부'명)
7	쌍북리 280-5	7C(618)	3	문서	해서	29×3.2×0.4	양면(좌관대식기)
8	쌍북리 173-8	7C	1	꼬리표	해서	9.9×1.7×0.8	단면(물품명+수량)
9	쌍북리 뒷개	7C	1	문서	행서	6.2×3.2×0.2	사면
10	쌍북리 328-2	6-7C	3	구구단	해서	30×5.5×0.3	단면
11	쌍북리 184-11	7C	1	문서	해서	10.1×2.45×0.3	단면
12	쌍북리 201-4	6-7C	2	문서	행서	37.5×4.2×0.7(1호) 28.5×4.4×0.5(2호)	양면
13	쌍북리 56 한옥마을 조성터	657(597)	5	습서 문서	해서	28×2.5×1.8(논어) 12×3.4×0.6(정사년)	사면 양면
14	석목리143-16	7C	2	꼬리표	해서	8.2×2.5×1.2(1호) 11.1×3×3.5(2호)	단면 양면
15	구아리 319	6-7C	8	서간문 꼬리표	해서 행서	25.2×3.5×0.3(47호) 19.3×2.5×0.6(102호)	양면 양면

3) 국립부여박물관·국립가야문화재연구소, 2009, 『나무 속 암호, 목간』, 예맥; 홍승우, 2013, 「扶餘 지역 출토 백제 목간의 연구와 현황」, 『木簡과 文字』 10, 한국목간학회; 정현숙, 2018, 위의 책, pp.250-270.

약 및 물품 운송 관련 목간이, 관청으로 추정되는 관북리와 쌍북리에서는 관청 문서 기록 목간이 주로 출토되었다. 특히 쌍북리 목간에는 관청에서 운영한 환곡 기록도 있다.

백제 목간에서 가장 이른 능산리사지 출토 목간은 554년 관산성 전투에서 성왕이 죽은 후 이 일대에서 행해진 각종 행사와 의례, 물품의 이동, 행정 업무와 관련이 있다. 목간 대부분이 567년 목탑 건립 전후에 폐기되었기 때문에 제작 시기는 하한 6세기 후반이며, 주로 사찰의 건립과 운영 과정에서 생산된 목간이다. 의약 관련 관리에게 일급을 지급한 문서, 사찰 간에 주고받은 물품 꼬리표, 승려의 고귀한 말씀을 적은 카드, 죽은 사람을 위로하고 나라의 재건을 염원하는 종교적 기록 등 다양한 내용이 담겨져 있어 당시 왕실 사찰의 위세와 백제 불교의 성격을 엿볼 수 있다.[4]

그중 가장 흥미로운 것은 목간 295호[5]인 〈'남근형'목간〉(그림 2)이다. 용도에 관해 작은 이견은 있으나 대략 주술적 성격의 목간으로 본다.[6] 사면에 刻書와 墨書가 혼용되었는데, 1면은 각서와 묵서, 2·4면은 묵서, 3면은 각서로 구성되어 있다.

많은 문서목간 가운데 특히 주목되는 것은 〈'支藥兒食米記'목간〉(그림 4)이다. 어느 관청의 장부인 이것은 공반 유물과 출토층으로 볼 때 6세기 중반에 제작된 것으로 추정한다. 쌍북리 출토 〈'佐官貸食記'목간〉, 관북리 출토 〈'兵與記'목간〉도 첫머리에 '~記'라는 표제가 쓰여 당시 백제에서는 이런 표기법이 통용되었음을 알 수 있고, 이것은 7세기 후반의 일본 목간에도 영향을 미쳤다.[7]

〈'지약아식미기'목간〉 제목의 해석에는 다양한 주장이 있지만[8] 식미 기록 장부인 문서목간이라는 점은 분명하다. 장부의 내용으로 보아 사면을 1·2면, 3면, 4면의 세 부분으로 나눌 수 있다. 1·2면은 하루 단위로 식미를 지급한 기록이고, 3면은 지방관인 도사와 지방 행정 단위인 方 출신의 인물들과 그들에 대한 어떤 내용을 담고 있다. 4면은 역방향으로 썼고 내용도 습자이므로 세 면과는 별도의 것으로 간주한다.

상·하단이 결실된 목간 301호(그림 5)에서 전면의 '凡六部五方'과 후면의 '凡作形'은 문투나 문맥상 각각 문장의 시작 부분이고, 이런 문투는 통상 율령의 법조문에 사용되었다. 따라서 관청 기구 또는 능사의 건립 주체가 어떤 사항을 '凡'으로 시작하는 서식을 활용해 조목조목 서술한 문서목간으로 본다.[9]

대표적인 불교 관련 목간은 사찰명이 적힌 304호 〈'寶憙寺'목간〉(그림 3), 313호 〈'子基寺'목간〉(그림 2)이다. 하단은 파손되고 상단 일부만 남은 〈'보희사'목간〉의 전면은 "4월 7일 보희사의 智眞에게", 후면은

---

4) 능산리사지 목간의 성격에 관해서는 이병호, 2008, 「扶餘 陵山里 出土 木簡의 性格」, 『木簡과 文字』 1, 한국목간학회, p.50; 2014, 『백제 불교 사원의 성립과 전개』, 사회평론, pp.143-180 참조.

5) 목간 번호는 『한국의 고대목간』(2006)과 『나무 속 암호, 목간』(2009)을 따른다.

6) 平川南, 2008, 「道祖神 신앙의 원류-고대 길의 제사와 양물형 목제품」, 『木簡과 文字』 2, 한국목간학회, pp.48-49; 윤선태, 2007, 『목간이 들려주는 백제 이야기』, 주류성, p.126.

7) 정현숙, 2018, 앞의 책, pp.249-250.

8) (1)이용현, 2007, 「목간」, 『백제의 문화와 생활』, 백제문화사대계 12, 충청남도역사문화연구원, pp.276-278; 국립중앙박물관, 2011, 『문자, 그 이후』, 한국고대문자전, p.154. (2)橋本繁, 2008, 「윤선태 著 『목간이 들려주는 백제 이야기』(주류성, 2007년)에 대하여」, 『木簡과 文字』 2, 한국목간학회, p.263. (3)윤선태, 2007, 앞의 책, p.136. (4)이병호, 2008, 앞의 글, pp.78, 80 참조.

9) 윤선태, 2007, 앞의 책, pp.155-156.

"소금 2석을 보낸다"로 해석하여 전면은 물품을 받는 곳, 후면은 보내는 물품명과 양을 적은 꼬리표목간으로 본다. 즉 석가탄신일에 보희사 승려 지진에게 답례로 소금 2석을 보낸 것이다. 이와는 달리 전면은 석가탄신일 의례에 참석하러 온 보희사 승려들의 명단을 정리한 것이고 후면은 추기한 것이며, 의례 이후 참석한 승려들 또는 소속 사찰인 보희사에 답례로 보낸 소금 2석을 기록한 것으로 장차의 출납 장부 정리를 위해 이면에 추기한 것으로 보기도 한다.[10] 이때는 "소금 2석을 보냈다"로 해석된다.

〈'자기사'목간〉은 상부의 '〉〈' 형태가 꼬리표목간임을 말해 준다. 이것은 자기사에서 물품에 매달아 능산리사로 보낸 것 또는 능산리사에서 자기사와 관련하여 제작한 것으로 두 곳 사이에 어떤 교류가 이루어졌음을 의미한다. 두 목간은 보희사와 자기사의 존재 그리고 능산리사와 두 사찰간의 인적·물적 소통 사실을 증명한다.

부여 관북리는 사비기의 왕궁터로 추정되는 곳이다. 여기에서 전쟁 관련 목간, 병기 지급 관련 목간, 물품 상자에 부착된 꼬리표목간 등이 출토되었다. 목간 285호인 〈'兵與記'목간〉(그림 5)은 매우 얇고 정교하게 다듬어졌는데, 상부는 반원형이고 하부는 파손되었다. 전면의 "二月十一日兵與記"는 이것이 병기 지급 관련 목간임을 말한다. '병여기'는 '병기의 分與에 관한 장부'로 해석되니 〈'지약아식미기'목간〉처럼 장부를 '記'로 표기했다. 한편 일본 정창원의 화살에 매달린 채 남아 있는 목간을 예로 들어 이것을 병기 자체에 붙인 하찰로 보기도 한다.[11] 후면의 상부 중앙에는 대자로 쓴 "中方向□"이 있고 하부에 2행의 묵흔이 있다. 반면 중방을 백제의 광역 행정 단위인 5방의 하나로 여겨 중앙에서 중방으로 병기를 분여한 사실을 적어놓은 장부로 보기도 한다.[12] 그렇다면 이 목간은 관북리유적 부근에 병기를 분여하는 중앙 관청이 존재했음을 증명한다.

부여 궁남지와 동남리에서도 문서목간이 출토되었다. 궁남지는 부여 남쪽의 연못이다. 『삼국사기』에는 '634년 왕궁 남쪽에 연못을 만들었다'고 기록되어 있으나 현재 궁남지로 전하는 곳은 대체로 수전 결작지가 많고 수로 및 도로 유구 등 다양한 성격의 유구가 발견되었다. 출토 목간 3점은 호적과 같은 문서로 '西部'라는 백제 왕도의 행정 구역명을 쓴 것, 난해한 문장을 쓴 고급문서 그리고 습서다(그림 5).

부여 동남리유적에서는 1점만 출토되었는데(그림 6), 단면 꼬리표목간으로 양쪽 끝만 결실되었을 뿐 원형에 가깝다. 묵서는 총 11자로 한 글자는 대략 가로 2㎝, 세로 2.5㎝다. 판독에 이견이 있으나 "宅敬禾田犯□兄者爲敬事"로 보고 "논(화전)의 송사 문제와 관련해서 일을 잘 처리해준 데 대한 감사의 뜻으로 물품을 보낸다"로 해석함이 가장 타당하다.[13]

부여 쌍북리에서는 9곳에서 목간이 출토되었다. 그중 가장 주목받은 것은 280-5번지 창고부지에서 출토된 〈'佐官貸食記'목간〉(그림 1)이다. 대부분 판독되는 이 양면목간은 '戊寅年'(618)의 기록으로, 대체적으

10) 윤선태, 2007, 앞의 책, pp.145-146.
11) 橋本繁, 2008, 앞의 논문, p.270.
12) 윤선태, 2007, 앞의 책, p.169.
13) 정현숙, 2018, 앞의 책, pp.260-261.

로 춘궁기에 곡식을 빌려주고 추수기에 이자와 함께 원금을 거두는 환곡 장부로 보므로 정부가 국민을 상대로 고리의 이자놀이를 했다는 사실을 말하는 첫 자료라 할 수 있다. 328-2번지에서는 한국 목간 최초의 〈'구구단'목간〉이,[14] 현내들에서는 도성의 5부 중 '上部'가 적힌 〈'상부'목간〉이 출토되었다.[15]

부여 구아리 319번지 중앙성결교회유적에서는 목간 8점이 출토되었다. 이들은 사비도성에서 출토된 문서목간, 하찰목간 등과 형태와 내용은 흡사하지만, 한시를 연상케 하는 4언 운문목간, 사비도성의 5부 체제, 관등 그리고 인명이 적힌 목간, 당시 품목이 적힌 목간 등 성격이 다양하다.[16] 그중 3점만 간략하게 살펴보자.

가장 주목되는 것은 하단이 '〉〈' 모양으로 된 꼬리표목간 102호(그림 1)다. 전면 10자에서 국내에서는 처음으로 쌀의 품종을 구분한 용어가 등장하는데, 바로 '赤米'다. 이것은 7세기 백제에서 다양한 품종의 벼가 재배되었음을 보여 주는 증거다.

둘째는 상단부가 결실된 문서목간 90호(그림 1)다. 2행인 전면에서 백제의 인명을 '행정구역명(中部)-관등명(奈率)-인명(得進)'순으로 표기했다. 90호와 102호는 '前部', '中部', '下部'에서 '部'를 '卩'로 써 이것이 당시 통용된 표기법임을 말해 준다.

셋째는 홀형 운문목간 47호(그림 5)다. 이것은 능산리사지 출토 4언 운문목간과 더불어 백제인의 정신문화를 이해하는 데 중요한 자료로, 백제 목간 최초의 서간문이다. 총 32자인 전면의 내용이 말단 관리의 신세 한탄이든,[17] 가난한 선비가 벼슬을 청탁하기 위해 고관에게 보낸 편지든 당시 관리 추천 제도의 이면을 드러낸다.

2017년에는 부여 쌍북리 56번지 한옥마을 조성터에서 묵서목간 5점이 출토되었다. 그중 백제 최초로 『논어』「학이편」1, 2장을 쓴 논어목간(그림 1)과 597년 또는 657년에 제작된 〈'丁巳年'목간〉이 특히 주목을 받았다. 목간과 동일한 층위에서 출토된 유물의 편년을 참고하면 657년이 유력하다.[18]

2. 나주 복암리 목간의 개관

나주 복암리는 영산강 고대 문화권역에 자리한 지방의 행정적·군사적 요충지이면서 문화의 중심지다. 2008년 복암리유적에서 제철 유구와 함께 목간, 벼루, 토기 등이 출토되었다. 문방사우 중 하나인 벼루의 출현은 이 지역에서 자체적으로 목간이 작성되었음을 시사한다. 명문 토기는 2점 출토되었다. '豆肦舍'명에

---

14) 윤선태, 2017, 「百濟의 '九九段' 木簡과 術數學」, 『木簡과 文字』 17, 한국목간학회.

15) 이판섭·윤선태, 2008, 「扶餘 雙北里 현내들·北浦유적의 조사 성과-현내들유적 출토 百濟木簡의 소개-」, 『木簡과 文字』 1, 한국목간학회.

16) 심상육·이미현·이효증, 2011, 「부여 '중앙성결교회유적' 및 '뒷개유적' 출토 목간 보고」, 『木簡과 文字』 7, 한국목간학회, pp.124-134; 심상육·김영문, 2015, 「부여 구아리 319 유적 출토 편지목간의 이해」, 『木簡과 文字』 15, 한국목간학회, pp.45-63. 2011년 글의 '중앙성결교회유적'이 2015년 글의 '구아리319유적'이다. 목간 번호는 2011년 글을 따른다.

17) 국립중앙박물관, 2011, 앞의 책, p.67.

18) 김성식·한지아, 2018, 「부여 쌍북리 56번지 사비한옥마을 조성부지 유적 출토 목간」, 『木簡과 文字』 21, 한국목간학회.

서 두힐사는 복암리 일대에 治所를 둔 백제 지방 관청 소재지임을, '官內用'명은 이것이 관내용으로 사용되었음을 말하므로 두 토기는 백제 지방 관청의 존재를 증명해 준다.

나주 복암리 출토 목간 65점 중 묵서목간은 13점이다(표 2) .백제 도성이 아닌 지방에서는 처음으로 출토된 복암리 목간은 문서, 봉함, 꼬리표, 습서 등 내용도 다양하다. 이들은 기타 공반 유물과 더불어 백제 중앙 세력과 지방 세력의 관계, 특히 대형 옹관 고분을 축조한 영산강 유역 세력과의 연관성 연구와 백제의 농업 생산과 산업사, 지방의 의례와 종교 연구에 중요한 사료다. 특히 610년 제작된 〈'庚午年'목간〉으로 인해 복암리 목간은 7세기 초 백제의 지방사 연구에 큰 도움이 되고 있다.[19]

표 2. 나주 복암리 목간 개요

연번	수종	묵흔면	제작 시기	용도	서체	크기(㎝)	특징
1	소나무	단면	7C 전반	문서	행서	8.3×4.2×0.8	하부 완형
2	소태나무	단면	7C 전반	문서	해서	28.1×4.5×0.3	하부 완형
3	소나무	양면	7C 전반	문서	해서	24.8×4.5×0.5	상광하협
4	소나무	양면	7C 전반	문서(57자)	행서	60.8×5.2×1	완형, 최대·최장
5	소나무	양면	7C 전반	촌락문서	행해	18.5×2.7×0.6	완형, 구멍(상)
6	옻나무	양면	7C 전반	봉함	해서	29.7×3.5×0.5	완형, 구멍(상하)
7	소나무	양면	7C 전반	부찰	행서	10.8×3.5×0.4	'〉〈'형, 구멍(상)
8	옻나무	단면	7C 전반	꼬리표	행서	14× 2.1×0.6	상부 완형, 구멍(상)
9	소나무	단면	7C 전반	문서	행서	11.7×4.9×0.7	완형
10	소나무	양면	7C 전반	꼬리표	행서	15.3×2.9×0.7	'〉〈'형
11	소나무	단면	610(경오년)	문서	해서	8.5×3.4×0.3	구멍(상)
12	소나무	단면	7C 전반	문서	행서	19×2.4×0.5	완형, 구멍(상),
13	소나무	양면	7C 전반	습서	행해	11.5×4.5×0.8	완형

대부분의 묵서목간은 공문서와 장부지만 꼬리표와 습서도 있다. 길이 60.8㎝, 너비 5.2㎝ 크기에 57자를 쓴 백제 최대·최장 목간도 있고, 다면목간도 있다. 최초의 봉함목간, 백제사 최초로 촌락명이 적힌 문서목간, 토지 경작의 형태와 토지 단위 및 단위당 소출량이 기록된 목간, 지방 최초로 관등명이 기록된 목간은 복암리 일대에 대한 다양한 정보를 제공해 준다. 이로써 나주 복암리 일대가 영산강 유역의 7세기 백제 지

19) 김창석, 2011, 「나주 복암리 출토 목간 연구의 쟁점과 과제」, 『百濟文化』 45, 공주대학교 백제문화연구소; 2011, 「7세기 초 榮山江 유역의 戶口와 農作-나주 복암리 목간의 분석」, 『百濟學報』 6, 백제학회; 윤선태, 2012, 「羅州 伏岩里 出土 百濟木簡의 判讀과 用途 分析-7세기 초 백제의 지방지배와 관련하여」, 『百濟硏究』 56, 충남대학교 백제연구소; 이용현, 2013, 「나주 복암리 목간 연구 현황과 전망」, 『木簡과 文字』 10, 한국목간학회.

방 통치의 중심지로서 관청을 운영했고 지역 산물의 집산지였음이 확인되었다. 복암리 목간의 내용과 성격을 대략 살펴보자.[20)]

단면목간 1호(그림 9)에는 "□□년 3월에 감독관 4명이 배반하고 도망간 사람들을 得安城에서 잡아들였다"고 적혀 있는데, 이는 노동력에 대한 철저한 감시와 관리가 이루어졌음을 말한다. 세금을 대신한 부역이나 강제 동원으로 차출된 노동자들 중에서 고된 노동을 못 이겨 작업장을 떠나 도망간 사람이 많았을 것이며, 이들을 다시 잡아들인 사실을 기록했다. 得安城은 백제의 5방중 東方城이 있던 곳이며, 지금의 충남 논산 은진 지역으로 비정된다. 기록할 만한 사건을 보고했던 문서임을 감안하면, 목간 출토지인 복암리 일대에서 제작된 목간이라기보다는 복암리 주변의 행정 기관에서 복암리로 보고한 것으로 보기도 한다.

단면목간 2호(그림 8)는 판독된 20여 자로 정확한 내용은 알 수 없지만 戶口, 즉 노동력의 출입 등 실태를 파악하고 확인한 것으로 인력 관리에 관한 문서목간이다. 노동의 주체인 인력은 일상적 업무가 아닌 특수한 임무를 수행했던 것으로 추정된다.

양면목간 3호(그림 8)에서 전면은 26자 중 23자, 후면은 32자 중 30자 정도 판독된다. 전면은 毛羅에서 7월 17일부터 8월 23일까지 37일 만에 특정한 일을 완수했음을 보고한 내용을 적은 것으로 추정된다. 후면에는 지역편제 단위인 '巷'명을 冠稱한 백제 고위 관등인 '德率', '扞率', '奈率'을 가진 인명이 백제의 중앙이 아닌 지방에서 최초로 등장하여 그 의미가 크다. 따라서 목간 3호는 部港名과 官職名이 기록된 문서목간이다.

백제 최장·최대인 양면목간 4호는 전면의 5자 이상 중 3자만, 후면의 52자 가운데 27자 정도만 판독이 가능하다. 양면의 내용으로 보아 지방 관청 중 상급 관청과 하급 관청 사이의 행정 문서임을 알 수 있다. 이것이 복암리유적에서 출토되었으므로 문서의 수신지는 복암리 일원의 관청으로 추정된다.

상부에 구멍이 있는 양면목간 5호(그림 7)는 전면의 20자 이상 중 16자 정도, 3행인 후면의 31자 중 30자 정도 판독된다. 전면에 목간 최초로 촌명 '大祀村'이 보이고, 후면에는 토지 단위 '形', 소출량 '72石', 경작형태인 '水田', '白田', '麥田' 등이 기록된 촌락문서다.

옻나무로 만들어 소나무 목간보다 더 품격 있는 목간 6호는 봉투의 기능 또는 기밀을 요하는 문서나 물건을 운송하는 데 사용되는 국내 최초의 봉함목간이다. 상·하부에 각각 구멍을 만들고 세로 방향의 단면이 凹 형태로 덮개용 목간이 들어갈 수 있도록 상·하단을 제외한 나머지를 1㎜ 가량 오목하게 팠다. 전면에서는 '上'만, 후면에서는 3자 중 '十一'만 판독된다.

양면목간 7호(그림 9)는 상단 좌측은 파손되었으나 우측에 '〈' 모양이 남아 있어 원래 '〉〈' 형태임을 알 수 있다. 전면에 5명의 이름이 기록되어 있는데 모두 '竹'자로 시작하거나 추정되어 장인 또는 승려 같은 특수 집단 소속의 인명으로 보인다. '竹遠'이 중앙에 크게 기재된 것은 그가 대표임을 의미하고, 나머지 4명은 '竹□', '竹悅', '竹麻', '□道'다. 후면의 '幷五'는 물건이 '5명의 것'임을 뜻하므로 특수 집단인의 존재와 그들의

20) 국립나주문화재연구소, 2010, 『나주 복암리유적 Ⅰ』, 1~3차발굴조사보고서; 김성범, 2010, 「羅州 伏岩里 木簡의 判讀과 釋讀」, 『木簡과 文字』 5, 한국목간학회 참조.

물품임을 표시하는 목간이다.

단면목간 8호(그림 7)는 완형인 상부에 구멍이 있어 물품에 매단 꼬리표임을 알 수 있다. 묵서 "上去三石"에서 '上'은 進上, '去'는 去年 즉 작년으로 보아 "昨年分 3石을 진상한다"로 해석된다. 따라서 이것은 지방 관청에서 수납하는 조세와 관련된 목간으로 추정된다. 보통 재질인 소나무가 아닌 옻나무로 만든 것으로 보아 아마도 매우 진귀한 물품이나 곡물 등을 진상한 것으로 짐작된다. 봉함목간인 6호와 이 목간을 옻나무로 만든 것은 그 용도의 중요성을 의미한다.

단면목간 9호(그림 9)에는 우측 끝에 세로로 "麻中練六四斤"이 쓰여 있다. '中練'은 마의 가공 과정 중에 생산되는 제품으로 재가공이 가능한 중간 단계의 마 제품으로 추정한다. 따라서 마와 관련 산물의 내용과 무게를 기재한 물품 조달 관련 꼬리표로 본다.

양면목간 10호는 하부는 파손되고 상부에 '〉〈' 형태만 남아 있다. 전면의 州久川이 인명이라면 그가 송부하여 郡에서 얻게 된 분량으로 군에 송부, 납부되어진 물량에 대한 보고용 꼬리표로 보인다. 따라서 '郡佐'가 적힌 목간 4호와 함께 군의 실체를 확인할 수 있는 또 하나의 귀중한 자료다. 이 목간은 출토지인 복암리 일대에 군과 관련된 관아의 존재를 시사한다.

상부가 파손된 단면목간 11호(그림 7)의 전면에는 '庚午年' 3자가 있고, 후면 상부에는 반투공 상태의 구멍이 있어 원래 꼬리표로 쓰려다 중도에 폐기된 것으로 생각된다. '경오년'은 610년으로 보므로 복암리 목간이 7세기 초에 제작되었다는 근거가 된다.

단면목간 12호(그림 9)는 상부에 ◇ 모양의 구멍이 있으며 상하가 둥글게 다듬어져 있다. 상단에 6자를 쓰고 하단은 여백으로 남겼다. 지명인 '軍那', 관직인 '德率', 이름으로 추정되는 '至安'이 쓰여 있어 地名+官等+人名'순의 정형화된 신분 증표용 목간이다.

양면목간 13호(그림 8)는 습서목간이다. 전면에는 '德', '道', '衣' 등이, 후면에는 '道', '衣', '率', '平'[21] 등이 쓰였다. '德', '率'은 목간 12호에서 사용되었으나, 나머지 글자들은 지금까지의 출토 목간에서는 보이지 않는다. 그것들은 출토된 판독 불능의 묵서에 포함되었거나, 출토되지 않은 다른 목간에 사용되었을 것으로 추정된다. 이제 지금까지 살핀 두 지역 출토 목간의 글씨를 살펴보자.

III. 부여목간과 나주목간의 서풍

1. 부여 지역 목간의 서풍

부여 지역의 목간은 기본적으로 해서, 행서, 초서로 쓰였다. 종종 해서는 행서의 필의로, 행서에 해서 필의로, 행서에 초서 필의로, 초서에 행서 필의로 써 두 서체가 혼용되기도 했다.[22] 묵서를 서체별로 나누고

21) 후면 묵서 1·3행의 글자는 '率', 2행의 글자는 '平'으로 읽었다. 국립나주문화재연구소, 2010, 앞의 책, p.229 그림 참조.

22) 이성배, 2004, 앞의 논문; 2011, 앞의 논문.

그 안에서 유적지별로 글씨를 살펴보자.

첫째, 해서로 쓴 것이다(그림 1). 단면목간인 능산리사지 출토 목간 297호에서 약 2㎝ 너비를 꽉 채운 묵서 "□城下部對德疏加鹵"는 웅강무밀한 북위풍이며, 아래로 내려가면서 행서의 필의가 더해지는데, 이는 보편적 현상이다. 전체적으로는 힘찬 북위비의 글씨를 보는 듯하다. 역시 목간의 너비를 꽉 채운 신라 이성산성 출토 〈무진년목간〉(608)의 힘찬 북위풍 해서와 상통하지만 그것보다는 약간 유연하다. 관북리 출토 〈'下賤相'목간〉도 같은 북위풍인데, '相'에 행서의 필의가 있다. 두 목간의 '下'를 비교해 보면 그 유사함을 알 수 있다. 남북조풍 해서로 쓰인 〈사택지적비〉(654)의 외형적 정연함[23]에 비해 이 두 목간은 행서의 필의가 강하고 결구에도 변화가 있다.

이것과 조금 다른 분위기의 해서 목간은 쌍북리 현내들 출토 〈'上部'목간〉이다. 비록 2자지만 행서 필의가 없는 가장 전형적 해서로 쓰였으며, 가로획의 평세가 안정적이고, 전체적으로 차분하고 정연하다. 가로획이 긴 '卩'의 유연한 圓轉에 북위풍인 위의 두 목간에는 없는 부드러움이 있다. 단아함과 유려함을 표현한 백제 해서의 정수라 할 수 있다.

쌍북리 280-5번지 창고부지에서 출토된 〈'좌관대식기'목간〉은 부드러운 첩의 해서로 쓰여 〈'상부'목간〉과 부분적으로 상통한다. 전면 상부에서 작성 시기인 "戊寅年六月中"과 제목 "佐官貸食記"는 2행으로, 상세 내용인 하단은 3행으로 쓰고, 후면은 전면 상부처럼 2행으로 썼다. 관청의 환곡 장부답게 전면 하부의 행간

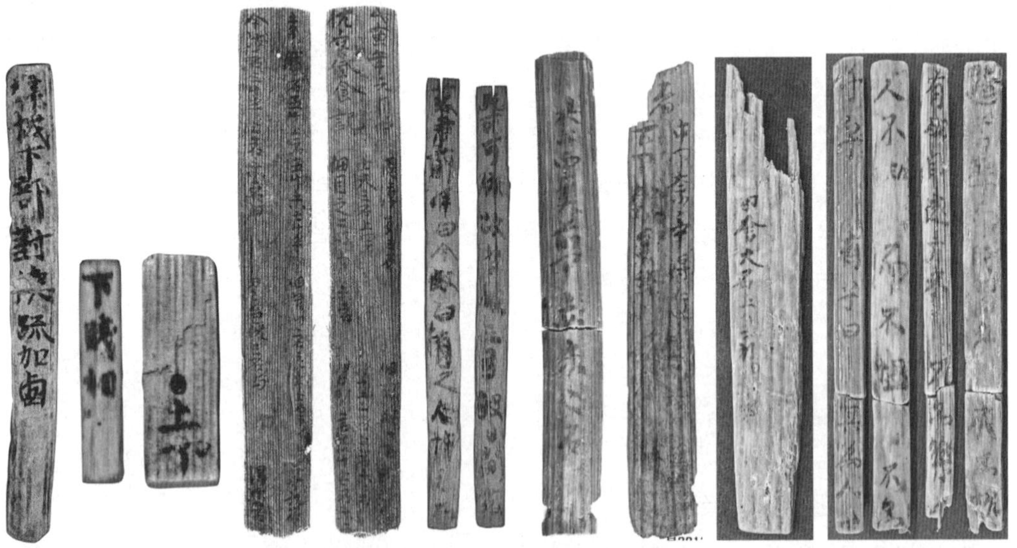

그림 1. 능산리사지목간 297호(21.9×1.9×0.3㎝), 관북리 '하천상'목간(12.6×2.45×0.5㎝), 쌍북리 현내들 '상부'목간(4.1×0.9×0.3㎝), 쌍북리 280-5번지 '좌관대식기'목간(618, 29×3.2×0.4㎝), 궁남지목간 1호(25.5×1.9×0.6㎝), 구아리목간 102호(19.3×2.5×0.6㎝) · 90호(24.5×3.6×0.5㎝), 쌍북리 한옥마을터목간 2호(19.0×3.0×0.2㎝) · 논어목간(28×2.5×1.8㎝)

23) 정현숙, 2012, 「百濟 〈砂宅智積碑〉의 書風과 그 形成背景」, 『百濟硏究』 56, 충남대학교 백제연구소 참조.

은 정연하고, 후면은 2행을 양면 끝으로 배치하여 중앙은 시원하게 비워 둠으로써 小字의 답답함을 해소시키는 효과가 있다.

정연한 해서에도 부분적으로 행서의 필의가 있다. 다른 글자보다 약간 크게 쓴 "佐官貸食記"에서 '貸食記'를 보면 문장의 구성과 결구를 서사 전에 숙고한 듯, '貸'와 '食'에서는 파책을 목간의 중앙에 이르도록 길게, '記'의 마지막 획도 길게 썼다. 결구 자체는 약간 정형을 벗어났지만, 다분히 의도한 것으로 길게 뻗은 세 획이 중앙의 여백을 채워 마치 가운데에 글씨를 쓴 것 같은 효과가 있다. 이것은 전면 전체를 3행으로 보이게 하는 착시 효과를 일으킨다.

세로결이 난 양질의 나무에 양면 모두 동일한 서풍으로 쓴 이 해서는 공식문서로서의 용도에 부합되게 차분하면서 가지런하다. 그러나 결구가 주는 유려하면서 힘차고, 유창하면서 멈추는 듯한 풍취는 6세기 〈무령왕지석〉(525)을 연상시킨다. 세련과 전아로 표현되는 전형적인 백제미를 지니고 있어 사비도성의 7세기 해서 대표작으로 손색이 없다.

궁남지 출토 목간 1호의 행서 필의가 있는 원필의 해서는 구애됨이 없이 자유분방하며, 자유자재한 운필에 노련함이 묻어난다. 북위풍 해서에 비하면 행서로 볼 여지가 있겠으나, 글자의 크기가 대략 비슷하고 획간의 連筆이나 획의 생략이 없어 변화미가 있는 해서로 보았다.

구아리 출토 목간 90호와 102호는 행서의 필의가 있는 원필의 해서와 단아하고 절제된 분위기가 유사하다. 그 노련한 솜씨가 다른 유적의 목간보다 특출하다. 이 둘과 서풍이 비슷한 것은 쌍북리 56번지 한옥마을조성터 출토 목간 2호다. 목간 좌측 끝에 쓴 "田舍大石上烏利□□"는 원필의 해서로 썼는데, 그 유려함이 빼어나다. '利'와 미상의 마지막 글자에는 행서의 필의가 다분하다. 반면 같은 곳에서 출토된 논어목간은 목간 2호와는 서풍이 다르다. 『論語』「學而篇」 1장과 2장 일부를 연습한 사면목간의 1면에는 "子曰學而時習之不亦說(乎)", 2면에는 "有朋自遠方來 不亦樂(乎)", 3면에는 "人不知而不慍 不亦(君)", 4면에는 "子乎 有子曰 其爲人也"가 적혀 있다.[24] 1면은 묵흔이 희미하지만 전체적으로 2, 3, 4면과 같은 분위기의 글씨이다. 해서로 쓰인 묵서는 가늘면서 성글게 필법을 의식하지 않고 편하게 써 목간 2호보다 수준이 떨어진다. 위에서 살핀 부여 다른 지역 목간과 비교해도 그 차이가 분명하다.

이처럼 부여 지역 목간의 해서는 웅강무밀한 북위풍, 유려하면서 자유분방한 서풍, 단아하고 절제된 서풍, 질박한 서풍이 고루 사용되어 한 서체의 다양함을 보여 준다.

둘째, 해서와 행서를 혼용한 것이다. 먼저 같은 면에서 혼용된 것은 능산리사지 목간 295호인 〈'남근형'목간〉, 313호인 〈'자기사'목간〉이다(그림 2). 〈'남근형'목간〉에서 상부의 刻書는 해서로, 하부의 墨書는 행서로 쓰였는데, 둘 다 방필의 날카로움과 딱딱함이 있다. 〈'자기사'목간〉에서 '子'와 '寺'는 행서로, '基'는 해서로 쓰였다. 급히 쓴 듯 아래로 내려가면서 중심이 우측으로 기울고 거친 듯하지만 운필은 비교적 능숙한 편이다.

다음으로 양면에 각각 해서와 행서로 쓴 것이다(그림 3). 이때 대부분 전면은 해서, 후면은 행서로 썼다.

24) 김성식·한지아, 2018, 앞의 논문, pp.346-347.

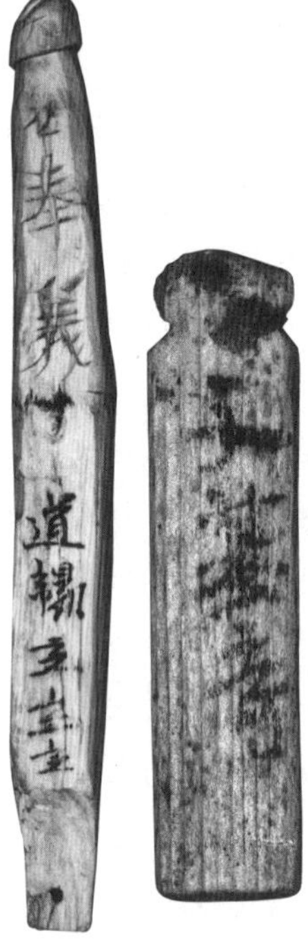

그림 2. 능산리사지 '남근형'목간(16.5×3.5×3.5㎝), '자기사'목간 (7.8×1.9×0.6㎝)

그림 3. 능산리사지목간 296호(27.6×1.9×0.4㎝), '보희사'목간(12.7×3.6×0.4㎝), '덕간이'목간(9.3×3.6×5.5㎝)

능산리사지 출토 목간 296호, 304호인 〈'보희사'목간〉, 307호인 〈'德干尓'목간〉이 여기에 해당된다. 목간 296호에서 전면 상부의 해서 "三月十二日梨田"은 글자의 중심이 정연하지 않고 자간이 빽빽하며, 원필과 원전으로 쓰여 유려하다. 획간에 행서의 필의가 약간 있으나 후면과 비교해 보면 해서로 봄이 타당하다. 후면 상부의 행서 "广淸麥靑"은 노련하면서 유창하고, 초서 필의도 가미되어 있다. 서체는 다르지만 양면 글씨의 능숙한 운필과 원전의 곡선미는 흡사하여 서자가 같음을 알 수 있다.

〈'보희사'목간〉도 전면은 해서, 후면은 행서지만 전혀 다른 느낌이다.[25] 전면의 상부는 1행, 하부는 2행이다. 전면의 "四月七日寶憙寺"에서 '憙'의 心, '寺'의 土에는 행서의 필의가 있고, 후면의 "送塩二石"에서 '送塩'은 속도감이 있는 초서의 필의가 가미되고, '二石'은 통상적 행서로 썼다. 목간 296호나 〈'덕간이'목간〉과는 달리 양면이 전혀 다른 서체, 획의 굵기, 靜動의 필치로 쓰여 서자가 다른 것처럼 보인다.

〈'덕간이'목간〉의 전면에서 '尓'에 행서의 필의가 약간 있으나, 처음 두 글자는 정방형의 웅강무밀한 북위풍 해서로 쓰였다. 같은 북위풍 해서로 쓴 능산리사지 목간 297호(그림 1)와 비교할 만하다. 후면의 "爲資丁"

25) 전면을 행서, 후면을 초서로 보기도 했다. 이성배, 2004, 앞의 논문, p.250. 그러나 한 획 한 획이 분명하고 連筆이 거의 없어 해서로 봄이 타당하다. 후면의 '送塩'도 초서의 특징인 획 생략이 없다.

은 露鋒의 유려한 행서로 쓰였다. 서체의 다름에도 양면의 글씨는 상통하여 한 사람이 썼음을 알 수 있다.

셋째, 행서로 쓴 것이다(그림 4, 5). 능산리사지 출토 〈'지약아식미기'목간〉은 해서와 초서 필의가 가미된 행서로 쓰였다. 1, 2, 3면은 필치가 같지만 1면에 비해 2면에는 해서의 필의가, 3면에는 초서의 필의가 가미되어 있다. 전체적으로 단아하고 유려한 가운데 변화미와 노련미가 있다. 능숙한 솜씨에서 나온 수려함은 전아하고 세련된 백제 서풍과 일치한다. 역방향으로 쓴 4면은 "又十二石"을 수차례 습서한 것인데, 세 면과는 다른 자유분방한 초서 필의가 있다.

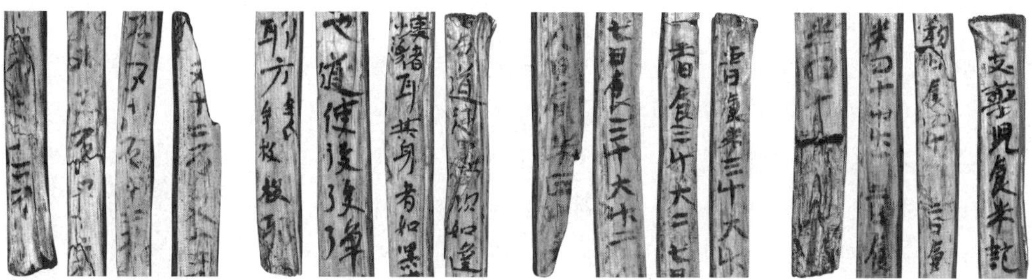

그림 4. 능산리사지 '지약아식미기'목간 4 · 3 · 2 · 1면, 43.8×2.1×2㎝

능산리사지 목간 301호는 노봉이 주를 이루며, 글자의 크기와 결구에 변화미가 있다. 전면(右)은 획의 굵기의 변화는 물론 매 글자마다 連筆 부분이 드러나 행서 필법을 보여 주고, 후면(左)은 획의 굵기에 변화가 있지만 전체적으로 전면보다 절제미가 있다.

전면의 우측 대각선으로 향하는 획은 한껏 길게 뻗었고, 후면의 그것은 짧고 단정하게 처리하여 이완과

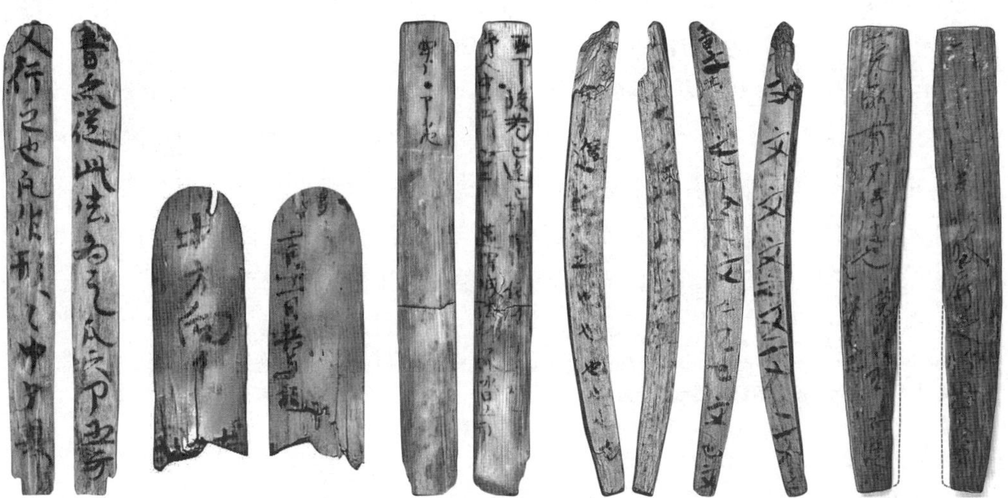

그림 5. 능산리사지목간 301호(16.4×1.8×0.5㎝), 관북리 '병여기'목간(12.2×4.2×0.2㎝), 궁남지목간 295호(35×4.5×1㎝) · 2호(34.8×2.8×2.8㎝), 구아리목간 47호(25.2×3.5×0.3㎝)

긴장, 자유와 절제의 상반됨이 두드러진다. 전면의 '之', 후면의 2개 '之'의 차이가 이를 말한다. '凡'자는 전면에서는 우측으로 뻗치는 마지막 획을 굵게 써 시선을 끌게 하고, 후면에서는 더 긴 그 획을 가늘게 써 드러나지 않게 했다. 또 전면 둘째 글자인 '亦'의 마지막 획은 우측 끝에 닿을 정도로 길고 유미한 곡선으로 그려 한껏 멋을 부렸고, 그 아래 '從'와 '此'의 마지막 획도 마찬가지다. 부드러운 가운데 골기 있는 원숙미와 20여 자로 감흥을 달리 표현한 노련미가 돋보인다.

관북리 목간 285호인 〈'兵與記'목간〉에서 전면 좌측의 "二月十一日兵與記"는 해서의 필의가 있는 행서로 써 절제된 듯하면서 유연하고, 활달한 행서로 크게 쓴 후면의 "中方向"은 글자의 크기와 획의 굵기에 변화가 있어 생동적이다.

궁남지 목간 295호인 〈'西部'목간〉은 첩의 필의가 강한 노련한 행서로 쓰였다.[26] 글자의 크기와 길이에 변화가 많고 필치가 자유자재하며 동시에 절제미도 있다.[27] 전면(右) 1행의 '達'에서 辶은 ㄴ 형태로, 2행의 '邁'에서 辶은 길게 예서의 파책으로 써 변화를 주었는데, 이는 서사 공간을 고려한 결구로 보인다. 목간 2호는 1·3면에서 '文'을, 4면에서 '道', '也'를 반복한 습서목간이다.[28] 전체적으로 비슷한 느낌의 자유로운 필치로 쓴 행서에서 서자의 편한 마음이 느껴진다.

그림 6. 능산리사지목간 310호(12.1×1.5×0.5), 동남리목간(26.45×2.05×0.6㎝)

구아리 목간 47호는 유려하면서 자유분방한 행서로 쓰였는데, 초서의 필의도 있다. 특히 전면(右) '之'와 후면(左) '也'의 파책, 후면 '有'의 가로획 등을 길게 늘여 뜨려 서자의 감성적 기분이 느껴진다. "보내주신 편지를 받자오니, 삼가 과분하옵니다. 이곳에 있는 이 몸은 빈궁하여 하나도 가진 게 없어서 벼슬도 얻지 못하고 있나이다. 좋고 나쁨에 대해서 화를 내지 말아 주옵소서. 음덕을 입은 후 영원히 잊지 않겠나이다"[29]라고 적은 편지글에 자신의 감정을 듬뿍 담았다. 첩의 행초에서 보이는 구애됨이 없는 글씨의 노련함이 예사롭지 않다. 상술한 구아리 목간 90호, 102호(그림 1)의 해서를 포함하여 구아리의 목간 글씨는 서체와는 무관하게 부여 출토 목간의 글씨 가운데 가장 특출하다.

마지막으로 초서로 쓴 것이다(그림 6). 6세기의 능산리사지 목간 310호 전면에 쓰인 "立卄兩斑綿"은 행서의 필의가 있는 초서로 쓰였다.[30] 백제 목간에서는 드물게 힘차고 강한 골기가 돋보인다. 기필에서 '立'은 장봉이고, '卄兩'은 노봉이다. '兩斑'은 초서의 결구이고, 나머지 글자에는 행서의 필의가 있다. 후면 상부에 획으로

---

26) 관북리 〈'兵與記'목간〉과 궁남지 〈'西部'목간〉을 행기가 있는 해서라 했는데, 이를 수정한다. 정현숙, 2018, 앞의 책, pp.258, 260.

27) 이성배, 2004, 앞의 논문, pp.247-249.

28) 권인한, 2013, 「고대한국 습서 목간의 사례와 그 의미」, 『木簡과 文字』 11, 한국목간학회, pp.23-24.

29) 상세한 설명은 심상육·김영문, 2015, 앞의 논문, pp.55-59 참조.

30) 이성배, 2011, 앞의 논문, pp.57-58.

보이는 묵흔이 있으나 인식할 수 없다.

상부를 '〉〈' 모양으로 깎은 꼬리표인 7세기의 동남리 목간은 단면이다. 각 글자가 분리된 능산리사지 목간 310호에 비하면 連筆이 많아 더 유려하고 노련하다. 물론 행서도 부분적으로 사용되었다. 두 목간 모두 과감하면서 능숙하지만, 보통 꼬리표보다 훨씬 긴 목간에 속도감 있게 쓴 동남리목간에는 첩의 행초 분위기가 강하다. "화전의 송사 문제를 잘 처리해준 것에 대한 감사의 뜻으로 물품을 보낸다"는 편지 성격의 긴 내용을 용도에 맞게 쓴 수작이다.

2. 나주 복암리 목간의 서풍

나주 복암리 목간은 해서와 행서로 쓰였지만 행서가 주를 이룬다. 묵서목간 13점 가운데 판독이 확실한 목간 위주로 같은 서체 안에서 서풍의 특징을 살펴보자.

첫째, 해서로 쓴 것이다(그림 7). 목간 5호 전면 상부의 "大祀村主弥首山"은 원필의 해서로 쓰였는데, 행서의 필의가 조금 있다. 기필은 장봉이고 획의 강약, 운필의 자연스러움, 필획의 굳셈 등이 능숙하여 부여목간의 해서와는 조금 다른 느낌으로 노련하다.

그림 7. 복암리목간 5호(18.5×2.7×0.6㎝), 8호(14×2.1×0.6㎝), 11호(8.5×3.4×0.3㎝)

목간 8호의 "上去三石"도 원필의 해서로 쓰였다. 크게 '上'은 平勢, '去'는 仰勢, '三石'은 俯勢로 써 필세의 조화가 뛰어나다. '上'을 자세히 보면 첫 가로획은 부세, 마지막 가로획은 약간 앙세로 써 변화를 주었다. 목간 11호의 "庚午年"은 전체적으로 부세로 쓰였고, 희미하게 읽히는 '年'의 마지막 세로획을 길게 그은 것은 마지막 글자에서 흔히 사용되는 필법이다. 이것은 복암리 출토 목간 가운데 글씨의 수준이 떨어지는 편이다.

둘째, 해서와 행서를 혼용한 것이다(그림 8). 먼저 한 면에 해서와 행서를 같이 쓴 것은 문서목간 3호와 습서목간 13호다.[31] 목간 3호에서 1행은 해서로 시작하여 행서로 흘러가고, 2행에서는 행서로 써 해서와 행서를 자유로이 오가는 솜씨가 능숙하다. 목간 13호에서 전면의 '德'과 '衣'는 행서의 필의가 있는 해서로,

31) 권인한, 2013, 앞의 논문, pp.20-21.

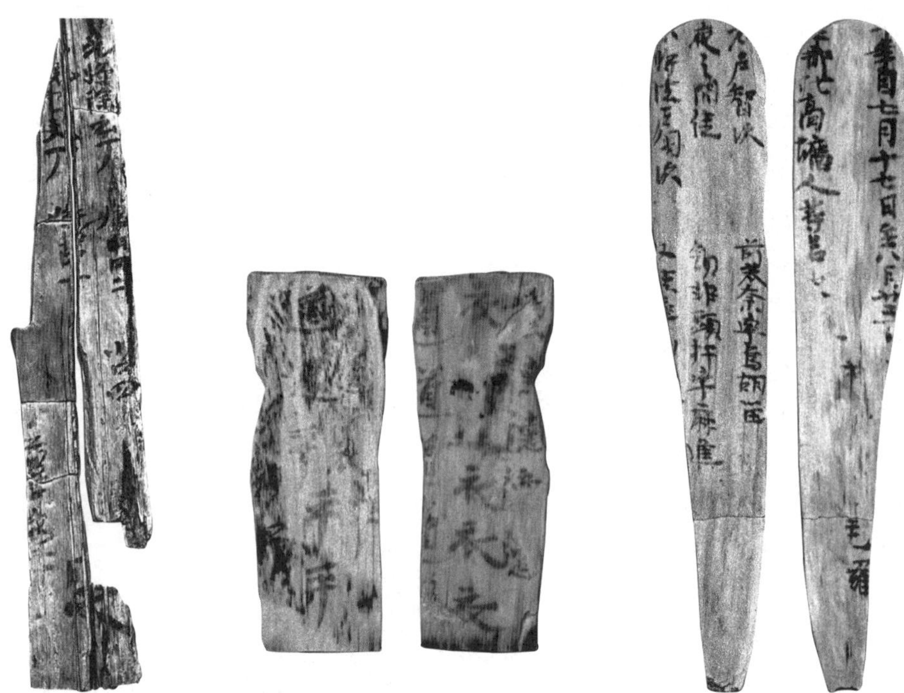

그림 8. 복암리목간 2호(28.1×4.5×0.3㎝), 13호(11.5×4.5×0.8㎝), 3호(24.8×4.5×0.5㎝)

'道'는 행서로 연습했으며, 후면은 전체적으로 행서로 쓰였다. 복암리 목간은 습서목간조차 절제미 속에 유려함과 단아함을 드러내어 부여 궁남지 습서목간(그림 5)의 자유분방함과는 구별된다.

다음으로 전면은 해서, 후면은 행서로 쓴 것은 문서목간 3호다. 시작 부분인 전면 우행은 해서이나 좌행에는 행서의 필의가 조금 가미되어 있으며, 후면의 행서에는 해서와 예서의 필의도 부분적으로 보인다. 후면 1행의 '智', 2행의 '麻'는 해서의 필의로 썼고, 2행 마지막 글자인 '進'의 파책은 예서의 필법이다. 해서로 시작하여 행해로, 다시 해행으로 써 해서와 행서를 자유롭게 구사했다. 절제된 목간 1호(그림 9)보다 더 속도감이 있고 자유분방하다.

셋째, 행서로 쓴 것이다(그림 9). 목간 1호의 묵서 "三月中監數長人」出背者得捉得安城」"은 유려하면서 세련된 행서로 쓰였다. 행서의 특징인 획의 뚜렷한 강약, 획간의 노련한 연결 등에서 잔잔하면서 분명한 변화를 주었다. 해서로 쓴 쌍북리 〈'좌관대식기'목간〉과 유사한 차분함이 있으나 운필의 능통함, 세련미와 단아미에 부여목간의 어떤 행서도 범접할 수 없는 특출함이 있다. 백제 최장·최대목간인 4호의 유미하면서 노련한 행서도 주목할 만하다.

목간 1호와 비슷한 분위기를 지닌 것은 목간 9호다. 우측 끝에 쓴 "麻中練六四斤"은 일탈 없이 시종일관 같은 분위기로 차분하게 썼다. 글자의 크기, 결구 등에서 절제미가 돋보이는데, 마지막 글자의 마지막 획을 예외적으로 길고 날카롭게 처리해 변화를 주었다.

목간 12호는 목간 1호와 조금 다른 분위기를 지녔다. 또렷하게 인식되는 "軍那德率至安"은 절제 속에서

그림 9. 복암리목간 1호(8.3×4.2×0.8㎝), 9호(11.7×4.9×0.7㎝), 12호(19×2.4×0.5㎝), 7호(10.8×3.5×0.4㎝)

획의 굵기에 변화가 있어 활달하면서 힘차고, 능숙하면서 세련미가 있어 1호와 우열을 다툰다. 강약에 변화가 많고 마지막 글자의 마지막 획을 藏鋒으로 回鋒한 것은 목간 9호와 대비된다.

목간 1호와 목간 12호에는 부여 목간에는 없는 산뜻함과 고아함이 있어 한국 목간의 백미라 할 수 있다. 이 두 목간은 지방 관리의 서사 수준이 도성 관리 못지않음을 증명해 준다. 이는 7세기 백제에서 京鄕의 서예가 대등한 수준에 이르렀으며, 때로는 지방 관리의 솜씨가 중앙 관리의 솜씨를 능가했음을 시사한다.

목간 7호는 목간 1호, 9호, 12호의 분위기를 깨는, 복암리 목간에서 가장 파격적 서풍으로 쓰였다. 전면의 인명은 편하게 흐트러지고, 후면의 '弁五'는 글자의 크기, 과감한 운필에 전면을 훨씬 뛰어넘는 파격미가 있으며, 양면 모두에 초서의 필의도 있다. 이런 점은 부여 구아리 목간 47호(그림 5)와 유사하다.

지금까지 살핀 바와 같이 나주 복암리 목간은 대체적으로 단아한 해서와 행서가 주를 이룬다. 해서에는 행서 필의가, 행서에는 해서 필의가 있다. 절제미 속에 유려하면서 고아한 서풍을 구사하여 보편적 백제미의 범위를 벗어나지 않으며, 노련하면서 세련된 백제 서예의 특징을 잘 표현했다. 부여목간의 글씨와 견주어도 손색이 없을 정도로 수준이 높다.

이런 나주목간 묵서의 우수성은 어디에서 연유한 것일까. 나주 복암리유적은 영산강 유역 고대 문화의 대표 유적인 복암리 고분군을 중심으로 한 그 일대로, '옹관고분사회'로 대표되는 이 지역 문화상과 백제의 통합 및 복속이라는 문제와 관련하여 주목되는 곳이다. 복암리 3호분의 유물로 추정해 볼 수 있는 복암리 집단은 5세기 후반 영산강 유역의 새로운 세력 집단으로 등장하여 6세기 초까지는 독자적 세력을 유지하며 백제-신라 또는 가야-왜와 긴밀히 연결된 다원적·복합적 성격을 견지했다. 대형 석실분의 유물로 보면 백제의 정치적 배경이 가장 컸던 것은 분명하다. 그러나 그 관계는 중앙 정부의 통치력이 체계적·지속적으로 행사되는 지배 영역의 개념보다는 백제의 영향권 내지 세력권에 포함되었다고 하는 의미나 '지배적 동맹관계'로 여전히 독자적 힘의 유지와 행사가 가능한 단계였던 것으로 추정한다.

6세기 중엽 이후 석실이 소형화·규격화되고 은제관식이 출토된 것은 분명히 백제의 직접 지배를 보여주는 증거다. 그러나 규두대도 등 왜와 관련된 유물은 간단히 백제와의 관계로 해석될 수 없는 부분이다. 즉 백제의 직접 통치 아래서도 기존의 역할과 다원적 관계 형성을 유지한 것으로 본다.[32] 이렇게 고대 나주는 백제를 포함한 여러 나라의 문화를 흡수하고 발전시켜 점차적으로 나주 문화의 정체성을 확립해 갔다.

같은 맥락에서 '백제의 전통적 방식과 비교하여 더 漢化된 듯한 세련된 글씨가 출현한 것은 7세기 초반경 영산강 유역의 주요 치소였던 나주 복암리 일대가 선진 문화를 수용한 결과이다'[33]라는 주장은 상당히 설득력이 있다. '백제 사신이 수도 建業(지금의 남경)에서 양나라의 명서가 蕭子雲(486~548)의 글씨 30점을 금화 수백만에 사들였다'[34]는 중국 사서의 기록이 이를 뒷받침한다. 그리고 이 기록은 남조 첩의 글씨가 백제의 서예에 지대한 영향을 미쳤다는 사실을 증명한다. 나주는 그런 중국 첩의 글씨를 중앙으로부터 얻든, 중국으로부터 직접 얻든 분명 접하고 배웠다는 것을 복암리 목간의 묵서가 말한다. 나주의 글씨가 부여의 글씨보다 더 뛰어난 부분도 있는데, 그렇다면 두 가지를 동시에 취했을 가능성도 있다.

Ⅳ. 맺음말

6~7세기에 제작된 부여 지역의 묵서목간은 15곳에서 80여 점이 출토되었다. 묵서는 해서, 행서, 초서가 고루 사용되었다. 상당수 목간의 해서에는 행서의 필의가, 행서에는 초서의 필의가, 초서에는 행서의 필의가 있어 두 서체가 혼용되기도 했다. 북위비 해서의 웅강무밀함, 남조 첩에 쓰인 행초서의 유려하면서 자유자재함 등 서풍도 다양하여 도성의 서사 교육이 상당히 무르익었음을 알 수 있다.

능산리사지 목간에는 같은 면에 해서와 행서가 동시에 사용되기도 하고 전면에는 해서, 후면에는 행서가 쓰이기도 했다. 〈'지약아식미기'목간〉의 노련한 행서는 거침이 없어 자연스럽고, 부드러우면서 힘차 백제의 미감이 가득하다.

궁남지 목간 가운데 해서와 행서로 쓴 문서목간은 변화무쌍하면서 능숙하고 전체적으로 잘 어울리며, 행서로 쓴 습서목간은 자유분방하다. 관북리 목간의 웅강무밀한 해서는 백제의 남북조 해서 취향을 드러낸다. 감사 인사를 담은 꼬리표인 동남리 목간은 드물게 유창한 초서로 쓰였다. 궁남지, 관북리, 동남리의 목간은 백제 목간 글씨의 진수를 보여 준다.

---

32) 김낙중, 2000, 「5~6世紀 榮山江流域 政治體의 性格-羅州 伏岩里 3號墳 出土 威勢品分析-」, 『百濟硏究』 32, 충남대학교 백제연구소, p.75.

33) 김성범, 2010, 앞의 논문, p.117.

34) 『南史』 卷42 列傳32; 『南齊書』 「豫章王嶷傳」. "出爲東洋太守, 百濟國使人至建鄴求書, 逢子雲爲郡, 維舟將發, 使人於渚次候之, 望船三十許步, 行拜行前, 答曰「侍中尺牘之美, 遠流海外, 今日所求, 唯在名迹」子雲乃爲停船三日, 書三十紙與之, 獲金貨數百萬." 노중국, 2012, 『백제의 대외 교섭과 교류』, 지식산업사, pp.355-357; 정현숙, 2012, 앞의 논문, pp.104-105.

618년의 환곡 기록을 적은 쌍북리 출토 〈'좌관대식기'목간〉은 그 용도에 맞게 정연한 해서로 쓰였지만 동시에 획의 강약과 길게 늘어진 파책에서 변화를 주었다. 그리고 쌍북리 현내들 〈'상부'목간〉의 부드러우면서 힘찬 해서는 백제 해서의 전형이다.

구아리 목간에는 양면에 같은 서체가 사용되었다. 해서 목간의 단아하면서 절제된 서풍과 행서 목간의 유려하면서 자유분방한 서풍은 대조를 이루면서 동시에 각각 특출하다.

나주 복암리에서 출토된 13점의 묵서목간은 해서와 행서로 쓰였다. 해서에는 행서 필의가, 행서에는 해서 필의와 초서 필의가 있다. 문서목간의 행서도 자간이 거의 일정하고 정해진 공간을 벗어나지 않아 정연하다. 특히 목간 1호와 목간 12호의 전아미, 절제미 그리고 노련미에는 부여목간의 글씨가 범접할 수 없는 특출함이 있다. 부여목간에 비하면 물 흐르는 듯한 유려함도 급격한 변화도 정도를 벗어난 파격도 없지만, 두 목간이 보여 주는 필법의 오묘함은 부여목간에서는 찾아볼 수 없다. 복암리 목간은 습서목간도 부여 것과는 달리 차분하다.

두 지역의 목간 글씨는 각기 개성을 드러낼 뿐 우열의 구분은 없다. 이것은 지방인 나주의 글씨가 도성인 부여의 글씨에 견줄 수 있을지언정 결코 뒤지지 않는다는 것을 의미한다. 나주목간 글씨의 출중함은 부분적으로 중앙의 영향도 있겠지만 나주만의 창의적 서예로 보아도 무방하다.

두 지역의 목간에 주로 쓰인 해행, 행서, 행초의 유려하고 능숙함, 절제된 대담함, 힘차고 단아함은 4~6세기에 걸쳐 남조 한족들을 중심으로 유행한 명서가들의 첩의 글씨를 수용한 결과로 보인다. 백제 사신이 양나라 명서가 소자운의 글씨를 고가에 매입했다는 기록이 그것을 뒷받침한다. 나주는 부여는 물론 중국과의 직접 교류를 통해 서예를 수용했을 수도 있다. 나주목간의 글씨에는 부여목간의 글씨를 뛰어넘는 특출함이 있기 때문이다.

투고일: 2020. 4. 20.	심사개시일: 2020. 5. 1.	심사완료일: 2020. 5. 14.

참/고/문/헌

1. 원전

『南史』.

『南齊書』.

『三國史記』.

2. 단행본

국립가야문화재연구소, 2006, 『한국의 고대목간』.

국립나주문화재연구소, 2010, 『나주 복암리유적 Ⅰ』, 1~3차발굴조사보고서.

국립나주문화재연구소·동신대학교문화박물관, 2010, 『6~7세기 영산강유역과 백제』, 국제학술대회 자료집.

국립부여박물관·국립가야문화재연구소, 2009, 『나무 속 암호, 목간』, 예맥.

국립중앙박물관, 2011, 『문자, 그 이후』, 한국고대문자전.

노중국, 2012, 『백제의 대외 교섭과 교류』, 지식산업사.

윤선태, 2007, 『목간이 들려주는 백제 이야기』, 주류성.

이병호, 2014, 『백제 불교 사원의 성립과 전개』, 사회평론.

정현숙, 2018, 『삼국시대의 서예』, 일조각.

충청남도역사문화연구원, 2007, 『백제의 문화와 생활』, 백제문화사대계 12.

3. 논문

橋本繁, 2008, 「윤선태 著 『목간이 들려주는 백제 이야기』(주류성, 2007년)에 대하여」, 『木簡과 文字』 2, 한국목간학회.

권인한, 2013, 「고대한국 습서 목간의 사례와 그 의미」, 『木簡과 文字』 11, 한국목간학회.

김낙중, 2000, 「5~6世紀 榮山江流域 政治體의 性格-羅州 伏岩里 3號墳 出土 威勢品分析-」, 『百濟硏究』 32, 충남대학교 백제연구소.

김성범, 2010, 「羅州 伏岩里 木簡의 判讀과 釋讀」, 『木簡과 文字』 5, 한국목간학회.

김성식·한지아, 2018, 「부여 쌍북리 56번지 사비한옥마을 조성부지 유적 출토 목간」, 『木簡과 文字』 21, 한국목간학회.

김창석, 2011, 「7세기 초 榮山江 유역의 戶口와 農作-나주 복암리 목간의 분석」, 『百濟學報』 6, 백제학회.

김창석, 2011, 「나주 복암리 출토 목간 연구의 쟁점과 과제」, 『百濟文化』 45, 공주대학교 백제문화연구소.

손환일, 2008, 「百濟 木簡 『佐官貸食記』의 分類體系와 書體, 『韓國思想과 文化』 43, 한국사상문화학회.

손환일, 2010, 「百濟木簡 〈支藥兒食米記〉와 〈佐官貸食記〉의 文體와 書體」, 『新羅史學報』 18, 신라사학회.

손환일, 2016, 「百濟 九九段의 記錄體系와 書體 -〈扶餘雙北里出土九九段木簡〉과 〈傳大田月平洞山城收拾九九

段蓋瓦〉를 중심으로-」, 『韓國史學史學報』 33, 한국사학사학회.
심상육·김영문, 2015, 「부여 구아리 319 유적 출토 편지목간의 이해」, 『木簡과 文字』 15, 한국목간학회.
심상육·이미현·이효증, 2011, 「부여 '중앙성결교회유적' 및 '뒷개유적' 출토 목간 보고」, 『木簡과 文字』 7, 한국목간학회.
윤선태, 2010, 「나주 복암리 출토 백제목간의 용도」, 『6~7세기 영산강유역과 백제』, 국립나주문화재연구소·동신대학교문화박물관.
윤선태, 2012, 「羅州 伏岩里 出土 百濟木簡의 判讀과 用途 分析-7세기 초 백제의 지방지배와 관련하여-」, 『百濟研究』 56, 충남대학교 백제연구소.
윤선태, 2017, 「百濟의 '九九段' 木簡과 術數學」, 『木簡과 文字』 17, 한국목간학회.
이병호, 2008, 「扶餘 陵山里 出土 木簡의 性格」, 『木簡과 文字』 1, 한국목간학회.
이성배, 2004, 「百濟書藝와 木簡의 書風」, 『百濟研究』 40, 충남대학교 백제연구소.
이성배, 2011, 「百濟木簡의 書體에 대한 一考」, 『木簡과 文字』 7, 한국목간학회.
이용현, 2007, 「목간」, 『백제의 문화와 생활』, 백제문화사대계 12, 충청남도역사문화연구원.
이용현, 2013, 「나주 복암리 목간 연구 현황과 전망」, 『木簡과 文字』 10, 한국목간학회.
이판섭·윤선태, 2008, 「扶餘 雙北里 현내들·北浦유적의 조사 성과-현내들유적 출토 百濟木簡의 소개-」, 『木簡과 文字』 1, 한국목간학회.
정현숙, 2012, 「百濟 〈砂宅智積碑〉의 書風과 그 形成背景」, 『百濟研究』 56, 충남대학교 백제연구소.
平川南, 2008, 「道祖神 신앙의 원류-고대 길의 제사와 양물형 목제품」, 『木簡과 文字』 2, 한국목간학회.
홍승우, 2013, 「扶餘 지역 출토 백제 목간의 연구와 현황」, 『木簡과 文字』 10, 한국목간학회.

〈Abstract〉

The Calligraphic Styles of Buyeo and Naju Wooden Tablets in Baekje

Jung, Hyun-sook

The wooden tablets of Baekje made in the Sabi period were excavated at the fifteen places in Buyeo and Naju Bogam-ri. Those of Buyeo show the writings of the capital officials in the 6th and 7th centuries and those of Naju Bogam-ri those of the local officials in the 7th century. We can realize the characteristic and relationship of the capital and local calligraphy of Baekje through the comparison of the writings of the two places.

More than eighty wooden tablets of Buyeo were written in the regular, running, and draft scripts. The various styles such as the powerful and dense regular script of the Northern Wei and flowing and elegant running and draft scripts of the album calligraphy of the Southern dynasties tell us the high-level writing education of the capital in Baekje.

The masterly running script on 'Jiyakasikmi-gi' wooden tablet of Neungsan-ri temple site is inexorable and natural as well as soft and powerful, so it was filled with the beauty favor of Baekje. The writing of document wooden tablet of Gungnamji is changeable and skillful, and the regular script on the wooden tablet of Gwanbuk-ri reveals the style of the Southern and Northern dynasties. The tag wooden tablet of Dongnam-ri carrying thank you greeting was rarely written in the fluent draft script. The writing of 'Jwagwandaesik-gi' wooden tablet of Ssangbuk-ri is changeable in the strength and weakness of stroke although written in the regular script. The graceful and restraint regular script and fluent and carefree running script on the wooden tablets of Gua-ri are contrastive and at the same time exceptional each.

The thirteen wooden tablets of Naju Bogam-ri were written in the regular script with the running brush touch and the running script with the regular and draft brush touches. The running script on the document wooden tablets is in good order. Although the writings of the wooden tablets 1 and 2 are not as fluent and changeable as those of the wooden tablets of Buyeo, there is a peculiar taste that the wooden tablets of Buyeo cannot approach.

The writings of the wooden tablets of the two places are only different, and there is no superiority and inferiority between them. It means that the writings of the local Naju can be in comparison with those of the capital Buyoe but not behind. The excellence of the writings of Naju seems to be influenced by the capital and to be originated from the direct interchange with China simultaneously. It can be therefore said the superiority of them is its own creativity.

▶ Key words: Baekje, wooden tablets of Buyeo, wooden tablets of Naju, Neungsan-ri temple site, Bogam-ri, Xiao Ziyun

특 집

梁 武帝의『阿育王經』轉輪聖王 표방과 백제 聖王

河上麻由子*

정지은 譯**

<국문초록>

본고는 양 무제의 숭불 중에서도, 전륜성왕을 지향한 것으로 보이는 사업에 대해, 특히『阿育王經』에서 특징적인 記述과의 관련을 지적하였다. 최근 연구에서는 역사상의 불교사업을 분석할 때에 불전을 참조하는데, 데이터베이스가 정비되면서 전거를 특정하는 것이 용이해지고 있다. 그러나 그 경전을 사료로 선택하여 활용한 이유에 대한 설명은 충분하지 못했다. 예를 들어, 양 무제의 숭불에 대해서 논할 때, 무제 자신이 아소카왕 전승을 취사선택하지 않고 筆受를 하며 漢譯을 지시했던『阿育王經』에 대한 설명이 우선되어야 할 것이다.

나아가 백제의 성왕에 대해서는 똑똑하고 비범하여[知識英邁] 일을 잘 처리하였기 때문에, 국인이「성왕」이라고 칭송했던 것이나, 일본에 불교를 전달했다고 하는 사적에서 전륜성왕으로서의 지위를 획득했다고 논해지는 경우가 종종 있다.

그러나 동아시아의 전륜성왕관에 커다란 영향을 미친 아소카왕도,「법왕」이라고 칭해졌지「성왕」이라고 칭해지지 않았다. 또, 양 무제 이후 금륜성왕이라고 칭송된 황제들 역시 불교적 문맥에서「성왕」이라고 칭해진 흔적은 없다.『삼국사기』가「聖」을 시호라고 하는 점도 고려하면,「성왕」은 전륜성왕의 생략된 표현이며「성명왕」이 전륜성왕이라고 간주하는 것은 아직 망설임이 남는다.「성왕」은 역시, 儒의 흐름에서 말하

* 奈良女子大学 准教授

** 동국대학교 사학과 박사과정

는 치세의 성인으로서, 백제왕을 성인이라고 칭송한 칭호라고 생각해야하지 않을까.

국왕이 전륜성왕을 지향했을지의 여부를 논의하는 것은 무제의 사례에서 비추어 볼 때 그 칭호에서 멈추지 않고, 사리공양·무차대회의 유무를 확인해야한다고 생각한다.

▶ 핵심어: 『阿育王經』 転輪聖王 聖王 阿育王

I. 아시아 역사에서 轉輪聖王의 등장

轉輪聖王은 고대 인도의 이상적인 군주로, 불교에서는 正法에 의한 치세를 실현하는 군주를 의미한다.[1] 전륜성왕은 輪寶·白象寶·紺馬寶 등의 七寶를 소유하고,[2] 소지한 輪寶에 따라 金·銀·銅·鐵의 4종으로 나뉜다. 金輪聖王은 四大陸을, 이하는 각각 三大陸·二大陸·一大陸을 지배한다고 한다.[3]

전륜성왕으로서 권위획득을 목표하던 황제로 가장 저명한 사람이 則天武后일 것이다. 측천무후는 즉위를 예언하는 『(佛說)寶雨經』이나 즉위를 정당화하는 『大雲經神皇授記義疏』를 근거로, 금륜성왕으로서의 권위를 획득하고자 시도하였다고 한다.[4] 또 측천무후보다도 먼저 전륜성왕과 동일시된 황제로는 隋 文帝가 있는데, 이때 隋 文帝는 보통의 전륜성왕이라고 불렸다. 다만 황제를 보살이라고 칭한 선례로 梁 武帝가 있다는 점이 지적되었다.[5]

이후 쿠라모토 쇼토쿠의 연구에서는 北朝의 有紀年造像銘에서 전륜성왕과 관계된 용어를 수집하여, 황제의 威光·神德이 전륜성왕을 능가하고 四大陸을 덮기를 바라는 造像記는 北魏 太和 7년(483)부터 발견되기는 하지만, 황제에게 금륜이 來應하여 輪王이 되는 것을 바라는 願文은 天保 8년(557) 이후 北齊期에 집중된다는 것을 밝혔다.[6] 황제를 전륜성왕이라고 칭송하는 것이 남북조시대에 이미 시작되었다는 게 명확해진 것이다.

---

1) 불교의 전륜성왕에 대하여서는 中野義照, 1956, 「元始佛教における轉輪聖王」, 『密教文化』 32; 中野義照, 1972, 「佛教と若幹の政治思想」, 『日本佛教學會年報』 37; 康樂, 1996, 「轉輪王觀念與中國古的佛教政治」, 『中央研究院歷史語言研究所集刊』 67-1; 西村實則, 2005, 「千子と千佛一轉輪聖王神話の一展開一」, 『大正大學大學院研究論集』 29 등을 참조하였다.

2) 佛陀耶舍·竺佛念 譯, 『長阿含經』에는 七寶에 대해서 「爾時大善見王七寶具足, 王有四德, 主四天下. 何謂七寶, 一金輪寶, 二白象寶, 三紺馬寶, 四神珠寶, 五玉女寶, 六居士寶, 七主兵寶.」(『大正』 권1, 21頁c 10~13)이라고 한다. 후술하겠지만, 여기에서 말하는 天下는 須彌山을 둘러싼 대륙의 하나를 의미하고 있다.

3) 金·銀·銅·鐵의 구별에 대해서 浮陀跋摩·道泰 등 譯, 『阿毘曇毘婆沙論』에는 「若其輪是金王四天下, 其力最勝. 若其輪是銀王三天下, 其力轉減. 若其輪是銅王二天下, 其力複減. 若其輪是鐵王一天下, 其力最劣.」(『大正』 권28)라고 하였다.

4) Forte, Antonino. *Political Propganda and Ideology in China at the End of the Seventh Century: Inquiry into the Nature, Authors and Function of the Dunhuang Document S6502.* 2nd ed. Kyoto: Italian School of East Asian Studies, 2005, pp.204~214

5) 山崎宏, 1942, 『支那中世佛教の展開』, 清水書院, pp.346-353.

6) 倉本尙德, 2011, 「北朝造像銘における轉輪聖王關係の用語の出現」, 『印度學佛教學研究』 125.

쿠라모토의 조사 결과 황제를 전륜성왕에 비유한 사례가 北魏·東西魏의 有紀年造像銘에서는 발견되지 않았다. 이는 설사 北齊 이전의 북조에서 황제와 전륜성왕을 결부하는 움직임이 있었다고 하더라도, 주류를 차지할 정도로 비중이 있지는 않았다는 점을 나타낼 것이다. 그러나 한편으로는 이러한 움직임이 북제기에 갑자기 성행하게 되었다고도 생각하기 어렵다. 북제 황제의 崇佛이 대부분 梁 황제의 숭불사업을 모방했다는 점은 잘 알려져 있는 사실이다.[7] 그렇다면 쿠라모토 쇼토쿠도 지적한 것처럼, 황제를 전륜성왕과 결부한 것은 梁代까지 거슬러 올라갈 가능성이 크다.[8] 쿠라모토의 연구를 이어 황제와 전륜성왕이 연결된 시기가 조사되어야만 할 것이다.

본고에서는 황제가 전륜성왕이라고 칭송된 사례를 隋代를 하한으로 하여 문헌사료 중 正史·『大正新修大藏經』(이하 『大正』), 『文館詞林』, 『文選』, 『文心雕龍』, 『金樓子』, 『水經注』, 『藝文類聚』, 『建康實錄』, 『資治通鑑』, 『通典』, 『太平御覽』, 『冊府元龜』를 대상으로 조사하였다.[9] 아래는 그 轉載이다.[10] 수집한 사례는 글이 집필된 연대순으로 나열하였으며 연대를 추정할 수 없는 것은 그 후에 열거하였다.

王朝	年	發言者 → 對象	史料	史料所在
梁	天監 7년(508)경	王仲欣 → 武帝	皇帝叡性自天, 機神獨遠, 五禮外照, 三明內映, 金輪徐轉, 則道濟八紘	「建康令王仲欣答」, 『弘明集』 卷10
	同上	蕭昞素 → 武帝	巍巍乎十善已行, 金輪何遠	「丹陽丞蕭昞素答」, 『弘明集』 卷10
	天監 17년경	蕭綱 → 武帝	皇上託應金輪, 均符玉鏡, 低矜苦習, 続照慈燈	「玄圃園講序」, 『廣弘明集』 卷20
	大通 3년(529) 이전	劉孝綽 → 武帝	瑞花承足, 人観雕輦之盛, 金輪啓路, 物覩重英之飾	「答雲法師書」, 『廣弘明集』 卷28

7) 諏訪義純, 1965, 「北齊文宣帝とその佛教信仰ー北齊佛教の一考察(一)」, 『大穀學報』 45-2; 河上麻由子, 2005, 「隋代佛教の系譜ー菩薩戒を中心としてー」, 『古代アジア世界の對外交渉と佛教』, 山川出版社.

8) 倉本尙德, 2011, 앞의 논문, p.19.

9) 周伯戡는 後秦의 姚興이 號를 皇帝에서 天王으로 고친 거에 대해서 세력 확대기였던 요흥이 약간의 災異 등으로 君主號를 降格시키지는 않았을 것이며, 요흥은 帝釋天과 轉輪聖王을 혼동하여 스스로를 제석천=천왕이라고 내세우기 위해 천왕호를 채용했다고 한다(周伯戡, 2002, 「姚興與佛教天王」, 『台大歷史學報』 30). 그러나 요흥에 앞서 後趙의 石虎는 군신이 帝號를 권한 것을 물리치고, 왕실의 大難 등을 이유로 천왕호를 사용하였다. 천왕호는 황제호보다 하위에 위치하고 있어, 요흥이 천왕호를 사용한 것은 석호의 선례를 좇았기 때문이라고 이해해야 할 것이다. 천왕호 채용에 불교의 영향을 상정하는 그의 설은 흥미롭지만, 천왕호 채용이 가진 의미에 대해서는 현시점에서는 찬성하지 않는다.
또한, 後漢의 恒帝 이후, 전륜성왕이라고 칭해지는 것이 어울리는 황제를 발견한 古正美의 作業은 나름 의미가 있다고 인정하나(古正美, 2003, 『從天王傳統到佛王傳統ー中國中世佛教治國意識形態研究ー』, 商周出版), 본고에서는 황제와 전륜성왕을 결부시킨 것이 확실한 사례에 한해서 수집했다. 오호십육국의 군주호에 대해서는 三崎良章, 2006, 「夏の年號と國家観」, 『五胡十六國の基礎的研究』, 汲古書院, pp.141-144; 2012, 『五胡十六國ー中國史上の民族大移動ー』, 東方書店, pp.170-172에 정리되어 있다.

10) 吉川真司, 2017, 「轉輪聖王と梁の武帝」, 『日本的時空観の形成』, 思文閣出版.

王朝	年	發言者 → 對象	史料	史料所在
梁	大通 3년 (529) 이후	蕭繹 → 武帝	皇帝革命受圖, 補天紉地, 轉金輪於忍土, 策紺馬於閻浮	「光宅寺大僧正法師碑」, 『芸文類聚』 卷76
	中大通 5년 (533)	蕭子顯 → 武帝	超國城而大捨, 既等王宮之時, 量珍寶於四天, 又同轉輪之日	「御講金字摩訶般若波羅蜜経序」, 『廣弘明集』 卷19
	大同 7년 (541)경	蕭綱 → 武帝	伏惟陛下, 玉鏡宸居, 金輪馭世, (中略)不違本誓, 開導愚蒙, 駆十方於大乘, 運萬國於仁壽	「啓奉請上開講」, 『廣弘明集』 卷19
	太清 원년 (547)	蕭綱 → 武帝	轉輪皇, 飛行聖, 湣含識, 資恵命, 引蒼生, 帰法性, 菩提真, 般若浄, 七寶均, 萬邦寧	「馬寶頌」, 『文苑栄華』 卷778[11]
		蕭綱 → 武帝	屬以皇上, 慈被率土, 甘露聿宣, 鳴銀鼓於寶坊, 轉金輪於香地	「答湘東王書」, 『廣弘明集』 卷16·28, 『芸文類聚』 卷75에도 있음
		蕭綱 → 武帝	大梁啓聖, 功覆衆古, 業高受命, 金輪降道, 玉衡齊政	「菩提樹頌」, 『廣弘明集』 卷15
		劉孝威 → 武帝	伏惟忘我徇物, 屈己濟民, 該天地而大捨, 総日月而爲施, 既脱屣於金輪, 又解驂於紺馬	「梁劉孝威爲皇太子謝敕賚功徳馬啓」, 『芸文類聚』 卷93
陳	天嘉 4년 (563)	陳文帝	捨弟子自身及乘輿法服, 五服鑾輅, 六冕龍章, 玉幾玄裘, 金輪紺馬	「無礙會捨身懺文」, 『廣弘明集』 卷28
		徐陵 → 陳皇帝	寶蓋王子, 金輪託生, 皇家茂戚	「陳徐陵四元畏寺刹下銘」, 『芸文類聚』 卷77
		江総 → 陳皇帝	四聡睿後, 萬行了因, 運光玉鏡, 道茂金輪	「陳江総懐安寺刹下銘」, 『芸文類聚』 卷77
隋	開皇 17년 (597)	費長房 → 隋文帝	豈唯七寶獨顕金輪, 寧止四時, 偏和玉燭	『歴代三寶紀』 卷12
	同	費長房 → 隋文帝	非夫位握金輪, 化弘方等, 先皇前帝弘化闡法, 其孰並斯焉	『歴代三寶紀』 卷12
	同	費長房 → 楊忠	伏惟, 太祖武元皇帝(中略)用輪王之兵, 申至仁之意, 百戦百勝, 爲行十善	『歴代三寶紀』 卷12
	同	費長房 → 隋文帝	其非大士應生, 金輪託降, 祐含識於死傷之際, 安庶類於擾攘之間, 孰能若是	『歴代三寶紀』 卷12

11) 『文苑栄華』는 北京圖書館에서 출판된 影印本(2006년)을 사용하였다.

王朝	年	發言者 → 對象	史料	史料所在
隋	同	費長房 → 隋文帝	伏惟陛下, 應運秉圖, 受如來記, 紹輪王業, 統閻浮提	『歷代三寶紀』 卷15
	智顗 사망 (597) 이전	智顗 → 隋文帝	仰惟皇帝陛下, 秉金輪而禦八表, 握寶鏡以臨四民, 風雨順時, 馬牛內向	「智者遺書與臨海鎮將解拔國逋放生池」, 『國清百録』 卷4
	仁壽 원년 (601)	煬帝 → 隋文帝	願銷甘露, 鹹濟苦海, 應変穢土, 通同浄國, 天覆地載, 長轉金輪, 七廟六宗, 永安玉座	「皇太子於天台設斎願文」, 『國清百録』 卷3
	仁壽 2년 (602)	瀛州表 → 隋文帝	掘地欲安舍利石函(中略)其土即有黒文, 雑間成篆書字雲, 「轉輪聖王佛塔」	『廣弘明集』 卷17
	仁壽 4년 (604)	智越 등 → 煬帝	金輪紺寶, 奕世相傳, 重離少陽, 時垂禦弁	「仁壽四年皇太子登極天台衆賀至尊」, 『國清百録』 卷3
		煬帝 → 隋文帝	聖禦紺寶天飛, 金輪雲動, 納萬善於仁壽, 総一乗於普會, 開発含識, 濟渡群生	「寶台経蔵願文」, 『廣弘明集』 卷22
	大業 원년 (605)	柳顧言 → 煬帝	龍圖畫卦, 裁萌五典, 金輪拯溺, 止弘十善	「天台國清寺智者禪師碑文」, 『國清百録』 卷4

위의 표로부터 아래의 세 가지를 지적할 수 있다.

첫 번째, 상기 표에 의하면 梁代보다 이전에는 황제를 전륜성왕이라고 칭송한 확실한 사례가 없다. 물론, 수집에서 누락된 사례나 사료에 남지 않은 사례가 존재할 가능성은 있다. 다만 남아있는 사례에서 황제를 전륜성왕과 결부시키는 것은 우선 梁代에 성행한 것이 틀림없다. 陳 文帝의 「無礙會捨身懺文」에서 문제가 捨身에 임하여 金輪·紺馬를 떨쳐버리고자 하는 것도, 梁代를 거쳐 숭불황제를 금륜성왕으로 간주하는 것이 널리 수용되어 있었기 때문일 것이다.

두 번째, 梁이 멸망한 뒤에는 陳·隋의 문헌사료에서 황제가 점차 전륜성왕이라고 칭해지고 있다. 석각사료를 조사한 쿠라모토 쇼토쿠의 연구를 근거로, 황제를 전륜성왕으로 칭송하는 것이 梁代에 성행하였으며 梁이 멸망한 후에 陳·北齊를 거쳐 南北朝를 통일한 隋에 계승된 것으로 보인다. 여기서 황제가 보살계를 받고 보살이 된 것이 국가적 시책의 일환으로써 梁一陳·北齊一隋로 계승되었다는 점을 다시금 언급해둔다.[12] 위의 표에 보이는 황제는 모두 보살계를 받고 있다. 황제를 전륜성왕으로 간주하는 것은 梁代 이후 황제를 보살로 간주하는 것과 병행하여 왕조 간에 계승되어 갔을 것이다.

세 번째, 梁代 이후 대부분의 사례에서 황제는 금륜성왕으로 칭해지고 있다. 황제를 전륜성황으로 칭송

12) 河上麻由子, 2005, 앞의 논문.

하는 것과 관련하여, 그 주된 대상은 처음부터 거의 금륜성왕에 한정해도 좋을 것이다. 경전에 다수 등장하는 전륜성왕 중에서 중국불교사상 가장 중시된 것이 鐵輪聖王인 아소카왕(阿育王)이다. 금륜성왕이라고 칭해진 梁 武帝나 隋 文帝를 시작으로, 숭불에 열심인 황제는 아소카왕을 모방하는 사업을 전개하는 경우가 많았다. 그럼에도 불구하고 中華의 지배자인 황제를 불교적으로 莊嚴하는데에는 금륜성왕을 내세우지 않으면 안됐다.

동아시아에서 전륜성왕 개념의 도입을 검토하기 전에, 먼저 위와 같은 부분을 확인해 두어야 할 것이다.

II. 轉輪聖王으로서의 행위

인도에서 이상적인 국왕을 의미했던 차크라바르틴(Cakravartin)은 동아시아 불교적인 문맥에서 아소카왕의 事績과 관련해서 이해되었다. 아소카왕 전설은,[13] 북방전승과 남방전승으로 나누어진다. 『阿育王傳』(이하 『王傳』[14])과 『阿育王經』(이하 『王經』) 및 劉宋 求那跋陀羅 譯, 『雜阿含經』(이하 『雜阿』) 권23·25의 아소카왕 전승은 모두 북방전설에 속한다. 기본적으로는 同本異譯으로 여겨지나,[15] 실제로는 諸書에서 기술 상 차이가 크다.

세 권 중, 『王傳』은 南朝에는 거의 유통되지 않았다. 덧붙여 『王經』 漢譯의 첫 번째 筆受를 梁 武帝가 수행한 것을 고려할 때, 梁代 불교의 영향을 강하게 받았던 百濟가 아소카왕을 이해하고 있었을까를 알기 위해선 『王經』을 살펴봐야 한다.

전륜성왕인 아소카왕의 事績으로는 주로 아래의 5가지를 들 수 있다.

1. 舍利塔 建立
2. 성지순례(聖跡巡禮)와 供養
3. 捨身
4. 無遮大會

『王經』에 의거하여 諸書와 비교하면서 각각의 활동에 대해 확인해보자.

전륜성왕의 사적으로 가장 유명하고, 그 후의 황제들에게 중시된 것이 사리탑 건립이다.

---

13) 아소카왕(阿育王)의 이름은 음역해서 阿恕伽王·阿育王·阿輸柯王, 의역해서 無憂王 등이 있으나, 본문에서는 사료 인용을 제외하고는 아소카왕(阿育王)으로 통일한다.

14) 현행본 『王經』은 7권이 있으나, 宋·元·明版은 5권뿐이다. 花山勝道는 본래 5권인 것이 후대에 『王經』의 조직을 본떠 다시 짜여졌을 가능성을 지적하였다(花山勝道 , 1954, 「雜阿含經の阿育王譬喩Aśokāvadānaについて」, 『大倉山學院紀要』 1, pp.45-46).

15) 아소카왕 전설의 성립 배경에 대해서는 山崎元一, 1979, 『アショーカ王傳說の研究』, 春秋社를 참조하였다.

時王生心欲廣造佛塔, 莊嚴四兵, 往阿闍世王所起塔處. 名頭樓那翻瓶至, 已令人壞塔取佛舍利. 如是次第, 乃至七塔, 皆取舍利. 復往一村, 名曰羅摩翻戲, 於此村中復有一塔. 最初起者. 復欲破之, 以取舍利, 時有龍王, 即將阿育入於龍宮. 而白王言, 「此塔是我供養. 王當留之」. 王即聽許是. 龍王復將阿育, 至羅摩村. 時王思惟, 「此塔第一, 是故龍王倍加守護, 我於是塔不得舍利」. 思惟既竟, 還其本國. 時阿育王作八萬四千寶函, 分布舍利遍此函中. 復作八萬四千瓶及諸幡蓋, 付與夜叉令於一切大地, 乃至大海, 處處起塔. 又言, 「國有三種小中大. 若國出千萬兩金者, 是處應起一王塔」. 是時徳叉屍羅國, 出三十六千萬兩金. 彼國人民白阿育王言, 「王當與我三十六函」. 王聞是語, 即便思惟, 「我欲處處廣造佛塔, 雲何此國頓得多耶」. 時王以善方便, 語彼人民, 「今當除汝三十五千萬兩金」. 又言, 「若國有多塔, 若國有少塔. 從今已去, 悉聽不復輸金與我」. 乃至阿育王往耶舍大徳阿羅漢處說言, 「我欲於一日一念中起八萬四千塔一時俱成」. 而說偈言,

於先七塔中, 取世尊舍利, 我孔雀姓王, 一日中造作, 八萬四千塔, 光明如白雲

乃至阿育王起八萬四千塔已, 守護佛法. 時諸人民謂爲「阿育法王」. 一切世人而說偈言,

大聖孔雀王, 知法大饒益, 以塔印世間, 捨惡名於地, 得善名法王, 依法得安樂

(『大正』 50, 135a03~135b03)

세세한 문구의 차이는 두고, 아래에서는 諸書의 내용에 대한 차이를 정리해 둔다.

1. 아소카왕이 최초로 도착했다고 하는 아사세왕(阿闍世王)의 起塔地名은 『雜阿』, 『王傳』, 10세기에 성립한 산스크리스트어 책인 『Divyāvadāna(디비야바다나)』의 「Aśokāvadāna(아소카-아바다나: 아소카의 전설)」에도 기재되지 않았다. 『Divyāvadāna』는 히라오카 사토시의 『ブッダが謎解く三世の物語 上』(大藏出版, 2007)의 해당부분을 참조했다.
2. 『雜阿』에만, 龍王이 사리를 헌상했다고 한다.
3. 『雜阿』에는 金·銀·琉璃·頗梨로 函을 만들어 사리를 넣고, 이 함을 8만4천4개의 瓶에 넣었다고 한다. 『王經』에 의하면, 사리용기는 함과 병의 2종 구조로 되어 있지 않다.
4. 『王經』에는 一千萬兩金을 각출[拠出]하면 1탑을 건립하겠다고 선언한 아소카왕에게 대응하여 탁실라국이 36千萬兩金을 각출하자, 불탑이 널리 퍼지지 못하는 것에 화난 아소카왕이 다량의 금 供出을 중지시키고 있다. 이에 대해 『雜阿』, 『王傳』, 「Aśokāvadāna」에서는 탁실라가 많은 인구로 인하여 複數의 탑을 건립하고자 하는 염원을 청원한 것으로 되어 있다. 탁실라의 신청에 대한 아소카왕의 대처도 諸書에서 다르다. 『王傳』, 「Aśokāvadāna」에서는 아소카왕이 탁실라에 일억이 넘는 인구를 살해하겠다고 전하며 요구를 철회시킨 뒤, 인구가 일억이 넘지 않는 나라에는 사리를 주지 말라고 명령을 내렸다고 한다. 한편 『雜阿』에서는 인구가 일억에 미치지 못하는 나라는 인구가 많은 나라로부터 사람을 이동시켜, 일억을 채운 뒤 사리를 分與했다고 한다.

5. 先述한 것처럼 『雜阿』에서는 용왕탑에서도 사리를 취했다고 되어 있으며, 「八塔」에서 사리를 꺼냈다고 한다. 『王傳』, 「Aśokāvadāna」에서는 이 내용[詩頌]이 없다. 또 『雜阿』에서는 15일의 월식을 신호로, 『王傳』, 「Aśokāvadāna」에서는 야샤스(耶舍, Yasas)가 손을 가려 일식을 일으킨 것을 신호로 8만4천탑이 하루에 건설되었다고 한다.

이 차이 중, 가장 중요한 것은 4번일 것이다. 『王經』에 의하면, 사리공양에 사용한 비용은 대중[衆人]에게도 부담되어야 했다.

8만4천탑을 건립한 아소카왕은 여기서 백성들에게 「法王」이라고 불리게 되었다. 같은 부분을 『王傳』은 「正法阿恕伽王」, 『雜阿』는 「法阿育王」이라고 해석했다. 釋迦의 예언대로 8만4천탑을 건립한 전륜성왕인 아소카왕은 백성들로부터 「法王」이라고 칭송받았지, 「聖王」이라고 칭해지지 않았다는 것을 강조해두겠다.

『王經』 권2는 優波鞠多를 맞이한 아소카왕의 성지순례와 그 공양으로 이어진다. 아소카왕은 석가탄생지·석가수행지에 가서 迦梨龍王을 보고, 석가가 깨달음을 얻은 땅과 初轉法輪 지역을 거쳐 열반의 땅에 이르렀다. 나아가 舍利佛塔·目揵連塔·大迦葉塔·薄拘羅塔·阿難塔을 순례했다. 이들 순례지에서 특히 열렬한 공양을 받은 곳이 제3권 전반의 주제가 되는 菩提樹이다. 아소카왕은 十萬金을 布施한 후에도 날마다 珍寶를 보시하며 보리수를 공양했다. 이것을 질투한 왕비는 저주로 보리수를 고갈시키고자 하였다. 그러나 아소카왕이 심히 낙담했기 때문에, 왕비가 저주를 풀고 젖을 흘리자 보리수가 원래대로 되살아났다. 여기서 아소카왕은 보리수에 香水를 붓고, 八戒(八齋戒)를 받았다고 한다.

> 時阿育王, 以千金銀琉璃甖盛以香水, 復持種種飮食, 及香花等千甖, 香水浴菩提樹, 以種種綵衣而以衣之. 王於是時復受八戒.
>
> (『大正』 50, 139頁b25~27)

수계를 받은 아소카왕은 사방의 승려를 모아 보시를 행했다. 처음에 十萬의 金과 一千의 金銀琉璃甖을 보시하고자 했던 아소카왕은 아들 쿠날라(Kuṇāla)와 보시금액을 경쟁한 결과, 보시금액이 대폭 증가하게 되었다.

> 向賓頭盧說言, 「大德, 我今唯除七寶庫藏, 一切大地·宮人·大臣, 并以我身, 及鳩那羅, 悉施衆僧. 當以我名, 在大衆說, 供養五衆」.
>
> (『大正』 50, 140頁c 23~26)

아소카왕이 자신을 보시한 것은 후에 스리랑카국왕의, 나아가 梁 武帝의 捨身의 모범이 된다.[16] 한편, 『王傳』은 보시의 내용이 동일하나, 『雜阿』에서는 국고의 모든 보물 역시 보시하고 있다. 「Aśokāvadāna」에서도 같다.

『王經』「半菴摩勒施僧因緣品」의 서두에도 아소카왕의 보시에 대해서 기재하고 있다.

> 阿育大王已起八萬四千塔, 又於佛[17]初生·得道轉法輪·入涅槃, 及諸羅漢涅槃之處, 各以十萬金施. 四部大會亦已作訖. 又三十萬衆僧, 一分阿羅漢, 二分學人及精進凡夫, 於一日中一時施食. 又阿育王唯留珍寶, 一切大地·宮人·大臣·鳩那羅, 及以自身悉施衆僧, 復以四十萬金布施衆僧. 又以無數之金, 贖此大地乃至自身.
>
> (『大正』 50, 147頁c14~26)

밑줄 친 四部大會는 出家와 在家를 대상으로 한 齋會이다. 無遮大會라고도 불리며, 일반적으로 5년에 한 번 개최되어 五年大會와도 동일하게 여긴다. 다만 『王經』은 四部大會와 30만 衆僧에게 보시한 오년대회를 별도의 행사로 간주하고 있는 듯하다.

한편, 해당 부분은 『雜阿』, 「Aśokāvadāna」에서는 「五歲大會」라고 되어 있어, 여기에 30만의 比丘(이 중 3분의 1은 阿羅漢, 3분의 2는 有學人과 똑똑한 凡夫)가 참가하고 있다고 했다. 『王傳』 「半菴羅果因緣」에는 해당하는 기록이 없다. 즉, 아소카왕이 사부대회를 개최했다고 명기한 것은 『王經』뿐이다.

III. 阿育王과 梁 武帝

梁 武帝의 숭불은 『王經』의 漢譯에서 시작한다. 먼저 사료를 인용해두겠다.

『王經』 漢譯은, 무제의 筆受에 의해 宮內에서 시작됐다.

> 阿育王經十卷(天監十一年六月二十六日, 於揚都壽光殿譯. 初翻日, 帝躬筆受. 後慧超合繼, 并譯正訖[18]. 見寶唱録).
>
> (『大正』 49, 98頁b9~10)

무제가 筆受로 참가한 것은 처음뿐이지만, 무제로부터 筆受를 이어받은 것은 天監 초에 僧正을 맡은 慧超

---

16) 船山徹에 의하면, 武帝의 捨身은 스리랑카 국왕에 의한 왕위의 布施를 모범으로 하고 있으며, 무제의 受菩薩戒와 孤独園 設置(521)·同泰寺 捨身은 일련의 善薩行이었다(船山徹, 2019, 「捨身の思想ー極端な佛教行爲ー」, 『六朝隋唐佛教展開史』, 法蔵館, pp.443-449). 그리고 반대로 스리랑카 국왕의 捨身은 아소카왕의 布施行爲와 밀접한 관계가 있다(田崎国彦, 1991, 「インド佛教教団における『財産』所有の問題 土地·金銭類·奴隷」, 『東洋大學大學院紀要』 27, p.147).

17) 宋版·元版·明版·宮本에 의해 「佛」을 보입했다.

18) 『大正』은 「帝躬自筆受. 後委僧正慧超令繼并譯正訖」. 「自」「委僧正」은 宋版·元版·明版과 宮本에는 없고, 「令」은 「合」이라고 되어 있다. 『大正』이 底本인 高麗再雕本에는 改変이 많아 여기에서는 宋版·元版·明版과 宮本을 따른다.

였다.[19] 『王經』의 漢譯은 무제의 깊은 관심을 등에 업고 추진되었음을 알 수 있다.

여기서 『王經』의 漢譯을 둘러싼 상황에 대해, 漢譯을 주도한 僧伽婆羅傳을 통해 다시 확인해두고자 한다.

> 正觀寺扶南沙門僧伽婆羅, 梁言僧養, 亦云僧鎧. 幼而穎悟, 十五出家, 偏學阿毘曇心, 具足以後, 廣習[20]律藏. (中略)住大梁御寓, 搜訪術能, 以天監五年被勅徵召, 於揚都壽光殿及正觀寺·占雲館三處譯上件經. 其本並是曼陀羅, 從扶南國齎來獻上. 陀終沒後, 羅專事翻譯.
>
> (『歴代三宝記』『大正』 49, 98頁 b 24~c8)

扶南 출신의 승가바라는 天監 5년(506)에 칙명으로 불려와 曼陀羅의 아래에서 譯經에 종사하였다. 만다라는 天監 초에 부남에서 온 승려이다. 來朝할 때, 많은 梵本을 가져왔다. 만다라는 스스로 가져온 범본에서 『寶雲經』 7권, 『法界體性無分別經』 2권, 『文殊師利說般若波羅蜜經』을 번역하였으나, 漢語에 어두워 오역이 많았다.[21]

만다라가 죽은 후, 승가바라는 부남에서 가져온 남은 범본을 漢譯하였다. 승가바라가 번역한 경전 중 연대를 알 수 있는 것은 『王經』(天監 11년), 『解說道論』 13권(天監 14년), 『文殊師利問經』(天監 18년), 『菩薩藏經』(天監 연간), 『王傳』(天監年), 『十法經』(普通 원년)이 있다. 승가바라의 譯場에서 동시에 여러 경전이 漢譯된 것이 아니라면, 『王經』의 漢譯은 『解說道論』 漢譯이 개시되기 전인 天監 14년 이전에 종료되었을 것이다.[22]

군주가 佛典의 漢譯을 지원하는 사례는 오호십육국시대에 많았으나, 황제가 스스로 筆受로서 불전의 漢譯에 참가한 것은 宣武帝(재위 499~515)가 최초이다.[23] 外護者로서가 아니라, 在家이긴 하지만 內護者로서 불전의 漢譯에 참가한다고 하는 획기적인 정책이 北魏에서 행해진 후, 마치 대항하듯 梁에서도 같은 정책이 채택된 것이다.

수계 후, 北魏가 분열 직전의 혼란기로 향해가는 가운데, 무제의 숭불은 더욱 대규모가 되어 갔다. 무제는 직접 건립한 同泰寺에서 4번에 걸쳐 捨身하였다. 사신으로 皇帝不在라는 이례적인 사태가 발생하고, 무제는 신하들의 청원으로 절에서 돌아온다.[24] 사신·무차대회의 사상적 연원은 일찍이 오쵸우 에니치가 지적하였듯이 『王經』에 있다.[25] 다만, 사신과 무차대회는 반드시 관련되어 있지는 않았다.

---

19) 『続高僧傳』 권6 「慧超傳」

20) 『大正』은 「尋」이다.

21) 『歴代三寶紀』 권11, 『大正』 49

22) 河上麻由子, 2019, 「梁武帝與隋文帝ー以仁壽舍利塔建立事業爲中心ー」, 『中央研究院歷史語言研究所集刊』.

23) 『十地経論』 十二巻. 李廓録云, 初訳宣武皇帝御親於大殿上, 一日自筆受. 後方付沙門僧辯訖了.(『歴代三宝紀』 巻9)

24) 諏訪義純, 1997, 「梁武帝佛教關係事跡年譜考」, 『中国南朝佛教史の研究』, 法蔵館.

25) 横超慧日, 1958, 「中国佛教に於ける国家意識」, 『中国佛教の研究』, 法蔵館.

○ 中大通 원년(529) (2회)

(九月)癸巳, 幸同泰寺, 設四部無遮大會. 上釋御服, 披法衣, 行清淨大捨. 以便省爲房, 素牀瓦器, 乘小車, 私人執役. 甲午, 升講堂法坐, 爲四部大衆開涅槃經題. 癸卯, 羣臣以錢一億萬奉贖皇帝菩薩大捨, 僧衆默許.

(『南史』 卷7)

冬十月己酉, 又設四部無遮大會, 道俗五萬餘人. 會畢, 帝御金輅還宮, 御太極殿, 大赦改元.

(『南史』 卷7)

○ 中大通 2년(530) (1회)

二年夏四月癸丑, 幸同泰寺, 設平等會.

(『南史』 卷7)

○ 中大通 4년(532) (1회)

中大通四年三月, 遣白馬寺僧璡主書何思遠, 齎香華供養, 具申丹欵, 夜即放光, 似隨使往. (中略)至二十三日屆于金陵. 去都十八里, 帝躬出迎. 竟路放光, 相續無絶, 道俗欣慶, 歎未曾有. 在殿三日, 竭誠供養(一云停中興寺)設無遮大齋. 二十七日, 從大通門出入同泰寺.

(『法苑珠林』 卷13)

○ 中大通 5년(533) (1회)

二月癸未, 行幸同泰寺, 設四部大會. 高祖升法座, 發金字摩訶波若經題. 訖于己丑.

(『梁書』 卷3, 武帝本紀下[26])

○ 大同 원년(535) (2회)

三月丙寅, 幸同泰寺, 設無遮大會.

(『南史』 卷7)

壬戌, 幸同泰寺, 鑄十方銀像, 幷設無碍會.

(『南史』 卷7)

26) 『梁書』 卷42, 臧盾傳에도 史料가 있다.

○ 大同 2년(536) (3회)

戊寅, 帝幸同泰寺, 設平等法會.

(『南史』 卷7)

秋九月辛亥, 幸同泰寺, 設四部無碍法會.

(『南史』 卷7)

壬午, 幸同泰寺, 設無碍大會.

(『南史』 卷7)

○ 大同 3년(537) (3회)

夏五月癸未, 幸同泰寺, 鑄十方金銅像, 設無碍法會.

(『南史』 卷7)

至其月二十七日, 高祖又到寺禮拜, 設無碍大會, 大赦天下.

(『梁書』 卷54, 扶南國傳)

至九月五日, 又於寺設無碍大會, 遣皇太子王侯朝貴等奉迎.

(『梁書』 卷54, 扶南國傳)

○ 大同 4년(538) (1회)

至四年九月十五日, 高祖又至寺設無碍大會, 竪二刹.

(『梁書』 卷54, 扶南國傳)

○ 中大同 원년(546) (2회 혹은 1회)

庚戌, 法駕出同泰寺大會, 停寺省講金字三慧經.

(『梁書』 卷3)

夏四月丙戌, 於同泰寺解講, 設法會[27]. 大赦改元.

(『梁書』 卷3)

---

27) 史料에는 「法會」라고 하나, 이것이 無遮大會였다는 것은 『資治通鑑』 卷159 所引의 「典略」에 「癸卯, 詔, 以今月八日於同泰寺設無遮大會, 捨朕身及以宮人并所王境土供養三寶」라고 되어 있는 점에서 아마도 틀림없다.

* (中大同 원년, 3월) 庚戌, 幸同泰寺, 講金字三慧経, 仍施身. 夏四月丙戌, 皇太子以下奉贖, 仍於同泰寺解講, 設法會大赦改元.

(『南史』 卷7)

○ 太清 원년(547) (1회)

三月庚子, 高祖幸同泰寺, 設無遮大會捨身. 公卿等以錢一億萬奉贖.

(『梁書』 卷3)

위는 무제의 무차대회에 관련한 사료이다. 17회(혹은 16회)에 달하는 무차대회 중, 捨身과 관련해서 행해진 것은 5회(혹은 4회)에 지나지 않는다. 그렇다면 무제는 치세 중에 4번 사신하였으므로, 大通 원년(527) 최초의 사신을 제외하면 사신할 때마다 무차대회가 행해진 것이 된다. 최초의 사신은 사료에 「輿駕幸同泰寺, 捨身. 甲戌, 還宮. 赦天下改元」이라고 되어 있을 뿐, 동태사에 체재한 시간도 매우 짧다. 사신 의식은 두 번째부터 복잡하고 대규모화 되어갔으며, 그 일환으로 무차대회가 시작되었을 것이다. 『王經』에는 이제까지 「五年大會」라고 해석되는 부분에 「四部大會」라는 표현이 사용되어 있음을 상기시키고자 한다. 두 번째 사신에 대한 사료에 「四部無遮大會」가 있는 것은 『王經』을 의도한 것이다.

사신 이외에, 무차대회를 행한 이유가 사료에 명확하게 나타나는 것은 中大通 3년에 阿育王所造라고 전하는 金像의 供養(1회), 中大通 5년 般若經의 開題(1회), 大同 원년 4월·大同 3년 5월의 銀像·金銅像 鑄造(각각 1회), 大同 3년·4년에 아소카왕사의 사리탑 改修(3회)까지 총 7회가 있다. 中大通 2년 4월 癸丑은 4월 8일에 해당하므로, 석가탄신일(佛誕會) 즈음으로 추측할 수 있다. 그 외에 大同 원년 3월, 大同 2년 3월, 9월, 10월의 무차대회(합계 4회)에는 개최 배경을 엿볼 수 있는 사료가 없다. 어느 쪽이든 무제의 무차대회는 『王傳』, 『雜阿』 등이 말하는 오년대회와는 전혀 배경이 다르다.

앞서 서술하였듯이 무차대회는 大同 원년부터 大同 4년까지, 당시 長干寺 阿育王塔의 개수 전후에 가장 성대하게 행해졌다. 무제의 阿育王塔 개수에 대해서는 이미 우수한 연구가 많이 축적되었다. 본고에서는 특히 탑의 개수 후에 사리의 공양에 다양한 사람들이 참가하고 있다는 것을 다시 한 번 강조하고자 한다.

至其月二十七日, 高祖又到寺禮拜, 設無碍大會, 大赦天下. (中略)高祖曰, 「弟子欲請一舍利還臺供養」, 至九月五日, 又於寺設無碍大會. 遣皇太子王侯朝貴等奉迎. 是日, 風景明和, 京師傾屬, 觀者百數十萬人. 所設金銀供具等物, 並留寺供養, 并施錢一千萬, 爲寺基業. 至四年九月十五日, 高祖又至寺設無碍大會, 竪二刹. 各以金罂, 次玉罂, 重盛舍利及爪髮, 內七寶塔中. 又以石函盛寶塔, 分入兩刹下. 及王侯妃主百姓富室所捨金·銀·鐶·釧等珍寶充積.

(『梁書』 卷54, 扶南國傳)

사리 공양에는 王侯에 봉해진 지배자 계급, 妃嬪이나 公主같은 高位의 여성, 게다가 부귀한 백성까지도 참가하였다. 황제가 주최하는 불교 사업에서 이처럼 광범위한 喜捨가 행해진 선례는 없다. 8만4천탑 건립 시, 衆人이 금전을 내어 참가하였다고 하는 『王經』과의 관련이 추측된다.

Ⅳ. 聖明王과 轉輪聖王

양 무제의 숭불 중에서도, 아소카왕을 지향한다고 여겨지는 사업에 대해서는 특히 『王經』의 특징적인 서술과의 관련성을 지적했다.

무제가 아소카왕을 답습한 숭불사업을 행한 후, 동아시아에서는 아소카왕을 모방하는 숭불사업을 전개하는 국왕이 다수 등장했다. 그중에서도 隋 文帝의 사리탑 건립 사업이 아소카왕에게서 배웠다는 것은 유명하다. 잘 알려진 자료이지만, 여기서는 隋 文帝가 사리탑 건립을 명한 조서에 주목해보고자 한다.[28] '사리탑을 만드는 자금은 기본적으로 여러 州 사람들의 보시로 충당하며, 부족할 경우에만 관부의 물건(庫物)으로 하라'라고 하는 文帝의 방침은 『王經』에서 아소카왕이 사리탑 공양의 자금을 공양한 나라에 사리를 分與했던 것과 매우 닮아 있다.

漢譯 경전을 통해 아소카왕에 접근한 무제가 아소카왕으로 촉발되어 행한 숭불사업은 위와 같은 것이었다. 그렇다면 백제는 어떠한가?

잘 알려져 있듯이, 『三國史記』 聖王 원년조에는 聖明王이 지혜와 식견이 뛰어나 일을 잘했기 때문에, 國人들이 「聖王」이라고 칭찬하였다고 한다. 여기에 더해 일본에 불교를 전했다고 하는 사적에서, 전륜성왕이라는 지위를 가지고 있었다는 파악하기도 한다.

그러나 『삼국사기』의 성왕 32년 7월조에서는 왕의 시호가 「聖」이라고 하는 한편 『日本書紀』에서는 기본적으로 聖明王, 즉 「신성한 明王」이라고 기재하였다. 이 밖에, 欽明天皇 13년 10월조와 16년 2월조에는 「聖王」, 欽明天皇 14년 10월 己酉조의 細注와 15년 12월조·同조 인용의 「一本」에는 「明王」이라고 하였다. 이 중 가장 오래된 기록은 『일본서기』 인용의 「一本」이다. 애초에 앞서 보았듯이 동아시아의 전륜성왕관에 지대한 영향을 끼친 아소카왕만 해도 「法王」이라고 칭해졌지, 「聖王」이라고 칭해지진 않았다. 또 양무제 이후 금륜성왕이라고 칭송된 황제들도 불교적 문맥에서 「聖王」이라고 칭해진 흔적은 없다. 『삼국사기』가 「聖」을 시호로 삼은 것도 고려하면, 「聖王」은 전륜성왕의 약칭이며 聖明王이 전륜성왕으로 간주되고 있었다고 하기에는 아직 망설임이 남는다. 「聖王」은 역시 儒의 흐름에서 이야기하는 治世의 聖人으로,[29] 백제왕을 성인이라 칭송한 칭호라고 생각해야 하지 않을까?

일국의 국왕이 전륜성왕을 지향했을까 여부를 논의하기 위해서는 무제의 사례에 비추어 볼 때 그 칭호

28) "莫問同州異州, 任人布施, 錢限 止十文已下, 不得過十文. 所施之錢, 以供營塔. 若少不充,役正丁及用庫物." (『大正』 52,『廣弘明集』 巻17)

29) 船山徹, 2019, 「聖者観の二系統」, 『六朝隋唐佛教展開史』, 法藏館.

에 그치지 않고 사리 공양·무차대회의 유무를 확인해야 할 것이다. 또 금륜성왕이라고 여겨진 황제들이 예외 없이 보살계를 받고 있는 것은 아소카왕이 보살수를 공양하는데 있어 팔재계를 받고 있었던 것을 감안할 때, 전륜성왕이 되는 것과 수계와의 강한 연관성을 엿볼 수 있게 한다.

중국 불교를 도입한 한반도 諸國·베트남·倭國이라고 하는 동아시아 諸國에서 국왕이 전륜성왕으로서의 권위를 획득하고자 하는 시도는 언제 시작하여, 어떻게 전개되어 갔던 것일까에 대해서도 논의했어야 했으나, 전제가 되는 무제의 숭불을 확인하는 작업에 모든 지면을 소비해버렸다. 국왕을 전륜성왕이라고 하는 思想이 아시아史에서 확장되는 과정과 함께 이후의 과제로 삼고자 한다.

투고일: 2020. 4. 15. 심사개시일: 2020. 5. 1. 심사완료일: 2020. 5. 12.

참/고/문/헌

古正美, 2003,『從天王傳統到佛王傳統一中國中世佛教治國意識形態研究一』, 商周出版.

吉川眞司, 2017,『日本的時空觀の形成』, 思文閣出版.

山崎宏, 1942,『支那中世佛教の展開』, 清水書院.

山崎元一, 1979,『アショーカ王傳說の研究』, 春秋社.

三崎良章, 2006,『五胡十六國の基礎的研究』, 汲古書院.

三崎良章, 2012,『五胡十六國ー中國史上の民族大移動ー』, 東方書店.

船山徹, 2019,『六朝隋唐佛教展開史』, 法藏館.

諏訪義純, 1997,『中國南朝佛教史の研究』, 法蔵館.

河上麻由子, 2005,『古代アジア世界の對外交涉と佛教』, 山川出版社.

横超慧日, 1958,『中國佛教の研究』, 法藏館.

康樂, 1996,「轉輪王觀念與中國古的佛教政治」,『中央研究院歷史語言研究所集刊』67-1.

西村實則, 2005,「千子と千佛ー轉輪聖王神話の一展開ー」,『大正大學大學院研究論集』29.

田崎國彦, 1991,「インド仏教教団における「財産」所有の問題」,『東洋大學大學院紀要』27.

周伯戡, 2002,「姚興與佛教天王」,『台大歷史學報』30.

中野義照, 1972,「佛教と若幹の政治思想」,『日本佛教學會年報』37.

中野義照, 1956,「元始佛教における轉輪聖王」,『密教文化』32.

倉本尙德, 2011,「北朝造像銘における轉輪聖王關係の用語の出現」,『印度學佛教學研究』125.

諏訪義純, 1965,「北齊文宣帝とその佛教信仰ー北齊佛教の一考察(一)」,『大穀學報』45-2.

花山勝道 , 1954,「雜阿含經の阿育王譬喩Aśokāvadānaについて」,『大倉山學院紀要』1.

〈Abstract〉

Liang Wu-di Chakravarti Ayuwang-Jing (Aśokāvadāna) Seong of Baekje

Mayuko Kawakami

This paper points out the relation between the descriptions of the activities of Emperor Liang Wudi, which are thought to be aimed at becoming Cakravartin, and the descriptions of "*Ayuwang Sutra*".

Recent historical studies refer to Buddhist scriptures when analyzing Buddhist projects. With the development of databases, it has become easier to identify sources. However, it seems that it is not enough to explain why the particular sutra should be considered as the source. For example, the worship of Buddha by Emperor Liang Wudi should be explained based on "*Ayuwang Sutra*" which Emperor Wudi himself wrote down and supported the Chinese translation, rather than selecting and discarding the various traditions of Ashoka the Great.

As for the king of Baekje, it is often argued that he was granted the position of Cakravartin because he was a great intellectual and made decisions and was praised by local lords as "Holy King聖王" and also because he introduced Buddhism to Japan.

However, even Ashoka the Great, who greatly influenced the view of Cakravartin in East Asia, was called "the King of Darma 法王" and not "Holy King". Furthermore, there is no evidence that the emperors who were praised as Cakravartin after Emperor Liang Wu were called "Holy King" in the Buddhist context. Although "*Samguk Sagi*" has "Holy King" as the posthumous name of 明禯, a king of Baekje, while "Holy King" is thought as an abbreviation of Cakravartin, it is still too early to conclude that Shomyoo was regarded as Cakravartin. After all, Holy King or Seong of Baekje should be regarded as a title praising the King of Baekje as a saint in the context of Confucianism.

In order to argue that a king intended to become Cakravartin in the sixth century, considering the case of Emperor Wu, it must be confirmed that the Buddhist ceremony for Buddha's relics and the grand Buddhist religious service in which all priests and believers could participate were held.

▶ Key words: Ayuwang-Jing, Chakravarti, Seong of Baekje, Ayuwang

특집 2

중국 고대 도량형과 수량사의 변화과정

출토자료에 보이는 중국 고대의 數量詞와 量制

三國의 量制와 百濟 田積制에 대한 고찰

특 집

중국 고대 도량형과 수량사의 변화과정 *

김진우 **

〈국문초록〉

인류의 문명화 과정에서 길이·용적·무게 등의 計測은 필수적이다. 그리고 계측의 표준인 도량형의 발달과 그 표현 방식인 數量詞의 변화 과정은 밀접한 관련을 가진다. 중국 고대 도량형은 일찍이 선사시대부터 발달하기 시작하여 商周시기 도량형의 기본 형태를 갖추게 된다. 하지만 여전히 지역 별로 서로 다른 다양한 수치를 사용했으며, 춘추 말 이래 각국의 개혁 과정에서 국가권력에 의한 도량형의 표준화가 진행된다. 그 목표하는 바는 표준화된 數의 엄밀한 지배를 통해 군주에게는 자원의 집중, 민에게는 賦稅의 공평이었다. 전국시대 상앙 변법에서 정비된 秦의 도량형 수치는 진시황의 통일을 계기로 진과 전한대에 전국적 범위로 확대되었고, 왕망은 이를 音律의 이론적 토대 위에 재정비하려고 했다. 하지만 후한 이래 완전히 새로운 역사 진행 과정 속에서 중국 고대 도량형의 표준화된 수치는 다시 근본적으로 바뀔 수밖에 없었다.

풍부한 數量詞의 발달은 동아시아권 언어의 고유한 특징이다. 하지만 한국어·일본어와는 달리 중국어는 量詞가 독립된 품사로서의 기능을 가진다는 차이가 있다. 중국 고대 數量詞의 변화는 오랜 시간 동안 변화가 그리 크지 않은 數詞에 비해 폭넓게 변화하는 量詞를 중심으로 전개된다. 즉 數詞는 甲骨文 이래 漢代까지 글자 형태의 변화나 서사재료에 따른 용법의 차이 등 일정한 변화가 있기는 하지만, 근본적으로 商代부터 십진법에 따른 數詞의 체계는 큰 변화 없이 지속되었다. 반면 量詞는 상주시기에 비해 전국시대에 그 어

* 이 논문은 2020년 대한민국 교육부와 한국연구재단의 지원을 받아 수행된 연구임 (NRF-2019S1A6A3A01055801).

** 경북대 인문학술원 HK연구교수

휘가 풍부해지고 사용 빈도도 증가하며 용법도 다양해지는 큰 변화를 보여준다. 그러한 변화에는 도량형 단위 양사의 증가도 포함되어, 전국시기 도량형의 정비와도 밀접하게 연관된다고 할 수 있다. 그리고 전국시기 수량사의 변화는 진한시기에 규범화·일반화되는 모습을 보여주는데, 名詞+數詞+量詞의 수량사 표현이 가장 전형적인 방식이었다고 할 수 있다. 이어서 위진 이래 또 다른 도량형의 기준 數가 바뀌는 변화와 맞물려서, 점차 名詞+數詞+量詞 구조에서 數詞+量詞+名詞의 수량사 사용이 증가하는데, 이는 도량형과 수량사의 변화가 서로 밀접한 관련이 있었음을 보여주는 또 다른 방증이라고 할 수 있다.

▶ **핵심어: 도량형(度量衡), 계수(計數), 수량사(數量詞), 수사(數詞), 양사(量詞)**

Ⅰ. 머리말: 중국 고대 度量衡과 數量詞 연구의 의미

선사 이래 인류의 문명화 과정에는 길이·용적·무게 등의 計測이 필수적으로 수반된다. 즉 각종 도구·기물의 제작이나 궁전·성벽 등의 건축은 계측에 기반할 수 밖에 없고, 권력체계가 고도화되고 문명화의 정도가 성숙하면 할수록 이러한 계측 방법도 더욱 정밀해진다고 할 수 있다. 그리고 이러한 계측 방법의 정밀화는 결국 길이·용적·무게의 단위에 대한 표준으로서 度量衡制의 성립과 이를 現示하는 度量衡器의 제작으로 이어지게 된다. 또한 이러한 도량형제와 도량형기에 대한 사회 전체의 신뢰는 문명의 최종적인 결과물인 국가 권력체계의 권위에 의해 보증된다고도 할 수 있을 것이다.

그리고 계측의 표준인 도량형의 성립 과정은 바로 그 표현 방식인 '數'개념의 발달 즉 數量詞의 변화 과정과 불가분의 관계에 있다고 할 수 있다. 즉 도량형은 기준 수치를 정해놓고 일정한 倍數로 증가시킴으로써 사물의 길이·용적·무게 등을 계측하는 것이기 때문에, 도량형의 이해는 바로 數의 이해이고 수를 표현하는 數量詞의 이해라고 해도 과언이 아닌 것이다.

중국 고대 도량형에 대해서는 音律을 중심으로 전문적인 이론을 처음 전개한 『漢書』 律曆志 이래로, 전통시대에도 이미 『隋書』 律曆志, 『通典』, 『日知錄』 등에 중요한 언술들이 있었다. 20세기 이후로는 풍부한 度量衡器의 고고 발굴로 기존 문헌 사료의 한계를 극복하는 實測 연구 성과가 축적되어 왔고, 현재 중국 고대 도량형제에 관한 사실적인 내용은 대부분 정리되었다고 해도 과언이 아니라고 할 수 있다.[1)]

---

1) 20세기 이래 중국 고대 도량형 연구로 참고해야 하는 주요 성과는 다음과 같다.
王國維, 『觀堂集林』 권19, 士林11, 宋三司布帛尺摹本跋; 唐蘭, 1935, 「商鞅量與商鞅量尺」, 『國學季刊』 5권4호; 吳承洛, 1937(초판)/1957(修訂重印), 『中國度量衡史』, 상무인서관; 楊寬, 1955, 『中國歷代尺度考』, 臺灣商務印書館; 方國鼎, 1958, 「秦漢度量衡畝考」/「唐尺考」, 『農業遺産研究集刊』 제2책, 中華書局; 梁方仲, 「中国历代度量衡之变迁及其时代特征」, 『中山大學學報(社會科學版)』 1980-2; 丘光明 編著, 1992, 『中國歷代度量衡考』, 科學出版社; 國家計量總局·中國歷史博物館·古宮博物館 主編/김기협 역, 1993, 『中國度量衡圖集』, 법인문화사; 丘光明·邱隆·隆楊平 공저, 2001, 『中國科學技術史: 度量衡卷』, 科學出版社; 赵晓军, 2007, 「中国古代度量衡制度研究」, 中国科学技术大学博士學位論文; 丘光明, 2011, 『中國古代度量衡』, 中國國際廣播出版社; 熊長云,

한편 한국에서의 중국 고대 도량형제 연구로는 일찍이 1970년대 商鞅 도량형제에 앞선 齊의 量制 개혁에 주목했던 박흥수의 실증적인 연구가 있었다.[2] 1990년대에는 상앙 이래 진시황, 왕망으로 이어지는 전국·진한시기 도량형제의 정치적 의미와 변화, 국가 표준 도량형제의 기층사회로의 보급 양상과 관리 및 처벌 등을 종합적으로 분석한 최덕경의 일련의 성과가 나왔고,[3] 최근에는 한국 도량형사에 천착해 온 이종봉의 한·중·일 삼국의 고대 도량형 비교 연구 등이 있었다.[4]

현재도 계속되는 도량형기의 발견에 따른 실측 연구와 이에 따른 개별 연구 성과들은 꾸준히 양적으로 증가하고 있다. 하지만 큰 틀에서는 지금까지 정리된 중국 고대 도량형제의 내용에서 크게 벗어나지 못한 채 지엽적인 문제에 매몰되어 답보 상태에 빠져 있는 상태라고도 할 수 있다. 지금 시점에서 중국 고대 도량형제 연구는 중국 고대 전체를 아우르는 새로운 시각, 새로운 연구방법, 새로운 분석의 틀이 필요하다고 생각되지만,[5] 이를 위한 하나의 돌파구로 도량형과 불가분의 관계에 있는 數의 새로운 자료 즉 新出 간독자료의 算數書나 九九表 등을 적극적으로 활용할 필요도 있을 것이다.[6]

한편, 중국 고대 數量詞 연구를 살펴보기 위해서는 먼저 수량사라는 개념부터 이해할 필요가 있다. 일반적으로 사물의 수량이나 순서를 나타내는 어휘를 數詞라고 하고, 이에 연접해서 수사를 보조하면서 사물이나 동작의 수량 단위를 표시하는 어휘를 分類詞 혹은 助數詞 혹은 量詞라고 한다. 한국에서는 보통 分類詞라는 용어를 사용하며, 일본어에서는 助數詞로, 중국어에서는 量詞라고 표현하는데, '數詞+分類詞(助數詞, 量詞)'의 형식으로 사물의 수량을 표시하는 語句가 數量詞라고 할 수 있다.

일찍이 체계가 확립되고 오랜 역사 속에 비교적 변화가 많지 않은 수사에 비해, 이에 연동되는 분류사(助

2018, 『新見秦漢度量衡器集存』, 中華書局 등.

2) 박흥수, 1972, 「周·秦·漢時代의 中國量制 및 量尺에 關하여」, 『東喬 閔泰植博士 古稀紀念 儒敎論叢』, pp.249-273; 1975, 「韓·中古代 量田法에 관하여(特히 禮記 王制篇記錄을 中心으로), 성대근대교육 80주년 기념, 동양학 학술회의 논문집; 1978, 「中國 上古 度量衡考(Ⅰ, Ⅱ), 『대동문화연구』 제12집, pp.129-163; 1978, 「漢의 長安城 建設計劃과 建設用尺度에 관하여」, 『대동문화연구』 제12집.

3) 최덕경, 1996, 「전국·진한시대 도량형제의 정치사적 의미와 그 변천」, 『부대사학』 23; 1999, 「진한시대 도량형의 기준과 보급양상」, 『대구사학』 58; 2000, 「진한시대 도량형의 처벌규정과 삶의 강제」, 『중국사연구』 8.

4) 이종봉, 2016, 「한·중·일 고대시기 도량형제 비교 연구」, 『지역과 역사』 38.

5) 중국고대 도량형제 연구의 새로운 돌파구이자 앞으로의 연구에 시금석이 될 만한 성과로 근래 출간된 李成珪의 『數의 帝國 秦漢: 計數와 計量의 支配』(2019, 大韓民國學術院)에 주목할 필요가 있다. 필자의 기존 연구에 기반 하면서 새로운 자료 및 연구성과를 적극 활용하여 대폭 수정 보완함으로써, 數에 기반 하는 秦漢帝國論을 종합적으로 구성하는 방대한 역작이다. 엄밀한 計數와 計量을 통해 物化된 인간을 전제 지배함으로써 가능했던 진한제국의 구체적인 실상 및 그 한계까지 드러내는 가운데, 數와 도량형 정비에 대한 내용도 아주 세밀하게 논증하고 있다. 따라서 중국고대 전체의 시대정신을 아우르는 종합적인 관점을 가지고, 계속해서 나오는 새로운 자료를 충실히 반영하는 가운데, 여러 연구 성과들도 망라하여 반영해서, 치밀한 분석과 성찰을 통한 독창적인 立論을 제시하고 있다는 점에서 앞으로 중국고대 도량형제 연구를 포함하여 先秦·秦漢史 연구에 시금석이 될 것으로 생각된다.

6) 신출 간독자료의 『算數書』와 九九表 등에 대해서는 다음의 연구를 참고하면 된다. 최진묵, 2011, 「張家山漢簡 算數書의 "程"과 中國古代 생산과 기술의 표준화」, 『중국학보』 63; 최진묵, 2011, 「張家山漢簡 算數書의 편찬과 형성과정」, 『숭실사학』 26; 蕭燦, 2016, 「고대 중국의 수학 간독의 출토상황과 문서서식 및 연구 근황-진한시기 九九表와 算數書를 중심으로-」, 『목간과 문자』 17; 윤재석, 2019, 「고대 동아시아의 기록문화와 계수간」, 『문자와 고대 한국 2』, 주류성 등.

數詞, 量詞) 계통은 본래 유래하는 고유한 名詞의 뜻이 오랜 시간에 걸쳐 虛化되는 과정을 거치면서 만들어지기 때문에 그 변화과정이 보다 두드러진다고 할 수 있다. 또 지시하는 사물에 대응해서 각각의 고유한 分類詞가 만들어지면서 그 수량도 갈수록 증가한다는 특징이 있다.

이처럼 풍부한 分類詞(助數詞, 量詞)의 발달은 영어로 대표되는 인도·유럽어족에 비해 한·중·일 및 타이어·버마어의 공통된 특징이라고 흔히 이야기된다. 하지만, '數詞+分類詞'의 수량사 구조에서 비슷한 어법체계를 가지고 있는 한국어·일본어는 수사에 분류사(조수사)가 반드시 부속되는 형태로 독립된 품사의 지위를 가지지 못하는 데 비해, 중국어의 '數詞+量詞'의 수량사 구조는 양사가 단독으로 사용되거나, 독립된 품사로 기능하는 등 중요한 차이가 있다.[7] 따라서 한국어의 분류사에 해당하는 중국어의 양사가 가지는 독립적인 특징을 감안해서, 중국 고대 수량사의 체계와 변화과정에 대해 살펴볼 필요가 있다.

기존 중국고대 數量詞 연구는 먼저 『사기』 『한서』 『좌전』 등 문헌 사료 중심의 연구가 진행되어 의미 있는 성과를 보여주었지만,[8] 당시 실제의 언어 환경과는 거리가 있는 텍스트에 갇힌 분석이라는 한계가 있었다. 이 중 중국 고대 수량사 연구가 거의 전무하다시피한 한국에서는 일찍이 이종철의 『사기』 量詞연구가 주목할 만하다.[9]

문헌사료 중심 수량사 연구의 한계는 『거연한간』 『돈황한간』 『수호지진간』 『악록서원장진간』 『포산초간』 등 신출 간독자료에 대한 수량사 연구가 널리 이루어지면서 어느 정도 극복되고 있다.[10] 즉 일상적이고

---

7) 최기용, 2001, 「한국어 수량사 구성의 구조와 의미」, 『어학연구』 제37권 제3호; 김춘매, 2007, 「韓·中·日 數量詞에 대한 研究」, 경상대학교 석사학위논문 등 참고.

8) 牛島德次, 1962, 「史記·漢書の數詞」, 『中國語學』 125; 達正嶽·尹順民, 「論語數量詞分析」, 『甘肅廣播電視大學學報』 2008-4; 丁紅傑, 「『孫子兵法』數詞分類考察」, 『成都大學學報(社科版)』 2009-2; 周正亞, 「『史記』和『漢書』中的數詞」, 『語言教學與研究』 1995-2; 周小婕, 2008, 「『左傳』數詞研究」, 江西師範大學碩士學位論文; 吳先源, 「『左傳』數詞研究」, 『廣西民族學院學報(哲學社會科學版)』 2006-6; 馬振亞, 「『列子』中關於稱數法的運用」, 『東北師大學報(哲學社會科學版)』 1995-2; 劉興均, 「『周禮』物量詞使用義探析」, 『古漢語研究』 2002-1; 馬芳, 「『淮南子』中的量詞」, 『臨沂師範學院學報』 2004-4; 楊帆, 「『禮記』量詞研究」, 『重慶科技學院學報(社會科學版)』 2001-6; 李佐豊, 「『左傳』量詞的分類」, 『內蒙古大學學報(哲學社會科學版)』 1984-3; 于冬梅, 2006, 「『呂氏春秋』的量詞研究」, 遼寧師範大學碩士學位論文; 余劍, 「『春秋公羊傳』的量詞及數量表示法」, 『現代語文(語言研究版)』 2009-1; 王喬, 「『漢書』量詞研究」, 南京大學碩士學位論文, 2012 등.

9) 李宗澈, 2004, 「『史記』量詞研究」, 復旦大學博士學位論文; 이종철, 2004, 「중국에서의 양사 연구」, 『한국중국언어학회발표논문집』 2004-11.

10) 黃載君, 「從甲文, 金文量詞的應用, 考察漢語量詞的起源與發展」, 『中國語文』 1964-6; 曾仲珊, 「『睡虎地秦墓竹簡中的數詞和量詞」, 『求索』 1981-2; 吉仕梅, 「睡虎地秦墓竹簡量詞考察」, 『樂山師專學報(社會科學版)』 1996-3; 李宇明, 「拷貝型量詞及其在漢藏語系量詞發展中的地位」, 『中國語文』 2000-1; 李若暉, 「殷代量詞初探」, 『古漢語研究』 2000-2; 魏德勝, 「『敦煌漢簡』中的量詞」, 『古漢語研究』 2000-2; 陳練軍, 2003, 「『尹灣漢墓簡牘』中的量詞」, 『周口師範學院學報』 제20권제3기; 吉仕梅, 「漢代簡帛量詞新論」, 『泗川大學學報(哲學社會科學版)』 2004-4; 陈近朱, 2004, 「『居延新简』中物量词和称数法探析」, 华东师范大学碩士學位論文; 武曉麗, 「〈張家山漢簡·二年律令〉中的量詞」, 『江西廣播電視大學學報』 2005-3; 趙鵬, 「西周金文量詞析論」, 『北方論叢』 2006-2; 肖從禮, 「敦煌, 居延漢簡中的數詞和數量表示法」, 『敦煌學集刊』 2006-3; 양령용, 2008, 「『張家山漢簡』數量詞與稱數法研究」, 華東師範大學碩士學位論文; 李建平, 2008, 「戰國楚簡中的量詞及其語法化」, 『簡帛語言文字研究』 3집; 李建平·張顯成, 「先秦兩漢魏晉簡帛量詞析論」, 『中華文化論壇』 2009-4; 李建平, 2010, 「先秦兩漢量詞研究」, 西南大學博士學位論文; 臧磊, 2013, 「『嶽麓書院藏秦簡』量詞考察」, 『阿壩師範高等專科學校學報』 제30권제1기; 李潔瓊, 2017, 「敦煌漢簡文獻數量詞研究」, 西北師範大學碩士學位論文 등.

현장성 있는 當代의 자료를 통해 수량사 분석을 함으로써 기존 문헌 사료에서 찾아보기 어려웠던 풍부한 용례를 찾아서 중국 고대 수량사 연구에 새로운 진전이 있었던 것이다. 다만 간독자료가 일상성·지역성·현장성있는 자료라는 점에서 사료적 가치가 매우 높기는 하지만, 또한 간독 문서의 성격이나 출토지에 따라서 수량사의 용례가 제한적일 수 밖에 없고 섣불리 범용성을 가지는 것으로 확신할 수는 없다는 한계점 또한 분명히 인식해야만 할 것이다. 따라서 개별 간독자료 연구의 사례 분석에서 이를 종합하는 전면적인 연구가 좀 더 활발하게 진행될 필요가 있다고 할 수 있다.

본고는 이상의 중국 고대 도량형과 수량사에 관한 기존 연구 성과에 바탕 해서, 먼저 중국 고대 도량형제의 전개 과정을 개괄하고자 한다. 이어서 도량형제의 중요한 변화와 맞물려서 발달하는 중국 고대 수량사 체계에 대해 수사와 양사로 각각 나누어 정리한 후, 수량사의 표현 방식 변화가 가지는 의미를 도량형제의 정비와 관련해서 살펴보고자 한다.

II. 중국 고대 度量衡制의 전개

중국 고대 도량형의 기원에 대해서는 대체로 12律管 중 음율의 기본 음이 되는 黃鍾律管[11]의 길이과 용적을 秬黍의 알갱이 수량으로 표시하여 도량형의 표준으로 삼았다는 『漢書』律曆志에 따른 '樂律累黍說'이 전통적으로 많이 논의되어 왔고, 아울러 蠶絲·馬尾 등 自然物을 본뜨거나 사람의 신체를 기준으로 하거나[12] 생활 기물을 본떠서 만들었다는 등의 설들이 있어 왔다.[13] 그리고 역사 이전 전설의 삼황오제 시기 古帝王이 도량형을 제작했다는 이야기도 일찍이 先秦·秦漢시기에 만들어져 전해져 왔다.[14]

한편 근대 이후로 도량형의 기원에 관한 연구에서 개설적인 설명들은 대체로 선사시대 이래 사유제와 교환경제의 발달, 분배의 필요 및 賦稅 수취 등의 목적을 가진 정치권력의 성장, 수공업 생산

그림 1. 漢代 武梁祠 畵像石 伏羲 · 女媧 規矩圖

11) 『史記』 권25, 律書, p.1251, "凡得九寸, 命曰黃鍾之宮, 故曰始於宮."

12) 『孔子家语』, "孔子曰, 夫布指知寸, 布寸知尺, 舒肱知寻, 舒身知常, 斯不远之则也."

13) 楊寬, 1955, 『中國歷代尺度考』, 臺灣商務印書館, pp.5-11.

14) 『史記』 권2, 夏本紀, p.51, "禹爲人敏給克勤, ······, 聲爲律, 身爲度, 稱以出."; 『尙書』 虞書·堯典, "舜在璇璣玉衡, ······, 協時月正日, 同律度量衡."; 『世本』 帝系, "少皞是黃帝之子, ······, 同度量, 調律呂."; 『大戴禮記』 五帝德, "黃帝, ······, 設五量, 撫萬民, 度四方." 등

기술의 발달과 표준화의 필요, 궁전·신전·성벽 등 대규모 건축물의 등장 등 일련의 문명화 과정에 수반되는 것으로 도량형의 역사적 전개를 언급하고 있다.

이에 맞추어 중국 고대 도량형의 변화를 고고 발굴 자료를 중심으로 정리하면 다음과 같다.

문헌사료에서 고제왕에게 가탁하는 중국 도량형의 기원은 先史 고고 발굴을 통해서도 확인된다. 대표적으로 감숙성 천수시 大地湾 仰韶晩期 유지 房F901에서 출토된 度量衡器가 있다.[15] 약 5,000여 년 전으로 추정되는 大地湾 신석기 후기 유적지에서 4건의 초기 量器가 나왔는데, 그중 3건의 量器가 264.3㎣, 2650.7㎣, 26,082.1㎣의 용적 크기로 10배 단위로 증가되고 있다는 점이 주목된다. 일정한 기준 수에 倍數로 증가하면서 계측하는 것이 기본적인 도량형이라고 할 때, 초보적인 형태이나마 중국 도량형이 선사시대부터 만들어지고 있었음을 증명해 주며 또 그 倍數의 증가가 10진법 형태라는 점도 중요하다고 할 수 있다.[16]

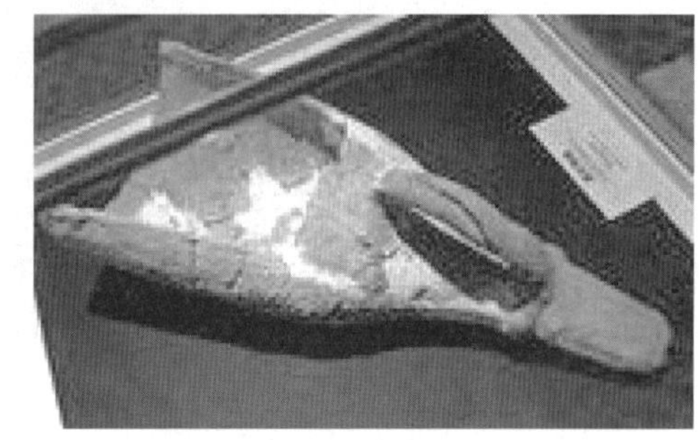
그림 2. 大地湾博物館 소장 量器

초기 문명 단계에 해당하는 商周시기의 도량형 유물로는 하남성 안양 은허 유적에서 발견된 商의 骨尺·牙尺이 있다.

그림 3. 商 牙尺(『中國度量衡圖集』, p.27)

그림 4. 서주 금문의 '寽'자(『中國科學技術史: 度量衡卷』, p.75)

〈그림 3〉의 商代 尺은 길이가 약 16㎝로 정밀도는 떨어지는 편이지만, 앞쪽에 10寸의 눈금을 새기고 또 매 寸마다 10分을 새겨 기본적으로 길이의 計測을 하는데 충분하다고 할 수 있다. 그리고 서주시기에도 金文에 寽이나 匀과 같은 중량 단위가 확인되고, 『詩經』 등에 秭, 秉, 倉 등 다양한 도량형 단위가 나오고 있어서, 商周시기에 일정하게 수치화를 갖춘 度·量·衡이 갖추어졌다고 할 수 있다. 즉 『주례』 『의례』 『예기』 등의 문헌에 도식적으로 상세하게 정리되어 있는 西周 度量衡制가 사실 그 자체는 아니겠지만, 어느 정도 사실

15) 甘肃文物工作队, 1968, 「甘肃秦安大地湾F901房址发掘简报」, 『文物』 1968-2; 赵建龙, 1992, 「大地湾古量器及分配制度初探」, 『考古與文物』 1992-6.

16) 丘光明·邱隆·隆楊平 공저, 2001, 『中國科學技術史: 度量衡卷』, 科學出版社, pp.62-63(甘肃文物工作队, 1968, 「甘肃秦安大地湾F901房址发掘简报」, 『文物』 1968-2; 赵建龙, 1992, 「大地湾古量器及分配制度初探」, 『考古與文物』 1992-6).

을 반영하고 있다고 할 수 있다.

商周시기 초기 문명의 발달에 따라 이를 계측하는 도량형도 어느 정도 갖추어졌겠지만, 통일된 度量衡制의 정비가 이루어졌는지는 의문이다. 물론 문헌상으로는 周 天下의 專一한 도량형 반포를 언급하고는 있지만,[17] 실제 이를 증명하기는 어려우며 서주의 봉건제도 하에 서로 다른 사회·경제적 조건에 각 지역 별로 상이한 도량형이 사용되었다고 보는 편이 좋을 것이다. 더군다나 서주 중·후기 이래로 춘추시대가 되면 급격한 정치·사회·경제 변화 속에서 각 제후국의 독자성이 커지면서 지역 별로 도량형도 차별성을 가지고 복잡 다양하게 사용되었다고 보아야 할 것이며, 실제 춘추·전국시기 각 지역 별로 발굴되는 도량형기의 규격을 보면 서로 차이가 두드러진다.[18]

춘추 후기가 되면 각국의 世族을 중심으로 일련의 개혁이 진행되는데, 이에 맞추어 도량형도 중요한 변화를 하게 된다. 대표적으로 춘추 姜姓의 공실을 대신해서 전국 齊의 왕실을 세우게 되는 田氏의 量制 개혁이 있다. 본래 춘추 이래 齊는 4升 1豆의 公量을 사용했는데, 춘추 말 실권을 장악한 陳氏(후에 田氏)는 5승 1두로 용적을 20% 크게 한 家量을 만들어 民에게 家量으로 곡식을 빌려주고 나중에 회수할 때는 상대적으로 용적이 작은 公量을 사용하였다고 한다.[19] 이를 통해 陳氏는 민에게 이익이 돌아가게 함으로써 민심의 지지를 얻어 정권 교체의 동력을 얻었고, 이 家量이 전국시대 田齊정권에서 공인되어 이른바 '栗氏量'[20]이라는 사실상 전국시대의 표준 量器가 되었다고 한다.[21] 마찬가지로 晉의 六卿 중 하나였던 趙氏도 기존의 100보 1畝의 田地를 240步 1畝로 늘리는 量田 개혁을 통해 민을 부유하게 함으로써 나라를 굳건하게 했다는 예가 있다.[22]

齊의 陳氏나 晉의 趙氏의 경우처럼 춘추 말 세족들은 量田과 수취 등의 방식을 민에게 이로운 방향으로 개혁함으로써 민심의 지지를 얻어 公民을 획득하고자 했다.[23] 그 핵심이 바로 度量衡의 개혁이었는데, 이는 대체로 전국시대 각국의 변법을 통해 제도화되었다고 할 수 있다. 춘추 말 세족의 도량형 개혁을 계승하는 전국 변법 단계 도량형의 제도화는 전국 진의 상앙 변법을 통해 확인할 수 있다.

先秦시기 선진지역이었던 三晉지역에서 서쪽의 낙후된 秦으로 가서 추진한 商鞅의 變法 중 도량형 개혁은 빼놓을 수 없는 핵심 내용이다.[24] 시행 단계부터 강력한 반대가 있었지만,[25] 일관되게 추진되어 결국 상

---

17) 『禮記』 明堂位, "武王崩, 成王幼弱, 周公踐天子之位以治天下. 六年, 朝諸侯於明堂, 制禮作樂, 頒度量, 而天下大服."

18) 丘光明·邱隆·隆楊平, 『中國科學技術史: 度量衡卷』, 科學出版社, 2001; 赵晓军, 「中国古代度量衡制度研究」, 中国科学技术大学博士學位論文, 2007; 丘光明, 『中國古代度量衡』, 中國國際廣播出版社, 2011 등 참고

19) 『春秋左傳』 昭公3년조, "齊舊四量, 豆·區·釜·鍾, 四升爲豆, 各自其四, 以登於釜, 釜十則鍾, 陳氏三量, 皆登一焉, 鍾乃大矣, 以家量貸, 而以公量收之."

20) 『周禮』 冬官·考工記, "栗氏爲量, 改煎金錫則不耗, 不耗然後權之, 權之然後準之, 準之然後量之. 量之以爲釜, 深尺, 內方尺而圜其外, 其實一釜. 其臀一寸, 其實一豆, 其耳三寸, 其實一升, 重一鈞, 其聲中黃鐘之宮, 概而不稅."

21) 丘光明, 『中國古代度量衡』, 中國國際廣播出版社, 2011, pp.53-56.

22) 『銀雀山漢墓竹簡』孫子兵法·吳問, "趙是(氏)制田, 以百廿步為□(畹), 以二百步爲畛, 公□稅焉. 公家貧, 其置士少, 主僉臣收, 以御富民, 故曰固國."

23) 최덕경, 1996, 「전국·진한시대 도량형제의 정치사적 의미와 그 변천」, 『부대사학』 23, p.13.

24) 『戰國策』 권5, 秦三, 蔡澤見逐於趙, "夫商君爲孝公平權衡, 正度量, 調輕重."; 『史記』 권68, 商君列傳, p.2232, "而賦稅平, 平斗桶權

앙 이래 전국 진의 度量衡制로 제도화되었고 이에 기반 하여 진시황의 도량형 통일 이후 전국적인 범위의 중국 고대 표준 도량형제로 확립되었다고 할 수 있다.

상앙의 도량형 개혁에는 인간의 본성을 이기적인 것으로 인식하는 법가적 사고가 기본적으로 깔려 있다고 할 수 있는데,[26] 앞서 陳氏의 量制나 趙氏의 量田 방식이 民에게 이로운 방향으로 추진했던 것과도 일맥상통한다고 생각된다. 그리고 상앙 도량형에서 선진지역이었던 제나 삼진 지역의 영향을 확인할 수 있는 고고 자료로 '商鞅銅方升'이 있다.

그림 5. 상해박물관 소장 商鞅銅方升

商鞅銅方升은 진 효공 18년(기원전 344년) 상앙이 시행한 量器로, 202.15㎖의 용적 즉 1升을 計測하는 단위이다. 용적 202.15㎖을 환산해서 얻어낸('以度審容'), 1尺의 길이는 23.2㎝이다. 商鞅銅方升에 새겨진 銘文 중 왼편에 '十八年, 齊率卿大夫衆來聘'이라는 내용이 있어서 상앙 도량형에 제나라의 영향을 짐작하게 해주는데, 명문 자체는 당시 일종의 국가 공식 기록물인 '大事紀'의 일부를 채록한 것으로 보여진다.[27] 실제 '子禾子銅釜'(205㎖)같은 전국시대 제의 量器와 상앙동방승(202.15㎖)의 용적이 크게 차이가 없다. 또 상앙동방승의 밑부분에는 진시황 26년 도량형 통일 조서가 새겨져 있어, 상앙의 도량형제가 진통일 이후에도 표준으로서 계속 적용되었음을 알 수 있다.

그림 6. 始皇詔板[28]

결국 전국시대 田齊의 量制가 상앙의 도량형 개혁으로 이어졌고, 이 도량형이 진시황 이래 진한시기 전국적 범위의 표준 量制가 되었다고 할 수 있는 것이다.[29]

衡丈尺. 行之四年.";『史記』 권79, 蔡澤列傳, p.2422, "夫商君爲秦孝公明法令, 禁姦本, 尊爵必賞, 有罪必罰, 平權衡, 正度量, 調輕重, 決裂阡陌, 以靜生民之業而一其俗."

25) 『史記』 권68, 商君列傳, p.2229, "杜摯曰, 利不百, 不變法. 功不十, 不易器. 法古無過, 循禮無邪."

26) 『商君書』 算地, "民之性, 度而取長, 稱而取重, 權而索利. 明君慎觀三者, 則國治可立, 而民能可得."

27) 국가 공식 기록물로서 '大事紀'는 1년을 단위로 1매의 죽간에 나라의 大事를 간략하게 1줄로 기록하는 형식이다. 이와 같은 중국고대의 대사기는 2018~2019년 출토된 荊州 湖家草場漢簡의 「歲紀」에서 진 소왕에서 진시황까지, 진 이세황제에서 한 문제까지 2종류가 실제 확인되었다. 이전의 수호지진간 「編年記」가 국가 대사와 묘주 희의 개인 행적을 함께 기재하는 데 비해, 호가초장한간 「歲紀」는 국가 대사만을 기록하고 개인 행적은 포함하고 있지 않아서 순수한 官撰 史書의 본래 면모를 잘 보여준다고 할 수 있다. 특히 수호지진간 「편년기」와 호가초장한간 「세기」가 모두 진 소왕 원년(기원전 306년)에서부터 기년이 시작되는데, 진의 관찬 사서의 시작점으로서 진 소왕 원년이 어떤 의미를 가지는 지 주목할 필요가 있다.

28) 始皇詔板 銘文: "廿六年, 皇帝尽并兼天下諸侯, 黔首大安, 立號皇帝, 乃詔丞相狀綰法度量, 則不壹歉疑者, 皆明壹之."

29) 李建平, 2018, 「春秋战国时期齐国量制量词的兴替及省略-兼论上古时期的大小量制量词系统」, 『西南大学学报(社会科学版)』

기원전 221년 진시황은 도량형 통일 조서를 반포하고[30] 이를 權·量器에 새겨 각 지역에 배포하여 관부의 표준 도량형기로 사용케 하였다. 바로 그 진시황 도량형기로 銅·鐵權이나 銅·陶量이 각 지역에서 다수 발견되었는데, 공통적으로 앞서의 26년 조서 명문이 새겨져 있다.[31]

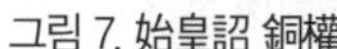
그림 7. 始皇詔 銅權

그림 8. 始皇詔 陶量

그리고 이러한 진의 도량형기 중에는 진시황 26년 조서만이 아니라 二世皇帝의 조서도 함께 새겨 놓은 경우도 있어서, 통일된 도량형의 지속적인 관리에 대한 국가권력의 의지가 표출되기도 했다.

또 진은 이처럼 표준화된 도량형을 전국 단위로 강제해서 엄격하게 적용하기 위해, 율령으로 세밀하게 도량형기의 표준 규격과 오차 허용범위, 부정 사용 시 처벌 및 책임 범위 등을 규정해서 관리했다.[32] 특히 '毋假百姓'이라고 해서 일반 민에게 도량형기를 임대하지 못하도록 규정하고 있는 내용을 보면, 도량형기에 대한 관부의 엄격한 관리 통제와 함께 국가의 도량형 통일과 민간의 보급 양상 간의 관계에 대해서도 다시 생각해 볼 필요가 있다.[33]

진 멸망 후 한은 대체로 진의 표준화된 도량형제를 그대로 계승해서 사용한다. 다만 진과 같은 국가의 강제적이고 엄격한 도량형 관리 통제 방식은 漢初의 시대 상황과 맞물려 점차 이완되어 가면서 국가 강제의 정치적 목적은 약화되고 도량형의 경제적 역할이 두드러지게 된다. 특히 전한 중후기에는 도량형기 중 度는 廷尉, 量은 大司農, 衡은 鴻臚가 分掌하면서 도량형제에 대한 중앙권력의 통일적인 관리가 약화되었다고 하고,[34] 또 전반적으로 지역별로 경제적 상황에 따라 도량형은 다양한 양상을 보여주게 된다고 한다.[35]

2018-4 참고.

30) 『史記』 권6, 秦始皇本紀, p.245, "器械一量, 同書文字"; 『史記』 권6, 秦始皇本紀, p.240, "一法度衡石丈尺. 車同軌. 書同文字."; 『史記』 권87, p.2561, 李斯列傳, "更剋畫, 平斗斛度量文章, 布之天下, 以樹秦之名. 罪五矣."

31) 반면, 진시황 26년 조서가 새겨진 진의 표준 도량형기의 보급은 반대로 구 육국지역에서는 강렬한 反秦 의식이 표출되는 방식으로 도량형기에 새겨진 26년 詔書를 훼손하거나 분해하여 사용함으로써 황제 모욕의 생활화로 나타나기도 한다고 한다(이성규, 2019, 『數의 帝國 秦漢: 計數와 計量의 支配』, 대한민국학술원, pp.160-163).

32) 『睡虎地秦簡』 秦律十八種·內史雜, "有實官縣料者, 各有衡石贏(纍), 斗甬(桶), 期足. 計其官, 毋叚(假)百姓. 不用者, 正之如用者."; 秦律十八種·工律, "縣及工室聽官爲正衡石贏(纍), 斗用(桶), 升, 毋過歲壺〈壹〉. 有工者勿爲正. 叚(假)試即正."; 效律, "衡石不正, 十六兩以上, 貲官嗇夫一甲; 不盈十六兩到八兩, 貲一盾. 甬(桶)不正, 二升以上, 貲一甲; 不盈二升到一升, 貲一盾.斗不正, 半升以上, 貲一甲; 不盈半升到少半升, 貲一盾. 半石不正, 八兩以上; 鈞不正, 四兩以上; 斤不正, 三朱(銖)以上; 半斗不正, 少半升以上; 參不正, 六分升一以上; 升不正, 廿分升一以上; 黃金衡贏(纍)不正, 半朱(銖)【以】上, 貲各一盾."

33) 최덕경, 1999, 「진한시대 도량형의 기준과 보급양상」, 『대구사학』 58 참고.

34) 『漢書』 권21上, 律曆志, pp.966-969, "度者, ······, 職在內官, 廷尉掌之. 量者, ······, 職在太倉, 大司農掌之. 權者, ······, 職在大行, 鴻臚掌之."

전한 말 집권하는 王莽은 전한대 도량형의 이러한 양상을 도량형제의 문란으로 보고, 다시 국가 중심의 도량형제를 재정비해서 새로운 표준 도량형기를 제작하게 된다. 그리고 이를 왕망 정권의 이론가인 劉歆이 체계적으로 정리해서 이론적으로 뒷받침했는데 그 내용이 바로 『漢書』 律曆志에 상세하게 담겨있는 것이다.[36] 따라서 『漢書』 律曆志의 해당 내용[37]은 처음으로 중국 고대 도량형의 기원과 단위 및 변천 등을 체계적으로 정리한 이론서라고 할 수 있다. 특히 계측의 단순한 數로서 도량형을 易數 즉 철학적인 數의 개념으로 설명하여, 왕망의 새로운 도량형 표준 제작을 정당화하려고 했다는 의미를 찾아 볼 수 있다.

유흠의 이론적인 정당화에 기반 하여 제작된 왕망 新정권의 표준 量器는 이미 5호16국 시기부터 나오면서,[38] 지금까지 상당수가 발견되었다. 왕망의 도량형기 중에는 진시황 도량형기에 진시황 26년 조서를 새겨놓았듯이 마찬가지로 왕망의 조서 총 81자를 아래와 같이 새겨놓은 것도 있는데, 그 내용을 보면 왕망의 도량형기도 국가가 제정한 표준 도량형기임을 명확히 하여 그 권위를 현시한 것이라고 할 수 있다.

> 王莽 度量衡器 81자 銘文: "黃帝初祖, 德帀于虞. 虞帝始祖, 德帀于新. 勢在大梁, 龍集戊辰. 戊辰直定, 天命有民. 据土德受, 正號既眞. 改正建丑, 長壽隆崇. 同律度量衡, 稽當前人. 龍在己巳, 歲次實沉. 初班天下, 萬國永遵. 子子孫孫, 享傳億年."

그리고 왕망의 도량형기에는 '律嘉量(斛·斗·升·合·龠)'이라는 또 다른 銘文이 각각 새겨져 있는데, '律'은 『漢書』 律曆志에서 언급한 黃鐘律管으로 '표준에 맞게 잘 만든 量器'라고 해석할 수 있다. 실제 器物 측정 결과 상앙 도량형기와 진시황 도량형기와 왕망 도량형기의 度·量·衡 각각의 규격은 크게 다르지 않다. 즉 상앙 이래 중국 고대 국가권력이 정한 도량형의 표준은 바뀌지 않고 그대로 유지되었다고 할 수 있다.

이와 같이 동일한 표준 규격에서, 상앙 도량형은 춘추 말 전국 초 도량형 개혁의 내용을 제도화한 것이라고 이해한다면, 진시황 도량형은 그 제도화된 표준 규범을 전국적인 범위로 확대한 것으로 해석할 수 있다. 반면 세 번째의 왕망 도량형은 그 표준 규범의 동요를 古制에 가탁한 이론 체계에 바탕 하여, 다시금 국가 주도의 도량형제 표준 규범을 강제하고자 했던 노력이 아니었을까 생각된다.

이상 전국 상앙변법 이래 진과 전한을 거쳐 왕망 新까지 중국 고대 도량형은 실물 자료마다 약간의 차이는 존재하지만, 대체로 度 즉 길이는 1尺 23.1㎝, 量 즉 용적은 1升 200㎖, 權 즉 무게는 1斤 250g 전후를 기

---

35) 최덕경, 1996, 「전국·진한시대 도량형제의 정치사적 의미와 그 변천」, 『부대사학』 23, pp.27-30 참고.

36) 『漢書』 권21上, 律曆志, p.955, "至元始中王莽秉政, 欲燿名譽, 徵天下通知鐘律者百餘人, 使羲和劉歆等典領條奏, 言之最詳. 故刪其僞辭, 取正義, 著于篇."

37) 『漢書』 권21上, 律曆志, pp.66-971, "度者, 分, 寸, 尺, 丈, 引也, 所以度長短也. 本起黃鐘之長. 以子穀秬黍中者, 一黍之廣, 度之九十分, 黃鐘之長. ······, 量者, 龠, 合, 升, 斗, 斛也, 所以量多少也. 本起於黃鐘之龠, 用度數審其容, 以子穀秬黍中者千有二百實其龠, 以井水準其槩. ······權者, 銖, 兩, 斤, 鈞, 石也, 所以稱物平施, 知輕重也. 本起於黃鐘之重. 一龠容千二百黍, 重十二銖, 兩之為兩. 二十四銖為兩. 十六兩為斤, 三十斤為鈞, 四鈞為石. ······."

38) 『隋書』 권16, 律曆上, "石勒十八年七月, 造建德殿, 得圓石, 狀如水碓. 其銘曰, 律權石, 重四鈞, 同律度量衡. 有辛氏造. 續咸議是王莽時物. 後魏景明中, 并州人王顯達, 獻古銅權一枚, 上銘八十一字."

준수로 해서 10진법의 배수로 증가하는 표준 체계가 성립되었다. 그리고 왕망이 이러한 표준 도량형제를 재정비하고자 노력했음에도, 결국 후한 이래로는 그 기준수가 끊임없이 동요되면서 수당대 새로운 도량형제의 정비까지 커다란 변화를 겪게 된다. 후한·삼국시대에는 그 기준 단위가 약간 증가하는 정도였지만, 위진남북조 시기에는 북조를 중심으로 대폭 증가해서 결국 수 문제 때 그 증가된 크기를 규범화해서 다시 도량형제를 정비하게 되는 것이다.[39]

그 변화의 폭이 가장 큰 쪽은 量制로 진한대 1승 약 200㎖에서 수당대 약 600㎖ 정도로, 대략 1승의 기본 용적이 3배 증가한다. 그 다음이 權으로 진한대 1근 248~253g에서 수당대 661g 전후로 증가한다. 度가 가장 변화가 적은 편인데, 진한대 1척 23.1㎝에서 수당대 大尺 30㎝ 전후, 小尺 24㎝ 전후가 된다.[40] 이와 같이 진한대에서 위진남북조~수당대 도량형의 큰 변화 원인에 대해서는 일찍이 왕국유가 호조 징수를 絹·布로 했기 때문이라고 언급한 이래로,[41] 대개 수취 체계의 문제에서 원인을 찾기도 하고 또는 尺의 대·소제가 시행되는 등[42] 주로 북조에서 큰 변화가 진행되었기 때문에 북방민족의 지배에서 그 이유를 찾기도 한다. 결국 남북조를 통일하는 수 문제가 이와 같은 변화를 수렴하여 도량형제를 새롭게 정비했고, 이는 그대로 당으로 이어져 이후 청대까지 약간의 수치 증가는 있지만 큰 변화는 없이 이어지게 된다.

III. 중국 고대 數量詞의 체계와 그 변화
– '名詞+數詞+量詞'에서 '數詞+量詞+名詞'로 –

중국 고대 수량사의 체계와 변화를 수사와 양사로 나누어 각각 정리한 후, '수사+양사'의 수량사가 도량형 정비와 관련해서 어떻게 변화하는지 살펴보고자 한다.

1. 중국 고대 數詞 체계

중국 고대 數의 개념은 '사물이 생겨나서 그 모양이 만들어지면, 그 똑같은 형태의 사물이 계속 증가되면서 이를 헤아리는 수가 있게 된다'는 『後漢書』律曆志[43]의 설명에서 분명하다. 즉 수사는 같은 종류의 사물에 대해 그 수량을 헤아리는 어휘이다.

---

39) 梁方仲, 1980,「中国历代度量衡之变迁及其时代特征」,『中山大學學報(社會科學版)』1980-2.

40) 顧炎武,『日知錄』권11, '權量'條 "今代之大于古者, 量爲最, 權次之, 度又次之."

41) 王國維,『觀堂集林』권19, 士林11, 宋三司布帛尺摹本跋, "嘗考尺度之制, 由短而長, 殆爲定例. 其增率之速, 莫劇于西晉後魏之間. 三百年間幾增十分之三. ······, 而自唐朝迄今, 則所增甚微, 宋後尤微. 求其原因, 實由魏晉以降, 以絹布爲調, 而絹布之制, 率以二尺二寸爲幅, 四丈爲匹, 官吏懼其短耗, 又欲多取於民, 故尺度代有增益, 北朝尤甚. 自金·元以降, 不課絹布, 故八百年來, 尺度猶仍唐宋之舊."

42)『北魏書』권7하, 高祖紀, p.178, "戊午, 詔改長尺大斗, 依周禮制度, 班之天下."

43)『後漢書』志1, 律曆上, p.2999, "古之人論數也, 曰物生而後有象, 象而後有滋, 滋而後有數."

수사는 다시 단순히 수량을 표시하는 기본 정수의 基數, 순서를 표시하는 序數, 정확하지 않은 수량을 표시하는 約數, 정수가 아닌 b/a형식의 分數 등으로 구분할 수 있다. 중국 고대 수사는 이미 商代부터 십진법 체계로 수를 표시해서 10 이하는 系數로 표시하고, 10 이상의 수는 系數에 자리수를 더하는 방식으로 표시했다.

1) 基數

기수는 다시 一(壹), 二, 三(參), 四(亖), 五, 六, 七(桼, 柒), 八, 九, 十까지 十 이하의 확실한 정수를 표시하는 系數와 十, 百, 千, 萬의 位數(자리수) 및 廿, 卅, 卌 등의 複合數詞로 구분된다.

(1) 系數

一(壹)은 甲骨文에서는 로 표시되는데 점을 칠 때 산가지를 배열하는 형태에서 나온 글자이다. 이후 사람이나 사물의 가장 작은 수량을 표시하는 정수가 되어 특히 만물의 시작을 표시하는 근원적이고 철학적인 수의 출발점이 되었다.[44] 금문·소전에서의 一은 갑골문의 자형이 그대로이고, 一의 大寫로 壹이 있지만 실제 간독자료에서는 사례가 많지 않다. 숫자 一은 양사와 결합해서 사물·사람의 수량 하나를 표시하는데, 양사 앞에서 一은 생략되기도 한다.

二의 갑골문은 인데 산가지 두 개를 배열한 모양으로[45] 금문·소전도 같은 형태이다. 뜻은 一에 一을 더한 합(1+1=2)이다. 二의 大寫는 貳이다. 二와 함께 사물의 수량 둘을 의미하는 수사로 兩도 사용된다.

三은 갑골문이 즉 3개의 길이가 같은 산가지를 나란히 배열한 형태로, 一에 二를 더한 합의 뜻(1+2=3)이다.[46] 三의 大寫는 叄이다.

四는 三에 一을 더한 합(3+1=4)으로, 갑골문 자형은 이며 金文도 본래 주로 갑골문과 같은 형태로 획을 더해 숫자를 표시하였다, 하지만 쓸 때 三과 구분하기가 쉽지 않아서 금문에서는 의 형태로 쓴 경우도 나타나 자형 내부에 二를 표시해 四가 二의 배수임을 강조하기도 했다. 춘추 금문이나 小篆에서는 의 형태로 사용해서 이후의 四자로 이어진다. 四의 大寫는 肆이다. 왕망 新의 始建國(AD 9~13년) 때 四를 다시 '亖'로 쓰기도 하는데, 『돈황한간』 등 간독에서도 다수 확인되고 있다.

> 始建國亖年盡五年. EPT59.319(『居延新簡』)

五는 四에 一을 더한 합의 의미(4+1=5)로, 갑골문은 형태가 正字가 되어 천지간에 만물이 서로 모이

44) 『說文解字』 "惟初太極, 道立于一, 造分天地, 化成萬物, 凡一之屬皆從一"; 『老子道德經』 제42장, "道生一, 一生二, 二生三, 三生萬物. 萬物負陰而抱陽, 冲氣以爲和."

45) 『康熙字典』, "地數之始, 卽偶之兩畫而變之也. 『易·繫辭』分而爲二, 以象兩."

46) 『康熙字典』, "謂以陽之一合陰之二, 次第重之, 其數三也."

는 것을 표시하면서, 四보다는 크고 六보다는 작은 정수를 나타낸다. 五의 大寫는 伍이다.

六은 廬의 本字로 갑골문·금문은 집의 바깥 윤곽의 형태인 이다. 六과 廬는 음이 서로 비슷해서 을 빌려 숫자 6을 표시한 것이다. 六은 五에 一을 더한 합(5+1=6)을 표시한 정수로 六의 大寫는 陸이다.

七도 본래 잘라낸다는 의미의 글자인데 빌려서 숫자 7을 표시해서 六에 一을 더한 합이라는 의미(6+1=7)이다. 七의 갑골문·금문 자형은 ┼ 모양으로 가로 획의 중간을 수직으로 잘라 절단하는 형태인데, 숫자 十과 구별하기 위해 小篆에서는 의 형태로 수직의 획을 구부렸다. 七의 大寫는 柒이고, 왕망 新의 始建國 시기 간독자료에는 七을 음이 같은 桼자로 사용하고 있다.

> 胡駿年三十長桼尺二寸. 280(『敦煌漢簡』)

八의 갑골문은 등을 맞대고 있는)(의 형태로 금문·소전도 같은 字形이다. 사물이 두 부분으로 분리된 모습을 의미하는데, 역시 빌려서 숫자 8을 표시한 것이다. 八은 七에 一을 더한 합(7+1=8)으로, 八의 大寫는 捌이다.

九의 갑골문·금문은 의 형태로 肘의 本字인데, 假借로 숫자 9를 표시하여 八에 一을 더한 합(8+1=9)의 정수를 표시한 것이다. 九의 大寫는 玖이다.

(2) 位數(자리수)

位數는 숫자 10 및 10 이상의 단위 수로 系數(1~10)와 조합함으로써 자연수의 단위를 표시할 수 있는 정수이다.

十은 갑골문에서 나무줄기 모양인 |의 형태로 숫자 十을 표시하고 있다. 金文은 의 형태로 |의 중간에 부호로 둥근 점을 더해서 九에 一을 더한 합(9+1=10)의 숫자를 표시한다. 十의 大寫는 拾이다. 十은 一에서부터 시작되는 系數의 마지막이면서,[47] 一에서 九까지의 숫자와 連用해서 位數가 되기도 되는 특수한 성격을 가진다.

百의 갑골문·금문 자형은 과 같다. 白에서 유래하여 숫자 10의 10배를 표시하는 숫자 부호로 사용(10×10, 10^2)되는데, 자리수 百에 系數 1~10을 결합하여 백 단위의 수량을 표시한다. 百의 앞에 一은 생략할 수 있으며, 百의 大寫는 佰이다.

千의 갑골문은 으로 '一'과 '人'을 합친 형태이다. 금문·소전도 갑골문과 동일한 형태로, 百이 10개 있는 수를 표시(100×10, 10^3)한 것이다. 자리수 千에 系數 1~10을 결합하여 천 단위의 수량을 표시하며, 千의 앞에 系數 一은 생략할 수 있고, 千의 大寫는 仟이다.

자리수 萬의 本義는 전갈[蝎子]로, 갑골문은 의 모습을 상형했고 금문과 소전은 , 과 같은 자형이다. 여기서 빌려 千의 10배를 의미하는 숫자를 표시(1000×10, 10^4)했는데, 간독자료에서는 萬이 가장 큰

47) 『史記』 권25, 律書, p.1251, "數始於一, 終於十."; 『說文解字』十部, "十, 數之具也. 一爲東西, |爲南北, 則四方中央備矣."

자리수이다.

(3) 복합 수사

중국 고대 문서행정이 발달하면서 기록하는 항목과 수량이 많아지면서 서사의 편리함을 위해[48] 간독자료에는 二十, 三十, 四十을 복합 수사인 廿, 卅, 卌의 형태로 사용하고 있다.

廿은 會意字로 二十을 합쳐 쓴 수사이다. 갑골문의 廿은 ⋃의 형태로 十자 2개를 나란히 연결한 모양이며,[49] 금문·소전은 廿으로 새끼줄로 연결한 모양의 선이 더해졌다. 간독자료에서 廿은 量詞 앞에 단독으로 사용하거나, 廿+系數+量詞의 형태로 사용한다(예; 廿人, 廿四石).

卅도 會意字로 三十을 합쳐 쓴 수사인데, 갑골문·금문·소전의 卅은 [illegible] [illegible] 卅의 형태로 十자 3개를 나란히 연결한 모양이다.[50]

卌 역시 會意字로 四十을 합쳐 쓴 수사이며, 금문에서 卌은 [illegible]의 형태로 十자 4개를 나란히 연결한 모양이다.

2) 序數

序數는 사물·사람의 순서를 표시하는 數詞이다. 序數의 표현 방식은 아래와 같이 基數를 순서대로 나열해 가는 것이 가장 기본적이다.

一曰, 二曰, 三曰, ······
一也, 二也, 三也, ······
一, 二, 三, ······

여기에 月, 日의 순서는 數詞+月/日로 표시하고, 數詞의 앞에서 순서를 표시하는데 사용되는 '第'는 漢代에 와서 사용되기 시작한다고 한다.

3) 約數

約數는 정확하지 않은 수량을 표시하는 수사이다. 방법은 '四五歲' '七八石'과 같이 서로 인접한 두 수를 連用하거나, 約數를 표현하는 等,[51] 餘,[52] 數,[53] 所,[54] 若干[55] 등의 특정한 단어를 사용한다.

---

48) 『字匯』 "古者竹簡字書貴少, 故以二十并也."

49) 『說文解字』 十部, "廿, 二十并也."

50) 『說文解字』 卅部, "卅, 三十并也."

51) 等의 本義는 가지런한 簡冊으로, 같은 종류의 사물을 열거하면서 그 뒤에 사용해서 대개 같다는 것을 표시한다.

52) 餘의 本義는 식물의 남은 것으로, '千餘人'과 같이 자리수+餘+量詞의 방식으로 표현하여 해당 단위 아래 숫자를 생략할 수 있다.

4) 分數

分數는 數詞+分(之)+(量詞)+數詞의 방식으로 세밀하게 표현하거나, 크게 1/2을 半, 1/3을 少半, 2/3을 大半으로 표현하는 방법이 있다.

數詞+(分)(之)+(量詞)+數詞의 방식은 다양하게 표현 가능한데, 대략 아래의 예를 참고한다.

天下三分之一: 數詞+分+之+數詞

九分八: 數詞+分+數詞

四分度一: 數詞+分+量詞+數詞

什一之利: 數詞+數詞를 연용할 때는 앞의 수사가 자리수가 되어야 한다.

이상의 방식이 문헌사료에 많이 사용되는 반면 簡牘자료에서는 대개 半, 大半, 少半 정도로 分數를 표현하고 있다. 半은 金文·小篆에서 과 같은 자형으로 소를 절반으로 나눈 모양이다. 대개 수량사의 뒤에 붙어서 그의 1/2을 표시한다.

五斗半 = 5斗5升

大半은 분수 2/3를 표시하는 것으로 大半에서 半을 생략하고 大로만 표시하기도 한다.

長四寸大半寸 = 長4寸2/3寸

六斗六升大 = 6斗6升2/3升

갑골문·금문에서 少는 와 같은 자형으로 수량의 작음을 표시하는데, 2/3인 大半의 상대어로 少半은 분수 1/3을 표시한다. 少半에서 半을 생략하고 少로만 표시하기도 한다.

二石少半 = 2石1/3石

三升少 = 3升1/3升

---

53) 數의 本義는 계산하다로 사물·동작이 특정할 수 없는 복수로 이루어졌음을 표시하는데, '數請其罪' '數十人'과 같이 數+名/動詞의 방식으로 표현한다.

54) 所의 本義는 나무를 베는 소리로 假借하여 '장소'의 뜻을 가진다. '年卅所(나이 30 전후)'와 같이 數詞+所의 용법으로 수량이 정확하지 않음을 표시한다.

55) '若干人' '若干里'와 같이 정확하지 않은 수량을 若干+量詞의 용법으로 표시할 수 있다.

이상의 數詞는 목간에 刻齒로 새겨서 표시하기도 했는데, 그 표기 방법은 아래와 같다.[56] 역시 一, 十, 百, 千, 萬 단위까지 표기하고 있다. 그중 '一'에 대한 刻齒는 升과 斗·兩과 石·斤의 단위 크기가 각각 차이가 있기 때문에 그에 맞추어 새기는 깊이도 다르게 하고 있음을 알 수 있다.

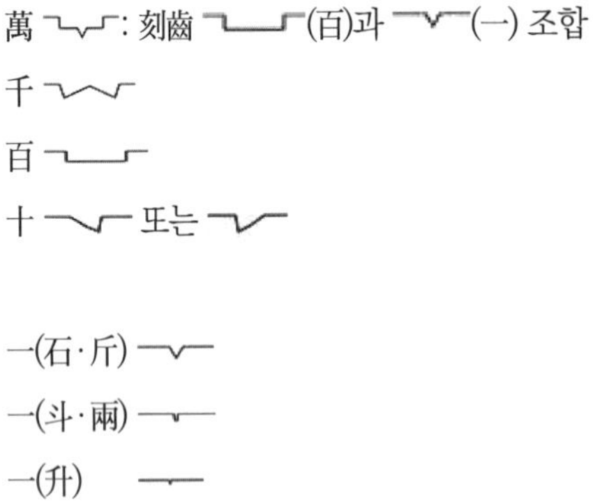

萬 : 刻齒 (百)과 (一) 조합
千
百
十 또는

一(石·斤)
一(斗·兩)
一(升)

마지막으로 중국 고대의 수사를 다시 『사기』『한서』 등 문헌사료와 『거연한간』 등 간독자료를 서로 비교해 보면, 기본적으로 정수인 一에서 十까지와 자리수 百, 千, 萬까지는 동일하게 사용되고 있다.[57] 반면 億, 兆, 巨萬 등의 巨大數는 문헌사료에는 나오지만,[58] 간독자료에서는 萬 이상의 단위가 사용되지 않는다. 이는 간독자료의 지역성, 현장성, 일상성이라는 성격에 기인하는 현실적인 이유 때문으로 생각되며, 마찬가지의 이유에서 서사의 편의를 위해 간독에서 일반적으로 사용되는 廿, 卅, 卌 등의 복합 수사가 종이 사용 이후의 판본인 현존 문헌사료에서는 거의 사용되지 않고 있다. 아마 해당 문헌을 본래 죽간에 쓸 때는 복합 수사를 사용했을 수도 있을 것이다.

또 하나 중국 고대 수사의 중요한 변화 중 하나로 수사의 연결 시 '又, 有'자의 사용이 있다. 갑골문·금문이나 『尙書』 등에서는 '三千又二百又五十' '三百有六十六日'과 같이 앞 숫자와 뒤 숫자를 연결하는데 두 숫자 사이에 '又'나 '有'자를 넣는 방식이 흔히 사용되고 있다. 이러한 수의 표현은 춘추전국 이래로 점차 사라지다가 한대에는 완전히 사용되지 않는다고 하는데, 戰國簡에서는 여전히 그러한 용례를 찾아볼 수 있다.

이처럼, 중국 고대 수사는 甲骨文 이래 한대에 이르기까지 글자 형태의 변화나 서사재료에 따른 용법의 차이 등 일정한 변화를 찾아볼 수 있다. 그럼에도 商代부터 십진법에 따라 확립된 수사의 체계는 전체적으로 큰 변화 없이 지속되었다고 할 수 있다. 반면 數量詞 句를 만드는 數詞+量詞에서 量詞는 일찍이 커다란

---

56) 蕭燦, 2012, 「對里耶秦簡刻齒簡調研簡報的理解和補充」, 簡帛網 2012-10-13; 2016, 「고대 중국의 수학 간독의 출토상황과 문서서식 및 연구 근황-진한시기 九九表와 算數書를 중심으로-」, 『목간과 문자』 17.

57) 『漢書』 권21上, 律曆志, p.956, "數者, 一, 十, 百, 千, 萬也, 所以算數事物, 順性命之理也."

58) 아래 『禮記』 內則篇의 孔穎達 疏에 따르면, 『史記』『漢書』에서 億은 小數로 十萬을 의미하고, 그 이상의 수치는 巨萬으로 표현된다고 할 수 있다(牛島德次, 1962, 「史記·漢書の數詞」, 『中國語學』 125). 『禮記』 內則, "降德於衆兆民, 孔穎達 疏, '算法, 億之數有大小二法. 其小數以十爲等, 十萬爲億, 十億爲兆也. 其大數以萬爲等, 萬至萬, 是萬萬爲億.'"

변화를 거치면서 漢語 語法의 고유한 특징 중 하나가 된다. 이러한 量詞의 발달은 도량형제의 정비와도 깊은 관련이 있는데, 이는 아래에서 중국 고대 양사 체계와 그 변화상을 살펴보면서 확인할 것이다.

2. 중국 고대 量詞 체계

상기했듯이 풍부한 수량사의 수량과 다양한 어법 기능은 중국어의 중요한 특징 중 하나이지만, 이는 비교적 변화가 크지 않은 수사에 비해 이와 연동하는 양사의 복잡하고 커다란 변화과정의 결과라고 할 수 있다. 특히 그러한 양사의 발달은 전국·진한시기에 중요한 과정을 거치게 되는데, 이는 바로 이 시기 도량형제의 정비와도 밀접한 관련을 가진다고 할 수 있다.

양사는 크게 사물의 수량을 표시하는 物量詞와 동작의 횟수를 헤아리는 動量詞로 구분할 수 있다. 양사의 대부분을 차지하는 물량사는 다시 단수의 수량을 표시하는 個體양사와 복수의 수량을 표시하는 集體양사와 길이·용적·무게 등의 사물의 수량을 헤아리는 度量衡양사 등으로 세분된다.[59]

1) 物量詞

(1) 개체양사

단수 명사(사물·사람)의 수량을 헤아리는 量詞로 戰國時代부터 대폭 증가하기 시작하여, 한대에는 대상하는 명사에 각각의 고유한 量詞가 세밀하게 만들어지는 한편, 枚와 같이 적용 범위가 광범위한 凡用性量詞가 본격적으로 사용되기 시작한다. 대표적인 개체양사를 예를 들면 다음과 같다.

枚: 본래 나무 수량을 표시하는 양사에서 병기·기물·동물 등 광범위한 사물의 수량을 표시하는 凡用性量詞로, 漢代에 발전한다. 예) 弩矢五萬枚

个(個): 본래 대나무 수량을 표시하는 양사에서[60] 凡用性量詞로 발전하는데, 枚에 비해 시기적으로는 唐代 이후에 널리 사용된다. 예) 竹竿萬个

人: 사람을 헤아릴 때 사용하는 양사 예)卒百人

口: 사람, 인원의 수를 표시하는 양사 예) 募民徙朔方十萬口

級: 官·爵의 등급을 매기는 양사로 사용되면서, 秦의 군공작제에서 적의 수급 하나에 爵 1급을 수여하면서 참수한 수급의 수량을 표시하는 양사로도 사용 예) 斬首七千六百級

---

59) 이하 물량사와 동량사에 대해서는 李建平 등의 최근 연구성과를 주로 참고해서 정리했다. 李建平, 2008, 「戰國楚簡中的量詞及其語法化」, 『簡帛語言文字硏究』 3집; 李建平·張顯成, 2009, 「先秦兩漢魏晉簡帛量詞析論」, 『中華文化論壇』, 2009-4; 李建平, 2010, 「先秦兩漢量詞硏究」, 西南大學博士學位論文.

60) 『史記』 권129, 貨殖列傳, p.3274, "竹竿萬个. 方言曰, '个, 枚也.' 正義, 釋名云'竹曰个, 木曰枚.'"

乘: 수레의 수량을 표시하는 양사 예) 公車千乘
牒: 본뜻은 簡札로, 簡札의 수량을 표시하는 양사 예) 一牒
編: 죽간을 묶어 책으로 만든 서적·封檢 등의 수량을 표시하는 양사 예) 器物簿一編
封: 서신·문서 등의 수량을 표시하는 양사 예) 一封
領: 의복·갑옷의 수량을 표시하는 양사 예) 衣裘三領
匹: 馬·牛 등 가축의 수량이나, 布·帛의 수량을 헤아리는 양사 예) 馬二百匹, 布二匹
騎: 1人1馬의 합칭으로 수량을 헤아리는 양사 예) 五百騎

(2) 집체양사

복수 명사의 수량을 헤아리는 양사로, 많이 사용되는 예를 들면 다음과 같다.

戶: 가족, 家의 수량을 표시하는 양사 예) 百戶以上
輩: 복수의 사람을 단위로 수를 표시하는 양사 예) 漢使十輩至梁
具: 완전히 세트를 갖춘 기물의 수량을 표시하는 양사 예) 席千具
束: 줄이나 끈을 사용해서 하나로 묶은 물품의 수량을 표시하는 양사 예) 脯五束
兩: 의복·신발 등 두 개가 짝을 이루는 물품의 수량을 표시하는 양사 예) 革履一兩

(3) 도량형 단위 양사

길이·부피·무게 등 도량형 단위의 양사로 이미 춘추전국시대에 비교적 체계를 갖추었고, 漢代에는 길이·무게·부피·면적 단위 등으로 더욱 계통이 완비되었다.

길이 단위 양사
尺·寸·分·丈·引: 일반 사물의 길이를 재는 단위
分: 1/10寸, 0.23㎝
寸: 1/10尺, 2.31㎝
尺: 1/10丈, 23.1㎝
丈: 1/10引, 10尺1丈, 231㎝ 2.31m
引: 10丈1引, 23.1m

里·步: 길의 거리를 헤아리는 단위
步: 6尺爲步 = 138.6㎝
里: 300보 1里 = 415.8m
韋(圍): 원 둘레를 헤아리는 단위

무게 단위 양사: 分, 銖, 垂(錘), 兩, 斤, 鈞 등, 무게 단위 도량형 양사 중에는 화폐 단위 양사로도 사용

分: 10釐, 주로 醫方簡에서 藥物의 중량을 헤아리는 양사로 많이 사용

銖: 일반 사물의 무게 단위, 화폐단위, 0.69g

垂(錘): 8銖 5.52g, 황금 계량의 단위로 사용

兩: 24銖 15.8g, 兩은 약물이나 布帛의 중량을 표시하는 양사이면서, 화폐 金의 단위

斤: 16兩 253g, 약재 등의 중량 단위, 화폐 金의 단위

鈞: 30斤 7,590g, 芻稾의 무게 단위

石: 4鈞 30,360g

부피 단위 양사: 升, 斗, 石, 斛 등

升: 10龠 1合, 10合 1升, 200㎖ 전후

斗: 10升 1斗, 2,000㎖

石: 10斗 1石, 20,000㎖

斛: 10斗 1斛, 20,000㎖

면적 단위 양사: 畝, 頃

畝: 100步1畝에서 240步1畝로 증가, 田+數詞+畝 예) 田五十畝

頃: 100畝1頃, 田+數詞+頃+數詞+畝 예) 田三頃廿畝

2) 動量詞

동작 행위의 횟수를 헤아리는 단위의 양사로, 일반적으로 動量詞는 前漢 중기 이후로 등장한다고 하지만, 秦簡牘에도 步, 課와 같이 일부 동량사 형태가 확인되고 있다. 이어서 漢代에는 下, 周, 通 같은 동량사의 예가 더 많아지고 있어서, 양사의 양대 계통으로 物量詞와 動量詞가 漢代에 어느 정도 체계를 갖추었다고 할 수 있다.

3) 중국 고대 量詞의 발달

이상 정리한 양사에 대해서 상주 이래 진한대까지 주요한 변화의 내용을 살펴보면 다음과 같다.

먼저, 양사 수량의 대폭 증가이다. 갑골문에서는 양사가 10여 개 밖에 되지 않으며,[61] 금문에서도 전부 40 여 개 정도에 불과하다고 한다.[62] 이에 비해 전국·진한대에는 200여 개를 넘을 정도로 대폭 증가하고

61) 李若暉, 2000, 「殷代量詞初探」, 『古漢語研究』 2000-2.

62) 黃載君, 1964, 「從甲文, 金文量詞的應用, 考察漢語量詞的起源與發展」, 『中國語文』 1964-6.

있다.[63] 이처럼 대폭 증가하는 양사는 주로 物量詞인데 그중 특히 도량형 단위 양사의 사용이 두드러진다. 예를 들어 『악록서원장진간』(1)(2)에서 양사는 모두 25개 나오는데 그중 도량형 단위 양사가 19개로, 전국시대 증가하는 양사 중 도량형 단위 양사가 큰 부분을 차지하고 있음을 보여준다.[64]

이와 관련하여 한 가지 주목할 만한 점은 진간독에서 확인되는 도량형 단위 양사 19개는 진의 도량형제를 계승하는 한대에도 그대로 사용되는 데 비해, 전국 초간독에서 확인되는 도량형 단위 양사 11개 중 진간독과 공통되는 5개를 제외한 나머지 6개는 한대 자료에서 더 이상 확인되지 않는다는 것이다.[65] 바로 이러한 점에서 상앙 이래 진의 표준화된 도량형이 진시황의 전국적인 확대를 거쳐 한대에 민간에까지 확고하게 정착되었다고 할 수 있을 것이다.

다음으로 이렇게 대폭 증가된 양사의 사용 빈도가 크게 높아졌다는 점이다. 李建平의 총량적인 통계 연구에 의하면, 수량을 표기하고 있는 선진 간독 자료의 총 2,337예에서 양사 사용은 718예로 약 30.7%를 차지하고 한대 간독의 경우는 『거연한간』에서만 총 4280예에서 양사 사용이 2746예로 64%에 이르고 있다. 위진 간독은 전부 196예에 불과하지만 모두 예외 없이 양사를 사용하고 있다고 한다.[66] 이러한 양사 사용례의 증가는 한대 이후로 수량 표기에서 양사 사용이 정형화·일반화·규범화되었다고 할 수 있는 것이다.

세 번째로 초기 형태의 양사가 소실되고, 전형적인 凡用性 양사의 사용이 발달하고 있다. 즉 갑골문·금문에서 흔히 보이는 초창기 양사로 '羌百羌' 같이 이른 바 '拷貝型(복사형)'[67]양사는 더 이상 사용되지 않는데,[68] 비해 語法化의 발전 정도가 높은 양사라고 하는 凡用性量詞는 앞서 언급한 '枚'의 경우와 같이 한대 이후로 널리 사용되고 있다. 아울러 한대에는 이미 진간독에서 초보적 형태가 등장하는 동량사가 본격적으로 사용되고 있어서, 적어도 물량사와 동량사로 양분되는 양사 체계가 어느 정도 확립되는 시기라고 할 수 있다.

3. 數量詞 표현 방식의 변화: '名詞+數詞+量詞'에서 '數詞+量詞+名詞'로

양사의 사용이 일반적·규범적이지 않던 상주 이래 전국시대까지는 실제 수량사 표현 방식이 문헌사료와 간독자료를 막론하고 數詞+名詞, 名詞+數詞 혹은 數詞 단독의 용례가 다수를 차지한다. 즉 사람과 사물을 헤아릴 때 數詞와 名詞를 결합하는데, 數詞는 名詞의 전후에 위치하면서 중간에 다른 單位詞는 사용되지 않는 것이 본래의 일반적인 방식이었다고 할 수 있다.

하지만 전국 이래로 점차 양사의 사용 빈도가 증가하면서, 수량사 구로 먼저 '馬二匹'과 같은 名詞+數詞+

---

63) 李建平, 2010, 「先秦兩漢量詞研究」, 西南大學博士學位論文.

64) 臧磊, 2013, 「『嶽麓書院藏秦簡』量詞考察」, 『阿垻師範高等專科學校學報』 제30권제1기.

65) 李建平, 2010, 「先秦兩漢量詞研究」, 西南大學博士學位論文.

66) 李建平, 2010, 「先秦兩漢量詞研究」, 西南大學博士學位論文.

67) 李宇明, 2000, 「拷貝型量詞及其在漢藏語系量詞發展中的地位」, 『中國語文』 2000-1.

68) 陳練軍은 『윤만한간』에서 '領一領'같은 예를 들어 漢代에 아직 초기 拷貝型量詞의 흔적이 남아있다고 지적하고 있다(2003, 「『尹灣漢墓簡牘』中的量詞」, 『周口師範學院學報』 제20권제3기).

量詞 구조가 광범위하게 사용된다. 이에 비해 어법상으로 수량사의 좀 더 높은 완성도를 보여준다고 하는 '二匹馬'와 같은 數詞+量詞+名詞 구조는 楚簡牘을 제외하면 전국 이래로 거의 보기 드문 형태였고, 한대에도 거의 사용되지 않았다. 따라서 名詞+數詞+量詞 구조가 진한시기 수량사 표현의 전형적인 방식이었다고 할 수 있다.

다만 數詞+量詞+名詞 구조는 어느 정도 전국시대 초간독 이래로 많지는 않지만, 특히 도량형 단위 양사가 명사 앞에 사용되는 용례가 확인된다.

"十斗粲(數+量+名), 毇米六斗大半斗(名+數+量)" 『수호지진간』진율십팔종

"六寸符皆傳(數+量+名)" 『용강진간』

바로 이러한 점에서 도량형제가 중국 고대 수량사 구조의 변화에 일정한 영향을 주었다고 할 수 있다. 즉 도량형 제도가 갈수록 완비되고 체계화되면서 이를 표시하는 도량형 양사의 수량이나 사용빈도도 증가되었고, 이에 따른 수량사의 표현방식도 다양하게 사용되었던 것이다. 그 결과 진한대 전형적인 名詞+數詞+量詞의 방식 이외에도 점차 數詞+量詞+名詞의 표현 방법도 사용되었고, 결국 위진 이래로 점차 증가해서 오늘날 중국어 수량사 표현의 기본 방식이 되었다.

Ⅳ. 맺음말: 중국 고대 '數'의 정치와 '平'의 세계

중국 고대 도량형제의 전개과정을 보면, 춘추 말 이래 전국 각국의 개혁이 중요한 분기점이 되고 있다. 상앙변법으로 대표되는 전국 각국 개혁의 내용에는 공통적으로 도량형제의 정비가 들어 있다. 도량형제의 정비를 통해 국가권력은 인간 세상의 모든 복잡다단한 사회·경제적 요소에 대해 일률적으로 규격화·수치화함으로써 그 모든 정보와 자원을 집중할 수 있게 되는 것이다.

그래서 '數'의 정치, 즉 '計數'의 지배를 통해 모든 인적·물적 자원을 물샐 틈 없이 조직하는 君主를 '稱數의 聖人'이라고 하면서 결국 그러한 군주조차 스스로 계수화된 물적 존재로 전락하게 된다고도 한다.[69] 이처럼 '數'의 정치가 물샐 틈 없이 모든 사람들을 옭아매고 物化시킨다는 점을 인정하면서도, 도량형의 정비를 통한 '數'의 정치가 지향했던 또 한편의 목표도 간과할 수는 없다고 생각한다.

춘추 말 전국 초, 사회·경제적 제 변화를 수렴하는 齊의 전씨, 晉의 조씨, 秦의 상앙 등 일련의 개혁은 모두 군주와 백성 양자에게 이로운 목표를 가지고 있었다고 볼 수 있다. 즉 군주는 인적·물적 자원의 수취를 오로지 자기에게로 집중한다는 이로움이 있었고, 일반 민에게는 그렇게 국가로 집중되는 수취가 전체 사회

69) 이성규, 2010, 「計數化된 인간-고대중국의 세역의 기초와 기준-」, 『중국고중세사연구』 24.

에서는 골고루 공평하게 적용된다는 이로움이 있는 것이다.[70] 이 군주와 백성 양자의 이로움을 동시에 성취하는데 필수적인 수단이 바로 표준화된 도량형의 정비였다고 할 수 있다. 즉 도량형 計測의 '數'가 엄밀하게 물샐틈없이 지배함으로써, 국가는 재화를 사사로이 騙取하는 사회·경제 제 권력의 존재를 제어할 수 있고 그를 통해 '平'의 세계를 실현함으로써 일반 민은 鄕里에 안착할 수 있는 것이다.

춘추전국의 제 변화를 수렴하는 전국 변법 단계에서 상앙변법과 같이 도량형의 표준화라는 '數'의 정치가 이루어졌고, 진시황은 이 표준화된 '數'의 정치를 전국적 범위로 확대하여 '平'의 세계를 '天下'로 만들고자 했던 것이다. 왕망의 도량형은 이 '數'의 정치와 '平'의 천하를 다시 회복하려는 재정비의 이념적 노력이었다고 할 수 있다. 하지만 끊임없이 동요될 수밖에 없는 현실의 '平'의 세계에서 따라 흔들릴 수밖에 없는 이 '數'의 정치는 결국 왕망 이후 후한·삼국~위진남북조~수당이라는 새로운 역사의 진폭에 맞추어 다시 근본적으로 그 표준이 되는 數의 기준점을 바꿀 수밖에 없었던 것이다.

이와 같은 중국 고대 도량형의 전개에 맞물려 數量詞도 근본적인 변화 과정을 겪었다고 할 수 있다. 즉 상앙 이래의 전국시대 도량형의 표준화에 맞물려서 수량사도 量詞를 중심으로 사용 어휘의 확대, 사용 빈도의 증가, 표현 용법의 다양화 등 오늘날 중국어 수량사 체계의 토대가 만들어졌다. 이러한 수량사의 변화상은 진한시기에 규범화·일반화되는 모습을 보여주는데, 名詞+數詞+量詞의 수량사가 가장 전형적이었다고 할 수 있다. 그리고 이어서 위진 이래 또 다른 도량형의 기준 數가 바뀌는 변화와 맞물려서, 점차 名詞+數詞+量詞 구조에서 數詞+量詞+名詞의 수량사 사용이 증가하는데, 이는 도량형과 수량사의 변화가 서로 밀접한 관련이 있었음을 보여주는 또 다른 방증이라고 할 수 있다.

투고일: 2020. 4. 30.　　　심사개시일: 2020. 5. 3.　　　심사완료일: 2020. 5. 24.

70) 『商君書』 墾令, "訾粟而稅, 則上壹而民平."

참/고/문/헌

『史記』『漢書』『後漢書』『北魏書』『隋書』『禮記』『春秋左傳』『孔子家语』『說文解字』『周禮』『戰國策』『商君書』『日知錄』등

『睡虎地秦簡』『張家山漢簡』『尹灣漢簡』『銀雀山漢簡』『居延漢簡』『敦煌漢簡』등

王國維, 2003, 『觀堂集林』, 河北教育出版社.

吳承洛, 1937(초판)/1957(修訂重印), 『中國度量衡史』, 商務印書館.

楊寬, 1955, 『中國歷代尺度考』, 臺灣商務印書館.

丘光明 編著, 1992, 『中國歷代度量衡考』, 科學出版社.

國家計量總局·中國歷史博物館·古宮博物館 主編/김기협 역, 1993, 『中國度量衡圖集』, 법인문화사.

丘光明·邱隆·隆楊平 공저, 2001, 『中國科學技術史: 度量衡卷』, 科學出版社.

丘光明, 2011, 『中國古代度量衡』, 中國國際廣播出版社.

熊長云, 2018, 『新見秦漢度量衡器集存』, 中華書局.

李成珪, 2019, 『數의 帝國 秦漢: 計數와 計量의 支配』, 大韓民國學術院.

唐蘭, 1935, 「商鞅量與商鞅量尺」, 『國學季刊』 5권4호.

方國鼎, 1958, 「秦漢度量衡畝考」/「唐尺考」, 『農業遺産硏究集刊』 제2책, 中華書局.

牛島德次, 1962, 「史記·漢書の數詞」, 『中國語學』 125.

黃載君, 1964, 「從甲文, 金文量詞的應用, 考察漢語量詞的起源與發展」, 『中國語文』 1964-6.

甘肃文物工作队, 1968, 「甘肃秦安大地湾F901房址发掘简报」, 『文物』 1968-2.

梁方仲, 1980, 「中国历代度量衡之变迁及其时代特征」, 『中山大學學報(社會科學版)』 1980-2.

曾仲珊, 1981, 「『睡虎地秦墓竹簡中的數詞和量詞」, 『求索』 1981-2.

李佐豊, 1984, 「『左傳』量詞的分類」, 『內蒙古大學學報(哲學社會科學版)』 1984-3.

赵建龙, 1992, 「大地湾古量器及分配制度初探」, 『考古與文物』 1992-6.

周正亞, 1995, 「『史記』和『漢書』中的數詞」, 『語言教學與硏究』 1995-2.

馬振亞, 1995, 「『列子』中關於稱數法的運用」, 『東北師大學報(哲學社會科學版)』 1995-2.

吉仕梅, 1996, 「睡虎地秦墓竹簡量詞考察」, 『樂山師專學報(社會科學版)』 1996-3.

李宇明, 2000, 「拷貝型量詞及其在漢藏語系量詞發展中的地位」, 『中國語文』 2000-1.

李若暉, 2000, 「殷代量詞初探」, 『古漢語硏究』 2000-2.

魏德勝, 2000, 「『敦煌漢簡』中的量詞」, 『古漢語硏究』 2000-2.

楊帆, 2001, 「『禮記』量詞硏究」, 『重慶科技學院學報(社會科學版)』 2001-6.

劉興均, 2002, 「『周禮』物量詞使用義探析」, 『古漢語研究』 2002-1.
陳練軍, 2003, 「『尹灣漢墓簡牘』中的量詞」, 『周口師範學院學報』 제20권제3기.
陈近朱, 2004, 「『居延新简』中物量词和称数法探析」, 华东师范大学碩士學位論文.
馬芳, 2004, 「『淮南子』中的量詞」, 『臨沂師範學院學報』 2004-4.
吉仕梅, 2004, 「漢代簡帛量詞新論」, 『泗川大學學報(哲學社會科學版)』 2004-4.
李宗澈, 2004, 「『史記』量詞研究」, 復旦大學博士學位論文.
이종철, 2004, 「중국에서의 양사 연구」, 『한국중국언어학회발표논문집』 2004-11.
武曉麗, 2005, 「〈張家山漢簡·二年律令〉中的量詞」, 『江西廣播電視大學學報』 2005-3.
于冬梅, 2006, 「『呂氏春秋』的量詞研究」, 遼寧師範大學碩士學位論文.
趙鵬, 2006, 「西周金文量詞析論」, 『北方論叢』 2006-2.
肖從禮, 2006, 「敦煌, 居延漢簡中的數詞和數量表示法」, 『敦煌學集刊』 2006-3.
吳先源, 2006, 「『左傳』數詞研究」, 『廣西民族學院學報(哲學社會科學版)』 2006-6.
赵晓军, 2007, 「中国古代度量衡制度研究」, 中国科学技术大学博士學位論文.
達正嶽·尹順民, 2008, 論語數量詞分析」, 『甘肅廣播電視大學學報』 2008-4.
杨玲荣, 2008, 「『張家山漢簡』數量詞與稱數法研究」, 華東師範大學碩士學位論文.
周小婕, 2008, 「『左傳』數詞研究」, 江西師範大學碩士學位論文.
李建平, 2008, 「戰國楚簡中的量詞及其語法化」, 『簡帛語言文字研究』 3집.
李建平, 2010, 「先秦兩漢量詞研究」, 西南大學博士學位論文.
余劍, 2009, 「『春秋公羊傳』的量詞及數量表示法」, 『現代語文(語言研究版)』 2009-1.
丁紅傑, 2009, 「『孫子兵法』數詞分類考察」, 『成都大學學報(社科版)』 2009-2.
李建平·張顯成, 2009, 「先秦兩漢魏晉簡帛量詞析論」, 『中華文化論壇』 2009-4.
蕭燦, 2012, 「對里耶秦簡刻齒簡調研簡報的理解和補充」, 簡帛網 2012-10-13.
王喬, 2012, 「『漢書』量詞研究」, 南京大學碩士學位論文.
臧磊, 2013, 「『嶽麓書院藏秦簡』量詞考察」, 『阿垻師範高等專科學校學報』 제30권제1기.
李潔瓊, 2017, 「敦煌漢簡文獻數量詞研究」, 西北師範大學碩士學位論文.

박흥수, 1972, 「周·秦·漢時代의 中國量制 및 量尺에 關하여」, 『東喬 閔泰植博士 古稀紀念 儒教論叢』.
박흥수, 1975, 「韓·中古代 量田法에 관하여(特히 禮記 王制篇記錄을 中心으로), 『성대근대교육80주년기념 동양학학술회의논문집』.
박흥수, 1978, 「中國 上古 度量衡考(Ⅰ, Ⅱ), 『대동문화연구』 제12집.
박흥수, 1978, 「漢의 長安城 建設計劃과 建設用尺度에 관하여」, 『대동문화연구』 제12집.
최덕경, 1996, 「전국·진한시대 도량형제의 정치사적 의미와 그 변천」, 『부대사학』 23.
최덕경, 1999, 「진한시대 도량형의 기준과 보급양상」, 『대구사학』 58.

최덕경, 2000, 「진한시대 도량형의 처벌규정과 삶의 강제」, 『중국사연구』 8.
최기용, 2001, 「한국어 수량사 구성의 구조와 의미」, 『어학연구』 제37권제3호.
김춘매, 2007, 「韓·中·日 數量詞에 대한 硏究」, 경상대학교 석사학위논문.
최진묵, 2011, 「張家山漢簡 算數書의 "程"과 中國古代 생산과 기술의 표준화」, 『중국학보』 63.
최진묵, 2011, 「張家山漢簡 算數書의 편찬과 형성과정」, 『숭실사학』 26.
이성규, 2010, 「計數化된 인간-고대중국의 세역의 기초와 기준-」, 『중국고중세사연구』 24.
이종봉, 2016, 「한·중·일 고대시기 도량형제 비교 연구」, 『지역과 역사』 38.
蕭燦, 2016, 「고대 중국의 수학 간독의 출토상황과 문서서식 및 연구 근황-진한시기 九九表와 算數書를 중심으로-」, 『목간과 문자』 17.
윤재석, 2019, 「고대 동아시아의 기록문화와 계수간」, 『문자와 고대 한국 2』, 주류성.

〈Abstract〉

The Change Process of Metrology and Quantity in the Ancient China

Kim, Jin-woo

Measurement of length, volume, and weight is essential in the process of human civilization. and the development of metrology, which is the standard for measurement, and the process of change of the quantity, are closely related. The metrology of ancient China began to develop from the prehistoric period early, and it became the basic form of the metrology in Shang-Zhou[商周]period. However, various figures were still used for each region, since the end of the spring and autumn[春秋], metrological standardization of the national power is carried out in the reform process of each country represented by Sangang transformation[商鞅變法]. The goal was to concentrate resources on the monarch and to pay taxes fairly to the people through standardized numbers of dominance. The metrological standardization by Sangang transformation expanded to the national scope by Qin Shi Huang, and Wang Wang rearranged it on the theoretical basis of rhythmical measure. However, In the course of a completely new history since HuHan[後漢], the standardized standards of the ancient China metrology have to be fundamentally changed again.

The development of abundant quantity is a unique feature of East Asian languages. but unlike Korean and Japanese, Chinese language has a different function as an independent part of speech. Among ancient Chinese quantifiers, Numeral have not changed much over a long period of time, On the other hand, measure word are changing considerably. In other words, measure word shows a great change in vocabulary, frequency of use, and usage. Such changes, which include the increase in the number of measure-type quantities, are closely related to the maintenance of metrology in the Warring States period. And in the Qin-Han period, quantity shows a change that is normalized and generalized.

▶ Key words: Metrology, Count, Quantifier, Numeral, Measure word

특 집

출토자료에 보이는 중국 고대의 數量詞와 量制

熊長雲 著*
오정은 譯**

<국문초록>

近世이래, 簡牘·青銅器·碑刻 등 출토 자료가 다량으로 발견되면서, 이러한 자료들은 中國古代의 數量詞 및 量制의 발전과 변화과정을 연구하는데 새롭고 믿을 만한 1차 자료로 활용되었다. 數詞에 대해, 中國은 일찍부터 비교적 完整한 基數體系를 구비하고 있었으며 상용되던 數詞는 "一·二·三·四(亖)·五·六·七·八·九·十"과 "百·千·萬" 등이 있다. 이러한 基本數詞가 출현한 이후, 수천 년 동안 변화없이 계승 사용되었고, 序數와 倍數, 그리고 分數 등이 존재해 여러 곳에 응용되었다. 출토자료에서도 量詞가 많이 보이는데, 대체로 自然單位量詞와 借用單位量詞, 그리고 制度單位量詞의 세 종류로 나뉘며, 이를 또 세분화하여 여러 소그룹으로 나눌 수 있다. 이러한 상황은 古代量詞體系의 성숙과 발달 양상을 반영하고 있다. 量制는 度量衡制度의 중요한 구성 부분이며, 中國古代量制의 발전을 중심으로 시대를 나누면, 先秦·秦·漢·三國 이후로 크게 네 가지 시기로 나눠볼 수 있다. 春秋戰國時期는 量制의 성립과 정비의 시기로서, 출토자료를 통해 齊國·楚

* 故宮博物院 館員
** 清華大學 歷史系 博士研究生

國·三晉의 韓趙魏·燕國·東周·秦國에서 운용했던 量制의 구체적인 면모를 확인할 수 있다. 政權의 分裂로 인해 각 국의 量制는 상이점을 가지고 있었는데 이를 지역성의 발현이라고 볼 수 있다. 하지만 각 국의 基本單位의 量値는 서로 유사하며, 각 국간의 진법체계 역시 비슷하게 변화해가는 양상을 보이는 것도 사실이다. 秦 통일 이후, 秦制가 전국으로 시행되면서, 列國의 制度도 폐지되었다. 秦量制의 基本單位體系는 石-斗-升으로, 升과 斗 사이에 半과 參 등의 分數單位가 있었으며 量制의 小單位인 龠도 존재하였다. 이 시기에 石은 容量과 重量單位의 이중 속성을 가지고 있어 容量 石은 10斗이었고 重量 石의 환산되는 量値는 단일한 값이 아닌 여러 容量에 대응되는 값이 있었다. 이러한 量制單位體系는 戰國秦에서 시작되었고 秦代와 西漢 시기에 계승 사용되었다. 漢代에 이르러 특히 王莽時期에 量制體系는 한 차례 개혁이 이뤄지는데, 標準容量單位이자 官方量器의 명칭이었던 石과 桶은 斛로 개칭되었고, 원래 官方量制에 존재하였던 分數單位의 半과 參은 모두 폐지되었으며, 秦과 西漢에서 장기간 사용되던 升龠進制는 升合制로 바뀌었다. 秦漢量制는 王莽 시기에 이르러 비로서 斛-斗-升-合-龠의 "五量"單位體系를 형성하였다. 이중 앞 4개의 단위는 후에 근 2000년간 量制單位의 기본골격을 구성하며 사용되었다. 走馬樓吳簡은 東吳의 상황을 반영하였고, 漢代量制의 小單位體系 또한 이때 조정되었다. 결론적으로 말하면, 中國古代의 量制單位는 처음부터 엄격한 진법체계를 형성하고 있었던 것은 아니다. 대체적으로 초기의 量制單位는 地域性을 가졌으나 같은 지역의 量制 역시 서로 다른 변화 과정을 거치기도 하였다. 단위가 추가로 만들어지거나 도태되는 상황이 보이고 이에 따라 진법체계도 조정되었고, 量値 역시 변화를 겪었다. 秦漢시기에 이르러, 국가 주도의 量制體系의 기본적 정형화를 이루었고, 당시에 맞게 계속하여 개선되면서 최종적으로 王莽시기에 가장 성숙한 모습을 보여주었다. 이후에는 정권이 바뀌어도 量制單位體系는 여전히 계승되면서 안정세를 유지하였는데, 이는 衡量秩序의 내재적 안정성을 반영한 것이라 할 수 있다. 후대에 있었던 量制의 變化는 그저 單位量値 표준을 바꾸는 것에 그쳤을 뿐이다.

▶ **핵심어: 수량사(數量詞), 양제(量制), 도량형(度量衡), 단위(單位), 진제(秦制), 왕망(王莽)**

Ⅰ. 서론

현재까지 발견된 다수의 출토자료는 중국고대의 數量詞와 量制를 연구하는데 1차 자료로 사용된다. 이러한 출토자료는 네 가지로 구분할 수 있는데, ①金文資料 ②簡牘帛書資料 ③石刻資料 ④磚瓦資料가 그것이다. 특히 近世 이후 先秦兩漢吳晉의 簡牘과 帛書가 다량 출토되면서 초기 計數法과 量詞, 그리고 度量衡 단위의 실제 응용된 상황을 확인할 수 있다. 이러한 출토자료는 傳世文獻에 기재되지 않은 다수의 數量詞를 명시했을 뿐 아니라, 서로 다른 시기의 數量詞를 반영하여 度量衡制度의 실제 변화 발전과정을 살펴볼 수 있기 때문에 중국어史와 度量衡制度 연구에 중대한 의의를 가진다.

여기서 한 가지 지적할 것은 數量詞와 量制는 긴밀한 관계를 이루고 있지만, 이전의 연구에서는 서로 다른 연구 영역에 속해 있었다. 數量詞는 통상적으로 언어학의 연구 범주에 속하여 數量詞에 대한 연구는 비교적 풍부하게 축적되어 있었고 간독 등의 자료에 근거하여 다수의 총론적 연구 성과들이 쏟아져 나왔다. 한편 量制는 도량형제도에 귀속되어 그 연구는 대체로 도량단위와 도량값, 진법체계에 관한 것이고 통상적으로 역사학과 고고학의 연구 범위에 속한다. 이러한 기존의 연구 성과를 기초로, 끊임없이 발견되는 출토자료로 인해 量制 연구에 큰 진전을 이룰 수 있었다.

하지만 중국 고대의 數量詞와 量制라는 이 총론적 주제는 그 연관된 시공간적 범위가 광활하여 본고에서 모두 다루기는 역부족이다. 한국목간학회의 요청이 있었기 때문에 본고에서는 이를 표제로 하되, 몇 가지 전문테마로 나누어 서술하고자 한다. 본고는 먼저 數詞와 計數法에 대해 서술한 후, 量詞의 분류문제를 분석하고, 또한 중국고대의 量制를 先秦·秦·漢·三國 이후로 나누어 각 시기의 量制의 상황과 변화에 대하여 개설하겠다. 이러한 分期의 단서는 傳世文獻과 出土資料의 내용으로 삼았으며, 지면의 제한으로 본고에서는 전반적인 연구사 回顧보다는 새로운 연구성과를 소개하는데 중점을 두도록 하겠다. 논의 중에 실수와 부족한 부분이 있다면, 많은 지도편달을 바란다.

II. 數詞와 計數法

1. 數詞

현존하는 甲骨文과 金文資料를 통해, 중국은 일찍부터 비교적 완전한 형태의 基數體系를 갖추고 있었는데, 상용한 數詞는 "一·二·三·四(亖)·五·六·七·八·九·十"과 "百·千·萬" 등이 있다. 이러한 기본 數詞가 출현한 후에 몇 천년 동안 그대로의 모습을 유지하였다.

중국 고대의 計數法은 주로 十進制를 사용하였는데, "十十"은 百이 되고, "十百"은 千이 되었으며, "十千"은 萬이 되었다. 이외에 漢代에는 "巨萬"과 "大萬"이라는 표현법이 있었는데, 이는 一萬萬(一億)을 말한다.[1]

萬 이상의 數는 億·兆·京·垓·秭 등이 있지만, 상용되지는 않았다. 또한 數의 進制에 대해 여러가지 학설

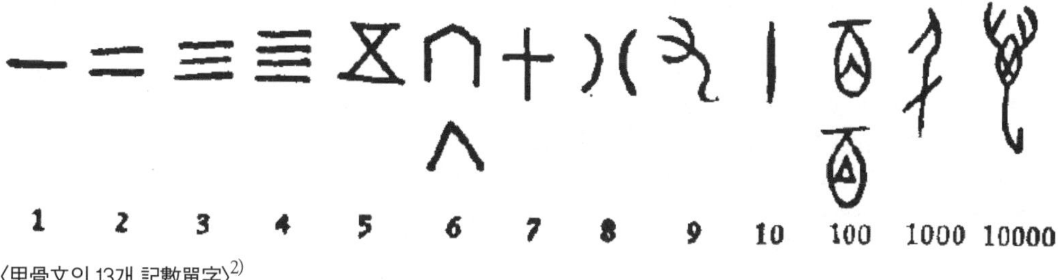

〈甲骨文의 13개 記數單字〉[2]

1) 周法高, 1990,『中國古代語法稱代編』, 中華書局, p.343.

이 있는데, 王力은 "이러한 數에는 세 가지 稱數法이 있는데, 下數에서는 '十萬'을 億으로, '十億'를 兆로, '十京'을 垓로, '十垓'를 秭로 여겼고, 中數에서는 '萬萬'을 億으로, '萬萬億'을 兆로, '萬萬兆'를 京으로, '萬萬京'을 垓로, '萬萬垓'를 秭로 여겼으며, 上數에서는 '億億'을 兆로, '兆兆'를 京으로, '京京'을 垓로, '垓垓'를 秭로 여겼다. 현대 중국어에서는 下數에서의 兆와 中數에서의 億의 정의를 따른다."[3)]

2. 計數法

중국어에서 "十"은 整數로, "十" 이하는 零數로 인식되었다. 여기에서의 計數의 규칙은 整數 앞에 零數가 위치해 있으면 곱셈을, 整數 뒤에 零數가 위치해 있으면 덧셈을 하는 것을 말한다. 예를 들면, "三十"은 "3×10"이고, "十三"은 "10+3"이며, "三十二"는 "3×10+2"이다.[4)]

갑골문과 금문 중에 "十" 다음에 "又(有)"字를 삽입하였는데, 그 예로 만약 百이 들어간 수가 있을 때, "百"과 "十"사이에 "又(有)"字를 넣어 표기하였다.[5)] 向熹가 분석하길, "두 자리의 수 사이에는 '有'字를 삽입하였는데, 이것은 결코 쉽지는 않았다. 주나라 말기에는 이러한 計數方式의 기재가 줄어들었고, 兩漢에 이르러서는 사용되지 않았다."[6)] 張顯成과 李建平이 秦簡에 대한 분석에서, "秦簡에 整數가 零數와 함께 쓰인 예는 모두 199例이고", "접속어 '又(有)'의 사용은 완전히 사라졌으며", "그 후에도 별반 달라지지 않았다". 하지만 秦簡보다 조금 이르거나 동시대 것으로 추정되는 戰國 楚지역의 簡帛 文獻에서 접속어 "又"가 광범위하게 사용되는 것을 확인할 수 있다. 漢簡에도 특수한 상황이 보이는데, "옛 것을 모방하거나" 혹은 "강조"의 목적으로 때때로 "又"의 사용이 보이고 있다.[7)]

3. 序數

秦漢시기 상용되었던 序數는 "第+數"의 방식을 띠고 있으며, 先秦 簡帛 중에서는 보이지 않는다[8)]. 里耶秦簡에 "第一: 人病少氣者, 惡聞人聲."(8-1363)[9)]의 내용을 통해 秦대에 이미 "第+數"의 序數 표현방식을 사용하였음을 알 수 있다.

嶽麓書院藏秦簡에 "內史郡二千石官共令. 第甲."(0355)과 "內史郡二千石官共令.第庚."(0617)[10)]의 기록은 干支 編序 형식을 반영하지만 이것도 후대에는 관련 기록이 보이지 않는다.

殷商시기에 60干支 紀日이 시작되었는데, 이 역시 일종의 序數이다. 학자들은 통상적으로 漢代에 數字 紀

---

2) 錢寶琮, 1964, 『中國數學史』, 科學出版社, p.5.
3) 王力, 1990, 「漢語語法史」, 『王力文集』 11, 山東教育出版社, p.23.
4) 周法高, 1990, 앞의 책, p.343.
5) 王力, 1990, 앞의 책, pp.26-27.
6) 向熹, 1998, 『簡明漢語史』, 高等教育出版社, p.35.
7) 張顯成·李建平, 2017, 『簡帛量詞研究』, 中華書局, pp.432-433, 436.
8) 張顯成·李建平, 2017, 위의 책, p.444.
9) 湖南省文物考古研究所編著, 2012, 『里耶秦簡』 1, 文物出版社, p.169(도판부분).
10) 陳松長, 2009, 「嶽麓書院所藏秦簡綜述」, 『湖南大學學報』 2009-3.

日이 시작되었다고 보는데[11], 그중에서 陳侃理는 序數 紀日이 출현한 시간을 "漢武帝 元狩 6년보다는 늦어 武帝 말년에서 宣帝시기로, 이는 정치·군사·경제 등 방면의 官私文書와 관련하여 유행하였다"고 보았다.[12]

4. 倍數

"數+倍"의 형식으로 倍數를 표현하였는데, 先秦 簡牘에서 이미 그 기재가 보이고 있으며, 兩漢에서도 이를 계속하여 사용하였다. 그 예로, 郭店楚簡『老子甲』에 "絶智(知)棄卞(辯), 民利百倍."[13] 기록이 있고, 이외에 "倍"字를 생략하는 경우도 더러 있다.『張家山漢墓竹簡·算數書』에 "諸分之當半者, 倍其母; 當少半者, 三其母; 當四分者, 四其母; 當五分者, 五其母; 當十·百分者, 輒十·百其母, 如欲所分."(14-15)[14]의 내용과 郭店楚簡『尊德義』"民五之方各, 十之方靜, 百之而後帝."[15]의 기록이 있다. 姚振武는 "倍其母"의 실제내용은 "兩倍其母"이며 "二其母"로 표현하지 않지만, 그 나머지"三其母"와 "四其母"는 각각 "三倍其母"와 "四倍其母"의 의미로 추정할 수 있으며, 또한 "五之"·"十之"·"百之"를 추가하여 "五倍之"·"十倍之"·"百倍之"로 볼 수 있다고 하였다.[16]

5. 分數

출토자료에서 分數의 응용을 자주 볼 수 있다. 西周 金文에 이미 分數가 출현하고 있는데, 西周 말기 五年召伯虎簋에 "公宕其參, 汝則宕其貳, 公宕其貳, 汝則宕其一." 여기에 사용된 것은 "其+分子數"의 형식이다[17].

傳世文獻의 내용 중에도 春秋戰國 시기 分數의 응용을 반영하고 있는데,『論語·泰伯』"三分天下有其二, 以服事殷"[18]의 내용과『左傳』隱公元年에 "大都, 不過參國之一; 中, 五之一; 小, 九之一"[19] 등이 있다.

『張家山漢墓竹簡·算數書』내용 중에 秦漢시기의 分數 사용의 발달을 반영하는 부분이 있다.

> 乘 少半乘少半, 九分一也; 半步乘半步, 四分一; 半步乘少半步, 六分一也; 少半乘大半, 九分二也; 五分乘五分, 廿五分一; 四分乘四分, 十六分一; 四乘五分, 廿分一; 五分乘六分, 卅分一也; 七分乘七分, 卌九分一也; 六分乘六分, 卅六分一也; 六分乘七, 卌二分一也; 七分乘八分, 五十六分一也. 一乘十, 十也; 十乘萬, 十萬也; 千乘萬, 千萬. 一乘十萬, 十萬也; 十乘十萬, 百萬. 半乘千, 五百. 一乘百萬, 百萬; 十乘百萬, 千萬. 半乘萬, 五千; 十乘千, 萬也; 百乘萬, 百萬; 半乘百,

---

11) 周法高, 1990, 앞의 책, p.369.
12) 陳侃理, 2016,「序數紀日的産生與通行」,『文史』2016-3.
13) 荊門市博物館編著, 1998,『郭店楚墓竹簡』, 文物出版社, p.111(석문부분).
14) 彭浩, 2001,『張家山漢簡「算數書」註釋』, 科學出版社, p.42.
15) 荊門市博物館編著, 1998, 앞의 책, p.174.
16) 姚振武, 2015,『上古漢語語法史』, 上海古籍出版社, p.121.
17) 管燮初, 1981,『西周金文語法硏究』, 商務印書館, p.123.
18)「論語注疏」, 十三經注疏整理委員會整理,『十三經注疏』, 北京大學出版社, 2000, p.119.
19)「春秋左傳正義」, 十三經注疏整理委員會整理,『十三經注疏』, 北京大學出版社, 2000, p.60.

五十.(8-12)[20]

寸而乘寸, 寸也; 乘尺, 十分尺一也.(1)[21]

이 중에 "少半"은 $\frac{1}{3}$, "大半"은 $\frac{2}{3}$, "半"은 $\frac{1}{2}$을 의미한다. 算式에서의 "$\frac{0}{0}$(○分之○)"을 표현할 때에는 "○分"으로 나타낸다. 그 예로, "四分"·"五分"·"六分"은 각각 "$\frac{1}{4}$"·"$\frac{1}{5}$"·"$\frac{1}{6}$"로 나타낸다. 계산된 결과값으로서 "$\frac{0}{0}$(○分之○)"를 "○分○"로 표현해 "四分一"·"卅六分一" 등이 있다. 또한 "十分尺一"은 "$\frac{1}{10}$尺"을 나타낸다.[22] 彭浩는 『算數書』와 『九章算術』의 내용이 매우 비슷하여 양자 간 긴밀한 관계가 있다고 하였는데,[23] 이러한 分數制度는 『九章算術』에서도 보이고 있어 후대의 數學史 저작과 실제 수학 응용에 지대한 영향을 미쳤음을 확인할 수 있다.

III. 量詞분류에 대한 개설

量詞는 名詞의 한 종류로, 서로 다른 사물에 대해 각기 다른 單位詞가 존재하여, 이를 "類別詞(classifiers)"라고도 부른다. 王力는 量詞를 單位詞라고 지칭하였고, 이를 두 가지로 분류했는데, 하나는 度量衡單位 즉 尺·寸·升·斗·斤·兩 등이 이에 속하고, 다른 하나는 天然單位 즉 個·隻·張·枚 등이다. 전자는 전세계 언어에서 사용되는 반면, 후자는 동방의 언어(일본어를 포함하여)에서만 사용된다고 하였다.[24] 姚振武는 더 세밀하게 분류하여, 個體量詞·集體量詞·容器量詞(臨時量詞라고도 불림)·度量衡量詞로 나누었고, 이에 대해 다음과 같이 논술하였다.

> 容器量詞(杯·筐·車 등이 이에 속함)라고 칭하는 것은 그 성격이 경우에 따라 度量衡量詞 중의 容量詞와 흡사하였으며 시대를 거슬러 올라갈수록 양자의 경계는 더욱 모호하였다. 集體量詞와 容器量詞의 출현은 인류의 기본생활과 긴밀한 관계가 있는데, 만약 액체에 대한 측량을 한다면 數詞와 액체를 표현하는 名詞를 결합하여 표현하는 것이 아닌 그 容量을 측정하여 표현하였기 때문에 容器를 표현한 名詞가 자연히 容量의 量詞로 사용되었다. 어떤 복합체를 측량할 때에는 數詞와 個體를 표현하는 名詞를 결합하는 것이 아닌 集體量詞를 사용하였다. "貝十朋"에서 "朋"가 없어서는 그 의미가 완전히 달라지는 것과 같은 원리이다.[25]

---

20) 彭浩, 2001, 앞의 책, pp.40-41.

21) 彭浩, 2001, 위의 책, p.37.

22) 姚振武, 2015, 앞의 책, p.119.

23) 彭浩, 2000, 「中國最早的數學著作『算數書』」, 『文物』 2000-9.

24) 王力, 1990, 앞의 책, pp.31-32.

25) 姚振武, 2015, 앞의 책, p.122.

張顯成과 李建平은 量詞를 物量詞와 動量詞의 두 가지로 분류하였다. 物量詞는 사물의 수량을 나타내고 動量詞는 동작 행위의 발생 횟수를 표현하였다. 출토자료에서 보이는 物量詞의 내용에 의거하여 이 物量詞를 다시 自然單位量詞·借用單位量詞·制度單位量詞로 구분하였는데, 그에 대한 논술을 잠시 살펴보겠다.

> 自然單位量詞는 事物의 自然單位를 표현하며 그 양을 측정한 사물에 대해 어떤 경우는 하나씩 그 수를 계수하고 어떤 경우에는 묶음으로 계수하기도 한다. 이 때문에 自然單位量詞를 個體單位量詞와 集體單位量詞의 두 가지로 나눌 수 있다. 制度單位量詞는 度量衡單位量詞와 面積單位量詞, 그리고 貨幣單位量詞의 세 부류로 나눌 수 있다.[26]

姚振武과 張顯成·李建平의 분류는 서로 다르지만, 그 분류 방식은 유사하다. 필자는 張顯成·李建平의 견해를 따라 量詞를 다음과 같이 나누어 그에 대한 설명을 진행하도록 하겠다.

1. 自然單位量詞

자연적인 개체를 計數할 때에는 일반 數詞와 名詞를 결합하여 표현하고 個體量詞를 반드시 사용하는 것은 아니다. 상고시대, 자연 개체의 計數의 중요 방법은 "數+名"과 이에 파생된 형식 혹은 "名+數"와 여기에서 파생된 형식이 사용되었다. 예를 들면,

五十犬·五十羊·五十豚	『甲骨文合集』 29537[27]

殷商과 西周시기에 이러한 計數방식은 절대적으로 우위를 차지하고 있었으며, 個體量詞의 대대적인 발전을 이룬 春秋戰國과 西漢에 이르러서도 여전히 그 사용이 줄어들지 않았다.

三千人	『合集』 6642
俘人十有六人	『合集』 137反
執羌十人	『合集』 496

姚振武는 "三千人"과 같은, 즉 "數+量+名"의 計數방식이 고대 중국어에서 가장 기본이 되는 방식 중 하나라고 여겼다. 상기한 예에서 "俘人十有六人"과 "執羌十人"은 고대 중국어의 個體量詞의 초기단계라고 할 수 있다. 陳夢家는 이에 대해 "'人十又六人'에서 두번째 '人'은 單位詞로서 名詞가 아니다"라고 하였고, 黃載君은 "갑골문에 보이는 '俘人十又六人'에서 첫번째 '人'은 名詞이고 數詞 뒤에 기재된 '人'이 量詞에 속한다"고 하였

26) 張顯成·李建平, 2017, 앞의 책, pp.57-58.

27) 郭沫若主編·胡厚宣總編輯·中國社會科學院歷史研究所編, 1982, 『甲骨文合集』, 中華書局(이하 『合集』으로 간칭함).

다. 또한 洪波는 "이러한 구조가 나타난 이후 뒤에 표기된 同形名詞는 잉여 형태소화 되어, 그 의미적 요소가 흐릿해지고 類別詞의 초기 형식이 되었다"고 하였다.[28]

또한 姚振武는 "個體量詞의 생성과 발전은 길고 복잡한 과정을 거친 것이다. …… 個體量詞 중에 어떤 것은 중간에 소실해 버리기도 하였고, 어떤 것은 일찍이 발전하였지만 일찍 도태되어 버린 것이 있는가 하면, 어떤 것은 마지막까지 사용되고 발전하기도 하였다." "중국어의 個體量詞의 기원과 그 발전의 고찰에 대한 연구로서는" 이러한 量詞 중 "발전한 일부의 量詞를 그 대상으로 하는 것이 아니라 상술한 세 가지의 종류 모두를 살펴봐야 한다"고 하였다.[29]

끝까지 발전하고 성숙했던 個體單位量詞는 수많은 예를 찾을 수 있는데, 그중 수레의 個體量詞를 살펴보면 "兩"으로, 이는 西周시기에 이미 존재하였다.

車牛一兩(輛). 『睡虎地秦墓竹簡·金布律』 72[30]
牛車二兩(輛),直四千. 『居延漢簡甲乙编』 37·35[31]
衝車卅七兩(輛). 『尹灣漢墓簡牘』 YM6D6反1欄[32]

또한 일찍이 출현은 했으나, 후대에 도태된 量詞에는 "夫"가 있다.

柏掇(奚)二夫 『曾侯乙墓竹簡』 213[33]
凡君子二夫,䡈是. 『包山楚簡·文書』 4[34]

集體單位量詞에 대해서는, 張顯成과 李建平은 簡帛文獻의 方劑類 文獻중에서 다량의 集體單位量詞가 보이며 사용빈도도 높다고 하였다. "齊(劑)"는 약물의 수량으로,

取犁(藜)盧二齊, 鳥喙一齊, 礜一齊, 屈居□齊, 芫華(花)一齊, 並和. 『馬王堆帛書·五十二病方』[35]

28) 姚振武, 2015, 앞의 책, pp.123-124.
29) 姚振武, 2015, 위의 책, p.125.
30) 睡虎地秦墓竹簡整理小組, 1990, 『睡虎地秦墓竹簡』, 文物出版社, pp.69-70, p.37(석문부분).
31) 中國社會科學院考古硏究所編, 1980, 『居延漢簡甲乙編』 下冊, 中華書局, p.25(석문부분).
32) 連雲港市博物館·東海縣博物館·中國社會科學院簡帛硏究中心·中國文物硏究所編, 1997, 『尹灣漢墓簡牘』, 中華書局, p.18(도판부분), p.112(석문부분).
33) 湖北省博物館編, 1989, 『曾侯乙墓』, 文物出版社, p.500.
34) 劉彬徽·彭浩·胡雅麗·劉祖信, 「包山二號楚墓簡牘釋文與考釋」, 湖北省荊沙鐵路考古隊, 1991, 『包山楚簡』, 文物出版社, p.17.
35) 湖北省博物館·復旦大學出土文獻與古文字硏究中心編纂·裘錫圭主編, 2014, 『長沙馬王堆漢墓簡帛集成』 第5冊, 中華書局, p.290(석문부분).

또한 "分"이 있는데, 이는 후대의 "份"과 같다.

> 嬰兒病間(癇)方: 取雷尾三果(顆), 冶, 以豬煎膏和之. 小嬰兒以水[半]斗, 大者以一斗, 三分藥, 取一分置水中, 撓, 以浴之. 浴之道頭上始, 下盡身, 四支(肢)毋濡. 三日一浴, 三日已.
>
> 『馬王堆帛書·五十二病方』[36]

方劑文獻 중에서 분말 상태의 약물을 표현하는 專用量詞가 있다. "三指撮"이 그것이다.

> (取藥)即冶, 入三指冣(最-撮)半杯溫酒□ 『馬王堆帛書·五十二病方』[37]
>
> 冶龍骨三指[撮], 以鼓〈豉〉汁飮之. 『武威醫簡』 54[38]

이외에, "束"과 "絜" 등은 모두 "束"으로 측량되는 사물에 사용된다. 여기서는 그 예를 열거하지 않겠다.

2. 借用單位量詞

소위 借用單位量詞라는 것은 어떤 용기나 보관체를 계량단위로 차용하여 대략적인 수량을 표현하는 量詞이다. 張顯成과 李建平은 이를 정리하여 竹器類·木器類·陶器類·醫用類·泛指類·기타, 모두 6가지로 분류하였다.[39] 竹器類에는 "笥"·"筐"·"籃" 등이 속하고, 木器類에는 "櫝"·"杯"·"椑" 등이 속하며, 陶器類에는 "瓶"·"資(瓷)" 등이 이에 속한다. 나머지는 생략하도록 하겠다.

여기서 살펴보아야 하는 것은 후대의 制度單位인데, 특히 度量衡單位는 借用單位量詞에서 발전했다는 점이다. 하지만 借用單位와 비교하여, 度量衡單位는 인위적인 정의를 내리는 단계를 포괄하고 있다. 즉 度量衡單位는 통상 사회적으로 약속된 표준의의를 지니고 있어, 만약 그 단위에 대해 엄격하게 정의하는 단계를 거치지 않으면 단위의 혼란을 야기할 수 있었다. 이 때문에 借用量詞에 비해 制度單位量詞는 인위적으로 제정되고 또한 그 단위에 상응하는 양이 특정되었다.

출토자료가 끊임없이 출토되면서 기존의 借用量詞라고 인식되었던 단위들이 制度單位量詞로귀속되는 경우도 있었다. 張顯成과 李建平이 제시한 借用量詞 중의 "醫用類"에 대해 "여기에 귀속된 量詞는 모두 본래 醫家에서 약물을 측량하는 도구였는데, 그 사용된 범위가 특수하여 하나의 그룹으로 묶었다"고 하였다. 그 중에 刀圭·刀·匕·方寸匕이 포함되며, 刀는 刀圭의 생략형이고 匕는 方寸匕의 생략형으로 추정할 수 있다. 또한 그들은 "이러한 도구는 후대에 대부분 사라지고 실물이 출토되지도 않아 구체적으로 무엇을 지칭하

36) 湖北省博物館·復旦大學出土文獻與古文字硏究中心編纂·裘錫圭主編, 2014, 앞의 책, p.224(석문부분).

37) 湖北省博物館·復旦大學出土文獻與古文字硏究中心編纂·裘錫圭主編, 2014, 앞의 책, p.216(석문부분).

38) 「武威漢代醫簡摹本釋文注釋」, 甘肅省博物館·武威縣文化館合編, 1975, 『武威漢代醫簡』, 文物出版社, p.8.

39) 張顯成·李建平, 2017, 앞의 책, p.224.

는지 알 수 없다. 특히 그 사물을 측량하는 구체적인 용량에 대해서는 진일보한 고증이 필요하다"[40]고 하였다. 하지만 최근의 연구에 의하면, 東漢의 刀圭는 0.5㎖, 方寸匕는 1寸의 정방형의 平體量器[41]로서 그 기물의 형태가 대체로 고증되었다.[42]

3. 制度單位量詞

"制度單位量詞"는 自然單位量詞와 비교하면, 사람에 의해 제정되어 구체적인 양적 기준과 고정된 진법체계를 가진 量詞로서 정확성과 규범성을 특징으로 한다.[43] 度量衡單位量詞는 度制·量制·衡制單位로 나뉘는데, 面積單位는 度制單位의 발전과정에서 나타난 것으로 度制單位에 귀속된다. 다른 한 종류는 貨幣單位 전용의 量詞이다. 그외에 制度와 연관된 고정함의를 가지는 抽象量詞가 있고, 이 역시 制度單位量詞에 속한다.

출토자료에 보이는 度制單位에는 "分"·"寸"·"尺"·"丈"·"尋"·"仞"·"匹"·"幅"·"步"·"里"·"圍" 등이 있다. 이중에 "寸"·"尺"·"丈"·"分"의 활용범위가 가장 넓은 長度單位量詞이다[44]. 量制單位에는 "石"·"斛"·"斗"·"參"·"升"·"合"·"龠"·"勺"·"撮"·"秉"과 상술한 "方寸匕"·"刀圭" 등이 있다. 이러한 量制單位 중에 상용되는 것이 升-斗-石(斛)으로, 이 세 단계의 단위는 十進制의 진법체계를 이루고 있다. 衡制單位에는 "石"·"鈞"·"斤"·"鎰"·"兩"·"銖"·"分"·"錘" 등이 있다. 여기에서 가장 자주 보이는 量詞는 斤-兩-銖로, 1斤은 16兩이고 1兩은 24銖이다.

貨幣單位量詞에는 "錢"·"布"·"金" 등이 속하고, 이런 量詞의 대부분이 고정된 함의를 가지고 있다. 西漢 중기 이후의 錢은 五銖를 가리키며, 賞賜할 때 등장하는 金은 1斤의 黃金을 말한다.

그리고 제도와 관계가 있는 추상개념의 量詞들이 있는데, "級"이 이에 속한다.

能得甲首一者, 賞爵一級.	『商君書·境內』[45]
能產捕群盜一人若斬二人, 拜爵一級.	『張家山漢墓竹簡·捕律』 148[46]
兒政·燧長王匡, 爵各一級.	『居延新簡』 EPF22·448A[47]

다음은 張顯成과 李建平의 분류형식을 참고하여 수정 보충하여, 필자가 출토자료에 나온 量詞를 분류한 것이다.

---

40) 張顯成·李建平, 2017, 앞의 책, p.245.

41) 이것은 古代量器 중의 특수한 形制로서, 方寸匕를 제외하고 錢匕 또한 이에 속한다. 이런 류의 量器의 量身形體는 平面으로, "平體量器"라고 칭한다.

42) 熊長雲, 2018, 「東漢銘文藥量與漢代藥物量制」, 『中華醫史雜誌』 48, 2018-6.

43) 張顯成·李建平, 2017, 앞의 책, p.260.

44) 張顯成·李建平, 2017, 위의 책, p.261.

45) 周立昇等編著, 2017, 『商子匯校匯注』, 鳳凰出版社, p.639.

46) 彭浩·陳偉·工藤元男主編, 2007, 『二年律令與奏讞書: 張家山二四七號漢墓出土法律文獻釋讀』, 上海古籍出版社, p.150(석문부분).

47) 張德芳著, 2016, 『居延新簡集釋』 七, 甘肅文化出版社, p.82.

표 1. 출토자료에 量詞 분류

대분류	소분류	
自然單位量詞	個體單位量詞	
	集體單位量詞	
借用單位量詞		
制度單位量詞	度量衡單位量詞	度制單位量詞
		量制單位量詞
		衡制單位量詞
	貨幣單位量詞	
	抽象單位量詞	

Ⅳ. 先秦의 容量單位와 量制

容量單位의 출현은 인체, 그리고 상용되는 용기와 밀접한 관련이 있다. 한 손 가득 쥔 정도를 "溢"이라 하고 두 손 가득 쥔 정도를 "掬"이라고 하여, 물체를 손으로 움켜쥔 정도를 容量單位로 사용하였다. 또한 容量單位인 豆와 釜 등은 일상에서 사용되는 용기에서 변화 발전한 것이다. 소위 "量制單位"는 制度單位에 속하여 사람에 의해 제정되고 양적 기준과 고정된 진법체계를 가졌다.

甘肅省 秦安縣 大地灣 F901房屋 遺址에서 일찍이 容量이 서로 倍數관계에 있는 4개의 陶器가 출토되었는데, 條形盤·鏟形抄·箕形抄·四柄深腹罐이 그것이다.[48] 이 陶器들의 容量은 각각 264.3㎖·2650.7㎖·5288.4㎖·26082.1㎖인데, 그 容量의 倍數관계는 1:10:20:100으로, 어떤 학자는 이를 古量器라고 칭하기도 한다.[49] 하지만 이 陶器들에 대응하는 구체적인 단위가 있는지에 대해서는 고증하기 어렵다. 丘光明 또한 이들을 간단하게 量器라고 규정하기 보다는 용기들 사이에 대략적인 수치적 연관 관계를 가지고 있으며, 양식을 분배 혹은 計量할 때 사용했을 가능성이 크다고 보았다.[50] 이러한 수치적 연관 관계를 가진 容器들은 原始社會 사람들의 수량적으로 정확한 분배에 대한 요구를 반영한 것으로, 이러한 容器의 組合이 발견되는 것은 일생생활에서 사용되는 일반 용기와 양식분배·계량을 위한 용기가 구분되기 시작했다는 것으로 볼 수 있다.

『尙書·舜典』에 "同律度量衡"[51]이 기재되어 있는데, 이것이 과연 당시에 量制가 이미 존재하는 것을 의미

48) 甘肅文物工作隊, 1986, 「甘肅大地灣F901號房址發掘簡報」, 『文物』 1986-2.

49) 趙建龍, 1992, 「大地灣古量器及分配制度初探」, 『考古與文物』 1992-6.

50) 丘光明·丘隆·楊平, 2001, 『中國科學技術史·度量衡卷』, 科學出版社, p.63.

51) 『十三經注疏·尙書·舜典』, 中華書局, 2009, p.269.

하는 것인지의 여부는 아직 논증된 바가 없다. 傳世文獻에 초기 容量單位와 그 진법체계에 대한 수많은 기록이 존재하고 金文 중에도 많은 容量單位의 종적을 확인할 수 있어 일찍부터 성숙한 量制單位가 존재했을 가능성은 농후하다. 그 예로, 『小爾雅』에 "一手盛謂之溢, 兩手謂之掬(舊注一升也). 掬四謂之豆, 豆四謂之區, 區四謂之釜. 釜二有半謂之藪, 藪二有半謂之缶, 缶二謂之鐘, 鐘二謂之秉, 秉十六斛也."[52]의 기록과 이와는 좀 다르지만[53] 『儀禮·聘禮』에 "十斗曰斛, 十六斗日藪, 十藪曰秉, 二百四十斗. 四秉曰筥, 十筥曰稯, 十稯日秅, 四百秉爲一秅."[54]의 진법체계에 대한 기록이 있다. 하지만 이러한 문헌의 내용만 의거하여 일찍부터 진법체계 전반이 존재했다고 확신하는 것은 여전히 타당해 보이지는 않는다.

이러한 容量單位와 일부 단위의 진법체계가 일찍부터 존재한 것은 확실하지만, 後人들이 종합한 단위와 진법체계는 오히려 서로 다른 시기의 산물이며, 그중의 일부는 容量單位가 아닌 것을 포함하기도 하였다. 丘光明 등은 "秉·藪·筥·稯·秅는 모두 곡물류만 계산하는 명칭이지만 때때로 전문 계량의 명칭으로 차용되기도 하여 빈번히 升·斗·豆·區·斛 등 전문 계량 명칭의 보완역할을 하였다. 이러한 상황이 나타나는 이유는 초기 度量衡制度가 아직 온전하지 않은 까닭이다."[55] 이 때문에 『小爾雅』 등과 같은 傳世文獻에 서로 연관이 있는 진법체계의 기재는 후대 학자들에게 추측을 불러일으켰지만, 실제로는 서로 다른 단위의 진법체계가 뒤엉켜 쓰여 있었던 것에 불과하다. 예를 들면, "秉"은 金文에 보이며 傳世文獻에 이것이 量詞의 범주에 속한다고 하였지만, 실제로 이것을 量制單位라고 하기에는 다른 증거가 부족하다. 이로써 객관적으로 傳世文獻의 기재를 분석해야 하지 傳世文獻의 내용만 보고서 量制의 하나라고 맹신하는 것은 옳지 않다.

현재 확신할 수 있는 통일된 표준 容量單位와 量制는 春秋戰國시기에 와서야 확립되었다는 것이며, 西周 이전의 容量單位에 대해서는 자료의 부족으로 현재로서는 진일보한 분석을 하기 어렵다.

1. 齊國量制

春秋戰國시기는 度量衡이 온전하게 발전하는 시기이자 통일되는 시기이다. 학계에서 처음 논의의 중심이 되었던 것은 齊國의 量制이다. 齊量制는 傳世文獻에도 비교적 이른 시기의 量制라는 기록이 있다.

齊量制를 연구했던 傳世文獻은 『左傳』이다. 이 내용에서 晏子는 陳氏 家量과 齊國의 舊量 간의 다른 점을 기술하였는데, 그 내용은 다음과 같다.

> 叔向曰, "齊其何如?" 晏子曰, "此季世也, 吾弗知齊其爲陳氏矣. 公棄其民, 而歸於陳氏. 齊舊四量, 豆·區·釜·鍾. 四升爲豆, 各自其四, 以登於釜, 釜十則鍾. 陳氏三量皆登一, 鍾乃大矣. 以家量貸, 而以公量收之."

---

52) 四部備要 『小爾雅義證』 卷十二, pp.57-58.

53) 丘光明·丘隆·楊平, 2001, 앞의 책, pp.27-28.

54) 「儀禮註疏」, 『十三經註疏』, 中華書局, 1980, p.1076.

55) 丘光明·丘隆·楊平, 2001, 앞의 책, p.30.

杜預가 "鍾乃大矣"에 注하기를,

登, 加也. 加一謂加舊量之一也. 以五升爲豆, 五豆爲區, 五區爲釜, 則區二斗, 釜八斗, 鍾八斛.[56)]

표 2. 齊量 진법체계

	升	豆	區	釜	鍾
姜齊舊量	1升	4升	16升	64升	640升
陳氏家量	1升	5升	20升	80升	800升
田齊新量	1升	5升	20升	100升	1000升

표 3. 齊量 추정치[57)]

	升	豆	區	釜	鍾
姜齊舊量	312.5	1250	5000	20000	200000
陳氏家量	312.5	1562.5	6250	25000	250000
田齊新量	205	1025	4100	20500	205000

여기에 기술한 齊國量制에는 升·豆·區·釜·鍾의 5종류의 단위가 존재한다. 하지만 이 量制를 어떻게 이해해야 할지에 대해서는 度量衡史 학계의 중요한 난제 중의 하나이다. 고금학자들은 일찍부터 많은 논의를 해왔는데, 여기에서 일일이 설명하지는 않겠다.[58)] 최근 裘錫圭의 저작 『齊量制補說』에서 고고자료와 전해 내려오는 齊量器 관련 자료, 그리고 傳世文獻의 내용에 근거하여 齊量의 세 가지 演變과정에 대해 논술하였다.[59)] 裘錫圭는 齊國量制를 姜齊舊量과 陳氏家量, 그리고 田齊新量의 세 시기로 나누고, 그와 연관된 단위의 진법체계와 量値에 대해 표(표 2, 표 3)를 만들었다.

이외에, 田齊新量 때에는 용량을 재는 술잔인 左關銅卮가 있었는데, 그 容量은 升의 10배, 區의 $\frac{1}{2}$, 釜의 $\frac{1}{10}$이다. 이것 역시 升-卮-釜의 十進制體系를 반영한 것으로, 齊國量制에 이미 출현한 것이다. 하지만 이러한 진법체계가 과연 齊國量制의 주류였는지에 대해서는 학계에서 아직도 쟁론 중이다.

齊國量制에 대한 연구는 현재진행형이지만, 가히 중요하다 할 수 있는 점은 단위 명칭이 서로 같다 하더라도, 인위적으로 설정된 서로 다른 진법체계로 인해 서로 다른 단위체계에 속할 수 있다는 점이고, 실제 사용된 量制는 文獻에서 기재된 것에 비해 더욱 복잡한 경우가 많다는 점이다.

2. 楚國量制

기존의 楚國量制에 대한 이해는 상대적으로 깊지 않았다. 丘光明은 安徽省 鳳台縣에서 출토된 "郢大府"銅量에 근거하여 그 단위의 개수는 적은 편이고 『說文』에 기재된 "陳留謂飯帚曰籍, 從竹捎聲. 一曰飯器, 容五升"과 부합하며 이 量器는 五升量이라고 추정하였다. 더 나아가 楚國은 升-斗制를 채택하였으며 매 升을 224㎖로 개정하였다고 보았다.[60)]

56) [晉]杜預, 1988, 『春秋經傳集解』, 上海古籍出版社, pp.1218-1219, p.1221.

57) 표기된 값의 단위는 ㎖이다.

58) 丘光明·丘隆·楊平, 2001, 앞의 책, pp.122-123에서 참고 바람 .

59) 裘錫圭, 2019, 「齊量制補說」, 『中國史研究』 2019-1 .

60) 丘光明·丘隆·楊平, 2001, 앞의 책, pp.134-135.

楚簡의 발견으로 楚國에서 실제로 운용되었던 量制가 처음으로 밝혀졌는데, 楚國에서 채택했던 量制는 기존의 升-斗진법체계라고 보았던 연구와는 달리, 中原의 각 국과는 완전히 다른 양상을 보여주었다. 湖北省 江陵縣 九店56號墓의 竹簡과 河南省 新蔡縣 葛陵楚墓의 竹簡에서 각각 楚國量制와 관련이 깊은 簿記文書簡이 출토되었다. 출토된 楚國量器와 楚簡에 의거하여 수많은 학자들이 容量單位에 대해 연구를 진행하였다.[61] 그중 주목할 만한 것은 董珊이 簿記文書簡을 분석을 시작으로 출토된 楚國量器의 특징을 함께 살펴보아 『楚簡簿記與楚國量制硏究』를 저술한 것이다. 이 저작은 楚國量制에 대해 가장 체계성을 갖춘 연구성과라고 할 만하다.[62] 이 연구에서 楚國量制의 기본 단위는 "赤"으로, 그 아래에는 分數單位이며, 이러한 楚國量制單位는 2進制·3進制·10進制의 세 가지 조합을 형성하고 있다. 董珊이 楚國量制單位의 명칭과 그 진법체계를 정리한 것은 다음과 같다.

표 4. 楚量單位와 量値, 그리고 진법체계

量制單位	㔽	赤	𣁬	參	筲	方*	中參*	弇㙐	雁首	麇*
容積	18000	4500	2300	1500	1125	900	750	562.5	500	225
比例	4	1	1/2	1/3	1/4	1/5	1/6	1/8	1/9	1/20

그 외에 糧食 計量의 전용 단위가 있는데, 秷·𥝩·檐 등이 그것이다. 이 중, 秷와 𥝩가 計量하는 것은 全禾[63]이고 "檐"이 計量하는 것은 가공품 혹은 반가공품이다. 董珊은 상술한 단위를 ①秷(稯)·𥝩 ②檐 ③赤·𣁬·參 ④方·中參·雁首·麇의 네 가지로 분류하고, 그 기록대상을 ①全禾 ②穗實[64] ③籽粒[65] ④粟米[66]로 나누었다. 이 네 가지 기록대상은 그 양과 부피가 가공 전의 많은 양에서 가공 후의 적은 양까지 모두 計量해야하기 때문에, 여러가지 방법으로 計量하도록 분류하였고, 서로 다른 크기의 量器가 組合되어 있다고 밝혔다.[67] 이렇듯 楚國의 量制單位와 中原지역의 것은 큰 차이가 존재하지만, 分數單位의 응용에 대해서는 中原의 각 국과 비슷하다.

3. 三晉量制

韓·趙·魏 삼국은 晉國에서 기원하였기 때문에 사회제도 등 많은 면에서 비슷한 면모를 보인다. 韓趙魏에

61) 宋華强, 2006, 「新蔡楚簡所記量器"鬴(釜)"小考」, 『平頂山學院學報』 2006-4 ; 廣瀨熏雄, 2006, 「新蔡楚簡所謂"賵書"簡試析—兼論楚國量制」, 『簡帛』 1, 上海古籍出版社, pp.212-221; 拓健聰, 2008, 「楚簡所見量制單位輯證」, 『中原文物』 2008-2 등이 있다.

62) 董珊, 2010, 「楚簡簿記與楚國量制硏究」, 『考古學報』 2010-2.

63) 역자주: 볏짚과 벼 이삭이 함께 있는 것으로, 추수 후 최초의 상태인 볏단을 말한다.

64) 역자주: 볏단에서 가위 등으로 볏짚만을 제거하고 벼 이삭을 남겨놓은 상태로, 많은 불순물을 포함하고 있다.

65) 역자주: 위에서 남겨놓은 벼 이삭을 타작의 단계를 거쳐 커다란 불순물을 제거한 이삭을 남겨둔 상태를 말한다.

66) 역자주: 상술한 이삭에 도정의 단계를 거쳐 껍질을 벗겨낸 상태이다.

67) 董珊, 2017, 「楚簡簿記與楚國量制硏究」, 『考古學報』 2017-1.

서 사용했던 量制單位 또한 거의 유사하지만, 구체적인 量制體系에서는 조금씩 상이한 면이 있기도 하다. 제도의 상관성에 비추어 최근 연구들은 모두 이 삼국의 量制를 연구할 때 삼국을 함께 논의한다.

1) 魏

魏國에 보이는 容量單位는 䆁와 斞이며, 다른 단위는 아직 보이지 않고 있다. 魏國의 銅鼎을 실측하여 그 용량을 추산하니 1䆁의 單位量値은 대략 7180㎖이다. 또한 魏國의 銅鼎에 "半"·"三分"·"四分" 등의 分數單位가 새겨져 있는데, 여기에서 䆁가 생략된 것으로 보인다.[68] 李學勤은 三年垣上官鼎의 校量內容에서 "大十六臾"의 기재가 보이는데, 이를 魏國刻銘이라고 보고 "臾"가 곧 "斞"라고 보았다.[69] 이것은 魏國에 小容量單位로서 "臾"가 존재함을 의미하고, 吳振武의 추정에 의하면 1臾는 대략 53.3㎖에 해당한다.[70]

魏國의 量制에 대한 인식은 器物에 대한 각국의 인식의 변화로 인해 조정되었다. 이전의 도량형사학자들은 魏國에 容量에 대한 기록이 있는 銅容器에 대해 논의할 때, 항상 安邑下官鍾을 예로 들었다. 安邑下官鍾의 舊釋에 "大斛斗一益少半益"에 근거하여, 魏國量制 중에 斛·斗·益 등의 단위를 포함하고 있다고 생각하였다.[71] 丘光明은 "'䆁'는 다른 통용되었던 容量을 計量한 단위들과 함께 사용되었던 것으로 보인다"[72]고 하였는데, 이러한 판단은 安邑下官鍾의 舊釋과 관련이 있다. 그 후, 李學勤은 安邑下官鍾이 비록 魏國에서 제작되었으나, 銘文의 특징과 校刻한 내용으로 판단하면 校刻의 內容은 韓國에서 한 것으로 보이며, 銘文은 "大大半斗一益少半益"으로 석독하는 것이 더 타당하다고 하였다.[73] 이로써, 舊釋에서 "斛"이 탈락되고 이 기물에서 보이던 斗·益 등 역시 魏量單位가 아니고 응당 韓國單位로 보아야 한다는 것이다. 李學勤의 이러한 학설은 이미 학계에 받아들여졌고, 葛亮도 戰國量制 연구에서 銅器銘文에 근거하여 魏國의 容量單位 중에서 斗·益을 배제해야 한다고 하였다[74].

2) 韓

韓國의 量制單位는 斗·益을 포함하고 동시에 䆁도 사용되었다. 기존 韓國量制의 문물에는 주로 記容銅鼎와 陶量 등이 있는데, 이에 대해 학계에서는 1益을 168㎖로, 1斗를 1680㎖로 추산하였다.[75] 최근 李學勤 역

68) 丘光明·丘隆·楊平, 2001, 앞의 책, p.139.

69) 李學勤, 2005, 「三年垣上官鼎校量的計算」, 『文物』 2005-10.

70) 李學勤은 1臾를 3.53㎖로 추산하였고, 吳振武은 1臾를 53.3㎖로 추정하였다. 裘錫圭는 吳振武의 釋文에 대해 동의하였으며, 1臾의 量値를 50~60㎖ 사이라고 보았다(吳振武, 2005, 「關於新見垣上官鼎銘文的釋讀」, 『吉林大學社會科學學報』 45; 裘錫圭, 2008, 「談談三年垣上官鼎和宜陽秦銅鍪的銘文」, 『古文字研究』 27, 中華書局, pp.277-282).

71) 丘光明, 1981, 「試論戰國容量制度」, 『文物』 1981-10.

72) 丘光明, 1992, 『中國歷代度量衡考』, 科學出版社, p.170.

73) 李學勤, 2003, 「滎陽上官皿與安邑下官鍾」, 『文物』 2003-10.

74) 葛亮, 2015, 「烏氏扁壺與商鞅變法前的秦國量制」, 『戰國文字研究的回顧與展望國際學術研討會論文集』, 復旦大學, 후에 復旦大學出土文獻與古文字研究中心編, 2017, 『戰國文字研究的回顧與展望』, 中西書局에 실림.

75) 丘光明·丘隆·楊平, 2001, 앞의 책, pp.150-151.

시 滎陽上官皿을 소개하였고, 그 銘文에 "少一益六分益"이 쓰여 있었고 이것을 실측하니 容積이 3030㎖이었다. 이 때문에 그는 "一益六分益"이 이 그릇의 전체 容積을 말하는 게 아니라, 오히려 이 그릇의 전체 容積은 韓國의 二斗와 근접하다고 추측하였다. 여기에서의 "少"는 "모자라다"는 의미로 해석하는 것이 더 적합하고 이 그릇의 실제 용량은 1斗8益又$\frac{5}{6}$益으로 실측한 3030㎖과 부합하며, 安邑下官鍾에 반영된 量制와도 합치한다고 보았다.[76] 이로써 安邑下官鍾은 韓國의 量制에서의 斗와 益의 量値에 대한 증명을 할 수 있는 것이다.

하지만 여러 자료의 내용을 보면, 韓國의 量制에는 大小制를 사용한 것으로 보이는데, 韓國의 春成侯盉 銘文에 그 용적이 "大二斗"로 기록되어 있고 이 실측 容積은 3865㎖이다. 李家浩는 여기서의 "大"는 大量의 의미이며 小量의 상대적인 개념으로 보았고, 1斗를 1932.5㎖로, 1益를 대략적으로 193.3㎖으로 추산하였다. 또한 長子盉의 銘文에서 "大一斗二益"의 기록을 들어 그 실측 容量은 2315㎖으로, 이를 토대로 환산하면 1斗는 대략 1929.2㎖, 1益은 192.9㎖로 앞의 春成侯盉와 유사하다.[77] 이것은 安邑下官鍾 혹은 滎陽上官皿과 상이한데, 이러한 종류도 韓國에 실제로 존재했을 것으로 보인다. 그래서 韓國의 量制는 斗-益 단위를 사용하였고 양자는 十進制關係를 이루고 있으며, 大制의 1斗는 대략 1929.2㎖, 1益은 대략 192.9㎖이며, 小制의 1斗는 1680㎖, 1益은 168㎖이라고 추정할 수 있다.

3) 趙

趙國의 量制單位는 斗와 益을 포함한다. 斗는 趙國 용량을 기재한 기물의 명문 중에 비교적 자주 보이는 단위로, 土匀銅壺·十一年銅鼎·襄陰鼎 등에 의거하면, 1斗는 약 1920㎖이다.[78] 최근에 董珊가 趙의 五年春平相邦葛得鼎을 소개하였는데, 그 명문에 "容一斗四益(溢)"이 있어, 실측 容積을 2700㎖ 정도로 보았고, 1斗=2700÷1.4=1928.6㎖, 1益=192.9㎖로 추산하였다.[79] 斗와 益의 單位量値는 韓國의 大制와 상당히 비슷한데, 이를 통해 趙國에도 小制가 존재했을 가능성을 추정해 볼 수 있으며, 이에 대해서는 앞으로 새로운 자료가 발견되기를 기대한다.

요컨대 三晉 지역은 지리적으로 근접하고 출토 문물에 반영된 量制單位 또한 상당히 유사하여 보편적으로 斗-益制를 사용했던 것으로 보인다. 하지만 구체적으로 추론하면, 三晉 각 국의 量制에도 여전히 서로 다른 점이 보이는데, 이는 각 국의 실제 응용 중에 형성된 상이성이라고 보는 것이 적합할 것이다.

4. 燕國量制

현재 밝혀진 燕國의 量制單位는 觳과 鶴이다. 燕國의 용량을 기재한 銅器는 여러 차례 발견되었는데, 여기에 燕國의 量制가 觳鶴進制를 채택하고 있음을 반영하고 있다. 燕國의 襄安君銅鉀와 廿二銅壺 등을 근거

76) 李學勤, 2003, 「滎陽上官皿與安邑下官鍾」, 『文物』 2003-1.

77) 李家浩, 2001, 「談春成侯盉與少府盉的銘文及其容量」, 『華學(五)』, 中山大學出版社, p.156.

78) 丘光明·丘隆·楊平, 2001, 앞의 책, pp.142-143.

79) 董珊, 2017, 앞의 논문; 李宗焜, 2012, 『古文字與古代史』 3, 中央研究院歷史語言研究所, pp.287-299.

로, 1觳은 대략 1766㎖이다. 여기서 살펴보아야 하는 것은 觳 단위가 文獻에서도 보이고 있으며, 段玉裁는 "觳, 受斗二升"이라고 한 바가 있지만, 이것과 燕國의 銅器에 반영된 量値가 부합하지 않는데, 이 때문에 후대의 것만 반영된 것이 아닌가 하는 의견이 있다.[80] 이 의견은 많은 학자들이 觳-觿進制에 대한 인식에 영향을 주었다. 지금 학계에서 觳-觿進制에 대해서는 여러 논쟁이 있는데, 그중 한 가지는 1觳=10觿로 보는 견해, 다른 한가지는 1觳=12觿로 보는 견해이다. 하지만 戰國시기에 十進制가 큰 유행을 이룬 것과 관련하여 당시 量制에서 十二進制가 흔하지 않았고, 丘光明 역시 十二進制의 史料를 고증하여 논거가 부족함을 밝히 바가 있다.[81] 이로써 필자는 觳-觿進制를 十進制로 보는 것이 타당하며, 이 추정에 오류가 없다면, 1觳은 약 1766㎖, 1觿는 약 177㎖이라고 생각된다.

5. 東周量制

현재 밝혀진 東周의 量制單位는 斛과 斗이다. 이를 확인할 수 있는 기물은 洛陽市 金村에서 출토된 司客銅鈁과 陝西省 臨潼區에서 출토된 公朱左官銅鼎이 있다. 司客銅鈁에 "四斗"가 기재되어 있는데, 故宮藏器와 清華大學藏器의 그 기물의 용량은 각각 7700㎖과 7990㎖로 보여, 이를 근거로 추산하면, 東周의 1斗는 약 1990㎖이다. 公朱左官鼎에는 "容一斛"이 기재되어 있고, 그 실측 容量이 2050㎖이다.[82] 하지만 1斛이 2050㎖인지에 대해서는 여전히 의문이 존재하며, 丘光明은 이 기물에 기재된 "斛"은 실제 1觳의 오류로 보고 있다.[83] 先秦의 傳世文獻에 기재된 "斛"단위는 일찍이 존재했다는 것은 확신할 수 있지만, 현재 東周의 量制에 대한 이해도가 빈약한 관계로 斗 단위의 위치를 후에 升이 차지한 것인지, 斛과 斗가 어떤 진법체계를 이루고 있는지에 대해서는 아직 확실하지 않다.

6. 秦國量制

戰國秦의 量制單位는 石·斗·升이며, 이 三者는 十進制를 이루고 있으며, 戰國秦簡과 量器, 그리고 용량을 기록한 기물에 모두 보이고 있다. 현재 발견된 기물 중, 그 의의가 가장 중요한 秦國量器는 秦孝公시기에 제작된 商鞅方升이다. 이 量器에 따르면, 1升은 약 200㎖이며, 秦 통일 이후의 秦代量器와 비교하면, 이 量値는 통일 후에도 여전히 운용되었다. 즉, 戰國秦과 秦代의 量制는 서로 연속관계에 있었으며, 이와 관련된 구체적 논의는 후술하겠다.

7. 小結

종합하자면, 春秋戰國 시기는 度量衡이 생성되어 온전한 체계를 이루는 시기였다. 정권의 분열 때문에

---

80) 丘光明·丘隆·楊平, 2011, 앞의 책, pp.157-159.

81) 丘光明·丘隆·楊平, 2011, 앞의 책, p.158.

82) 丘光明·丘隆·楊平, 2011, 앞의 책, pp.151-153.

83) 丘光明·丘隆·楊平, 2011, 앞의 책, p.152.

列國의 量制는 지역적 색채를 반영하여 일정 정도의 차이를 드러내기 시작하였다. 하지만 陳夢家가 지적하였듯 "과거의 학자들은 과도하게 秦孝公 혹은 秦始皇의 통일을 강조하느라, 각 국의 제도들이 점점 유사한 모습으로 변화 발전하고 있는 경향이 있었다는 것에 대해서는 등한시하였다."[84] 秦國과 三晉의 量制를 보면, 十進制는 여전히 통용되던 量制進制였고, 초기 齊國는 四進制를 채택하였지만 후대에 升-庖-釜의 十進制 단위체계가 출현하여 三晉과 秦의 量制와 유사해지는 경향을 띠게 되었다. 이외에 서로 다른 국가의 基礎單位의 量値 또한 비슷해지는 경향이 보인다. 그래서 각 국의 量制는 서로 다른 부분이 분명 존재하지만, 실제로 서로 같아지려는 추세가 보인 것 또한 사실이다.

V. 秦量制의 單位體系

출토문헌에서 보이듯 戰國秦의 量制는 秦 통일 이후에도 연속적으로 운용되었다. 秦量制의 單位系統에 대해 睡虎地秦簡의 『效律』로부터 논의를 시작하겠다. 『效律』에서 보이는 量器의 검수 기준은 아래와 같다.

> 桶不正, 二升以上, 貲一甲; 不盈二升到一升, 貲一盾. 斗不正, 半升以上, 貲一甲; 不盈半升到少半升, 貲一盾. ……半斗不正, 少半升以上; 參不正, 六分升一以上; 升不正, 廿分升一以上……貲各一盾.(3-7)[85]

이상에 출현한 단위는 斗·半斗·參·升이다. 위 내용 중 秦制에서 사용된 "桶" 혹은 "甬"는 量器로서 그에 대응하는 단위는 "石"이다. 상술하였듯이 위 내용은 秦의 주요 量制單位體系를 반영한 것이다.

秦에는 重量 石과 동시에 容量 石이 동시에 존재했는데 量器에 이것이 반영되었다. 考古 문물에서 일찍이 용량이 16$\frac{2}{3}$斗인 秦量이 발견되었으며, 1963년 內蒙古 赤峰市 北部에 있는 蜘蛛山에서 이러한 量器가 여러 개가 출토되었고, 현재 中國社會科學院 考古研究所에서 소장하고 있다. 이 중 하나의 量器는 입구의 外徑이 38.8㎝ 內徑이 37㎝이며, 입구 부분에 "十六斗泰(大)半斗"의 명문이 쓰여 있는데,[86] 秦簡에 기재된 米粟환산 계산에 의거, 이것은 衡制單位인 石에 대응하여, 西漢 簡牘에서는 大石으로 칭해지는 특수한 量制單位이다. 동시에 여러 종류의 容量이 존재하는데, 서로 다른 종류의 糧食와 밀접한 상관관계가 있다.[87]

『效律』에 參과 半斗의 分數單位가 보이는데, "參"은 $\frac{1}{3}$斗을 지칭한다. 이 두 가지 분수 단위를 제외하고 睡虎地秦簡 『秦律十八種』에 $\frac{1}{4}$斗를 가리키는 "駟"가 기술되어 있다.

---

84) 陳夢家, 1964, 「戰國度量衡略說」, 『考古』 1964-6.

85) 睡虎地秦墓竹簡整理小組, 1990, 앞의 책, pp.69-70.

86) 中國社會科學院考古研究所內蒙古工作隊, 1979, 「赤峰蜘蛛山遺址的發掘」, 『考古學報』 1979-2.

87) 代國璽, 2017, 「秦漢的糧食計量體系與居民口糧數量」, 『中央研究院歷史語言研究所集刊』 89.

有罪以貲贖及有責(債)于公, 以其令日問之, 其弗能入及賞(償), 以令日居之, 日居八錢; 公食者, 日居六錢. 居官府公食者, 男子參, 女子駟.

『司空』 133-134[88)]

整理小組는 "駟"를 "四"로 보는데, 注에 "四는 四食을 말하는데 아침 저녁으로 각 $\frac{1}{4}$斗 두 번씩 식사를 하는 것이다. 『墨子·雜守』에 '四食, 食二升半.'"[89)] 이외 里耶秦簡에 "正月與餘米八斗一四(四)"의 기재가 있는데[90)], "四"와 "駟"가 동일한 의미이며, "四" 또한 單位로서 사용되었다. 曾磊의 고석에 따르면, "駟" 혹은 "四"은 동일하게 "四"의 의미이고, 고대 중국인은 숫자의 착오나 위조를 방지하기 위해 획수가 많은 숫자를 사용하였다.[91)]

"駟"는 單位로서의 쓰임이 秦量을 통해 검증되었다. 秦의 $\frac{1}{4}$斗가 세 군데에서 보이는데, 첫째는 天津博物館에서 소장 중인 始皇詔銅橢量으로 그 容積이 490㎖이고, 둘째는 旅順博物館에 있는 始皇詔銅橢量으로 그 容積은 495㎖, 셋째는 吉林大學에 소장 중인 始皇詔銅橢量이고 그 容積은 500㎖이다. 그 量値를 환산하면, 모두 $\frac{1}{4}$斗이다.

秦簡에 $\frac{1}{6}$斗 역시 보이는데, 岳麓秦簡 『算』의 기재 중에, "一人斗食, 一人半食, 一人參食, 一人駟食, 一人馱食"(1826)과 "馱食者取一斗九分升一"(0979)[92)]이 보인다. 整理者가 注하길, "'馱'은 '六'으로 읽으며 여기서 $\frac{1}{6}$을 나타낸다"고 하였다.[93)] 아직까지 $\frac{1}{6}$斗을 나타내는 秦量이 발견되지는 않았지만, 半·參·駟가 모두 대응되는 量器가 존재하기 때문에 $\frac{1}{6}$斗에 해당하는 秦量도 존재한다고 보는 것이 타당하다.

필자가 文獻과 考古資料의 내용을 참고하여 睡虎地秦簡 『效律』에서 보이는 秦量制의 單位體系를 살펴본 바에 의하면, 秦量値의 單位를 大中小의 세 개의 계통, 즉 石制系統과 升斗系統, 그리고 籥撮系統으로 나눌 수 있다. 먼저 大單位의 石制系統에 대해 보겠다.

표 5. 石制系統

單位系統	名稱	單位性質	容量	備注
石	大石	換算單位	多種容量	重量 石과대응
	石	基礎單位	10斗	量器 桶

다음은 中等單位系統인 升斗系統이다.

88) 睡虎地秦墓竹簡整理小組, 1990, 앞의 책, p.51.

89) 睡虎地秦墓竹簡整理小組, 1990, 위의 책, p.51.

90) 鄭曙斌·張春龍·宋少華·黃樸華編著, 2013, 『湖南出土簡牘選編』, 岳麓書院, p.99.

91) 曾磊, 2015, 「出土文獻所見秦漢"多筆數字"」, 『簡帛研究』 2015 春夏卷.

92) 朱漢民·陳松長主編, 2011, 『岳麓書院藏秦簡[貳]』, 上海辭書出版社, p.107.

93) 朱漢民·陳松長主編, 2011, 위의 책, p.107.

표 6. 升斗系統

單位系統	名稱	單位性質	容量	備注
升斗	斗	基礎單位	10升	
	半斗	分數單位	5升	$\frac{1}{2}$斗
	參		3.33升	$\frac{1}{3}$斗
	駟		2.5升	$\frac{1}{4}$斗
	騞		1.67升	$\frac{1}{6}$斗
	升	基礎單位	1升	$\frac{1}{10}$斗

이미 공표된 秦簡에서 하나의 小容量單位를 찾아낼 수 있는데, 이것은 度量衡史家들이 알지 못했던 것으로, 里耶秦簡에 사용한 漆容量을 기록할 때 쓰였던 단위인 "籥"이다.

用和桼六斗八升六籥□□□□
水桼九斗九升
凡十六斗七升六籥 (8-1900)[94]

"凡十六斗七升六籥"의 기록에서 升 아래에 있는 단위인 "籥"을 확인할 수 있다. 유감인 것은 죽간의 파손으로 인해 "用和桼六斗八升籥六" 이하의 내용을 분별할 수 없다는 것인데, "籥" 이하에 그보다 더 작은 單位가 있을 가능성이 농후해 보이지만 지금으로서는 확신할 수 없다.

岳麓秦簡『爲吏治官及黔首』篇에
升籥不正　主吏留難　實官出入　舉事而不意不欲多聞(1505)[95]

『爲吏治官及黔首』의 성격은 官吏의 道德에 관한 내용을 수집하여 베껴 쓴 것이다. 위 단락에서 출현한 "升籥"量器는 睡虎地秦簡의 "斗甬(桶)"와 같은 것으로, 모두 당시 상용되었던 量器이다.

『漢書·律曆志上』에 "合龠爲合, 十合爲升"[96]의 내용 중에, 龠은 곧 籥을 말하며, 여기에서 升龠進制는 20이다. 升龠進制에 대해서는 아래에서 다시 서술하겠다.

"籥"외에 周家台秦墓竹簡에도 藥方 중에 새로운 단위가 보이는데, "三指竄(撮)"이 그것이며, 이것 역시 小容量單位 중에 하나이다.

---

94) 湖南省文物考古研究所, 2010, 『里耶秦簡(壹)』, 文物出版社, p.235(도판부분).
95) 朱漢民·陳松長主編, 2010, 『岳麓書院藏秦簡[壹]』, 上海辭書出版社, p.35.
96) 『漢書·律曆志上』, p.967.

取車前草實, 以三指竄(撮), 入酒若鬻(粥)中, 禍(飲)之, 下氣.[97]

여기에서 "三指撮" 중에 "撮"은 動詞이며, 이에 대해 應劭가 注하길, "四圭曰撮, 三指撮之也"라고 한 것[98]과 부합한데, 이 역시 容量單位 중에 하나로 보인다. 이외에 里耶秦簡에 기재된 藥方에서도 "三指取(撮)到節"이 보인다.

· 七 ㄴ病暴心痛灼=者治之析蓂實治二枯橿菌

· 桂治各一凡三物並和取三指取(撮)到節二溫醇酒(8-1221)[99]

이 단위는 세 손가락으로 손가락의 첫마디까지 분말을 집는 것으로, 그 양을 엄격하게 규정하지 않고 있어 손가락의 크기 차이에 의한 증감은 불가피하였다. 이보단 늦은 시기의 馬王堆『五十二病方』에도 "三指大撮"과 "三指小撮" 등의 단위가 존재하는데, 상술한 바와 같이 모두 "撮"이라는 기준이 없는 대략적인 단위로, 그 적용대상은 藥物의 분말에만 한정되어 量制에 편성되지 못했던 것으로 보인다.

이상의 내용을 근거로, 秦의 小量制의 單位系統을 정리하면 다음과 같다.

표 7. 籥撮系統

單位系統	名稱	單位性質	容量	備注
籥撮	籥	基礎單位	1/20升	
	三指撮	非標準	대략적으로 세 손가락으로 분말을 집은 양	進制에 편입되지 못함
	三指撮到節		세 손가락으로 집되, 첫 마디까지 닿도록 집은 양	

종합하면, 秦의 量制는 升-斗-石의 十進制를 채택하였다. 升斗가 일상에서 가장 많이 통용되던 量制單位이고, 이 단위 사이에 半($\frac{1}{2}$斗)·參($\frac{1}{3}$斗)·駟($\frac{1}{4}$斗) 등의 分數單位를 더하여 사용하였다. 石은 10斗이면서 동시에 서로 다른 糧食을 重量 石단위로 나타냈다가 이에 대응하는 서로 다른 容量의 體積으로 표현할 수 있었다. 升 이하에는 小量制單位인 龠이 존재하여 1升의 $\frac{1}{20}$을 표현하였으며, 기준이 되지 않는 대략적인 단위인 撮도 존재하였다. 이러한 단위는 大中小의 單位系統를 구성하며, 秦量制의 성숙도를 반영하였다.

기존의 연구에 의거, 각 단위들의 진법체계를 정리하면, 1石=10斗=20半斗=30參=100升=2000龠이다. 秦量器에 반영된 量値는 秦制 1升이 약 지금의 200㎖이다.

97) 周祖亮·方懿林, 2014,『簡帛醫藥文獻校釋』, 學苑出版社, p.28.

98)『漢書·律曆志上』, p.956.

99) 湖南省文物考古研究所, 2010, 앞의 책, p.155(도판부분).

VI. 漢代 量制의 교체와 변화

학계에서 보편적으로 인식하는 바는 西漢의 度量衡制은 "漢承秦制"이다. 하지만 실제로 출토자료에 반영된 秦量制와 西漢의 量制는 『漢書·律曆志』에 보이는 "五量"量制와는 차이점이 확연히 드러난다. 상술하였듯, 睡虎地秦簡 『效律』에 반영된 秦量制 단위의 서열은 桶(石에 대응함)·斗·半斗·參·升이다. 이것과 新莽의 "五量"單位體系는 斛-斗-升-合-龠은 서로 같다고 할 수 없다. 『漢書·律曆志上』의 기재를 보면,

> 量者, 龠·合·升·斗·斛也, 所以量多少也. ……合龠爲合, 十合爲升, 十升爲斗, 十斗爲斛, 而五量嘉矣. ……夫量者, 躍於龠, 合於合, 登於升, 聚於斗, 角于斛也.[100]

이 단위 중에 秦과 西漢에서 장기간 사용했던 桶量과 容量單位인 石은 新莽 이후에 斛로 개칭되었고, 戰國에서 秦漢 동안 상용되던 半과 參 또한 新莽量制의 單位體系에서 보이지 않는다. 秦와 西漢에서 오랫동안 사용되던 升-龠二十進制는 후대에 升合十進制로 교체되었다. 이러한 차이는 秦制에서 漢制로 변화 조정된 부분이 반영된 것이라 할 수 있다.

1. 출토자료에서 보이는 桶斛과 石斛의 변화

秦代의 "桶"은 漢代에 이르러서 "斛"로 변화하였다. 『呂氏春秋』에서의 "角(斠)斗桶"과 "齊斗甬(桶)", 『史記·商君列傳』의 "平斗桶", 睡虎地秦簡 『效律』에는 "石"에 대응하는 量器를 桶으로 칭하여 桶은 秦制 官方量器의 명칭임을 알 수 있다. 西漢의 銅桶은 1例가 보이는데, 宋人의 저작 『嘯堂集古錄』에 나온 谷口銅甬(桶)으로, 그 제작 시기는 始元4年(B.C.83)이고 교정시기는 甘露元年(B.C.53)이다. 그 銘文 중에 "甬(桶)"가 기재되어 있어 西漢시기에도 秦制가 계승되었음을 확인할 수 있다.

하지만 현재 발견된 新莽에서 漢末의 容量이 10斗인 量器들에는 모두 "斛"로 칭해지고 있다. 秦과 西漢의 文獻에서 보이는 "平斗桶"이 『東觀漢記』에 기재된 東漢 丁鴻이 上奏할 때에는 "同斗斛"로 개칭되었는데,[101] 이는 당시인들의 개념 속에서의 변화를 반영한 것이다.

秦漢의 10斗單位의 명칭은 "石"에서 "斛"로의 변화를 거쳤다. 森鹿三이 제일 먼저 이를 주목했는데, 居延漢簡에 "사용된 '斛'은 대개 王莽時期의 특징이라고 할 수 있다."[102] 통계를 내본 결과, 居延漢簡·敦煌簡·肩水金關簡 등 紀年된 漢代簡牘 중에 "斛"이 출현한 것은 모두 新莽 혹은 더 늦은 시기의 것이었다. 이와 비교하여, 동일한 지역에서 발견된 서한 중후기의 紀年된 簡牘을 살펴보니 "十斗"에 대응하는 容量單位는 모두 "石"으로 기재되어 있어 아직까지 이 시기에 "斛"의 사용이 보이지 않고 있다.

---

100) 『漢書·律曆志上』, p.968.

101) [漢]劉珍等撰, 2008, 『東觀漢記校注』, 中華書局, p.649.

102) 森鹿三, 1983, 「居延出土的王莽簡」, 『簡牘研究譯叢』 1, 中國社會科學出版社, p.12.

이 때문에, 출토 문헌과 문물에서 보이는 실제 운용 상황을 통해 "斛"은 秦漢官方量器와 容量單位로 개혁되고 시행된 시기는 王莽時期의 政治改革과 연관이 있어 變法의 산물 중에 하나로 추정할 수 있다. 이러한 변화는 또한 당시 秦과 西漢時期의 石制의 사용으로 야기된 혼란과 깊은 연관이 있을 것이다.

"石"은 초기의 중요한 度量衡單位로 秦漢시기에 계승되어 사용되었다. 官方의 記錄 중에, 그 환산 기준이 비교적 명확한데, 睡虎地秦簡 『倉律』과 張家山漢簡 『算數書』, 그리고 『說文解字』 모두에 重量 1石의 禾黍는 $16\frac{2}{3}$斗의 이러한 환산 방식이 명시되어 있다. 이와 관련된 기록들은 다음과 같다.

1. 睡虎地秦簡 『倉律』 "[粟一]石十六斗大半斗, 舂之爲糲米一石." [103)]
2. 張家山漢簡 『算數書·程禾』 "程曰: 禾黍一石爲粟十六斗泰(大)半斗, 舂之爲糲米一石……",
   "程曰: 稻禾一石爲粟廿斗, 舂之爲米十斗……"[104)]
3. 『說文』"糲. 粟重一秳, 爲十六斗大半斗, 舂爲米一斛曰糲."[105)]

容量단위인 石과 重量단위인 石은 비록 서로 환산이 되지만, 그 대응되는 物品의 다름으로 인해 그 계산 방식이 대체로 복잡하다. "石"의 重量과 容量單位의 명칭이 혼재하고 그 대응되는 量이 통일되지 않아 실제 응용 중에서는 현저한 폐해를 야기하였다. 즉 容量單位인 "石"은 1石을 용량 10斗로 지금의 20000㎖로 정하여 容量單位로 두었고, 이와 동시에 重量單位의 "石"은 1石을 중량 120斤으로 지금의 30㎏로 규정하였다. 단위 명칭으로의 "石"만으로는 그 대응하는 수량이 얼마인지 확정할 수 없으며 여타의 고정되고 정확한 수치로 나타내는 量制 단위와는 달라, 이 단위를 사용하여 기록할 때 그 내용의 불확정성을 초래하였던 것이다.

『史記·貨殖列傳』에 "米石至萬"과 "羔羊裘千石"이 함께 기재되어 있는데,[106)] 실제로 전자는 容量單位를 後者는 重量單位를 표현하였다. 西漢 甘露2年(B.C.52)簡 중에도 "石"의 서로 다른 度量衡單位로 혼용되어 사용되었는데, 동일 간독에 "麥小卅二石七斗"와 "茭廿五石二鈞"의 기재가 동시에 존재해[107)] 각각 容量과 重量單位를 표현한 것이다. 이렇듯 單位만 보면, 그 내용 이해 면에서 혼란을 가져올 소지가 충분했다. 또한 漢簡에 출현하였던 "大石"과 "小石"의 개념은 본래 米粟 환산의 편의를 위해 탄생했지만 객관적으로 보면 "石"에 대한 복잡함만 더해줄 뿐이었다. 실용적인 측면에서 "石"이라는 單位가 가리키는 구체적인 개념은 확실하지 않았고 이로 인해 사용상의 혼란은 불가피한 상황이었다.

이러한 배경에서 王莽의 度量衡 개혁은 "桶"量을 "斛"量으로 개칭하고 여기에 대응하는 容量單位로서의

---

103) 睡虎地秦墓竹簡整理小組, 1990, 앞의 책, p.29(석문부분).

104) 張家山二四七號漢墓竹簡整理小組編, 『張家山漢墓竹簡[二四七號墓](釋文修訂本)』, p.144.

105) [漢]許慎撰·[清]段玉裁注, 1981, 『說文解字注』, 上海古籍出版社, p.331.

106) 『史記·貨殖列傳』, p.3280·p.3274.

107) 이 簡文의 원문은 "甘露二年二月庚申朔丙戌, 魚離置嗇夫禹移縣(懸)泉置, 遣佐光持傳馬十匹, 爲馮夫人柱, 廩穬麥小卅二石七斗, 又茭廿五石二鈞. 今寫券墨移書到, 受薄(簿)入, 三月報, 毋令繆(謬), 如律令."(II 0115(3):96) 胡平生·張德芳編, 2001, 『敦煌懸泉漢簡釋粹』, 上海古籍出版社, p.141에서 원문 참조.

"石" 역시 "斛"로 개칭하였다. 桶에서 斛으로의 變化는 王莽이 행한 復古改制의 결과로서 실질적 사용에 필요한 합리적인 조정이었다.

이러한 조정을 거친 후, "桶"量이라는 명칭은 점점 사용하지 않게 되고, 그 대신 "斛"量이 새로운 10斗 容量의 官方標準量器가 되었고, 이에 대응하여 容量單位도 "斛"로 개칭되었다. 이로써, "石"의 容量과 重量 單位의 중복 사용으로 초래된 혼란은 "斛"과 "石"單位의 구별로 인해 해결되었다. 이후로 "石"은 重量單位로만 쓰였고, "斛"은 量器의 名稱의 명칭이자 容量單位로 쓰이면서 더불어 量器와 單位의 통일도 이루게 되었다.

2. 秦과 西漢의 "參"과 "半"

秦과 西漢시기에 分數單位인 "參"과 "半"을 사용하였지만, 이들 單位는 王莽"五量"에서는 오히려 보이지 않는데, 이것 역시 量制單位體系의 변화를 반영한 것일 가능성이 크다.

睡虎地秦簡 『效律』 "參不正, 六分升一以上."[108]에서 "參"은 官方量器이자 量制單位로서 $\frac{1}{3}$斗을 나타내며 量器에서 비교적 자주 확인할 수 있다. 그 예로, 1982년 江蘇省 東海縣 雙店鄉에서 출토된 秦兩詔銅量의 용량은 630㎖이며, 上海博物館에서 보관하는 兩詔銅橢量의 용량이 650㎖이며, 미국의 首陽齋[109]에 소장하고 있는 秦兩詔銅橢量의 용량이 654㎖이다. 『陶齋吉金錄』에도 8合5勺의 銅量을 기록하였는데 환산 후의 용량은 654㎖이다. 1斗를 2000㎖로 계산하면, 상술한 量器의 용량은 모두 $\frac{2000}{3}$㎖ 즉 666.7㎖로 모두 參量에 해당한다. 秦簡에 "參"의 單位 使用記載가 비교적 많이 나타나는데, 里耶秦簡에 "呂柏取五斗一參 柏已取廿一今使者八十一"(8-771)[110]의 기록이 있고, 여기서 "五斗一參"은 $5\frac{1}{3}$斗를 나타내어 이것을 증명하였다.

簡牘 중에 있는 "參" 單位는 학자들이 이미 주목하였고[111], 그중 『居延新簡』 "參"이 기재된 예는,

> 閏月二日有黃米四參 出二半月六日 出一半月十三日. E.P.T56:76A[112]

이외에, 『香港中文大學文物館藏簡牘·奴婢廩食粟出入簿』에도 "參"單位가 여러 차례 등장하는데, 이는 西漢中期의 量制를 반영한 것이다.

> 用粟大石五石五斗五升, 爲小石九石二斗一參半參. 131 正
> 稟大石五石, 爲小石八石三斗一參, 十月食. 132 正

---

108) 睡虎地秦墓竹簡整理小組, 1990, 앞의 책, pp.69-70(석문 부분).

109) 역자주: 미국의 저명한 화교 수집가 부부 胡盈瑩과 范季融의 서재 이름이다.

110) 湖南省文物考古硏究所, 2010, 앞의 책, p.114(도판부분).

111) 李均明, 2002, 「讀『香港中文大學文物館藏簡牘』偶識」, 『古文字硏究』 24, 中華書局; 李建平, 2011, 「秦漢簡帛中的度量衡單位"參"—兼與肖從禮先生商榷」, 『敦煌硏究』 2011-1.

112) 馬智全著, 2016, 『居延新簡集釋(四)』, 甘肅文化出版社, p.202.

"參"의 分數 표현 방식도 있는데, 예를 들면, "大半參"·"少半參"·"半參"이 있다.

今見粟小石四百卅九石八斗二參大半參·爲大石二百六十三石□□ 138背
八十一石一斗一參少半參在貝所. 138背
京中少大石五石八升少半升, 爲小石八石四斗七升半參. 142正[113]

秦漢器物의 銘文에 "參"單位가 기재된 것은 1967년 太原市 東太堡에서 출토된 孫氏銅盉이다. 銅盉의 높이는 12.7㎝, 腹徑은 15㎝, 손잡이의 길이는 8.5㎝이며,[114] 이 기물의 몸체에 용량을 기록한 銘文이 있는데, 원래의 釋文은 "鐎第二參重六斤五兩"이며, 이외에 별도로 "容"字가 새겨져 있다. 필자가 탁본을 살펴보니, "容"字는 "參"字의 오른쪽 위에 새겨져 있어, "容"은 누락된 글자로 보여 더 정확한 釋文은 "鐎, 第二, 容[一]參, 重六斤五兩."으로, 이 기물은 그 용량이 一參인 銅盉이며 그 내용에서 參의 실제 사용을 확인할 수 있다.

半 역시 秦과 西漢시기에 자주 보이는 容量單位이다. 朱德熙와 裘錫圭는 「戰國時代的"料"和秦漢時代的"半"」논문에서 戰國器物에서의 "斗"字를 분석하였는데, 그들은 이 글자를 "料"字로 보아야 함을 역설하였다. 『說文·斗部』에 "料, 量物分半也, 從斗從半, 半亦聲."이라 하여, 朱와 裘는 "秦漢시기 종종 半斗를 半이라고 칭하였고", 그 起源은 戰國이라고 하였다.[115] 필자도 여기에 동의한다.

睡虎地秦簡『效律』에 "斗"의 밑에 "半斗"가 기재되어 있는데, 즉 "半"이며, 秦量器에서 半斗는 비교적 많이 발견된다. 山東省 鄒縣에서 출토한 始皇詔陶量 그 용량은 1000㎖이고, 中國國家博物館에서 소장하는 始皇詔陶量 그 용량은 970㎖이며, 陝西省 禮泉縣 藥王洞鄉 南晏村에서 출토된 "北私府"銅量의 용량은 980㎖인데, 이것은 모두 半斗量器이다. 西漢의 "半斗"量器도 발견되었는데, 山西省에서 발견된 文物 중에 명문에 "常(尙)方半"이라고 기록된 銅量이 있는데, 그 실측 용량이 대략 1000㎖으로 漢制의 半斗에 해당한다.

하지만 "半"은 西漢後期에 이르러서는 그 사용이 현저히 줄어들었다. 현재 日本에 소장 중인 西漢 말기의 "河南五升平"銅量의 용량은 대략 1000㎖이며,[116] "常(尙)方半"의 銅量과 비교하면 같은 단위가 "五升"器로 개칭되었다. 이것은 분수 단위가 실제 사용에서 감소하는 추세를 보여주는 것일 가능성이 농후하다.

新莽시기에 이르면, 半과 參 등의 分數量器는 더 이상 法定量制單位에 속하지 않는다. 이후에, "半"은 官方의 記錄에서 量制單位로서 사용되는 것은 극히 드물게 보이지만, 민간에서는 여전히 사용되고 있었다. 朱德熙와 裘錫圭는 東漢시기의 買地劵에 대해 설명할 때와 "'旁人'에게 건네는 보수에 대해 기술할 때 종종 '沽酒各半' 혹은 '沽各半'이라고 하였는데, 여기서 '半'은 '半斗'를 지칭한다"고 하였으며,[117] 이는 度量衡制度가 실제 사회 내 사용 측면에서의 慣性을 반영하고 있는 것이다.

---

113) 상기한 여러 개의 간문은 陳松長, 2001, 『香港中文大學藏簡牘』香港中文大學文物館, pp.54-69에서 참조함.

114) 戴尊德, 1982, 「太原東太堡發現西漢孫氏家銅鐎」, 『考古』 1982-5.

115) 朱德熙·裘錫圭, 1980, 「戰國時代的"料"和秦漢時代的"半"」, 『文史』 8.

116) 橋本開, 2013, 「求古斎吉金図譜」, 載谷川雅夫, 『金石書學』 18, 藝文書院, pp.16-17(도판 부분), p.32(고석부분).

117) 朱德熙·裘錫圭, 1980, 앞의 논문.

3. “升龠制”에서 “升合制”로

秦漢시기에 장기간 사용된 升龠進制는 新莽이후 점점 升合進制로 교체되었다. 『漢書』 등의 史籍에서는 후자만을 기술하여 전자가 장시간 사용되었던 사실이 등한시되었다.

公式에 반영된 이러한 변화를 나타내면,

1升=20龠 → 1升=10合

秦漢의 升龠進制를 반영하고 있는 출토문헌은 적지 않은데,

永始三年計餘鹽五千四百一石四斗三龠 『居延新简』 E.P.T50:29[118)]

出鹽二升九龠 『居延汉简释文合校』 268·12[119)]

出鹽□升九龠　稟始安隧卒陳聖□月食 『肩水金关汉简』 73EJT11:16[120)]

長沙市 文物考古研究所에서 소장하는 西漢漆器가 있는데 그 銘文에,

長沙□□家容二升五龠.[121)]

또한 西漢中期의 海昏侯 劉賀의 墓에서 여러 개의 銘文이 있는 髹漆木器가 발견되었는데, 그 銘文에 龠의 사용이 반영되어 있다.

私府髹木笥一合, 用漆一斗一升六籥, 丹臾·醜布·財用·工牢, 並直九百六十一. 昌邑九年造, 卌合.

私府髹木笥一合, 用漆一斗二升七籥, 丹猶·醜布·財物·工牢, 並直六百九十七. 昌邑十一年造作, 廿合.

私府髹丹畫盾一, 用漆二升十籥. 膠筋·丹臾·醜布·財用·工牢, 並直五百五十三. 昌邑九年, 造廿.[122)]

海昏侯墓에서 새로 발견된 漆盾의 銘文 “二升十籥”에서 “十籥”은 1升으로 단위가 올라가지 않아 升龠十進制의 반증이라고 볼 수도 있다. 容庚『漢金文錄』에서 西漢의 “十二年家官鍾”기록하였는데, 이것 또한 이러한 사실을 뒷받침하고 있다.

118) 揚眉著, 2016, 『居延新簡集釋(二)』, 甘肅文化出版社, p.245.

119) 謝桂華·李均明·朱國炤, 1987, 『居延漢簡釋文合校』, 文物出版社, p.450.

120) 甘肅簡牘保護硏究, 2011, 『肩水金關漢簡(二)』, 中西書局, p.3.

121) 長沙市文物考古研究所, 2010, 「長沙“12·29”古墓葬被盜案移交文物報告」, 『湖南省博物館館刊』 6, 岳麓書社, pp.329-368.

122) 江西省文物考古研究所·南昌市博物館·南昌市新建區博物館, 2016, 「南昌市西漢海昏侯墓」, 『考古』 2016-7.

十二年家官鍾一, 重廿九斤五兩, 容一石四升十三籥, 有蓋, 第廿二, 中尚食.[123]

升籥 사이에 數字가 10을 넘기고 있는데, 이러한 모습은 貴州省 淸鎭市와 甘肅省 武威市에서 발견된 西漢 綏和元年(B.C.8)과 元始3年(3)의 漆器題銘에서도 보이고 있다.

乘輿髹洀畫木黃耳一升十六籥棓. 綏和元年考工工并造. 洀工豊·護臣彭·佐臣伊·嗇夫臣孝主·守右丞忠·守令臣豊省.[124]

元始三年, 廣漢郡工官造乘輿髹洀畫木黃耳棓. 容一升十六籥. 素工昌·休工立·上工階·銅耳黃塗工常·畫工方·洀工平·淸工匡·造工忠造. 護工卒史惲·守長音·丞馮·掾林·守令史譚主.[125]

현재까지 발견된 秦과 西漢시기의 簡牘과 器銘 중에서 "升"이하의 단위로 가장 자주 보이는것은 "籥"이며 "升合"이 連用되어 사용되는 상황은 보이지 않는다. "升籥制"의 진법체계는 十進制는 아니지만 여전히 秦과 西漢시기에 官方에서 사용한 主流量制임은 분명하다.

新莽 이후, 主流量制는 조금씩 변화하기 시작했는데, 始建國元年의 銅升의 銘文에서 "合"을 함께 기술하고 있다. 그 銘文은,

律量升, 方二寸而圜其外, 庣旁一厘九毫, 冥六百四十八分, 深二寸五分, 積萬六千二百分, 容十合.[126]

新莽嘉量 역시 合을 포함하고 있으며, 이는 『漢書·律曆志上』과 부합한다. 合量의 銘文은,

律嘉量合, 方寸而圜其外, 庣旁九毫, 冥百六十二分, 深寸, 積千六百二十分, 容二籥.[127]

嘉量 중 合의 실측 용량은 20㎖이다. 또한 "積千六百二十分"의 기록에 따르면, 1分=0.231㎝이며 계산을 할 수 있는 용량은 19.9688㎖로 대체로 新莽1升(200㎖)의 $\frac{1}{10}$에 해당한다.

東漢의 合量은 여러 차례 발견되었고,[128] 그중 가장 중요한 의의가 있는 것은 현재 南京博物院에 소장 중인 永平大司農銅合으로, 그 正面에 "大司農平合, 永平三年三月造."의 내용이 刻銘되어 있다. 이 量器는 大司農

123) 容庚,『漢金文錄』卷二, p.5.

124) 甘肅省博物館, 1972,「武威磨咀子三座漢墓發掘簡報」,『文物』1972-12.

125) 貴州省博物館, 1959, 貴州淸鎭平壩漢墓發掘報告」,『考古學報』1959-1.

126) 容庚, 1935,『海外吉金圖錄』下冊, 北京燕京大學考古學社, p.146; 丘光明, 1992, 앞의 책, p.223.

127) 丘光明, 1992, 앞의 책, p.216.

128) 丘光明, 1992, 앞의 책, pp.153~155.

에서 製造한 것으로 그 제작시기는 東漢 永平3年(60)이며 실측용량은 20㎖인데, 이와 新莽에서 東漢까지 사용되었던 合의 용량과 그 진법체계가 서로 같다.

또 주목할 만한 것은 西漢 成帝 永始3年(B.C.14)의 簡牘으로, 容量單位의 序列을 표현하고 있다.

永始三年計餘鹽五千四百一石四斗三龠. E.P.T50:29[129]

王莽이후에 유사한 단위는 교체되었는데,

· 時粟五十斛三斗二升五合 E.P.T49:31[130]

이외에, 朝鮮 樂浪郡의 漢墓에서 발견된 漢代紀年銘文漆器들은 역시 工官에서 製作한 것으로, 그 제작시기는 西漢·新莽·東漢을 아우르고 있어 비교적 연속성을 띠는 紀年器物을 확인할 수 있다. 이러한 官方에서 製造된 器物의 記容銘文 중 기재된 容量單位는 제작시기에 따라 세밀한 변화가 보이는데, 升龠制에서 升合制로의 변화과정에 중요한 史料적 가치를 지니고 있다. 紀年器物과 관련하여 〈표 8〉을 작성하였다.[131]

표 8. 樂浪지역의 兩漢漆器에서 보이는 合과 龠單位의 使用表

紀年		所記容量
建平五年	B.C.2	容一升十六籥
元始三年	3	容一升十六籥
元始四年	4	容一升十六籥
始建國五年	13	容一升十六籥
建武廿一年	45	容二升二合
建武廿八年	52	容二升二合
建武三十年	54	容二升二合
永平十一年	68	容一升八合
永平十四年	71	容一升八合

樂浪지역의 兩漢漆器에서 반영하고 있는 度量單位進制體系는 王莽에서 東漢 전후의 시기에 官方의 容量單位進制가 "升龠制"에서 "升合制"로의 변화를 확인할 수 있다.

居延新簡의 簡文에서도 이러한 사실을 확인할 수 있다. 하지만 10斗의 量器으로서 "桶"이 "斛"로 교체된 것은 대략 新莽시기이다. 이 때문에 여기서 사용된 "斛"의 簡文은 그 시기가 新莽 이후일 것이다. 이 簡文의 內容은,

正月癸巳甲渠守尉史奉宗敢言之, 君遣奉宗之府, 角斗斛升龠, 以壬辰平旦謁. E.P.T57:52[132]

129) 斗 후에는 본래 升이 있어야 하지만, 여기서는 0升의 의미로 생략된 것으로 보인다.

130) 이 간독은 斛制를 사용하였고, 桶斛의 변화를 고증하고 있으며, 그 기록시기는 당연히 始建國元年(9) 이후일 것이다.

131) 梅原末治編著, 1943, 『支那漢代紀年銘漆器圖說』, 桑名文星堂, pp.16-51.

132) 甘肅省文物考古研究所等, 1990, 『居延新簡: 甲渠候官與第四燧』, 文物出版社, p.340.

이 내용을 자세히 보면, 校正이 필요한 量器 중에 "斗斛升龠"은 나오지만 그중 "合"은 보이지 않아 당시는 "合"量이 아직 유행하기 전으로 생각된다. 建武11年(35)[133] 과 永平3年(60) 전후로 大司農이 제작하여 시행한 銅合은 "合"이 東漢 官方量制에서의 지위를 증명해주는 것이다.

漢末에서 東吳에 이르기까지 "合"은 量制에서 중요한 위치를 점유하고 있었다. 長沙走馬樓吳簡에서 "合"과 관련된 기록이 다수 나타났는데,

> 定收十畝, 畝收米四斗五升六合, 爲米四斛五斗六升.(肆·12) [134]
> 其八十八斛三斗□升□合九勺黃龍元年限米(柒·57)[135]
> 入錢米二千一百卅八斛八斗九升七合就于在所糴得錢卅萬.(柒·104)[136]
> 右限僦溢合六千一百一十七斛一斗七升五合六勺.(肆·225)[137]
> ·右連年懸空米九千七百七十五斛二升三合二勺五撮三圭此致.(肆·1303)[138]
> 今余雜吳平斛米三萬六千六百五十八斛一斗六升一合一勺.(叁·7274)[139]

이상의 자료에 근거하면, 이때에 "升龠制"는 이미 철저하게 "升合制"로 조정되었으며 이러한 走馬樓簡은 東吳의 官方度量衡 量制單位의 서열을 기술한 것이지만, 실제로는 東漢 이래의 진법체계의 발전 결과를 반영한 것이라고 할 수 있다.

4. 漢制 교체에 대한 결론

지금까지 학계에서 漢代度量衡制度는 대부분 秦制 계승을 원칙으로 秦漢 度量衡은 기본적으로 큰 변화가 없었던 것으로 인식하여 『漢書·律曆志』에도 그렇게 기록되었다.[140] 지금까지의 분석에 따르면, 秦과 西漢의 量制는 그 體系가 확실히 유사하였다. 秦의 官方量器는 桶·斗·半·參·升이 주로 등장하고 石·斗·半·參·升을 그에 대응하는 기본 단위로 사용되었으며, 小單位인 龠이 존재하여 升龠의 二十進制를 이루었다. 西漢의 量制는 이러한 秦制를 계승하였다.

이러한 내용과 『漢書·律曆志』에 기록된 斛·斗·升·合·龠의 量制體系를 비교하면, 서로 상이하다는 점은 쉽게 확인할 수 있다. 『漢書·律曆志』는 劉歆이 언급한 것을 기술한 것이기 때문에,[141] 新莽시기의 改制가 반

133) 黃濬編, 1990, 『尊古齋金石集』, 上海古籍出版社, p.126.
134) 長沙市文物考古硏究所等編著, 1999, 『長沙走馬樓三國吳簡·嘉禾吏民田家莂』(上), 文物出版社, p.74.
135) 長沙市文物考古硏究所等編著, 2013, 『長沙走馬樓三國吳簡·竹簡』(柒), 文物出版社, p.732.
136) 長沙市文物考古硏究所等編著, 2013, 위의 책, p.733.
137) 長沙市文物考古硏究所等編著, 2011, 『長沙走馬樓三國吳簡·竹簡』(肆), 文物出版社, p.627.
138) 長沙市文物考古硏究所等編著, 2011, 위의 책, p.652.
139) 長沙市文物考古硏究所等編著, 2008, 『長沙走馬樓三國吳簡·竹簡』(叁), 文物出版社, p.880.
140) 吳承洛, 1937, 「秦漢度量衡制度總考」, 『中國度量衡史』, 商務印書館, pp.143-146; 丘光明, 1992, 앞의 책, p.244; 丘光明·丘隆·楊平, 2001, 앞의 책, pp.195-196.

영된 결과이다. 新莽은 西漢 度量衡制度의 기초 위에 石(斛)-斗-升의 十進制의 기본 골격은 유지하였지만, 그와 관련된 量器와 單位의 명칭, 그리고 진법체계는 비교적 대규모의 조정과정을 거쳤다.

상술한 논의를 종합하면, 秦과 西漢시기 장기적으로 사용하던 桶量과 容量單位인 石은 新莽 이후에 斛로 개칭되었고, 戰國에서 秦漢에 이르기까지 두루 보이던 半과 參 역시 新莽의 量制單位體系에서는 찾아볼 수 없었으며, 이외에 小單位의 진법체계인 "升龠制"은 新莽 이후 점점 "升合制"로 조정되었다. 이러한 사실을 미루어 볼 때, 秦과 新莽의 體系에서 변화가 없었던 단위는 升과 斗 뿐이었다. 거시적 관점에서 관찰하면, 新莽은 원래의 官方 分數單位인 半·參을 폐지하였는데, 이것은 十進制의 강화를 반영한 결과로 戰國시대부터 존속되어 오던 分數量制가 新莽시기에 정식으로 도태되었다는 결론을 얻을 수 있다. 新莽시기의 量器인 桶과 單位인 石은 모두 斛로 개칭되었고, 重量단위인 石은 그 명칭이 불변하였는데, 이는 秦과 西漢의 單位體系에서 容量 石과 重量 石이 실제 사용 중에 야기하던 혼란을 바로잡은 것이다. 이외에, 秦과 西漢시기에 오랫동안 상용하던 升龠二十進制를 升合十進制로 조정하였는데, 이는 斛-斗-升-合의 연속적인 十進制單位體系를 최종 구현하였다고 볼 수 있다.

결론적으로 新莽은 秦과 西漢의 量制의 토대위에서 量制單位體系에 간략성과 정연성을 더한 것으로, 이는 秦漢度量衡 발전사 중에 큰 줄기의 안정 속에서 의미 있는 변화가 있었던 모습을 보여준 것이다. 秦漢의 官方量制體系는 최종적으로 新莽시기에 이르러 정형화되었고, 宋代이후의 "斛"이 五斗로, "石"이 十斗로 변화한 것 외[142]에는 新莽의 "五量"의 合·升·斗·斛의 단위들은 이후 변화없이 유지되어 經典으로 받들어지고 "漢制"로 숭상되었다.

VII. 三國量制 중 小單位體系의 조정

지금까지 度量衡史家들도 量制의 小單位體系에 관심이 많았다.[143] 출토자료에서 新莽의 "合升斗斛"制는 三國兩晋에 계승되었지만, 量制의 小單位 진법체계에서는 커다란 변화들이 있었는데, 이 또한 秦漢度量衡의 진일보한 전진이었다.

1. 新莽量器와『隋書』量制의 차이

『漢書·律曆志』에 기재된 升 이하의 小單位는 合·龠이고 양자의 진법체계는 1合=2龠이며, "龠" 이하의 단위는 "圭撮"가 존재하였다.[144] 小單位의 진법체계에 대해서 應劭의 注외『漢志』에 다른 기재는 없지만, 新

141) 『漢書·律曆志上』에서 班固가 "至元始中王莽秉政, 欲耀名譽, 征天下通知鐘律者百餘人, 使羲和劉歆等典領條奏, 言之最詳. 故刪其僞辭, 取正義, 著于篇." 顔師古는 "班氏自云作『志』取劉歆之義也. 自此以下訖于'用竹爲引者, 事之宜也', 則其辭焉."『漢書·律曆志上』, pp.955-956에서 참고함.

142) 丘光明·丘隆·楊平, 2001, 앞의 책, p.371.

143) 丘光明·丘隆·楊平, 2001, 위의 책, p.26.

144) "量多少者不失圭撮." (『漢書·律曆志上』, p.956)

莽量器 중에는 그와 연관된 기록이 있어 進制연구에 참고할 수 있다.

관련된 量器는 두가지가 있다.

銅籥: “律量籥, 方寸而圜其外, 庣旁九毫, 冥百六十二分, 深五分, 積八百一十分, 容如黃鐘.始建國元年正月癸酉朔日制.”[145)]

銅撮: “律撮, 方五分而圜其外, 庣旁四毫, 冥卌分五厘, 深四分, 積百六十二分, 容四圭. 始建國元年正月癸酉朔日制.”[146)]

위의 내용을 토대로 容量單位의 關係式으로 정리하면 다음과 같다.

1龠=810立方分

1撮=162立方分

1撮=4圭

『漢書·律曆志上』을 참고하면,

1合=2龠

1龠=5撮

1撮=4圭

龠과 撮의 진법체계는 5이고, 5는 소수로 龠과 撮 사이에는 다른 단위는 없는 것으로 보이기 때문에 직접 자릿수를 올렸을 것이다.

하지만 이러한 진법체계는 『孫子算經』와 『隋書』 등의 기재에서 서로 다르게 보이고 있다. 南宋 嘉定6年 판본인 『孫子算經』 開篇에 度量衡制를 기술하고 있는데, 그중 度와 衡, 그리고 漢制는 대체적으로 비슷하지만, 유일하게 量制에서 비교적 큰 차이를 보이고 있다.

量之所起, 起於粟. 六粟爲一圭, 十圭爲一撮, 十撮爲一抄, 十抄爲一勺, 十勺爲一合, 十合爲一升, 十升爲一蚪, 十蚪爲一斛.[147)]

---

145) 咸陽市博物館, 1973, 「咸陽市近年發現的一批秦漢遺物」, 『考古』 1973-3.

146) 黃河水庫考古工作隊(兪偉超執筆), 1957, 「一九五六年河南陝縣劉家渠漢唐墓葬發掘簡報」, 『考古通訊』 1957-4.

147) [唐]李淳風注釋, 1980, 『孫子算經』, 影印南宋嘉定六年本, 文物出版社, p.1.

또한『隋書·律曆志』에 한 그룹의 진법체계가 기술되어 있는데, 宋本『孫子算經』와 약간의 차이가 있다.

『孫子算經』曰, "六粟爲圭, 十圭爲秒, 十秒爲撮, 十撮爲勺, 十勺爲合."[148)]

이상의 關係式 중에, "合"와 "撮" 사이의 "龠"이 소실되고, "勺"과 "抄(秒)"가 나타났으며 그 순서도 약간의 차이가 존재한다. 羅振玉과 王國維의『流沙墜簡』에 魏晋簡에 대해 서술하였는데, 이 간독에 單位의 순서를 기록되어 있었다. 이 간독의 내용은 "百一十三斛七斗六升六合三撮三秒□"이다. 이 간독에서의 단위 순서 중에 勺이 빠지고 10秒의 자릿수가 올라가 1撮이 되어, 이 기록이『隋書·律曆志』의 내용과 일맥상통한다, 이러한 출토문헌의 뒷받침으로『隋書』의 내용이 더욱 신빙성이 있음을 확인할 수 있다.[149)]

『隋書·律曆志』의 내용에서 單位關係를 정리하면 다음과 같다.

1合=10勺
1勺=10撮
1撮=10秒
1秒=10圭

이것이 의미하는 바는,

1合=100撮
1撮=100圭

이상의 單位와 진법체계는 이미 莽制와는 상당히 다른 부분을 포함하고 있다.『孫子算經』의 成書시기는 대략 三國인데, 李儼은『中國算學小史』에서 "孫子가 저술한『孫子算經』三卷은『隋書·經籍志』에 그중 二卷이 실려 있지만, 그 작자에 대해 명시되어 있지 않다. 그에 대해 清代의 戴震은 이 책에 長安과 洛陽, 佛書 二十九章語가 나오는 것으로 보아 漢明帝 이후의 사람으로 판단하였고, 阮元은 이 책에 棋局十九道가 나오는 것으로 보아 漢 이후의 사람으로 생각하였다", "『夏侯陽算經序』에서 '『五曹』·『孫子』, 述作滋多', 『張丘建算經序』에는 '夏侯陽之方倉, 孫子之蕩杯'의 말이 있어, 이 사람은 늦어도 夏侯陽과 張丘建보다 이른 시기의 사람이다"고 보았다.[150)]『夏侯陽算經序』에서 "『五曹』·『孫子』, 述作滋多, 甄鸞·劉徽爲之詳釋"하였는데, 劉徽는

148) 『隋書·律曆志上』, 中華書局, 1973, p.409.

149) 羅振玉·王國維編著, 1993, 『流沙墜簡·廩給41』, 中華書局, p.168. 侯燦·楊代欣編著, 1999, 『樓蘭漢文簡紙文書集成』第一冊, 天地出版社, p.432에서 도판 참조함.

150) 李儼, 1930, 『中國算學小史』, 商務印書館, p.22.

曹魏에서 西晋 초기의 사람이기 때문에, 『孫子算經』의 成書시기보다는 이른 시기의 사람이다. 이 때문에, 이러한 量制小單位體系의 변화는 늦어도 三國시기에 이미 완성되었다고 추정할 수 있다.

2. 走馬樓吳簡에 보이는 小量制單位

走馬樓吳簡에서 연속적인 紀年의 簿記文書 중, 小量制單位의 서열 상에 명백한 변화를 확인할 수 있다. 이 점에 관해서는 지금까지 아무도 주목하지 않았다.

黃武4年(225)에서 黃武7年(227)의 簡牘의 格式은,

集凡入黃武四年吏張閣稅吳平斛米卅四斛二斗料校不見▨(壹·8025)[151]
黃武五年文入租吳平斛米二百七十七斛六斗料校不見前已列言更詭責負者□(壹·6688)[152]
領黃武六年蕷錢准米二百卌四斛二斗八升(肆·1284)[153]
領黃武六年湞口潰米五百七十一斛七斗七升(肆·1480)[154]
□文入新吏番章烝□□□黃武六年吳平斛米一百卅九斛八斗五升料校不見(壹·8125)[155]
其四斛一斗九升黃武七年諸將佃禾准米(肆·4039)[156]

이상의 簡文에서 最小單位는 "升"이다. 走馬樓吳簡의 내용 중, 東漢建安에서 黃武8年(229)의 내용에서는 最小記錄單位는 "升"이었고, "升"이하의 단위는 보이지 않고 있다. 이것은 아마도 당시의 보편적인 현상을 반영하는 것으로 생각된다.

하지만 走馬樓吳簡에서 小單位의 다량 출현은 黃龍元年에서 시작되었는데, 黃龍元年의 간독 중에서 "升" 이하의 단위인 "合"과 "勺"을 사용하였다. 이 간독 외에, 그 내용과 출토 위치 등이 유사한 다른 간독이 있는데, 이들 양자의 격식상 명백한 변화가 보인다. 이 간독들은 다음과 같다.

其八十八斛三斗七升佃卒黃龍元年限米▨(柒·48)[157]
其八十八斛三斗□升□合九勺黃龍元年限米(柒·57)

黃龍2年(230)에서 嘉禾紀年에 이르는 시기의 簡牘 중에서, "合"과 "勺"의 기록이 빈번히 나타나는데, 그

---

151) 長沙市文物考古研究所等編著, 2003, 『長沙走馬樓三國吳簡·竹簡』(壹), 文物出版社, p.1061.
152) 長沙市文物考古研究所等編著, 2003, 위의 책, p.1032.
153) 長沙市文物考古研究所等編著, 2011, 앞의 책, p.652.
154) 長沙市文物考古研究所等編著, 2011, 위의 책, p.656.
155) 長沙市文物考古研究所等編著, 2003, 앞의 책, p.1062.
156) 長沙市文物考古研究所等編著, 2011, 앞의 책, p.719.
157) 長沙市文物考古研究所等編著, 2013, 앞의 책, p.732.

구체적인 내용은 아래와 같다.

其九百五十五斛□斗四升四合四勺黃龍二年稅米(叁·4699)[158)]

黃龍二年文入粢租吳平斛米□百九十四斛四斗四升八合三勺料校不見前已列(壹·6690)[159)]

其七十四斛九斗一升一合私學黃龍二年限米(肆·4028)[160)]

其七十四斛九斗一升一合私學黃龍二年限米(肆·4046)[161)]

其一千二百一斛一斗三升六合黃龍二年限米(肆·4239)[162)]

☐ 領八百一十七斛九斗八升五合八勺嘉禾元年漬米(叁·941)[163)]

𥝢 浭丘男子區布, 佃田四町, 凡九畝, 皆二年常限. 旱不收, 畝收布六寸六分. 凡爲布五尺九寸四分, 准入米二斗九升七合, 五年二月二日付倉吏潘慮. 其旱田畝收錢卅七, 凡爲錢三百九十六錢, 准入米三斗二升七合五勺, 五年二月二日付倉吏潘慮畢. 嘉禾五年三月三日, 田戶曹史張惕·趙野·陳通校.(488)[164)]

이 시기에 "撮"과 "圭" 등 더 작은 단위가 사용되기도 하였는데, 그 예는,

領黃龍二年粢租米九百八十五斛七斗四升四合二勺三撮三圭(肆·1293)[165)]

黃龍2年(230)에서 嘉禾年間에 이르는 간독에는 "合"·"勺"·"撮"·"圭"의 단위가 다량으로 나타나는데, 이러한 상황은 量制의 변화과정을 반영한 것이다.

이러한 단위는 비록 小容量單位이지만, 簿記文書에서 다량으로 보여지는 것은 결코 官吏가 주동적으로 사용한 결과라고 보기는 어렵다. 여기서 주목해야 할 점은 單位가 나타나는 시기가 바로 黃龍元年이라는 점인데, 이 시기는 孫權이 稱帝하여 東吳라는 국가를 세운 해이기도 하다. 이러한 시간적 일치는 우연히 생긴 것이 아니다. 이 單位가 출현된 시간을 고려하면, 量制의 小單位는 政治局面의 변화와 밀접한 연관이 있을 가능성이 농후하다. 孫權은 稱帝를 하면서 度量衡新制를 추진하다고 보는 것이 타당하다.

만약 이러한 판단에 오류가 없다면, 1合=2龠이고 1龠=5撮이며 1撮=4圭라는 漢制의 진법체계는 늦어도

158) 長沙市文物考古研究所等編著, 2008, 앞의 책, p.826.
159) 長沙市文物考古研究所等編著, 2003, 앞의 책, p.1032.
160) 長沙市文物考古研究所等編著, 2011, 앞의 책, p.719.
161) 長沙市文物考古研究所等編著, 2011, 앞의 책,, p.719.
162) 長沙市文物考古研究所等編著, 2011, 앞의 책, p.723.
163) 長沙市文物考古研究所等編著, 2008, 앞의 책, p.738.
164) 長沙市文物考古研究所等編, 1999, 앞의 책, p.135.
165) 長沙市文物考古研究所等編著, 2011, 앞의 책, p.652.

東吳시기에 1合=10勺·1勺=10撮·1撮=10秒·1秒=10圭의 진법체계로 대체되었을 것이다. 이러한 네 단계의 小單位 설치는 당시 量制 기록의 세분화를 의미하고 記錄制度의 엄격화 추세를 반영한 것이라 할 수 있다. 이렇듯 度量衡에서 단위를 신설하게 된 배경에는 新政權이 나라의 경제권을 장악하기 위한 조치인 것이다. 中國古代의 量制單位體系는 그 기본적인 정형화과정을 거쳐 吳承洛이 지적한 바와 같이, "漢 이후로 歷代 정권은 이것을 계승하여 이어 나가" [166] 후대에 장기간 사용되었다. 또한 후대 量制單位體系에서의 변화는 주로 單位의 量値에 대한 변화로 그 근간은 그대로 유지되었다.

歷代 量値變化의 상황은 丘光明 등이 저술한 『中國歷代度量衡量値表』를 참고할 만하다.[167] 이러한 單位量値를 이해하고 나면, 單位進制를 바탕으로 각 시대의 단위의 표준규격을 계산하는데 어려움이 전혀 없다.

VIII. 결론

마지막으로 中國古代數量詞의 개황과 量制單位구조의 형성과 그 分期에 대한 정리하면 다음과 같다.

첫 번째, 中國은 일찍부터 비교적 完整한 基數體系를 구비하고 있었으며 상용되던 數詞는 "一·二·三·四(亖)·五·六·七·八·九·十"과 "百·千·萬" 등 이 있다. 이러한 基本數詞가 출현한 이후, 수천년 동안 변화없이 계승 사용되었다. 이외에, 序數와 倍數, 그리고 分數 등이 존재해 여러 곳에서 응용되었다. 출토자료에 보이는 物量詞의 구체적으로 自然單位量詞와 借用單位量詞, 그리고 制度單位量詞의 세 종류로 나뉜다.

두 번째, 古代量制單位는 처음부터 엄격한 진법체계를 형성하고 있었던 것은 아니다. 대체적으로 單位가 먼저 출현하고 진법체계는 그 후에 나타났으며, 진법체계가 나타나고 나서는 초기의 量制單位體系가 변화 발전하는 과정을 거쳐, 단위가 추가로 만들어지거나 도태되는 상황이 보이고 이에 따라 진법체계도 조정되었다. 국가 주도의 量制體系가 기본적 정형화를 이룬 후에는 정권이 바뀌어도 量制單位體系는 여전히 계승되면서 안정세를 유지하였는데, 이러한 衡量秩序의 내재적 안정성을 반영한 것이라 할 수 있다.

세 번째, 中國古代量制의 발전과 변화의 관점에서 보면, 대체적으로 先秦·秦·漢·三國 이후인 네 가지 시기로 나눌 수 있다. 先秦時期에는 列國의 量制가 점차로 형성되었지만, 각 국의 상이한 점을 내포하고 있었다. 秦統一후 六國制度가 폐지되고 秦의 것을 근간으로 하였는데, 戰國秦에는 이미 石-斗-半-參-升-龠의 量制單位體系가 형성되어 있었으며, 西漢도 이를 그대로 계승하였다. 漢代에 이르러 특히 新莽時期에 그동안 운용되던 量制體系에 다시 한번 진보과정을 거쳐 최종적으로 斛-斗-升-合-龠의 "五量"單位體系를 형성하였다. 이 중 앞 4개의 단위는 후에 근 2000년간의 量制單位이 기본골격을 구성하며 사용되었다. 이후이 量制 변화는 기껏해야 單位의 量値 변화 뿐이었다.

투고일: 2020. 4. 12. 심사개시일: 2020. 5. 3. 심사완료일: 2020. 5. 17.

166) 吳承洛, 1937, 『中國度量衡史』, 商務印書館, p.103.

167) 丘光明·丘隆·楊平, 2001, 앞의 책, p.447.

참/고/문/헌

[漢]劉珍等撰, 2008,『東觀漢記校注』, 中華書局.

[漢]許慎撰·[清]段玉裁注, 1981,『說文解字注』, 上海古籍出版社.

甘肅簡牘保護研究, 2011,『肩水金關漢簡(二)』, 中西書局.

甘肅省文物考古研究所等, 1990,『居延新簡: 甲渠候官與第四燧』, 文物出版社.

郭沫若主編·胡厚宣總編輯·中國社會科學院歷史研究所編, 1982,『甲骨文合集』, 中華書局.

連雲港市博物館·東海縣博物館·中國社會科學院簡帛研究中心·中國文物研究所編, 1997,『尹灣漢墓簡牘』, 中華書局.

劉彬徽·彭浩·胡雅麗·劉祖信, 1991,『包山楚簡』, 文物出版社.

馬智全著, 2016,『居延新簡集釋(四)』, 甘肅文化出版社.

謝桂華·李均明·朱國炤, 1987,『居延漢簡釋文合校』, 文物出版社.

睡虎地秦墓竹簡整理小組, 1990,『睡虎地秦墓竹簡』, 文物出版社.

揚眉著, 2016,『居延新簡集釋(二)』, 甘肅文化出版社.

張德芳著, 2016,『居延新簡集釋』七, 甘肅文化出版社.

長沙市文物考古研究所等編著, 1999,『長沙走馬樓三國吳簡·嘉禾吏民田家莂』(上), 文物出版社.

長沙市文物考古研究所等編著, 2003,『長沙走馬樓三國吳簡·竹簡』(壹), 文物出版社.

長沙市文物考古研究所等編著, 2008,『長沙走馬樓三國吳簡·竹簡』(叁), 文物出版社.

長沙市文物考古研究所等編著, 2011,『長沙走馬樓三國吳簡·竹簡』(肆), 文物出版社.

長沙市文物考古研究所等編著, 2013,『長沙走馬樓三國吳簡·竹簡』(柒), 文物出版社.

鄭曙斌·張春龍·宋少華·黃樸華編著, 2013,『湖南出土簡牘選編』, 岳麓書院.

周祖亮·方懿林, 2014,『簡帛醫藥文獻校釋』, 學苑出版社.

朱漢民·陳松長主編, 2010,『岳麓書院藏秦簡[壹]』, 上海辭書出版社.

朱漢民·陳松長主編, 2011,『岳麓書院藏秦簡[貳]』, 上海辭書出版社.

中國社會科學院考古研究所編, 1980,『居延漢簡甲乙編』下冊, 中華書局.

彭浩, 2001,『張家山漢簡,「算數書」註釋』, 科學出版社.

荊門市博物館編著, 1998,『郭店楚墓竹簡』, 文物出版社.

湖南省文物考古研究所, 2010,『里耶秦簡(壹)』, 文物出版社.

湖南省文物考古研究所編著, 2012,『里耶秦簡』1, 文物出版社.

湖北省博物館·復旦大學出土文獻與古文字研究中心編纂·裘錫圭主編, 2014,『長沙馬王堆漢墓簡帛集成』第5冊, 中華書局.

湖北省博物館編, 1989,『曾侯乙墓』, 文物出版社.

管燮初, 1981,『西周金文語法研究』, 商務印書館.

廣瀨熏雄, 2006,「新蔡楚簡所謂“賵書”簡試析一兼論楚國量制」,『簡帛』1, 上海古籍出版社.
橋本開, 2013,「求古斎吉金図譜」, 載谷川雅夫,『金石書學』18, 藝文書院.
丘光明, 1992,『中國歷代度量衡考』, 科學出版社.
丘光明·丘隆·楊平, 2001,『中國科學技術史·度量衡卷』, 科學出版社.
裘錫圭, 2008,「談談三年垣上官鼎和宜陽秦銅鍪的銘文」,『古文字研究』27, 中華書局.
國家計量總局主編, 1981,『中國古代度量衡圖集』, 文物出版社.
唐]李淳風注釋, 1980,『孫子算經』, 影印南宋嘉定六年本, 文物出版社.
李家浩, 2001,「談春成侯盉與少府盉的銘文及其容量」,『華學(五)』, 中山大學出版社.
李均明, 2002,『古文字研究』24, 中華書局.
李儼, 1930,『中國算學小史』, 商務印書館.
李宗焜, 2012,『古文字與古代史』3, 中央研究院歷史語言研究所.
梅原末治編著, 1943,『支那漢代紀年銘漆器圖說』, 桑名文星堂.
森鹿三, 1983,「居延出土的王莽簡」,『簡牘研究譯叢』1, 中國社會科學出版社.
吳承洛, 1937,『中國度量衡史』, 商務印書館.
王力, 1990,『王力文集』11, 山東教育出版社.
姚振武, 2015,『上古漢語語法史』, 上海古籍出版社.
容庚, 1935,『海外吉金圖錄』下冊, 北京燕京大學考古學社.
熊長雲, 2017,『秦漢度量衡研究』, 北京大學博士學位論文.
長沙市文物考古研究所, 2010,「長沙“12·29”古墓葬被盜案移交文物報告」,『湖南省博物館館刊』6, 岳麓書社.
張顯成·李建平, 2017,『簡帛量詞研究』, 中華書局.
錢寶琮, 1964,『中國數學史』, 科學出版社.
周立昇等編著, 2017,『商子匯校匯注』, 鳳凰出版社.
周法高, 1990,『中國古代語法稱代編』, 中華書局.
向熹, 1998,『簡明漢語史』, 高等教育出版社.
黃濬編, 1990,『尊古齋金石集』, 上海古籍出版社.

甘肅文物工作隊, 1986,「甘肅大地灣F901號房址發掘簡報」,『文物』1986-2.
甘肅省博物館, 1972,「武威磨咀子三座漢墓發掘簡報」,『文物』1972-12.
江西省文物考古研究所·南昌市博物館·南昌市新建區博物館, 2016,「南昌市西漢海昏侯墓」,『考古』2016-7.
丘光明, 1981,「試論戰國容量制度」,『文物』1981-10.
裘錫圭, 2019,「齊量制補說」,『中國史研究』2019-1.
貴州省博物館, 1959,「貴州淸鎭平壩漢墓發掘報告」,『考古學報』1959-1.
代國璽, 2017,「秦漢的糧食計量體系與居民口糧數量」,『中央研究院歷史語言研究所集刊』89.

戴尊德, 1982,「太原東太堡發現西漢孫氏家銅鐎」,『考古』1982-5.

董珊, 2017,「楚簡簿記與楚國量制研究」『考古學報』2017-1.

李建平, 2011,「秦漢簡帛中的度量衡單位"參" 一兼與肖從禮先生商榷」,『敦煌研究』2011-1.

李學勤, 2003,「滎陽上官皿與安邑下官鍾」『文物』2003-1.

李學勤, 2003,「滎陽上官皿與安邑下官鍾」,『文物』2003-10.

李學勤, 2005,「三年垣上官鼎校量的計算」,『文物』2005-10.

宋華强, 2006,「新蔡楚簡所記量器"鬴(釜)"小考」,『平頂山學院學報』2006-4.

吳振武, 2005,「關於新見垣上官鼎銘文的釋讀」,『吉林大學社會科學學報』45.

熊長雲, 2018,「東漢銘文藥量與漢代藥物量制」,『中華醫史雜誌』48, 2018-6.

趙建龍, 1992,「大地灣古量器及分配制度初探」,『考古與文物』1992-6.

朱德熙·裘錫圭, 1980,「戰國時代的"料"和秦漢時代的"半"」,『文史』8.

中國社會科學院考古研究所內蒙古工作隊, 1979,「赤峰蜘蛛山遺址的發掘」,『考古學報』1979-2.

曾磊, 2015,「出土文獻所見秦漢"多筆數字"」,『簡帛研究』2015 春夏卷.

陳侃理, 2016,「序數紀日的産生與通行」,『文史』2016-3.

陳夢家, 1964,「戰國度量衡略說」,『考古』1964-6.

陳松長, 2009,「嶽麓書院所藏秦簡綜述」,『湖南大學學報』2009-3.

拓健聰, 2008,「楚簡所見量制單位輯證」,『中原文物』2008-2.

彭浩, 2000,「中國最早的數學著作『算數書』」,『文物』2000-9.

咸陽市博物館, 1973,「咸陽市近年發現的一批秦漢遺物」,『考古』』1973-3.

〈Abstract〉

The Ancient Chinese Numeral and Classifier Words and Volumetric Measuring Systems Shown by Unearthed Documents

Xiong Changyun

Since modern times, the discoveries of unearthed documents such as bamboo slips, bronzes, stone tablets and etc. have provided newly and reliably first-hand information for the development and evolution of the ancient Chinese numeral and classifier words as well as the volumetric measuring systems. In the early period, China already had a relatively complete Cardinal system. The commonly used numbers such as one, two, three, four, five, six, seven, eight, nine, ten and hundred, thousand, ten thousand had appeared. Besides, there were different applications such as ordinal numbers, multiples, and fractions. The classifier words revealed in the unearthed documents were extremely rich. It could be roughly divided into three categories: natural unit classifier words, borrowed unit classifier words and institutional unit classifier words, and could be subdivided into different subcategories. It reflects the maturity of the ancient classifier words system. The volumetric measuring system was an important part of the whole measurement system. The history of volumetric measuring system in ancient China could be roughly divided into four periods: pre-Qin, Qin, Han, and after the Three Kingdoms. The volumetric measuring system with unified standards could be traced back to the Spring and Autumn Period. The unearthed documents revealed the specific volumetric measuring systems used by Qi, Zhao, Chu, Sanjin(including Han, Zhao and Wei), Yan, Eastern Zhou and Qin. Due to the split of regimes, the systems of different countries had certain differences, reflecting a strong regionality. However, the value of their basic units was siminar, which also reflected the evolutionary trend of convergence. After Qin's unification, the volumetric measuring system of Qin bacame the mainstream of the unified country and the other countries's systems had been abolished. The basic volumetric measuring system of Qin was Shi-Dou-Sheng(升-斗-石). Half Dou(半斗) and one third Dou(參) were also the official fractional units. In addition, there was small-scale volumetric measuring units such as Yue(龠). During this period, Shi(石) was the same name of both volumetric and weight units. When as the volumetric unit, Shi(石)was referred to ten Dou(斗), but as the weight unit, it could referred to multiple volumes according to different kind of grains. This volumetric measuring system established in the Warring States period of Qin, continued in the Qin Dynasty and the Western Han Dynasty. In the Han Dynasty, especially in the Wangmang period, the volumetric measuring system continued to evolve. Shi(石) and Tong(桶), the standard capacity units and official measuring vessel names, were both renamed to Hu(斛); the official fractional units such as half Dou(半斗) and one third Dou(參) were abolished; the Sheng–Yue(升龠) volumetric unit system became to the Sheng–Ge(升合) volumetric unit system. During Wangmang period, the Five–volumetric–unit(五量) system was finally consummate. The official volumetric unit system were Hu–Dou–Sheng–Ge–Yue(斛–斗–升–合–龠). In particular, the first four units had constituted the basic volumetric unit framework of ancient China in the next two thousand years. The bamboo slips unearthed from Zoumalou of Wu of the Three Kingdoms revealed that the volumetric unit system of small–scale units was still adjusted compared to the Han Dynasty. In conclusion, the volumetric measurement of ancient Chinese did not form a strict system from the beginning as the literature recorded. The early units were regional, and the volumetric unit system in the same area often had a process of evolution. In the Qin and Han Dynasties, the unified country established and improved the unified measurement system. The volumetric measuring system was finally consummate in the Wangmang period. After that, the volumetric unit system remained stable for quite a long time, reflecting an internal stability as a measure of order. Since then, the factors that led to changes in the volumetric measuring system transformed into unit quantity standards.

▶ Key words: numeral and classifier words, volumetric measuring system, measurement, unit, Qin system, Wangmang

특 집

三國의 量制와 百濟 田積制에 대한 고찰*

전덕재**

〈국문초록〉

본 논고는 삼국시대 量制의 운영 양상 및 백제의 토지면적 단위인 形의 면적과 田積制 운영에 대해 고찰한 것이다. 통일 이전 삼국에서는 1升의 容量을 200㎖, 10斗를 1石으로 규정하는 量制를 운영하였다. 신라에서는 다양한 곡물을 수취하면서 米 1石을 換算의 표준으로 설정하고, 여타 곡물 및 다양한 종류의 米의 換算率 規正을 마련하였으며, 고구려와 백제에서도 이와 유사한 제도를 시행한 것으로 짐작된다. 백제에서 토지면적 단위로서 形이란 용어를 사용하였는데, 나주 복암리 5호 목간에 1形의 水田에서 36石(720,000㎖), 1形의 白田에서 62石(1,240,000㎖)을 수확하였다고 전하여, 1형의 면적을 추산하는 데에 중요한 정보를 제공하여 주목된다. 7세기 초반 백제 1形의 면적은 고대 일본의 500代, 즉 1町에 근사하였을 가능성이 높으며, 이를 통해 고대 일본에서 8세기 이전에 高麗尺 四方 6尺을 1步로 하였고, 5步를 1代라고 하였다는 사실과 백제에서 高麗尺을 가지고 量田을 하였을 뿐만 아니라 500代를 1形으로 규정하였다는 사실을 추론할 수 있다. 다만 이와 같은 추론은 시론적인 성격을 크게 벗어난 것이 아니기 때문에 이를 기초로 하여 백제 1形의 면적 및 田積制에 대한 이해와 연구가 심화되기를 기대한다.

▶ **핵심어: 量制, 形, 田積制, 高麗尺, 量田, 換算率 規程**

* 이 연구는 2020학년도 단국대학교 대학연구비 지원으로 연구되었음.

** 단국대학교 사학과 교수

Ⅰ. 머리말

度量衡은 길이, 부피, 무게를 재는 수단 또는 단위 등을 총칭하는 말이고, 田積制는 토지의 면적을 측정하는 제도를 일컫는 것이다. 길이를 재는 단위는 分-寸-尺-丈 체계로 이루어졌고, 부피, 즉 容積을 재는 단위로는 龠-合-升-斗-石(斛)이 있었으며, 충남 부여에서 출토된 목간을 통하여 半, 甲이란 용어도 부피의 단위로서 사용되었음을 알 수 있었다. 무게를 재는 단위로 銖·兩·斤·鈞·石 등이 쓰였다. 전통시대에 토지면적을 헤아리는 단위로서 널리 쓰인 것이 結·負·束이었고, 근래에 출토된 목간을 통해 백제에서 '形'을 토지면적의 단위로서 사용하였음을 확인할 수 있었다.

현재까지 한국 고대의 도량형 가운데 尺度에 대한 연구가 고고학적인 실물 자료를 중심으로 활발하게 이루어졌다. 그 결과 고구려와 신라에서 高句麗尺(1尺=36㎝)이 사용되었고, 통일 이후 신라에서 唐尺(1尺=30㎝)이 널리 사용되었으며, 1步를 5尺으로 규정하는 唐과 달리 신라에서는 1步는 6尺으로 규정하였던 사실도 밝혀졌다. 한편 백제에서는 한성도읍기 초기에 後漢尺(1척=23㎝)이 사용되었다가 4세기 후반 근초고왕대에 南朝尺(1척=25㎝)을 사용하기 시작하였으며, 사비도읍기에 唐尺을 널리 이용하였다고 이해하고 있다.[1]

量制와 관련하여 우나라에서도 중국과 마찬가지로 升-斗-石 체계를 기초로 하여 그것을 운영하였으며, 이들의 용량은 시기마다 약간의 변화가 있었음이 밝혀졌다. 일반적으로 고구려에서 1升의 容量은 200㎖였고, 10升을 1斗, 10斗를 1石으로 규정하였다고 이해하고 있다. 통일 이전 신라에서는 1升의 容量은 200㎖였고, 10升을 1斗, 10斗를 1石으로 규정하였다가 中代에 20斗를 1石으로 규정하여 石의 용량을 두 배로 늘렸으며, 하대에 이르러 1승의 용량을 350㎖로 늘리는 대신, 15斗를 1石으로 조정하는 방향으로 量制를 개편하였던 것으로 보는 것이 통설이다. 반면에 백제에서는 10斗를 1石으로 규정하였다고 이해하면서도, 시기에 따라 1升의 용량은 200㎖, 400㎖, 600㎖로 변하였다고 파악하는 것이 일반적이다. 아울러 백제에서는 6세기 중반 이후에 小升과 大升을 필요에 따라 두루 사용하였음이 확인되었다.[2] 한편 현재까지 한국 고대 衡制의 체계적인 운영과 직접 관련된 결정적인 자료가 발견되지 않아 형제의 운영 양상에 대해서는 정확하게 알기 힘든 실정이라고 하여도 과언이 아니다. 차후에 관련된 자료가 추가로 발굴되면 형제에 대한 이해가 크게 진전되리라고 기대된다.

---

1) 이우태, 1984, 「한국 고대의 척도」, 『태동고전연구』 1; 박찬흥, 1995, 「고구려척에 대한 연구」, 『사총』 44; 이종봉, 2001, 『한국중세도량형제연구』, 혜안; 이우태, 2002, 「고대 도량형제의 발달」, 『강좌 한국고대사』 제6권(경제와 생활), 가락국사적개발연구원; 윤선태, 2002, 「한국 고대의 척도와 그 변화-고구려척의 탄생과 관련하여-」, 『국사관논총』 98; 노중국, 2005, 「백제의 도량형과 그 운용」, 『한국고대사연구』 40(2010, 「도량형의 통일과 그 변화-척도의 변화를 중심으로-」, 『백제사회사상사』, 일조각); 이우태, 2007, 「고구려척재론-고구려척과 高麗術의 관계를 중심으로-」, 『동북아역사논총』 17.

2) 윤선태, 2000, 「신라 하대 양제에 관한 일시론; 안압지 출토 양기의 분석을 중심으로」, 『신라문화』 17·18합; 이우태, 2002, 앞 논문; 노중국, 2005, 앞 논문; 홍승우, 2009, 「좌관대식기에 나타난 백제의 양제와 대식제」, 『목간과 문자』 4; 홍승우, 2011, 「한국 고대 율령의 성격」, 서울대학교 박사학위논문.

종래에 신라에서 처음에 곡물의 소출량을 기준으로 토지의 양을 헤아리는 단위로서 束과 負를 널리 사용하였다가 中古期에 토지의 비척과 관계없이 일정한 지적으로 고정시켜 步에 의하여 면적을 표시하였고, 이를 기초로 100負를 1結로 정하는 조치를 취하였으며, 이때 1束의 척도를 양전척으로 삼아 토지를 측량한다는 규정을 만들었을 것이라는 견해가 제기되었다. 이와 더불어 통일신라와 고려 전기 1結의 면적은 方33步로서 대략 1,200坪에 해당한다고 이해하는 견해가 널리 수용되었다.[3)]

현재까지 尺度制와 量制, 結負制에 대한 연구가 비교적 활발하게 이루어져서 이에 대한 이해가 심화되었다고 평가하여도 과언이 아니다. 따라서 이들과 관련하여 새로운 견해를 제기하기가 쉽지 않은 상황이라고 말할 수 있는데, 이럼에도 불구하고 근래에 목간 자료에 전하는 여러 정보를 바탕으로 삼국시대 量制 및 백제 田積制의 운영 양상에 대한 이해를 진전시키기 위한 의도에서 본고를 준비하였다. 본고에서는 기존에 비교적 많이 연구된 척도제와 결부제에 대해서는 되도록 언급하지 않을 예정이다. 삼국시대 量制에 대해서도 기존에 이미 많이 연구가 이루어지기는 하였지만, 근래에 출토된 함안 성산산성 목간에서 중고기 신라 量制의 운영 양상과 관련된 새로운 정보가 발견되었기 때문에 이것을 분석하여 삼국시대 양제의 새로운 운영 양상을 검토할 필요성이 제기되었던 바, 이에 본고에서는 먼저 삼국시대 양제의 운영 양상을 집중적으로 조명할 것이다.

한편 백제에서 토지면적의 단위로서 形이란 용어를 사용하였다는 사실은 이미 알려졌지만, 아직까지 1形의 면적이 얼마였는가에 대한 검토와 더불어 백제의 토지측량기술과 연결된 田積制에 대한 연구는 거의 없다고 하여도 과언이 아니다. 아직까지 전적제를 고찰할만한 충분한 자료를 확보하지 못한 것에서 기인한 면이 적지 않다고 보이지만, 일단 필자는 앞으로 이에 대한 연구의 초석을 다지기 위해 시론적인 수준에서나마 形의 면적과 백제 전적제의 운영 양상을 살피려고 한다. 본고의 부족한 점은 추후에 수정, 보완할 예정이다. 많은 질정을 바란다.

II. 삼국시대 量制의 내용과 운영

삼국시대 量制의 운영 양상을 전해주는 자료가 여럿 전하고 있다. 대표적인 자료로서 『隋書』 高麗傳, 충남 부여 능산리사지에서 출토된 支藥兒食米記 목간, 부여 쌍북리 280-5번지에서 출토된 佐官貸食記 목간, 함안 성산산성에서 출토된 신라 목간 등을 들 수 있다. 이들 자료를 통해 삼국에서 중국, 일본과 마찬가지로 石-斗-升의 체계를 갖춘 量制가 시행되었음을 살필 수 있다. 종래에 삼국시대 量制의 구체적인 운영 양

3) 이우태, 1989, 「신라시대의 결부제」, 『태동고전연구』 5; 이우태, 1992, 「신라의 양전제-결부제의 성립과 변천과정을 중심으로-」, 『국사관논총』 37; 전덕재, 2001, 「신라 중고기 결부제의 시행과 그 기능」, 『한국고대사연구』 21(2006, 『한국고대사회경제사』, 태학사); 이우태, 2002, 앞 논문; 이종봉, 2001, 앞 책; 박찬흥, 2001, 「신라 중·하대 토지제도 연구」, 고려대학교 박사학위논문.

상과 관련하여 1升의 容量이 얼마인가의 여부, 1석이 과연 몇 斗인가의 여부에 대해 많은 관심을 기울였다. 고구려의 양제 운영 양상을 보여주는 자료가 바로 『隋書』 高麗傳인데, 量制와 관련된 기록을 제시하면 다음과 같다.

> 人稅는 布 5匹에 穀 5石이다. 遊人은 3년에 한번을 내되, 10人이 함께 細布 1匹을 낸다. 租는 (上: 필자)戶는 1石, 次戶는 7斗, 下戶는 5斗를 낸다.[4]

위의 史料는 고구려에서 人稅, 遊人稅를 거두고, 다시 가호 단위로 租를 수취하였음을 전하는 것이다. 종래에 賑貸에 필요한 재원을 마련하기 위해 가호 단위로 租를 부과하였다는 견해가 제기되어 널리 수용되고 있다.[5] 이에 따른다면, 고구려에서는 가호를 貧富에 따라 3등급으로 나눈 다음, 賑貸의 재원을 마련하기 위해 戶等에 따라 租를 차등 부과하였다고 볼 수 있다. 기존에 고구려에서 15斗를 1石이라고 규정하였다면, 上·中·下戶에 부과한 租의 비율이 15:7:5가 되어 불합리하다고 볼 수 있는 점, 고려 성종 11년(992)에 정한 上·中·下等田의 조세 부과 비율이 15:11:7 또는 9:7:5로 되어 있었던 점 등을 두루 고려하여, 고구려에서는 10斗를 1石으로 규정하였다고 이해하는 것이 합리적이라는 견해가 제기되었다.[6]

균전제를 실시한 唐에서 丁男을 대상으로 粟 2石과 絹 2丈(또는 布 2.4丈), 綿 3兩(또는 麻 3斤)을 부과하였다. 唐의 1升(大升)은 600㎖였으므로, 1石은 60,000㎖가 된다. 따라서 정남 1인은 국가에 1년에 粟으로서 120,000㎖를 바쳤다고 볼 수 있는 것이다. 고구려인들은 人稅로서 穀 5석을 바치고, 또한 附加稅로 戶等에 따라 각기 1石, 7斗, 5斗를 바쳤으므로, 上戶는 6石, 中戶는 5石 7斗, 下戶는 5石 5斗를 바쳤다고 볼 수 있다. 만약에 『수서』 고려전에 전하는 내용과 같은 세제가 운영된 시기에 隋·唐과 마찬가지로 고구려에서 1升을 600㎖라고 규정하고, 여기에 15斗를 1석이라고 설정하였다면, 上戶는 1년에 穀 540,000㎖를 국가에 바쳐야 한다. 唐에서 丁男에게 부과한 조세의 양보다 무려 4.5배나 더 많은 양을 고구려인들이 국가에 조세로서 바쳤다고 보기 어렵기 때문에 고구려에서 1升을 600㎖, 15斗를 1石으로 규정하였다고 추정하기는 곤란할 것이다. 당에서 정남 1인에게 부과한 조세와 고구려에서 가호 단위로 부과한 조세의 양이 비슷하였을 것이라고 전제한다면, 고구려에서 1승을 200㎖, 10斗를 1石으로 규정하였다고 봄이 합리적이라고 판단된다.[7] 이와 같은 추정에 잘못이 없다고 한다면, 고구려는 1升의 용량을 200㎖, 10斗를 1石으로 규정한 漢代의 制度를 수용하여 量制를 운영하였다고 정리할 수 있을 것이다.

백제 양제 운영 양상을 알려주는 자료가 바로 다음의 두 목간이다. 거기에 쓰여진 墨書의 내용을 소개하

4) 『隋書』 高麗傳, "人稅布五匹 穀五石. 遊人則三年一稅 十人共細布一匹. 租戶一石 次七斗 下五斗".

5) 안병우, 1994, 「신라 통일기의 경제제도」, 『역사와 현실』 14; 전덕재, 2006, 『한국고대사회경제사』, 태학사, p.208.

6) 이우태, 2002, 앞의 논문, pp.346-347.

7) 고구려에서 1升을 200㎖, 10斗를 1石으로 규정하였다면, 상호는 穀 120,000㎖(200㎖×10升×10斗×6=120,000㎖), 중호는 114,000㎖(200㎖×10升×10斗×5+14,000㎖=114,000㎖), 하호는 110,000㎖(200㎖×10升×10斗×5+10,000㎖=110,000㎖)를 국가에 조세로 낸다고 볼 수 있다.

면 다음과 같다.[8)]

Ⅰ-① 부여 능산리사지 출토 支藥兒食米記 목간
〈1면〉 支藥兒食米記 初日食四斗 二日食米四斗小升一 三日食米四斗
〈2면〉 五日食米三斗大升 六日食三斗大二 七日食三斗大升二 八日食米四斗大
〈3면〉 食道使家□次如逢使[9)]豬耳其身者如黑也道使後後彈耶方牟氏牟祋 祋
〈4면〉 又十二石又一二石又十四石十二石又石又二石又二石(전체 상하반전)

Ⅰ-② 부여 쌍북리 280-5번지 출토 佐官貸食記 목간
〈1면〉 〈1단〉 戊寅年六月中/ 佐官貸食記
〈2단〉 固淳多三石/ 上夫三石上四石/ 佃目之二石上□□[10)]未一石
〈3단〉 佃麻那二石/ 比至二石上一石未二石/ 習利一石五斗上一石未一
〈2면〉 〈1단〉 素麻一石五斗上一石五斗未七斗半/ 今沽一石三斗半上一石未一石甲
〈2단〉 佃首行一石三斗半上石未石甲/ 刀刀邑佐三石与
〈3단〉 并十九石× / 得十一石×

위에서 제시한 목간의 판독을 둘러싸고 논의가 분분하지만, 여기서 그에 관하여 더 이상의 자세한 언급은 하지 않을 것이다. 백제의 양제 운영 양상과 관련하여 좌관대식기 목간 2면 3단의 '并十九石'이란 묵서를 주목할 필요가 있다. 목간에 전하는 貸食量을 합산하면, 19石 17斗가 된다. 따라서 '并十九石' 다음에 '十七斗'가 결실되었다고 볼 수 있다. 만약에 백제에서 10斗를 1石이라고 규정하였다면, 이것은 '并卄石七斗'라고 묵서하는 것이 합리적이다. 그런데, '并十九石十七斗'라고 묵서하였던 바, 이에서 백제에서 20斗를 1石으로 규정하였다고 추론해볼 수 있다.

그런데 20두를 1석이라고 규정하였다고 보았을 때, 素麻의 이자율은 30%, 佃首行의 이자율은 71.3%가 된다.[11)] 그런데 10두를 1석이라고 규정하여 이자율을 계산하면, 두 사람의 이자율이 모두 50%가 된다는 사실을 확인할 수 있다.[12)] 이처럼 10두를 1석이라고 보았을 때, 소마와 전수행의 이자율이 같고, 20두를 1

---

8) 판독은 홍승우, 2013, 「부여지역 출토 백제 목간의 연구 현황과 전망」, 『목간과 문자』 10, pp.23-25에 제시된 판독문에 의거하였고, 일부 판독은 다른 판독문을 참고하여 조정하였다.

9) 小治로도 판독할 수 있다.

10) 정동준, 2009, 「좌관대식기 목간의 제도사적 의미」, 『문자와 목간』 4, p.18에서는 '□□'를 '二石'으로 추독하였다.

11) 素麻는 1석 5두를 貸食하여, 1석 5두를 상환하였고, 7두 5승을 상환하지 못하였다. 佃首行은 1석 3두 5승을 貸食하여, 1석을 상환하였고, 1석 2.5승을 상환하지 못하였다. 1석이 20두라고 본다면, 소마는 25두를 대식하여, 모두 32.5두를 상환하여야 하기 때문에 이자율은 30%[(32.5두-25두)÷25×100=30%]가 된다. 전수행은 23.5두를 대식하여 40.25두를 상환하여야 하기 때문에 이자율은 71.3%[(40.25두-23.5두)÷23.5×100=71.3%]가 된다. 여기서 半은 5승, 甲은 2.5승으로 이해하고 계산하였는데, 이에 대해서는 뒤에서 자세하게 언급할 예정이다.

석이라고 보았을 때, 두 사람의 이자율이 크게 차이가 났던 점을 미루어보건대, 좌관대식기 목간을 작성한 시기에 백제에서는 10두를 1석이라고 규정하는 量制를 시행하였다고 보는 것이 합리적이라고 판단된다.[13] 이럼에도 불구하고 좌관대식기 목간의 작성자가 '十九石十七斗'라고 표기한 이유는 石, 斗로 표기한 貸食量을 각기 분리 계산하여 기술한 것에서 찾을 수 있다.[14]

그렇다면 이제 백제에서 1升의 容量이 얼마였는가를 살필 차례인데, 종래에 量器와 관련이 있다고 추정되는 土器와 考古資料의 容積을 근거로 하여 4~5세기 한성도읍기에 南朝의 量制를 수용하여 1斗의 용량을 2400~2600㎖로 하였다가 7세기 전반 사비도읍기에 唐의 量制를 수용하여 1斗의 용량을 6400~6500㎖로 하는 量制를 시행하였다고 이해한 견해가 제기되었다.[15] 이와 같은 기존의 견해는 고고학적인 실물자료를 기초로 하여 제기된 것이기 때문에 나름 상당한 설득력을 지녔다고 볼 수 있을 것이다. 그러나 量器로 추정되는 토기 등이 실제로 양기로 활용되었는가의 여부를 단정할 수 없기 때문에 여전히 신중할 필요가 있지 않을까 한다.

6세기 이후 백제에서 1升의 용량이 얼마였는가를 추적하고자 할 때, 주목할 필요가 있는 자료가 바로 支藥兒食米記 목간에 전하는 小升, 大升이란 墨書이다. 唐에서 小升 1升은 200㎖, 大升 1升은 600㎖였고, 통상 大升을 널리 사용하였다고 알려졌다.[16] 고대 일본에서도 당의 제도를 수용하여 小升 3升을 大升 1升으로 하는 量制를 운영하였다.[17] 당과 고대 일본의 量制 운영을 참조하건대, 백제에서도 대체로 小升은 200㎖, 大升 1升의 용량은 小升 3升의 용량에 해당하는 600㎖로 보는 것이 합리적이라고 판단된다.[18] 지약아식미기 목

---

12) 素麻는 1석 5두를 貸食하여, 1석 5두를 상환하였고, 7두 5승을 상환하지 못하였다. 佃首行은 1석 3두 5승을 貸食하여, 1석을 상환하였고, 1석 2.5승을 상환하지 못하였다. 1석이 10두라고 본다면, 소마는 15두를 대식하여, 모두 22.5두를 상환하여야 하기 때문에 이자율은 50%[(22.5두-15두)÷15×100=50%]가 된다. 전수행은 13.5두를 대식하여 20.25두를 상환하여야 하기 때문에 이자율은 50%[(20.25두-13.5두)÷13.5×100=50%]가 된다.

13) 홍승우, 2009, 앞의 논문, pp.44-45; 홍승우, 2011, 앞의 논문, pp.116-117에서도 이와 같은 방법을 활용하여 백제에서 10두를 1석이라고 규정하였음을 살핀 바 있어 주목된다.

14) 石으로 표기한 대식량을 합산하면 19石(3石+3石+2石+2石+2石+1石+1石+1石+1石+3石)이 되고, 斗로 표기한 대식량을 합산하면 17斗(5斗+5斗+3斗半+3斗半)가 된다.

15) 국립부여박물관, 2003, 『백제의 도량형』, 예맥출판사, pp.46-65; 노중국, 2005, 앞의 논문.

16) 『舊唐書』 卷43 志第23 職官2 戶部, "凡度 以北方秬黍中者一黍之廣為分 十分為寸 十寸為尺 一尺二寸為大尺 十尺為丈. 凡量 以秬黍中者容一千二百為龠 二龠為合 十合為升 十升為鬥 三斗為大鬥 十斗為斛. 凡權衡 以秬黍中者百黍之重為銖 二十四銖為兩 三兩為大兩 十六兩為斤. 凡積秬黍為度量權衡 調鐘律 測晷景 合湯藥 及冠冕之制用之. 內外官私 悉用大者".
吳承洛, 1975(3판), 『中國度量衡史』(中國文化叢書), 商務印書館, pp.66-71 및 pp.220-228; 丘光明, 2011, 『中國古代度量衡』, 中國國際廣播出版社, pp.128-130.

17) 『律令(養老令)』 卷第10 雜令第30, "凡度 十分為寸 十寸為尺 一尺二寸為大尺一尺 十尺為丈 量 十合為升 三升為大升一升 十升為斗 十斗為斛 權衡 廿四銖為兩 三兩為大兩一兩 十六兩為斤 凡度地 量銀銅穀者 皆用大. 此外 官私悉用小者".
고대 일본 量制의 운영과 관련하여 龜田隆之, 1955, 「日本古代に於ける田租·田積の硏究」, 『古代學』 4-2, pp.121-128이 참조된다. 참고로 고대 일본 1升의 용량은 240~280㎖, 大升의 용량은 710~850㎖였다고 한다〔http://homepage3.nifty.com/~sirakawa/Coin/J066.htm(日本の度量衡)〕.

18) 종래에 백제의 대용량 양제는 북조의 영향을 받아 성립한 것으로 이해하는 견해가 제기되었다(홍승우, 2009, 앞의 논문, pp.40-41).

간이 어떠한 노역에 동원된 사람들에게 매일 공급한 식량의 양을 적은 것으로 이해되므로, 6세기 중·후반에 백제에서 필요에 따라 小升과 大升을 적절하게 활용하였다고 볼 수 있을 것이다.[19]

좌관대식기 목간에서 大升, 小升이란 표현을 발견할 수 없다. 대신 '半'과 '甲'이란 용어를 사용하여 용량을 표시하였음을 살필 수 있다. 좌관대식기 목간 묵서에 전하는 貸食量과 利子率을 계산한 결과, '半'은 5升, '甲'은 2.5升을 가리킨다는 사실이 밝혀졌다.[20] 중국 東晉과 南朝 宋에서 5升器를 '半'이라고 부른 사례를 발견할 수 있지만,[21] 2.5升器 또는 2.5升을 '甲'이라고 칭한 사례를 발견할 수 없다. 반면에 고대 일본에서 용량의 단위로 '甲'을 사용한 사례를 발견할 수 있다.[22] 고대 일본의 사례는 백제의 영향을 받은 것으로 추정된다. 앞으로 좀 더 考究할 필요가 있다고 사료되지만, 현재로서는 2.5升器 또는 2.5升을 '甲'이라고 칭하였던 것은 백제의 관행이었다고 봄이 합리적이라고 판단된다.[23]

여기서 문제가 되는 것은 좌관대식기 목간에 大升, 小升이란 墨書가 전하지 않은 이유를 어떻게 설명할 것인가의 여부에 관해서이다. 종래에 부여 쌍북리에서 출토된 方形量器의 잔편으로 추정되는 유물을 복원하였을 때, 그 용량이 6,326㎖ 정도였다는 조사 내용과[24] 백제에서 7세기에 唐의 尺度를 수용하였다는 사실 등을 근거로 하여 唐의 성립 이후 백제에서 대용량제를 널리 사용하였다는 견해를 제기한 바 있다.[25] 方形量器의 體積 및 충남대학교 박물관이 부여 쌍북리유적에서 발견한 자의 잔편이 唐尺이었을 가능성이 높다는 점을 고려한다면,[26] 이와 같은 견해는 충분히 수긍할 만하다고 볼 수 있다. 그러나 고구려뿐만 아니라 中代 신라에서도 1升의 容量이 200㎖였음을 고려하건대,[27] 7세기 백제에서 당이나 고대 일본처럼 小升이 아니라 大升을 널리 사용하였다고 보는 것에 대해서는 신중할 필요가 있지 않을까 한다.

나주 복암리 5호 목간에 '涇水田二形得七十二石', '畠(白田)一形得六十二石'이란 墨書가 전한다. 이것을 통

---

19) 이병호, 2008, 「부여 능산리사지 출토 목간의 성격」, 『목간과 문자』 1, p.74에서 지약아식미기 목간은 6세기 중반에 제작된 것으로 이해하는 견해를 제시하였다.

20) 서길수, 2009, 「백제의 좌관대식기와 이자」, 『백제 "좌관대식기"의 세계』(학술세미나 발표문), 국립부여박물관; 홍승우, 2009, 앞의 논문, pp.43-47.

21) 『史記集解』 권7 項羽本紀. "天寒大雨 士卒凍飢 項羽曰 將戮力而攻秦 久留不行. 今歲饑民貧 士卒食芋菽〈集解 徐廣曰 芋 一作半 半五升器也. 駰案 瓚曰 士卒食蔬菜 以菽雜半之. 索隱 芋 蹲鴟也 菽 豆也. 故臣瓚曰 士卒食蔬菜 以菽半雜之 則芋菽義亦通. 漢書作半菽. 徐廣曰 芋 一作半. 半 五升也. 王劭曰 半 量器名 容半升也"〉.

『史記集解』는 南朝 宋나라 사람인 裴駰(裴松之의 아들)의 『史記』 註釋書이다. 徐廣(352~425)은 東晉에서 南朝 宋나라에 걸쳐 살았던 관료이자 학자이고, 王劭는 東晉의 大臣이자 書法家이다.

22) 根鈴智津子, 2000, 「1999年出土の木簡 鳥取·大御堂廢寺(久米寺)」, 『木簡研究』 22, p.196에 '一升半□七/ 一升小甲□'이란 묵서가 쓰여진 목간이 소개되어 있다(홍승우, 2009, 앞의 논문, p.44).

23) 최근에 이건식, 2020, 「고대·중세 한국과 일본의 지식문화 교류를 통해 본 공통 한자와 한자어」, 『지식 인문학 기반 한자어의 수용』, 단국대학교 일본연구소·구결학회 공동학술대회, pp.20-21에서 甲을 4분의 1을 의미하는 小半으로 판독할 여지도 없지 않다고 주장하였다.

24) 국립부여박물관, 2003, 앞의 책, pp.58-60.

25) 홍승우, 2009, 앞의 논문, pp.46-47.

26) 국립부여박물관, 2003, 앞의 책, pp.32-33.

27) 이우태, 2002, 앞의 논문, pp.346-356.

해 7세기 초반 무렵에 나주지역에서 水田 2形에서 벼(租) 72石, 旱田(白田) 1形에서 穀物 62石을 수확하였음을 알 수 있다. 한편 『고려사』 권78 지32 식화1 田制 租稅條에 전하는 '成宗 11年判' 기록에 근거하여 고려 초기 논과 밭의 곡물 수확량을 추산할 수 있다. 이 기록 本文에 전하는 조세 수취량을 제시한 것이 〈표 1〉이다.

표 1. 고려 성종 11년 田品에 따른 1결당 조세 수취량과 벼 수확량(본문)[28]

地目	田品	公田租額(¼)	收穫量(推算)
水田	上等	56.25斗	225斗(15石)
	中等	41.25斗	165斗(11石)
	下等	26.25斗	105斗(7石)
旱田	上等	28.125斗	112.5斗(7.5石)
	中等	20.625斗	82.5斗(5.5石)
	下等	13.125斗	52.5斗(3.5石)

〈표 1〉을 통해 고려 성종대에 수전 상등 1결에서는 벼 15석, 중등에서는 11석, 하등에서는 7석을 수확하였고, 旱田의 경우는 수전에 비하여 동일한 면적에서 곡물을 절반 수확하였다고 이해하였음을 살필 수 있다. 나말여초의 경우도 비슷하였을 것으로 짐작된다. 나말여초에 1升은 350㎖, 1石은 15斗였으므로,[29] 水田 上·中·下等 및 旱田 上·中·下等 1結의 벼와 곡물 수확량을 미터법으로 환산하면, 수전 상등은 벼 787,500㎖, 중등과 하등은 각기 577,500㎖, 367,500㎖가 되며, 한전 상등과 중등, 하등은 곡물 393,750㎖, 288,750㎖, 183,750㎖가 된다. 만약에 7세기 초반에 백제에서 대용량제를 시행하였다면, 나주지역의 水田 1形에서 벼 2,160,000㎖(600㎖×10×10×36), 白田 1形에서 곡물 3,720,000㎖(600㎖×10×10×62)를 수확하였다고 볼 수 있다. 한전의 수확량이 수전보다 많았던 바, 水田은 하등, 旱田은 상등에 대응시키는 것이 합리적일 것이다. 백제에서 대용량제를 실시하였다고 전제한 다음, 나말여초 수전과 한전 1결의 수확량을 백제에 그대로 적용한다면, 36석을 수확한 水田 1形의 면적은 대략 5.88결(2,160,000㎖÷367,500㎖), 62석을 수확한 白田 1형의 면적은 9.4결(3,720,000㎖÷393,750㎖)로 추산할 수 있다. 나말여초에 비해 백제의 수전 및 한전 1결(미터법으로 환산하면, 3,528.36㎡)의[30] 수확량이 더 적었음을 전제로 할 때, 백제에서 대용량제를 시행하였다고 본다면, 수전과 한전 1形은 지나치게 넓은 면적에 해당한다고 이해할 수 있다. 백제에서 과연 나말여초 6~10결에 해당하는 면적을 1형의 면적으로 산정하였을까에 대해서는 의구심이 들지

28) 한편 細註의 기록에 따르면, 水田 상등과 중등, 하등의 1결 벼 수확량은 각각 18석, 14석, 10석이고, 한전의 경우 곡물 수확량은 그 절반이었다고 한다(이인재, 1995, 「통일신라기 토지제도 연구」, 연세대학교 박사학위논문, pp.92-93).

29) 윤선태, 2000, 앞의 논문, pp.192-194.

30) 1步는 唐尺(30㎝) 6尺이므로, 方33步는 6척(1.8m)×33×6척×33=3,528.36㎡가 된다.

않을 수 없다. 이와 같은 측면을 적극 고려한다면, 7세기 초에 백제에서 당과 고대 일본의 경우처럼 大升을 일반적으로 사용하였다고 보는 것에 대해서는 재고의 여지가 있지 않을까 한다. 고구려와 중대 신라에서 1升의 容量이 200㎖였음을 주목하건대, 백제에서도 통상 小升(200㎖)을 널리 사용하였고, 편의에 따라 적절하게 大升도 함께 사용하였다고 봄이 자연스러울 것이다. 부여 쌍북리에서 출토된 方形量器는 백제 말기에 大升을 小升과 함께 운영하였음을 시사해주는 자료로서 주목된다고 하겠다.

통일 이전 신라 量制의 운영에 관해서는 함안 성산산성에서 출토된 목간에 전하는 정보를 주목할 필요가 있다. 성산산성 목간을 통해 통일 이전 신라에서도 石-斗-升을 기본으로 하는 量制를 운영하였음을 엿볼 수 있다. 성산산성 목간에서 신라인들이 곡물 1石을 단지 '石'이라고 표기하였음을 확인할 수 있고, 종종 '石'을 생략하고 단지 '一'이라고 표기한 사례도 발견할 수 있다. 물론 아예 '一石'을 모두 생략한 사례도 다수 발견된다. 한편 '斗'字가 전하는 목간을 제시하면 다음과 같다.[31)]

> 가야2026: 甘文城下□[32)]米十一斗石(喙)大村卜只次持去□[33)]
> 가야5596: 小南兮城麦十五斗石大(村)…
> 가야4686: 三月中鐵山[34)]下麦十五斗(앞면)/ 左旅河礼村波利足(뒷면)
> 가야4692: … (稗)十五斗

종래에 가야5596 목간의 '麦十五斗石', 가야2026 목간의 '□米十一斗石'은 각기 '麥 15斗를 1石으로 한다', '□米 11斗를 1石으로 한다'고 해석한 다음, 이것은 세금으로 낼 곡물의 斗石 환산치를 기록한 것이라고 이해하는 견해를 제기하였다.[35)] 신라 하대에 15斗를 1石으로 삼았기 때문에 통일 이전 신라에서 보리 15斗를 1石으로 삼았을 가능성을 충분히 상정해볼 수 있다. 그러나 여기서 문제는 □米 11斗를 과연 1石으로 하는 量制를 시행하였을까에 관해서이다. 중국과 일본에서 어떤 곡물을 11斗를 1石으로 삼았다는 사례를 전혀 찾을 수 없다. 고구려와 백제에서도 10斗를 1石으로 규정하였음을 앞에서 살핀 바 있다. 고구려와 백제, 중국 및 일본의 사례를 고려하건대, 통일 이전 신라에서 □米 11斗를 1石으로 삼는 量制를 시행하였을까에 대해서는 재고의 여지가 많다고 볼 수 있다. 그러면 가야5596 목간의 '麦十五斗石', 가야2026 목간의 '□米十一斗石'을 합리적으로 해석할 수 있는 방법은 없을까가 궁금한데, 이와 관련하여 秦漢代 穀物換算率 規程

31) 목간 번호는 국립가야문화재연구소, 2017, 『한국의 고대목간』 II에서 제시한 것을 그대로 수용한 것이다. ( )는 추독한 글자를 표시한 것이다.

32) 묵서가 보이지만, 정확하게 어떤 글자인지 판독하기 어렵다.

33) 홍승우, 2018, 「함안 성산산성 목간의 기재방식과 성하목간의 서식」, 『목간과 문자』 21, p.92에 '去□'를 '去之'로 추독하였다.

34) 鐵山은 현재 경북 김천시로 비정되는 金山으로 비정된다.

35) 윤선태, 2017, 「함안 성산산성 출토 신라목간의 연구 성과와 전망」, 『한국의 고대목간』 II, 국립가야문화재연구소, p.487.
한편 홍승우, 2018, 「함안 성산산성 출토 하찰목간의 서식과 성격」, 『함안 성산산성 출토 목간의 국제적 위상』(한국목간학회 제12회 국제학술회의), 국립가야문화재연구소·한국목간학회, p.104에서는 '麦十五斗石'은 '15斗를 1石으로 하는 보리 1석', '□米十一斗石'은 '11斗를 1石으로 하는 □米 1石'이라고 해석하였다.

을 주목할 필요가 있다.

Ⅱ-① □□□石六斗太半斗 舂之爲糲(糲)米一石 糲(糲)米一石爲鑿(糳)米九斗 九〔斗〕爲毁(毇)米八斗 稻禾一石.〔有米爲賜 稟禾稼公 盡九月 其人弗取之 勿鼠(予)〕 倉爲粟二十斗 舂爲米十斗 十斗粲毁(毇)米六斗太半斗 麥十斗爲䴬三斗 叔(菽)荅麻十五斗爲石. 稟毁(毇)粺者 以十斗爲石(「雲夢睡虎地秦簡」 倉律).[36]

Ⅱ-② 程曰 禾黍一石為粟十六斗泰(大)半斗 舂之為糲米一石 糲米一石為糳米九斗 糳米〔九〕斗為毁(毇)米八斗. 王 程曰 稻禾一石為粟廿斗 舂之為米十斗為毁(毇) 粲米六斗泰(大)半斗. 麥十斗〔為〕䴬三斗. 程曰 麥·菽·荅·麻十五斗一石 稟毁(毇)〈糳〉者 以十斗為一石(張家山漢簡 『算數書』 35程禾).[37]

Ⅱ-①은 1975년에 湖北省 雲夢縣 睡虎地에서 출토된 「雲夢睡虎地秦簡」의 倉律 가운데 곡물의 환산율에 관해 기록한 목간이다. 張家山漢簡 『算數書』는 1983년 湖北省 江陵縣 張家山에서 출토된 漢簡 중의 일부이며, Ⅱ-②는 그 가운데 일부를 제시한 것이다. 먼저 Ⅱ-②에서 '麥·菽·荅·麻十五斗一石'이란 구절을 주목할 필요가 있는데, 종래에 十五斗와 一石 사이에 '爲'가 탈락되었고,[38] '一石'은 '糲米一石'의 생략이라고 이해한 견해를 제기한 바 있다.[39] 이에 따른다면, '麥·菽·荅·麻十五斗一石'은 '麥·菽·荅·麻 15斗는 糲米 1石에 해당한다'는 규정으로 해석할 수 있다.[40] 또한 Ⅱ-①을 통해 秦에서 糲米 1石(10斗)은 粟 16과 3분의 2斗, 糳米 9斗, 毁(毇)米 8斗에 相當한다는 규정을 마련하였음을 살필 수 있다. 필자는 위의 사료들에 대해 세밀하게 검토할 능력이 없기 때문에 더 이상 자세하게 考究할 수 없지만, 다만 위의 기록들을 근거로 하여 秦漢代에 糲米 10斗를 1石으로 규정하고, 이에 상응하여 다른 곡물의 換算率 規程을 마련한 사실만은 쉽게 추론할 수 있지 않을까 한다.

---

36) 〔有米爲賜 稟禾稼公 盡九月 其人弗取之 勿鼠(予)〕 부분은 다른 律文이 잘못 삽입된 것이고, '□□□石六斗太半斗'는 '粟一石六斗大半斗'로 추정되고 있다. 또한 '稟毁(毇)粺者 以十斗爲石'은 예외 규정과 관련된 것으로 이해하고 있다.

37) 판독문은 張家山二四七號漢墓竹簡整理小組, 2006, 『張家山漢墓竹簡(二四七號墓)』, 文物出版社, p.144의 판독을 그대로 옮긴 것이다. 이에 대한 번역문을 제시하면 다음과 같다. 「規程에 말하기를, "禾黍(껍질을 벗기지 않은 기장) 1섬은 粟 16과 2/3말에 해당한다. 이를 搗精하여 糲米 1섬으로 하고, 여미 1섬은 착미(여미를 백미로 만들기 전 한 단계 더 도정한 쌀로 추정됨, 즉 백미의 전단계) 9말에 해당하며, 착미 9말은 백미[훼미] 8말에 해당한다." 왕(王). 규정에 말하기를 "稻禾 1섬은 粟 20말에 해당하고, 이를 搗精하여 쌀 10말을 훼미·찬미(精細米) 6과 2/3말로 삼는다. 보리 10말은 보릿가루 3말로 한다." 규정에 말하기를, "보리, 콩, 팥, 참깨 15말은 (糲米) 1섬에 해당하며, 백미[훼미], 착미를 주는 자는 10말을 1섬으로 삼는다."」 번역문은 최진묵, 2011, 「張家山漢簡 算數書의 "程"과 中國 古代 생산과 기술의 표준화」, 『중국학보』 63, p.145의 번역문 및 大川俊隆, 2005, 「秦漢における穀物換算率について」, 『大阪産業大学論集(人文科学編)』 116, pp.78-82를 참조한 것이다.

38) 張家山二四七號漢墓竹簡整理小組, 2006, 앞의 책, p.144.

39) 大川俊隆, 2005, 앞의 논문, pp.79-80.

40) 大川俊隆, 위의 논문, p.80에서 '麥·菽·荅·麻 15斗는 糲米 1石의 容量에 相當한다'라고 해석하였음이 참조된다. 한편 Ⅱ-①에서는 '麥'字가 탈락되었다고 이해하는 것이 일반적이다.

당나라에서도 粟 1斗를 기준으로 하여 다른 곡물의 환산율 규정을 마련하였음을 확인할 수 있다.

> Ⅲ-① 무릇 倉에서 내어주는 여러 곡물은 粟을 기준으로 한다. 稻穀과 糯穀 1斗 5升, 大麥 1두 2승, 喬麥 1두 4승, 小豆 9승, 胡麻(참깨) 8승은 각각 粟 1두에 相當한다. 黍穀·糜穀·秫穀·麥飯·小麥·青稞(粿)麥·大豆·麻子 1두는 각각 粟 1두에 상응한다. 末鹽을 지급할 때 1升 6合은 顆鹽 1승에 상당한다.[41]
>
> Ⅲ-② 무릇 米를 저장하는 곳에서는 粟 1斛을 米 6斗로 折價하여 거둔다. 여러 가지 대체(하여 징수하는 세물)는 모두 토산물로 내도록 하고, 해당 지역의 時價에 준(하여 환산)한다.[42]

Ⅲ-① 기록은 天一閣藏明鈔本 天聖令의 倉庫令 조문 가운데 하나로서 당나라에서 시행한 것이다. 당나라에서 창고에 저장한 여러 곡물을 내어줄 때에 粟 1석을 기준으로 하고, 이에 견주어 다른 곡물을 換算하여, 즉 折價하여 내어주었음을 이를 통해서 엿볼 수 있다. 그런데 Ⅲ-② 기록, 즉 天聖令 賦役令의 조문을 통해 송나라에서 租를 징수할 때에 粟 1石을 기준으로 다른 곡물을 換算하여 거두었음을 확인할 수 있다. 물론 당나라에서도 역시 마찬가지였을 것이다.[43]

통일 이전 신라에서 □米 11斗를 1石으로 삼는 量制를 시행하였다고 보기 어려운 점과 秦漢代와 당나라의 穀物換算率 規程을 두루 참조한다면, 가야5596 목간의 '麦十五斗石', 가야2026 목간의 '□米十一斗石'을 신라의 곡물환산율 규정과 연결시켜 이해할 수 있는 여지가 적지 않다고 보이는데, 이에 따른다면, '麦十五斗石'은 '麥 15斗는 米 1石에 相當한다'고, '□米十一斗石'은 '□米 11두는 米 1石에 相當한다'고 해석할 수 있을 것이다.[44] 성산산성 목간에서 '帶支村烏多支米一石(가야2641)', '壬子年□(改)大村刀只/ 米一石(가야5599)'이라고 기재된 것을 발견할 수 있다. 이들 목간과 '□米十一斗石'이란 표현을 근거로 하여 신라에서

41) 天一閣藏明鈔本 天聖令 倉庫令, "諸倉出給 雜種准粟者 稻穀·糯穀一斗五升 大麥一斗二升 喬麥一斗四升 小豆九升 胡麻八升 各當粟一斗. 黍穀·糜穀·秫穀·麥飯·小麥·青稞(粿)麥·大豆·麻子一斗 各當粟一斗. 給末鹽一升六合 當顆鹽一升". 참고로 天聖令 조문의 해석은 김택민·하원수 주편, 2013, 『천성령 역주』, 혜안을 참조하였음을 밝혀둔다.

42) 天一閣藏明鈔本 天聖令 賦役令, "諸貯米處 折粟一斛 輸米六斗. 其雜折皆隨土毛 準當鄉時價".

43) 참고로 고대 일본에서는 穎稻 1束(斗)을 穀 10升, 黑米(玄米) 5升, 白米(舂米, 精白米) 4.5升으로 환산하였다.

44) 『승정원일기』 인조 24년(1646) 10월 5일 기사에 '左承旨洪瑑啓曰 卽者兵曹判書李時白 送書于臣曰 高陽坡州長湍三邑 官無斗石儲米 脫有緩急 軍餉所用 守令束手無策'이란 구절이, 숙종 2년(1676) 10월 15일 기사에 '又名以稍實人私債 收捧斗石於民間 俾無石之儲 朝夕之糧 傾竭而納之官'이란 구절이 보인다. 단국대학교 국문과의 이건식교수는 한국목간학회 2019년 국제학술회의의 토론에서 전자의 구절에 나오는 '斗石儲米'는 '섬(운반하기 위해 묶여진 것을 지칭하는 표현)으로 묶여진 저장한 쌀', 후자의 구절에 나오는 '斗石'은 '섬으로 묶여진 것'이라고 해석한 다음, '十一斗石'은 '11두로 묶여진 섬', '十五斗石'은 '15두로 묶여진 섬'으로 해석할 수 있다는 의견을 개진하였다. 그러나 전자의 구절에 나오는 '斗石儲米'는 '斗儲米'와 같은 뜻으로서 '약간의 저축한 쌀'이라는 의미로 해석하는 것이 바람직하며, 후자의 '斗石' 역시 '1斗 또는 1石의 곡식'이라는 뜻으로 이해하여 '약간의 곡식(또는 쌀)'으로 해석하는 것이 자연스럽다고 이해된다. 따라서 '斗石'을 '묶여진 섬'으로 해석하는 것에 대해서는 재고의 여지가 없지 않다고 판단된다.

'米'를 穀物換算을 위한 표준으로 삼았음을 추론할 수 있다. 이러한 측면을 주목한다면, 결국 신라에서 租稅로서 米와 더불어 麥과 稗 등 다양한 곡물을 수취하였는데, 이때 麥과 稗 등의 곡물은 15斗, □米는 11斗를 米 1石으로 환산하여 징수하였다고 볼 수 있을 것이다. 즉 통일 이전 신라에서는 米 1석을 折價의 기준으로 삼고, 이외의 다른 곡물을 이에 견주어 數量을 책정한 것으로 이해된다는 것이다. 곡물환산을 위한 標準으로 삼은 米와 '□米'의 차이를 정확하게 말하기 어렵지만, 진한대에 糲米 1石(10斗)은 糳米 9斗, 毁(毇)米 8斗에 해당한다고 규정한 사례를 통해 搗精의 정도에 따라 米를 여러 종류로 구분하였음을 추론할 수 있다는 점 등을 염두에 둔다면, 곡물환산율 규정의 표준이 되었던 米는 '□米'보다 한 단계 더 정밀하게 도정한 것이라고 짐작해볼 수 있다.

가야4686과 가야4692 목간에는 '斗'字 다음에 '石'字가 보이지 않는다. 종래에 '石'字를 생략한 것으로 이해한 견해가 제기되었는데,[45] 나름 타당성이 있는 것으로 보인다. 한편 가야4687(甘文城下麦十五石甘文/本波加本斯□去之)과[46] 가야 5595(甘文城下麦十五石甘文本波×/ 伊次只去之) 목간의 경우는 '斗'가 생략된 것으로 이해하였는데, 두 목간 말미에 '去之'가 공통적으로 묵서되어 있는 점, '之'가 종결형 어미였을 가능성이 높은 점 등을 고려하건대, '斗'가 생략된 것으로 이해하는 것에 대해서는 충분히 숙고할 필요가 있다고 보인다. 이에 대한 보다 자세한 사항은 別稿에서 검토할 예정이다.

이상에서 통일 이전 신라에서 米 1석을 표준으로 하고, 이에 상응한 다른 곡물의 환산율 규정을 마련하였음을 살폈다. 현재까지 麥과 稗 15斗, □米 11斗를 米 1石으로 환산하였음을 알 수 있는데, 秦漢代의 사례를 참고하건대, 잡곡류의 경우는 대체로 15두를 米 1석으로 환산하였을 가능성이 높고, 쌀의 경우는 도정의 정도에 따라 환산율을 조정하였던 것으로 이해된다. 고구려와 백제에서 곡물환산율 규정을 마련하였음을 알려주는 자료가 전하지 않지만, 신라의 사례에 비추어 보건대, 두 나라에서도 역시 비슷한 제도를 운영하였다고 보는 것이 합리적이라고 판단된다. 삼국에서 곡물환산율 규정을 마련한 사실을 통해 고구려와 백제, 신라에서 조세를 수취할 때 米 또는 粟을 기준으로 다른 곡물을 折價하여 징수하는 수취제도를 운영하였음을 추론할 수 있는데, 이에 대한 보다 자세한 사항은 추후에 다시금 검토할 예정이다.

현재 통일 이전 신라에서 10斗를 1石으로 규정하는 양제를 시행하였음을 알려주는 구체적인 증거를 찾을 수 없지만, 麥과 稗 15두, □米 11두를 米 1석으로 환산하였음을 감안하건대, 중국과 일본, 고구려·백제와 마찬가지로 신라에서도 10斗를 1석으로 하는 양제를 시행하였다고 보는 것이 합리적이라고 판단된다. 통일 이전 신라에서 아직까지 量器로 사용되었다고 추정되는 유물이 발견되지 않았기 때문에 1升의 용량이 얼마였는가를 추적하기가 난망하다. 다만 같은 시기에 고구려와 백제(小升)에서 1升의 용량을 200㎖로 규정하였던 점, 신라 하대에 1승의 용량을 350㎖로 상향 조정할 때까지 1승의 용량은 200㎖였을 것이라고

45) 윤선태, 2017, 앞의 논문, p.487.

46) 국립가야문화재연구소, 2017, 앞의 책, pp.370-371에서 '甘文城下麦十五石甘文/本波加本斯(稗)一石之'로 판독하였다. 그러나 다른 목간에 전하는 '稗'字 및 '一石'字를 비교하여 보건대, '本波加本斯(稗)一石之'로 판독하기는 곤란하다고 보인다. 필자는 말미의 두 글자를 '去之'로 판독하였다.

이해한 기존의 연구성과를 참조한다면. 통일 이전 신라에서도 역시 1升의 용량을 200㎖로 하는 양제를 시행하였다고 보는 것이 무리가 없지 않을까 한다. 이에 따른다면, 결과적으로 고구려와 백제, 신라 모두 漢代의 量制를 기초로 하여 量制를 운영하였다고 정리할 수 있을 것이다.[47]

III. 百濟 形의 면적과 田積制

앞장에서 삼국시대 量制의 운영 양상을 살펴보았다. 출토 자료를 통해 새롭게 알게 된 것 가운데 하나가 바로 백제에서 토지면적의 단위로서 '形'을 사용하였다는 사실이다. 이와 관련된 백제 목간을 소개하면 다음과 같다.

Ⅳ-① 부여 궁남지 315호 목간

西部後巷 巳達巳斯丁 依□□□□丁/ 歸人 中口四 小口二 邁羅城法利源 水田五形

Ⅳ-② 나주 복암리 5호 목간[48]

전면	丁一　　中□ 大祀◎村 弥首□　作□□□ □(傭?)丁一　　牛一	후면	涇水田二形得七十二石　　右月三十日者 ◎畠一形得六十二石 得耕麥田一形半

Ⅳ-①에는 백제의 수도 泗沘의 西部 後巷에 사는 巳達巳斯가 邁羅城 法利源에 水田 5形을 소유하고 있다고 전하고, Ⅳ-②에는 나주지역에 위치한 大祀村에 사는 弥首□가 水田 2形에서 벼로 추정되는 곡물 72石을, 畠(白田: 旱田) 1形에서 곡물 62石을 수확하였다고 전하고 있다. 백제의 토지면적 단위인 形에 관한 정보는 이것이 전부이다.[49] 따라서 이것만을 가지고 백제의 量田尺과 田積制의 운영 양상을 추적하는 것은 사

47) 신라는 중대에 1승의 용량을 그대로 둔 채, 20斗를 1石으로 하는 양제를 시행하였다가 하대에 이르러 1升의 容量을 350㎖로 상향 조정하고, 15두를 1석으로 규정하는 내용으로 양제를 개편하였다. 이에 대해서는 윤선태, 2000, 앞 논문; 이우태, 2002, 앞 논문에서 자세하게 살핀 바 있기 때문에 여기서 더 이상 언급하지 않을 것이다. 한편 고구려에서 한나라의 量制를 실시한 데에는 낙랑군을 비롯한 漢郡縣의 영향이 컸을 것으로 짐작된다. 백제와 신라 역시 한군현을 통해 한나라의 양제를 수용한 것으로 짐작해볼 수 있다. 이와 더불어 뒤에서 자세하게 언급할 예정이지만, 梁과 陳에서 古升, 즉 漢代의 양제를 실시하였음을 염두에 둔다면, 백제는 양나라와 교류하면서 한나라의 양제를 수용하였을 가능성도 배제할 수 없다. 또한 신라는 고구려를 통해 漢代의 양제를 수용하였을 가능성도 상정해볼 수 있을 것이다.

48) 나주 복암리 5호 목간에 대한 다양한 판독과 관련하여 이용현, 2013, 「나주 복암리 목간 연구 현황과 전망」, 『목간과 문자』 10, pp.59-61이 참조된다.

실상 불가능에 가깝다고 보지 않을 수 없다. 이럼에도 불구하고, 필자는 본고에서 앞으로 이에 대한 연구와 이해의 진전을 위해 시론적인 차원에서나마 形의 면적 및 백제 田積制에 대해 考究하고자 한다.

종래에 좌파리가반부속문서의 내용을 근거로 하여 백제에서 18斗를 1石이라고 규정하였다고 이해한 다음, 『延喜式』 卷26 主稅寮上에서 公田의 上田과 中田, 下田, 下下田에서 각기 稻 500束(500斗), 400束(400斗), 300束(300斗), 150束(150斗)을 수확하였다고 규정한 사실을 주목하여, 백제 1형은 고대 일본의 2町에 상당하는 면적이었다고 추정한 견해가 제기되었다.[50] 한편 고려 성종대 水田 1結의 평균 수확량이 벼 12.5석임을 고려하여, 백제 1형의 면적은 대략 3結 미만이었을 것이라고 추정한 견해가 제기되기도 하였다.[51] 위에서 제시한 두 견해 모두 단순한 추정에 불과하기 때문에 어느 견해가 옳다고 판별하는 것은 크게 의미가 없다고 볼 수 있다.

나주지역에 위치한 대사촌의 수전 1形에서 36石, 白田(밭) 1形에서 62石을 수확하였다고 하였으므로, 形은 신라·고려 1結과 마찬가지로 토지의 肥瘠과 관계없이 일정한 면적을 가리키는 단위였다고 봄이 합리적이다. 백제 1형의 면적을 추산하기 위해서는 먼저 신라·고려 1결의 수확량을 주목할 필요가 있는데, 당시 1結의 면적을 추정할 수 있는 자료를 제시하면 다음과 같다.

V-① 東俗以五畝減百弓爲結(大崇福寺碑)

V-② (文宗)二十三年定量田步數 田一結方三十三步〈六寸爲(一)分 十分爲一尺 六尺爲一步〉 二結方四十七步 三結方五十七步三分 四結方六十六步 五結方七十三步八分 六結方八十步八分 七結方八十七步四分 八結方九十步七分 九結方九十九步 十結方一百四步三分(『高麗史』 卷78 志32 食貨 田制 經理).

'東俗以五畝減百弓爲結'이란 구절은 東國大藏寫本의 『四山碑銘』에 전한다.[52] 종래에 이 구절을 후대 사람이 추가한 것으로 보기도 하였으나,[53] 崔瀣가 『拙藁千百』에서 '東俗以五畝減百弓爲結 與除一斗爲苫 文昌侯云'이라고 언급한 것을[54] 근거로 위의 구절은 최치원의 自註로 이해하는 것이 일반적이다.[55] 百弓은 30肘

49) 西周 中期 이후에 田土單位로서 井이 출현하였는데, 이때 井은 九百畝의 토지를 가리키는 단위였다. 그런데 서주에서 金文 井(丼)은 '法度'라는 의미로 사용되었고, 東周와 戰國時代에 '井(丼)'에서 '刑'이 분화되었다는 견해가 제기되어 주목된다(王沛, 2013, 「'形'字古义辨正」, 『上海师范大学学报(哲学社会科学版)』 42-3, p.15). 西周時代에 井(丼)이 田土單位였으면서도, '法度'의 뜻을 동시에 지니고 있다가 후에 여기에서 '刑'字가 분화되었음을 염두에 둔다면, 백제에서 토지면적단위로 사용된 '形'의 어원이 바로 井(丼)에서 유래된 '刑'字와 관련이 있지 않을까 한다(이에 대해서는 서울대학교 동양사학과 김병준교수의 교시를 받은 바 있다). 추후에 이에 대해 보다 심층적으로 검토할 예정이다.

50) 平川南, 2010, 「日本古代の地方木簡と羅州木簡」, 『6~7세기 영산강유역과 백제』(국립나주박물관 개소 5주년 기념 국제학술대회), 국립나주박물관·동신대학교 박물관, pp.188-189.

51) 윤선태, 2012, 「나주 복암리 출토 백제 목간의 판독과 용도 분석-7세기 초 백제의 지방지배와 관련하여-」, 『백제연구』 56, p.63.

52) 최영성, 1987, 『註解 四山碑銘』, 아세아문화사, p.136.

53) 박흥수, 1972, 「신라 및 고려의 양전법에 관하여」, 『학술원논문집』 11, pp.160-161.

이고, 1肘는 2尺이라고 한다. 따라서 百弓은 60尺이라고 볼 수 있다. 이것을 면적으로 계산하면, 60척(18m)×60척(18m)=324㎡가 된다. 5畝는 당척(0.3m) 5尺을 1步로 추산할 때는 2,700㎡(240×0.3×5×0.3×5×5)가 되고, 당척 6尺을 1보로 추산할 때는 3,888㎡(240×0.3×6×0.3×6×5)가 된다. 최치원이 신라에서 시행한, 즉 당척 6척을 1보라고 생각하여 위와 같이 기록하였다면, 1결의 면적은 3,564㎡가 된다.

한편 V-② 기록에서 논란이 되는 것은 세주의 기록(六寸爲(一)分 十分爲一尺 六尺爲一步)이다. 이 기록을 그대로 인정하면, 1步는 360寸이 되어 가장 짧은 周尺을 기준으로 해도 1결의 면적은 17,000坪이나 된다. 종래에 이러한 이유 때문에 '十分爲一尺'을 '十分爲六尺'의 오기로 보는 것이 일반적이었다.[56] 이처럼 세주의 기록에 착오가 있다고 본다면, 고려 문종대 1결의 면적은 方33步, 즉 3528.36㎡(0.3×6×33×0.3×6×33)가 된다. 신라 하대 1결의 면적인 3,564㎡와 크게 차이가 나지 않는다. 이를 근거로 통일신라와 고려 1결의 면적은 동일하였고, 그 면적은 대체로 3,528~3,564㎡였다고 정리하여도 무방하지 않을까 한다.

7세기 초 나주지역 1형의 수전에서 벼 36석을, 1형의 백전(밭)에서 곡물 62석을 수확하였으므로, 수전은 비교적 토지생산성이 낮은 토지이고, 반대로 백전은 토지생산성이 매우 높은 토지라고 볼 수 있다. 앞에서 백제에서 1升의 用量은 200㎖, 10斗를 1石으로 규정하는 양제를 운영하였음을 살핀 바 있다. 따라서 수전 1형에서는 벼 720,000㎖, 백전 1형에서는 곡물 1,240,000㎖를 수확하였다고 볼 수 있다. 한편 고려 전기에 신라 하대와 마찬가지로 1升의 容量은 350㎖, 15斗를 1石으로 규정하는 量制를 운영하였다. 7세기 초 나주지역에서 수전 1형의 수확량이 백전의 그것보다 훨씬 적었으므로, 나주지역 수전의 田品은 下等 또는 그 이하였다고 추정할 수 있고, 반면에 백전의 田品은 上等 또는 그 이상으로 유추할 수 있을 것이다.[57] 수전 하등 1결의 수확량은 7석이므로, 이것을 미터법으로 환산하면, 367,500㎖(350×10×15×7)가 되고, 한전 상등 1결의 수확량은 7.5석이므로, 이것을 미터법으로 환산하면, 393,750㎖(350×10×15×7.5)가 된다. 7세기 초 나주지역 수전의 전품은 下等, 백전의 전품은 上等이었다고 전제하고, 고려 전기 田品에 따른 수전과 한전 1결의 수확량을 적용하면, 백제 수전 1형은 고려 전기의 1.96結(720,00÷367,500)에, 백전 1형은 고려 전기의 3.15결(1,240,000÷393,750)에 해당한다고 추산할 수 있다. 백제 1형의 면적이 2~3결이라고 추산할 수는 있으나, 신라 1결과 백제 1형이 어떤 상관관계를 지녔음을 추출하기는 쉽지 않다.

백제가 중국의 제도를 수용하였다는 전제 아래, 백제 1형의 면적이 중국 頃·畝와 상관관계를 지녔을까를 검토할 필요가 있는데, 다만 문제는 東晉에서 唐에 이르는 시기에 1畝의 곡물 수확량이 얼마였는가를

54) 『拙藁千百』 권2 崔大監墓誌, "公幼穎 隨朝請公事太尉瀋王于京邸 遂通三國語 敍爲先王官屬 而服事久 用其勞 賜田一百結〈東俗以五畝減百弓爲結 與除一斗爲苫 文昌侯云〉 奴婢一十口".

55) 여은영, 1986, 「고려시대의 양전제」, 『嶠南史學』 2; 윤선태, 2000, 「신라 '승복사비'의 복원-結·苫의 細註와 관련하여-」, 『불교미술』 16, 동국대박물관, pp.117-118.

56) 이우태, 2002, 앞의 논문, pp.328-329.

57) 後漢에서 토지를 3등급으로 나누고, 이에 따라 田租를 차등을 두어 거두었으며, 삼국시대에 吳나라에서는 국가의 토지를 旱田, 熟田으로 나누어 농민들에게 임대하였음이 확인된다(戴衛紅, 2018, 「간독과 문서로 본 중국 中古時期 지방 징세체계-長沙走馬樓 출토 三國 吳簡을 중심으로-」, 『목간과 문자』 21, p.147). 중국의 사례를 참조하건대, 7세기 백제에서도 토지를 비옥도에 따라 몇 개 등급으로 구분하여 파악하였을 가능성이 높지 않을까 한다.

정확하게 헤아리기 어렵다는 점에 있다. 이와 같은 한계가 있다는 사실을 감안한 다음, 기존의 연구성과를 참조하여 각 왕조 1畝의 곡물 생산량을 추산하여 보고자 한다.

표 2. 東晉~唐의 1畝 곡물 수확량 추정[58)]

왕조	1畝의 면적	1畝 收穫量	1升의 容量
東晉	周尺(23.1㎝) 6尺=1步 461.04㎡(240×0.231×6×0.231×6)	3石[59)]	200㎖
南朝	남조척(25㎝) 6尺=1步 540㎡(0.25×6×0.25×6×240)	10여 石[60)]	200㎖ 300㎖(南齊)[61)]
北朝	北魏尺(27.72㎝) 6尺=1步 663.90㎡(0.2772×6×0.2772×6×240)	漢代의 2석 좌우[62)] 또는 2石[63)]	400㎖[64)]
唐	唐尺(30㎝) 5尺=1步 540㎡(0.3×5×0.3×5×240)	1石 또는 2석(京畿 良田)[65)]	600㎖

東晉의 경우 1畝에서 3石을 수확하였으므로, 36石이 생산된 백제의 수전 1形은 동진의 12畝, 62석이 생산된 백제의 白田 1형은 동진의 20.67畝에 해당한다고 볼 수 있다. 한편 양나라의 灌漑田 1畝에서 벼 10여 석 정도가 생산되었으므로, 36석이 생산된 백제의 水田 1형은 3.6畝(720,000㎖÷200,000㎖) 내외였다고[66)]

58) 東晉~唐의 척도 및 양제에 관해서는 박흥수, 1999, 『한·중도량형제도사』, 성균관대 출판부; 中國國家計量總局·中國歷史博物館·故宮博物院主編·김기협역, 1993, 『中國度量衡圖集』, 법인문화사; 丘光明, 2011, 앞 책; 吳承洛, 1975(3판), 앞 책; 浙江省計量科學研究所, 「今古計量方法 中國度量衡通史」(홈페이지 게시) 등을 참조하여 정리한 것이다. 後魏(北魏)에서는 1척의 길이가 27.8㎝, 27.9㎝, 29.5㎝인 자를, 東魏에서는 30㎝인 자를 사용하였음이 확인된다. 여기서는 한나라의 大尺(周尺=漢尺 1尺 23.1㎝×1.2=27.72㎝)을 북조의 기준척으로 추산하였다. 당척은 남조의 대척(남조척 1척=25㎝×1.2=30㎝)과 동일한 길이였다고 이해되고 있다.

59) 『晉書』 卷26 志第16 食貨. "咸和五年 成帝始度百姓田 取十分之一 畝稅米三升". 위의 기록에서 '畝稅米三升'은 '畝稅米三斗'의 誤記로 이해하는 것이 일반적이다. 이에 따른다면, 東晉의 1畝에서 3石이 생산되었다고 볼 수 있다.

60) 『梁書』 卷28 列傳第22 夏侯夔, "中大通二年 徵爲右衛將軍 丁所生母憂去職. 時魏南兗州刺史劉明以譙城入附 詔遣鎮北將軍元樹帥軍應接 起夔爲雲麾將軍 隨機北討. 尋授使持節督南豫州諸軍事南豫州刺史. 六年 轉使持節督豫淮陳潁建霍義七州諸軍事豫州刺史. 豫州積歲寇戎 人頗失業 夔乃帥軍人于蒼陵立堰 溉田千餘頃 歲收穀百餘萬石 以充儲備 兼贍貧人 境內賴之".

위의 기록에서 中大通 6년(534) 양나라의 灌漑田 千餘 頃에서 곡식 100餘 萬石을 수확하였다고 하였으므로, 당시 관개전에서는 1畝當 10여 石을 수확하였다고 볼 수 있다.

61) 『隋書』 卷16 志第11 律曆上, "梁·陳依古 齊以古升五升為一斗". 여기서 古升五升은 '古升一斗五升'을 가리키는 것으로 이해되고, 古升은 漢代의 量制를 가리키는 것으로 본다.

62) 李文涛·杨廷俊, 2009, 「北朝粮食亩产再研究」, 『农业考古』 2009年 第4期.

63) 中國農業科學院·南京農學院 中國農業遺産研究室, 1959, 『中國農學史』(上冊), 科學出版社, p.242.

64) 『春秋左傳正義』 권55 定公 8년 春正月 孔穎達 註疏, "近世以来 或輕或重 魏齊斗稱 於古二而爲一 周隋斗稱 於古三而爲一 則古時亦當然". 여기서 古斗는 漢代의 양제를 가리키는 것이다. 위의 기록은 북조에서 1승의 용량이 400㎖, 북주와 수에서는 600㎖였음을 알려주는 자료로서 주목된다.

65) 吳慧, 1985, 『中国历代粮食亩产研究』, 农业出版社.

짐작해볼 수 있다. 북조의 경우 1畝에서 漢代의 2石(40,000㎖), 또는 北朝의 2石(80,000㎖)의 粟을 생산하였다고 하였다. 백제의 白田 1형에서 62석(1,240,000㎖)을 생산하였으므로, 백제의 백전 1형의 면적은 북조의 31畝 또는 15.5畝에 해당한다고 볼 수 있다. 마지막으로 唐의 경우 1畝에서 1석(60,000㎖) 또는 2석(120,000㎖)을 생산하였으므로, 36석(720,000㎖)이 생산된 백제 수전 1형의 면적은 당의 12畝 또는 6畝, 62석(1,240,000㎖)이 생산된 백제 백전 1형의 면적은 당의 20.67畝 또는 10.33畝였다고 이해할 수 있다. 어느 왕조의 사례를 대입하든지간에 백제 1형의 면적이 1畝 또는 1頃과 상관관계를 지녔다고 추론하기가 쉽지 않다. 따라서 백제가 중국 왕조의 頃畝制를 수용하여 1形의 면적을 책정하였을 가능성은 높다고 보기 어려울 듯하다.

이제 마지막으로 고대 일본 町段步制와의 관련성을 살필 차례인데, 이와 관련하여 먼저 다음의 기록을 주목할 필요가 있다.

> 凡田 長卅步 廣十二步爲段 十段爲町(『律令』 卷第4 田令第9).

위의 기록과 동일한 내용이 『日本書紀』 권25 孝德天皇 大化 2년 봄 정월 기록에도 보인다. 이것은 이른바 大化改新詔를 반포한 내용을 담고 있다. 현재 大化改新詔의 신빙성 여부를 둘러싸고 일본학계에서 논의가 분분하다. 그러나 대체로 일본 학계에서는 町段步制를 7세기 말에서 8세기 초반에 해당하는 淨御原令이나 大寶令 단계에서 실시하였다고 이해하는 것이 일반적이다.[67]

『令集解』 卷12 '田令第9 租稻卄二束'의 註釋에 '慶雲 3년 9월 10일 格에서 이르기를, 令에 준하여 田租는 1段마다 稻 2束 2把를 부과한다〈사방 5尺을 1步로 삼으며, 1보에서 米 1升을 얻을 수 있다〉. 1町마다 租로서 稻 22束을 부과한다. 令前의 租法에서는 熟田 100代에 租로서 稻 3束을 부과하였다〈四方 6尺으로서 1步로 삼으며, 1步에서 미 1승을 얻을 수 있다〉. --- 담당자는 시행하라.'고 하였다. 위의 기록에서는 慶雲 3년(706) 9월 10일 格은 古記에서 인용하였다고 언급하였다.[68] 여기서 古記는 大寶令 註釋書의 逸文으로 알려졌다.[69] 따라서 위의 기록에 나오는 令은 701년에 반포한 大寶令을 가리키고, 令前의 租法은 대보령 이전에

---

66) 『隋書』 卷16 志第11 律曆上에 양나라에서 古升, 즉 漢代의 양제를 시행하였다고 전한다.

67) 町段步制의 실시를 둘러싼 제논의에 대해서는 村山光一, 1988, 『研究史 班田收授』, 吉川弘文館, pp.157-160 및 pp.238-242가 참조된다.

68) 『令集解』 卷12 田令第9 租稻卄二束, "朱云 問 町租稻二十二束者 未知 十把為束乎. 新令釈云 令稱一町租二十二束 是小斤者何. 古問答云　百代之租稻三束者 此則二段租也 依此一段充一束五把也 此則令釈称令前束者. 古記云 慶雲三年九月十日格云 准令 田租一段租稻二束二把〈以方五尺為步 步之内得米一升〉 一町租稻廿二束 令前租法 熟田百代租稻三束〈以方六尺為步 步之内米一升〉 一町租稻十五束. 右件二種租法 束数雖多少 輸実猶不異. 而令前方六尺 升漸差地実 遂其差升亦差束實 是以取令前束 擬令内把 令條段租 其實猶益 今斗升既平. 望請 輸租之式 折衷聴勅者. 朕念百姓有食萬條即成 民之豊饒 猶同充倉 宜段租一束五把 町租十五束 主者施行. 今依竿法以二十二束准計十五束者所得一束者 十四束三分之二".
참고로 『令集解』는 養老令의 주석서로서 9세기 중반까지 제기된 여러 가지 학설을 집대성한 책이다. 편자는 惟宗朝臣直木이라고 추정되고 있고, 찬술연대는 貞觀格式이 시행되기 이전의 貞觀 연간(859~876)으로 이해된다(國史大辭典編集委員会, 1993, 「令集解」, 『國史大辭典』 14, 吉川弘文館, pp.650-652).

시행된 田租法을 이른다고 볼 수 있다. 고대 일본에서 수확량의 100분의 3을 전조로 거두었으므로,[70] 대보령 시행 이전 시기에 일본에서 1代에서 1束의 稻(이삭이 붙어 있는 벼)를 거두었다고 이해할 수 있다.

토지의 비옥도에 따라 수확량에 차이가 났으므로, 처음 벼 한 묶음을 가리키는 1束을 수확할 수 있는 1대의 면적은 일정하지 않았을 것이다. 그러나 차츰 시기가 지남에 따라 여러 해에 걸친 관습에 의해 代의 면적이 일정하게 고정되는 경향을 띠었고, 이러한 상황에서 한반도에서 도량형제가 도입되자, 高麗尺 方 6尺을 1步로 정하고, 5步의 면적에 근사하게 1代의 면적을 고정시킨 것으로 이해된다.[71] 고대 일본에서 실제로 代를 토지면적의 단위로서 사용하였음을 알려주는 자료가 여럿 전한다.[72] 한편 고대 일본에서 이삭이 붙어 있는 稻 1束에서 얻은 곡물(탈곡한 벼)의 양을 1斗, 이것을 찧어서 얻은 쌀[米]의 양을 5升에 해당한다고 규정하고, 稻 1束의 중량을 1斤이라고 표시하였다.[73]

이상에서 살핀 바에 따르면, 일본에서 대보령 반포 이전에 高麗尺 四方 6척을 1步로 하고, 5步를 1代로 하는 田積制를 시행하였음을 살필 수 있다. 그런데 일본에서는 大寶令에서 高麗尺 사방 5尺을 1步, 5步를 1대로 하고, 50대를 1段, 10段을 1町으로 하는 전적제로 개편하였고, 그 이후 和同 6년(713) 2月 19일에 格으로 唐尺 사방 6尺을 1步로 하는 전적제의 개편을 단행하였다. 이에 관한 기록을 제시하면 다음과 같다.

> 古記云 問 田長卅步 廣十二步爲段 卽田積三百六十步 更改段積爲二百五十步 重復改爲三百六十步. 又雜令云 度地以五尺爲步 又和銅六年二月十九日格 其度地以六尺爲步者 未知 令格之赴弁段積步改易之義 請具分釋 无使疑惑也. 答 幡云 令以五尺爲步者 是高麗法用爲度地令便 而尺作長大 以二百五十步爲段者 亦是高麗術云之 卽以高麗五尺 准今尺大六尺相當 故格云 以六尺爲步者 則是今五尺積步 改名六尺積步耳 其於地无所損益也 然則時人念令云五尺. 格云六尺 卽依格文 可加一尺者 此不然 准令云五尺者 此今大六尺同覺爾耳(『令集解』 卷12 田令 '凡田'條 註釋).

---

69) 井上光貞, 1976, 「日本律令の成立とその註釋書」, 『律令』(日本思想大系3), 岩波書店, p.780.

70) 『延喜式』 卷26 主稅寮上, "凡公田獲稻 上田五百束 中田四百束 下田三百束 下下田一百五十束. 地子各依田品 令輸五分之一 若惣計國內 所輸不滿十分之九者 勘出令塡. 但不堪佃田 聽除十分之二. 其租一段穀一斗五升 町別一石五斗 皆令營人輸之".
고대 일본에서는 上田의 수확량을 法定獲稻數로 삼았다고 한다(龜田隆之, 1955, 앞의 논문, p.128).
위의 기록에서 上田의 1町當 稻 수확량은 500束이었다고 하였고, 田租는 1町當 1石 5斗를 거두었다고 하였다. 1束이 1斗, 10斗가 1石이었으므로, 전조 1석 5두는 상전 수확량의 3%에 해당한다고 볼 수 있다[井上光貞等編, 1984, 『日本歷史大系』 1(原始·古代), 山川出版社, p.510].

71) '四方 6尺으로서 1步로 삼는다'는 표현은 바로 高麗尺 사방 6척을 1步로 삼았던 사실을 가리키는 것으로 이해된다.
坂本太郞, 1938, 『大化改新の硏究』, 至文堂, pp.342-343; 龜田隆之, 1955, 앞의 논문, p.135.

72) 己丑年(持統 3年; 689) 2월 25일에 건립된 釆女氏塋域碑에 '形浦山地四千代'란 표현이 보이고, 또한 飛鳥藤原地區 石神遺蹟에서 발견된 목간에서 '百代', '五十代'란 묵서가 발견되었다[奈良文化財硏究所, 2008, 『飛鳥·藤原宮發掘調査出土木簡槪報(二十三)』, p.12].

73) 이에 대한 자세한 내용은 龜田隆之, 1955, 앞의 논문, pp.124-131이 참조된다.

위의 기록에 따르면, 和同 6년(713) 2월 19일 이전에는 高麗尺(36㎝) 四方 5尺을 1步로 하는 田積制(250步=1段)를 시행하였다가 이때에 今尺, 즉 唐尺(30㎝) 四方 6尺을 1步로 하는 전적제(360步=1段)로 개편하였으나, 1段의 면적에는 변동이 없었다고 한다. 이 기록을 통해 고려척이 당척의 1.2배, 즉 36㎝였고, 아울러 713년 이전에 고려척을 가지고 양전하였음을 알 수 있다.[74] 결과적으로 일본에서 대보령 이전에 高麗尺 四方 6尺을 1步, 5步를 1代로 하였다가 대보령 단계에서 高麗尺 四方 5尺을 1步, 5步를 1代, 50代를 1段으로 개편하였고, 후에 1단의 면적에 변동을 주지 않으면서 唐尺 四方 6尺을 1보로 하는 것으로 전적제를 개편하였다고 정리할 수 있다. 고려척 사방 6척을 1보로 하였다가 고려척 사방 5척을 1步로 하면서, 1代의 면적은 23.328㎡(0.36×6×0.36×6×5)에서 16.2㎡(0.3×6×0.3×6×5)로 축소되었다.

그런데 『延喜式』 卷26 主稅寮上에 따르면, 公田의 上田에서 稻 500束(500斗), 中田에서 400束(400斗), 下田에서 300束(300斗), 下下田에서 150束(150斗)을 수확하였다고 한다. 당척 사방 6척을 1보로 하는 전적제를 운영하였을 때, 수전 상전과 중전, 하전, 하하전 1町에서 벼를 각기 50石(500斗), 40石(400斗), 30石(300斗), 15石(150斗)을 수확하였음을 반영한 것이다. 앞에서 8세기 이후에 大升을 널리 사용하였고, 그 1升의 容量은 710~850㎖였다고 한다. 이에 기초하여 8세기 이후 고대 일본의 수전 1町에서 수확한 稻의 양을 추산하면 다음과 같다.

표 3. 8세기 이후 일본의 水田 上 · 中 · 下 · 下下田 1町에서 수확한 稻의 양(단위 ㎖)

上田(50石)	中田(40石)	下田(30石)	下下田(15石)
3,550,000(710㎖×10×10×50)~4,250,000(850㎖×10×10×50)	2,840,000(710㎖×10×10×40)~3,400,000(850㎖×10×10×40)	2,130,000(710㎖×10×10×30)~2,550,000(850㎖×10×10×30)	1,065,000(710㎖×10×10×15)~1,275,000(850㎖×10×10×15)

백제 수전 1형의 수확량이 적고, 백전의 수확량이 훨씬 많았음을 감안하건대, 36석이 생산된 1형의 백제 수전은 전품이 하전 또는 하하전에 견줄 수 있을 것인데, 이에 따른다면, 백제 수전 1형은 고대 일본의 0.34~0.28町 또는 0.68~0.56町에 해당한다고 볼 수 있다.[75] 그러나 여기서 한 가지 고려할 사항은 고려 전기와 고대 일본의 ㎡당 벼의 수확량이 크게 차이가 난다는 점이다.

〈표 4〉와 〈표 5〉를 통해, 고려 전기 수전의 ㎡당 벼 수확량보다 8세기 이후 일본 수전의 ㎡당 벼 수확량이 훨씬 많았음을 쉽게 파악할 수 있다. 따라서 고대 일본 수전의 수확량을 기준으로 하여 백제 1형의 면적을 추산하는 것은 그리 바람직하다고 보기 어려울 것이다. 백제 1形의 면적과 고대 일본 町·段과의 상관관

74) 龜田隆之, 1955, 앞의 논문, pp.148-156; 윤선태, 2002, 앞의 논문, pp.34-40; 이우태, 2007, 앞의 논문, pp.278-279.

75) 백제 수전 1형에서 720,000㎖를 생산하였고, 8세기 이후 고대 일본의 수전 하전, 하하전 1町의 수확량은 각기 2,130,000~2,550,000㎖, 1,065,000~1,275,000㎖였으므로, 백제 1형은 고대 일본의 0.34(720,000÷2,130,000)~0.28町(720,000÷2,550,000), 0.68(720,000÷1,065,000)~0.56町(720,000÷1,275,000)에 해당한다고 볼 수 있다.

표 4. 고려 전기 水田(上 · 中 · 下等)과 旱田(上 · 中 · 下等) ㎡當 벼 및 곡물 수확량(단위 ㎖)

전품 / 종류	上等 (水田 15석, 旱田 7.5석)	中等 (水田 11石, 旱田 5.5石)	下等 (水田 7石, 旱田 3.5石)
水田	223.19 (350㎖×10×15×15÷3528.36)	163.67 (350㎖×10×15×11÷3528.36)	104.16 (350㎖×10×15×7÷3528.36)
旱田	111.60 (350㎖×10×15×7.5÷3528.36)	81.84 (350㎖×10×15×5.5÷3528.36)	52.08 (350㎖×10×15×3.5÷3528.36)

* 고려 문종대 1결의 면적 方33步=3,528.36㎡, 1升 용량 350㎖, 1斗=10升, 15斗=1石

표 5. 8세기 이후 고대 일본 水田(上 · 中 · 下 · 下下田) ㎡當 벼 수확량(단위 ㎖)

	上田(50石)	中田(40石)	下田(30石)	下下田(15石)
水田	438.27(3,550,000㎖÷8,100㎡)~524.69(4,250,000㎖÷8,100㎡)	350.62(2,840,000㎖÷81,00㎡)~419.75(3,400,000㎖÷81,00㎡)	262.96(2,130,000㎖÷81,00㎡)~314.81(2,550,000㎖÷81,00㎡)	131.48(1,065,000㎖÷81,00㎡)~157.41(1,275,000㎖÷81,00㎡)

* 8세기 이후 1町 면적 8,100㎡, 1升의 容量 710~850㎖, 1斗=10升, 10斗=1石

계에 대한 의미 있는 결론을 도출하기 위해서는 고대 일본의 사례가 아니라 우리나라의 ㎡당 벼와 곡물 수확량을 참조하는 것이 바람직하다고 판단된다. 대보령 이전에 1代의 면적은 23.328㎡(0.36×6×0.36×6×5), 8세기 이후 1代의 면적은 16.2㎡(0.3×6×0.3×6×5)였다.[76] 고려 전기 수전 ㎡當 벼 수확량을 기준으로 8세기 이전 1代의 수확량을 계산하면, 수전 상전과 중전, 하전의 수확량은 각기 5,206.58㎖(223.19㎖×23.328㎡), 3,818.09㎖(163.67㎖×23.328㎡), 2,429.84㎖(104.16㎖×23.328㎡)였다고 추정할 수 있다. 고대 일본에서도 고려 전기와 마찬가지로 旱田의 수확량이 수전의 2분의 1이었다고 전제하고, 고려 전기 旱田 ㎡당 곡물 수확량을 기준으로 8세기 이전 1代의 곡물 수확량을 계산하면, 2,603.40㎖(111.60㎖×23.328㎡), 1,909.16㎖(81.84㎖×23.328㎡), 1,214.92㎖(52.08㎖×23.328㎡)였다고 추정할 수 있다.

백제 수전 1형의 면적에서 36석(720,000㎖)을 수확하였는데, 고려 전기 수전 1결의 수확량을 기준으로 하여 수전 1형과 8세기 이전 代와의 상관관계를 考究하면, 수전 상등과 중등, 하등은 138.29代(720,000÷5,206.58㎖), 188.58代(720,000㎖÷3,818.09㎖), 296.32代(720,000㎖÷2,429.84㎖)였다고 볼 수 있다. 그리고 62석이 생산된 한전 1형과 8세기 이전 代와의 상관관계를 考究하면, 한전 상등과 중등, 하등은 476.30代(1,240,000㎖÷2,603.40㎖), 649.50代(1,240,000㎖÷1,909.16㎖), 1,020.64代(1,240,000㎖÷1,214.92㎖)에 대응된다고 볼 수 있다.

그런데 여기서 한 가지 고려할 사항이 있다. 백제 白田은 매우 비옥하고, 水田은 매우 척박하였을 것이라

76) 『율령』에서 규정한 1段(길이 30步, 너비 12步)의 면적은 1,166.4㎡(30×0.36×5×12×0.36×5)였는데, 이것은 고려척 四方 6척을 1보로 할 때의 1段의 면적(0.36×6×0.36×6×5×50)에 해당한다.

는 사실이다. 고려 전기에 한전 상등 1결에서는 곡물 7.5석을 수확하였을 때, 수전 하등 1결에서는 벼 7石을 수확하였는데, 단순 비교하면, 수전 하등의 토지생산성은 한전 상등 토지생산성의 93.33%[(7÷7.5)×100=93.33%]였다고 볼 수 있다. 한편 36석이 생산된 백제 수전 1형의 토지생산성은 62석이 생산된 백제 백전 1형의 토지생산성의 58.06%[(36÷62)×100=58.06]에 불과하였다고 이해할 수 있다. 이러한 측면을 감안하건대, 36석이 생산된 백제 수전 1형의 토지생산성은 고려 전기 수전 하등의 토지생산성보다 더 낮았다고 말할 수 있는데, 따라서 백제 수전 1형과 8세기 이전 고대 일본의 代와의 상관관계를 考究할 때에는 고려 전기 수전 하등 ㎡당 벼 수확량인 104.16㎖보다 더 적은 양을 대입하여 추산하는 것이 필요하다. 수전 하등의 토지생산성은 한전 상등 토지생산성의 93.3%였고, 36석이 생산된 백제 수전 1형의 토지생산성은 62석이 생산된 백제 白田 1형의 토지생산성의 58.06%였음을 감안하건대, 백제 수전 1형과 8세기 이전 代와의 상관관계를 考究할 때에는 고려 전기 수전의 ㎡당 벼 수확량을 64.80㎖로 대입하여 추산하는 것이 바람직하다고 보인다.[77] 이에 따른다면 백제 수전 1형은 8세기 이전 고대 일본의 476.30代[720,000÷(23.328㎡〈1代〉×64.80㎖)]에 대응시킬 수 있을 것이다.

62석이 생산된 백제의 백전을 고려 전기 한전 상등에 대응한다고 전제하고, 백전 1형과 8세기 이전 고대 일본 代와의 상관관계를 考究하면, 백전 1형은 476.30代(1,240,000㎖÷2,603.40㎖)에 대응되었음을 추산할 수 있다. 또한 백제 수전의 토지생산성이 상대적으로 고려 전기 수전 하등의 토지생산성보다 훨씬 낮았다고 전제하고, 백제 수전 1형과 고대 일본 代와의 상관관계를 考究한 결과, 36석이 생산된 백제 수전 1형은 고대 일본의 476.30代에 대응시킬 수도 있다고 추산하였다. 이처럼 36석이 생산된 백제 水田 1형과 62석이 생산된 백제 白田 1形과 관련된 다양한 조건을 두루 감안하여, 백제 1形과 8세기 이전 고대 일본의 代와의 상관관계를 考究한 결과, 백제 1형은 8세기 이전 고대 일본의 476.30代에 대응시킬 수 있다고 추론할 수 있다는 점이 유의되는데, 고대 일본에서 500代가 바로 1町이었으므로, 백제 1形의 면적과 고대 일본 1町의 면적이 근사하였다고 볼 수도 있기 때문이다. 고려 전기와 7세기 백제의 토지생산성이 같지 않았다는 점, 백제 수전과 한전의 전품을 고려 전기의 전품 규정과 연계하여 추산하였던 점 등을 감안하건대, 위와 같은 추론은 여전히 많은 문제가 있음을 인정하지 않을 수 없다. 다만 여러 조건을 모두 고려하여 백제의 田積制를 신라·고려 結負制, 중국 왕조의 頃畝制, 고대 일본 町段步制와의 상관관계를 검토한 결과, 백제 1형의 면적이 고대 일본 1町의 면적과 근사하였을 가능성이 높다는 사실을 추론할 수 있었던 것은 결코 의미 없는 작업이라고 보기 어렵지 않을까 한다.

이상에서 살핀 것처럼 백제 1형의 면적이 고대 일본 1정의 면적(11,664㎡, 3,534.55평)과 근사하였을 가능성이 높다면, 백제의 양전제와 관련하여 고대 일본의 양전제를 주목할 필요가 있을 것이다. 大寶令 반포

77) 고려 전기 수전 하등의 ㎡당 벼 수확량은 104.16㎖였는데, 수전 하등의 토지생산성은 한전 상등 토지생산성의 93.33%였고, 36석이 생산된 백제 수전 1형의 토지생산성은 62석이 생산된 백제 백전 1형의 토지생산성의 58.06%였던 바, 36석이 생산된 백제 수전 1형의 토지생산성을 고려한 고려 전기 ㎡당 벼 수확량은 64.80㎖(93.33:104.16=58.06:x, x=64.80)로 추정해볼 수 있다.

이전에 高麗尺 四方 6尺을 1步로 하였다가 大寶令에서 고려척 사방 5척을 1보로 조정하는 전적제의 개편을 단행하였는데, 이를 통해 고대 일본에서 量田을 할 때, 기준척도로서 고려척(36㎝)을 사용하였음을 알 수 있다. 일본에서 1代에서 수확한 穎稻의 양을 1束이라고 불렀다. 여기서 束의 양은 벼를 한 묶음 묶을 수 있는 적절한 크기를 가리키는 것이었기 때문에 그 양이 다소 일정하지 않았고, 자연히 代의 면적도 토지의 肥瘠에 따라 차이가 있었을 것으로 짐작된다. 그러다가 한반도에서 전래된 양전방식을 수용하여 고려척 사방 6척을 1步로 하고, 5步를 1代로 하는 전적제를 시행하였다고 추론할 수 있다.

여기서 문제는 일본에서 수용한 양전방식은 고구려의 것이냐, 아니면 백제의 것이냐에 관해서이다. 목간을 통해 7세기 초에 백제에서 토지의 肥瘠과 관계없이 일정한 면적을 가리키는 토지면적 단위로서 '形'을 사용하였음을 알 수 있다. 나주 복암리 5호 목간에 '一形半'이라는 묵서가 전하는데, 여기서 '半'은 1형의 절반에 해당하는 토지면적을 가리킨다고 보인다. 이를 통해 백제에서 量田尺을 가지고 量田을 실시하였음을 유추할 수 있다. 현재까지 백제에서 南朝尺(25㎝)과 唐尺(30㎝)을 사용하였음이 밝혀졌다. 대체로 唐의 건국 이후 백제에서 당척을 수용하여 사용한 것으로 이해된다. 한편 부여 궁남지 315호 목간의 길이가 35㎝였다는 사실에 주목하여, 백제에서 고구려척도 사용되었을 가능성이 있다고 추정한 견해도 제기되었다.[78] 그러면 이 가운데 백제에서 量田尺으로 사용된 것은 어느 것일까?

이 문제와 관련하여 다시금 고대 일본에서 고려척(고구려척)을 양전척으로 사용하였음을 상기할 필요가 있다. 일본에서 고려척을 가지고 양전하는 측량기술을 高麗術 또는 高麗法이라고 불렀다. 따라서 고려척을 기초로 하는 양전방식을 고구려에서 수용하였을 가능성이 높다고 보지 않을 수 없다. 그러나 현재까지 고구려의 田積制에 관한 자료가 전하지 않아, 그 운영 양상을 정확하게 알 수 없다. 따라서 고구려의 토지측량기술이 곧바로 일본에 전래되었음을 입증하기 곤란하다. 다만 백제에서도 고구려척을 사용하였을 가능성이 높은 점, 2.5升器 또는 2.5升을 가리키는 甲이라는 용어를 고대 일본에서도 사용한 점, 『日本書紀』 卷22 推古天皇 10년(602) 겨울 10월 기록에 백제의 승려 觀勒이 曆本과 天文, 地理書와 더불어 遁甲·方術書를 바쳤다고 전하고 있는 점[79] 등과 더불어 백제 1형의 면적이 고대 일본 1町의 면적과 근사하였을 가능성이 높다는 사실 등을 두루 감안하건대, 고구려척을 양전척으로 하는 토지측량기술은 백제에서 일본에 전해진 것이라고 볼 수 있는 여지도 전혀 없다고 말하기 어렵지 않을까 한다. 이렇다고 한다면, 일본에서 고려척을 양전척으로 삼았기 때문에 그것을 기초로 하는 토지측량기술을 高麗術 또는 高麗法이라고 명명하였다고 볼 수 있을 것이다.[80] 결국 필자는 일본에서 백제의 田積制를 수용하여 代와 段, 町의 면적을 정하였고, 이에 따라 백제 1形과 8세기 이전 1町의 면적이 근사하였다는 결론을 도출한 것인데, 앞으로 고구려의 양전

78) 홍승우, 2013, 앞의 논문, p.38.

79) 『日本書紀』 卷22 推古天皇 10년 겨울 10월, "百濟僧觀勒來之 仍貢曆本及天文地理書 幷遁甲方術書也".

80) 고대 일본에서 처음에 소출량을 기준으로 토지의 양을 헤아리다가 토지의 비척과 관계없이 일정한 地積을 기준으로 토지를 측량하였다고 볼 수 있는데, 신라 結負制의 기원을 소출량을 기준으로 토지의 양을 헤아리는 제도에서 찾을 수 있는 점을 유의하건대, 처음에 신라에서 소출량을 기준으로 토지의 양을 헤아리는 전적제가 일본에 전해졌고, 후에 고려척 사방 6척을 1보로 하는 전적제가 백제를 통해 전해졌을 가능성도 충분히 상정해볼 수 있지 않을까 한다.

제도가 새롭게 考究된다면, 고구려의 양전제도가 백제를 거쳐 일본에 전해졌다는 사실이 밝혀져 이와 같은 결론이 보다 더 설득력을 얻을 수 있지 않을까 하는 바람을 가지고 있다.

Ⅳ. 맺음말

이상 본문에서 삼국시대 量制의 운영 양상 및 백제의 토지면적 단위인 形의 면적과 田積制 운영의 일면을 살펴보았다. 본문에서 살핀 내용을 요약 정리하는 것으로서 맺음말에 대신하고자 한다.

고구려에서는 1升(小升)의 容量을 200㎖, 10斗를 1石으로 규정하는 量制를 운영하였다. 백제에서도 역시 마찬가지로 1승의 容量을 200㎖, 10斗를 1石으로 규정하는 量制를 운영하면서 필요에 따라 北朝의 제도를 수용하여 小升과 大升을 적절하게 활용하였다. 또한 小升 5升을 半, 2.5升을 甲이라고 불렀고, 이와 같은 관행이 일본에도 전해진 것으로 확인된다. 신라에서도 백제·고구려와 마찬가지로 1승의 容量을 200㎖, 10斗를 1石으로 규정하였으며, 다양한 곡물을 수취하면서 米 1石을 折價의 표준으로 설정하고, 여타 곡물 및 다양한 종류의 米의 환산율 규정을 마련하였다. 대체로 麥과 稗는 15斗를 米 1石으로 환산하였고, 米보다 한 단계 덜 도정한 □米는 11斗를 米 1석으로 환산하였다. 쌀의 경우는 도정의 정도에 따라 환산율을 달리 적용한 것으로 이해된다. 고구려와 백제에서 米를 표준으로 삼아 곡물환산율 규정을 마련하였다는 구체적인 증거가 전하지 않지만, 신라의 사례를 참조하건대, 역시 비슷한 제도를 운영하였을 가능성이 높다고 판단된다.

백제에서 토지면적 단위로서 形이란 용어를 사용하였다는 사실은 부여 궁남지 315호 목간과 나주 복암리 5호 목간에 전하는 墨書를 통해 확인할 수 있다. 특히 후자에는 나주지역 1形의 水田에서 36石(720,000㎖), 1形의 白田에서 62石(1,240,000㎖)을 수확하였다고 전하여, 1형의 면적을 추산하는 데에 중요한 정보를 제공하고 있어 주목된다. 통일신라와 고려 전기에 水田 下等 1結에서 수확한 벼의 양(7石)과 旱田 上等 1結에서 생산된 곡물의 양(7.5石)을 기초로 하여 백제 1形의 면적을 계산하면, 1형의 면적은 2~3結에 해당한다고 추산할 수 있다. 따라서 통일신라와 고려 전기 1結의 면적과 백제 1形의 면적이 밀접하게 상관관계를 지녔다고 평가하기가 쉽지 않다. 東晉에서 唐에 이르는 여러 왕조 頃·畝의 면적과 백제 1형의 면적과의 상관관계를 추적하여도 역시 동일한 결론을 도출할 수 있다.

한편 고려 전기 水田 상등과 중등, 하등 1결의 벼 수확량(15石, 11石, 7石) 및 旱田 상등과 중등, 하등 1결의 곡물 수확량(7.5石, 5.5石, 3.5石)을 기준으로 추산한 ㎡當 생산량을 8세기 이전 고대 일본 代의 면적(23.328㎡)에 대입하여 도출한 생산량 및 백제 수전과 한전 1형에서 생산된 벼와 곡물 생산량(36石, 62石), 그리고 7세기 초반 백제의 수전과 한전의 전품 등의 여러 요소 등을 고려하여 백제의 1形과 8세기 이전 고대 일본 代와의 관계를 살핀 결과 36석이 생산된 水田 1形은 8세기 이전 고대 일본의 476.30代, 62석이 생산된 白田 1形은 고대 일본의 476.30代에 대응시킬 수 있음을 추론할 수 있었다. 이와 같은 추론에 문제가 많다는 점을 인정하지 않을 수 없지만, 이와 같은 추론을 근거로 한다면, 백제의 1형의 면적은 고대 일본의

500代, 즉 1町에 근사하였을 가능성이 높다고 볼 수도 있을 것이다. 여기에서 한 걸음 더 나아가 추론한다면, 고대 일본에서 8세기 이전에 高麗尺 四方 6尺을 1步로 하였고, 5步를 1代라고 하였으며, 고려척을 양전척으로 삼아 토지를 측량하였던 것을 통해서 백제에서 고려척을 가지고 양전을 하였을 뿐만 아니라 500代를 1形(3.31結)으로 규정하였을 가능성도 충분히 상정해볼 수 있지 않을까 한다. 필자의 이와 같은 추론은 현재로서 시론적인 성격을 크게 벗어났다고 보기 어렵지만, 향후 필자의 추론을 초석으로 삼아 백제 1形의 면적 및 田積制에 대한 이해와 연구가 심화되기를 기대해 마지않는다.

투고일: 2020. 4. 28. 심사개시일: 2020. 5. 3. 심사완료일: 2020. 5. 21.

참/고/문/헌

丘光明, 2011, 『中國古代度量衡』, 中國國際廣播出版社.

龜田隆之, 1955, 「日本古代に於ける田租·田積の硏究」, 『古代學』 4-2.

국립부여박물관, 2003, 『백제의 도량형』, 예맥출판사.

김택민·하원수 주편, 2013, 『천성령 역주』, 혜안.

노중국, 2005, 「백제의 도량형과 그 운용」, 『한국고대사연구』 40.

戴衛紅, 2018, 「간독과 문서로 본 중국 中古時期 지방 징세체계-長沙 走馬樓 출토 三國 吳簡을 중심으로-」, 『목간과 문자』 21.

大川俊隆, 2005, 「秦漢における穀物換算率について」, 『大阪産業大学論集(人文科学編)』 116.

박흥수, 1999, 『한·중도량형제도사』, 성균관대 출판부.

안병우, 1994, 「신라 통일기의 경제제도」, 『역사와 현실』 14.

吳承洛, 1975(3판), 『中國度量衡史』(中國文化叢書), 商務印書館.

王沛, 2013, 「'形'字古义辨正」, 『上海师范大学学报(哲学社会科学版)』 42-3.

윤선태, 2000, 「신라 하대 양제에 관한 일시론; 안압지 출토 양기의 분석을 중심으로」, 『신라문화』 17·18합.

윤선태, 2000, 「신라 '숭복사비'의 복원-結·苫의 細註와 관련하여-」, 『불교미술』 16, 동국대박물관.

윤선태, 2002, 「한국 고대의 척도와 그 변화-고구려척의 탄생과 관련하여-」, 『국사관논총』 98.

윤선태, 2012, 「나주 복암리 출토 백제 목간의 판독과 용도 분석-7세기 초 백제의 지방지배와 관련하여-」, 『백제연구』 56.

윤선태, 2017, 「함안 성산산성 출토 신라목간의 연구 성과와 전망」, 『한국의 고대목간』 II, 국립가야문화재연구소.

이병호, 2008, 「부여 능산리사지 출토 목간의 성격」, 『목간과 문자』 1.

이용현, 2013, 「나주 복암리 목간 연구 현황과 전망」, 『목간과 문자』 10.

이우태, 2007, 「고구려척재론-고구려척과 高麗術의 관계를 중심으로-」, 『동북아역사논총』 17.

張家山二四七號漢墓竹簡整理小組, 2006, 『張家山漢墓竹簡(二四七號墓)』, 文物出版社.

전덕재, 2001, 「신라 중고기 결부제의 시행과 그 기능」, 『한국고대사연구』 21.

전덕재, 2006, 『한국고대사회경제사』, 태학사 .

정동준, 2009, 「좌관대식기 목간의 제도사적 의미」, 『문자와 목간』 4.

中國國家計量總局·中國歷史博物館·故宮博物院主編·김기협역, 1993, 『中國度量衡圖集』, 법인문화사.

최진묵, 2011, 「張家山漢簡 算數書의 "程"과 中國 古代 생산과 기술의 표준화」, 『중국학보』 63.

平川南, 2010, 「日本古代の地方木簡と羅州木簡」, 『6~7세기 영산강유역과 백제』(국립나주박물관 개소 5주년 기념 국제학술대회), 국립나주박물관·동신대학교 박물관.

홍승우, 2009, 「좌관대식기에 나타난 백제의 양제와 대식제」, 『목간과 문자』 4.

홍승우, 2011, 「한국 고대 율령의 성격」, 서울대학교 박사학위논문.

홍승우, 2018, 「함안 성산산성 목간의 기재방식과 성하목간의 서식」, 『목간과 문자』 21.

홍승우, 2018, 「함안 성산산성 출토 하찰목간의 서식과 성격」, 『함안 성산산성 출토 목간의 국제적 위상』 (한국목간학회 제12회 국제학술회의), 국립가야문화재연구소·한국목간학회.

〈Abstract〉

A study on the Three Kingdoms's quantity–measuring system and Baekje's Jeonjeok system

Jeon, Deog–jae

This paper discusses the operations of the quantity–measuring system(量制) during the Three Kingdoms Period as well as the area of the Hyeong(形), a term that was used to refer to a unit of land area in Baekje, and the operation of the Jeonjeok system(田積制). Prior to the unification, the Three Kingdoms's quantity–measuring system stipulated the volume of 1Seung(升) to be 200㎖, and 10Du(斗) as 1Seok(石). In Silla, 1Seok of rice was set as the standard for conversion and the conversion rate of other grains and various kinds of rice was prepared by receiving various grains. Goguryeo and Baekje are also believed to have implemented similar systems in the early 7th century. Also in Baekje, the term "Hyeong(形)" was used as a unit of land area. The 5th wooden script of Bokamri, Naju provides important information on estimating the area of 1Hyeong; it provides that 36Seok(720,000㎖) was harvested from the 1Hyeong of paddy field, and that 62Seok(1,240,000㎖) from 1Hyeong of dry field. It is likely that the area of 1Hyeong was similar to the area of 500Dae(代) in ancient Japan, 1Jeong(町). Therefore, it is estimated that in ancient Japan, Goryeo Cheok(高麗尺) 6Cheok square was 1Bo(步), and 5Bo 1Dae before the 8th century, and that in Baekje, the land was measured using Goryeo Cheok and that 500Dae was stipulated as 1Hyeong. However, since these are pure editorial estimations, I hope that the study on the area of 1Hyeong and land–measuring system of Baekje will be developed further.

▶ Key words: Quantity-measuring system, Hyeong, Jeonjeok system, Goryeo Cheok, Surveying Land, Conversion rate regulation

논문

월성해자 신 출토 목간과 신라 外位
永樂 6년 고구려의 백제 침공 원인에 대한 검토
廣開土太王陵碑 탁본 『惠靜本』의 탁본사적 위치
사진 이미지분석을 통한 문자해독과 목간사진 촬영을 위한 제안

논 문

월성해자 신 출토 목간과 신라 外位*

하시모토 시게루**

〈국문초록〉

2015년부터 2017년까지 진행된 월성해자 발굴로 묵서가 있는 목간 7점이 새로 출토되었다. 이 논문은 그 목간 가운데 1점의 내용을 검토해서 신라 외위제 운용의 일단을 밝힌 것이다.

먼저 목간에서 '波珎日'을 새로 판독했다. 이는 외위 제10등 彼日에 해당한다고 생각된다. 이로 인해 이 목간에는 적어도 彼日, 一伐, 干支의 3개 외위가 확인된다. 그리고 이들 외위 앞뒤에는 반드시 '受'자가 나오니 한 사람이 외위를 받은 기록으로 생각된다. 즉 이 목간은 외위 승진에 대해 기록한 것이다.

외위 승진의 이유에는 2가지가 있었다고 추정했다. 하나는 목간에 '功' '煞功'으로 표현되는 특별한 공적으로 의한 승진이다. 목간의 연대와 같은 시기에 백제와의 전투 기사가 『삼국사기』에 매년 보이는 것과 목간에 보이는 森山이라는 지명이 백제와의 최전선에 있었기 때문에 백제와의 전투에서 공적을 세운 것으로 추정된다.

한편 戊戌年에는 외위가 승진하지 않았다('留')고 하는데 丙午年에는 특별한 공적이 없는데도 干支에 승진한 것으로 봐서 정기적으로 외위가 승진하는 제도가 있었다고 추정된다. 이러한 정기적인 관위 승진 제도는 고대 중국이나 일본에도 있었다.

* 이 논문 또는 저서는 2020년 대한민국 교육부와 한국연구재단의 지원을 받아 수행된 연구임 (NRF-2019S1A6A3A01055801).
** 경북대학교 인문학술원 HK연구교수

관위에 대해서는 중앙관청인 位和府가 담당했다고 생각되기 때문에 이 목간은 위화부가 사용한 것으로 추측된다. 그리고 목간을 쓴 사람은 지방의 군이나 촌에 있었던 文尺, 書尺이었다고 추정된다.

▶ **핵심어: 월성해자, 외위, 목간**

I. 머리말

신라 외위에 관한 문헌 사료는 매우 빈약하고 『삼국사기』 권40·직관지에 있는 외위조와 백제인위조 정도이다. 그 외위조 기사도 674년에 처음으로 시행된 것처럼 되어 있는 등 내용에 문제가 있다. 그러나 이러한 문헌사료를 중심으로 한 연구로 어느 정도 외위제의 윤곽이 밝혀졌다.[1] 그 성과에 의하면 외위는 지방민한테 주어진 관등이었고 6세기 초에 창제되어 통일을 전후한 시기에 소멸되었다고 추정된다. 그리고 외위 11등은 구조적으로 嶽干①~干⑦의 干群外位와 一伐⑧~阿尺⑪의 非干群外位로 나눌 수 있고, 간군외위는 종래의 부족장으로 추정되는 재지 유력층에게, 비간군외위는 그에 속하는 사람들에게 주어진 관등이었다고 파악되었다.

그리고 포항 냉수리비(503년)나 울진 봉평리비(524년)를 비롯한 새로운 금석문이 발견되자 외위 실태를 밝히는 연구가 진행되었다. 냉수리비에는 외위가 보이지 않는데 봉평리비에는 下干支⑦~波旦⑩의 외위가 있으므로 그 사이에 非干群外位가 성립되었고 干群外位가 그 후 550년대까지 정비되었다는 단계적 성립이 주장되었다.[2] 봉평리비 이전에 일부라도 외위제가 성립된 것이 확실해져서 520년의 율령반포가 주목되었다.[3] 근년에 포항 중성리비(501년)에 왕경인과 지방인이 '干支' '壹伐' '壹金知'라는 관위를 가지고 있어 이들은 경위나 외위 체계로 편입되는 전 단계의 위계로 추정되기도 한다.[4] 또 함안 성산산성 목간에 보이는 '及伐尺' '急伐尺'과 울진 봉평리비의 '居伐尺'이 『삼국사기』에 보이지 않은 초기 외위로 추정되고[5] 문헌 사료에 보이는 11등 이외에도 외위가 존재한 가능성이 크다. 비석이나 목간을 통해 외위제에 관한 연구가 심화되고 있다.

그런데, 그 동안의 연구에도 불구하고 외위가 어떻게 운용되었는지는 아직 분명하지 않다. 외위의 구조만이 아니라 어떤 경우에 승진할 수 있었는지 등 운용에 대해 더 잘 이해되어야 신라 지방 지배에서 외위가

---

1) 三池賢一, 1970, 「「三国史記」職官志外位条の解釈ー外位の復元」, 『駒澤大學研究紀要』 5, pp.104-112; 武田幸男, 1979, 「新羅官位制の成立」, 『朝鮮歷史論集』 上巻, 龍渓書舎, pp.178-185; 권덕영, 1985, 「新羅 外位制의 成立과 그 機能」, 『한국사연구』 50·51, pp.104-105 등.

2) 주보돈, 1990, 「6세기초 新羅王權의 位相과 官等制의 成立」, 『역사교육논집』 13·14.

3) 하일식, 2006, 『신라 집권 관료제 연구』, 혜안.

4) 노태돈, 2010, 「포항중성리신라비와 外位」, 『한국고대사연구』 59.

5) 윤선태, 2016, 「新羅의 初期 外位體系와 '及伐尺'」, 『동국사학』 61.

어떤 역할을 했는지를 알 수 있을 것이다. 본고는 2015년 말부터 진행된 월성해자 조사에서 출토된 목간을 통해 신라 외위의 운용 실태를 밝히는 것을 목적으로 한다.

II. 기존 해석과 목간의 연대

국립경주문화재연구소(이하 '연구소')가 월성 해자에서 2015년부터 2017년까지 진행한 발굴 조사를 통해 목간과 목간으로 추정되는 유물이 57점 출토되었고 그 가운데 묵서가 있는 것이 7점 있다.[6] 이들 목간이 출토된 지점은 월성 서북쪽에 있는 '다'구역 1호 해자 중 수혈해자 내부 V층(뻘층)이다. 이 글에서 검토하는 임069(2016) 목간은 현존 크기 24.7×5.1×1.2㎝, 좌우 측면과 상단은 완전한 형태이지만 하단이 파손되었고 원래는 아래쪽으로 더 길었을 것이다.

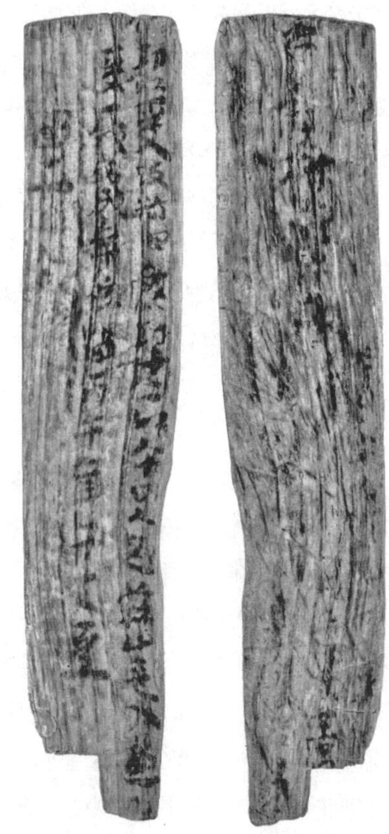

그림 1. 월성해자 신출토 임069(2016) 목간
(『목간과 문자』 20호, p.2)

1. 기존 연구

목간의 판독문과 해석에 관해 먼저 연구소의 전경효가 기초적인 검토와 소개를 했다. 아래 판독문은 연구소에서 개최한 목간 전문가 자문 및 검토 회의 결과를 반영한 것이다.[7]

(A) □□□…………………………………

古拿村行兮豕…………………書□(파손)

□只□ …………………………谷□

(B) 功以受汳荷四煞功廿二以八十四人越菻山走入葱(파손)

受一伐代成年往留丙午年干支受

□二

내용에 대해서는 외위 '一伐'이 나오는 것을 지적하고 (B)면의 '功'에 대해서 신라 비석의 용례를 들어 '특

6) 이하 출토 상황과 목간 상태는 전경효, 2018, 「신 출토 경주 월성 해자 묵서 목간 소개」, 『목간과 문자』 20, pp.62-63.

7) 전경효, 2018, 앞의 논문, pp.66-68.

정한 업무나 노동을 의미하는 표현'으로 해석했다.

주보돈은 더 구체적으로 목간의 용도를 검토해서 力役木簡으로 간주했다.[8] 이 목간을 통해 드러나는 '주요한 내용은 古拿村, 功, 一伐, 干支 등의 용례로 미루어 병오년을 하나의 유력한 기준 시점으로 해서 전국적 규모의 역역동원이 이루어진 사실'이라고 지적한다.

윤선태는 (B)면 판독을 아래와 같이 수정했다.[9]

功以受汳荷四煞功廿二以八十四人越蒜山走入葱艾(파손)
受一伐戊戌年往留丙午年干支受
留二

내용은 '지역 단위에 부과된 국가적 책무나 세금을 완수했거나 수납했음'을 뜻하고 '古拿村에 할당된 국가적 책무의 완수 사실을 기록한 장부'이며 '戊戌年에 "一伐" 외위 소지자가 기왕에 머물렀고, 丙午年에는 "干支" 외위 소지자가 책무를 받아 머무름을 두 번 완수하였다(受留二)'라는 의미로 해석했다. 그리고 留는 『삼국유사』 문무대왕조에 보이는 '上守吏' 제도와 유사하다고 지적하고 외위 소지자가 '왕경에 와서 각자 국가가 책정했던 임무를 완수하기 위해 일정 기간을 머물렀던 것'으로 추정했다.

이들 견해에 대하여 이용현은 달리 해석했다.[10] 즉 촌주의 관등 수여 및 승진을 기록한 목간으로 보고 '해당 인물은 일벌을 받았고 무술년에는 그 관등이 상승하지 못하고 그대로 머물렀다가, 그로부터 8년 뒤인 병오년에 간지가 되었다'라고 했다. 목간의 기본적인 성격은 이 이용현의 견해가 타당한 것으로 생각한다.

본 논문은 (B)면의 석문을 수정하고 그에 바탕을 두어 이 인물의 외위가 어떻게 올라갔는지, 그리고 그 이유를 검토하는 것을 통하여 신라 외위 운용의 실태를 추정하는 것이다. (A)면은 묵흔이 희미해서 현재 공개되어 있는 사진으로는 판독하기가 어려워 앞으로 실물 조사나 더 좋은 사진 자료가 공개되는 것을 기다려 검토할 예정이다.

본문에 들어가기 전에 釋文을 제시한다. 기존의 석문과 차이가 나는 부분과 그 근거에 대해서는 해당하는 부분에서 언급하겠다. 내용으로 봐서 (B)면으로 시작되었다고 생각하기 어려우니 이하 이 글에서는 (A)면을 '앞면', (B)면을 '뒷면'이라고 한다. 앞면은 기존 석문을 그대로 따랐다.

---

8) 주보돈, 2018, 「月城과 垓字 출토 木簡의 의미」, 『목간과 문자』 20, pp.30-32.

9) 윤선태, 2018, 「월성 해자 목간의 연구 성과와 신 출토 목간의 판독」, 『목간과 문자』 20, pp.94-95.

10) 이용현, 2019, 「목간에 기록된 신라 왕경 생활」, 한국목간학회, 『문자와 고대 한국2 교류와 생활』, 주류성출판사, p.224.

석문안[11)]

·「□□□[　　　　　　　　　　　]

　古拿村□兮□[　　　　　　]書□
　　　〔行?〕〔豕?〕

　□只□[　　　　　　　　]谷□

·「功以受波珎日煞功十二以八十四人足蒜山走入□×

　受一伐戊戌年位留丙午年干支受

　　留二

(24.7)×5.1×1.2 소나무

2. 목간의 연대

신 출토 월성해자 목간의 연대에 대해 연구소는 목간이 출토된 층과 같은 층에서 출토된 짧은 굽다리 접시와 단편연화문수막새 등이 6세기 중반을 전후한 시기로 편년되니 목간도 대략 그 시기로 추정되고 '丙午年'이 526년 혹은 586년일 가능성이 크다고 했다.[12)] 주보돈은 병오년을 586년으로 단정해도 무리한 추정이 아니라고 하고 또 뒷면의 '代成'을 '戊戌'로 읽힐 가능성에 언급하여 무술년이 578년이 되므로 진지왕대에 왕경 정비에 대한 공사 계획이 있었던 가능성을 지적했다.[13)] 윤선태와 이용현도 무술년과 병오년을 518, 526년보다 578, 586년의 가능성에 무게를 두고 있다.[14)]

본고도 이들 견해를 따르겠지만 연대 추정과 관련되는 내용을 정리해둔다.

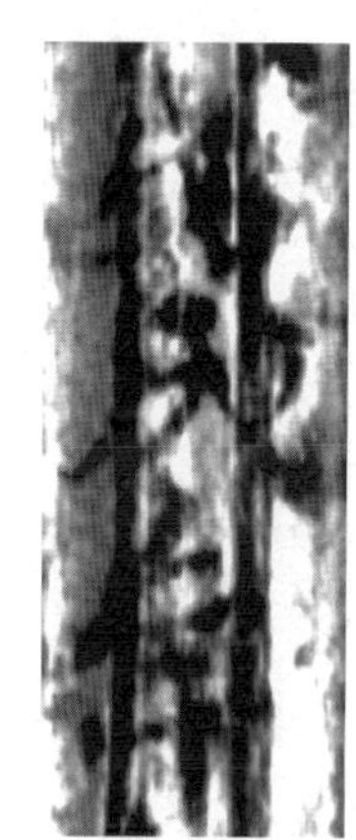

그림 2. '戊戌年'

먼저 연대추정의 실마리가 되는 것은 뒷면 2행 '병오년'이다. 그리고 같은 뒷면 2행에서 처음에 '代成'으로 판독된 부분은 지적되었듯이 '戊戌'로 수정하는 것이 적당하다고 생각된다(그림 2). 따라서 목간 뒷면에는 戊戌과 丙午라는 두 가지 간지년을 확인할 수 있다.

그리고 뒷면 2행에 '一伐'이라는 외위가 보인다. 외위가 체계화된 시기는 6세기 초로 생각되고 7세기 후반에 소멸되었기 때문에 가능성이 있는 무술년과 병오년은 ① 518/526년, ②578/586년, ③638/646년의 3가지다.

연대 추정의 하한을 알기 위해서는 '干支' 표기를 검토해야 한다. 종래 6세기 전반까지 관위표기 '-干支'였던 것이 창녕비(561년) 이전에 支가 탈락되고 '-干'으로 되었다는 것[15)]이 통설이었다. 하지만 근년에 간지표기가 더 늦게까지 남았다고 보는 견

11) 석문의 기호 및 석문 표기는 가능한 한 일본 목간학회의 방법을 따랐다. 학회지 『木簡硏究』 凡例 참조.

12) 전경효, 2018, 앞의 논문, p.62, p.68.

13) 주보돈, 2018, 앞의 논문, pp.31-32.

14) 윤선태, 2018, 앞의 논문, p.95; 이용현, 2019, 앞의 논문, p.224.

15) 武田幸男, 1977, 「金石文資料からみた新羅官位制」, 『江上波夫教授古稀記念論集 歷史篇』, 山川出版社, pp.59-67.

해가 유력해졌다. 구체적 사례로는 오작비(578년)에 '貴干支'가 있다. 또 함안 성산산성목간에도 '上干支'가 있는데 목간의 연대는 560년경으로 하는 것이 유력했으나 고고학적인 관점에서 더 늦게 보는 설이 나왔고, 또 최근 출토된 목간에 보이는 '壬子年'을 592년으로 보는 견해가 있다. 이런 근거를 가지고 주보돈은 중앙에서는 561년까지 支가 탈락했지만, 지방에서는 그 뒤에도 유지되었다고 보고 있다.[16] 지금 남아 있는 사료로 보는 한 이 추정이 타당할 것으로 생각된다. 그렇게 이해할 경우 ③의 가능성은 희박하고 ①과 ②의 가능성이 남는다.

연대 상한에 관해서 머리말에서 언급했듯이 외위제는 냉수리비(503년)와 봉평리비(524년) 사이에 체계화된 것으로 추정되고 520년에 법흥왕이 반포한 '율령'으로 외위가 정비되었다고 보는 것이 일반적이다. 이 추정을 따르면 ①의 가능성은 적다고 할 수 있다. 그러나 율령 반포와 동시에 외위가 성립되었다는 것은 어디까지나 추정이며 518년 이전에 외위가 있었을 가능성을 완전히 배제할 수도 없다.

이하 본고에서는 ①의 가능성을 배제하지는 않지만 제일 가능성이 크다고 생각되는 ②를 전제로 내용을 검토해 나가겠다. 그리고 목간의 내용을 검토한 다음에 다시 연대에 대해 언급하기로 한다.

III. 목간의 내용 검토

뒷면은 내용으로 봐서 다음 5단락으로 나눌 수 있다고 생각된다.

㉠功以受波珎日
㉡煞功十二以八十四人足□山走入□...受一伐
㉢戊戌年位留
㉣丙午年干支受
㉤留二

그리고 이 5단락은 크게 (ⅰ)㉠㉡, (ⅱ)㉢㉣, (ⅲ)㉤의 3부분으로 정리할 수 있다. 이하 이 셋으로 나눠서 내용을 검토하겠다.

1. 功績으로 의한 외위 승진

(ⅰ) ㉠...功以受波珎日. ㉡煞功十二以八十四人足□山走入□...受一伐.
㉠(어느 해에 어떤) 공적으로 波珎日(=波日)을 받았다. ㉡煞功12로...一伐을 받았다.

16) 주보돈, 2018, 앞의 논문, p.31.

1) 판독

1행 4~6자는 지금까지 '汳荷四'로 판독되었지만 '波珎日'로 판독하는 것이 옳다고 생각한다(그림 3).

4자는 왼쪽 '氵'은 종래 판독과 같은데 오른쪽이 '反'이 아니라 '皮'일 것이다. 皮의 제3획에 해당하는 세로획이 있다고 판단되기 때문이다. 다만 皮자의 제2획을 가로로 쓰다가 오른쪽 끝을 아래로 내려쓰는 것이 일반적인데(그림 4) 목간의 글자는 그렇지 않다. 하지만 성산산성 목간에도 그 부분을 내려쓰지 않는 것이 있어(그림 5) '波'로 판독해도 무방할 것이다.

그림 3. '波珎日'(오른쪽은 가필한 것)

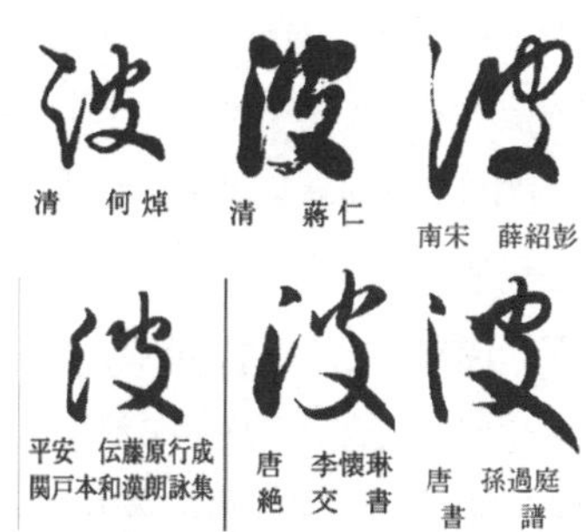

그림 4. 波자형

그림 5. 성산산성 목간의 '本波'

5자는 왼쪽이 나뭇결 때문에 가로획이 희미해진 부분이 있지만 王변으로 볼 수 있다. 오른쪽은 마지막 획이 보이지 않으나 '尔'로 생각되며 이 글자는 '珎'이다.

6자는 '四'로 판독되었지만 약간 오른쪽으로 치우쳐 있는 '日'로 판독할 수 있다.

이상과 같이 1행 4~6자를 새로 '波珎日'로 판독했다. 그리고 이는 외위 제10등 彼日을 의미한다고 생각된다. 피일은 지금까지 알려진 금석문에도 많이 확인되었고 봉평리비에 '波旦', 명활산성비에 '波日', 오작비에 '彼日', 남산신성 제2비에 '彼日'로 나온다. 하지만 '波珎日'이라는 표기는 지금까지 볼 수 없었고 처음으로 확인된 사례다. 이를 彼日로 볼 수 있을지 검토하겠다.

상술했듯이 신라 외위는 干支群과 非干支群으로 구분되는데 비간지군은 경위 상위층인 간지군관위와 구조적인 대응관계가 있다.[17] 즉 一伐은 경위 제1등 伊伐飡(一伐干)에, 一尺은 제2등 伊尺飡(一尺干)에, 阿尺은 제5등 大阿飡(大阿尺干)·제6등 阿飡(阿尺干)에 각각 대응된다. 근년에는 상술했듯이 이들에 더하여 성산산성목간에 보이는 及伐尺(急伐尺)과 봉평리비 居伐尺이 경위 제9등 級伐飡(及伐干, 居伐干支)에 대응되는 외위로 지적되고 있다.[18]

이러한 예와 같이 외위 彼日(=波日=波旦)도 경위 제4등 波珍飡(波珍干支)에 대응된다고 추측되어 왔지만 표기에 차이가 있다는 문제가 있었다. 그래서 원래 표기가 봉평리비 波旦이며 이것이 경위 波珍干支의

17) 武田幸男, 1965, 「新羅の骨品体制社会」, 『歴史学研究』 299, pp.9-10.

18) 윤선태, 2016, 앞의 논문.

波珍에 해당하여 '바다'라는 의미로 추정되어 있다.[19] 그런데 본 목간의 波珎(=珍)日로 경위 波珍干支와의 대응관계는 명백하다[20]. 피일이나 파일 표기는 파진일의 '진'이 생략된 표기로 볼 수 있을 것이다.[21]

또 1행 제9자는 '卄'로 판독되었지만 왼쪽 세로획은 나뭇결로 판단되고 '十'으로 보는 것이 옳을 것이다. 바로 밑에 있는 1행 제13자 '十'과 비슷한 자형으로 보인다.

2) '功' '煞功'과 외위 상승

파진일을 새로 판독한 것으로 본 목간 뒷면에는 '受波珎日' '受一伐' '干支受'로 3가지 외위가 확인된다. 외위와 함께 나오는 '受'의 의미에 대해 윤선태는 기존에 출토된 월성해자 목간과의 연관성을 지적하여 지역 단위에 부과된 국가적 책무나 세금을 완수했거나 수납했음을 뜻한다고 해석했다.[22] 그러나 그러한 책무나 세금이 부과된 주체가 인명 없이 외위만으로 표기되었다고는 생각하기 어려울 것이고 '受波珎日'처럼 受가 외위 앞에 나오는 것도 해석하기 곤란하다.

受는 외위를 '받았다'라는 뜻으로 이해하는 것이 적당하다고 생각한다. 다른 목간이나 비석 등에 受가 관위를 받았다는 뜻으로 사용된 예는 없지만 正倉院 所藏 佐波理加盤 문서에 '永忽知乃末受丑二石(永忽知 乃末은 12월 월봉(丑)으로 2石을 받았음'처럼 곡식을 받았다는 뜻으로 사용된 예가 있다.[23] 그리고 외위를 받았다는 뜻으로 볼 때 목간에 彼日⑩→一伐⑧→干支⑦처럼 차례로 올라가는 순서로 나오는 것도 잘 이해할 수 있다.[24] 그래서 목간 내용은 어떤 사람의 외위가 승진해가는 기록으로 생각된다.

그러면 이 사람은 어떤 이유로 외위가 승진했던 것일까.

㉠'功以受波珎日'은 '功으로 波珎日을 받았다'라는 뜻으로 생각된다. 문장이 앞면에서 이어지는 것으로 생각되니 원래는 '(어느 해에 어떤) 功으로 波珎日을 받았다'라는 내용이었을 것이다. 다음 ㉡은 중간이 결실되어 정확하게 이해하기 어렵지만 '煞功12로 … 一伐을 받았다'로 이해할 수 있을 것이다.

功의 뜻에 대해 전경효는 울주 천전리각석(525년)의 '食多煞作功人', 대구 무술오작비(578년)의 '功夫', 영천 청제비 정원명(798년)의 '法功夫'의 사례를 들어 '특정한 업무나 노동'으로 봤다.[25] 그런데 공의 뜻을 해석하기 위해서는 마운령 및 황초령 진흥왕순수비(568년)에 똑같이 나오는 다음 구절을 참조하는 것이 더

19) 武田幸男, 1997, 「新羅官位制の成立にかんする覚書」, 武田幸男編, 『朝鮮社会の史的展開と東アジア』, 山川出版社, pp.116-117.

20) 珎(珍)은 '돌/달'처럼 읽었다고 생각되는데 日은 'ㄹ'음을 나타낸 것일 가능성이 있다.

21) 앞면 2행 하단의 '書□'로 판독되고 있는 부분은 '一吉尺'일 가능성이 있다. 일길척이라는 외위는 지금까지 알려지지 않으나 경위와 외위의 대응관계로 생각하면 경위 제7등 一吉湌에 대응되는 외위일 가능성이 있다.

22) 윤선태, 2018, 앞의 논문, p.95.

23) 윤선태, 1997, 「正倉院 所藏 「佐波理加盤文書」의 新考察」, 『國史館論叢』 74, pp.304-311.

24) '受波珎日' '受一伐'처럼 受가 외위 앞에 있는 것과 '干支受'처럼 뒤에 있는 2가지 표기가 있는데 기본적인 의미는 같다고 생각된다. 그런데 본문에서 후술하듯이 전자는 功績으로 승진한 것이며 후자는 근무 기간으로 승진한 것이니 승진한 이유에 따라 표기를 달리했을 가능성이 있다.

25) 전경효, 2018, 앞의 논문, p.67.

적절하다고 생각한다.[26)]

爲國盡節有功之徒 可加賞爵物 以章勳勞(나라를 위해 충절을 다한 功이 있는 무리에게는 벼슬과 □(상품)을 賞으로 더하여 주고 功勳을 표창하고자 한다).

여기서 '有功之徒'의 공은 공적의 뜻으로 해석된다. 본 목간에서는 어떤 '功'이나 '煞功'으로 외위를 받았다는 문맥으로 나오기 때문에 '특정한 업무나 노동'이 아니라 공적으로 보는 것이 타당하다고 생각한다.

그리고 2행 하단의 결실된 부분이 어느 정도였는지 정확히 알기 어려우나 외위 一尺⑨이나 다른 간지년이 들어갈 공간은 없다고 생각된다. 그래서 ㉠에서 받은 파진일(피일)⑩에서 ㉡의 일벌⑧로 한번에 2등이나 승진한 것으로 추정된다. 또한 ㉡부분에 간지년이 없다면 파진일로 승진한 해와 같은 해에 다시 일벌로 승진한 것으로 이해되니 결국 한 해에 적어도 아척⑪에서 일벌⑧로 3등급 승진한 셈이다. 이는 매우 특수한 사례로 봐야 할 터인데 그럴 가능성이 있었는지 다음에 검토하겠다.

3) '煞功' '萩山'과 신라·백제 전투

먼저 '煞功'의 '煞'은 이미 지적되어 있듯이 '殺'의 이체자로서 냉수리비에 '煞牛', 봉평리비에 '煞斑牛', 천전리각석 원명(525년)에 '原多煞作內人'이 있고 사람이나 동물을 죽인다는 뜻이다.[27)] 그래서 '煞功'은 '(사람이나 동물을) 죽인 공적'으로 해석되는데 더 구체적으로 의미를 추측할 수 있는 실마리가 바로 '萩山'이다.

萩山은 전경효가 지적했듯이 『삼국사기』 신라본기, 지리지, 都彌伝에 보인다.[28)]

지리지에는 '萩山縣은 본래 고구려 買尸達縣이었는데 景德王이 이름을 고쳤다. 지금은 알 수 없다'라는 기사가 있으며[29)] 咸鏡南道 元山市 斗山洞으로 비정된다.[30)] 그리고 도미전에도 '드디어 함께 같은 배를 타고 고구려의 萩山 아래에 이르렀다'라는 기사가 있다.[31)] 이들은 본 목간의 萩山과는 무관할 것이다. 그런데 다음 진지왕 4년(579) 2월조에 보이는 萩山城은 본 목간의 산산과 관련될 가능성이 크다.

백제가 熊峴城과 松述城을 쌓아 萩山城 麻知峴城 內利西城의 길을 막았다.[32)]

---

26) 해석은 노중국, 1992, 「磨雲嶺 眞興王巡狩碑」, 한국고대사회연구소 편, 『譯註 韓國古代金石文』 II, 가락국사적개발연구원. 그런데 같은 책 「黃草嶺 眞興王巡狩碑」에서는 '나라를 爲하여 忠節을 다해 功을 세운 무리가 있다면 벼슬을 올려주고 상품을 더하여 功勳을 표창하고자 한다'라는 약간 다른 해석을 제시하고 있지만 뜻은 거의 같다.

27) 전경효, 2018, 앞의 논문, p.67. 단 천전리각석 명문은 橋本繁, 2018, 「蔚州川前里書石原銘·追銘にみる新羅王権と王京六部」, 『史滴』 40, pp.29-31로 수정했다.

28) 전경효, 2018, 앞의 논문, pp.67-68.

29) 『三國史記』 35 地理志 朔州 井泉郡條, "萩山縣 本高句麗買尸達縣 景德王改名 今未詳".

30) 정구복 외, 1997, 『역주 삼국사기』 4 주석편(하), 한국정신문화연구원, pp.284-285.

31) 『三國史記』 48 列傳 都彌, "遂與同舟 至高句麗萩山之下".

32) 『三國史記』 4 新羅本紀 眞智王 4年春2月條, "百濟築熊峴城·松述城 以梗萩山城·麻知峴城·內利西城之路".

'菻山城'의 현재 위치는 미상이지만 이 때 산산성 등에 통하는 길을 막기 위해 백제가 쌓은 성 가운데 웅현성에 대해서는 보은군내라는 위치 추정이 있다.[33] 그리고 문무왕 원년(661) 9월 19일에 '대왕이 熊峴停에 나아가서 여러 총관과 대감들을 모아 놓고 몸소 와서 서약하도록 하였다.'[34]라는 기사가 있고, 바로 뒤에도 '築熊峴城'이 나오는데 이 熊峴은 지금의 대전 대덕구 회덕동 일대로 비정되어 있다.[35] 위 진지왕 4년 기사의 웅현성이 보은군에 있었는지 대전에 있었는지 확실하지 않으나 신라와 백제가 각축하는 전선에 위치한 것은 틀림없다. 그러면 산산성도 그와 가까운 지역에 있었다고 생각된다.

그리고 여기서 주목해야 할 사실은 이 시기에 백제와 신라 사이에 격렬한 전투가 벌여져 있었다는 점이다. 진지왕 2년(577) 10월에,

> 백제가 서쪽 변경의 주와 군에 침입하였으므로 伊湌 世宗에게 명하여 군사를 내어 一善의 북쪽에서 쳐서 깨뜨리고 3천 7백여 명의 목을 베었다. 內利西城을 쌓았다.[36]

라는 기사가 있어 일선 즉 지금의 선산 북쪽에서 싸웠다. 이때 쌓은 내리서성은 위치 미상인데 위에서 인용한 진지왕 4년조 기사에 산산성과 같이 나오는 성이다. 그리고 다음 해(578)에도 '與百濟閼也山城'이라는 기사가 있다. 알야산성은 전라북도 익산시 낭산면에 비정되는데[37] 기사를 문자 그대로 해석하면 '백제한테 알야산성을 주었다'는 뜻이 되지만 '與'는 '侵'의 誤字이거나[38] 與 앞에 戰자 등이 빠진 것으로 생각해서 이때에도 백제와 싸웠다고 볼 수 있다.

이상으로 진지왕 2~4년(577~579)에 걸쳐 매년 신라와 백제 사이에 전투가 있었다는 것을 알 수 있다. 정리하면 아래와 같다.

> 577 백제가 쳐들어와서 일선 북쪽에서 전투, 3700명을 죽였다. 내리서성 축성.
> 578 알야산성에서 백제와 전투
> 579 백제가 성을 쌓아 菻山城 등으로 통하는 길을 차단

이 시기에 백제와 신라가 치열한 전투를 벌였고, 산산성은 그 최전선에 위치한 신라의 성이었다. 그래서 본 목간의 산산과 관련되는 '煞功' 즉 죽인 공은 백제와의 전투에서 적병을 죽인 전공으로 볼 수 있을 것이다. 목간 앞면에는 공적을 세운 연대도 적혀 있었을 것인데 무술년(578) 이전인 것은 확실하며 577년의 백

---

33) 이병도, 1977, 『국역 삼국사기』, 을유문화사, p.63,

34) 『三國史記』 6 新羅本紀 文武王 元年 9月19日條, "大王進次熊峴停 集諸摠管 大監 親臨誓之".

35) 이병도, 1977, 앞의 책, p.91.

36) 『三國史記』 4 新羅本紀 眞智王 2年 10月條, "百濟侵西邊州郡 命伊湌世宗出師 擊破之於一善北 斬獲三千七百級 築內利西城".

37) 정구복, 1997, 앞의 책, 권4, p.126.

38) 이병도, 1977, 앞의 책, p.63.

제와의 전투였을 가능성이 있다.

또 '煞功十二' 다음에 나오는 '以八十四人足蒜山走入…'이 전공의 구체적인 내용으로 추측된다. 파손 때문에 정확히 이해하기 어려우나 84명의 병사를 이끌고 싸워서 12명의 적병을 죽인 것이거나 84명을 데리고 산산성에 들어가서 지켰다는 내용이었을 것이다.

주목되는 점은 '煞功十二'라는 표현이다. 전공을 숫자로 표기하고 있으니 전공에 대한 자세한 규정이 있었다고 생각된다. 그리고 살공12로 파일⑩에서 일벌⑧에 승진하고 있으니 공적 몇으로 외위가 승진한다는 규정도 정해져 있었다고 추정할 수 있다. 예를 들어, 중국 전국시대 진나라에서는 商鞅의 개혁으로 병사는 적병을 1명 죽이면 爵 1급을 받았고, 지위관의 경우 직접 적병과 싸울 수 없기 때문에 이끄는 병사 100명당 적병 33명을 죽이면 작 1급을 받을 수 있었다고 한다.[39] 이와 같은 규정이 신라에서도 정해져 있었을 것이다. 그만큼 6세기 신라가 관위를 체계적으로 운용하고 있었다는 것을 알 수 있다.

4) 공적과 외위

이상 목간 뒷면(ⅰ) 부분은 앞에서 인용한 진흥왕순수비의 '공이 있는 무리에게는 벼슬과 상품을 상으로 더하여 주고 공훈을 표창하고자 한다'라는 내용을 구체적으로 보여주는 사료라고 할 수 있다. 이러한 전공에 대한 포상과 관련된 자료는 지금까지 알려진 금석문이나 문헌 사료에도 보인다.

단양 적성비(550년경)는 고구려 지역이었던 赤城을 신라가 공략하는 과정에서 공적을 세운 적성 출신의 也尒次한테 포상해 주는 내용을 담고 있다. 也尒次 자신은 죽었기 때문에 그 가족한테 恩賞을 내린 내용을 상세히 기술하고 있다.

그리고 軍功에 대한 포상으로 진흥왕 23년(562)에 대가야를 멸망했을 때에,

> 전공을 논할 때 사다함이 으뜸이었으므로 왕이 좋은 토지와 포로 200명을 상으로 주었다.[40]

라는 기사가 있어 토지나 노예를 준 사례가 있다. 그리고 기록이 풍부한 7세기 후반 통일 전쟁 때에는 사례가 많다. 특히 군공을 세워 외위가 승진한 사례로는 무열왕 7년(660) 11월22일조에,

> 왕이 백제에서 돌아와서 [싸움에서의] 공을 논하여 罽衿卒 宣服을 級飡으로 삼고, 軍師 豆迭을 高干으로 삼았으며...[41]

39) 守屋美都雄, 1957, 「漢代爵制の源流として見たる商鞅爵制の研究」, 『東方学報』 27, pp.93-94.

40) 『三國史記』 4 新羅本紀 眞興王 23年條, "論功 斯多含爲最 王賞以良田及所虜二百口".

41) 『三國史記』 5 新羅本紀 武烈王 7年 11月22日條, "王來自百濟論功 以罽衿卒宣服爲級飡 軍師豆迭爲高干".

라는 기사나 권6·문무왕 8년(668) 10월22일조에,

> ...軍師 南漢山의 北渠는 平壤城 북문 전투에서 공이 첫째였으므로 述干의 관등과 벼 1천 섬을 주었고, 軍師 斧壤의 仇杞는 平壤南橋 싸움에서 공이 첫째였으므로 述干의 관등과 벼 700섬을 내렸다. 假軍師 比列忽의 世活은 平壤少城 전투에서 공이 첫째였으므로 高干의 관등과 벼 5백 섬을 내려 주었다.[42)]

라는 기사가 있다. 이와 같이 전공에 대한 포상으로 외위가 승진하는 사례는 문헌에서 확인되는데 본 목간을 통해 그 것이 숫자적으로 자세히 정해져 있었다는 사실과 6세기 후반에 이미 제도화되어 있었다는 것을 새로 알 수 있다.

2. 근무 기간에 의한 외위 승진

(ii) ㉢戊戌年位留. ㉣丙午年干支受.
　㉢무술년(578)에는 외위가 머물렀다. ㉣병오년(586)에 간지⑦를 받았다.

(i) 부분의 승진은 어떤 공에 대한 포상이었다. 그런데 (ii) 부분의 승진은 그와는 성격이 다른 것으로 생각된다.

1) 판독과 해석

2행 7자는 지금까지 '往'으로 판독되었다. 윤선태는 '往留'를 '기왕에 머물렀다'고 해석하고 무술년에 일벌 소지자가 왕경에 머물러서 임무를 수행했다고 이해했다.[43)] 한편 이용현은 '位'로 보고 '位留'를 '관위는 그대로 이전과 같았'다는 뜻으로 해석했는데[44)] 이 견해가 타당하다고 생각한다.

글자 오른쪽에 세로획이 확인되지 않아서 主가 아니라 立자로 볼 수 있다(그림 6). 다만 왼쪽 변에 짧은 왼 삐침이 2개 있어 彳처럼 보이는 점이 문제다. 이는 亻을 彳로 쓴 것이거나[45)] 삐침 가운데 하나는 나뭇결이나 이물질일 가능성이 있다. '位'로 판독하는 것이 타

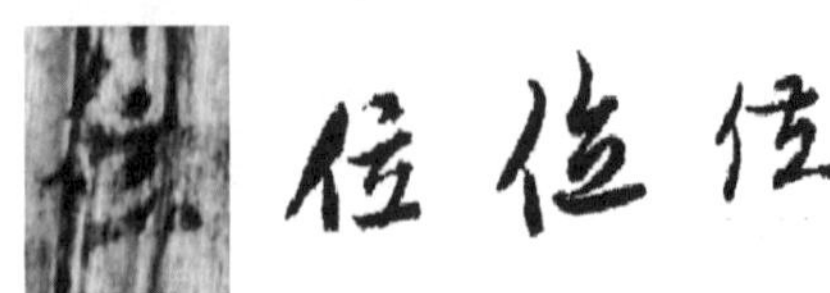

그림 6. 2행 7자와 '位'의 자형

42) 『三國史記』 6 新羅本紀 文武王 8年 10月22日條, "...軍師南漢山北渠 平壤城北門戰功第一 授位述干 賜粟一千石, 軍師斧壤仇杞 平壤南橋戰功第一 授位述干 賜粟七百石, 假軍師比列忽世活 平壤少城戰功第一授位高干 賜粟五百石".

43) 윤선태, 2018, 앞의 논문, p.95

44) 이용현, 2019, 앞의 논문, p.224.

45) 일본 藤原宮 196호 목간에 '儛'를 '彳舞'처럼 쓴 예가 있다.

당하다면 '무술년에 외위가 머물렀다' 즉 승진을 못 했다는 뜻이 된다.

한편 다음 문장은 '병오년에 간지⑦를 받았다'라는 뜻이다. 문장 이해 자체에는 별로 문제가 없지만, 이 사실이 의미하는 바는 매우 크다고 생각된다.

2) 공 이외의 관위 승진

먼저 무술년에 관위가 머물렀다는 것을 일부러 기록한 것이 주목된다. (ⅰ) 부분과는 달리 功에 대한 내용이 없으니 무술년에 특별한 공적이 없어도 승진할 가능성이 있었다는 것을 의미할 것이다. 실제로 병오년에는 특별한 공적이 없는데도 간지로 승진하고 있다. 그러면 어떤 경우에 공적이 없어도 관등이 올라갈 수 있었을까.

중국 한나라 때 사례를 참조해 보면 일반민까지 대상으로 한 民爵을 하사한 사례로 보이는 것이 황제 즉위, 황태자·황후 冊立, 封禪을 비롯한 큰 제사, 改元, 瑞祥, 수해·가뭄 등 재해에 대한 恤民, 반란 평정 등이 보인다.[46]

신라에서도 관위를 일률적으로 올리는 비슷한 사례가 있다. 먼저 『삼국사기』 신라본기에는 다음 기록들이 있다.

소지마립간 원년(479) '大赦, 賜百官爵一級.'
진흥왕 원년(540) 8월 '大赦, 賜文武官爵一級.'
성덕왕 원년(702) 9월 '大赦, 增文武官爵一級, 復諸州郡一年租稅.'
원성왕 원년(785) 2월 '增文武百官爵一級.'
효공왕 원년(897) '大赦, 增文武百官爵一級.'

위 사례들은 왕의 즉위와 동시에 大赦를 하고 관작을 올린 것이다. 특히 연대적으로 외위와 직접 관련되는 것은 진흥왕이 즉위했을 때이고 지방민에게도 외위를 1등급씩 올려 줬을 가능성이 있다.

그리고 왕의 즉위 이외에는 문무왕 8년(668) 10월 22일조에 고구려를 멸망 시켰을 때 관위를 올린 다음 사례가 있다.

> 庾信에게 太大角干을, 仁問에게 大角干의 관등을 내렸다. 그 외에 伊湌과 將軍 등을 모두 角干으로 삼았고, 蘇判 이하에게는 모두 한 등급씩 더해 주었다.[47]

46) 西嶋定生, 1961, 「民爵賜與の方法とその對象」, 『中國古代帝國の形成と構造』, 東京大學出版會, pp.159-202.
47) 『三國史記』 6 新羅本紀 文武王 8年 10月22日條, "賜庾信位太大角干, 仁問大角干. 已外伊湌將軍等並爲角干, 蘇判已下並 增位一級".

이상과 같이 신라에서도 관위를 일률적으로 올린 사례들이 확인된다. 그러면 본 목간의 무술년과 병오년에 그랬을 가능성이 있는지 검토해 보자.

무술년에 해당하는 진지왕 3년(578)의 『삼국사기』는 다음과 같다.

> 가을 7월에 진나라에 사신을 보내 토산물을 바쳤다. 백제와 闕也山城에서 싸웠다(?).[48]

진나라에 사신을 보내 조공한 기사와, 앞에서 인용한 알야산성 기사가 있을 뿐이다.[49] 그리고 병오년에 해당하는 진평왕 8년(586)은 다음과 같다.

> 봄 정월에 禮部에 令 2인을 두었다. 여름 5월에 천둥과 벼락이 치고 별이 비가 오듯이 떨어졌다.[50]

현존하는 기록으로 보면 무술년과 병오년에 일률적으로 관위를 올렸을 가능성은 적다.

그러면 본 목간에서 무술년에 관위가 오를 가능성이 있었는데도 그러지 못했고, 병오년에 특별한 공적이 없는데도 관위가 오른 것은 무슨 까닭이었을까. 이것을 설명하기 위해서는 외위 소지자한테는 정기적으로 승진할 기회가 있었다는 상정이 타당할 것이다. 그러한 승진 제도가 중국 고대부터 확인되는데, 여기서는 관련되는 자료가 풍부해서 구체적인 상황을 알 수 있는 고대 일본의 사례를 먼저 정리한다.[51]

3) 일본의 考選제도

8세기에 편찬된 養老 考課令[52]에 따르면 매년 8월 1일부터 다음 해 7월 말까지를 한 연도로 해서 각 관청 장관이 근무 성적을 평가한다.[53] 이를 '考'라고 하고 上上~下下의 9단계로 평가되었다. 그리고 관직 종류로 內長上·內分番·外長上·外散位(外分番)의 4가지가 있었는데 內·外는 중앙과 지방을 의미하고 長上은 정기적 휴일 이외에는 매일 출근하는 관료, 分番은 교체로 근무하는 관료를 의미하고 散位는 관위만 있고 관직이 없는 것을 의미한다. 長上의 경우 1년에 240일 이상, 分番은 1년에 140일 이상 근무해야만 考를 받

48) 『三國史記』 4 新羅本紀 眞智王 3年條, "秋七月, 遣使於陳, 以獻方物. 與百濟闕也山城".

49) 전년인 진지왕 2년(577)에 "王親祀神宮, 大赦."(신궁에 제사를 지내고 크게 사면을 하였다)라는 기사는 있지만 관위를 올렸다는 내용은 없다.

50) 『三國史記』 4 新羅本紀 眞平王 8年條, "春正月, 置禮部令二員. 夏五月, 雷震, 星殞如雨".

51) 본 목간의 무술년과 병오년 내용이 관료가 정기적으로 승진한 제도와 관련될 것이라는 추정은 三上喜孝 日本國立歷史民俗博物館 교수의 교시를 받았다는 것을 명기하여 감사를 드린다.

52) 井上光貞외, 1976, 『日本思想体系3 律令』, 岩波書店.

53) 考課令 제1 "凡內外文武官初位以上 每年當司長官考其屬官應考者 皆具錄一年功過行能並集對讀 議其優劣定九等 第八月三十日以前校定 京官畿內 十月一日 考文申送太政官外國 十一月一日 附朝集使申送 考後功過 並入來年【若本司考訖以後 省未校以前 犯罪斷訖 准狀合解及貶降者 仍即附校 有功應進者 亦准此】無長官次官考"

을 수 있었다.[54]

考가 일정 정도 쌓이면 관등이 승진할 수 있었다. 이를 '選'이라고 하며 관등이 상승하는 자격을 얻는 데 필요한 근무평정의 연수(이를 '選限'이라고 부른다)는 관직의 종류별로 정해져 있었다. 大寶令에는 內長上 6考, 內分番 8考, 外長上 10考, 外散位 12考로 정해져 있었고 慶雲3년(706)에 2년씩 단축되어 각각 4고, 6고, 8고, 10고로 변경되었다.[55] 그리고 예를 들어서 6고의 경우, 6고가 다 中中이면 1등급 오르고, 그 중 3고가 中上이거나 2고가 上下이거나 1고가 上中이면 더 1등급 오르고, 1고가 上上이면 2등급 오르는 등[56] 자세하게 규정되어 있었다.

이러한 고선제도에 관련되는 목간이 평성궁에서 출토되어 있다.[57]

평성궁 6380호 목간

·去上位子従八位上伯祢廣地 年卌二

河内国安宿郡

·(墨線)

'去上'은 작년도의 평가이고 그 다음에 관위·성명·나이·본관지를 쓰고 있다. 이 목간은 해마다 하는 考課와 관련된 목간이다.

평성궁 8616호 목간

·下等 兵部省使部従八位下[ ] 年六十 上日百[ ]

右京

· □ 不□執□ (위아래가 앞면과 거꾸로 되어 있음)

앞면에 1년간의 평가인 '下等', 관직 '兵部省使部', 위계 '従八位下', 성명 '[ ]', 나이 '年六十', 본관지 '右京'이 적혀 있고 그 다음에 있는 '上日百[ ]'는 1년간의 上日數(근무한 일수)로 생각된다. 뒷면에는 하등으로 평가된 이유가 적혀 있는 것으로 생각된다. 이 목간도 1년간의 고과와 관련된 목간으로 추정된다.

54) 考課令 제59 "凡內外初位以上長上官 計考前釐霖事 不滿二百卌日 分番不滿一百卌日 若帳內資人不滿二百日 並不考....". 帳內·資人이 별도로 200일로 규정되고 있는데 모두 하급관리로 帳內는 친왕·내친왕을 資人은 귀족 관료를 시중들었다.

55) 野村忠夫, 1969, 『古代官僚の世界』, 塙書房, pp.95-103.

56) 選敍令 제9 "凡初位以上長上官遷代 皆以六考為限. 六考中中 進一階敍. 每三考中上 及二考上下 并一考上中 各亦進一階敍. 一考上上 進二階敍. (이하 생략)"

57) 寺崎保広, 2006, 「考課·選述と木簡」「考課木簡の再検討」, 『古代日本の都城と木簡』, 吉川弘文館.

평성궁 목간

·少初位下高屋連家麻呂 年五十 六考日并千九十九 六年中

右京

·陰陽寮

'六考日并千九十九'는 6년간의 상일수 합계가 1099일이라는 뜻이고 '六年中'은 6년간의 평가가 다 中이었다는 뜻이다. 이 사람은 6년의 選限을 다해서 관위가 오를 것이다.

이러한 제도를 참조하면 월성 해자 목간에서 무술년(578)에 외위가 오르지 못하고 8년 후인 병오년(586)에 올라간 것은 외위를 가진 지방민의 경우 '8고' 즉 8년간 근무하면 외위가 승진할 기회가 있는 제도였다고 추정할 수 있다.[58)]

4) 고대 중국의 功次제도

관등을 가진 사람이 정기적으로 승진할 수 있는 제도가 중국 한나라 때도 있었다는 것은 居延 漢簡을 통해서 확인된다.

顯美傳舍斗食嗇夫莫君里公乘謝横 中功一勞二歳二月 今肩水候官士吏代鄭昌成 10.17

候官窮虜隧長簪裹單立中功五勞三月能書會計治官民頗知律令文年卅歳長七尺五寸應令居延中

宿里家去官七十五里 屬居延部 89.24

한나라에서 관리의 근무 상황은 상사가 감독해서 9월 말에 1년간의 총계를 하고 그것을 다시 위 관청으로 보고했다. 그리고 그 功勞가 확정되면 그에 바탕을 두어 傳任이나 昇·降任되었다. 거연 한간에서 '功'을 '一, 二, 三...'으로, '勞'를 '歳月日'로 세고 있다. 勞는 勤務日數로 추정되고 功은 처음에는 전투에서 적의 머리를 자르거나 평시에 도둑을 잡는 등 특별한 공훈으로 추정되었다.[59)] 그러나 功과 勞는 별도의 것이 아니라 勞 4년이 功 1로 환산되었고[60)] 그 공을 기준으로 작이 승진할 수 있었던 것으로 이해된다.[61)]

이러한 노공(功次)으로 인한 승진이 한나라에서는 일반적이었다는 것을 尹灣漢墓漢簡을 통해 알 수 있다. 東海郡에는 중앙에서 파견된 長吏가 145명 있었는데 현직명·출신군현·성명·전직·이동이유가 적혀 있는 목간이 있고 이동이유를 알 수 있는 122명 중 반 이상인 73명이 功次로 승진했다[62)]. 이러한 제도는 중국 후대에도 계승되었고[63)] 본 목간에서 알 수 있듯이 한반도의 여러 나라에서도 받아들였고 그것이 일본으로

58) 이 추정이 맞는다면 앞면에는 8년씩 거슬러 올라가서 庚寅(570)년, 壬午(562)년, 甲戌(554)년... 등의 간지년이 있을 것이다.

59) 大庭脩, 1982, 「漢代における功次による昇進」, 『秦漢法制史の研究』, 創文社, p.563.

60) 胡平生, 1995, 「居延漢簡中的"功"與"勞"」, 『文物』 1995-4.

61) 佐藤達郎, 2000, 「功次による昇進制度の形成」, 『東洋史研究』 58-4.

62) 西川利文, 2000, 「漢代における長吏の任用·補論」, 『鷹陵史学』 26, pp.2-9.

전파된 것으로 추측된다.

5) 지방 관리

외위가 근무 평가에 따라 정기적으로 승진할 기회가 있었다고 추정했다. 그러면 지방민이 근무하는 관직이 지방에 있었을까.

6세기 후반 지방제도에 관해서는 금석문을 통해서 알 수 있다. 남산신성비(591년)를 참조하면 적어도 각 군과 성·촌에 '村主·郡中上人·城徒上人·村作上人' 등 유력자가 있었고 '匠尺·工尺·文尺' 같은 관직을 가진 사람이 있었다.[64] '~上人'은 축성을 담당한 일시적인 역할일 수 있지만 적어도 '촌주, ~척'은 관직으로 추정된다. 또 오작비에도 '大工尺·道尺·小工尺·文作人' 등이 있고 관직명일 가능성이 있다.[65] 이들이 고대 일본에서 말하는 長上처럼 군이나 성·촌에서 매일 근무했는지, 아니면 分番처럼 교체 근무한 것이었는지는 알 수 없다. 그래도 신라 지방에도 어떤 형태로든 근무를 하는 지방민들이 있었고, 근무 기간을 근거로 외위를 승진할 수 있는 제도가 있었다고 생각된다.

3. '留二'와 목간의 연대

(iii) ⓘ留二

ⓘ관위가 머물렀던 것이 두 번.

1) 판독과 해석

3행 1자는 처음에 판독되지 않았지만 윤선태가 2행 8자와 같은 '留'자로 판독했다. 이 판독이 옳다고 생각되는데 윤선태는 3행을 2행에서 이어지는 것으로 보고 '丙午年에는 "干支" 외위 소지자가 책무를 받아 머무름을 두 번 완수하였다'라는 뜻으로 해석했다.[66] 그러나 2행 '受'자 밑에 글자가 없고 3행 '留'자 위에 공백이 있으니 2행에서 3행으로 문장이 이어진다고 보기 어렵다. 3행은 '留二'만으로 완결된 문장으로 봐야 할 것이다.

'留'는 2행 무술년의 '留'와 같은 뜻일 것이다. 목간의 인물은 8년마다 있는 승진의 기회에서 두 번 머물렀던 적이 있다는 뜻으로 해석된다. 뒷면에는 留가 하나밖에 없으니 당연히 앞면에 '留'에 관한 기록이 하나 더 있었을 것이다.

---

63) 당대 제도에 관해서는 大庭脩, 2004, 「建中元年朱巨河奏授告身と唐の考課」, 『唐告身と日本古代の位階制』, 皇學館出版部, pp.264-270.

64) 橋本繁, 2013, 「中古期 新羅 築城碑의 연구」, 『동국사학』 55, pp.148-158.

65) 橋本繁, 2015, 「戊戌塢作碑釈文の再検討」, 『国立歴史民俗博物館研究報告』 194, pp.21-23.

66) 윤선태, 2018, 앞의 논문, p.95.

2) 목간의 연대

본 목간에 留가 두 번 있다고 추정되는 것은 연대를 확정하는 실마리가 된다. 위에서 추측했듯이 8년에 한 번씩 승진할 기회가 있었고, 무술년이 두 번째 留였다고 하면 적어도 외위제도가 시작되고 나서 무술년까지 16년이 필요하다. 무술년을 518년으로 비정하려면 외위제가 시작된 것이 502년 이전이어야 한다. 그런데 이는 503년 냉수리비에 외위가 하나도 없는 것과 모순된다. 그래서 무술년은 518년일 수 없고 578년으로 봐야 할 것이다. 목간의 연대는 역시 무술년을 578년, 병오년을 586년으로 보는 것이 옳다고 결론지을 수 있다.

Ⅳ. 목간 사용 관청과 작성자

목간의 내용을 위와 같이 추정해 왔다. 그러면 이 목간을 어디서 작성하고 어느 관청에서 사용한 것이었을까.

1. 목간을 사용한 관청

먼저 본 목간을 사용한 관청에 대해 검토한다.

관위를 관장한 것은 당에서는 문관의 고과를 尙事省 吏部에 속하는 考功郎中이 담당했고 考功郎中이 京官의 考를 員外郎이 外官의 考를 담당했다.[67] 일본에서는 문관의 고과는 式部省이, 무관의 고과는 兵部省이 담당했다.

신라에서 관위를 주관한 관청은 관료 인사를 담당했다고 추정되는 位和府일 것이다. 『삼국사기』 권38·직관지는 다음과 같다.

> 位和府는 眞平王3년에 처음 설치했다. 景德王이 司位府로 고쳤다가 惠恭王이 옛것으로 되돌렸다. 衿荷臣은 2명으로 神文王 2년에 처음 두었고 (신문왕) 5년 1명을 더했다. 哀莊王 6년에 令으로 고쳤다. 관등이 伊湌에서 大角干까지인 사람을 임명했다. 上堂은 2명으로 神文王이 두었고 聖德王 2년 1명을 더했다. 哀莊王이 卿으로 고쳤다. 관등이 級湌에서 阿湌까지인 사람을 임명한다. 大舍는 2명으로 景德王이 主簿로 고쳤다가 후에 다시 大舍로 칭하였다. 관등은 調府의 大舍와 같다. 史는 8명이다.[68]

---

67) 大庭脩, 2004, 앞의 논문, pp264-265.

68) 『三國史記』 38 職官志上, "位和府 眞平王三年始置, 景德王改爲司位府, 惠恭王復故. 衿荷臣二人, 神文王二年始置, 五年加一人, 哀莊王六年, 改爲令, 位自伊湌至大角干爲之. 上堂二人, 神文王置, 聖德王二年加一人, 哀莊王改爲卿, 位自級湌至阿湌爲之. 大舍二人, 景德王改爲主簿, 後復稱大舍, 位與調府大舍同. 史八人".

구체적 職掌에 관한 설명이 없지만 신라본기 진평왕 3년(581)에,

> 처음으로 位和府를 설치하였는데, 지금[고려]의 吏部와 같다.[69]

라는 기사가 있고 권9·신라본기·신문왕2년(682) 4월조에,

> 位和府令 두 사람을 두어 選擧에 관한 일을 맡겼다.[70]

라는 기사가 있다. 고려의 吏部와 같다는 것과 위화부령이 選擧를 관장했다고 하는 것으로 문관의 인사를 관장한 관부로 생각되며[71] 관위에 관해서도 담당했을 것이다. 위화부가 설치된 연대는 직관지와 신라본기가 진평왕 3년(581)으로 일치한다. 그래서 586년 이후에 작성된 본 목간은 위화부가 사용한 것으로 생각할 수 있다.

그런데 위화부가 설치되었을 때 장관인 衿荷臣과 차관인 上堂이 두어지지 않았다는 점이 문제가 된다. 위 사료에서 볼 수 있듯이 금하신은 신문왕 2년(682)에, 상당도 신문왕 때에 설치되었으니 그때까지 장관도 차관도 없었다는 것이다. 이 점에 대해 몇 가지 견해가 있다. 上大等이 위화부령을 겸직하고 실무를 맡았다고 보는 설,[72] 위화부가 稟主 안의 한 부문 혹은 그 통제를 받는 하급관청으로 시작되었다는 설,[73] 또 兵部가 인사권 일체를 장악하고 위화부는 병부 중심의 인사행정절차에서 보조적 역할만 담당했다는 설이 있다.[74] 상대등이 직접 위화부를 장악하고 인사를 담당했다고는 추정하기 어려울 것 같고 품주 혹은 병부가 인사를 담당했을 가능성이 크지만 어느 쪽이었는지 단정하기 어렵다.

전쟁이 빈번했던 중고기에 전공으로 관위가 올라가는 기회가 많았을 것이니 병부하고 위화부의 관계는 밀접했다고 생각된다. 그렇다고 병부가 인사 전체를 직접 파악했다고 단정하는 것도 어려울 것이다.

한편 품주는 해자 목간에 관련되는 것이 많은 점이 주목된다. 주지하듯이 품주는 진덕왕 5년(651)에 執事部로 개칭되는 행정의 중심 관청인데 그 차관이 典大等이며 진흥왕 26년(565)에 설치되었다.[75] 이 전대등에 관해서 월성해자목간 12호에 '四月一日典太等教事'로 시작하는 목간이 있고, 또 새로 출토된 임418(2016) 목간에도 '典中大等敬白沙喙及伐漸典前'[76]이라는 구절이 있다. 위화부가 품주에 소속되었다면

69) 『三國史記』 4 新羅本紀 眞平王 3年 正月條, "始置位和府, 如今吏部".
70) 『三國史記』 8 新羅本紀 神文王 2年 4月條, "置位和府令二人, 掌選擧之事".
71) 이인철, 1993, 「신라중앙행정관부의 조직과 운영」, 『신라정치제도사연구』, 일지사, p.38.
72) 이인철, 1993, 앞의 논문, p.38.
73) 木村誠, 2004, 「統一新羅の官僚制」, 『古代朝鮮の国家と社会』, 吉川弘文館, p.227.
74) 정덕기, 2019, 「신라 중고기 병부의 人事權 掌握과 그 영향」, 『한국고대사탐구』 32, pp.195-216.
75) 이기백, 1974, 「稟主考」「新羅執事部의 成立」, 『신라정치사회사연구』, 일조각.
76) 판독은 윤선태, 2018, 앞의 논문, p.96을 따랐다.

본 목간과 다른 목간과의 관계도 잘 이해할 수 있다.

그런데 이들 목간이 있다고 해서 해자 목간을 품주가 주로 사용했다고 단정하기도 어렵다. 위 목간들에서 전대등이 발신자라는 점에 주의해야 하기 때문이다. '典太等教事'는 전대등이 교사를 내리는 주체이고, '典中大等敬白沙喙及伐漸典前'도 '典中大等이 삼가 沙喙와 及伐漸典 앞(前)에 아뢴다'라는 뜻으로 해석되며 역시 전(중)대등이 목간 발신자다. 그래서 월성해자목간을 품주가 사용했다고 보기 위해서는 전대등이 보낸 목간을 수신자가 다시 품주까지 가져 왔다고 생각해야 한다. 그런 상정이 타당할지는 각 목간의 내용을 더 검토할 필요가 있다.

여기서는 본 목간을 사용한 관청은 위화부일 가능성이 크다는 점만을 확인하고 싶다.

2. 목간 작성자

다음에 목간을 어디서 만들었는지에 대해 검토하겠다.

본 목간은 한 지방민의 외위 승진에 관한 기록이며 위화부에서 사용한 것으로 추정된다. 그렇다면 위화부에서 직접 만든 가능성과 지방에서 만들어서 위화부로 제출한 가능성 두 가지를 상정할 수 있는데 후자일 가능성이 크다고 생각된다.

그 이유는 연대 검토에서 말했듯이 외위를 '干'이 아니라 '干支'로 표기하고 있기 때문이다. 본 목간은 병오년(586) 이후의 것이니 중앙관청인 위화부에서 그렇게 썼을 가능성은 희박한데 지방에서는 6세기 후반에도 '간지'로 쓸 수 있기 때문이다.[77]

그리고 6세기 후반에는 군이나 촌에도 '書寫人'(551년 명활산성비), '文作人'(578년 오작비), '文尺' '書尺'(591년 남산신성비) 등 비문을 작성하는 사람이 있었다. 그런 사람들이 성산산성의 하찰 목간을 만들었을 것으로 추정된다.[78] 또 2019년에 공표된 월성해자 목간에 '文尺 智重 一尺'이라는 외위를 가진 지방민이 목간을 쓴 사례가 확인된다.[79] 본 목간도 지방의 문척 등이 작성한 가능성이 크다.

다만 더 구체적으로 지방의 군이나 촌 등 어느 단계에서 만든 것이었는지는 분명하지 않다. 또 어떤 목적으로 지방에서 만들고 위화부로 제출했는지도 미상이다. 앞면을 판독, 해석하는 것을 통해 더 검토가 필요하다.

---

77) 처음에 외위를 '受(받았다)'고 표현되는 것도 지방민이 작성한 주체로 생각할 근거가 된다고 생각했다. 그러나 佐波理加盤 문서에 '永忽知乃末受丑二石'처럼 '인명+受'로 기록되어 있는데 복수 인명이 나오니 담당 관청에서 만들었던 것이 확실하다. 그래서 受라는 표현은 받은 사람이 만들었다고 추정하는 근거가 될 수 없다.

78) 橋本繁, 2020, 「六世紀新羅における識字の広がり」, 榎本淳一기타 편, 『中国学術の東アジア伝播と古代日本』, 勉誠出版, pp.111-115.

79) 국립경주문화재연구소·한성백제박물관, 2019, 『한성에서 만나는 신라 월성』, pp.174-175.

V. 맺음말

외위에 관해서는 자료 부족으로 그동안 그다지 활발하게 연구되지 않았다. 본고는 종래 거의 알 수 없었던 외위의 구체적인 운영에 관해 새 출토 월성해자 목간을 통해 추정했다. 그 결과 전쟁 등에서 세운 공적을 숫자로 환산하고 그에 기초하여 외위가 승진하는 규정이 있었다고 추정할 수 있었다. 그리고 근무 연수를 바탕으로 해서 정기적으로 승진할 기회도 있었다. 그러한 지방민의 외위를 중앙 위화부에서 관리한 것으로 추정된다. 이렇듯 6세기 후반의 신라 관위 나아가서는 관료제도가 그만큼 잘 정비되었던 것으로 이해할 수 있다.

그리고 외위 운영과 관련해서 중요한 사실은 본 목간에 기록된 인물이 뒷면에서 확인되는 범위에서도 적어도 피일보다 낮은 관위에서 시작해서 간지까지 승진했다는 사실이다. 외위 간지군과 비간지군 사이에 격차가 있다는 이해도 있지만 본 목간을 통해서 보는 한 일벌에서 간지로 승진하는 데 특별한 어려움이 있었다고 보이지 않는다. 그렇다면 외위 간지군과 비간지군에 격차가 있었다고는 말할 수 없을 것이다. 외위에 정기적으로 승진하는 年功序列的 성격이 있었다면 더 그러할 것이다.

본 논문을 통해 승진의 이유라는 외위 운용의 일단을 밝혔지만 그 이외에 외위에 관해서는 아직 분명하지 않은 점들이 많이 있다. 예를 들어 모든 지방민이 같은 외위에서 시작된 것인지 아니면 외위가 자손들한테 일정 정도 계승되는 蔭敍 같은 제도가 있었는지, 외위에 따라 토지 지배 등 물질적인 혜택이 있었는지, 외위를 가진 지방민들이 지방에서 어떤 관직을 가지고 있었는지... 또 성산산성 목간을 보면 외위를 가지는 사람보다 가지지 않는 사람이 더 많고, 남산신성비를 봐도 외위가 없는 사람이 있으니 지방민들이 외위를 어느 정도 가지고 있었는지도 문제가 된다.

이러한 의문들을 해결해서 외위가 어떻게 운영되었는지를 이해하는 것을 통해 신라가 지방민을 어떻게 지배하려고 했는지, 그리고 지방민이 신라사회에서 어떤 역할을 했는지를 알 수 있을 것이다. 본 목간은 신라 지방 사회를 이해하기 위한 하나의 중요한 실마리가 될 것이다. 앞으로 비슷한 성격의 목간이 더 출토될 가능성이 있어 외위에 관해서 여러 방면에서 검토할 수 있게 될 것으로 기대된다.

투고일: 2020. 4. 29.　　심사개시일: 2020. 5. 3.　　심사완료일: 2020. 5. 27.

참/고/문/헌

국립경주문화재연구소·한성백제박물관, 2019, 『한성에서 만나는 신라 월성』.

이기백, 1974, 『신라정치사회사연구』, 일조각.

이병도, 1977, 『국역 삼국사기』, 을유문화사.

이인철, 1993, 『신라정치제도사연구』, 일지사.

정구복 외, 1997, 『역주 삼국사기』, 한국정신문화연구원.

하일식, 2006, 『신라 집권 관료제 연구』, 혜안.

大庭脩, 1982, 『秦漢法制史の研究』, 創文社.

大庭脩, 2004, 『唐告身と日本古代の位階制』, 皇學館出版部.

木村誠, 2004, 『古代朝鮮の国家と社会』, 吉川弘文館.

寺崎保広, 2006, 『古代日本の都城と木簡』, 吉川弘文館.

西嶋定生, 1961, 『中國古代帝國の形成と構造』, 東京大學出版會.

野村忠夫, 1969, 『古代官僚の世界』, 塙書房.

井上光貞외, 1976, 『日本思想体系3 律令』, 岩波書店.

권덕영, 1985, 「新羅 外位制의 成立과 그 機能」, 『한국사연구』 50·51.

노중국, 1992, 「黃草嶺 眞興王巡狩碑」「磨雲嶺 眞興王巡狩碑」, 한국고대사회연구소 편 『譯註 韓國古代金石文』 II, 가락국사적개발연구원.

노태돈, 2010, 「포항중성리신라비와 外位」, 『한국고대사연구』 59.

윤선태, 1997, 「正倉院 所藏 「佐波理加盤文書」의 新考察」, 『國史館論叢』 74.

윤선태, 2016, 「新羅의 初期 外位體系와 '及伐尺'」, 『동국사학』 61.

윤선태, 2018, 「월성 해자 목간의 연구 성과와 신 출토 목간의 판독」, 『목간과 문자』 20.

이용현, 2019, 「목간에 기록된 신라 왕경 생활」, 한국목간학회 『문자와 고대 한국2 교류와 생활』, 주류성출판사.

전경효, 2018, 「신 출토 경주 월성 해자 묵서 목간 소개」, 『목간과 문자』 20.

정덕기, 2019, 「신라 중고기 병부의 人事權 掌握과 그 영향」, 『한국고대사탐구』 32.

주보돈, 1990, 「6세기초 新羅王權의 位相과 官等制의 成立」, 『역사교육논집』 13·14.

주보돈, 2018, 「月城과 垓字 출토 木簡의 의미」, 『목간과 문자』 20, pp.30-32.

橋本繁, 2013, 「中古期 新羅 築城碑의 연구」, 『동국사학』 55.

橋本繁, 2015, 「戊戌塢作碑釈文の再検討」, 『国立歴史民俗博物館研究報告』 194.

橋本繁, 2018,「蔚州川前里書石原銘·追銘にみる新羅王権と王京六部」,『史滴』40.
橋本繁, 2020,「六世紀新羅における識字の広がり」, 榎本淳一외 편『中国学術の東アジア伝播と古代日本』, 勉誠出版.
武田幸男, 1965,「新羅の骨品体制社会」,『歴史学研究』299.
武田幸男, 1977,「金石文資料からみた新羅官位制」,『江上波夫教授古稀記念論集 歴史篇』, 山川出版社.
武田幸男, 1979,「新羅官位制の成立」,『朝鮮歴史論集』上巻, 龍渓書舎.
武田幸男, 1997,「新羅官位制の成立にかんする覚書」, 武田幸男編『朝鮮社会の史的展開と東アジア』, 山川出版社.
三池賢一, 1970,「『三国史記』職官志外位条の解釈—外位の復元」,『駒澤大學研究紀要』5.
西川利文, 2000,「漢代における長吏の任用·補論」,『鷹陵史学』26.
守屋美都雄, 1957,「漢代爵制の源流として見たる商鞅爵制の研究」,『東方学報』27.
佐藤達郎, 2000,「功次による昇進制度の形成」,『東洋史研究』58-4.

胡平生, 1995,「居延漢簡中的“功”與“勞”」,『文物』1995-4.

〈Abstract〉

New wooden tablets excavated at the moat of the Wolseong Palace and Sillas Woewui(外位)

Hashimoto Shigeru

The excavation of the moat of the Wolseong Palace, which took place from 2015 to 2017, newly unearthed 7 wooden tablets. Reviewing the contents of one piece of wooden tablet, this paper revealed the operation of Silla's Woewui(外位) system.

First, the words '波珎日' were newly read on the tablet. This is thought to be the 10th Woewui 彼日(波旦). As a result, at least three Woewui 彼日, 一伐, and 干支 are identified on this wooden tablet. And because there are '受' letter before or after these Woewui, this wooden tablet is presumed to have written about the record of one person receiving Woewui.

It is estimated that there were two reasons for the promotion of Woewui. One is a promotion by special merit, which is expressed as '功' or '煞功' on the wooden tablet. These merits are presumed to have been made in the battle against Baekje.

Meanwhile, it is recorded that the Woewui was not promoted('留') in the year of '戊戌'. And he was promoted to '干支' even though there was no special achievement in the year of 丙午. So, it is believed that there was a regular promotion system for Woewui. These regular promotion systems also existed in ancient China and Japan.

The government office responsible for the management of Woewui is thought to be the 位和府, so it is presumed that this wooden tablet was used by the 位和府. And the person who wrote this wooden tablet would have been local officials of 郡·村.

▶ Key words: the moat of the Wolseong Palace(月城垓子), woewui(外位), wooden tablets

논 문

永樂 6년 고구려의 백제 침공 원인에 대한 검토

- 〈廣開土王碑〉 辛卯年 기사의 재해석을 중심으로 -

최연식*

〈국문초록〉

이 논문에서는 〈광개토왕비〉 영락 6년 백제 원정 기사 서두 부분의 이른바 신묘년 기사에 대한 기존 해석들의 문제점을 영락 6년 기사 전체의 맥락과 한문 문법적 측면에서 검토하고, 이를 토대로 새로운 해석을 제시해 보았다. 기존 해석의 중요한 문제점들은 영락 6년의 백제 원정 원인을 서술하였을 신묘년 기사의 내용에서 실제 백제 원정의 원인을 구체적으로 밝히지 못한다는 점, 신묘년 기사 내부의 문장들이 서로 순조롭게 연결되지 않는다는 점, 來·渡·破 등의 글자에 대한 해석이 문법에 맞지 않는다는 점, 〈광개토왕비〉 전체에서 널리 사용되고 있는 4자구를 기본으로 하는 문장 형식을 고려하지 않았다는 점 등이다. 이상의 문제점들을 고려하여 신묘년 기사를 '百殘新羅, 舊是屬民, 由來朝貢, 而倭以辛卯年, 來渡▨破, 百殘▨▨(新)羅, 以爲臣民.'으로 나누어 읽고, 이를 '백잔(백제)과 신라는 예부터 속민으로 계속 조공하였다. 그런데 왜가 신묘년에 ▨破에 건너오자 백제는 (왜와 함께) 신라를 (쳐서) 신민으로 삼으려 하였다.'는 내용으로 해석하였다. 이러한 해석에 의하면 신묘년 기사는 백제와 신라가 고구려에 복속되어 있던 안정된 상황에서 신묘년에 왜가 ▨破에 건너온 것을 계기로 백제가 왜와 연결하여 신라를 공격하(려고 계획하)는 불안정한 상황이 발생하였음을 이야기하는 내용이 되며, 이는 바로 뒤에 서술되는 광개토왕의 백제 원정에 대한 구체적인 원인으로 이해될 수 있다. 기존의 연구들은 신묘년 기사에 대해 백제 원정의 직접적 원인과는 관련 없

* 동국대학교 서울캠퍼스 사학과 교수

는 왜나 고구려의 위상을 강조하거나 실제 사실로 볼 수 없는 고구려인들의 허구적인 대외인식으로 이해하였다. 하지만 신묘년 기사는 백제에 대한 원정으로 귀결되게 되는 광개토왕 초기의 한반도 내외의 주요 정치세력의 동향을 구체적으로 서술한 것으로, 당시 한반도를 둘러싼 국제적 동향을 거시적으로 제시하는 귀중한 사료로 이해되어야 할 것이다.

▶ **핵심어: 광개토왕비, 고구려, 백제, 왜, 前置文說**

I. 머리말

〈광개토왕비〉에 기록된 永樂 6년(丙申, 396)의 백제 침공 기사는 비문에 나오는 일곱 차례의 대외 원정 기사 중 분량이 가장 많을 뿐 아니라[1] 원정의 진행 과정과 성과에 대해서도 가장 자세히 기록되어 있다. 비문 작성자의 입장에서는 비문에 기록되어야 할 대왕의 무훈 중 가장 중요하고, 강조할 필요가 있는 사건이었던 것으로 보인다. 이 영락 6년의 기사 내용은 『삼국사기』에 보이는 광개토왕대 고구려와 백제의 전쟁 기록과는 연대나 전황 등에 적지 않은 차이가 있어 실제 사실을 정확하게 기록한 것이 아니라 광개토왕 초기에 있었던 여러 차례의 백제 원정 사실을 뭉뚱그려 정리한 것으로 이해되기도 하지만 『삼국사기』에 보이지 않는 다양한 사실들을 자세히 기록하고 있다는 점에서 당시의 전쟁 상황을 전하는 1차 자료로서의 의미가 적지 않다. 그런데 현재까지의 이 가사에 대한 해석 및 이 기사를 토대로 한 당시 고구려와 백제의 전쟁에 대한 이해에는 중요한 한계가 있다고 생각된다. 기사 자체에서 밝히고 있는 당시 고구려가 백제를 공격하여 응징해야 했던 이유가 제대로 검토되고 있지 않기 때문이다.

영락 6년의 기사의 앞부분에는 광개토왕이 백제를 원정하게 된 이유가 서술되고 있다. 이른 바 辛卯年 기사이다. 이 신묘년 기사는 〈광개토왕비〉의 발견 이후 가장 많이 주목되고 검토된 내용이지만, 주요 글자의 훼손 및 판독상의 한계로 인하여 그 내용이 아직 온전하게 이해되지 못하고 있다. 초기에 연구를 주도한 일본의 연구자들은 해당 기사를 광개토왕의 백제 원정과 직접 관련되지 않는 고대 한반도에서의 倭의 지배적 위상과 역할을 증명하는 내용으로 해석하기에 급급하였고, 해방 이후 그러한 초기 이해의 문제점을 비판하며 새로운 해석을 제시한 한국과 북한의 학자들도 왜의 위상과 역할을 부정하고 고구려의 주도성을 부각하는데 관심이 집중되어 광개토왕의 백제 원정 원인이나 그 배경에 대해서는 별다른 관심을 갖지 않았다. 더욱이 새로운 견해들은 대부분 자의적인 판독과 한문의 문법과 문체를 고려하지 않은 부자연스러운 문장 해석으로 인해 학계 일반에 설득력 있게 받아들여지지 못하였다. 그런 가운데 일본학계에서는 초기의 판독과 해석을 계승하면서도 신묘년 기사를 실제 사실의 서술이 아니라 당시 고구려인들의 대외 인식을 표

1) 영락 6년의 백제 침공 기사의 분량은 모두 323字로 비문 전체(1775字)의 18%에 해당한다. 건국 이후 광개토왕까지의 역사를 정리한 240字의 서문보다도 길며, 말미의 守墓人烟戶 명단을 제외하면 비문의 기사 중 가장 분량이 많다.

현한 허구적 서술에 불과하다는 주장이 새롭게 제시되었다. 즉 신묘년 기사는 백제와 신라를 자신들에 예속된 존재로 보고 왜에 대해서는 그러한 고구려 중심의 세계를 위협하는 적대적 존재로 간주했던 당시의 고구려인들이 그러한 인식에 기초하여 광개토왕의 한반도 남부 지역에 대한 정복을 정당화하기 위해 창작한 과장된 서술로 봐야한다는 것이다. 이러한 주장은 일본은 물론 국내에도 폭넓게 수용되면서 점차 학계의 주류적 견해로 자리 잡아 가고 있는데, 이처럼 신묘년 기사를 사실의 기록이 아닌 허구적 서술로 보게 되면 해당 기사에서 영락 6년의 백제 원정의 원인을 찾는 것은 더 이상 의미가 없게 된다. 이러한 인식에서는 본래 예속되어야 할 존재인 백제의 (독립적) 존재 자체가 원정의 이유이고, 그 이상의 구체적 이유는 찾을 수도, 찾을 필요도 없게 되기 때문이다.

이와 같이 지금까지의 연구들에서는 영락 6년 기사 앞부분에 있는 신묘년 기사에 대해 당시 왜와 고구려의 위상이나 고구려의 대외 인식 등에만 초점을 맞추고 실제 기사에서 이야기하고 있는 백제 원정의 구체적 원인 자체에 대해서는 별다른 관심을 갖지 않았다. 지금까지의 해석들은 신묘년 기사와 그에 이어지는 영락 6년 원정 기사의 관련성을 제대로 제시하지 못하였다는 점에서 논리적으로 문제가 있을 뿐 아니라 한문 문장 해석에 있어서도 적지 않은 문법적 오류들을 보여주고 있는 것으로 보인다. 이 글에서는 기존 해석들의 문제점을 논리적 측면과 문법적 측면에서 살펴보고, 논리와 문법의 측면에서 납득할 수 있는 새로운 해석을 시도하여 〈광개토왕비〉에서 이야기하려 했던 영락 6년의 백제 원정 원인을 살펴보고자 한다.

II. 신묘년 기사에 대한 기존 해석의 문제점

1. 초기 해석의 문제점

〈광개토왕비〉의 내용 특히 문제가 되는 신묘년 기사에 대해서는 비가 발견된 이후 다양한 판독과 해석이 제시되었지만 여전히 19세기 말에서 20세기 전반에 행해진 초기의 연구에서 제시된 해석이 여전히 중요한 영향력을 미치고 있다.[2] 초기 연구에서 제시한 판독과 해석에 대해 다양한 비판과 대안들이 제시되고는 있지만 그 어떤 비판과 대안도 초기의 해석을 완전히 무력화시키지 못하고 있는 실정이다. 1950년대 이후 남북한 학계에서 초기 해석의 문제점을 지적하고, 1970년대에 재일동포 연구자에 의해 비문의 변조 가능성이 제기되면서[3] 초기 해석의 정당성이 의심되기도 하였지만, 이에 대응하여 초기의 판독과 해석을 계승하면서 다만 신묘년 기사 내용이 실제 사실을 반영한 것이 아닌 당시 고구려인의 허구적 관념에 불과하

2) 초기의 판독과 해석은 다음과 같은 연구들을 통하여 정리되었다. 菅政友, 1895, 「高句麗好太王碑銘考」, 『史學雜誌』 22~25; 那珂通世, 1897, 「高句麗古碑考」, 『史學雜誌』 47~49; 三宅米吉, 1902, 「高句麗古碑考」, 『考古學會雜誌』 第2編 1~3; 今西龍, 1915, 「廣開土境好太王陵碑に就て」, 『訂正增補大日本時代史』; 池內宏, 1947, 「百濟來服以後におけるわが國と半島の関係」, 『日本上代史の一研究』, 近藤書店; 末松保和, 1949, 「好太王碑の辛卯年とそれ以前」, 『任那興亡史』, 吉川弘文館. 이들 사이에는 辛未年 기사의 판독과 해석에 약간의 차이가 있지만 전체적인 이해방식은 상통하고 있다.

3) 李進熙, 1972, 「廣開土王陵碑文の謎-初期朝日關係研究史上の問題點-」, 『思想』 5월호.

다고 보는 前置文說이 제시되고,[4] 한편으로 1980년대에 현지의 비문 실물 연구를 통해 의도적 변조 가능성이 부정되면서[5] 초기의 판독과 해석은 다시 생명력을 부여받게 되었다.

하지만 초기의 판독과 해석에는 그대로 수용하기 어려운 적지 않은 문제점이 있다. 초기 연구의 문제점에 대해서는 이미 여러 연구들에서 지적되었지만 대부분 신묘년 기사가 뒤에 이어지는 영락 6년 기사의 본문과 내용상 자연스럽게 연결되지 않는다는 논리적 측면을 부각하는데 그쳤고, 한문 문장의 일반적 문법이나 문체에 비춰볼 때 성립되기 어렵다는 측면은 거의 지적되지 못하였다. 여기에서는 초기 해석의 문제점을 논리적 측면과 함께 한문 문법 및 문체의 측면에서 검토하여 그러한 해석이 수용되기 어려움을 살펴보고자 한다.

먼저 문제가 되는 신묘년(A) 및 영락 6년 기사(B)의 내용은 다음과 같다. 논의의 편의를 위하여 영락 6년 기사는 최근까지의 연구 결과를 반영하였고,[6] 신묘년 기사는 초기 연구의 판독과 해석에 의거하였다.[7]

(A) 백잔(=백제)과 신라는 예부터 속민으로 계속하여 (고구려에) 조공하였다. 그런데 왜가 신묘년에 바다를 건너와서 백제·▨▨(임나 혹은 가라)·[신]라를 깨뜨려 신민으로 삼았다.(百殘新羅舊是屬民, 由來朝貢, 而倭以辛卯年來渡海, 破百殘▨▨[新]羅, 以爲臣民.)

(B)-① (영락) 6년 병신(396)에 왕이 직접 군대를 이끌고 백제를 토벌하였다. … 영팔성(寧八城) …… (등 다수의 성을 빼앗고) 그 국성(國城=수도)에 (이르렀다). (以六年丙申, 王躬率▨軍, 討伐殘國, 軍▨▨▨攻取壹八城 臼模盧城 各模盧城 幹氐利城 ▨▨城 閣彌城 牟盧城 彌沙城 ▨舍蔦城 阿旦城 古利城 ▨利城 雜珍城 奧利城 勾牟城 古模耶羅城 莫▨▨▨▨城 芬而耶羅城 (瑑)城 (於)利城 ▨▨城 豆奴城 沸▨▨利城 彌鄒城 也利城 太山韓城 掃加城 敦拔城 ▨▨▨城 婁賣城 散那城 那旦城 細城 牟婁城 于婁城 蘇灰城 燕婁城 析支利城 巖門▨城 林城 ▨▨▨▨▨▨▨利城 就鄒城 ▨拔城 古牟婁城 閏奴城 貫奴城 彡穰城 曾▨▨▨古盧城 仇天城 ▨▨▨▨▨其國城.)

② 백제가 의로운 군대에 굴복하지 않고 감히 나와 여러 번 싸우므로 (태)왕이 큰 노여움을 내시고 아리수(阿利水)를 건너 돌격대로 하여금 성을 압박하게 하였다. [백제군이] 소굴로 들어가자 곧바로 포위하였다. (殘不服義, 敢出百戰, 王威赫怒, 渡阿利水, 遣刺迫城, [殘]▨歸穴, ▨便圍城.) 백제왕이 어렵게 되자 남녀의 포로 1천 인과 세포(細布) 1천 필을 바치고 왕 앞에 무릎 꿇고서 이후로 영원히 노객(奴客)이 되겠다고 맹세하였다. 태왕은 [이전의] 어리석은 잘못을 은혜롭게 용서하고 나중의 귀순한 정성을

---

4) 1970년대에 前沢和之에 의해 처음 주창되고 이후 浜田耕策, 武田幸男 등에 의해 체계화되었다. 자세한 설명은 3절의 내용 참조.

5) 王健群, 1984, 『好太王碑研究』, 吉林人民出版社(임동석 역, 1985, 『광개토왕비연구』, 역민사).

6) 권인한, 2015, 『廣開土王碑文新研究』, 박문사, pp.113-131의 판독과 해석에 주로 의거하면서 일부 내용을 수정하였다.

7) 앞에서 제시한 초기 연구 중 가장 후대의 것인 末松保和(1949)의 내용에 의거하였다.

인정하였다. (而殘主困逼, 獻出男女生口一千人 細布千匹, 跪王自誓, 從今以後, 永爲奴客. 太王恩赦[先]迷之愆, 錄其後順之誠.)

③ 이에 58개의 성과 7백의 촌을 [얻고] 백제왕의 동생 및 대신 10인을 이끌고 군대를 돌려 수도로 돌아왔다. (於是, [得]五十八城 村七百, 將殘主弟, 幷大臣十人, 旋師還都.)

위의 신묘년 기사와 영락 6년 기사는 사이에 5년의 시간적 차이는 있지만 내용상 상호 연결된 하나의 사건에 대한 서술이 되어야 한다. 만일 두 기사가 서로 별개의 것이라면, 신묘년 기사(A)는 고구려와 직접적 관련이 없는 주변 국가들 사이의 일을 의미 없이 기록한 것이 되고, 영락 6년의 기사(B)는 중요한 백제 원정의 원인을 이야기하지 않은 것이 되는데, 비문 전체의 서술 방식으로 볼 때 그렇게 보기는 힘들다. 비문에는 고구려와 직접 관련이 없는 내용은 전혀 기록되어 있지 않고, 대왕이 직접 주도한 대외 원정에 대해서는 모두 원정의 원인이 구체적으로 밝혀져 있다. 더욱이 (B)-②의 말미에는 광개토왕이 (백제왕의) '이전의 어리석은 잘못([先]迷之愆)'을 용서한다고 이야기하고 있는데, 영락 6년의 기사(B) 자체에는 백제왕의 '어리석은 잘못'이 이야기되지 않고 있다. 전후의 맥락으로 보아 신묘년 기사(A)에 백제왕의 '어리석은 잘못'이 이야기되고 있고, 그것이 바로 영락 6년 백제 원정의 원인이라고 보아야 할 것이다.

그런데 위의 (A)의 내용에서 보듯 초기 연구의 해석에는 이러한 신묘년 기사와 영락 6년 기사의 관계가 전혀 고려되지 않았다. 위의 인용문에 보듯 (A)에는 고구려가 백제를 원정한 원인, 즉 백제의 '어리석은 잘못'이 전혀 나타나지 않고 있는 것이다. 해방 이전의 일본인 연구자들은 (A)가 (B)의 영락 6년의 백제 원정의 이유를 이야기하는 것이라고 이야기하기는 하였지만 구체적으로 어떠한 관계를 가지고 있는지에 대해서는 전혀 관심을 기울이지 않았다. 그래서 신묘년 기사(A)에 영락 6년 기사(B)의 원인이 구체적으로 나타나고 있지 않는다는 사실에 대해 아무런 문제를 느끼지 않고 단지 (A)를 통해 신묘년(391)에 왜가 백제를 비롯한 한반도 남부를 공격하여 지배 관계를 수립하였다는 사실만을 밝히는데 급급하였던 것이다. 관심 있는 내용만을 부각시킨 斷章取義적 해석에 머물렀다고 할 수 있다.

한편 한문의 문법이나 문체의 측면에서 볼 때에도 초기 연구의 해석은 큰 결점을 가지고 있다. 전체 33글자의 신묘년 기사는 13번째의 '而'를 기준으로 하여 전반부와 후반부로 나누어지는데, 초기 연구의 해석을 따르면 후반부의 문장은 정상적인 한문 문장의 구성에서 어긋나게 된다. 〈광개토왕비〉는 4세기 초에 작성된 현존하는 가장 오래된 고구려의 문자 기록이지만 그 문장은 결코 한문 문장으로서 어색한 초보적 수준에 머물지 않고 당시의 중국 문장과 비견하여 큰 손색이 없는 발전된 한문 문장으로 구성되어 있다. 이는 특히 비문 전체에서 4자구를 문장의 기본 단위로 사용하면서 필요한 경우 對句를 사용하고 있는 것에서 잘 나타나고 있다. 4자구와 對句는 당시 공식적인 문장의 가장 기본적인 특성이라고 할 수 있다. 실제로 (B)의 ①, ②, ③에서도 고유명사인 여러 성들의 이름이나 전리품의 구체적인 액수(一千人, 村七百) 등을 제외하면 각 문장들이 모두 4자구를 기본으로 하면서 필요한 경우 거기에 전치사(以, 幷)나 접속사(而), 주어(王), 동사(獻出)를 첨가하고 있다. 또한 (B)-②의 마지막 문장(太王恩赦[先]迷之愆, 錄其後順之誠)은 '恩赦[先]迷之愆'과 '錄其後順之誠'이 대구를 이루고 있다.[8)]

그런데 신묘년 기사(A)의 경우 전반부(百殘新羅, 舊是屬民, 由來朝貢)는 4자구의 연속으로 자연스럽지만, 후반부(倭以辛卯年來渡海, 破百殘▨▨[新]羅, 以爲臣民)는 마지막의 '以爲臣民'을 제외하면 4자구가 보이지 않는다. 첫 번째 구절의 경우 주어(1자)-부사구(4자)-동사구(3자)의 구성이고, 두 번째 구절은 동사(1자)-목적어(6자)의 구성인데, 이러한 모습은 〈광개토왕비〉의 다른 곳에서는 결코 찾아볼 수 없는 매우 예외적인 것이다. 첫 번째 구절의 경우 중간의 시간을 나타내는 구절이 4자구(以辛卯年)이므로, 주어인 왜(倭)를 부사구 뒤로 돌려 '以辛卯年 倭來渡海'로 하면 4자구로 구성된 자연스러운 문장이 될 수 있다. 두 번째 구절도 목적어가 6자이므로 앞의 동사를 2자로 하면 8자가 되어 비교적 자연스러운 문장이 될 수 있다. 〈광개토왕비〉와 같은 세련된 문장을 짓는 사람이 이와 같이 어색하고 부자연스러운 문장을 작성하였다고는 도저히 생각하기 힘들다.

한편 후반부 첫째 구절의 경우 동사인 '來渡'는 '(물을) 건너 다른 곳에서 이곳으로 오다'는 뜻으로, 이 동사의 경우 목적어는 건너온 구체적 장소가 되어야하고, 건너는 대상인 바다나 강 등은 특별히 목적어로 나타낼 필요가 없다. 또한 건너온 장소의 경우에도 앞뒤의 서술을 통하여 그 장소를 알 수 있는 경우가 많으므로 구체적으로 표현하지 않는 것이 일반적이고, 특별히 나타낼 필요가 있는 경우에 한하여 도착한 지역을 구체적으로 표현하고 있다.[9] 초기 연구에서는 '來渡海'를 '바다를 건너와서'로 해석하고 있는데, 來渡의 목적어로 특별한 의미가 없는 일반적인 바다를 표현한 것은 자연스럽지 못하고, 그러한 사례도 확인되지 않는다. 이러한 해석은 아마도 초기의 연구자들에게 익숙하였던 『삼국지』 동이열전 중의 倭에 대한 다음의 문장에 영향 받았을 가능성이 있는데, 여기에 사용된 來渡는 〈광개토왕비〉의 來渡와 성격이 같지 않다.

> 그들이 **왕래하며(行來) 바다를 건너(渡海)** 중국으로 올 때에는 항상 한 사람에게 머리도 빗지 않고 벌레도 잡지 않으며 옷도 더럽게 하고 고기도 먹지 않고 부인을 가까이 하지 않아 마치 상을 당한 사람처럼 하게 하는데, 이것을 지쇠(持衰)라고 부른다. (其行來渡海, 詣中國,

8) '恩赦(先)迷之愆, 錄其後順之誠'은 '앞서의 어리석은 잘못을 용서하고, 나중의 귀순한 정성을 인정하였다.'는 내용으로 내용상 대구가 될 뿐 아니라 각 구절 뒷부분의 '[先]迷之愆'과 '後順之誠'은 같은 위치에 서로 반대되는 의미를 갖는 글자를 배치하여 대구의 형식도 온전히 갖추고 있다.

9) 중국과 한국의 문헌 중에 來渡가 사용된 사례를 일부 제시하면 다음과 같다. ① 『北齊書』 권32 열전 24 陸法和 "(法和)謂湘東王曰「侯景自然平矣, 無足可慮. 蜀賊將至, 法和請守巫峽待之.」乃總諸軍而往, 親運石以填江. 三日水遂分流, 橫之以鐵鎖, 武陵王紀果遣蜀兵來渡, 峽口勢蹙, 進退不可. 王琳與法和經略, 一戰而殄之." (中華書局版, 『北齊書』, p.428); ② 『法苑珠林』 권61 呪術篇第六十八之二 "西京雜記曰, 麴道龍善爲化術, 說東海人黃公, 少時能制蛇馭虎, 立興雲霧, 坐成山河. 晋永嘉中, 有天竺胡人, 來渡江南. 其人有數術, 能斷舌續斷吐火, 所在人士聚共觀試."(大正藏 53책 749a); ③ 『高麗史』 권126 열전39 姦臣 曺敏修 "(敏修)遷知門下府事, 爲西北面都體察使, 定遼衛都事高家奴聞納哈出與北元屢遣使交好於我, 遣卒二百餘, 來渡鴨江, 行商覘我. 敏修曰, "聞有聖旨禁斷私商, 汝何犯令, 擾我疆耶?" 其卒還渡江去."; ④ 『宣祖實錄』 권205 39년 11월 17일 壬午 "備邊司啓曰, 今見接慰官金止男狀啓, 則橘倭欲趁歲前, 偕回答使渡海云. 非但渠之出來固已稽遲, 馬島書契付被擄人所載船隻, 尙未來渡, 待其出來, 當有回答書契." ③의 '來渡鴨江'의 경우 '鴨(綠)江을 건너오다'로 해석될 수 있지만 내용상 명나라 군대가 압록강을 건너와 강변에서 행상을 하며 고려의 정세를 염탐하였다는 것으로 '鴨(綠)江'은 건너는 대상이 아니라 명나라 군대의 목적지 및 활동 지역이고, 이러한 특수한 사정으로 인해 '來渡鴨江'으로 표현된 것으로 보인다.

恆使一人, 不梳頭, 不去蟣蝨, 衣服垢污, 不食肉, 不近婦人, 如喪人, 名之為持衰.)[10]

위의 문장에도 '來渡海'라는 구절이 보이고 있지만 이 경우에는 來渡가 하나의 단어가 아니라 來와 渡라는 별개의 동사가 우연히 서로 연이어 있는 것이다. 즉 來는 앞의 行과 합하여 왕래하다는 뜻이 되고, 渡는 뒤의 海를 목적어로 하는 '건너다'는 의미의 동사이다. 〈광개토왕비〉의 來渡와는 의미와 성격이 다른 것이다.

이와 같이 신묘년 기사(A)에 대한 초기 연구의 해석은 신묘년 기사에 나타나야 할 영락 6년의 백제 원정의 원인을 드러내지 못하고 있고, 한문 문체와 문법의 측면에서도 자연스럽지 못한 해석이 되고 있다. 이것은 결국 (A)에 대한 초기 연구의 해석이 잘못되었음을 보여주는 것이라고 할 수 있다.

2. 수정설의 문제점

이처럼 신묘년 기사의 본래 의미를 무시한 채 왜의 한반도 남부 지배의 근거로 이해하는데 급급하여 논리적 측면과 한문 문체 및 문법의 측면에서 한계가 있는 초기의 해석에 대하여 해방이후 정인보가 처음으로 그 문제점을 지적하고 대안을 제시하였다.[11] 그는 먼저 비문 전체의 단락 구분을 제시하여 신묘년 기사가 영락 6년 기사와 동일한 단락의 서로 연결되는 내용임을 보이고 따라서 신묘년 기사에 광개토왕의 백제 원정 원인이 드러나야 한다고 이야기하였다. 그리고 이러한 입장에서 신묘년 기사 후반부의 주체는 왜가 아니라 백제가 되어야 하고, 그 앞에 나오는 왜의 존재는 백제가 그들과 연합하여 신라를 공격한 사실을 드러내기 위한 것으로 보았다. 그의 해석은 다음과 같다.

> 백잔(=백제)과 신라는 예부터 속민으로 계속하여 (고구려에) 조공하였다. 그런데 왜가 신묘년에 (고구려에 침입하여) 왔으므로 (고구려도) 바다를 건너가 (왜를) 쳤다. (이때) 백제가 (왜와) [연합하여 신라를 치니], (대왕은 백제와 신라가 모두 고구려의) 신민인데 (어떻게 그럴 수 있는가) 생각하였다. (百殘新羅, 舊是屬民, 由來朝貢, 而倭以辛卯年來, 渡海破. 百殘[聯侵新]羅, 以爲臣民.)[12]

위의 해석에서 알 수 있듯 그는 초기의 해석과 달리 來와 渡를 분리하고, 그 주체를 각기 왜와 고구려로 나누어 봄으로써 이 기사를 왜가 아닌 고구려의 입장에서 기록된 것으로 이해하고자 하였다. 그리고 백제가 왜와 연합하여 같은 고구려의 속민인 신라를 침공하였고, 이에 대해 광개토왕이 같은 고구려의 신민인 백제가 어떻게 신라를 침공하여 신민으로 삼을 수 있냐고 생각하였다고 해석하였다. 신묘년 기사를 이와

10) 『三國志』「魏書」 권30 烏丸鮮卑東夷傳 東夷 倭(中和書局版, p.855).

11) 鄭寅普, 1955, 「廣開土境平安好太王陵碑文略釋」, 『庸齋白樂濬博士還甲記念 國學論叢』, 思想界社, pp.673-677.

12) 鄭寅普(1955)에서는 신묘년 기사 내용을 직접적으로 번역하지는 않았다. 번역문은 글의 내용을 토대로 필자가 작성하였다.

같이 이해함으로써 뒤에 오는 고구려의 백제 원정 기사와 자연스럽게 연결시키고자 한 것이다. 그는 만일 왜가 백제(와 신라)를 침략한[破] 주체라면 광개토왕이 침략자인 왜가 아닌 침략을 당한 백제를 공격하는 것은 논리적으로 맞지 않으며, 백제가 이미 일본의 침략을 받아 그 신민이 되었으므로 고구려가 공격한 것이라고 하는 의견에 대해서도 백제가 스스로 왜의 신민이 된 것이 아니라 그 침략을 받아 신민이 된 것이라면 이를 도와주지 않고 도리어 토벌하는 것은 사리에 맞지 않다고 하였다. 해방 이전의 일본 학자들의 해석이 갖는 논리적 문제점을 예리하게 지적하고 당시의 상황을 보다 합리적으로 정리하려고 시도한 것이라고 할 수 있다.

이와 같이 정인보의 해석은 초기 해석의 문제점을 지적한 합리적인 견해이지만 여기에도 몇 가지 문제점이 있다. 특히 한문 문장의 해석이 자연스럽지 못하다. 먼저 문장의 주어가 너무 빈번하게, 그것도 명시되지 않은 채로 바뀐다는 점이다. 중간 부분에서는 바로 연이어 있는 來와 渡의 주어를 각기 왜와 고구려로 보았고, 뒷부분에서는 백잔(=백제)이 신라를 침공한 구절 바로 뒤에 이어지는 以爲의 주어를 광개토왕이라고 하였다. 이처럼 이어지는 구절에서 동사의 주어가 갑자기 바뀌는 것은 한문 문장으로서 자연스럽지 못하다. 만일 주어가 바뀌어야 한다면 두 번째 동사의 앞에 당연히 별도의 주어가 제시되어야 할 것이다. 특히 중간 부분의 경우 來와 渡를 분리함으로써 '倭以辛卯年來'와 '渡海破'가 각기 6자와 3자의 구절이 되었는데, 이 역시 4자구를 기본으로 하는 비문의 일반적 서술 방식에 어긋나는 것이다. 문법적으로도 '渡海破'에서 동사 破의 목적어가 생략된 것은 문제가 있다. 한문 문장에서는 우리말과 달리 타동사의 경우 목적어를 생략하지 않으며, 문맥상 목적어가 무엇인지 명확한 경우에도 대명사 之로 표시하는 것이 일반적이다. 따라서 破만으로 누구를 쳤다고 해석하기는 어렵다. 이 경우에도 왜를 쳤다는 의미라면 之를 넣어 渡海破之로 표현하는 것이 문법에 맞을 뿐 아니라 4자구가 되어 문장의 흐름도 자연스럽게 된다.

한편 논리적 측면에서는 무엇보다도 고구려가 바다를 건너가 공격할 정도의 왜의 잘못이 드러나 있지 않다는 점이 문제가 된다. 왜가 온 것[來]을 곧바로 침입한 것으로 해석하고 있는데, 자의적 해석이라고 하지 않을 수 없다. 또한 기사 뒷부분의 보이지 않는 글자를 '聯侵'으로 추정하여 백제가 왜와 연합하여 신라를 침략하였다(百殘[聯侵新]羅)고 해석하였는데, 해당 문장으로는 백제가 연합한 대상이 왜인지 고구려인지 명확히 드러나지 않는다. 이 문장 바로 앞의 구절인 '渡海破'의 주체가 고구려인 것을 고려하면 오히려 고구려와 연합하였다고 볼 수 있는 가능성이 높다고 느껴지기도 한다. 즉, 고구려가 왜를 공격할 때에 백제가 그 고구려와 연합하여 신라를 침략하였다고 볼 수 있는 것이다. 만일 백제가 왜와 연합하였다고 해석하려 한다면 '渡海破'를 앞의 구절과 연결시켜 왜가 바다를 건너와 (고구려를) 쳤고, 이때에 백제가 왜와 연합하여 신라를 침략하였다고 보는 것이 문장의 흐름이나 논리적 측면에서 자연스러울 것이다.

정인보의 견해가 제시된 이후 한국 및 북한의 여러 연구자들이 신묘년 기사에 대한 기존 해석의 문제점을 지적하고 새로운 대안들을 다양하게 제시하였는데. 이들은 대부분 정인보의 문제의식과 문장 해석에 기초한 것들이었다. 먼저 북한의 박시형과 김석형이 다음과 같은 해석을 제시하였다.

> 백잔(=백제)과 신라는 예부터 속민으로 계속하여 (고구려에) 조공하였다. 그런데 왜가 신묘

년에 (고구려를 공격하러) 오자 (고구려가) 바다를 건너가 쳤다. (이때) 백제가 [왜를 불러 신라를 쳐서] 신민으로 삼았다. (百殘新羅, 舊是屬民, 由來朝貢, 而倭以辛卯年來, 渡海破. 百殘[招倭侵]羅, 以爲臣民.)[13]

백잔(=백제)과 신라는 예부터 속민으로 계속하여 (고구려에) 조공하였다. 그런데 (백제의 사주로) 왜가 신묘년에 (고구려를 공격하러) 오자 (고구려가) 바다를 건너가 백제를 치고 ▨▨와 [신]라를 신민으로 삼았다. (百殘新羅, 舊是屬民, 由來朝貢, 而倭以辛卯年來, 渡海破百殘, ▨▨[新]羅, 以爲臣民.)[14]

박시형의 견해는 기본적으로 정인보의 견해를 계승한 것으로 정인보의 견해와 동일한 장점과 문제점을 가지고 있다. 다만 뒷부분의 보이지 않는 글자들을 '招倭侵(羅)'로 추정하여 백제가 왜와 결합하여 신라를 침략한 것을 보다 분명하게 드러내고, 마지막 구절인 '以爲臣民'의 주어를 백제로 하였는데, 이는 정인보의 해석을 일부 개선함으로써 문장을 보다 자연스럽게 이해하려 한 것이라고 할 수 있다. 하지만 '來渡海破' 부분 해석의 한문 문법의 문제는 여전히 개선되지 못하였고, 招倭侵(羅)'의 경우 세 번째 글자의 오른쪽에 '斤'의 형태가 보인다는 점에서 무리한 판독이라고 할 수 있다.

김석형은 정인보의 견해를 계승하면서도 '渡海破'의 대상을 왜가 아닌 백제로 보았다. 신묘년 기사 전체를 고구려의 업적을 드러낸 것으로 본 것이다. 한문 문법의 측면에서는 破의 목적어를 명확하게 제시했다는 점에서 개선되었다고 할 수 있지만 이 경우에도 해당 구절이 6자(倭以辛卯年來), 5자(渡海破百殘)가 되어 4자구를 기본으로 하는 비문 전체의 문체와는 어긋난다. 한편 논리적 측면에서는 신묘년 기사 전체를 고구려의 업적으로 이해할 경우 정인보가 가장 문제시했던 영락 6년 백제 원정의 원인이 드러나지 않는다는 문제가 발생한다. 이 점은 정인보의 견해로부터 후퇴한 것이라고 하지 않을 수 없다. 해방 이전의 일본 학자들이 왜의 위상에 관심을 가졌다면 김석형은 고구려의 위상에만 관심을 갖고 비문 전체에서 신묘년 기사가 담당하는 역할은 등한시하였던 것이다.

1970년대 말에는 왜의 한반도 침략 자체를 부정하는 새로운 견해가 정두희에 의해 제시되었다.

백잔(=백제)과 신라는 오래전부터 (고구려의) 속민이므로 계속하여 (고구려에) 조공해 왔다. 그런데 왜는 신묘년 이래 (고구려가 비로소) 바다를 건너 쳐서 (신민으로 삼았다.) 백제는 [신]라를 쳐서 신민으로 삼았다. (百殘新羅, 舊是屬民, 由來朝貢, 而倭以辛卯年來, 渡海破. 百殘▨▨[新]羅, 以爲臣民.)[15]

---

13) 박시형, 1966, 『광개토왕릉비』, 사회과학원출판사, pp.165-170.

14) 金錫亨, 1969, 『古代朝日關係史』, 勁草書房, pp.369-373[원저는 김석형, 1966, 『초기조일관계연구』, 사회과학원출판사.

15) 정두희, 1979, 「광개토왕능비문 신묘년 기사의 재검토」, 『역사학보』 82, pp.206-208.

기존에 문제가 되었던 來渡海의 來를 오다는 뜻의 동사가 아니라 앞의 以와 연결된 '~이래로'의 의미로 해석하여 일본이 한반도에 온 사실을 부정하고, 渡海破의 주체를 고구려로 보아 신묘년 기사의 앞부분은 백제와 신라, 왜가 고구려에 복속되는 상황을 설명한 것으로 이해하였다. 왜가 신묘년 당시에 고구려를 공격한 사실을 확인할 수 없다는 역사적 사실과 영락 6년에 고구려가 백제만을 공격한 상황을 합리적으로 설명하기 위한 해석이라고 할 수 있다. 하지만 이렇게 해석하면 신묘년 기사의 앞부분과 뒷부분의 연결 관계가 사라지고 '百殘▨▨[新]羅, 以爲臣民.'의 구절은 뒤의 영락 6년의 기사와 직접 연결되게 되는데,[16] 이때 이 구절이 시기를 나타내는 '以永樂六年'의 앞에 온 점이 이해되기 어렵다. 비문의 다른 원정 기사에서는 모두 시기를 먼저 나타내고 그 다음에 구체적 사실을 이야기하고 있다. 만일 백제가 신라를 공격한 시기가 영락 6년 이전이어서 앞에 둔 것이라면 그 정확한 시기를 밝혔어야 했을 것이다.

한편 문체 및 문법의 측면에서는 정인보의 해석과 마찬가지로 '倭以辛卯年來, 渡海破'가 6자-3자로 4자구를 기본으로 하는 형식에서 어긋나고, 타동사인 破의 목적어가 없다는 것이 문제가 된다. 또한 '以辛卯年來'를 '신묘년 이래로'로 해석하는 것도 문제가 된다. 이 구절을 '신묘년 이래로'라고 하는 해석은 니시지마 사다오에 의해 처음 제시되었고,[17] 이후 다른 연구자들도 이와 비슷한 견해를 제시하였다.[18] 이처럼 '以辛卯年來'를 '신묘년 이래로'로 해석하는 견해에는 '以~來'를 '~以來'로 보는 견해와 '以~來'가 아닌 來만을 가지고 '~以來'로 이해하는 차이가 있다.[19] 그런데 한문 문장에서 '以~來'가 '~以來'의 의미로 사용된 사례가 확인되지 않을 뿐 아니라 신묘년 앞의 以를 고려할 때 뒤의 來를 '~以來'의 의미로 해석하는 것도 문제가 있다. 이때의 以는 시간을 나타내는 전치사로, 〈광개토왕비〉에서는 '以甲寅年九月卄九日乙酉 遷就山陵' '以六年丙申' 등에서도 동일한 以의 용법이 보이고 있다. 즉 '以辛卯年'은 '신묘년에'의 의미가 되는 것이다. 따라서 그 뒤의 來는 '~이래로'라는 부사적 의미가 아니라 '오다'라는 동사의 의미로 해석되어야 한다. 만일 來를 '~이래로'의 의미로 쓴 것이라면 앞의 以는 없어야 한다.[20]

1980년대 이후에는 신묘년 기사에 대한 더 많은 해석들이 제시되었는데, 특히 이진희가 제기한 비문변조설에 동조하여 기존 판독을 다수 바꾸는 것들이 많았다. 하지만 1980년대 이래의 原石拓本을 대상으로 한 연구들을 통하여 본래 훼손이 심하여 제대로 판독될 수 없던 1면 9행 13번째 글자가 후대 탁본 과정에

---

16) 실제로 '百殘▨▨(新)羅, 以爲臣民.'부터 영락 6년 기사가 시작되는 것으로 이해하고 있다(정두희, 1979, 앞의 논문, p.206 및 p.209).

17) 西島定生, 1974, 「広開土王碑辛卯年条の読法について」, 『図説日本の歴史』 제3권 月報, 集英社; 西島定生, 1985, 「広開土王碑文辛卯年条の読み方読について」, 『三上次男博士喜壽記念論文集』, 平凡社.

18) 천관우, 1979, 「광개토왕릉비문재검토」, 『전해종박사화갑기념사학논총』, 일조각, p.533; 王健群(임동석 역), 1985, 앞의 책, p.242; 武田幸男, 1989, 「辛卯年条記事の再吟味」, 『高句麗史と東アジア』, 岩波書店, p.160; 耿鐵華(이도학 역), 1993, 「광개토왕비 신묘년 구절의 고증과 해석」, 『한국상고사학보』 14, 한국상고사학회, pp.431-432 등.

19) 西島定生과 천관우는 '以~來'를 '~以來'의 의미로 본 반면 王健群과 耿鐵華는 來 자체를 '~以來'의 의미로 해석하였다. 武田幸男은 來 자체가 '~以來'의 의미이고, 以는 앞의 문장에 이어지는 '그래서' 정도의 의미로 해석되어야 한다고 하였다.

20) 실제로 王健群(임동석 역)(1985)에 제시된 '~以來'의 의미로 사용된 來의 사례들은 모두 '시간을 나타내는 명사 + 來'의 구조이고, 그 앞에 별도의 전치사 등은 사용되지 않고 있다.

서 海로 보이도록 변형된 이외에는 신묘년 기사 부분에 의도적으로 변조되었거나 다르게 판독될 수 있는 글자는 없는 것으로 확인되고 있으므로,[21] 海 이외의 글자들을 다른 글자로 바꾸어 해석한 견해들은 수용되기 어렵게 되었다. 따라서 여기에서는 海만을 다르게 판독한 견해들에 대하여 살펴보도록 한다. 海를 다른 글자로 판독하여 새롭게 해석한 견해들은 다음과 같다.

> 백잔(=백제)과 신라는 예로부터 속민으로 계속 조공을 바쳤다. 그런데 왜가 신묘년 이래로 (바다를) 건너와서 매번 여러 차례 백잔(=백제) ▨▨ [신]라를 깨뜨려 신민으로 삼았다. (百殘新羅, 舊是屬民, 由來朝貢, 而倭以辛卯年來渡, 每破百殘▨▨[新]羅, 以爲臣民.)[22]

> 백잔(=백제)과 신라는 예로부터 속국 백성으로 조공을 바쳐왔다. 그런데 왜가 신묘년에 와서 (고구려가) 泗(=泗水)를 건너서 쳐부수었다. (그리고) 백잔(=백제) ▨▨ [신]라를 신민으로 삼았다. (百殘新羅, 舊是屬民, 由來朝貢, 而倭以辛卯年來, 渡泗破. 百殘 ▨▨[新]羅, 以爲臣民.)[23]

> 백잔(=백제)과 신라는 예부터 속민으로 계속하여 (고구려에) 조공하였다. 그리고 왜가 신묘년 이래로 건너오자 (고구려가) 이(=왜)를 격파하게 했고, (나아가) 백제와 [임나가라]를 신민으로 삼고자 했다. (百殘新羅, 舊是屬民, 由來朝貢, 而倭以辛卯年來渡, 是破. 百殘[任那加]羅, 以爲臣民.)[24]

> 백잔(=백제)과 신라는 오래전부터 (우리 고구려의) 속민이었다. 그래서 조공을 바쳐왔다. 그런데 왜가 신묘년에 (우리 속민의 땅에 침범해) 오므로, (왕이) 沺(=한강)을 건너 백잔(=백제)을 치고 [신]라를 ▨▨하여 신민으로 삼았다. (百殘新羅, 舊是屬民, 由來朝貢, 而倭以辛卯年來, 渡沺破百殘, ▨▨[新]羅, 以爲臣民.)[25]

첫 번째 해석은 초기 연구의 해석을 따르면서 다만 來를 '오다'가 아닌 '~이래로'의 의미로 해석하고, 海를 每로 바꾸어 왜가 백제와 신라를 여러 차례 공격하여 고구려가 더 이상 참을 수 없는 상황이 된 것으로

---

21) 여러 원석탁본들을 비교하여 판독안을 제시한 武田幸男과 노태돈 모두 海를 판독미상으로 한 이외에는 초기 연구의 판독을 수용하고 있다(武田幸男 編, 1988, 『廣開土王碑原石拓本集成』, 東京大出版會, p.258; 한국고대사회연구소 편, 1992, 「광개토왕비」, 『역주한국고대금석문 I』, 가락국사적개발원, p.9).

22) 耿鐵華(이도학 역), 1993, 앞의 논문, p.431.

23) 임기중, 1995, 「원석 초기탁본집성의 試釋」, 『廣開土王碑原石初期拓本集成』, 동국대출판부, p.382.

24) 이도학, 2012, 「광개토왕릉비문의 역사적 성격과 특징」, 『박물관학보』 23, 한국박물관학회, p.108

25) 백승옥, 2015, 「광개토태왕능비문 신묘년조에 대한 신해석」, 『동양학』 58, 단국대동양학연구원, p.272.

해석하고 있다. 이 해석은 초기의 연구와 동일한 논리적 문제점을 가지고 있고, 來를 '~이래로'로 보는 것도 문법적으로 문제가 있다. 또한 '而倭以辛卯年來渡, 每破百殘▨▨[新]羅'의 경우 8자-8자 구절이 될 뿐 아니라 동사[渡]와 동사구[每破]가 접속사 없이 이어지고 있는데, 당시의 공식적인 문장이나 〈광개토왕비〉의 다른 부분에서 볼 수 없는 부자연스러운 표현이다.

두 번째 해석은 앞부분은 정인보의 견해를 따르면서 다만 海를 泗로 바꿔서 고구려 군대가 泗水, 즉 경상도 泗川 지역에 침공한 왜를 깨뜨린 것으로 보고, 뒷부분은 고구려가 백제와 신라 등을 신민으로 삼은 것으로 해석하였다. 전체적으로 고구려가 백제와 신라, 그리고 왜를 복속시키는 내용을 서술한 것으로 이해하였는데, 그렇게 되면 바로 뒤에 이어지는 영락 6년의 백제 원정의 이유가 드러나지 않게 되는 문제가 있다.[26] 또한 앞부분의 해석에는 정인보의 해석과 동일한 문법 및 문체상의 문제가 있다.

세 번째 해석은 일본학계의 전치문설을 수용하여 신묘년 기사를 신묘년 당시의 사실이 아니라 신묘년 이후에 발생하게 될 사건을 미리 앞부분에 정리한 내용으로 보는 입장에서 해석한 것으로, 전체의 주어를 고구려로 보아 뒷부분의 내용도 고구려가 백제와 임나가라를 신민으로 삼은 것으로 이해하고, 海를 是로 판독하여 倭를 가리키는 대명사로 보아 고구려가 왜를 공격한 것을 보다 명확하게 드러내었다. 이러한 해석은 영락 6년 백제 원정의 원인을 고려하지 않는다는 근본적인 문제가 있을 뿐 아니라 문체와 문법상으로도 받아들이기 어렵다. '倭以辛卯年來渡, 是破'의 구절은 '7자-2자'의 한문 문장에서는 볼 수 없는 매우 이상한 문장 구성이며, '是破'를 '이를 깨뜨렸다'고 해석하는 것 역시 정상적인 한문 문장으로서는 수용하기 어렵다. 뒷부분의 주어를 고구려로 보는 것도 문장의 흐름으로 자연스럽지 않다. 이 해석에 따를 경우 전체적으로 우리말의 어순을 반영한 變格의 한문 문장이 되는데, 이러한 변격의 한문 문장은 비문의 다른 곳에서 볼 수 없는 것이다.

네 번째 해석은 기본적으로 김석형의 해석과 유사한데, 다만 海를 洒으로 판독하고 한강을 가리키는 것으로 보아 기사의 사실성을 부각시키려 하였다. 이 해석 역시 일본학계의 전치문설을 수용한 것으로서, 신묘년 기사에서 영락 6년 백제 원정의 원인을 찾으려 하지 않는 문제가 있을 뿐 아니라 문법과 문체의 측면에서 김석형의 해석과 동일한 문제점이 있다.

3. 前置文說의 문제점

한국과 북한 학계에서 해방 이전의 초기 연구의 견해를 부정하는 새로운 해석들이 제기되는 상황에서 일본학계는 초기 연구의 판독과 문장 해석은 계승하되 그 의미를 새롭게 이해하는 前置文說이 대두하였다. 해방 이전의 일본인 연구자들이 신묘년 기사가 영락 6년 백제 원정 기사의 원인을 이야기하는 前置文에 해당한다고 언급은 하면서도 그 전치문의 성격을 밝히는 데에 관심이 없었던 것과 달리 해방 이후의 일본인 연구자들은 신묘년 기사의 전치문적 성격을 밝히는 것에 많은 노력을 기울였다. 이것은 한편으로는 임나일

---

26) 임기중, 1995, 「한국에서 호태왕비의 비문과 탁본 연구」, 『고구려연구』 2, p.201에서는 뒷부분의 내용을 정두희의 견해와 같이 백제가 신라를 신민으로 삼은 것으로 볼 수도 있다고 하였다.

본부설과 같은 해방 이전의 역사적 이해가 부정되는 상황 속에서 신묘년 기사를 왜의 한반도 남부지역 지배를 입증하는 자료로 활용했던 기존의 이해를 수정하는 것이었지만 다른 측면에서는 한국과 북한, 그리고 재일동포 학자들에 의해 기존의 판독과 해석을 근본적으로 부정하는 견해들이 속출하는 상황에서 선배 연구자들의 견해를 옹호하는 것이기도 하였다.

1960년대 말 한국과 북한의 새로운 연구들이 일본에 소개되면서 일본학계의 〈광개토왕비〉에 대한 기존 연구 특히 신묘년 기사 해석에 대한 반성과 새로운 검토가 시작되었는데,[27] 이 과정에서 신묘년 기사의 성격은 비문의 다른 편년체 기사들과는 서술 방식이 다르다는 점에 주목하고 그 내용을 사실 그대로 받아들이는 기존의 해석 방식에 의문을 제기하는 견해가 제시되었다.[28] 이후 하마다 코사쿠는 〈광개토왕비〉의 국왕 親征 기사에는 그 원인을 이야기하는 前置文(=매개적 문장)이 있으며 영락 6년 백제 원정 기사의 경우 바로 앞에 있는 신묘년 기사가 그 전치문에 해당함을 지적한 후, 전치문으로서의 신묘년 기사는 백제 원정을 정당화하고 국왕의 원정을 칭송하기 위한 과장된 서술로서 뒤의 원정 기사와 달리 실제 역사적 사실을 이야기한 것으로 볼 수 없다고 하는 본격적인 전치문설을 제시하였다.[29] 나아가 신묘년 기사는 단순히 영락 6년의 백제 원정만이 아니라 그 뒤에 기록된 영락 10년의 신라 구원과 영락 14년의 왜병 격파 기사의 배경을 종합적으로 서술한 大前置文으로서, 그 내용은 실제 역사적 사실과는 부합하지 않으며 다만 백제와 신라는 이전부터 고구려에 복속되어 있었고, 왜는 그러한 고구려의 세계를 위협하는 존재로 보는 광개토왕 이후의 고구려인들의 역사인식이 반영된 것이라고 주장하였다. 그리고 이렇게 이해할 때 비로소 김석형과 박시형이 제기한 문제, 즉 신묘년 기사에 백제 원정과 직접 관련이 없는 신라와 일본에 대해 서술되어 있는 것과 침략자인 왜가 아닌 피해자인 백제를 응징하는 내용이 서술된 것을 종합적으로 이해할 수 있다고 이야기하였다.[30] 그는 이런 입장에서 해방 이전 일본 연구자들의 신묘년 기사에 대한 문장 해석 자체는 잘못되지 않았으며, 이에 대한 한국과 북한 학자들의 문제제기 및 새로운 해석은 받아들이기 어렵다고 하였다. 또한 한국 및 북한 학자들이 기존 견해를 받아들이지 못하는 배경에는 신묘년 기사에 나오는 왜의 백제·신라 지배를 근대 일본의 한국 통치와 연결시키는 민족의식의 영향이 있다고 이해하였다.[31] 이러한 하마다의 견해는 이후 일본의 대표적 한국고대사 연구자인 다케다 유키오에 의해 더욱 보강되어[32] 일본학계의 주류적 견해로 자리 잡았고, 그 내용이 국내에 소개되면서 국내학계에도 적지 않은 영향을 미치고 있다.

이러한 전치문설은 〈광개토왕비〉 전체의 맥락은 고려하지 않은 채 신묘년 기사를 통해 왜의 한반도 지

27) 中塚明, 1971, 「近代日本史學史における朝鮮問題-特に『広開土王陵碑』をめぐって-」, 『思想』 3월호; 佐伯有清, 1972, 「高句麗広開土王陵碑文再検討のための序章-參謀本部と朝鮮研究-」, 『日本歷史』 287; 李進熙, 1972, 앞의 논문.

28) 前沢和之, 1972, 「広開土王陵碑文をめぐる二·三の問題-辛卯年部分を中心として-」, 『續日本紀研究』 159, pp.16-22.

29) 浜田耕策, 2013, 「高句麗広開土王陵碑文の虚像と実像」, 『朝鮮古代史料研究』, 吉川弘文館, pp.12-23[初出은 浜田耕策, 1973, 『日本歷史』 304].

30) 浜田耕策, 2013, 「高句麗広開土王陵碑文の研究-碑文の構造と史臣の筆法を中心として-」, 위의 책, pp.45-62[初出은 浜田耕策, 1974, 『朝鮮史研究會論文集』 11].

31) 浜田耕策, 2013, 「広開土王陵碑文の一、二問題」, 위의 책, pp.73-76[初出은 浜田耕策, 1982, 『歷史公論』 77].

32) 武田幸男, 1978, 「広開土王陵碑文の辛卯年条の再吟味」, 『(井上光貞博士還曆記念)古代史論叢』.

배를 정당화하는 데에만 관심을 가졌던 해방 이전의 연구의 문제점을 반성하고 〈광개토왕비〉를 보다 체계적으로 이해하려 하는 동시에 신묘년 기사에 대해서도 단순한 일본의 한반도 지배를 보여주는 내용이 아니라 당시 고구려의 주변 국가들에 대한 인식을 보여주는 내용으로 이해하려 하였다는 점에서 중요한 학문적 성과라고 할 수 있다. 또한 신묘년 기사를 뒤에 이어지는 여러 차례의 원정 기사와 관련지어 종합적으로 해석하는 과정에서 당시 한반도와 일본 열도에서 전개된 정치세력들의 동향을 보다 넓은 시각에서 체계적으로 이해할 수 있게 하였다. 하지만 신묘년 기사 자체의 해석이라는 관점에서 보면 별다른 진전을 이루었다고 보기 힘들다. 특히 한국과 북한 학자들의 해석이 갖는 문제점에 대해서는 꼼꼼하게 분석하면서도 그들이 제기한 초기 해석의 여러 문제점 자체에 대해서는 특별한 관심을 보이지 않은 채 초기 해석을 포용할 수 있는 새로운 설명 틀을 찾고 여전히 왜의 중요성을 부각시키려 하였다는 점에서 인식하였든 하지 않았든 자신들이 속한 일본학계의 기존 이해 위에서 비판적인 견해에 대응하려 한 노력이었다고 평가할 수 있다.

전치문설에서는 신묘년 기사가 영락 6년 백제 원정을 비롯한 이후의 여러 원정의 원인을 종합적으로 서술한 것이라고 이야기하고 있지만, 실제 전치문설에 입각한 해석에서는 백제 원정은 물론 이후의 원정들의 직접적 원인들은 제시되지 않고 있다. 신묘년 기사를 원정의 원인이라고 하면서도 뒤의 원정 기사와 직접 연결되는 구체적 인과관계를 제시하지 못하고 있고, 신묘년 기사의 허구성을 크게 강조하면서도 허구성의 근거로 제시되고 있는 것은 연구자의 해석이 유일하다. 이러한 설명이 연구자의 주관적이고 자의적인 해석을 벗어날 수 있는 것인지 의심하지 않을 수 없다. 죽은 국왕의 행적을 칭송하는 비문에서 어느 정도의 과장은 있을 수 있지만 죽은 지 얼마 지나지 않은 인물의 행적을 기록하는 고대 중국이나 한국의 금석문 자료에서 실제로 없었던 사실을 기록하거나 사건의 선후관계를 바꾸는 모습은 찾아보기 힘들다. 신묘년 기사의 내용을 허구로 단정할 근거가 충분하지 않다는 점에서 전치문설에서 이야기하는 신묘년 기사의 허구성은 실제 기사가 허구적이어서가 아니라 해당 기사와 뒤의 원정 기사의 구체적 연결 관계를 찾지 못한 연구자의 이해의 불완전함에서 비롯된 것으로 보인다.

전치문설은 그것이 토대로 하고 있는 신묘년 기사의 해석이 완전하다는 전제 위에서 비로소 성립할 수 있는 것으로, 그것이 의거하고 있는 신묘년 기사의 해석이 달라지면 저절로 와해될 수밖에 없는 설명방식이다. 앞에서 살펴본 것처럼 전치문설이 의거하고 있는 해방 이전의 초기 해석은 논리적 측면과 한문 문체 및 문법의 측면에서 여러 문제점을 가지고 있으므로, 이에 대한 검토가 선행될 필요가 있었다. 그럼에도 불구하고 신묘년 기사에 대한 판독과 한문 문장 분석에 크게 중점을 두지 않았던 전치문설은 연구 방법에 있어서 기본적 문제를 가진 것이었다고 이야기하지 않을 수 없다.

III. 신묘년 기사의 새로운 해석을 통해 본 백제 원정의 원인

앞 장에서는 신묘년 기사에 대한 기존 해석의 문제점들을 살펴보았다. 해방 이전 일본학자들에 의한 초기 해석은 물론 그것을 비판한 남북한 학계의 여러 수정설, 그리고 그에 대응한 일본학계의 전치문설 등이 모두 논리적 측면과 한문 문체 및 문법 등의 측면에서 여러 문제점을 가지고 있음을 확인하였다. 여기에서는 그러한 기존 해석의 문제점들을 염두에 두면서 논리적 측면과 한문 문체 및 문법의 측면에서 납득할 수 있는 해석을 시도해 보고자 한다.

먼저 논리적 측면에서는 신묘년 기사의 내용 자체에 바로 뒤에 이어지는 영락 6년의 백제 원정의 원인이 구체적으로 드러나도록 해석될 필요가 있다. 이 점은 이미 정인보 이래 여러 학자들에 의해 주장된 것으로서, 그들이 제시한 것처럼 신묘년 기사의 뒷부분을 百殘(=백제)을 주어로 하여 이해하는 것이 타당하다고 생각된다.

다음으로 한문 문체 및 문법적 측면에 있어서는 앞 장에서 이야기했던 여러 문제점들, 즉 4자구가 기본적 단위가 되도록 구절을 나누고, 來渡를 來와 渡 두 개의 동사가 아니라 하나의 동사로 파악하며, 破라는 글자가 문법에 맞게 사용되도록 하여 문장을 해석할 필요가 있다.

이와 같은 점들을 염두에 두면서 신묘년 기사를 해석한다면 먼저 구절을 다음과 같이 나누어야 될 것이다.

> 百殘新羅, 舊是屬民, 由來朝貢, 而倭以辛卯年, 來渡▨破, 百殘▨▨[新]羅, 以爲臣民.

위와 같이 나눌 경우 신묘년 기사는 4자구를 기본 단위로 하면서 일부 4자구에 접속사와 주어가 부가된 형식이 되는데, 이는 4자구에 접속사나 주어, 동사 등을 부가하고 있는 〈광개토왕비〉의 일반적인 문장 형식과 일치하게 된다. 즉 위의 문장에서 4자구가 아닌 '而倭以辛卯年'은 4자구인 '以辛卯年'에 '접속사+주어'인 '而倭'가 부가된 것이고, '百殘▨▨[新]羅'는 주어인 '百殘'과 4자구인 '▨▨[新]羅'가 결합된 것으로 볼 수 있다.

위의 구절 나누기가 기존의 해석들과 가장 차이나는 점은 중간의 '而倭以辛卯年來渡▨破'를 '而倭以辛卯年, 來渡▨破'로 나누었다는 점이다. 기존에는 來를 渡와 별개의 동사로 보거나 앞의 以와 연결하여 '~이래로'의 의미로 보는 입장에서 渡와 분리하여 '而倭以辛卯年來, 渡▨破'로 나누었는데, 이러한 7자-3자의 구분은 앞에서 거듭하여 이야기한 것처럼 4자구를 기본 단위로 하는 당시의 공식적인 문장의 일반적인 형식에 어긋날 뿐 아니라 〈광개토왕비〉의 다른 부분에서도 볼 수 없는 매우 이상한 문장 형식이 된다. 하지만 위와 같이 來渡를 붙여서 하나의 동사로 보고서 문장을 구분하면 다른 공식적 문장 및 〈광개토왕비〉에서 볼 수 있는 4자구의 형식을 갖추게 된다. 이는 위와 같이 구절을 나누는 것이 타당함을 보여주는 것이라고 할 수 있다.

신묘년 기사를 위와 같이 구분하였을 때 대부분의 구절의 해석은 큰 문제가 없지만 글자가 판독되지 않는 '來渡▨破'와 '百殘▨▨[新]羅'은 어떤 내용인지 알기 어렵다. 특히 '來渡▨破' 구절은 이 신묘년 기사에서 가장 이해하기 어려운 부분으로, 해석이 쉽지 않다. 가장 문제가 되는 것은 破의 이해이다. 破는 지금까지의 여러 해석들에서 모두 '깨뜨리다, 공격하다'는 의미의 동사로 이해되어왔다. 그런데 앞 장에서 이야기한 것처럼 破를 '깨뜨리다, 공격하다'는 의미의 동사로 보려면 뒤에 목적어가 와야 된다. 초기의 해석이나 이후의 몇몇 해석에서 다음 구절의 百殘을 破의 목적어로 본 것도 그 때문이었다. 하지만 신묘년 기사를 영락 6년 백제 침공의 원인으로 볼 경우 정인보 등의 견해와 같이 百殘은 다음 부분의 주어가 되어야 하므로 破의 목적어가 될 수 없다. 따라서 破를 '깨뜨리다, 공격하다'는 의미의 동사로 보기는 어렵다. 그럼에도 불구하고 破를 동사의 의미로 이해하려 한다면 이 破를 능동형이 아닌 수동형이나 피동형, 즉 見破나 被破, 所破의 일부분으로 이해할 가능성은 있다. 이 경우 '而倭以辛卯年, 來渡▨破'는 '왜가 신묘년에 (이곳에) 건너왔다가 (고구려군에 의해) 깨뜨려졌다/공격받았다.'는 의미로 해석될 수 있을 것이다. 이러한 해석은 내용상 정인보와 박시형, 이도학 등의 견해와 통하는 것이다. 하지만 이런 내용이라면 왜를 주어로 하여 수동형이나 피동형으로 표현하지 않고 고구려를 주어로 하여 능동형으로 표현하는 것이 한문 문장으로서 자연스러울 것이다. 더욱이 침략해 온 왜를 공격하여 깨뜨린 것은 비문에 기록할 자랑스러운 일이므로 이렇게 간단하게 이야기하지 않고 보다 구체적으로 자세하게 서술하였을 것이다. 破의 앞 글자 역시 원석 탁본의 형태로 볼 때 見이나 被, 所 등의 글자로 보기 어렵다. 비교적 오래된 〈광개토왕비〉 원석 탁본으로 알려진 혜정본, 청명본, 가네코본 등에 보이는 글자의 획은 見, 被, 所 등의 글자의 획으로 보기 어렵기 때문이다. 결국 破는 능동형이건 수동형이나 피동형이건 동사로 사용되었다고는 보기 힘들다고 생각된다.

한편 破는 부서져 있거나 황폐화되어 있는 상태, 피곤한 상태 등을 나타내는 서술보어로서 사용되기도 한다. 물론 이것은 동사 破의 과거분사의 의미에 해당한다. '來渡▨破'의 破가 이런 의미로 쓰인 것이라면 '而倭以辛卯年, 來渡▨破'는 '왜가 신묘년에 (이곳에) 건너와 무너졌다/망하였다/피곤하였다.'는 정도의 의미로 해석될 수 있고, 破 앞에는 '~게 되다'는 의미의 爲가 들어갈 수 있을 것이다. 그런데 이때 破가 그런 의미라면 그 앞의 동사인 來渡로 인하여 그러한 상태가 되었다고 보는 것이 자연스럽다. 즉 바다를 건너오느라 피곤해졌다거나 바다를 건너는 과정에서 무리하여 망하였다는 정도의 의미로 이해될 수 있는 것이다. 그런데 이 구절을 그렇게 이해하면 앞뒤의 내용과 아무런 관련이 없는 엉뚱한 내용이 되므로 그렇게 해석하기는 어렵다. 破 앞의 글자도 爲로 보기 힘들다.

표 1. 〈광개토왕비〉 1면 9행 13번째 글자(破의 앞 글자)의 탁본 및 사진

혜정(惠靜)본[33]	청명(靑溟)본[34]	가네코(金子)본[35]	비면 실물사진[36]
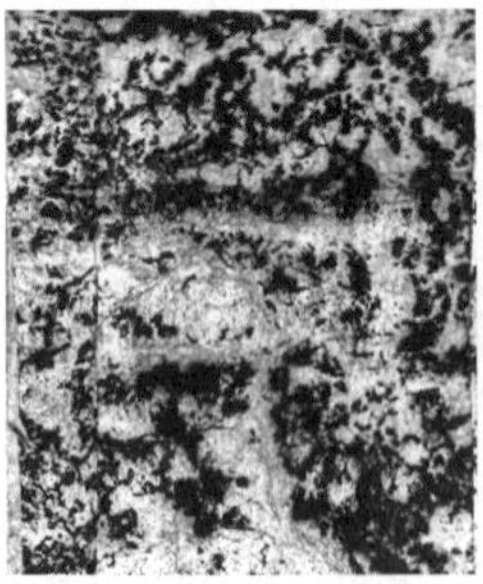			

33) 동북아역사재단 편, 2014, 『혜정소장본 광개토왕비원석탁본』, 동북아역사재단, p.25.

34) 임세권·이우태 편, 2002, 『한국금석문집성(1) 광개토왕비』, 한국국학진흥원, p.64.

35) 武田幸男 編, 1988, 앞의 책, p.16.

36) 武田幸男 編, 1988, 위의 책, 口絵.

결국 '來渡▨破'의 破는 일반적으로 널리 사용되는 깨뜨리다는 동사의 능동형은 물론 수동형이나 피동형, 혹은 과거분사의 의미로도 해석하기 힘들다. 동사적인 의미로는 보기 어려운 것이다. 그렇다면 이 破의 의미를 어떻게 이해해야 할까. 이와 관련해서는 이 문장의 동사인 來渡의 뒤에 장소가 목적어로 온다는 사실에 주목할 필요가 있다. 앞에서 언급한 것과 같이 물을 건너 다른 곳에서 이쪽으로 오는 장소의 이동을 의미하는 동사인 來渡의 경우 이동해서 온 장소가 문맥상 굳이 나타낼 필요가 없는 경우에는 목적어가 생략되지만, 그렇지 않은 경우에는 구체적 장소가 목적어로 제시되고 있다. 따라서 '來渡▨破'의 경우도 '▨破'가 來渡의 목적어, 곧 물을 건너 도착한 장소를 가리킬 가능성이 있다. 그렇다면 이 '而倭以辛卯年, 來渡▨破'는 '왜가 신묘년에 ▨破로 건너왔다'는 내용으로 이해될 수 있을 것이다. 다만 이 경우에는 이 구절만으로는 문장이 완성된다고 보기 힘들고, 뒤의 구절과 이어져 하나의 문장을 이루는 것으로 보는 것이 자연스럽다. 즉 '왜가 신묘년에 ▨破로 건너오자 백제가 ~하였다.'고 해석하는 것이 보다 자연스러운 문장으로 생각된다. 이 경우 '而倭以辛卯年, 來渡▨破'는 뒤의 '百殘▨▨[新]羅 以爲臣民' 즉 백제의 특정한 행위의 원인을 이야기하는 것으로 이해될 수 있을 것이다.

이 '百殘▨▨[新]羅 以爲臣民' 부분은 앞의 '百殘▨▨[新]羅'에 두 글자가 판독되지 않아 그 의미를 알기 어렵지만 뒤의 '以爲臣民'이라는 구절을 고려할 때 정인보 이래 많은 연구자들이 주장한 것처럼 백제가 신라를 공격/침략하였다는 의미로 해석될 수 있다고 생각된다. 혹은 바로 뒤에 이어지는 영락 6년의 원정 기사에서 신라를 백제의 지배에서 벗어나게 한 내용이 보이지 않고 그 뒤의 영락 9년과 10년의 신라 관련 기사에서도 백제에 관한 언급이 보이지 않는 것을 고려하면 위 구절의 내용은 실제로 백제가 신라를 침공한 것이 아니라 신라를 침공하려고 계획하였다는 내용으로도 추정할 수 있다. 이 구절의 마멸된 글자들에 대해서는 여러 가지 추정들이 제시되었는데, 근래에는 20세기 초에 탁본을 하던 사람이 비문을 석회로 보수할 때 사용하기 위해 만든 탁본의 저본에 첫 번째 글자가 동(東)으로 기록되어 있고, 대만의 중앙연구원소장 탁본에도 비슷한 획이 보인다는 점 등을 근거로 '東▨'으로 판독하는 견해가 유력하게 제시되었다.[37] 이에 의거한다면 마멸된 글자들은 '東[侵]' 정도로 추정할 수 있고, 신라가 백제의 동쪽에 있는 것을 고려하면 상당한 개연성이 있다고 볼 수 있다. 하지만 '동쪽으로 (신라를) 침공하여 신민으로 삼았다'고 해석하면 '而倭以辛卯年, 來渡▨破'와 '百殘▨▨[新]羅 以爲臣民'가 서로 직접적인 관계가 없는 별도의 문장이 되어 백제와 왜의 관련성을 잘 드러내지 못하는 약점이 있다. 앞에서 이야기한 것처럼 '而倭以辛卯年, 來渡▨破'는 그 자체로는 독립적인 문장으로 보기 힘들고 뒤의 '百殘▨▨[新]羅 以爲臣民'의 원인 혹은 배경을 이야기한 것으로 보이며, 두 구절이 연결될 때 비로소 온전한 하나의 문장으로 해석될 수 있기 때문이다. 이를 고려하면 정인보가 추정한 것처럼 백제의 신라 침공을 왜와 연결된 것으로 볼 수 있는 글자로 추정하는 것이 보다 가능성이 높지 않은가 생각된다. 탁본을 하던 사람들이 만들었던 탁본의 저본에 기록되었던 '來渡海破'의 海가 원석 탁본과 비면의 실사를 통하여 그러한 글자로 볼 수 없었던 사례로 볼 때 탁본 저본을 근거로 百殘 다음의 글자를 東으로 단정하기는 어렵다고 생각된다.

---

37) 권인한, 2015, 앞의 책, pp.116-117.

이상과 같은 입장에서 앞에서 제시한 신묘년 기사의 내용은 다음과 같이 해석될 수 있을 것이다.

> 백잔(=백제)와 신라는 예부터 속민으로 계속 조공하였다. 그런데 왜가 신묘년에 (바다를 넘어) ▨破로 건너오자 백잔(=백제)은 (왜와 연결하여/이용하여) [신]라를 (쳐서) 신민으로 삼았다/삼으려고 하였다. (百殘新羅, 舊是屬民, 由來朝貢, 而倭以辛卯年, 來渡▨破, 百殘▨▨[新]羅, 以爲臣民.)

원문과 마찬가지로 중간의 접속사 而를 경계로 하여 두 개의 문장으로 구분되고 있으며, 앞뒤 문장의 논리적 전개도 자연스럽다. 초기의 해석에서 간과한 백제 원정의 원인이 분명하게 드러날 뿐 아니라 수정설과 같은 무리한 주어의 교체도 없고, 왜가 백제와 신라를 지배한 내용이 아니므로 전치문설처럼 기사의 내용을 실제와 부합하지 않는 허구적 사실로 볼 필요도 없다. 한문 문장도 전체가 4자구를 기본으로 하는 안정된 구성이고, 문법에 어긋나는 부분도 없다.

위의 해석에 입각하면 신묘년 기사는 신묘년에 왜가 ▨破로 건너왔고, 이를 계기로 백제가 왜와 연결하여 신라를 공격하였거나 혹은 공격하려고 계획하였다는 내용이 되고, 뒤에 이어지는 영락 6년의 기사는 그러한 백제의 행위를 징벌하기 위하여 고구려가 백제를 원정한 전쟁의 구체적 과정과 성과를 기록한 내용이 되어 신묘년 기사와 뒤에 이어지는 영락 6년의 원정 기사는 아무런 위화감 없이 자연스럽게 연결되게 된다. 즉, 광개토왕의 영락 6년 백제 원정은 왜의 한반도로의 이동을 계기로 백제가 한반도 남부 지역의 정치질서를 변화시키려 하자 이를 저지하기 위해 단행된 것이고, 신묘년 기사는 그러한 전쟁의 배경과 원인을 구체적이고 종합적으로 서술한 것이 된다. 이러한 해석을 통해 신묘년 기사가 영락 6년 원정 기사의 배경을 설명하는 서론 혹은 전치문의 성격을 갖고 있음이 비로소 온전하게 드러난다고 할 수 있다.

그런데 위의 해석에서 문제가 되는 것은 왜가 건너왔다는 ▨破라는 지역의 성격이다. 앞 글자의 결락으로 인해 정확한 이름을 알 수 없지만, 함께 거론되는 백제, 신라, 왜 등이 모두 국가의 이름인 것을 감안할 때 ▨破 역시 국가의 이름일 가능성이 높다고 생각된다. 현재까지 알려진 고대 한반도의 국가 중 ▨破로 추정할 수 있는 유사한 이름을 갖는 국가는 반파(伴跛 혹은 叛波)가 유일하다. 반파는 〈梁職貢圖〉에 백제 주변의 소국 중 하나로 거론되고 있으며,[38] 『日本書紀』에는 6세기 초에 한반도 남부 지역의 영유권을 둘러싸고 백제와 경쟁하는 국가로 언급되고 있다. 당시 반파는 기대했던 일본의 지지를 받지 못해 백제에 해당 지역의 영유권을 빼앗기자 일본에 적대적 태도를 표하는 것으로 나타나고 있다.[39] 6세기 초에 반파가 일본의

38) "旁小國 有 叛波 卓 多羅 前羅 斯羅 止迷 麻連 上己文 下枕羅 等 附之"

39) 『日本書紀』〈繼體紀〉"七年夏六月, 百濟遣姐彌文貴將軍·主利卽爾將軍, 副積臣押山(百濟本紀云, 委意斯移麻岐彌), 貢五經博士段楊爾. 別奏云, 伴跛國略奪臣國己汶之地, 伏願, 天恩判還本國. (중략) 冬十一月辛亥朔乙卯, 於朝庭, 引列百濟姐彌文貴將軍, 斯羅汶得至, 安羅辛已奚及賁巴委佐, 伴跛己殿奚及竹汶至等, 奉宣恩勅. 以己汶· 帶沙賜百濟國. 是月, 伴跛國遣戢支, 獻珍寶, 乞己汶之地, 而終不賜." "八年 三月, 伴跛築城於子呑·帶沙, 而連滿奚, 置烽候邸閣, 以備日本. 復築成於爾列比· 麻須比, 而絙 麻且奚·推封, 聚士卒兵器, 以逼新羅, 駈 略子女, 剝掠村邑. 凶勢所加, 罕有遺類. 夫暴虐奢侈, 惱害侵凌, 誅殺尤多, 不可詳載." "九年 春二月甲戌朔丁

지지를 기대했던 것을 고려하면 그 이전 시기부터 밀접한 관계를 맺고 있었을 가능성이 있다. 백제와 국경을 접하고 있을 뿐 아니라 일찍부터 일본과 밀접한 관계를 맺고 있었다는 점 등으로 볼 때 반파가 신묘년 기사에 보이는 ▨破일 가능성은 대단히 높다고 생각된다. 반파에 대해서는 현재 高靈에 있던 大伽倻의 별칭이라는 견해와[40] 고령 북쪽 星山 지역에 있던 本彼國의 후신이라는 견해가[41] 제시되고 있지만, 〈광개토왕비〉의 신묘년(391) 당시에 고령 혹은 성산 지역 정치세력의 위상 및 대외 관계 등에 대해서는 아직 불명확한 점이 많다. ▨破를 반파로 볼 수 있는지를 비롯하여 당시 ▨破의 성격과 정치적 위상 등에 대해서는 앞으로 보다 깊게 천착되어야 할 것이다.

Ⅳ. 맺음말

지금까지 〈광개토왕비〉 영락 6년 백제 원정 기사의 서두 부분에 있는 신묘년 기사에 대한 기존 해석들의 문제점을 영락 6년 기사 전체의 논리적 측면과 한문 문법적 측면에서 검토하고, 이를 토대로 논리적 측면과 문법적 측면에서 만족할 수 있는 새로운 해석을 제시해 보았다. 기존의 해석들은 신묘년 기사의 내용에서 뒤에 이어지는 백제 원정의 직접적 원인을 구체적으로 제시하지 못할 뿐 아니라 신묘년 기사 내부의 문장들이 서로 순조롭게 연결되지 않는다는 논리적 측면의 문제점과 함께 來·渡·破 등의 글자를 문법에 맞지 않게 자의적으로 해석하거나 4자구를 기본으로 하는 문장의 형식을 고려하지 않는 한문 문법 및 문장과 관련된 문제점들을 가지고 있다.

이상의 문제점들이 해결될 수 있도록 신묘년 기사의 구절을 새롭게 나누고, 해석한 결과 이 기사는 백제와 신라가 고구려에 복속되어 있던 안정된 상황에서 신묘년에 왜가 ▨破에 건너온 것을 계기로 백제가 왜와 연결하여 신라를 공격하(려고 계획하)는 불안정한 상황이 발생하였다는 내용으로, 뒤에 서술되는 광개토왕의 백제 원정이 발생한 직접 원인을 구체적이고도 종합적으로 설명한 것임을 알게 되었다. 신묘년 기사에 대한 이러한 해석은 당시의 백제 원정 자체만이 아니라 원정을 전후한 시기의 한반도 지역의 정세에 대해 지금까지 알 수 없었던 사실들에 대한 이해의 실마리를 다양하게 제공할 수 있을 것으로 기대된다. 신묘년 기사는 기존의 연구들에서 이해한 것처럼 백제 원정의 직접적 원인과는 크게 관련 없는 왜나 고구려의 위상에 대한 강조나 사실과 무관한 고구려인들의 허구적 인식이 아니라 백제 원정으로 귀결되게 되는 광개토왕 초기의 한반도를 둘러싼 주요 정치세력의 동향을 구체적으로 서술한 귀중한 사료였던 것이다.

지금까지의 연구들이 이 기사의 내용을 제대로 이해하지 못한 것은 비문 자체의 결락도 중요한 원인이

丑, 百濟使者文貴將軍等請½}. 仍勅, 副物部連(闕名), 遣罷歸之(百濟本紀云, 物部至至連). 是月, 到于沙都島, 傳聞伴跛人, 懷恨銜毒, 恃强 縱虐. 故物部連率舟師五百, 直詣帶沙江. 文歸將軍, 自新羅去. 夏四月, 物部連於帶沙江, 停住六日. 伴跛興師往伐, 逼脫衣裳, 劫掠所齎, 盡燒帷幕. 物部連等, 怖畏逃遁, 僅存身命, 泊汶慕羅(汶慕羅, 嶋名也)."

40) 김태식, 1993, 『대가야연맹사』, 일조각, pp.95-105.

41) 김현구, 2003, 「《日本書紀》 繼體23年條의 검토-고령가야와 반파 문제를 중심으로-」, 『한국사연구』 123, pp.10-12.

지만 그에 못지않게 해당 문장을 비문 전체의 논리와 문법을 고려하여 해석하기보다 연구자들이 생각하는 당시의 역사적 상황을 토대로 해석하는데 관심을 가졌던 것이 중요한 원인이라고 생각된다. 식민사학은 식민자의 입장에서 피식민자의 역사를 폄하하고 부정적으로 이해하는 것이지만, 역사 연구법의 측면에서 볼 때에는 사료를 기록 전체의 맥락에서 온전하게 이해하지 않고 연구자의 관점을 앞세워 특정 부분을 과도하게 해석하거나 무시함으로써 사료를 기록한 기록자 본인의 입장이 제대로 드러나지 못하게 하는 것에 그 본질이 있다고 생각된다. 이런 점에서 식민지 지배기에 식민사학에서 가장 관심을 가지고 활용하였던 〈광개토왕비〉는 해방 이후에도 여전히 식민사학의 분석에서 벗어나지 못하였다고 할 수 있다. 〈광개토왕비〉가 오랜 기간 고대사 연구에 있어서 '표상을 둘러싼 투쟁'의 대상이 되었던 것도[42] 이 때문일 것이다. 〈광개토왕비〉를 비롯한 한국 고대의 사료를 해석할 때에 '표상을 둘러싼 투쟁'에 사로잡혀서 사료의 문장들을 오해하고 있는 것은 아닌지 스스로 되묻지 않을 수 없다.

투고일: 2020. 4. 16. 심사개시일: 2020. 5. 1. 심사완료일: 2020. 5. 15.

42) 이성시, 2001, 「표상으로서의 광개토왕비문」, 『만들어진 고대』, 삼인, pp.51-55, p.78[初出은 李成市, 1994, 『思想』 8月号].

참/고/문/헌

『北齊書』

『法苑珠林』

『高麗史』

『宣祖實錄』

『三國志』「魏書」

한국고대사회연구소 편, 1992, 「광개토왕비」, 『역주한국고대금석문 I』, 가락국사적개발원.

권인한, 2015, 『廣開土王碑文新硏究』, 박문사.

김태식, 1993, 『대가야연맹사』, 일조각.

동북아역사재단 편, 2014, 『혜정소장본 광개토왕비원석탁본』, 동북아역사재단.

박시형, 1966, 『광개토왕릉비』, 평양: 사회과학원출판사.

王健群(임동석 역), 1985, 『광개토왕비연구』, 역민사.

임세권·이우태 편, 2002, 『한국금석문집성(1) 광개토왕비』, 한국국학진흥원.

金錫亨, 1969, 『古代朝日關係史』, 勁草書房.

武田幸男 編, 1988, 『廣開土王碑原石拓本集成』, 東京: 東京大出版會.

耿鐵華(이도학 역), 1993, 「광개토왕비 신묘년 구절의 고증과 해석」, 『한국상고사학보』 14, 한국상고사학회.

김현구, 2003, 「《日本書紀》 繼體23年條의 검토-고령가야와 반파 문제를 중심으로-」, 『한국사연구』 123, 한국사연구회.

백승옥, 2015, 「광개토태왕능비문 신묘년조에 대한 신해석」, 『동양학』 58, 단국대동양학연구원.

이도학, 2012, 「광개토왕릉비문의 역사적 성격과 특징」, 『박물관학보』 23, 한국박물관학회.

이성시, 2001, 「표상으로서의 광개토왕비문」, 『만들어진 고대』, 삼인.

임기중, 1995, 「원석 초기탁본집성의 試釋」, 『廣開土王碑原石初期拓本集成』, 동국대출판부.

임기중, 1995, 「한국에서 호태왕비의 비문과 탁본 연구」, 『고구려연구』 2, 고구려연구회.

정두희, 1979, 「광개토왕능비문 신묘년 기사의 재검토」, 『역사학보』 82, 역사학회.

鄭寅普, 1955, 「廣開土境平安好太王陵碑文略釋」, 『庸齋白樂濬博士還甲記念 國學論叢』, 思想界社.

천관우, 1979, 「광개토왕릉비문재검토」, 『전해종박사화갑기념사학논총』, 일조각.

菅政友, 1895, 「高句麗好太王碑銘考」, 『史學雜誌』 22~25, 東京: 史學會.

今西龍, 1915, 「廣開土境好太王陵碑に就て」, 『訂正增補大日本時代史』, 東京: 早稲田大学出版部那珂通世, 1897,「高句麗古碑考」,『史學雜誌』47~49, 東京: 史學會.

末松保和, 1949,「好太王碑の辛卯年とそれ以前」,『任那興亡史』, 東京: 吉川弘文館.

武田幸男, 1978,「広開土王陵碑文の辛卯年条の再吟味」,『(井上光貞博士還暦記念)古代史論叢』, 東京: 吉川弘文館.

武田幸男, 1989,「辛卯年条記事の再吟味」,『高句麗史と東アジア』, 東京: 岩波書店.

浜田耕策, 2013,「高句麗広開土王陵碑文の虚像と実像」,『朝鮮古代史料研究』, 東京: 吉川弘文館.

浜田耕策, 2013,「高句麗広開土王陵碑文の研究-碑文の構造と史臣の筆法を中心として-」,『朝鮮古代史料研究』, 東京: 吉川弘文館.

浜田耕策, 2013,「広開土王陵碑文の一、二問題」,『朝鮮古代史料研究』, 東京: 吉川弘文館.

三宅米吉, 1902,「高句麗古碑考」,『考古學會雜誌』第2編 1~3, 東京: 日本考古學會.

西島定生, 1974,「広開土王碑辛卯年条の読法について」,『図説日本の歴史』第3巻 月報, 東京: 集英社.

西島定生, 1985,「広開土王碑文辛卯年条の読み方読について」,『三上次男博士喜壽記念論文集』, 東京: 平凡社.

李進熙, 1972,「廣開土王陵碑文の謎-初期朝日關係研究史上の問題點-」,『思想』5月号, 東京: 岩波書店.

佐伯有清, 1972,「高句麗広開土王陵碑文再検討のための序章-参謀本部と朝鮮研究-」,『日本歴史』287, 東京: 吉川弘文館.

前沢和之, 1972,「広開土王陵碑文をめぐる二·三の問題-辛卯年部分を中心として-」,『続日本紀研究』159, 東京: 続日本紀研究会.

中塚明, 1971,「近代日本史學史における朝鮮問題-特に『広開土王陵碑』をめぐって-」,『思想』3月号, 東京: 岩波書店.

池內宏, 1947,「百濟來服以後におけるわが國と半島の関係」,『日本上代史の一研究』, 東京: 近藤書店.

〈Abstract〉

On the Reason of Goguryeo's Invasion on Baekje in 396
– Re–interpretation of the Beginning Paragraph of the Description on Baekje Invasion in the Stele of King Gwanggaeto –

Choe, Yeon–shik

There is no consented understanding on the beginning paragraph of the description of King Gwanggaeto's invasion on Baekje in 396 in his Stele, the entry of Sin–myo(辛卯) year, despite of not a little scholars suggested their own interpretations on it. In this article we examined the problems of the existing understandings in grammar and style as well as in the context, and tried to suggest an alternative interpretation. The important problems of the existing interpretations are like these; 1) cannot find the direct reason or motive of the invasion, 2) the sentences or phrases in the paragraph don't match well each other, 3) the interpretations of the words like 來·渡·破 are against grammar, 4) the punctuations neglected the 4 word phrase style which is in fashion at the time and also prevails in the inscription. Following the classical Chinese grammar and 4 word phrase style we punctuated the paragraph like this; 百殘新羅, 舊是屬民, 由來朝貢, 而倭以辛卯年, 來渡▨破, 百殘▨▨(新)羅, 以爲臣民. This punctuation shows that the word 破 cannot be a verb but a part of place name, as after the word 來渡 (come across the sea or river) should come the arrival place. According to the punctuation this paragraph can be interpreted like this; both Baekje and Shilla were subordinates (of Goguryeo) since early times. But when Wa(=Japan) came to ▨破 in the Sin–myo(辛卯) year, Baekje (tried to invade) Shilla to make their own subordinate. With this interpretation we can cleary understand the reason or motive of Goguryeo's invasion on Baekje. The beginning paragraph of the description of invasion on Baekje in 396 was neither a praise of achievements of Japanese army nor a Goguryeo–centric world view having no relation with the invasion on Baekje as some scholars suggested. On the contrary, this paragraph tells the important change of the political circumstances in the Korean peninsula which led to Goguryeo's invasion on Baekje.

▶ Key words: The Stele of King Gwanggaeto, Goguryeo, Baekje, Shilla, Wa(=Japan), the theory of pre-positioned paragraph

논 문

廣開土太王陵碑 탁본『惠靜本』의 탁본사적 위치

–『水谷本』과의 비교 검토를 바탕으로 –

백승옥*

<국문초록>

광개토태왕릉비는 중국 집안시에 현존하지만 비바람에 의한 자연적 손상과 인위적 행위에 의해 많이 훼손되어 있는 상태이다. 특히 1890년 이후부터는 비면에 석회(石灰)를 바른 다음 탁본을 만들게 된다. 이러한 상황에서 비문 연구를 위한 가장 중요한 사료는 비에 석회가 발리기 이전의 탁본이다. 이러한 탁본을 원석탁본(原石拓本)이라 한다.

혜정본과 미즈타니본(水谷本)은 원석탁본으로 알려져 있다. 본고에서는 이를 다시 한번 더 확인했다. 그리고 다음과 같은 유사점들을 밝혀냄으로써 두 탁본은 동일인에 의해 제작되었을 가능성이 높다고 보았다.

① 비의 한 면을 3단 구분하여 탁본을 만든 방식이라는 점이다. 따라서 전체 탁본의 종이는 12매가 된다. ② 비면에 먹(墨)을 두드리는 방식이 동일하다. ③ 개별 글자들에 대한 탁본의 상태가 유사하다. ④ 탁본을 만들 때 사용한 종이의 층수가 두 겹(2층)이다. ⑤ 종이의 질(紙質)이 유사하다. ⑥ 탁본의 한 면을 이루는 작은 종이(小拓紙)의 세로 사이즈가 47㎝로 같다는 점이다.

다만 지질에 대한 과학적 조사를 행하지 못한 것은 아쉬운 점이다. 향후 보다 정밀한 조사와 검토를 행한다면 탁본에 대한 보다 많은 정보를 도출해 낼 수 있을 것이다.

▶ **핵심어: 광개토태왕릉비 탁본, 혜정본, 水谷本, 원석탁본**

* 국립해양박물관 해양교육문화센터장

I. 머리말

광개토태왕릉비(이하 능비로 줄여 씀)가 현존하고는 있지만 원래 새겨진 문자와 현재의 문자는 많은 차이를 가지고 있다. 비문의 훼손은 비바람에 의한 자연적 손상 때문만은 아니었다. 인위적 행위에 의해서도 비문은 본래의 모습을 많이 잃었다. 19세기 말 능비 발견 직후 비석을 덮고 있는 이끼를 제거하기 위해 비면에 불을 질렀다. 이끼는 제거되었지만 이때 불을 맞은 비면도 많은 손상을 입었다. 이뿐만이 아니었다. 비문의 내용이 세상에 알려지자 탁본을 손에 넣으려는 사람들이 많아졌다. 탁본의 수요에 공급이 미치지 못하게 되자 탁공은 비면에 석회를 바른 다음 탁본을 만들게 된다. 또한 명확한 글자를 구하는 수요자의 요구를 충족시키기 위해 석회로 가공한 글자도 만들어졌다. 그 과정에서 원래의 글자가 아닌 새롭게 만들어진 글자가 만들어졌을 가능성도 충분히 존재한다.

석회는 風雨에 의해 제거되기도 하였다. 그러나 1928년 비각이 만들어진 이후에도 석회는 塗布되었기 때문에 여전히 석회는 잔존했다. 석회는 현재에도 비면에 상당량이 존재한다. 더구나 1960년대와 80년대에 중국 당국이 비면의 강화 보수를 위해 행한 약품 처리 작업은 더 큰 문제가 되었다. 약품에 의해 잔존 석회와 응회암의 원석을 한 덩어리로 만들어 버린 것이다. 이제는 원석과 석회가 구분이 힘들게 되어 버렸다. 이러한 상황에서 능비 연구의 일차적 사료는 초기원석탁본이다. 초기원석탁본이란 능비에 석회가 발리기 이전에 만들어진 탁본을 말한다. 원석탁본이라고도 한다.

현재 알려진 능비 탁본은 130여 본에 이른다.[1)] 이 중에는 석회탁본이 대부분이며 원석탁본은 13~18여 본 알려져 있다. 국내에는 3본이 알려져 있다. 혜정본과 구 임창순 소장본, 규장각 소장본이다. 구 임창순 소장본은 현재 그의 아들인 임세권이 소장하고 있다.[2)] 임창순의 호를 빌어 青溟本이라고도 한다. 청명본의 경우 발문이 있어 탁출된 내력에 대해서 알 수 있다. 이에 의하면 청명본은 1889년 北京의 명탁공 李雲從에 의해 채탁된 원석탁본 임을 알 수 있다. 그러나 아쉽게도 청명본은 완전본이 아니다. 4면에 걸쳐 5곳 364자의 결실이 있다.[3)] 최근의 연구 보고에 의하면 국내의 또 다른 원석탁본으로 알려진 규장각 소장본은 청명본 3면의 결실 부분임이 밝혀졌다.[4)] 이로 보면 국내 원석탁본은 청명본과 혜정본 2본이 되는 셈이다.

일본에는 水谷本(미즈타니본)과 金子本(가네코본)이 원석탁본으로 알려져 있다. 水谷本은 國立歷史民俗博物館에 所藏되어 있으며 金子本은 개인이 소장하고 있다. 대만에는 중앙연구원 傅斯年圖書館藏 甲本과 乙本이 알려져 있다. 그러나 대만에는 미공개 탁본 중에 원석탁본이 더 있을 가능성이 있다. 중국에는 舊 王少箴 소장본(현재 북경 거주 후손이 소장), 중국국가도서관장본, 북경대학 도서관 A~E본 등 12본이 소개되고 있다.[5)] 그러나 현재 원석탁본으로 알려진 중국 소재본들 중에는 원석탁본으로 보기 힘든 탁본도 보인다.

---

1) 국립문화재연구소, 2019, 『광개토대왕릉비 탁본 - 張明善 탁출-』에 실린 고광의, 조우연, 백승옥의 논고 참고.

2) 任世權·李宇泰 編著, 2002, 『韓國金石文集成(1)』, 韓國國學振興院.

3) 武田幸男, 2009, 『廣開土王碑墨本の研究』, 吉川弘文館, p.212의 주10).

4) 권인한, 2013, 「奎章閣藏 '廣開土大王陵碑文拓本'의 價値」, 『口訣研究』 31.

5) 조우연, 2019, 『廣開土大王陵碑 拓本- 張明善 탁출』, 국립문화재연구소, pp.58-59.

사진 만으로 보아 원석탁본의 여부를 가름하기 어렵지만, 석회탁본을 원석탁본으로 보고된 것도 있는 것 같다. 향후 실물을 통한 정밀 조사가 이루어지기를 기대한다.

본고에서 검토해 보고자 하는 惠靜本과 水谷本은 원석탁본으로 알려져 있다.[6] 그런데 석회탁본은 말할 것도 없거니와 원석탁본이라 하더라도 동일 글자가 달리 탁출된 경우가 있다. 이는 탁공의 솜씨나 탁본 제작 당시의 환경 차이 등에 따라 나타나는 현상이다. 탁본에 대한 연구 목적은 결국 비문을 정확히 '읽고 해석하기(釋讀)' 위함이다. 이를 달성하기 위해서는 각각의 탁본들이 가진 특징들을 정확히 이해해야 한다. 이는 탁본들 간의 비교 검토를 통해 가능하다. 따라서 탁본에 대한 정확한 이해는 결국 정확한 비문 석독을 위한 기초 자료 제공의 의미가 있다. 본고 작성의 이유와 목적이다.

필자는 다행스럽게도 두 탁본을 정밀히 관찰할 수 있는 기회가 있었다. 혜정본에 대해서는 2012년 11월과 12월 두 차례 조사를 행한 바 있다. 水谷本은 2011년 9월과 2019년 1월과 7월, 3차례 조사한 바 있다.[7] 본고는 이러한 탁본 실물 조사를 바탕으로 이루어졌다. 현재 비의 상태를 고려할 때, 비문을 제대로 석독하기 위해서는 탁본에 의존할 수밖에 없다. 이에 원석탁본의 사료적 중요성은 재언을 요하지 않는다.

II. 「惠靜本」의 복원과 「水谷本」

1. 「惠靜本」의 출현

혜정본은 전 경희대학교 혜정박물관 관장이었던 김희숙 씨 소유의 능비 拓本이다. 혜정은 김희숙 씨의 號이다. 이 탁본이 세상에 알려지게 된 것은 廣開土太王이 崩御한 지 1600年이 되는 해인 2012年 이었다. 소유자가 1984年~1985年 무렵 中國 北京의 琉璃廠에서 구입한 것이라고 하였다.[8] 그 이후 몇몇 지인들에게 보여주긴 했으나 원석탁본인지의 여부 등을 포함해 이 탁본의 진가를 잘 알지 못했던 것 같다. 탁본은 잘라서 冊으로 엮은 線裝本이다. 이전에는 이러한 형태를 剪裝本 또는 剪帖本이라 하였다. 剪裝本과 剪帖本은 탁본을 잘라서 裝幀했다는 의미인데 이는 일본학계의 용어를 그대로 쓴 것이다.

혜정본 현존 상태에서 주요점은 실을 사용해 책을 만들었다는 점이다. 이러한 방법은 한·중·일 삼국에서 예부터 사용했다. 漢籍의 裝潢(粧潢이라고도 쓴다.)에 일반적으로 사용한 방법이다. 그런데 한국의 경우

6) 武田幸男, 2009, 위의 책. 동북아역사재단 편, 2014, 『혜정 소장본 廣開土太王碑 원석탁본』.

7) 특히 2019년 7월 17~18일, 이틀간의 조사에서는 水谷本 소장처인 일본 국립역사민속박물관의 수장고 담당 관계자들과 研究部의 仁藤敦史, 小倉慈司, 三上喜孝, 高田貫太, 清武雄二, 篠崎尚子, 渡辺美紗子, 戸村美月 등 많은 분들의 도움이 있었다. 水谷本의 경우 탁출 당시의 상태 그대로 보존하고 있다. 그 크기 때문에 수장고에서 조사실로의 이동 자체가 쉽지 않다. 이동 시 7~8명의 인력이 필요했다. 수고를 마다하지 않고 탁본 조사를 도와주신 그 분들께 깊이 감사드린다.

8) 이는 필자가 2012년 말 김희숙 소장자로부터 직접 들은 것이다. 그러나 더 이상의 자세한 구입 경로 등에 대해서는 들을 수 없었다. 소장자는 한일 관계 연구자인 최서면 국제한국연구원 원장과 부부였다. 최서면 원장은 1957년 일본으로 망명한 후 30년 동안 도쿄에 거주하면서 한일 관계 역사 자료의 수집과 연구에 힘썼다. 2020년 5월 향년 92세의 나이로 별세했다('동아일보' 2020년 5월 27일자 28면). 혜정본 수집에는 최서면 원장의 자료에 대한 안목이 작용했을 가능성이 있다.

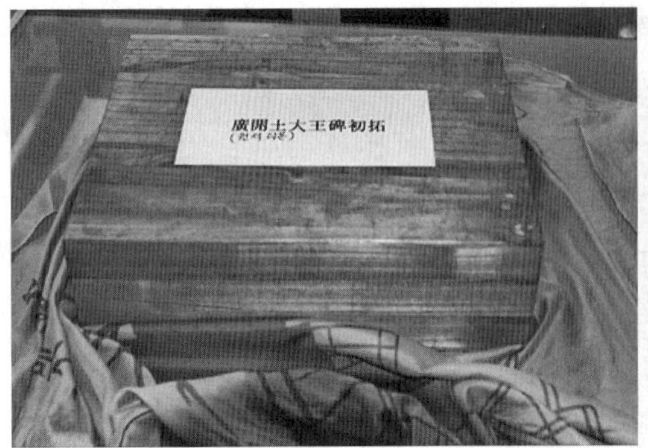

그림 1. 혜정본 보관 상태(2012년)

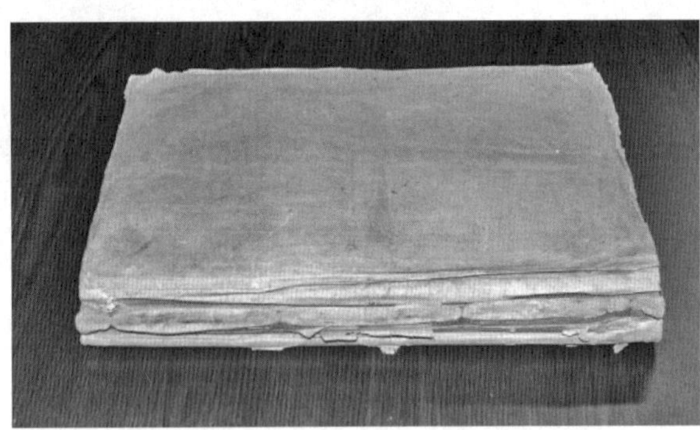
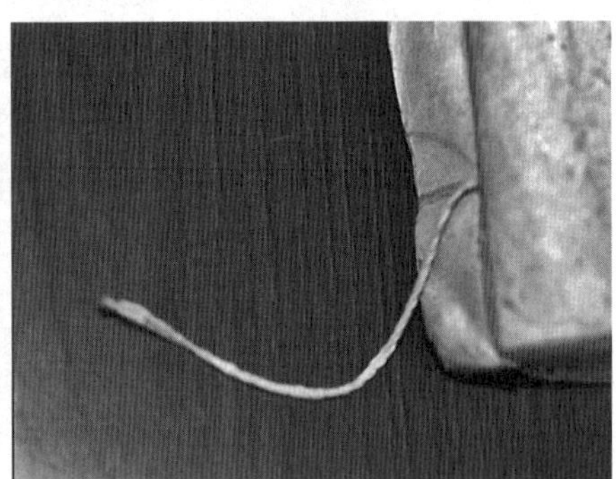

그림 2. 4침 안정법에 의해 成册된 모습과 실의 여분 모습

중국과 일본에 비해 책의 장황 방법이 약간 달랐다. 우리의 경우 책의 우측에 5개의 구멍을 내어 실로 엮어서 成冊했다. 이러한 방법을 5침 안정법이라 한다. 이 경우 실을 가진 바늘이 한 구멍 마다 3번씩 들어간다. 그래서 이를 三綱五倫法으로 부르기도 하였다. 5침 안정법의 경우 첫 바늘은 책의 뒤표지 안쪽에서 들어간다. 그리고 마지막 바늘도 처음 들어갔던 구멍으로 나오게 되어 있다. 처음과 마지막 실이 만나게 되어 있어 이를 뒤표지 안쪽에서 묶어 마무리 한다. 여분의 실이 책 안쪽에 감추어져 군더더기가 없다. 반면에 중국과 일본의 경우 4침 안정법을 사용한다. 이 경우 마지막 실이 밖으로 비쳐 나온다(그림 2의 우측 사진 참조). 혜정본은 4침 안정법에 의한 線裝이다. 따라서 현존 상태의 혜정본 장황은 일본 아니면 중국에서 한 것으로 보인다. 혜정본 첫 쪽에 중국의 북경에서 찍은 것으로 보이는 鑑定印이(그림 4의 우측 사진 참조) 있는 것으로 보아 중국에서 성책한 것으로 보아야 할 것이다.

혜정본은 모두 2冊으로 각각 1面과 2面을 잘라서 1冊씩 엮었다. 원래는 4冊으로 추정되며 3面과 4面이 성책 되었을 3, 4冊은 없다. 향후 출현을 기대한다. 2012年 12月 18日, (사)한국박물관학회와 경희대학교혜정박물관이 공동 주관한 학술대회에서 혜정본은 처음으로 세상에 공개되었다.[9] 이때 탁본의 명칭을 소유

9) 서영수, 2012, 「廣開土太王陵碑 原石精榻本 「혜정소장본」 공개의 의의와 그 성격」, 『광개토태왕릉비 원석정탑본 공개와 박물관 학적 활용방안 -혜정소장본 최초공개-』, (사)한국박물관학회, 경희대학교혜정박물관 주관 광개토태왕 서거 1600주년 기념 제

그림 3. 책의 내부 모습. 첫 페이지 모습

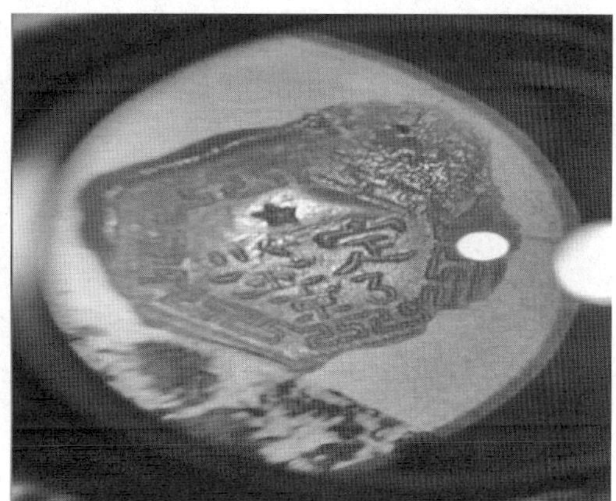

그림 4. 1책 첫 페이지 첫 글자 오른쪽 위의 朱印. 확대경으로 본 모습('鑑定 京 3')

자 김희숙 씨의 號를 따서 '혜정본'이라 부르기로 하였다. 동북아역사재단에서는 2014년 혜정박물관으로부터 자료를 제공받아 실물 크기와 축소판을 함께 게재한 도록을 편찬하였다.[10] 필자도 도록 편찬 작업에 참여하여, 「광개토태왕릉비 탁본 혜정본의 외형적 특징과 복원」이라는 소고를 싣게 되었다.[11] 본고는 그 후속 연구로 혜정본이 가지는 탁본사적 위치에 대해 살펴보고자 한다. 비교 검토의 대상 자료로서는 水谷本을 택했다. 水谷本에 대해서는 기존 연구가 어느 정도 이루어 진데다가 현존하는 원석탁본 가운데 원상태를 가장 잘 보여주는 자료이기 때문이다.

27회 박물관학 학술대회 자료집, p.15.

10) 동북아역사재단 편, 2014, 위의 책.

11) 백승옥, 2014, 「廣開土太王陵碑 拓本 惠靜本의 외형적 특징과 복원」, 『혜정 소장본 廣開土太王碑 원석탁본』, 동북아역사재단. 본고의 혜정본에 대한 외형적 특징과 복원은 이글을 바탕으로 한 것이다.

2. 「水谷本」의 탁본사적 위치

水谷本은 미즈타니 테이지로(水谷悌二郎)가 1945년 5월 東京 本郷弓町의 江田文雅堂에서 400엔을 주고 구입하였다고 한다.[12] 현재는 일본 千葉縣 佐倉市 소재의 國立歷史民俗博物館에 소장되어 있다. 水谷의 유족이 1995년 박물관에 기증한 것이다. 재야 학자라고 할 수 있는 水谷은 능비 탁본에 대한 연구에 盡力하여 1959년 「好太王碑考」(『書品』제100호)를 발표하게 된다. 여기에서 수곡은 탁본의 종류를 쌍구곽전본, 원석탁본, 석회탁본으로 구분한다.[13] 이러한 구분은 이후 탁본 분류의 기본이 되었다. 水谷은 1884년부터 쌍구곽전본이 만들어지며, 원석탁본은 1887년부터, 석회탁본은 1899년부터 만들어진다고 하면서, 본인 소장본은 원석탁본이라 하였다.[14]

이에 대해 李進熙는 1972년 水谷本이 원석탁본이라 한데 대하여 반박하였다.[15] 그는 水谷本을 1930년대 이후 석회가 많이 박락된 이후의 탁본이라고 하였다. 또한 1883년 일본에 처음 들어온 酒匂本도 석회로 비

표 1. 탁출법의 변천과 水谷本의 위치[16]

<table>
<tr><th rowspan="2"></th><th rowspan="2">水谷悌二郎 案
(1959년)</th><th colspan="3">李進熙 案</th><th colspan="2">王健群 案</th><th rowspan="2">武田幸男 案
1988년</th></tr>
<tr><th>1972년</th><th>1973년[17]</th><th>1985년[18]</th><th>1984년</th><th>1988년[19]</th></tr>
<tr><td>Ⅰ기</td><td>쌍구곽전본
1884년~</td><td>쌍구가묵본
1882년~</td><td>左同</td><td>左同</td><td rowspan="2">쌍구가묵본
1875년~

쌍구가묵본과
정식 탁본 병행
1887년~

정식탁본이
중심
1889년~</td><td rowspan="2">左同
1875년~

左同
1882년~
水谷拓本
(쌍구가묵본은
1889년까지
작성)</td><td>묵수곽전본
1881년~</td></tr>
<tr><td>Ⅱ기</td><td>원석탁본
1887년~
水谷拓本</td><td>본격적 탁본
1887년~</td><td>左同</td><td>左同</td><td>원석탁본
1887년~

水谷拓本</td></tr>
<tr><td rowspan="5">Ⅲ기</td><td rowspan="5">석회탁본
1889년~</td><td colspan="3">참모본부에 의한 석회전면 도포 후 탁본</td><td rowspan="5">석회 탁본이
중심
1902년~

석회탈락
후의 탁본
1963년~</td><td rowspan="5">문자의
사이에만
석회를 바르고
탁본
1900년~

문자를 석회로
보수한 후 탁본
1902년~</td><td rowspan="5">석회탁본
1890년대 초~</td></tr>
<tr><td>1900년~</td><td>1899년~</td><td>左同</td></tr>
<tr><td colspan="3">곧 이어 다시 석회 바름</td></tr>
<tr><td colspan="3">석회가 떨어져 나가는 시기의 탁본</td></tr>
<tr><td>水谷拓本
1930년
이후 탁본</td><td>水谷拓本
1935~1945년
추정</td><td>水谷拓本
1930년대
중엽 탁본</td></tr>
</table>

12) 다케다 유키오, 2013, 「광개토왕비 연구의 제문제」, 『광개토왕비의 재조명』, 동북아역사재단, p.46.

13) 水谷悌二郎, 1959, 〈好太王碑考〉『書品』 100号; 1977, 『好太王碑考』, 東京, 開明書院.

14) 水谷悌二郎, 1959, 앞의 글; 1977, 앞의 책.

15) 李進熙, 1972, 『廣開土王陵碑の研究』, 吉川弘文館(李基東 譯, 1982, 『廣開土王陵碑의 探求』, 서울: 一潮閣); 2003, 『好太王碑研究とその後』, 青丘文化社.

면을 바른 뒤 탁본한 것이라고 하였다. 그에 의하면 원석탁본은 존재하지 않는 것이다. 그는 쌍구가묵본 제작시기를 1882년 이후로 보았다.

水谷本의 원석탁본 여부는 현재 알려진 석회 박락기의 대표적 탁본인 書學院本과의 비교와 원석탁본이 확실시되는 靑溟本 등과의 비교를 통해서 가능하다. 서학원본의 경우 실견을 통한 자세한 관찰이 필요하겠지만 사진 상으로 보아 水谷本과는 세로 괘선에서 차이가 있다. 서학원본의 경우 괘선이 보이긴 하나 석회의 잔존으로 인해 間斷이 있다. 이에 반해 水谷本의 세로 괘선은 비교적 선명하다. 이는 水谷本이 석회 탁본이 아님을 증명해 준다. 또 하나의 말기 석회본인 足立本과 비교해 보더라도 마찬가지이다. 반면 서학원본과 足立本은 아주 유사한 분위를 갖고 있다. 향후 실견을 통해 비교 관찰한다면 보다 확실해질 것이다. 대부분의 석회 탁본에서 Ⅰ-3-27字(1면 3째줄 27번째 글자를 표시함. 이하 같음)는 '因'으로, Ⅰ-3-41字는 '黃'으로 탁출되어 있지만 원석탁본인 북경대 도서관 A~D본이나, 청명본 등에서는 '天'과 '履'로 되어 있다. 水谷本 또한 이들과 닮아 있다. 水谷本은 원석탁본임에 틀림없다.

표 2. 武田幸男의 A형(원석탁본) 유형분류 대조표[20]

유형	A1형	A2형	A3형	A4형
탁본의 정돈 상태	부정돈	정돈	정돈	정돈
용지 매수	1매 정도	150~160매 정도	60매 전후	12매
용지의 층수		1층	1층	2층
용지의 段數		11~12단	8~9단	3단
착묵 상황	1자 정도	착묵하지 않은 곳 약간 있음	전면 착묵	전면 착묵
탁출 거칠기 정도	가묵의 가능성 있음	약간 거침	정교함	정교함
글자 가늘기 정도		약간 두터움	가늠	가늠
해당 탁본	關月山 등의 탁본	대만 傅斯年 乙本, 王少箴구장본, 중국국가도서관본, 북경대도서관E본	『書通』 창간호 부록본, 북경대학도서관 A본	水谷本, 金子本, 靑溟本, 부사년 甲本, 북경대학도서관 B본, C본, D본
비고	미확인			1889년 李雲從 탁본

水谷의 연구 성과를 더욱 진척시킨 연구자는 武田幸男이다.[21] 그는 탁본의 공백부분(着墨되지 않은 부

16) 濱田耕策, 1990, 「故足立幸一氏寄贈の京都府立福知山高校所藏の廣開土王碑拓本について」, 『日本の植民地支配下における朝鮮の研究』, 學習院大學東洋文化研究所 調査研究報告 NO.24, p.27 표 2에서 改變 轉載.

17) 이진희, 1973, 『好太王碑の謎』, 講談社.

18) 이진희, 1985, 『好太王碑の謎-日本古代史を書きかえる』, 講談社文庫.

19) 왕건군 등, 1988, 『好太王碑と高句麗遺跡』, 讀賣新聞社.

20) 武田幸男, 2009, 앞의 책, p.112의 表2을 바탕으로 보충.

분)의 형태 변화에 주목하여 탁본을 편년하였다.[22] 각종 묵본의 유형을 A형(原石拓本), B형(墨水廓塡本), C형(石灰拓本), D형(模刻本)으로 나누어 설명하고 있다. A형은 비가 발견된 1880년 이후부터 1890년까지 약 10년간 탁출된 것으로 보았다. 武田은 묵본을 拓出法(수탁 수법의 섬세한 정도 및 拓字의 두터운 정도), 着墨法(착묵한 곳의 有無와 廣狹), 用紙法(각 면의 段과 매수, 합계 매수, 層數)을 기준으로 다시 A1~4유형으로 정리하고 있다(표 2 참조).[23]

A1형은 小紙에[24] 한 문자나 여러 문자가 탁출된 것으로, 비 발견 직후에 탁출된 부분탁을 말한다. 이 유형은 아직 발견 예가 없다. 그럼에도 불구하고 武田이 이 유형을 설정한 것은 묵수곽전본의 존재 때문으로 보인다. 묵수곽전본의 경우 그 모본이 되는 원석탁본이 필요하기 때문이다. 묵수곽전본은 A1형의 탁본지를 바탕으로 그 위에 종이를 대고 윤곽을 그린 후 나머지 부분에 먹을 채우는 방식으로 만든 것을 말한다. 엄밀히 말하면 묵수곽전본은 탁본이라 할 수 없다. 그러나 최초의 원석탁본이라 할 수 있는 A1형의 문자를 어떻게 읽었는지에 대한 자료적 가치는 있는 것이다.

A2형은 탁출 수법이 조잡하고, 碑字는 두껍고, 먹을 착묵하지 않은 공백 부분이 있는 탁본이다. 각 면 11~12단으로서 각 단 4매로 구성된 탁본이다. 따라서 한 면 합계 44매 정도로 전체 150~160매 정도의 탁지로 이루어진 탁본을 말한다. 대만 中央研究院 歷史語言研究所 부사년도서관 소장 乙本이 이 유형에 속한다고 하였다.

A3형은 용지가 총 60매 전후로 8~9단으로 구성되어 있고, 상당히 정교하고 치밀하게 거의 전면에 착묵했으며 글자의 두텁기는 가는 형태의 탁본을 말한다. 현재 사진으로만 남아 있는 『書通』 창간호 부록본과 북경대학도서관 A본이 이 유형에 속한다고 하였다.

A4형은 각 면 3단으로 구성되어 있으며 용지는 총 12매의 탁본을 말한다. 정교하고 치밀한 착묵이 거의 전면에 미치고 문자는 가늘게 탁출된 유형을 말한다. 武田은 A4 유형을 1889년 李雲從이 제작한 탁본으로 보고 있다. 이 유형에는 水谷本 외에 金子本과 청명본, 부사년 甲本 등 현재 7본이 존재한다고 하면서 最古最良의 묵본으로 보았다.[25]

水谷本은 武田의 A4유형에 속한다. 필자는 전고에서 혜정본을 水谷本과 동일한 사람이 제작한 탁본일 것으로 추정한 바가 있다.[26] 그러나 당시는 水谷本에 대한 구체적 조사를 행하기 전에 추정해서 내린 결론이었다. 이번의 검토는 그러한 추정에 대한 구체적 확인 작업의 성격을 갖는다. 두 탁본을 비교해 보았을 때 과연 어떠한 부분에서 유사한 부분이 보이는가에 초점을 두면서 살펴보고자 한다.

---

21) 武田幸男, 1988, 『광개토왕비원석탁본집성』; 2009, 『광개토왕비연구묵본의 연구』.

22) 武田幸男, 1988, 「廣開土王碑研究の現段階」, 『廣開土王陵碑原石拓本集成』, 東京大學出版會, pp.243-251.

23) 武田幸男, 2009, 앞의 책, pp.110-112.

24) 능비 탁본은 비의 크기 때문에 종이를 이어 붙일 수밖에 없다. 이때 작은 단위의 종이를 小紙 또는 小拓紙라 표현한다.

25) 다케다 유키오, 위의 논문, 2013, pp.47-48.

26) 백승옥, 2014, 앞의 책, p.23.

3. 惠靜本의 復原

혜정본은 원 탁본을 잘라서 책으로 만든 선장본이다. 따라서 그 자체만으로 전체적 특징을 살피기 어렵다. 이를 자르기 이전의 형태로 복원하여 그 특징을 살펴 볼 필요가 있다. 혜정본의 페이지를 넘기다 보면 문장 연결이 안 되는 곳이 있다. 그런데 그 곳에는 글자의 아래 부분에 어김없이 빨간 동그라미가 조그마하게 그려져 있다(그림 5 참조). 첫 번째 동그라미는 Ⅰ-1-14자인 北字에 그려져 있다. 그리고 이 글자의 다음 글자는 Ⅰ-1-15자인 夫字가 아니라 Ⅰ-2-1자인 巡字가 배열되어 있다. '~出自北夫餘~(Ⅰ-1-13자~16자 부분)'로 되어야 할 곳이, '~出自北巡幸~(Ⅰ-1-13자~14자, Ⅰ-2-1~2자 부분)'로 되어 있다. 두 번째 동그라미는 Ⅰ-2-14자인 臨자에, 세 번째 동그라미는 Ⅰ-3-14자인 本字 위에 그려져 있다. 이후도 계속 이어진다. 모두 각행의 14자에 있으며 그 다음자는 각 행의 15자가 아니라 모두 다음 행의 첫 번째 글자가 배열되어 있다. 따라서 문장을 읽어보면 내용이 연결되지 않는다.

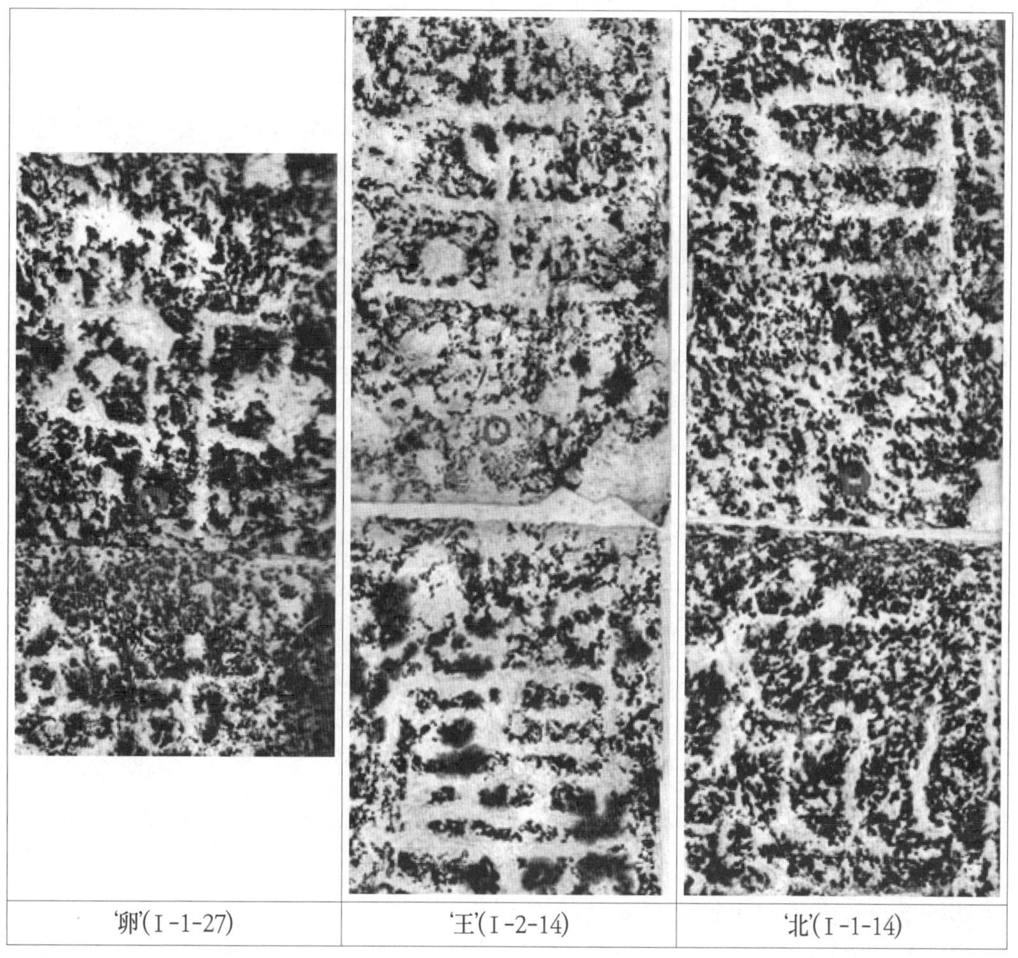

'卯'(Ⅰ-1-27)	'王'(Ⅰ-2-14)	'北'(Ⅰ-1-14)

그림 5. 빨간 동그라미(朱圓)의 모습

동그라미는 각행의 27자에도 그려져 있다. 그리고 그 다음 글자는 각 행의 28자가 아니라 그 다음 행의 14자가 배열되어 있다. 그리고 각 행의 마지막 글자, 즉 41자에도 어김없이 朱圓이 그려져 있다. Ⅰ-1-41자인 駕字에는 朱圓이 없는 것처럼 보이나 밑의 종이가 덮여 잘 안 보일 뿐이지 자세히 보면 그곳에도 朱圓이 있다. 다른 곳에도 밑의 종이로 인해 朱圓이 덮힌 부분이 있다. 이 점은 성책이 이루어지기 전 朱圓이 그려졌음을 알 수 있게 한다. 이는 주원이 석독을 위한 것이 아님을 알 수 있다. 주목되는 것은 Ⅰ면의 각 행 14자의 경우 아랫부분이 짤린 상태로 탁출되었지만, 성책자는 이를 하나의 글자로 성책하였다. 27자의 경우는 8~11행의 글자에 대해서 그렇게 성책하였다.[27] 쉽게 이해되지 않는 부분이지만 이는 혜정본이 도저히 僞作일 수 없는 확실한 단서가 된다. 혜정본의 사료적 가치를 의심할 수 없는 한 증거이다.

朱圓은 능비 각 면 3단 拓本의 마지막 字에 행해 진 것임을 알 수 있다. 이는 성책 시 성책의 순서와 관련하여 성책자가 행하였을 가능성이 높아 보인다. 주원에 대한 비밀이 풀리자 많은 정보를 얻을 수 있었다. 첫째, 혜정본은 Ⅰ면 3단으로 된 탁본을 裝幀한 것이다. 이는 水谷本과 동일하다. 두 拓本을 비교해 보니 단을 이룬 지점도 같았다. 둘째, 성책자는 광개토태왕릉비를 직접 보지 못했음은 물론 비에 대한 정보가 거의 없는 사람이었다. 이는 성책 시기와 관련해 중요한 사실일 수 있다. 셋째, 성책자는 한문에 不通한 사람이었던 것으로 보인다. 문장을 이해했다면 각 단의 연속이 14행에서 15행이라는 사실을 모를 리 없기 때문이다. 다만 그는 Ⅰ면 上段에 이어지는 것이 中間 段으로 보고 장정하여 製本하였다. 이는 Ⅰ면 상단이 끝나는 부분에 비문 글자보다 작은 크기로 '首'자가 붙여져 있는데 이 글자는 아마도 上段을 나타내 주기 위한 것으로 보인다. 復原은 成冊 시 오려 붙였던 부분을 해체하는 방식을 통해 拓本 당시의 상태로 만들어 보았다(그

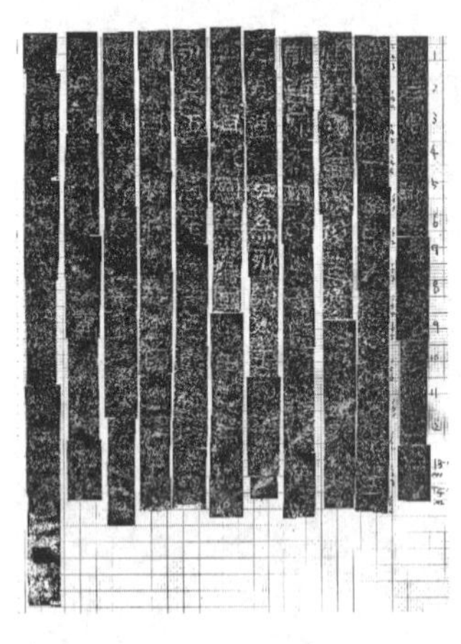

그림 6. Ⅰ面 上段 復原

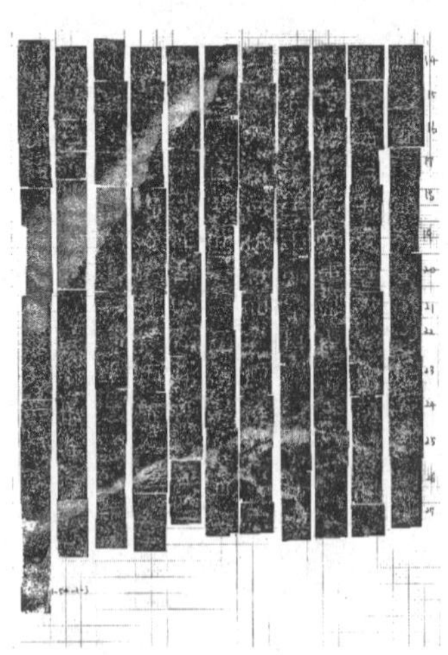

그림 7. Ⅰ面 中段 復原

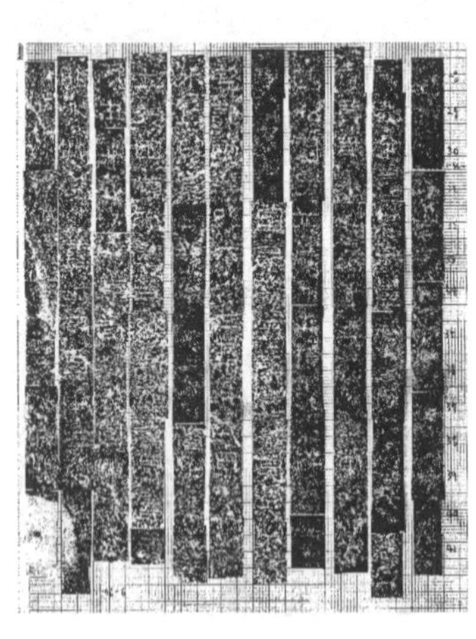

그림 8. Ⅰ面 下段 復原

27) 필자는 전고에서 겹침 拓出字 즉 각 행의 14자와 27자에 대하여, 모두 두 번 탁출된 것으로 보았다. 또한 그대로 성책되어 진 것으로 보았다(백승옥, 2014, 앞의 책, p.14 우하단 문장). 그런데 이번의 검토에서 14자는 그러하지만 27자는 8~11행만 그러하다는 사실을 알았다. 오류를 訂正한다. 이에 대한 지적은 2020년 6월 25일 목간학회 발표시 동북아역사재단의 고광의 선생님이 해 주셨다. 감사드린다.

림 6~8 참조).

그림 9는 복원된 惠靜本의 Ⅰ면을 水谷本과 비교해 본 것이다. 水谷本 Ⅰ面의 復原圖는 旣存 武田幸男의 硏究 成果를 參照한 것이다.[28] 그림 10의 좌측은 혜정본 Ⅰ면과 Ⅱ면의 복원도이다. 오른쪽 그림은 복원한

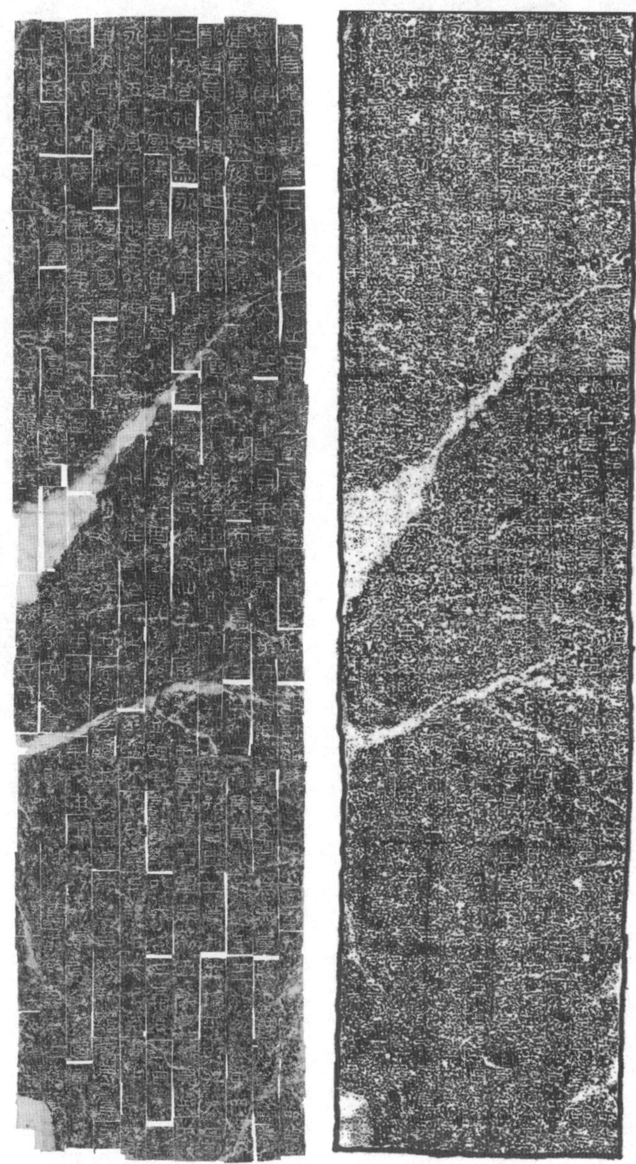

그림 9. 惠靜本(左)과 水谷本(右) Ⅰ面 復原圖의 比較

28) 武田幸男, 2009,『廣開土王碑墨本の硏究』, 吉川弘文館, p.166.

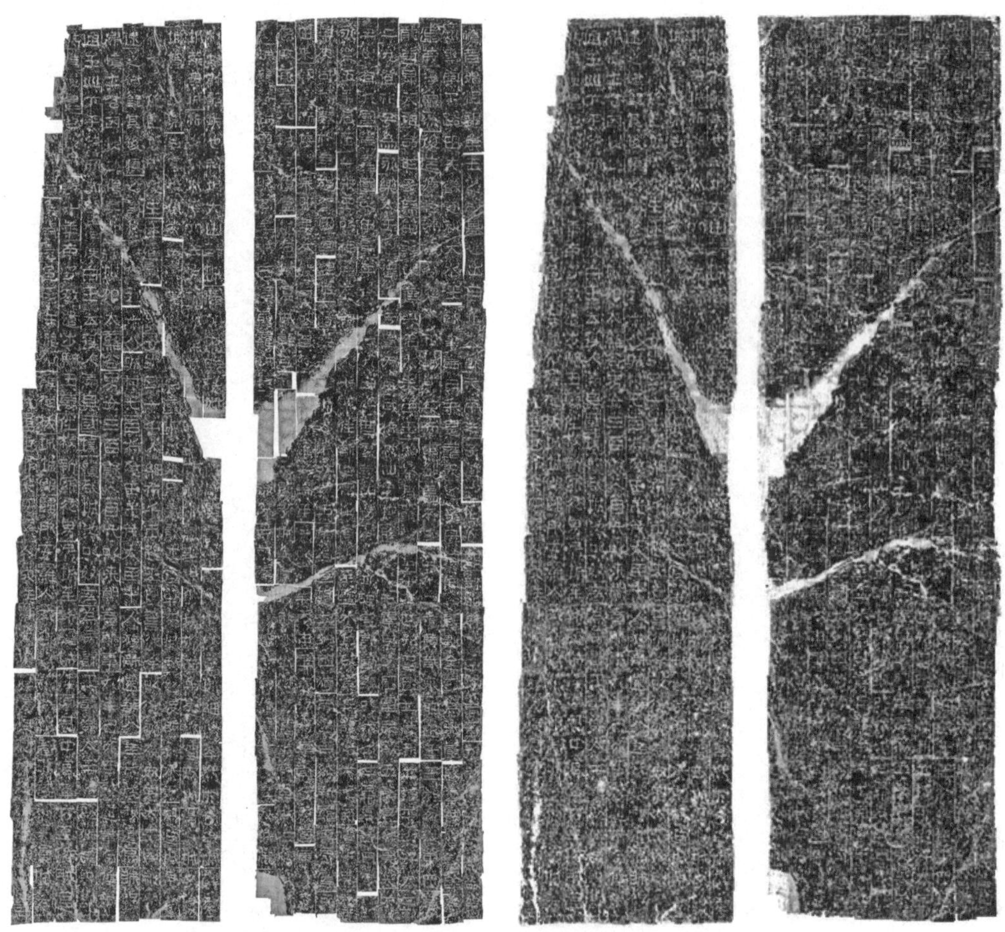

그림 10. 惠靜本 Ⅰ, Ⅱ면 복원도(左)과 水谷本에 혜정본을 올려놓은 모습(右)

혜정본을 水谷本 위에 올려놓은 모습이다.

Ⅲ. 두 탁본의 특징 비교

武田의 유형 구분론에서도 보이는 바와 같이 탁본 유사성의 첫 번째 사안은 탁본 각 면의 段 구성과 용지의 총 매수이다. 혜정본의 복원을 통해서 혜정본도 水谷本과 같이 각 면 모두 3段 구성으로 이루어진 탁본임을 알 수 있었다(그림 6~8). 그리고 각 단의 시작과 끝이 동일하다는 점도 알 수 있었다(그림 9와 아래 그림 13-②의 좌측 하단 '王' 부분 참조). 아래에서는 이를 바탕으로 하면서 그 외 구체적인 부분의 비교 검토를 통해서 양 탁본 간 유사점에 대해서 살펴보고자 한다.

1. 拓紙의 층수와 紙質

水谷本과 혜정본 모두 기본적으로 두 겹 탁지(二層紙)이다(그림 11 참조). 두 탁본의 경우 얇은 종이를 사용하여 탁본을 했다. 2층으로 한 것은 능비 비면의 상태가 거칠기 때문이었을 것이다. 얇은 종이의 경우 글자 탁출의 질을 높이는 데에는 유리한 것이었다. 그러나 능비의 상태는 얇은 종이 한 겹으로 拓本하기에는 매우 어려웠던 것 같다. 이에 택한 방법이 종이를 2층으로 하여 탁본을 제작한 것으로 보인다. 水谷本의 경우 부분적으로는 3층, 또는 4층으로 된 곳도 있다.

그런데 처음부터 2층으로 비면에 종이를 붙였는지, 아니면 한 장을 붙이고 또 한 장을 붙였는지에 대해서는 관찰이 필요하다. 그림 11의 우상 사진을 보면 1층지와 3층지 사이에 2층지가 들어가 있음을 볼 수 있다. 즉 지그재그식으로 탁지가 겹쳐져 있다. 이로 보아 처음부터 2층지로 작업한 것은 아니고 먼저 한 장을 붙인 다음 그 위에 2층지를 붙인 것으로 보인다. 水谷本에서 3~4층지가 보이는 곳은 2층지 위에 필요에 의해 다시 종이를 더 붙인 것으로 보인다. 비의 상태가 좋지 않은 곳일 가능성이 있다.[29] 이층지 탁본 방법은 탁본 제작자의 습관일 가능성이 높다. 혜정본의 경우도 탁지를 2층으로 하여 탁출했음을 탁본 곳곳의 조사

그림 11. 혜정본(좌)과 水谷本(우)의 이층지 확인 모습

29) 향후의 조사에서 3층지인 곳을 체크하여 비의 어느 부분에 해당하는 곳인지를 확인할 필요가 있다.

를 통해서 알 수 있었다(그림 11 참조).

紙質에 대해서는 과학적 방법을 동원해서 조사할 필요성이 있다. 현재로서는 사진과 실견 때의 느낌만으로 지질 비교를 할 수 밖에 없다. 착묵되어 있지 않은 부분의 지질을 주로 살펴보았다. 오염의 정도로 인해 종이의 색이 동일하지는 않아 비교가 용이하지는 않다, 그러나 거의 유사한 종이임을 알 수 있었다. 향후 데이터 축적을 통한 과학적 방법을 기대한다. 탁본 가운데 지질이 매우 거친 것을 실견한 적이 있다. 오차노미즈 여자대학(お茶の水女子大學) 소장본이다. 이는 석회 탁본인데 아마도 碑가 있는 현지인 중국 集安 생산의 종이로 보인다. 그런데 水谷本의 경우는 이와는 현저하게 차이가 날 정도의 양질 종이를 사용했다. 그리고 닥나무의 根皮가 많이 보이는 흔히 朝鮮紙라고 하는 종이와도 차이가 있어 보였다. 탁본의 제작 시기가 최소한 20세기 초 이전임을 고려할 때 당시로서는 매우 고급지에 속한 것으로 보인다.

2. 小拓紙의 크기와 이음 맵시

능비는 높이가 6.39m이다. 각 면의 폭은 Ⅰ면이 1.48m, Ⅱ면이 1.35m, Ⅲ면이 2m, Ⅳ면이 1.46m에 달한다. 비가 크기 때문에 탁본 제작 시 종이를 이어 붙여 탁지를 만들 수밖에 없다. 최초 작은 단위의 종이를 小紙 또는 小拓紙라고 한다. 이러한 소탁지의 크기와 소탁지를 이어 붙이는 방식 등을 조사하여 비교해 봄으로써 탁본들 간의 차이점 또는 닮은 점을 파악해 볼 수 있다.

탁본에서 보이는 특징은 바로 탁본 제작자의 습관으로 볼 수 있다. 따라서 소탁지에 드러나는 특징을 통해서 탁본 간의 유사성 비교가 가능한 것이다. 탁본을 만드는 탁공들이 탁본을 만들 때 각자 소탁지의 크기와 이음 맵시가 각각 다르기 때문이다. 현존하는 탁본 가운데 이러한 소탁지를 조사한 예가 있다. 1981년 가지모토본(梶本本)을 조사한 長正統의 연구와[30] 나이토본(內藤本)을 조사한 横山昭一의 연구,[31] 足立幸一가 쿄토(京都)의 福知山 고등학교에 기증한 탁본을 조사한 濱田耕策의 연구,[32] 早乙女雅博의 도쿄대학소장본과 오차노미즈 여자대학 소장본에 대한 연구 등이다.[33] 그러나 현재까지 원석탁본에 대해 이러한 연구가 행해진 바는 없다.

그런데 소탁지의 특징을 살피기 위해서는 탁본의 뒷면 관찰이 필요하다. 그리고 탁본을 잘라서 선장본이나 절첩본으로 裝潢한 경우는 이를 살피기가 매우 어렵다. 그리고 全張本이라 하더라도 탁본의 보존을 위해 뒷면에 대해 장황을 한 경우는 소탁지 크기나 이음매를 살피기 어렵다. 다행히 水谷本의 경우 현존 상태가 최초 탁본했을 때의 상태를 그대로 갖고 있다. 때문에 소장처의 협력만 얻을 수 있다면 소탁지를 살피기

30) 長正統, 1981, 「九州大學所藏好太王碑拓本の外的硏究」, 『朝鮮學報』 99·100輯.

31) 横山昭一, 1990, 「目黒區所藏拓本の採拓年代と外的特徵」, 『目黒區所 藏 高句麗廣開土王碑拓本寫眞集』, 目黒區守屋教育會館鄕土資料室; 1993, 「東京都目黒區所藏拓本について」, 『廣開土王碑と古代 日本』, 東京: 學生社.

32) 濱田耕策, 1990, 앞의 논문.

33) 早乙女雅博, 2005, 「東京大學所藏の廣開土王碑拓本-小拓紙からみた制作年代の考察-」, 『고구려연구』 21. 早乙女雅博·橋本繁, 2013, 「お茶の水女子大學本の調査と小拓紙貼り合わせから見た年代」, 『廣開土王碑拓本の新研究』, 東京: 同成社. 현재 일본학계에서는 '資料論'이라 할 수 있는 이러한 연구 방법에 의한 탁본 연구가 꾸준히 이루어지고 있다.

그림 12. 소탁지의 크기와 이음매의 폭(2.2㎝)을 알 수 있는 부분 (水谷本 Ⅱ면 하단부 뒷면)

에 적합한 탁본이라 할 수 있다. 필자는 2019년 7월 17일과 18일 양일간 水谷本의 뒷면을 조사 할 수 있었다(그림 12 참조).

水谷本의 경우 Ⅰ면 상단은 가로 4+α段, 세로 3+α열의 소탁지로 구성되어 있다. α는 소탁지를 다시 가로 혹은 세로로 잘라서 붙인 것이다. 4단 3열이면 모두 12장의 소탁지가 되어야 하지만 +α 때문에 Ⅰ면 상단의 경우 모두 19매 정도의 소탁지로 구성되어 있다. 그 가운데 1단 1열의 소탁지 길이는 가로 47㎝였으며, 세로는 45㎝였다(이하 가로×세로로 표시함). 2단의 한 소탁지는 46×45.5㎝였다. 이음의 순서는 상 1단 우측 1열부터 좌로 이어 나갔으며, 2단은 다시 우에서 좌로 붙여 나갔다. 기본적으로 오른쪽에서 왼쪽으로, 위에서 아래쪽으로 이어나간 것이다. 이음매의 겹치는 부분은 2.2㎝ 정도였다. 소탁지 한 장의 안에는 3×3字 모두 9자의 글자가 탁출 되었다. Ⅰ면 중간 단의 소탁지 크기를 측정해 보았다. 1단 1열과 1단 3열의 소탁지 모두 45×47로 나타났다. Ⅰ면 하단의 경우, 46×45, 혹은 47×46로 나타났다. Ⅱ면의 경우 가로는 47~48, 세로는 45~47이 많았다. Ⅲ면과 Ⅳ면의 경우도 거의 유사한 크기였다. 특히 Ⅲ면과 Ⅳ면의 소탁지 크기가 비교적 일정하여 그를 기준으로 水谷本의 소탁지 크기를 추정해 보면 47×47의 길이를 가진 것으로 보인다.

혜정본은 全張의 탁본을 잘라서 만든 선장본이여서 소탁지의 상태를 알기 매우 어렵다. 그러나 拓本을 자세히 살펴보면 소탁지의 이음매를 관찰 할 수 있다. 이를 추적해 보았다. 소탁지의 가로 크기는 알기 어려우나, 세로는 45~47㎝ 정도였다. 대만 傅斯年圖書館 소장 傅斯年 乙本의 세로 크기는 50㎝ 전후였으며, 북경대학도서관 C본은 45㎝라고 한다. 소탁지의 세로 크기로 보면 水谷本과 혜정본은 거의 같은 크기의 것으로 볼 수 있다.

3. 착묵 상태와 먹의 농도

혜정본 복원도와 水谷本을 비교한 사진이 그림 9이다. Ⅰ면 중간 부분의 미착묵 부분이 혜정본이 약간 좁아 보이긴 하나 기본적으로 같은 패턴이다. Ⅰ면에서 미착묵 부분을 전반적으로 대비해 보면 거의 같은 양상이다. 특히 하단부 좌측 부분(10~11행의 40~41자 부분)의 미착묵 부분은 그 형태가 거의 같다(그림 9 참조). 중간 단의 좌하부에서 오른쪽으로 비스듬히 올라간 부분과 그 중간부에서 오른쪽 아래쪽으로 비스듬히 내려오는 미착묵 부분도 매우 닮아 있다. 상단 부분 중간에서 오른쪽으로 올라간 미착묵 부분도 닮았다. 특히 1행 10자인 '基'을 둘러싼 아래 위의 옆은 미착묵 부분도 거의 같은 양상을 보이고 있어 흥미롭다. 탁출자가 작업을 할 때 비문 내용과 글자 개개에 대한 인식이 있었다면 같은 글자에 대해서는 거의 동일한 모습이 탁출될 가능성이 있다. 그러나 그렇지 않는데 동일한 곳에 대한 탁출의 모습이 유사하다면 거의 같은 시기에 동일한 인물이 작업한 결과일 가능성이 높다고 생각한다. 혜정본과 水谷本 제작자는 비문의 내용을 완벽히 이해하고 있었을까? 주지하다시피 능비 내용을 파악하는 데에는 전문가들도 꽤 오랜 시간이 걸렸다. 탁본 제작자는 탁공에 불과했다. 비문의 내용을 알고 작업을 하지는 않았다고 판단된다. 혜정본의 경우 탁출자와 裝潢한 사람이 동일 인물이 아닐 가능성이 높지만, 당시 책을 만든 사람은 비문의 내용을 전혀 몰랐던 것으로 보인다.[34] 그런데도 그는 책을 만들 때 한 글자도 놓치지 않고 성책을 했다. 오히려 겹치는 글자까지 충실히 오려 붙였음은 앞에서도 설명한 바가 있다. 장인 정신이 충실히 발휘된 모습이다. 탁본 제작자도 마찬가지였을 것이다. 비문의 내용은 차치하고 그가 가진 모든 솜씨를 발휘하여 열심히 탁본을 만들었을 것이다. 전문가의 솜씨는 결과물이 거의 동일하게 나오는 법이다. 혜정본과 水谷本은 곳곳에서 그러한 모습들이 확인된다. 두 탁본은 같은 솜씨를 가진 사람이 제작했을 가능성이 있는 것이다.

그런데 두 탁본을 언뜻 보면 동일한 사람이 제작한 탁본으로 보기 어려운 느낌을 충분히 받을 수 있다. 그 이유는 양 탁본이 가진 먹 번짐의 정도 차이 때문이다. 탁본을 자세히 관찰하면 水谷本의 경우 먹 번짐의 상태가 상대적으로 혜정본에 비해 심하다. 이는 먹의 농도 차이로 인해 생긴 것으로 보인다. 이런 현상이 탁본의 곳곳에 나타나기 때문에 전체적 인상으로 보면 두 탁본은 성격이 전혀 다른 탁본으로 보이는 것이다. 혜정본은 水谷本에 비해 濃墨이다. 그리고 번짐의 정도가 적다. 따라서 글자의 선명도는 혜정본이 양호하다. 이로 보아 혜정본이 水谷本보다 善本이라 할 수 있다. 그러나 淡墨인 水谷本이 가진 장점도 있다. 획의 섬세한 부분을 보여주기에는 담묵인 水谷本이 혜정본보다 양호한 부분도 있다. 만약 양 탁본이 동일시기 동일인이 제작한 탁본이라면 이러한 차이가 왜 생겼을까 궁금하다. 같은 시기 작업을 하였지만, 아마도 담묵인 水谷本이 혜정본보다 먼저 만들어진 것으로 보인다. 水谷本은 보다 선본인 혜정본의 先驗的 탁본일 가능성이 있다.

4. 字體 비교

두 탁본의 비교는 탁출된 문자들을 비교해 봄으로써도 양 탁본 간의 관계를 추출해 볼 수 있다. 그러나

34) 백승옥, 2014, p.15.

능비 탁본의 경우 문자 주변의 탁출 상황도 많은 특징들을 보이고 있다. 그러나 혜정본의 경우 잘라서 장황을 한 상태여서 글자의 주변부에 관한 관찰에는 한계가 있다. 여기서는 혜정본과 水谷本의 첫머리 부분과 '國罡上廣開土境平安好太王' 부분의 字體를 상호 비교해 보고자 한다(그림 13-①과 ②). 그리고 이른바 '任那日本府說' 주장의 주요 근거가 되었던 신묘년조 기사 속의 Ⅰ-9-13字에 대해서도 기타 다른 원석탁본들과 같이 비교해 보고자 한다(그림 14). 마지막으로 석회탁본에서 변개된 대표적 글자 몇 자를 상호 비교해 보고자 한다(그림 15).

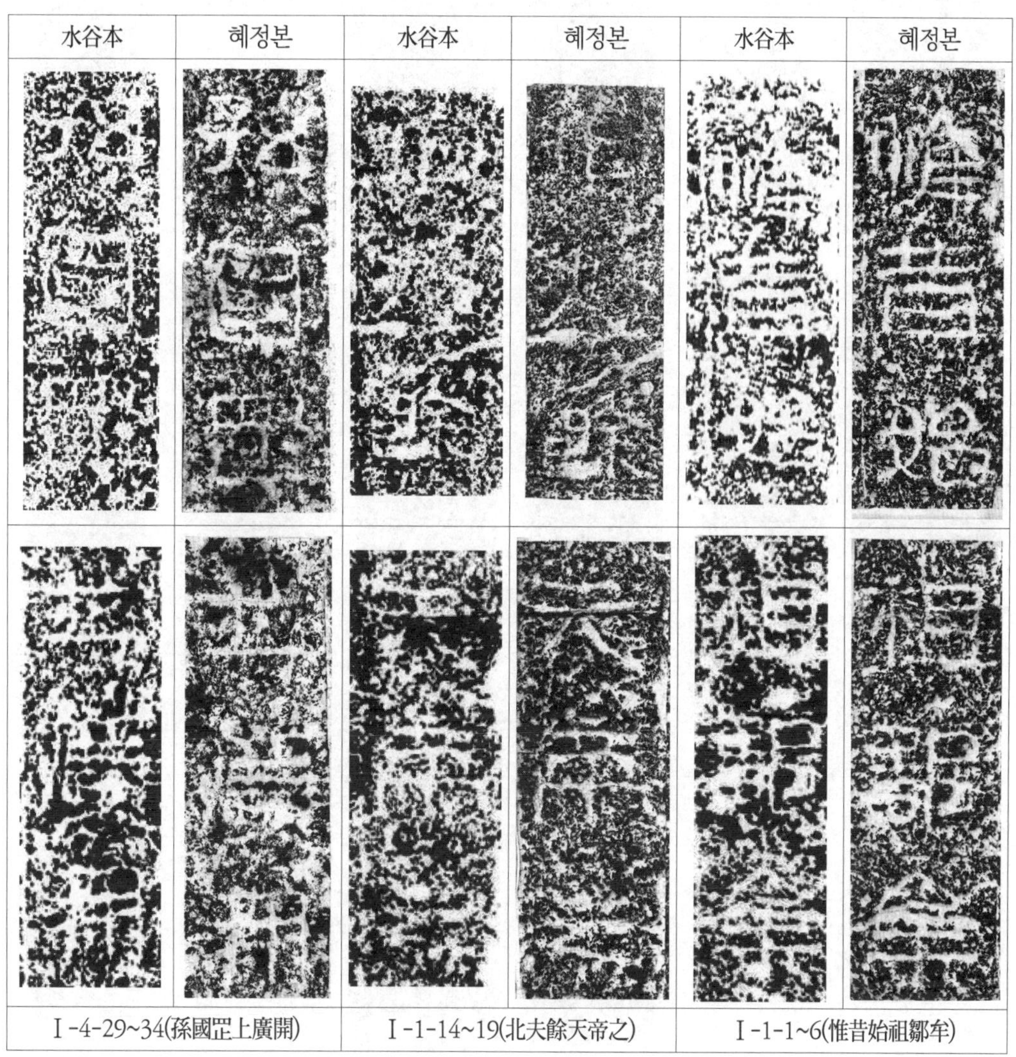

水谷本
혜정본
水谷本
혜정본
水谷本
혜정본
Ⅰ-4-29~34(孫國罡上廣開)
Ⅰ-1-14~19(北夫餘天帝之)
Ⅰ-1-1~6(惟昔始祖鄒牟)

그림 13-①. 혜정본과 水谷本의 字體 비교

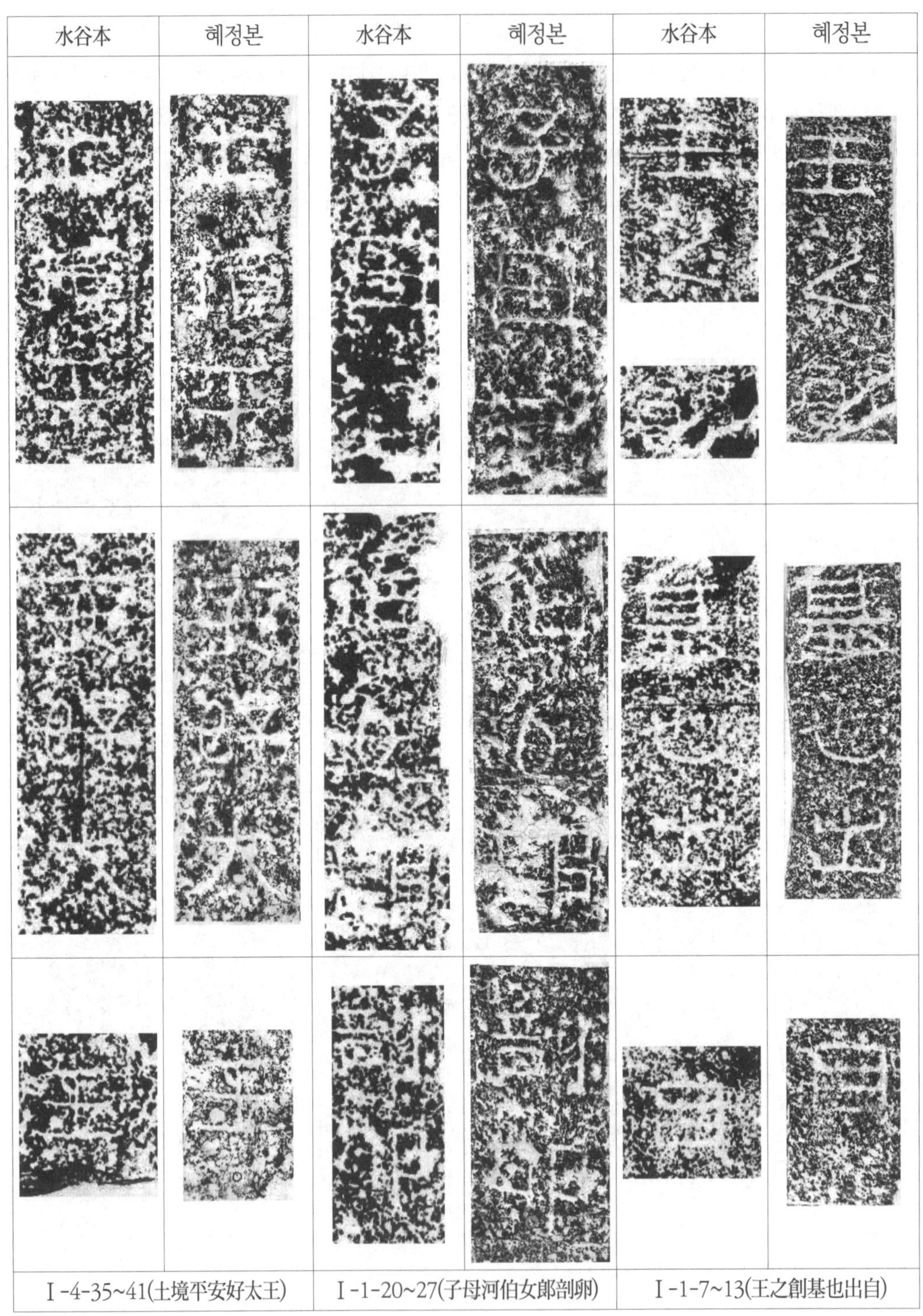

水谷本	혜정본	水谷本	혜정본	水谷本	혜정본
Ⅰ-4-35~41(土境平安好太王)		Ⅰ-1-20~27(子母河伯女郎剖卵)		Ⅰ-1-7~13(王之創基也出自)	

그림 13-②. 혜정본과 水谷本의 字體 비교

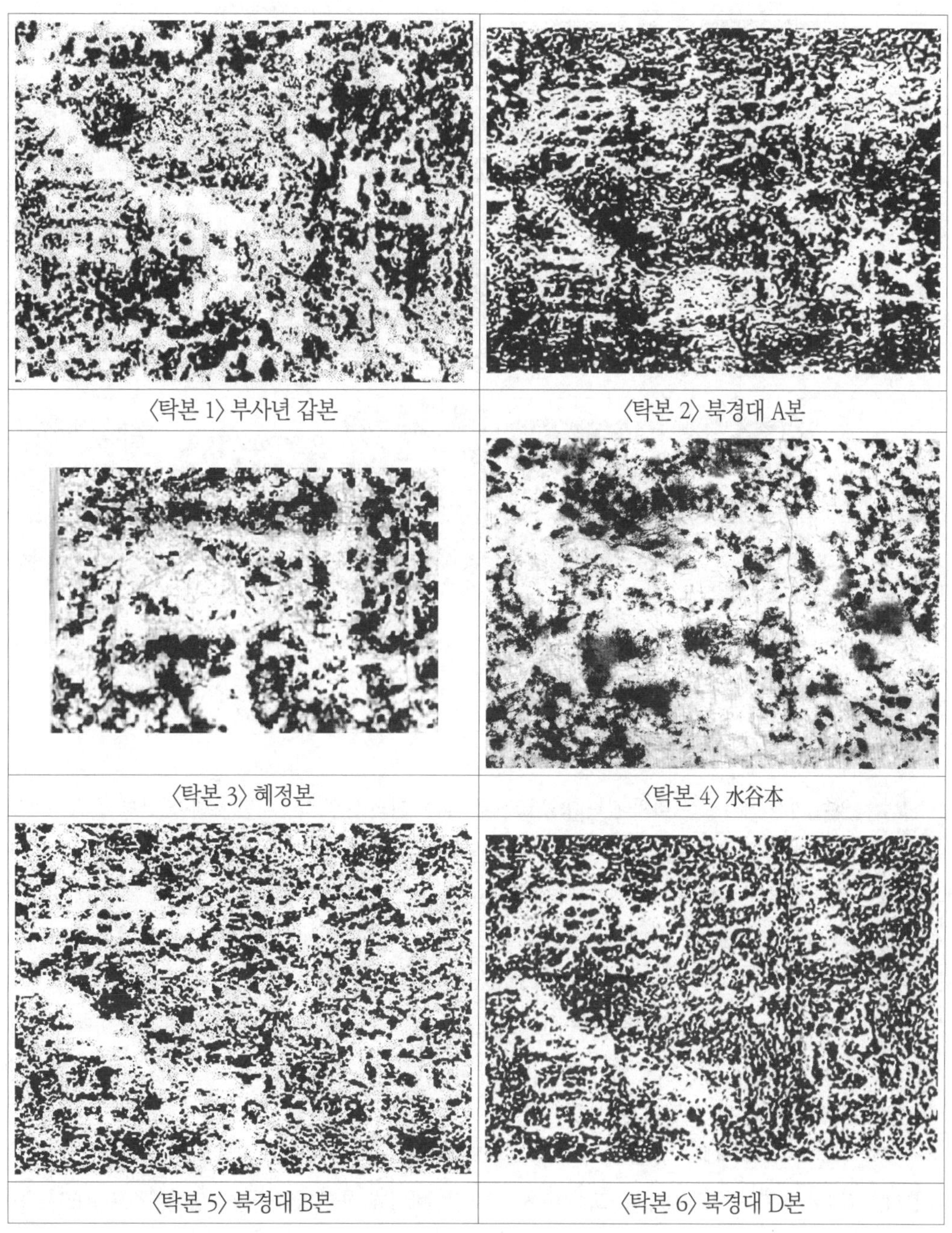

〈탁본 1〉 부사년 갑본

〈탁본 2〉 북경대 A본

〈탁본 3〉 혜정본

〈탁본 4〉 水谷本

〈탁본 5〉 북경대 B본

〈탁본 6〉 북경대 D본

그림 14. 원석탁본에 보이는 Ⅰ-9-13字와 그 주변 글자들의 모습

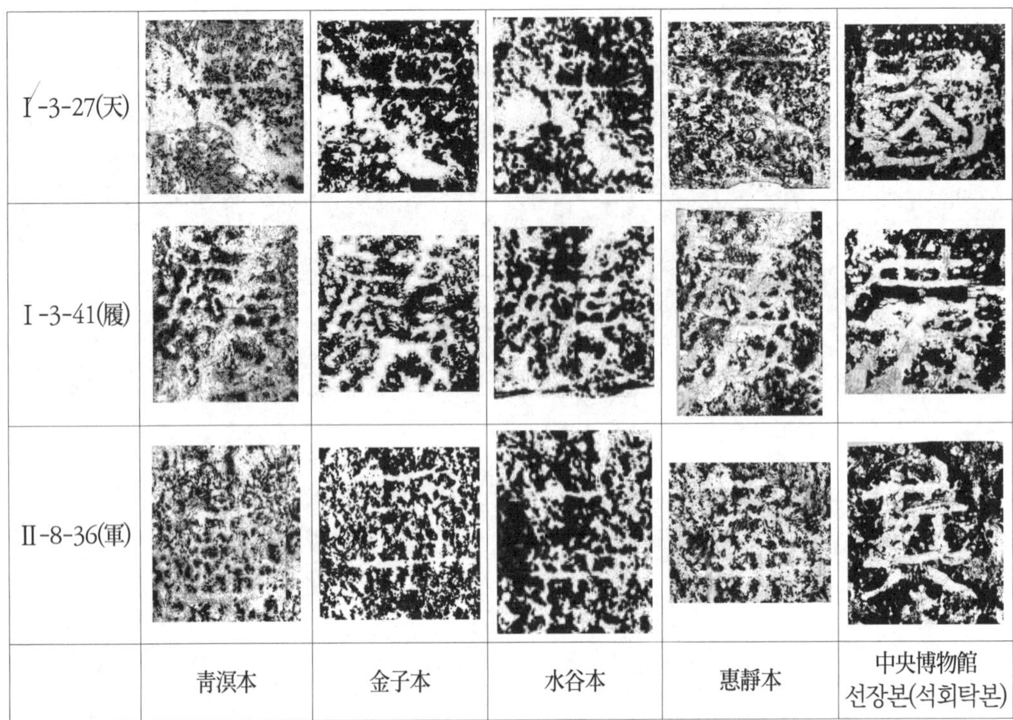

Ⅰ-3-27(天)
Ⅰ-3-41(履)
Ⅱ-8-36(軍)
青溟本
金子本
水谷本
惠靜本
中央博物館
선장본(석회탁본)

그림 15. 석회 탁본에서 변개된 글자 비교

그림 13의 ①과 ②에서 보는 바와 같이 水谷本과 혜정본은 거의 동일 탁본처럼 보인다. 글자 부분의 탁출뿐만 아니라 글자 획이 아닌 곳에 대한 탁출 부분도 닮아 있다. 그림 13-②의 왼쪽 하단의 '王'(Ⅰ-4-41)자의 좌하단 부분 흰 점은 글자의 획이 아니다. 그럼에도 불구하고 양 탁본에는 동일 지점에 동일 크기로 탁출 되어 있다. Ⅰ-1-26~27자인 '剖卵'의 오른쪽 부분도 마찬가지이다. '剖'의 오른쪽 바깥 부분에는 아래위로 두 개의 흰 점이 양 탁본에 동일하게 보인다. '卵'의 오른쪽 부분도 마찬가지이다.

Ⅰ-9-13字는 석회 탁본에는 '海'로 명확히 보이는 글자이다. 그러나 원석탁본에는 석독하기 어려운 글자이다. 혜정본과 水谷本도 모두 읽기 어려운 글자로 탁출되어 있다. 다만 水谷本보다는 혜정본이 좀 더 선명해 보인다. 필자는 이를 '洇'으로 읽은 바 있다.[35]

Ⅰ-3-27자는 원석탁본에는 '天'으로 석독되는 글자이다. 석회탁본 제작과정에서 '因'으로 變改되었다. 대부분의 石灰拓本에서 '因'으로 보인다. 그림 15에서 보이는 바와 같이 중앙박물관 선장본에서도 '因'으로 되어 있다. 혜정본을 비롯해 청명본과 金子本에는 因으로 변하기 전의 모습이 남아 있다. Ⅰ-3-41자는 원래 '履'자이나, 석회 도포로 인해 '黃'으로 변개된 글자이다. 혜정본, 청명본, 金子本에서는 '履'의 모습이 남아 있으나 석회 탁본인 중앙박물관 선장본에서는 서서히 '黃'으로 변하는 모습이 목격된다. Ⅱ-8-36자는 원래

35) 백승옥, 2015, 「廣開土太王陵碑文 辛卯年條에 대한 新解釋」, 『東洋學』 58, 단국대학교 동양학연구원.

'軍'이지만 석회 탁본에서는 '兵'으로 변개되어 나타난다(이상 그림 15 참조).

Ⅳ. 맺음말

이상 惠靜本과 水谷本 두 탁본을 비교 검토한 내용을 요약하면 다음과 같다.

혜정본 복원의 결과 한 면 3단으로 모두 12장으로 구성된 탁본이란 점이다. Ⅰ면 上段의 경우, 1자부터 13자까지 이르는 범위에 대해 먼저 탁출하였다. 중단은 14자부터 27자까지 이른다. 하단은 28자부터 41자에 이르는 부분을 탁출하였다. Ⅱ면도 마찬가지 방법으로 탁출하였다. 이렇게 한 면을 3단으로 나누어 탁출한 방식은 水谷本과 같은 방식이었다. 특히 주목할 점은 단을 나눈 지점이 같다는 것이다.

혜정본과 水谷本을 비교해 보았을 때, ①初期原石拓本이라는 점, ②한 면 3단 탁출 방식이라는 점, ③ 着墨의 패턴과 개별 글자들의 탁출 상태가 유사한 점, ④탁지의 층수가 2층이라는 점 ⑤紙質이 유사한 점 ⑥ 소탁지의 세로 크기가 47㎝로 같다는 점 등에서 두 拓本은 동일시기, 동일인에 의해 拓出 되었을 가능성이 높다고 판단한다. 다만 혜정본이 水谷本보다 善本인 것으로 보아, 水谷本이 먼저 만들어지고 이어서 혜정본을 탁출하였을 것으로 보인다. 지질에 대한 과학적 조사를 행하지 못한 것은 아쉬운 점이다. 향후 보다 정밀한 조사와 검토를 행한다면 탁본에 대한 보다 많은 정보를 도출해 낼 수 있을 것이다.

武田幸男의 원석탁본 분류에 의하면 水谷本은 A4 유형에 속한다. 본고의 검토에 의하면 혜정본과 水谷本은 동일 유형의 탁본이다. 그렇다면 두 탁본 모두 武田의 A4형 탁본으로 볼 수 있다. 武田은 A4 유형의 경우 李雲從이라는 탁공에 의해 제작된 탁본으로 보고 있다. 이러한 추정은 청명본 발문을 토대로 하고 있다. 당시 북경에서 파견된 이운종은 청명본을 제작한 인물인 것이다. 그렇다면 혜정본과 水谷本, 청명본은 동일 인물, 즉 이운종에 의해 제작된 탁본이 되는 셈이다. 이러한 결론에 대해 필자도 이미 추정한 바가 있었다. 이번의 검토는 이러한 추정을 구체적으로 검증해 내었다는 점에서 의미가 있다. 청명본에 대해서는 그 복원도가 만들어진 예가 없다. 향후 조사를 통해 청명본도 다른 원석탁본들과의 비교 검토가 필요하다.

투고일: 2020. 4. 29. 심사개시일: 2020. 5. 3. 심사완료일: 2020. 5. 14.

참/고/문/헌

1. 저서

국립문화재연구소, 2019, 『廣開土大王陵碑 拓本- 張明善 탁출』.

국립문화재연구소, 1996, 『廣開土大王陵碑 拓本圖錄(國內所藏)』.

古瀨奈津子 編, 2013, 『廣開土王碑拓本の新研究』, 東京: 同成社.

吉村武彦 외 3인, 2019, 『明治大學圖書館所藏 高句麗廣開土王碑拓本』, 東京: 八木書店.

동북아역사재단 편, 2014, 『혜정 소장본 廣開土太王碑 원석탁본』.

武田幸男, 1988, 『廣開土王陵碑原石拓本集成』, 東京: 東京大學出版會.

武田幸男, 2009, 『廣開土王碑墨本の研究』, 東京: 吉川弘文館.

徐建新, 2006, 『好太王碑拓本の研究』, 東京: 東京堂出版.

王健群, 1984, 『好太王碑研究』, 吉林省: 吉林人民出版社(林東錫 譯, 1985, 『廣開土王碑研究』, 서울: 역민사).

李成市, 2018, 『闘争の場としての古代史』, 東京: 岩波書店.

李進熙, 1972, 『廣開土王陵碑の研究』, 東京: 吉川弘文館(李基東 譯, 1982, 『廣開土王陵碑의 探求』, 서울: 一潮閣).

李進熙, 2003, 『好太王碑研究とその後』, 東京: 青丘文化社.

林基中, 1995, 『廣開土王碑原石初期拓本集成』, 東國大學校 出版部.

任世權·李宇泰 編著, 2002, 『韓國金石文集成(1)』, 韓國國學振興院.

佐伯有淸, 1974, 『研究史 廣開土王碑』, 東京: 吉川弘文館.

2. 논문

耿黎, 2016, 「好太王碑拓本分類研究」, 東北師範大學 碩士學位論文.

稻田奈津子, 2013, 「金光圖書館所藏"初拓好太王碑"と'水谷旧藏精拓本'」, 『廣開土王碑拓本の新研究』, 東京: 同成社.

武田幸男, 2013, 「'石灰拓本'着墨パターン法と'お茶の水女子大學本'」, 『廣開土王碑拓本の新研究』, 東京: 同成社.

다케다 유키오, 2013, 「광개토왕비 연구의 제문제」, 『광개토왕비의 재조명』, 동북아역사재단.

백승옥, 2009, 「史料로서의 墨本을 통해서 본 광개토왕비 연구의 새 지평 -'武田幸男 著, 『廣開土王碑墨本の研究』(2009)'에 대한 서평」, 『지역과 역사』 25, 부경역사연구소.

백승옥, 2011, 「廣開土太王陵碑 拓本의 編年方法 -연구현황을 中心으로-」, 『木簡과文字』 제8호, 한국목간학회.

백승옥, 2014, 「廣開土太王陵碑 拓本 惠靜本의 외형적 특징과 복원」, 『혜정 소장본 廣開土太王碑 원석탁본』, 동북아역사재단.

濱田耕策, 1990, 「故足立幸一氏寄贈の京都府立福知山高校所藏の廣開土王碑拓本について」, 『日本の植民地支配下における朝鮮の研究』, 學習院大學東洋文化研究所 調査研究報告 NO.24.

濱田耕策, 2010,「學習院大學東洋文化研究所所藏の高句麗廣開土王碑拓本の資料的意義」,『知識は東アジアの海を渡った學習院大學コレクションの世界』, 學習院大學東洋文化研究所 編.

徐建新, 2013,「好太王碑拓本の編年方法とお茶の水女子大學本の制 作年代」,『廣開土王碑拓本の新研究』, 東京: 同成社.

徐建新, 2019,「東アジア學界の廣開土王碑研究史」,『明治大學圖書館 所藏 高句麗廣開土王碑拓本』, 東京: 八木書店.

서영수, 2012,「廣開土太王陵碑 原石精榻本「혜정소장본」 공개의 의의와 그 성격」,『광개토태왕릉비 원석정탑본 공개와 박물관학적 활용방안 -혜정소장본 최초공개-』, (사)한국박물관학회, 경희대학교혜정박물관 주관 광개토태왕 서거 1600주년 기념 제27회 박물관학 학술대회 자료집.

水谷悌二郎, 1959,「好太王碑考」,『書品』 100号; 1977,『好太王碑考』, 東京: 開明書院.

이정빈, 2015,「광개토왕릉비 탁본 연구방법의 성과와 과제」,『동북아역사논총』 49, 동북아역사재단.

長正統, 1981 ,「九州大學所藏好太王碑拓本の外的研究」,『朝鮮學報』 99·100輯.

早乙女雅博, 2005,「東京大學所藏の廣開土王碑拓本-小拓紙からみた制作年代の考察-」,『고구려연구』 21.

早乙女雅博·橋本繁, 2013,「お茶の水女子大學本の調査と小拓紙貼り 合わせから見た年代」,『廣開土王碑拓本の新研究』, 東京: 同成社.

横山昭一, 1990,「目黒區所藏拓本の採拓年代と外的特徵」,『目黒區所 藏 高句麗廣開土王碑拓本寫眞集』, 目黒區守屋教育會館鄕土資料室.

横山昭一, 1993,「東京都目黒區所藏拓本について」,『廣開土王碑と古代 日本』, 東京: 學生社.

〈Abstract〉

Comparison of Gwanggaeto Taewang tombstone (廣開土太王陵碑) rubbing "Hyejungbon (惠靜本)" and "Mizutanibon(水谷本)"

Beack, Seoung-ok

Gwanggaeto Taewang tombstone rubbing in Jian-si, China is present, but it has been damaged a lot by natural damage caused by rain and wind and artificial acts. In particular, after 1890, the rubbing was made after lime had been applied to the tombstone. In this situation, the most important source for the study of the inscription is the rubbing before the lime was applied. This rubbing is called raw stone rubbing(原石拓本).

Hyejeongbon and Mizutanibon are known as raw stone rubbing. This paper confirmed this fact once again. And by revealing the following similarities, it was considered that the two rubbings were most likely to be produced by same person.

① The way to make a rubbing by dividing one side of the tombstone into three stages is similar. Therefore, there are 12 sheets of total rubbing. ② The method of tapping ink on the tombstone is same. ③ The status of the rubbing for individual letters is similar. ④ The number of layers of paper used to make the rubbing is two(2 levels). ⑤ The quality of paper is similar. ⑥ The vertical size of the small paper that forms one side of the rubbing is equal, 47 cm.

However, it leaves a lot to be desired that the scientific investigation of geology has not been done. In the future, more detailed investigations and reviews will lead to more information about the rubbing.

▶ Key words: Gwanggaeto Taewang tombstone rubbing, Hyejeongbon, Mizutanibon, raw stone rubbing

논 문

사진 이미지분석을 통한 문자해독과 목간사진 촬영을 위한 제안

유우식*

〈국문초록〉

목간 연구에는 목간의 출토현장의 기록, 기초 조사, 공개, 문자 판독, 보존처리, 보관 및 전시의 단계에 이르기까지 많은 사진이 촬영된다. 모든 사진이 목간의 연대, 쓰임새, 문자해독에 중요한 단서가 된다. 문자의 판독은 사진과 실물에 나타난 묵흔을 바탕으로 육안으로 판단하는 과정을 거치게 된다. 선명한 묵흔이 나타나는 경우도 있지만 지중 또는 해저에서 출토된 목간의 경우에는 묵흔을 육안으로 관찰하기 어려운 경우가 많다. 사진 촬영의 방법과 이미지 분석 기법에 따라 육안에 의한 문자 판독의 난이도가 크게 달라질 수 있다. 이미 촬영된 목간 사진의 화질개선을 포함한 이미지 분석작업을 통하여 묵흔을 보다 인식하기 쉽게 가시화하는 방법의 예시와 함께 문자해독에 도움이 될 수 있는 목간촬영시의 주의점 등을 제안한다.

▶ **핵심어: 목간, 사진, 사진촬영, 사진의 종류, 이미지의 구조, 화질, 이미지분석, 정보인식, 화질향상, 가시화**

* 미국 캘리포니아주 WaferMasters, Inc. 사장 겸 최고기술책임자, 경북대학교 인문학술원 객원연구원

I. 머리말

木簡연구에 있어서 사진 촬영은 크기, 모양, 색상, 상태의 기록뿐 아니라 적혀 있는 문자의 해독을 위해 필수 불가결한 작업이다. 글자가 선명하고 누구나 알아볼 수 있는 상태라면 육안으로도 해독이 가능하겠지만 오랜 시간 땅속 또는 해저에 묻혀 있다가 출토되는 경우가 대부분이어서 문자의 유무를 육안으로 판독하기 어려운 경우도 많고 흘려쓴 문자도 많아 보는 이에 따라 다르게 읽히는 경우도 많다. 문자 판독을 위해서 실물을 계속 전시하거나 공개하기도 어려운 현실적인 문제도 존재한다. 목간 사진을 통해서 문자의 해독이 진행될 수 밖에 없는 현실적인 이유이기도 하다. 사진은 실물의 정보를 기술을 이용하여 평면상에 사실적으로 옮겨 놓은 것이지만 실물을 보는 것과는 느낌이 다른 경우도 많다. 사진에 의한 문자판독과 더불어 실물과의 대조작업 또한 필요한 과정이다.

사진의 경우 연구자 및 일반인들과의 정보교환의 수단으로 사용될 수 있으며 사진 이미지의 확대, 축소, 채색, 색상의 선택과 강조 등 다양한 후속작업을 통하여 문자해독을 용이하게 할 수 있는 장점이 있다. 사진 촬영도 용도에 따라 흑백사진, 컬러사진, 적외선사진, X선 사진 등으로 구별하여 촬영하게 되면 육안으로 인식할 수 없는 정보를 얻게 되는 경우도 있다. 누군가에 의해서 촬영된 사진 이미지를 제공받아 문자해독을 하는 경우 해독률과 정확도는 사진 이미지의 화질에 따라 달라질 수 밖에 없다. 문자를 해독하는 사람이 사진 촬영과 이미지분석의 전문가라면 이상적이겠지만 분업화사회의 현실에서는 그렇지 못한 경우가 대부분이다. 어느 분야에서든 전문성을 가지기 위해서는 상당한 기간의 교육과 훈련이 필요하기 때문이다. 각 분야 전문가들의 교류와 협업이 절실하다.

본고에서는 사진 이미지를 통한 문자해독에 있어서 해독률을 높이기 위해서 필요한 사진 이미지의 특성과 그러한 사진 이미지 촬영에 필요한 몇가지 고려사항을 정리하여 제안한다. 사진 이미지의 시각적 인식에 관한 이해를 돕기 위하여 사진 이미지 정보의 구조, 사진 이미지의 종류, 화질과 정보추출의 난이도, 시각인식의 원리와 한계 등에 관한 기본적인 사항을 간단히 정리하여 소개하고 몇 가지 목간사진의 이미지분석 사례를 예시한다. 마지막으로 목간의 문자해독률을 향상시키는데 도움이 될 수 있는 사진 촬영방법을 제안한다.

II. 사진 이미지 정보의 구조

예전에는 필름을 사용하여 사진을 촬영하고 기록했지만 이제는 대부분의 사진이 디지털 카메라로 촬영되고 전자 파일로 보존되고 있다. 필름을 사용해서 촬영된 사진도 디지털 스캐너나 사진촬영을 통해서 전자 파일로 변환하여 보존되고 있다. 이런 의미에서 모든 사진 이미지는 디지털방식의 전자 파일로 생각할 수 있다. 전자 파일로 보존된 이미지 파일은 한정된 수량의 물리적인 사진의 제공으로만 가능했던 이미지 분석이 전자 파일의 공유만으로 여러 분야의 전문가들과의 의견과 정보교환이 가능해졌다. 과거에는 대면에 의한 의견교환이 주된 연구 수단이었다고 하면 이제는 전자 파일의 공유와 원격 음성 또는 화상회의에 의한 연구의 비중이 날로 높아지고 있다. 사진 이미지를 전자 파일로 받게되면 모니터 화면에 표시하거나 인쇄하여 이미지를 육안으로 관찰하고 필요한 정보를 얻기 위해 노력한다.

개인의 디지털 사진 이미지 정보에 관한 친숙도에 따라서 확대(擴大, enlargement), 축소(縮小, reduction), 명도(明度, brightness), 명암 대비(明暗 對比, contrast), 백색 균형(白色 均衡, white balance 또는 WB), 색조 조정(色調 調整, tone adjustment), 채도 조정(彩度 調整, chroma adjustment) 등의 작업을 통하여 필요한 정보를 인식하기 쉽게 조정하여 활용하기도 한다. 이하에 디지털 이미지 정보의 구조에 관하여 간략하게 소개하고 목간 연구에 필수적인 사진 이미지분석을 통한 문자해독에 필요한 요소와 화질 향상을 통한 문자 해독의 가능성과 한계에 관하여 살펴본다. 사진 이미지는 흑백(黑白, black and white(BW)), 정확하게는 회색 스케일(graysacle)과 천연색(天然色, color)으로 나누어 설명해야 하지만 목간의 글자는 먹으로 쓰여진 것이 대부분이기 때문에 연구 대상이 회색 스케일인 경우가 많기도 하고, 지면 관계상 회색 스케일 이미지의 경우로 한정하여 소개한다. 천연색 스케일의 이미지 정보의 구조와 이미지 정보 파일의 보존 형식(file saving format; 확장자 jpg, png, tif, bmp 등)에 의한 차이점과 장단점은 다른 자료를 참고하시길 바란다. [1),2)]

디지털 이미지 정보는 그림 1에 표시한 것처럼 아주 미세한 크기의 화소(畵素, pixel) 모눈을 평면상에 빼곡하게 배열한 형태로 되어 있다. 각각의 화소에는 밝기 정보(color의 경우에는 밝기와 색상정보)가 들어 있는데 일반적으로는 8비트(8-bit)의 형식으로 정보가 기록되는데 2진수로 8자리의 숫자로 구성되어 있어 그 조합이 2^8(= 2x2x2x2x2x2x2x2 = 256, 0에서 255까지)가지의 값을 가질 수 있다. 밝기가 없는 것을 0으로 정의하고 가장 밝은 것을 255로 정의하고 있다. 따라서 그림 1에 표시한 것처럼 가장 어두운 검은 색이 0이고 가장 밝은 흰색이 255에 해당된다. 각각의 화소는 밝기의 정보를 가지고 있지만 위치가 정해지지 않으면 의미있는 이미지가 될 수 없다. 각각의 화소는 밝기의 정보와 더불어 x축과 y축 좌표의 정보와 함께 기록된다. 이미지 정보의 경우 왼쪽 가장 위가 원점으로(0, 0)이고 오른쪽으로 모눈을 하나씩 지나갈 때마다 x값이 1씩 증가하고 아래쪽으로 모눈을 하나씩 지나갈 때마다 y 값이 1씩 증가한다. 각각의 화소의 밝기의 분포와 좌표의 정보를 바탕으로 사진 이미지상의 형상을 육안으로 인식하는과정을 통하여 이미지에서 필요하 정보를 추출하게 된다.

최근의 모니터 화면에서는 화소의 크기가 너무 작아 화소 하나 하나를 육안으로는 관찰 할 수 없다. 최근에 출시된 모니터 화면의 화소의 크기는 가로 세로의 크기가 0.1245㎜ 에서 0.303㎜ 사이의 것이 사용되고 있어 1㎜당 약 8개 내지 3개의 화소가 배열되어 있는 셈이다. 프린터에서도 비슷한 개념이 사용되는데 150dpi 또는 300dpi(dpi: dots per inch, 1inch(25.4㎜) 당의 인쇄된 점의 수)로 계산하면 1㎜당 5.9개 11.8개의 점으로 인쇄되기 때문에 육안으로는 점을 하나씩 구별할 수 없다. 최근 수년간의 전자산업과 통

1) 유우식, 2018, 「이미지 데이터의 구성과 활용(1) - 이미지란」, 『캐드앤그래픽스』 제1호, pp.100-103.

2) 유우식, 2018, 「이미지 데이터의 구성과 활용(2) - 빛과 색, 가시화」, 『캐드앤그래픽스』 제2호, pp.108-113.

신 기술의 발달로 스마트 폰(smart phone)을 비롯한 각종 촬영기기의 성능이 비약적으로 높아져서 고해상도의 사진을 손쉽게 촬영하고 보존하며 전송할 수 있게 되었다. 고해상도의 이미지 파일은 대형 모니터 화면에 표시하거나 사진을 크게 확대하여 인쇄하더라도 화질이 저하되지 않아 매우 유용하다.

고해상도 사진 이미지의 이러한 특징 때문에 일반적으로 고해상도의 이미지를 선호하는 경향이 있지만 목간의 문자해독에 있어서는 필요이상의 고해상도의 사진 이미지가 그다지 도움이 되지 않을 뿐만 아니라 이미지 자료의 보존과 후속작업에 부담이 될 수 있다. 경우에 따라서는 고해상도의 사진 이미지를 촬영하더라도 원본 이미지는 그대로 보존하고 원본 이미지를 축소해서 새로운 이미지 파일로 보존해서 작업하는 것이 더욱 효율적인 경우가 많다. 목간 문자의 석독에 사용하는 이미지 파일의 해상도의 적합성도 주의해서 살펴볼 필요가 있다.

III. 파장별 사진 이미지의 구분과 특징

사진 이미지라고 하면 일반적으로 가시광선 영역을 일컫지만 우리 눈으로는 볼 수 없는 영역의 정보도

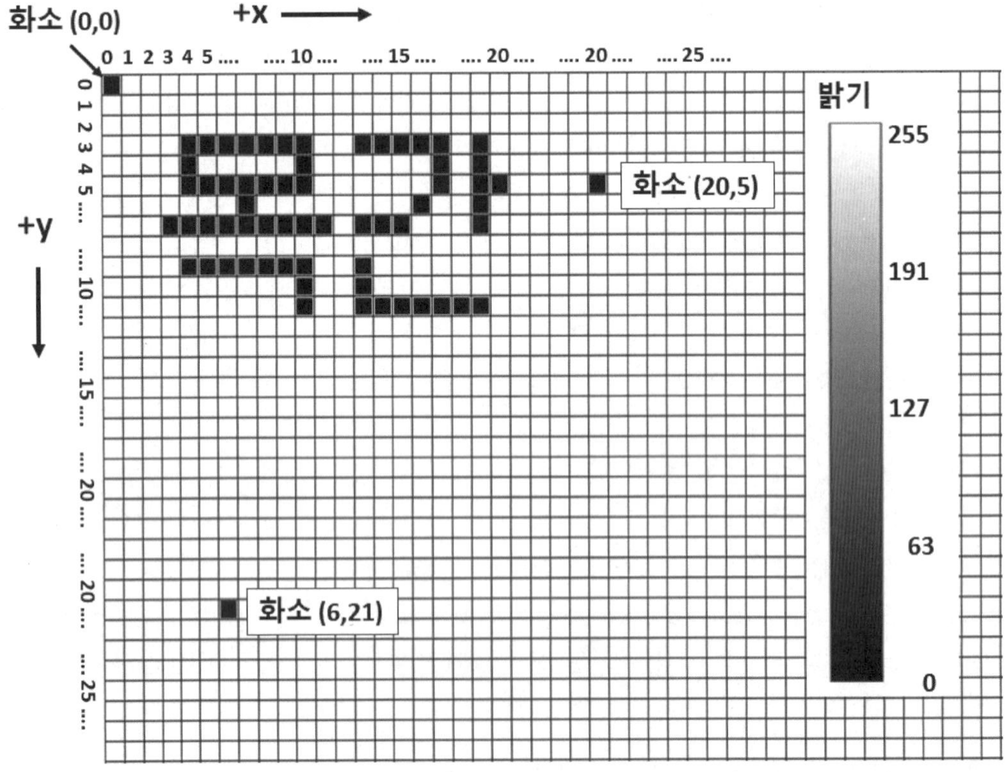

그림 1. 이미지 정보의 구조와 본질(밝기가 다른 각각의 화소가 평면상에 특징적인 배열을 한 것)

밝기가 다른 각각의 화소로 평면상에 배열되고 그 배열에 의미가 있다면 그 배열이 인위적인 것이거나 무작위적인 것이라고 하더라도 사진 이미지라고 할 수 있다. 의료용 X선 사진, 자외선(UV: ultra violet) 사진, 적외선(IR: infrared) 사진, 열화상(thermography) 사진, 초음파(ultrasound) 사진 또한 자주 사용되는 사진 이미지들이다. 빛은 전자기파(電磁氣波) 에너지로 그 에너지(또는 주파수, 파장)에 따라 여러가지 대역(帶域)으로 분류된다(그림 1). 에너지가 큰 것부터 나열하면 감마선(gamma ray), X선(X-ray), 자외선(UV: ultra violet), 가시광선(可視光線), 적외선(IR: infrared), 테라헤르츠(THz: terahertz), 마이크로 파(MW: microwave), 방송용 전파(radio wave)로 구분한다. 참고로 초음파(超音波, ultrasound)는 전자기파는 아니나 물체의 내부에서 반사되는 음파의 강도, 방향, 지연시간 등의 정보를 활용하여 물체의 내부의 상태를 조사하는데 사용되는 기술이다.

전자기파의 에너지가 낮을 수록(주파수가 낮을수록, 파장이 길수록) 물체에 깊숙하게 침투하여 물체의 내부의 정보를 얻을 수 있게 하는 특징이 있어 여러 종류의 전자기파를 용도에 맞게 구분하여 사용할 수 있다. 가시광은 파장으로는 400㎚ - 700㎚

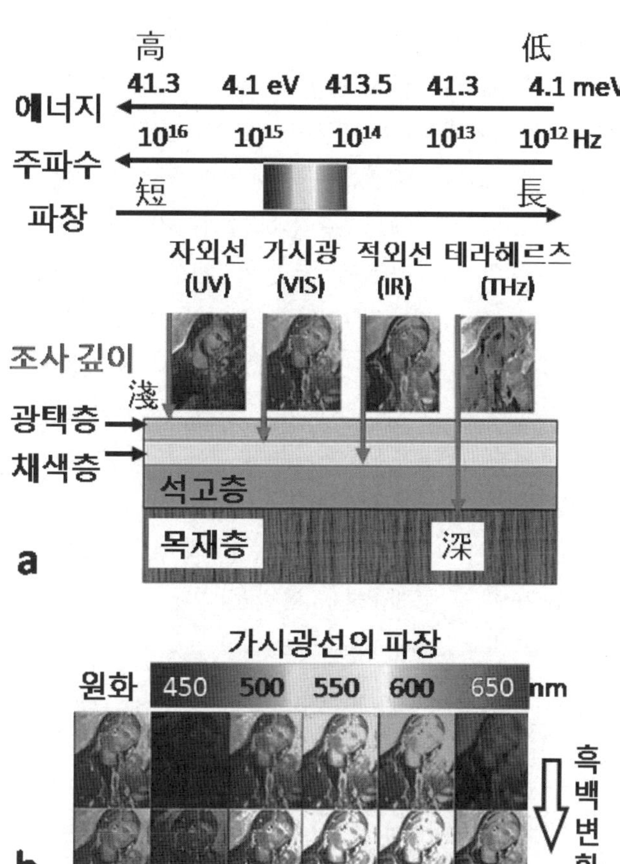

그림 2. 전자기파의 구분과 특징((a) 문화재와 예술품의 조사에 활용되는 전자기파의 대역별 조사 깊이의 차이,[3] (b) 원화를 이미지 해석 소프트웨어[4,5]를 사용하여 가시광선의 파장대역 이미지로 추출한 예)

3) Cosentino, Antonio, 2016, 「Terahertz and Cultural Heritage Science: Examination of Art and Archaeology」, 『Technologies』 4(1), 6; https://doi.org/10.3390/technologies4010006

4) Kim, Gyuho; Kim, Jung Gon; Kang, Kitaek; Yoo, Woo Sik, 2019, 「Image-Based Quantitative Analysis of Foxing Stains on Old Printed Paper Documents」, 『Heritage』 2019.2, pp.2665-2677.

5) 유우식, 2020, 「이미지 데이터가 갖는 정보와 그의 활용(4) - 초분광 이미지의 촬영과 활용」, 『캐드앤그래픽스』 제4호, pp.101-111.

(주파수: 749.5THz -428.3THz, 에너지: 3.1eV - 1.77eV)의 매우 좁은 영역의 전자기파로 우리 눈의 시신경을 자극하여 시각적인 감각을 느낄 수 있게 한다. 색과 밝기를 구별할 수 있게 하는 것도 이러한 시각작용의 결과물이다. 자외선도 적외선도 볼 수 없다. 자외선은 안구와 피부에 손상을 일으키고 적외선은 피부로 따스함을 느끼게 하기는 하지만 시각작용을 일으키지는 못하기 때문이다.

감마선과 X선도 눈으로 볼 수는 없지만 의료분야에서는 치료와 진단에 활용하고 있다. 감마선과 X선은 가시광이나 자외선보다 에너지가 훨씬 높지만 높은 출력을 사용하여 물체를 관통시켜 물체의 내부 상태를 비파괴적으로 조사하는데 사용한다. 적외선의 경우에도 문화재나 예술품의 조사에도 활용되고 있다. 파장이 비교적 긴 적외선(주파수: 33.3THz - 21.4THz, 파장: 9㎛ -14㎛, 에너지: 137.8meV - 88.5meV)을 활용한 열화상 이미지도 원격 체온측정 등에 널리 사용되고 있다.

태라헤르츠(THz, terahertz) 는 적외선과 마이크로 파의 중간영역의 전자기파로 주파수로는 0.1THz to 10THz(파장범위: 3㎜ - 30㎛,에너지 범위: 0.41meV - 41.35meV) 대역에 해당한다. 공항의 보안 검색대에서 사용하는 검색장비가 전형적인 활용예이다. 적외선보다 더 깊은 곳까지의 정보를 얻어낼 수 있어 옷을 입은 상태에서도 옷과 피부 사이의 정보를 가시화할 수 있다. 이러한 특성를 활용하여 문화재와 예술분야에서도 테라헤르츠를 사용한 회화류의 안료층의 두께와 덧칠등의 흔적을 찾아내는데 활용되고 있다. 목간분야의 연구에도 적용해 봄직한 기술이다.

목간분야에서는 주로 묵서(墨書)의 흔적을 찾아내는 것이 문자를 석독하는데 매우 중요하다. 따라서 관련 기술분야의 전문가들과의 협업을 통하여 현재 주로 사용되는 가시광과 적외선 이외의 광원을 활용한 묵흔(墨痕)의 가시화를 시도해 보는 것이 바람직하다.

Ⅳ. 화질과 정보인식의 난이도

이미지의 화질에 따라서 정보인식의 난이도가 달라진다는 것은 쉽게 짐작할 수 있다. 화질을 결정하는 요소는 크기, 시야각, 해상도, 명암대비, 색상(또는 채도) 등 다양한 요소가 있다. 검은 바탕의 흰색 글씨일 때와 흰색 바탕의 검은색 글씨도 같은 내용이라도 전혀 다른 인상을 준다. 컬러 이미지의 경우에도 배경의 색상에 따라서 정보인식의 난이도가 달라진다. 시력검사 시에 색맹과 색약을 검사하는데 사용되는 도표만 보더라도 색상의 조합이 우리의 눈으로 정보를 인식하는데 지대한 영향을 미치고 있다는 것은 쉽게 짐작할 수 있다. 환경의 조명조건에 따라서도 육안에 의한 정보인식의 난이도도 크게 달라지게 된다.

주어진 이미지로 육안에 의존하여 판단하기보다는 인식하기 쉬운 이미지로 변환하게 되면 지금까지 육안으로 식별하기 어려웠던 정보도 비교적 용이하게 인식할 수 있게 되는 경우가 많이 있다. 그림 3에 시력검사용 명암대비 도표상의 배경의 흰색과 검은 색 글자의 밝기를 0 - 255단계로 그래프로 나타내 보았다. 상단의 글자는 배경의 흰색은 밝기가 255이고 글자는 0에 가까운 값을 가지고 있어 배경과 글자의 명암대비가 크다는 것을 알 수 있다. 이와는 대조적으로 하단의 글자의 경우는 글자의 밝기도 250정도로 배경의

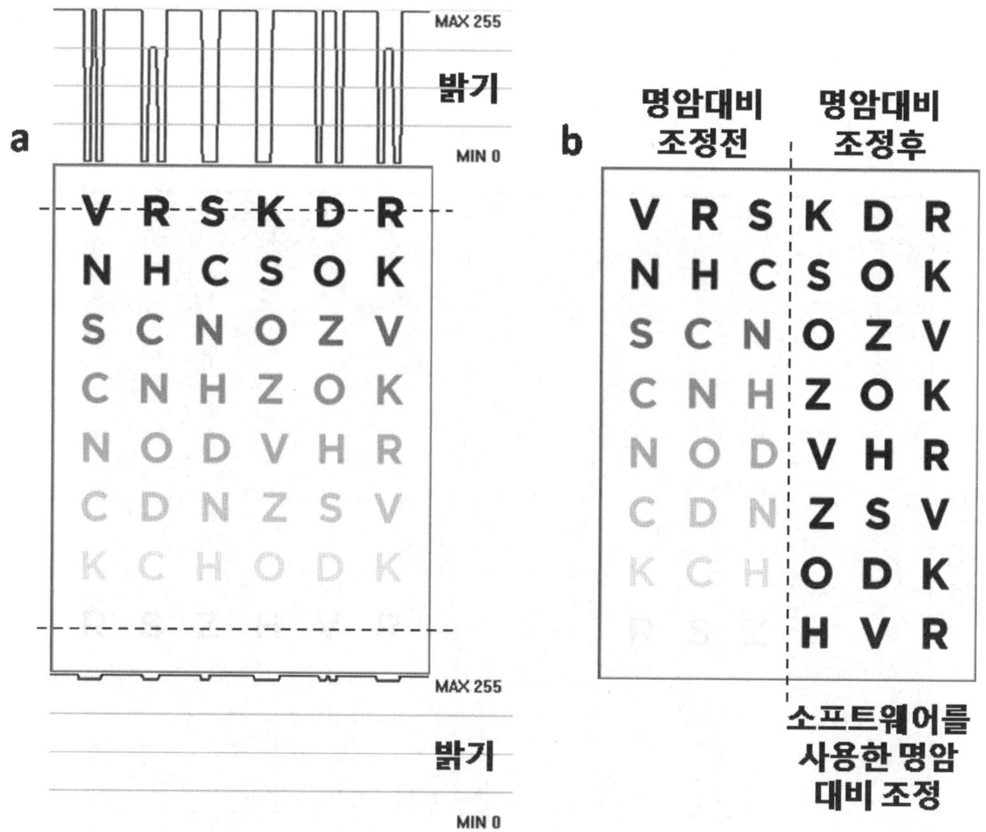

그림 3. 시력검사용 명암대비 도표((a) 상단과 하단의 글씨의 0 – 255수준의 명암대비 비교, (b) 이미지 분석 소프트웨어를 사용한 명암대비 조정전과 조정후의 도표)

255와 큰 차이가 없다. 명암대비가 거의 없어 육안으로 글자를 인식하는 것이 거의 불가능하다. 이렇게 주어진 이미지의 명암대비가 거의 없는 경우에도 명암의 차이만 있다면 그림 3의 오른쪽에 예시한 바와 같이 이미지 분석 소프트웨어를 사용하여 국부적으로 명암대비를 크게하여 육안으로 용이하게 구별할 수 있게 할 수 있다. 컬러 이미지의 경우에도 채도와 명암대비를 극대화하여 필요한 정보를 강조해 화질에 문제가 있는 이미지라고 하더라도 정보인식의 난이도를 낮추어 활용하는 것도 가능하다.

V. 시각인식의 원리와 한계

명암대비가 큰 이미지 일수록 육안으로 시각적으로 인식하기 쉬워지는 경향이 있는 것은 사실이나 명암의 반복주기에 따라서 인식능력에 차이가 발생한다. 그림 4의 이미지와 그래프를 보면 윗쪽은 밝기가 0 - 255의 절반인 127로 명암의 변화가 없고 아래쪽으로 갈수록 명암대비가 커져서 밝기가 0 - 255 사이를 반

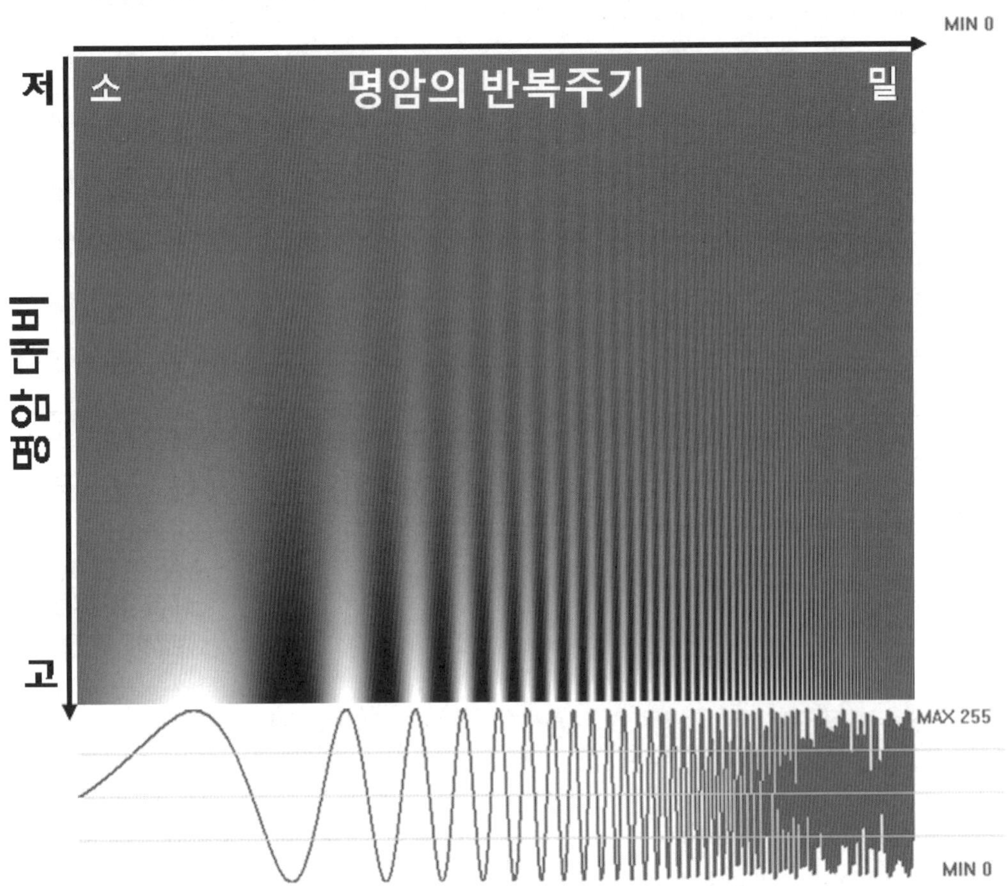

그림 4. 명암대비와 명암의 반복주기가 시각에 주는 영향(명암의 차이가 없으면 형상을 구별하지 못하고 명암의 반복주기에 따라서도 시각적 인지능력이 달라진다.)

복하는 정현파(正弦波)를 그리고 있다. 그림의 왼쪽은 반복주기가 넓고 오른쪽으로 갈수록 반복주기기 좁아진다. 우리의 눈으로 형체를 인식할 수 있는 범위는 이미지의 중심에서 종모양의 영역의 아랫쪽의 이미지만 형체를 인식할 수 있다. 명암대비의 크기도 중요하지만 명암대비의 간격도 육안으로 형체를 인식하는데 상당히 큰 영향을 주고 있음을 알 수 있다. 문자의 인식이 어렵다고해서 무작정 이미지를 확대하는 것보다는 적당한 크기의 이미지로 조절해서 보는 것 또한 매우 중요한 작업임을 엿볼 수 있다.

우리는 시야에 들어온 시각적 신호를 어떠한 형태로든 의미있는 정보로 추출하여 활용하려고 한다. 시각적 신호 자체는 아무런 의미가 없는 자연현상의 일부이지만 지속적이고 반복적인 자극과 그 자극과 동반된 현상과의 상관관계를 통해서 시각적인 자극의 의미를 학습해 가게 된다. 자극의 패턴을 파악해서 분류하고 필요한 정보를 추출하여 활용하게 된다. 개인의 경험에 따라서 같은 시각적인 자극에 대해서 다르게 반응하고 다른 정보를 얻게 되는 것은 이러한 이유에서이다.

그림 5에 인간의 상상력과 과거의 경험에 따라서 다르게 보이고 다르게 해석될 수 있는 이미지를 모아 보았다. 이미지에 명암대비가 없다면 정보가 없는 것과 같다. 축구공처럼 보이는 이미지를 자세히 보면 검은 5각형이 어떤 규칙을 가지고 배치되어 있을 뿐이다. 축구공의 외형은 표시되어 있지 않지만 과거의 경험을 통해서 이 이미지가 축구공의 이미지와 가장 근접하다고 판단하기 때문에 축구공이라고 인식하게 된 것에 지나지 않는다. 외곽선이 없는 흰 삼각형, 공작새의 몸통, 비행기, 뾰족한 돌기가 있는 구형(球形) 물체, u자와 a자 사이의 s로 추정되는 글자등 우리의 상상력으로 추정한 결과들이다.

그림 5. 인간의 상상력과 과거의 경험에 따라서 다르게 보이는 그림들의 예

모자이크 처리된 저해상도의 인물이 미국의 16대 대통령인 Abraham Lincoln(1809년 2월 12일 - 1865년 4월 15일)일 것이라는 것은 쉽게 짐작할 수 있을 것이다. 성장과정에서 위인전등을 통해서 그의 초상화를 많이 보아왔기 때문에 저해상도의 모자이크 처리된 이미지라도 그러한 추론을 하게 되는 것이다.

손잡고 아래로 향하고 있는 사람들을 보면 위로 향한 흰색 화살표와 아래로 향한 흰색 화살표가 보이기도 한다. 새와 물고기의 점진적인 변화도 자연스럽게 받아들이게 된다. 두 개의 모양의 기둥을 번갈아 세워 놓은 그림의 경우, 보기에 따라서는 서로에게 고개를 숙인 사람들로 보이기도 한다. 큰 나무도 왼쪽에는 고릴라, 오른쪽에는 맹수가 있는 것으로 보이기도 한다. 마지막 그림은 보는 이에 따라서 아리따운 아가씨로 보이기도 하고 할머니로 보이기도 한다. 이처럼 명암대비가 분명한 같은 이미지를 보더라도 보는 이의 관점과 경험에 따라서 전혀 다른 특징에 착목하게 되어 다른 결론에 도달하는 위험이 도사리고 있다.

그림 6에 모양이 비슷한 한자의 저해상도 이미지와 고해상도 이미지를 같은 크기로 표시하여 비교해 보았다. 저해상도 이미지의 하나는 바로 세워 두었고 다른 하나는 비스듬하게 세워 두었다. 비스듬하게 세워 둔 저해상도 이미지가 바로 세워 둔 것보다 비교적 비슷한 모양의 한자도 용이하게 구별할 수 있음을 알 수 있다. 이것은 이미지의 정보가 xy평면상에 작은 화소의 배열로 이루어진 것과 관계가 있다. 한자의 획은 가로와 세로의 획이 많아서 x축, y축과 평행하게 쓰이기 때문에 해상도를 낮추면 x 또는 y축 방향의 정보가 소실되기 쉽기 때문이다. 바로 세워둔 저해상도 이미지에서도 사선부분의 정보는 비교적 잘 유지되고 있음을 확인할 수 있다. 이러한 디지털 이미지의 특징을 이해하고 활용하게 되면 저해상도의 이미지라고 하더라도 문자정보를 추출하여 활용하는데 도움이 될 수 있다.

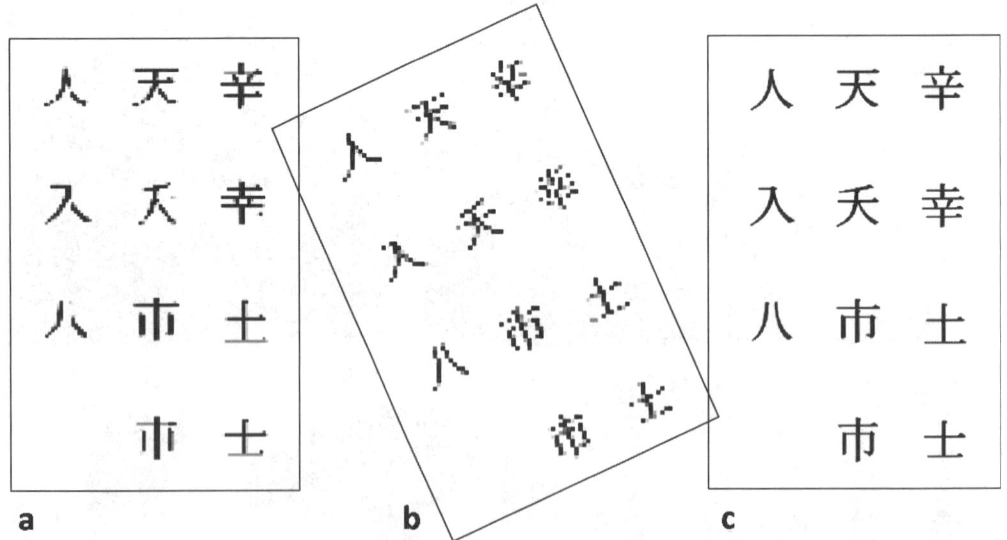

그림 6. 모양이 비슷한 한자(人: 사람 인, 入: 들 입, 八: 여덟 팔, 土: 흙 토, 士: 선비 사, 天: 하늘 천, 夭: 일찍 죽을 요, 市: 저자 시, 巿: 술갑 불)의 저해상도 이미지((a), (b))와 고해상도 이미지(c)의 인식 난이도 비교

VI. 이미지분석을 통한 문자의 명료화와 해독 사례

1. 흑백 사진 이미지의 명암대비의 최적화

국립중앙박물관이 소장한 전라남도 신안군 앞바다에서 발굴된 원나라의 목간(소장품번호: 신안 23738)의 흑백 사진을 이미지 분석 소프트웨어를 사용하여 여러 가지 형태의 이미지로 가공하여 목간에 씌여 있는 글자를 인식하기 쉽게 만든 예를 그림 7에 표시하였다. 흑백 사진의 원본 이미지(a)상에서는 명암대비가 크지 않아 목간의 문자를 읽어내는 작업이 어려운 부분도 있었다. 이미지 분석 소프트웨어로 목간의 모양

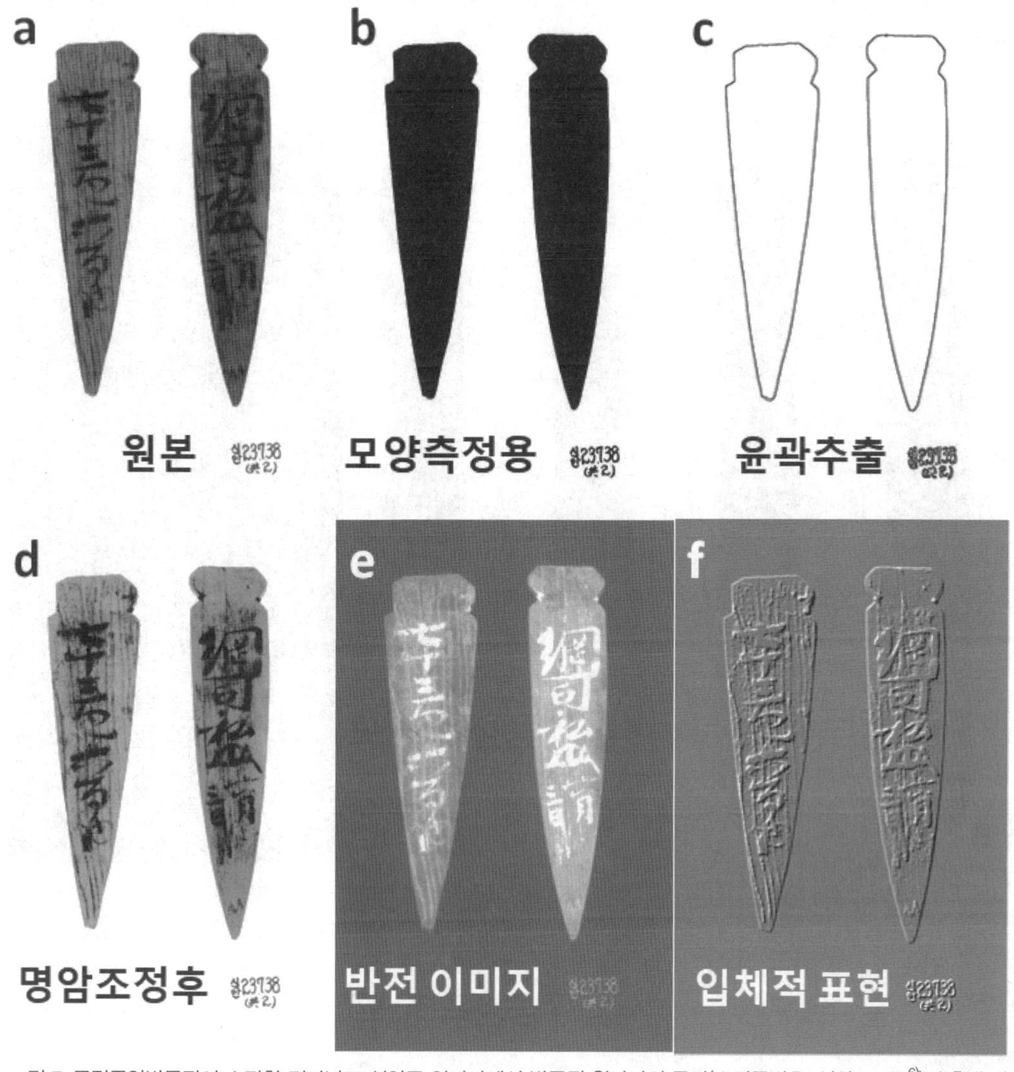

그림 7. 국립중앙박물관이 소장한 전라남도 신안군 앞바다에서 발굴된 원나라의 목간(소장품번호: 신안 23738[6])의 흑백 사진의 문자를 인식하기 쉽게 변환하여 표시한 예

과 크기를 측정하기 위한 이미지로 변환(b)과 목간의 윤곽을 추출하는 작업(c)을 비롯하여 명암대비를 최적화하여 새로운 이미지(d)로 만들고 그 반전 이미지(e)와 더불어 입체적인 이미지(f)로 표현하는 과정을 거치게 되면 목간상의 문자 해독은 물론 목간의 제원의 기록과 나무의 무늬까지도 상세하게 표현해 줄 수 있다.

2. 컬러 사진 이미지의 흑백 이미지로의 변환과 명암대비의 최적화

컬러 사진 이미지의 경우에도 사진의 색상분석을 통하여 흑백 사진 이미지로 변환할 때 명암대비가 최대가 될 수 있도록 이미지상의 색상분포의 특징을 찾아내어 변환하게 되면 문자를 인식하고 해독하는데 도움을 받을 수 있다. 그림 8에 태안 보물선에서 발굴된 고려목간의 컬러 사진 이미지를 사용하여 문자를 현재화(顯在化)한 결과를 예시하였다.

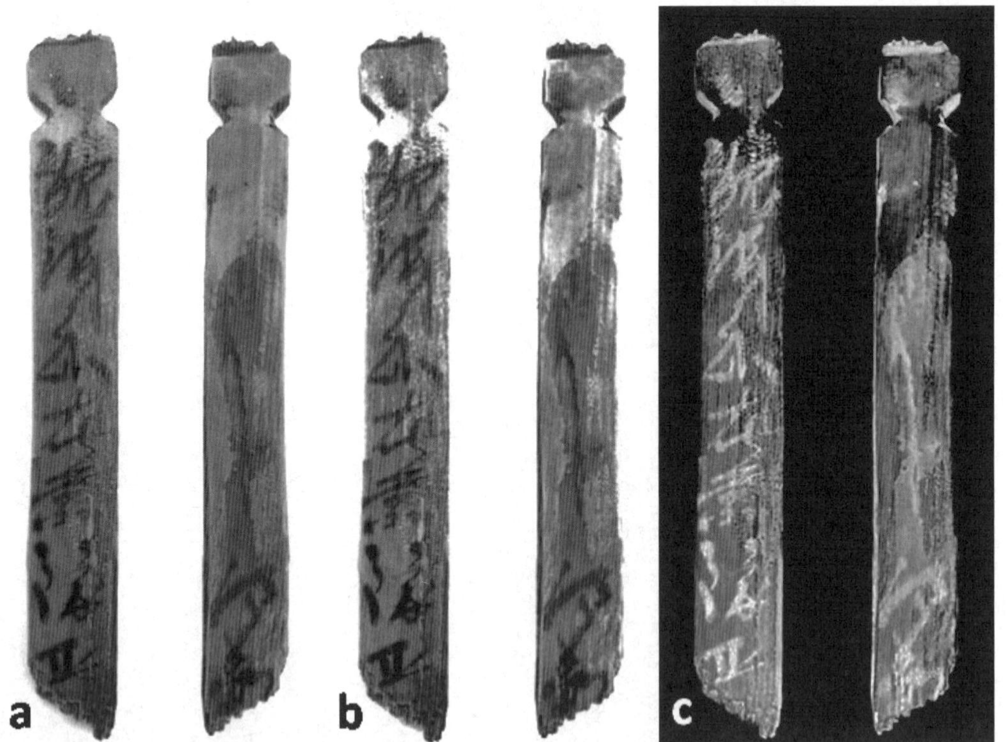

그림 8. 태안 보물선에서 발굴된 고려 목간의 이미지[7](a), 명암 조정후의 흑백 이미지(b)와 그의 반전 이미지(c)

6) https://www.museum.go.kr/site/main/relic/relicfull?fileId=6796231&relicId=57942

7) 태안 보물선서 고려 목간 첫 발굴 http://www.donga.com/news/article/all/20071012/8499363/1

3. 컬러 사진 이미지로부터의 가상 초분광 이미지의 추출

목간의 컬러 시진을 촬영하게 되면 경우에 따라서는 문자가 거의 보이지 않는 경우도 있다. 그러한 경우에도 앞에서 예를 든 시력검사용 명암대비 도표의 경우 처럼 약간의 명암 또는 채도의 차이만 남아 있어도 그 정보를 바탕으로 문자의 가시화가 가능하다.[8),9),10)] 그림 9에 국립중앙박물관이 소장한 전라남도 신안군 앞바다에서 발굴된 원나라의 목간(소장품번호: 신안 23608[11)]) 의 컬러 사진의 색상정보를 활용하여 가시광선의 파장대역별로 추출하여 표시하고 각각의 파장대역의 이미지에서 명암대비가 최대가 되로독 조정하고 흑백 이미지로 변환하여 표시하였다. 이미지 분석 소프트웨어는 미국 WaferMasters사의 PicMan[12)]을 사용하였다. 컬러 이미지는 여러 파장대역에서의 서로 정도가 다른 명암대비의 이미지를 합쳐 놓은 것과 같아서 평균적인 명암 대비가 채도의 차이로 표시된 것으로 볼 수 있어 반드시 시각적으로 문자를 인식하는데 최적의 조건의 이미지로 보기 어려운 경우가 있다. 그림 9에서 보면 550㎚와 600㎚대역의 이미지가 가

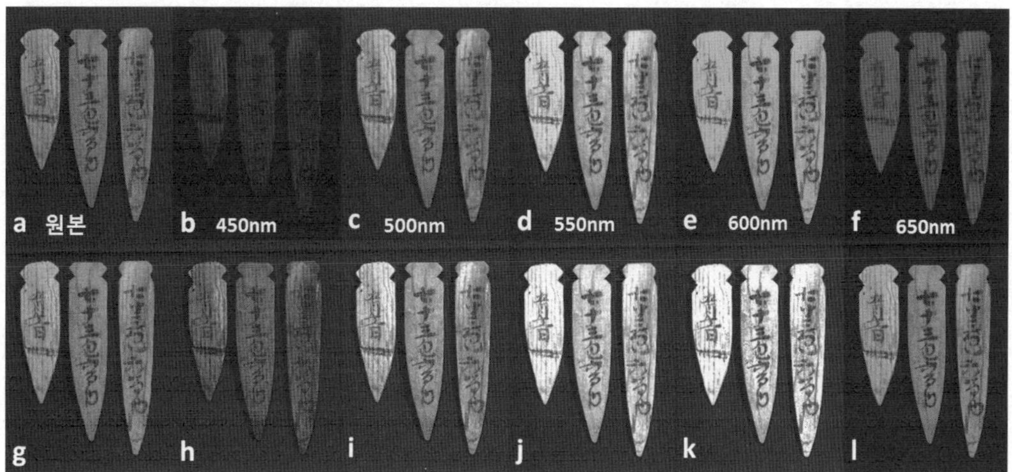

그림 9. 국립중앙박물관이 소장한 전라남도 신안군 앞바다에서 발굴된 원나라의 목간(소장품번호: 신안 23608)의 컬러 사진의 문자를 이미지 분석 소프트웨어로 가시광선의 파장대역별 가상 초분광 이미지를 추출하고 흑백 이미지로 추출한 예

8) 柳成煜, 兪祐植, 2019,「イメージ·プロセッシングソフトウエアを用いた木簡情報分析(I)」,『日本文化財科学会第36回大会研究発表要旨集』, 東京, 2019年6月1日-2日, pp.288-289.

9) Ryu, Sungwook; Yoo, Woo Sik, 2019,「A Basic Study on Conversion of Wooden Tablet Images into Digital Content using Quantitative Analysis」.『The Proceedings of the 7th Symposium of the Society for Conservation of Cultural Heritage in East Asia』, Daejeon, Korea, 29-31 August 2019, pp.248-253.

10) 류성욱, 유우식, 馬場基, 2020,「이미지프로세싱 소프트웨어를 이용한 손상목간의 해독 연구」,『2020년 문화재보존과학회 춘계학술대회』(발표예정).

11) https://www.museum.go.kr/relic_image/PS01001001/sin023/2017/0508125539187/700/sin023608-00-02.jpg

12) Yoo, Woo Sik; Kim, Gyuho, 2017,「An Application of Image Analysis in Conservation Science(I)」.『Traditional Techniques and Modern Technology -The Proceedings of the 6th Symposium of the Society for Conservation of Cultural Heritage in East Asia』, Shanghai, China, 24-26 August 2017, pp.359-366.

장 명암대비가 현저하게 나타나 원본 이미지보다 문자를 판독하는데 유리한 조건임을 알 수 있다.

목간 사진의 경우 단순한 흑백사진보다는 컬러 사진이 정보의 내용도 풍부해서 문자해독을 위한 이미지의 가공 또는 변환시에 시도해 볼 수 있는 조합이 많아 유리한 점이 있다. 컬러 사진 이미지도 육안관찰에만 의존하게되면 명암대비나 채도대비가 뚜렷하지 않으면 문자의 판독이 불가능하다. 컬러 사진 이미지가 내포하고 있는 풍부한 정보를 육안에 의한 관찰만으로는 충분히 활용하지 못하기 때문이다. 이미지 분석과 변환작업을 통하여 보다 판독하기 쉬운 이미지로 만들어 활용할 수 있다.

4. 적외선 이미지 촬영에 적합한 파장대의 선택

적외선 사진의 촬영도 명암대비를 극대화하기 위한 방법의 일환으로 이해할 수 있을 것이다. 일반적으로 적외선 사진 촬영시에 반도체 실리콘(Si)을 사용한 이미지 센서(image sensor)로 구성된 적외선 카메라를 사용하게 되는데 실리콘 반도체의 물리적인 한계로 700㎚ - 1000㎚(0.7㎛ - 1.0㎛) 파장대의 정보만을 활용하게 된다. 그러나 이러한 파장대가 목간 촬영에 가장 적합한 파장대인지는 좀 더 실험이 필요하다. 이미지센서의 반도체 재료에 따라서 반응하는 적외선 파장대역도 선택하여 사용할 수 있다. 이미지센서를 실리콘에서 InGaAs로 변경하게 되면 900㎚ - 1700㎚(0.9㎛ - 1.7㎛)의 근적외선(SWIR: short wavelength infrared) 대역에서의 적외선 이미지의 촬영이 가능하다. 이미지 센서를 InSb로 변경하게되면 중적외선(MWIR: mid wavelength infrared) 영역인 3㎛ - 5㎛의 파장대의 적외선 사진의 촬영이 가능하며, 원적외선(LWIR: long wavelength infrared) 카메라를 사용하면 7.5㎛ - 14㎛의 파장대의 열화상정보도 얻을 수도 있다.

VII. 목간사진 촬영을 위한 제안

앞에서는 비교적 평평한 목간사진의 예를 들었다. 그러나 목간에는 형태와 면수(面數)가 다른 것[13]도 있고 최근에 발굴된 경산 소월리 목간[14]처럼 휘어진 목간도 존재한다. 평평한 형태의 목간이라면 목간 전체에 초점이 맞게 사진을 촬영하는 것은 그다지 어려운 일이 아닐 것이다. 그러나 그림 10에 예시한 소월리 목간처럼 휘어진 형태의 다면 목간이라면 우선 면수를 파악하는 것부터 어려움에 당면하게 된다. 면수가 파악되더라도 둥글고 휘어진 목간의 표면에 묵서로 쓰여진 문자의 묵흔을 전체적으로 초점을 맞추어 선명하게 촬영하는 것은 매우 어려운 일이다. 목간의 외형과 촬영방향에 따라서 초점이 맞는 곳과 맞지 않는 곳이 생기기 때문이다. 이것은 카메라의 렌즈와 조리개의 설정에 따라서 초점심도(焦點深度, DOF: depth of field)가 달라지게 되는데 초점이 맞는 위치의 묵흔은 선명하게 촬영되겠으나 초점이 맞지 않은 위치의 묵

13) 이재환, 2019, 앞의 논문, p.15.

14) http://www.hani.co.kr/arti/PRINT/925463.html

흔은 번진 것처럼 촬영될 수 밖에 없다. 이러한 경우, 외형을 기록하기 위한 사진과 문자해독을 위한 사진을 별도로 촬영하는 것이 바람직하다. 그림 11에 A면부터 F면까지 6개의 면을 각각의 방향에서 촬영한 적외선 사진 이미지라면 목간의 외형과 제원의 기록과 파악이 가능하다.

그러나 목간 자체가 긴 막대 형태이기 때문에 묵흔 전체를 초점이 맞게 촬영하기 어려울 뿐만 아니라 둥근 막대기의 둘레에 쓰여진 문자를 한쪽면에서의 이미지만으로 판독하기에는 어려움이 있다. 이해를 돕기 위해 그림 12에 C면 사진 이미지를 4분할하여 문자가 크게 보이게 배치한 예를 들었다. 목간 자체가 휘어져 있기 때문에 일부는 정면에서 바라본 문자가 촬영되어 있으나 대부분의 경우 문자가 비스듬한 방향에서 촬영된 사진 이미지로 문자를 판독할 수 밖에 없다. 정면에서 촬영된 이미지였다면 문자의 해독이 용이했을 법한 부분도 있다. 이러한 목간의 경우 목간을 연속적으로 회전시켜가면서 사진 또는 동영상으로 촬영하여 파노라마 사진형태로 재구성하게 되면 원통형 목간의 표면을 평면으로 전개한 사진으로 변환되어 문자 해독이 용이해질 것으로 예상된다. 평평하지 않은 피사체의 경우 조명의 방향이나 조건에 따라서 필요이상으로 반사광의 영향을 받는 부분이 생기기 때문에 명암대비를 최적화하는 작업을 거치더라도 문자를 선명하게 만드는 것은 쉽지 않다. 원통형 목간을 회전시켜가면서 연속촬영을 하게되면 강한 반사광의 영향

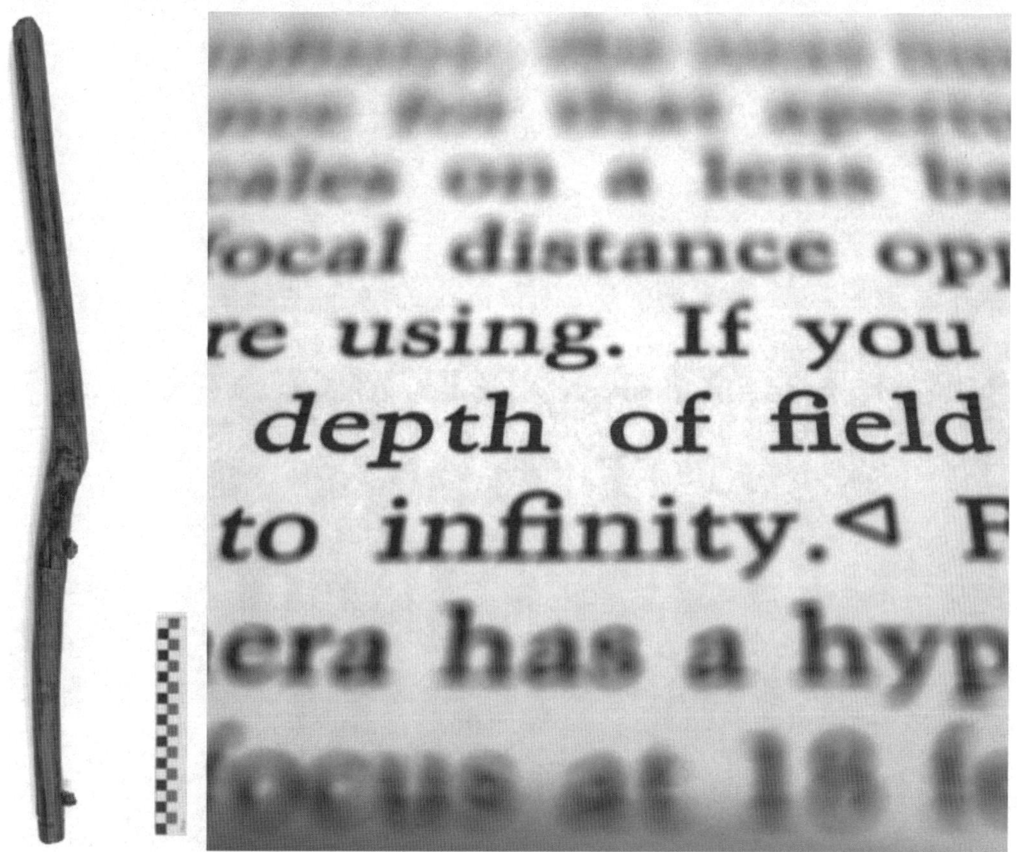

그림 10. 경산 소월리 목간의 외관사진과 사진촬영시의 촬영방향에 따른 초점심도의 문제로 예상되는 이미지 선명도의 영향

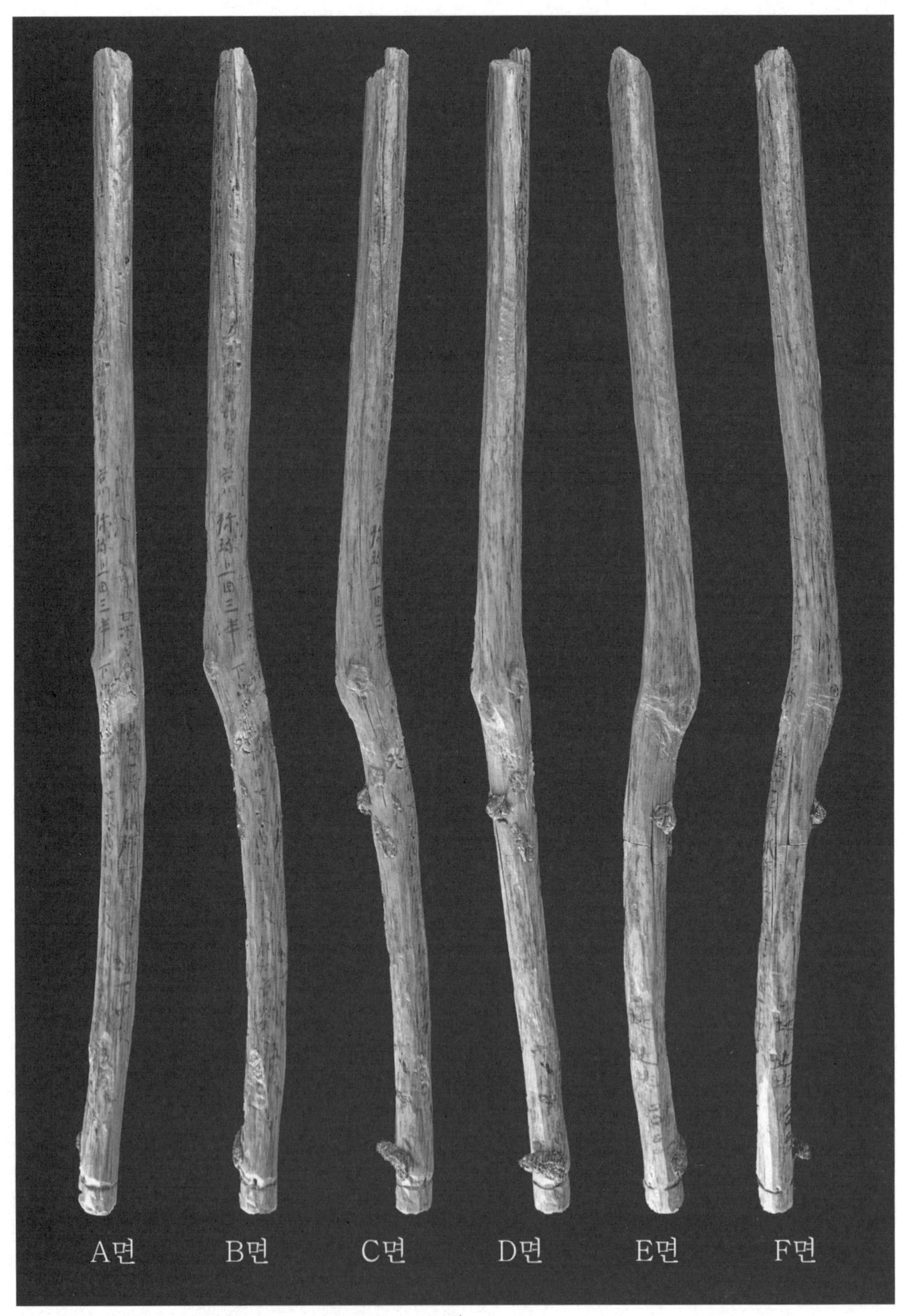

그림 11. 경산 소월리 목간의 A면부터 F면까지의 적외선 사진[15)]

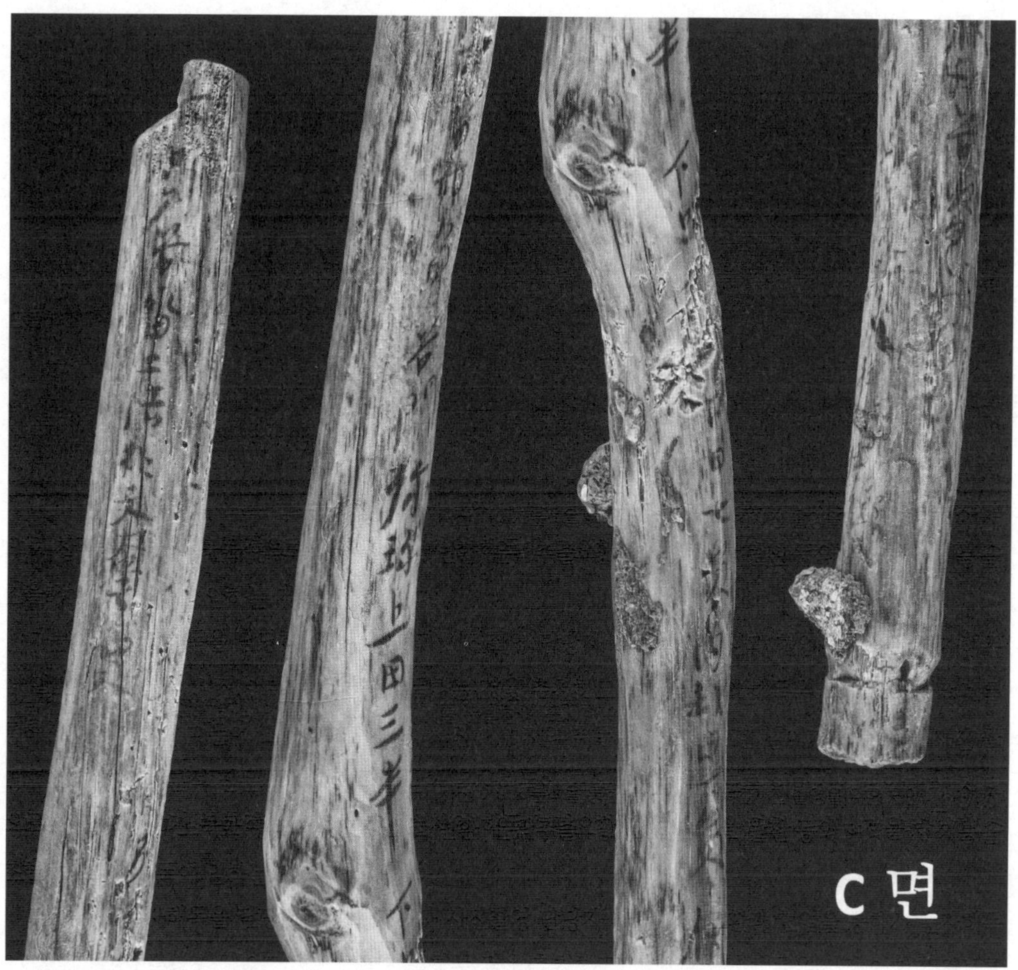

그림 12. 소월리 목간의 고해상도 적외선 사진 이미지를 분할하여 표시한 예

으로 사진 이미지가 부분적으로 포화되어 문자의 해독에 필요한 정보의 질을 열화시키는 것을 방지할 수 있을 것이다.

가능하면 문자해독을 담당하는 연구자들과 사진촬영 담당자 간의 의견교환과 협업을 통해서 문자해독에 필요한 고화질의 사진 이미지 정보를 취득하는 것을 추천하고 싶다. 문자의 해독은 사진 이미지 정보를 통해서 이루어지기 때문에 고화질, 고품질의 사진 이미지의 취득이 가장 중요한 일이기 때문이다. 사진 촬영후에는 이미지 분석 전문가들의 도움을 받아 문자해독에 도움이 될 수 있도록 이미지의 명암대비, 채도대비, 잡음제거, 파노라마 형태의 이미지로의 변환, 윤곽추출, 입체효과, 채색, 반전 등의 여러가지 기능을 조합하여 문자해독에 임하는 것이 바람직하다.

15) https://www.hankookilbo.com/News/Read/201912090985030266

VIII. 맺음말

본고에서는 목간의 출토현장의 기록, 기초 조사, 공개, 문자 판독, 보존처리, 보관 및 전시의 단계에 이르기까지의 여러 단계에서 많은 사진이 촬영되고 있으며 촬영된 사진을 바탕으로 목간의 연구가 진행되는 점에 착목하여 목간의 사진 촬영과 사진 이미지 분석을 통한 문자해독의 효율을 높이기 위한 방법을 제안하였다. 모든 사진은 목적의식을 가지고 촬영된 것으로 목간의 연대, 쓰임새, 문자해독에 중요한 단서로 활용된다. 문자의 판독은 사진 이미지와 실물의 목간에 나타난 묵흔을 바탕으로 육안으로 판단하는 과정을 거치게 되는데 선명한 묵흔이 나타나는 경우도 있지만 지중 또는 해저에서 출토된 목간의 경우에는 묵흔을 육안으로 관찰하기 어려운 경우가 많아 사진 촬영시의 세심한 주의와 배려가 요구된다. 촬영된 사진 정보를 바탕으로 이미지 분석 기법을 활용하여 육안에 의한 문자 판독이 용이하게 목간 사진의 화질개선과 희미한 묵흔의 가시화기술도 병용할 것을 제안하였다. 목간의 형태에 알맞는 사진 촬영의 중요성과 이미지의 생성과 가독성을 높이기 위한 이미지의 변환을 포함한 이미지 분석기술의 활용법에 관하여도 제안하였다. 아울러 사진 촬영자와 문자 해독 연구자 간의 의견교환과 협업의 중요성을 강조하였다.

투고일: 2020. 4. 10.　　심사개시일: 2020. 5. 1.　　심사완료일: 2020. 5. 20.

참/고/문/헌

Cosentino, Antonio, 2016, 「Terahertz and Cultural Heritage Science: Examination of Art and Archaeology」, 『Technologies』 4(1), 6; https://doi.org/10.3390/technologies4010006

Kim, Gyuho; Kim, Jung Gon; Kang, Kitaek; Yoo, Woo Sik, 2019, 「Image-Based Quantitative Analysis of Foxing Stains on Old Printed Paper Documents」. 『Heritage』 2019, 2, pp.2665-2677.

Ryu, Sungwook; Yoo, Woo Sik, 2019, 「A Basic Study on Conversion of Wooden Tablet Images into Digital Content using Quantitative Analysis」. 『In Proceedings of the 7th East Asian Cultural Heritage Conservation Symposium』, Daejeon, Korea, 29-31 August 2019, pp.248-253.

Yoo, Woo Sik; Kim, Gyuho, 2017, 「An Application of Image Analysis in Conservation Science(I)」. 『Traditional Techniques and Modern Technology -The Proceedings of the 6th Symposium of the Society for Conservation of Cultural Heritage in East Asia』, Shanghai, China, 24-26 August 2017, pp.359-366.

Yoo, Woo Sik; Kim, Jung Gon; Kim, Gyuho, 2019, 「An Application of Image Analysis in Conservation Science(II)」. 『The Proceedings of the 7th Symposium of the Society for Conservation of Cultural Heritage in East Asia』, Daejeon, Korea, 29-31 August 2019, pp.20-24.

류성욱, 유우식, 馬場基, 2020, 「이미지프로세싱 소프트웨어를 이용한 손상목간의 해독 연구」, 『2020년 문화재보존과학회 춘계학술대회』(발표예정).

유우식, 2017,「이미지 데이터의 정량해석(10) - 고서화의 낙관, 전각 등의 데이터베이스화와 진위감별시 응용」, 『캐드앤그래픽스』 제10호, pp.129-133.

유우식, 2018, 「이미지 데이터의 구성과 활용(1) - 이미지란」, 『캐드앤그래픽스』 제1호, pp.100-103.

유우식, 2018, 「이미지 데이터의 구성과 활용(2) - 빛과 색, 가시화」, 『캐드앤그래픽스』 제2호, pp.108-113.

유우식, 2018, 「이미지 데이터의 구성과 활용(4) - 아날로그 이미지와 디지털 이미지」, 『캐드앤그래픽스』 제4호, pp.152-156.

유우식, 2019, 「이미지 데이터의 분석과 활용(1) - 이미지 데이터의 구조와 특성」, 『캐드앤그래픽스』 제1호, pp.112-116.

유우식, 2019, 「이미지 데이터의 분석과 활용(9) - 문화재 분야에서 활용」, 『캐드앤그래픽스』 제9호, pp.112-119.

유우식, 2020, 「이미지 데이터가 갖는 정보와 그의 활용(4) - 초분광 이미지의 촬영과 활용」, 『캐드앤그래픽스』 제4호, pp.101-111.

이재환, 2019, 「한국 출토 목간의 분류와 정리 및 표준화 방안」, 『木簡과 文字』 第23號, p.15.

柳成煜, 兪祐植, 2019,「イメージ·プロセッシングソフトウエアを用いた木簡情報分析(I)」,『日本文化財科学会第36回大会 研究発表要旨集』, 東京, 2019年6月1日-2日, pp.288-289.

http://www.donga.com/news/article/all/20071012/8499363/1

http://www.hani.co.kr/arti/PRINT/925463.html

https://www.hankookilbo.com/News/Read/201912090985030266

https://www.museum.go.kr/site/main/relic/relicfull?fileId=6796231&relicId=57942

https://www.museum.go.kr/relic_image/PS01001001/sin023/2017/0508125539187/700/sin023608-00-02.jpg

〈Abstract〉

Suggestions for Photographing and Reading Texts on Wooden Tablets through Photographic Image Analysis

Yoo, Woo-sik

For the study of historic wooden tablets, a large number of photos are taken from the excavation site of the wooden tablets to the stages of basic investigation, disclosure, text reading, preservation, storage, and exhibition. All photos are important clues towards absolute age dating, use, and reading of texts on historic wooden tablets. The reading of the text is judged by the naked eye based on the ink marks on the photos and wooden tablets. Although there are cases where clear ink marks appear, it is often difficult to observe the ink marks with the naked eye in the case of wooden tablets excavated from the ground or the seabed. Difficulty in reading texts on the excavated wooden tablets by the naked eye may vary greatly depending on the method of photographing and on image analysis technique afterwards. We propose an example of how to visualize the unclear ink marks more easily through image analysis, including the improvement of the quality of the previously photographed wooden tablet images, and we suggest precautions on photographing for better visual recognition of ink marks on historic wooden tablets to facilitate reading texts.

▶ Key words: wooden tablets, photo, photographing, types of photo, image structure, image quality, image analysis, visual recognition of information, image quality improvement, visualization

문자자료 및 금석문 다시 읽기

李仁德 墓誌銘과 그 출자

李仁德 墓誌銘과 그 출자

권순홍*

〈국문초록〉

「이인덕 묘지명」은 1995년 한국에 처음 소개되었고, 2004년에 이인덕이 고구려 유민의 후예로 분류된 이후, 고구려 유민 자료로서 인정받아 왔다. 유일한 근거는 「이인덕 묘지명」에서 그의 선조들을 '樂浪望族' 이라고 표현했던 서술뿐이었다.

이 글의 목적은 이인덕을 고구려 유민으로 분류하던 기왕의 경향을 비판하고, 그를 고구려 유민으로 볼 수 없다는 점을 밝히는 것이다. '낙랑망족'만을 근거로 이인덕을 고구려 유민으로 단정하기 어렵다는 비판은 이미 있었다. 이 글은 이에 더하여, 「이인덕 묘지명」에 등장하는 '金城'과 '醴泉坊', '高陽院' 등을 적극적으로 해석함으로써, 이인덕은 오히려 서역과 관련이 있었을 가능성을 제기한다. 서역과의 주요 교통로 상에 위치하는 金城은 이인덕 가문의 본적일 가능성이 있고, 그의 사제가 있었던 醴泉坊은 소그드인들의 집단거주구역이었으며, 그의 장지였던 高陽院은 서역계 非漢人들이 주로 장지로 택했던 묘역이었기 때문이다.

▶ **핵심어: 이인덕, 묘지명, 소그드인, 낙랑, 유민**

* 충북대학교 역사교육과 박사후연구원

I. 개관 – 머리말을 대신하여

중국 섬서성 서안에서 출토된 唐代의 인물 李仁德(672~733)의 묘지명이다. 「李仁德 墓誌銘」은 1995년 한국에 처음 소개되었고,[1] 2004년에 이인덕이 고구려 유민의 후예로 분류된 이후,[2] 고구려 유민 자료로서 인정받아 왔다.[3]

묘지의 蓋石은 망실되었고, 誌石은 현재 중국 섬서성 서안의 碑林博物館에 소장되어 있다. 지문 끝에는 "澂秋館鑒藏金石書畫印"라고 새겨져 있는데, 澂秋館은 복건성 閩候에 살던 陳承裘(1827~1895)라는 인물의 齋堂號이므로, 묘지가 한때 그의 가문 소장이었음을 알 수 있다. 탁본은 두 가지 종류가 전하고 있다. 하나는 北京圖書館이 소장하고 있는 原北平圖書館舊藏本이고, 다른 하나는 北京大學이 소장하고 있는 張氏柳風堂舊藏本이다. 두 가지 탁본의 상태가 양호하여 대부분의 글자를 판독할 수 있다. 탁본의 크기가 가로·세로 모두 58㎝이므로, 지석은 정방형에 가까운 것으로 보인다. 首行은 30자, 지문은 27행으로 행마다 27자씩 601자를 음각하였다. 撰者와 書者에 대한 기록은 없다.

지문에 의하면, 이인덕은 唐 中宗이 황후 韋氏에 의해 독살된 후 벌어진 변란을 진압한 공으로 玄宗의 총애 속에서 승차를 거듭하였고, 733년 정월 20일에 61세의 나이로 사망하였다. 그해 4월 13일에 高陽原에서 장사지냈는데, 묘지명은 이때 작성된 것으로 보인다. 이 인물과 관련된 내용은 묘지명을 제외한, 문헌 사료에서는 거의 찾기 어렵다. 唐 玄宗代 정변에 개입한 사실을 근거로 『舊唐書』 王毛仲傳에 등장하는 李宜德이라는 인물과 같은 인물로 보기도 하지만,[4] 李宜德은 당 현종이 그 공로를 치하하여 賜名함에 따라 李守德으로 개명했으므로,[5] 만약 그의 묘지라면 이러한 사실이 적혀 있지 않을 리 없었다.[6] 또 開元 14년(726)에 唐 玄宗이 泰山 封禪時 친히 쓴 「紀泰山銘」의 뒷면에 '開國功臣李仁德'이 등장하므로,[7] 이인덕과 이의덕(이수덕)은 다른 인물일 가능성이 크다.

지문에서 주목할 점은 이인덕의 출신과 관련하여 그 선조들을 '樂浪望族'으로 밝혔다는 점이다. 기왕에는 이를 근거로, 이인덕을 고구려의 후예로 해석해 왔지만,[8] '樂浪望族' 이외에 고구려 후예임을 입증할 수

---

1) 「이인덕 묘지명」의 존재는 이미 그 보다 앞선 1993년에 한국에 소개된 바 있었지만, 전문은 물론 전거조차 제시하지 않았고, 1995년의 자료 소개를 통해 한국학계에 최초로 보고되었다(尹龍九, 1995, 「樂浪遺民의 墓誌 二例」, 『仁荷史學』 3, pp.9-13).

2) 姜清波, 2004, 「參與唐玄宗宮廷政變的高麗人事迹考」, 『青海社會科學』 2004-6, p.110.

3) 곽승훈 외, 2015, 『중국 소재 한국 고대 금석문』, 한국학중앙연구원출판부, pp.372-375.

4) 章群, 1986, 『唐代蕃將研究』, 聯經出版事業公司, p.60.

5) "右武衛將軍成紀侯李守德 貶嚴州員外別駕 守德本宜德也 立功後改名" (『舊唐書』 卷106, 列傳56, 王毛仲)

6) 姜清波, 2004, 앞의 논문, p.111.

7) 王昶, 『金石萃編』 卷76, 紀太山銘(『續修四庫全書』 888, 上海古籍出版社, p.446).

8) 姜清波 2004, 앞의 논문, p.110; 李文基, 2010, 「墓誌로 본 在唐 高句麗 遺民의 祖先意識의 變化」, 『大丘史學』 100, pp.71-72; 권덕영, 2010, 「한국고대사 관련 中國 金石文 조사 연구-唐代 자료를 중심으로-」, 『史學研究』 97, p.21; 拜根兴, 2012, 『唐代高丽百济移民研究: 以西安洛陽出土墓志爲中心』, 中國社會科學出版社, p.181; 이동훈, 2014, 「高句麗·百濟遺民 誌文構成과 撰書者」, 『韓國古代史研究』 76, p.276; 곽승훈 외, 2015, 앞의 책, pp.372-375; 안정준, 2016, 「당대 묘지명에 나타난 중국 기원 고구려 유민일족의 현황과 그 가계 기술」, 『역사와 현실』 101, p.40; 정호섭, 2017, 「高句麗史에 있어서의 이주(migration)와 디아스포

있는 근거를 찾기는 어렵다. 이에 따라 낙랑과의 관련성만을 언급하거나,[9] 고구려 유민으로 단정하기는 어렵다고 보기도 한다.[10] 이 글에서는 우선 「이인덕 묘지명」의 판독안을 정리하고, 이를 바탕으로 역주를 시도하고 내용을 검토하겠다. 그리고 기왕에 제기된 이인덕의 출자에 관한 견해들을 점검하고, 간단한 소견을 밝히겠다.

라(diaspora)」, 『先史와 古代』 53, p.144.

9) 尹龍九, 1995, 앞의 논문, pp.11-13.

10) 葛繼勇, 2016, 「高句麗·百濟人墓誌銘からみる高句麗末期の對外關係」, 『アジア遊學』 199, pp.47-49; 金秀鎭 2017a, 『唐京 高句麗 遺民 研究』, 서울大學校 博士學位論文, pp.75-77.

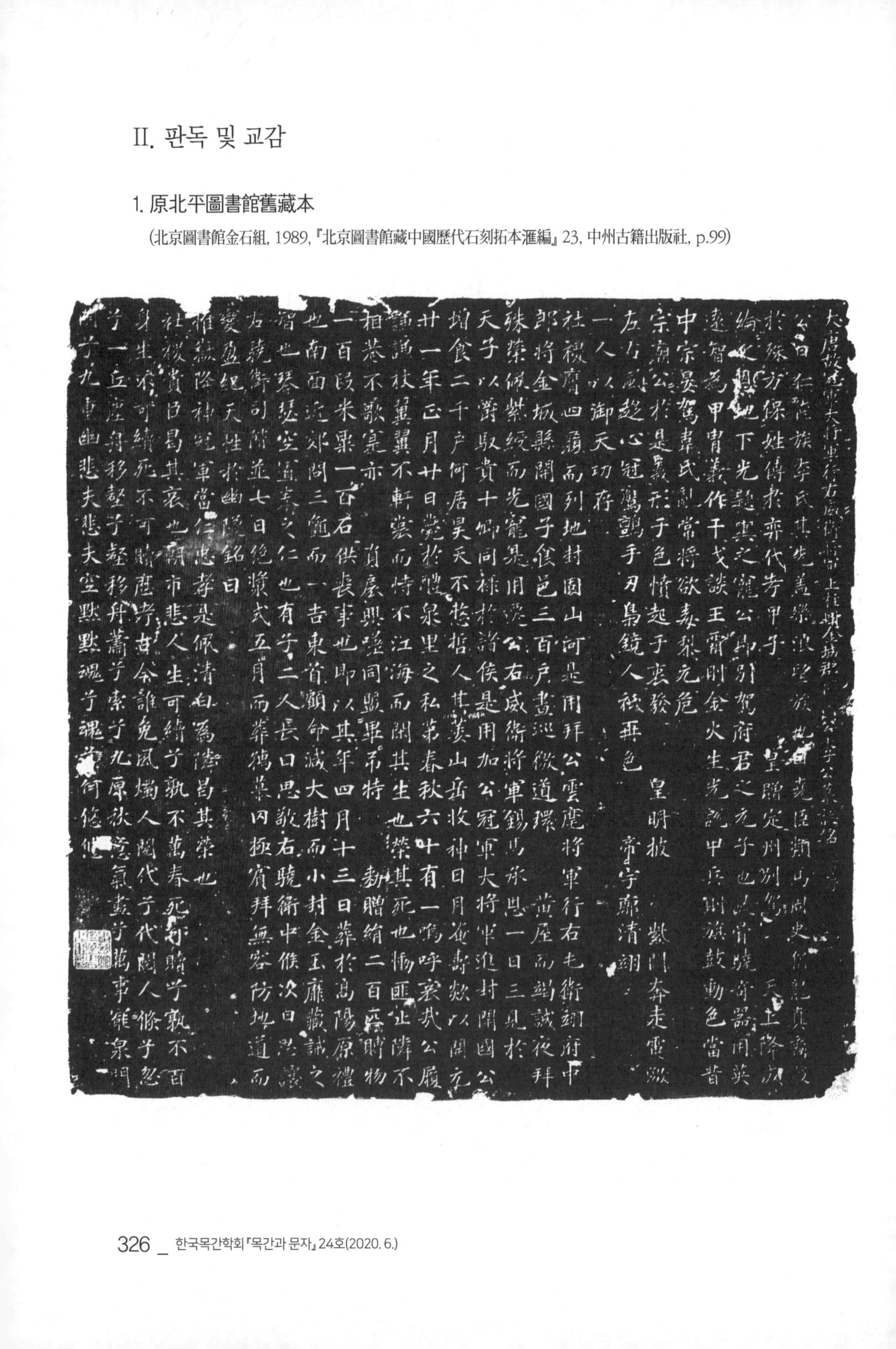

II. 판독 및 교감

1. 原北平圖書館舊藏本

(北京圖書館金石組, 1989,『北京圖書館藏中國歷代石刻拓本滙編』23, 中州古籍出版社, p.99)

2. 張氏柳風堂舊藏本

(孫蘭風·胡海帆 主編, 1992,『隋唐五代墓誌滙編: 北京大學卷』1, 天津古籍出版社, p.134; 于平 編輯, 2000,『中國歷代墓誌選編』4, 天津古籍出版社, p.155)

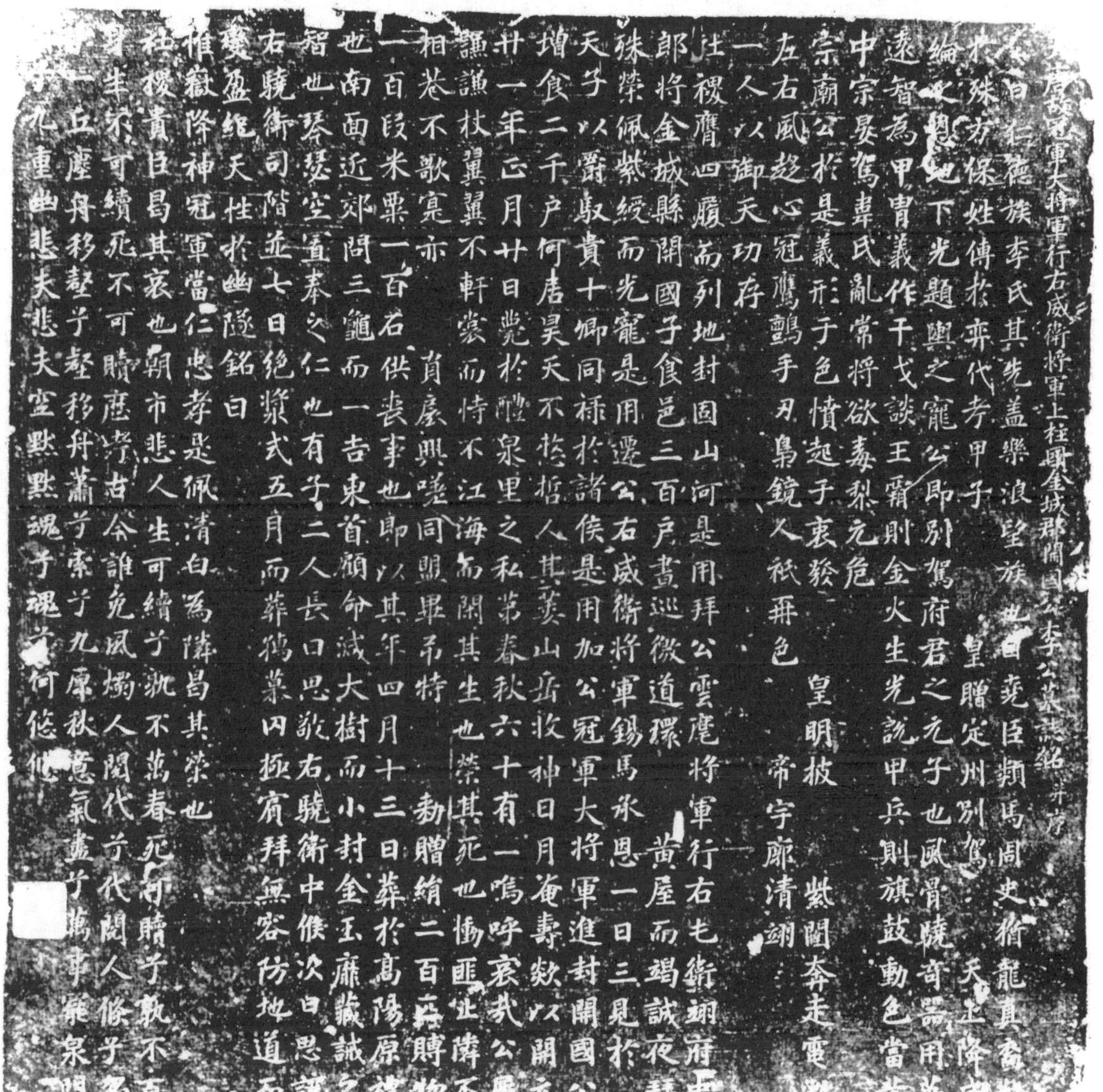

27	26	25	24	23	22	21	20	19	18	17	16	15	14	13	12	11	10	9	8	7	6	5	4	3	2	1	
閉	兮	身	社	惟	變	右	智	也	一	相	謙	廿	增	天	殊	郎	社	一	左	宗	中	遠	綸	於	公	大唐故冠軍大將軍行右威衛將軍上柱國金城郡開國公李公墓誌銘〈并序〉	①
兮	一	生	稷	嶽	盈	驍	也	南	百	巷	謙	一	食	子	榮	將	稷	人	右	廟	宗	智	之	殊	曰		②
九	丘	不	貴	降	紀	衛	琴	面	段	不	杖	年	二	以	佩	金	膺	以	風	公	晏	爲	恩	方	仁		③
重	塵	可	臣	神	天	司	瑟	近	米	歌	翼	正	千	爵	紫	城	四	御	趨	於	駕	甲	地	保	德		④
幽	舟	續	曷	冠	性	階	空	郊	粟	寔	翼	月	戶	馭	綬	縣	履	天	心	是	韋	冑	下	姓	族		⑤
悲	移	死	其	軍	於	並	置	問	一	亦	不	廿	何	貴	而	開	而	功	冠	義	氏	義	光	傳	李		⑥
夫	壑	不	哀	當	幽	七	奉	三	百		軒	日	居	十	光	國	列	存	鷹	形	亂	作	題	於	氏		⑦
悲	兮	可	也	仁	隧	日	之	龜	石		裳	薨	昊	卿	寵	子	地		鸇	于	常	干	輿	弈	其		⑧
夫	壑	贖	朝	忠	銘	絶	仁	而	供	負	而	於	天	同	是	食	封		手	色	將	戈	之	代	先		⑨
空	移	歷	市	孝	曰	漿	也	一	喪	扆	恃	醴	不	祿	用	邑	固		刃	憤	欲	談	寵	考	盖		⑩
默	舟	考	悲	是		式	有	吉	事	興	不	泉	憖	於	遷	三	山		梟	起	毒	王	公	甲	樂		⑪
默	蕭	古	人	佩		五	子	東	也	嗟	江	里	哲	諸	公	百	河		鏡	于	黎	霸	卽	子	浪		⑫
魂	兮	今	生	清		月	二	首	卽	同	海	之	人	侯	右	戶	是		人	衷	元	則	別		望		⑬
兮	索	誰	可	白		而	人	顧	以	盟	而	私	其	是	威	晝	用		祇	發	危	金	駕		族		⑭
魂	兮	免	續	爲		葬	長	命	其	畢	閑	苐	萎	用	衛	巡	拜		再			火	府		也		⑮
兮	九	風	兮	隣		孺	曰	減	年	弔	其	春	山	加	將	徼	公		色			生	君	皇	自		⑯
何	原	燭	孰	曷		慕	思	大	四	特	生	秋	岳	公	軍	道	雲			皇		光	之	贈	堯		⑰
悠	秋	人	不	其		罔	敬	樹	月		也	六	收	冠	錫	環	麾			明		說	元	定	臣		⑱
悠	意	閱	萬	榮		極	右	而	十		榮	十	神	軍	馬		將		帝	披		甲	子	州	類		⑲
	氣	代	春	也		賓	驍	小	三	勅	其	有	日	大	承		軍		宇			兵	也	別	馬		⑳
	盡	兮	死			拜	衛	封	日	贈	死	一	月	將	恩	黃	行		廓			則	風	駕	周		㉑
	兮	代	可			無	中	金	葬	絹	也	嗚	奄	軍	一	屋	右		清	紫		旗	骨		史		㉒
	萬	閱	贖			容	候	玉	於	二	慟	呼	壽	進	日	而	屯		翊	闥		鼓	驍		猶		㉓
	事	人	兮			防	次	靡	高	百	匪	哀	欻	封	三	竭	衛			奔		動	奇	天	龍		㉔
	罷	倏	孰			地	曰	藏	陽	匹	止	哉	以	開	見	誠	翊			走		色	器	上	眞		㉕
	泉	兮	不			道	思	誡	原	賻	隣	公	開	國	於	夜	府			電		當	用	降	裔		㉖
	門	忽	百			而	讓	之	禮	物	不	履	元	公		拜	中			激		昔	英	成	散		㉗

大唐故冠軍大將軍行右威衛將軍上柱國金城郡開國公李公墓誌銘〈并序〉

公曰仁德, 族李氏. 其先盖樂浪望族也[11]. 自堯臣類馬, 周史猶龍, 眞裔散於殊方, 保姓傳於弈[12]代. 考甲子, 皇贈

11) 也(汪鋆, 陸增祥, 周紹良·趙超, 尹龍九, 拜根興), 누락(권덕영)

12) 弈(汪鋆, 陸增祥, 周紹良·趙超, 拜根興, 권덕영), 奕(尹龍九)

定州別駕, 天上降成綸之恩, 地下光題[13]輿之寵. 公卽別駕府君之元子也. 風骨驍奇, 器用英遠. 智爲甲胄, 義作干戈. 談王霸[14]則金火生光, 說甲兵則旗鼓動色. 當昔中宗晏駕, 韋氏亂常, 將欲毒黎元, 危宗廟, 公於是義形于色, 憤起于衷, 發皇明披紫闥, 奔走電激, 左右風趨. 心冠鷹鸇, 手刃梟鏡, 人祇[15]再色, 帝宇廓清. 翊一[16]人以御天, 功存社稷, 膺四履而列地, 封固山河. 是用拜公雲麾將軍行右屯衛翊府中郎將金城縣開國子, 食邑三百戶. 晝巡徼道, 環黃屋而竭誠, 夜拜殊榮[17], 佩紫綬而光寵. 是用遷公右威衛將軍, 錫馬承恩, 一日三見於天子, 以爵馭貴, 十卿同祿[18]於諸侯. 是用加公冠軍大將軍, 進封開國公, 增食二千戶. 何居昊天不愸. 哲人其萎, 山岳收神, 日月奄壽. 欻以開元卄一年正月卄日, 薨於醴泉里之私第, 春秋六十有一. 嗚[19]呼哀哉. 公履謙謙, 杖翼翼, 不軒裳而[20]恃, 不江海而閑. 其生也榮, 其死也慟, 匪止隣不相, 巷不歌. 寔[21]亦負扆[22]興嗟, 同盟畢弔, 特勅[23]贈[24]絹二百匹, 賻物一[25]百段, 米粟一百石, 供喪事也. 卽以其年四月十三日, 葬於高陽原, 禮也. 南面近郊, 問三龜而一吉. 東首顧命, 減大樹而小封. 金玉靡藏, 誠之智也, 琴瑟空置, 奉之仁也. 有子二人, 長曰思敬, 右驍衛中候, 次曰思讓, 右驍衛司階. 並七日絶漿, 式五月而葬. 孺慕罔極, 賓拜無容. 防地道而變盈, 紀天性於幽隧. 銘曰;

惟嶽降神, 冠軍當仁. 忠孝是佩, 淸白爲隣. 曷其榮也, 社稷貴臣. 曷其哀也, 朝市悲人. 生可續兮, 孰不萬春, 死可贖[26]兮, 孰不百身. 生不可續, 死不可贖, 歷考古今, 誰免風燭. 人閱代兮代閱人, 倏兮忽[27]兮一丘[28]塵, 舟移壑兮壑移舟, 蕭兮索兮九原秋. 意氣盡兮, 萬事罷. 泉門閉兮, 九重幽. 悲夫悲夫, 空默默. 魂兮魂兮[29], 何悠悠.

---

13) 題(汪鋆, 陸增祥, 周紹良·趙超, 尹龍九, 권덕영), 提(拜根興)
14) 王覇(汪鋆, 陸增祥, 권덕영), 王霸(周紹良·趙超, 拜根興), 霸王(尹龍九)
15) 祇(汪鋆, 陸增祥, 周紹良·趙超, 尹龍九), 祗(拜根興, 권덕영)
16) 一(汪鋆, 陸增祥, 周紹良·趙超, 尹龍九, 拜根興), 二(권덕영)
17) 榮(汪鋆, 陸增祥, 周紹良·趙超, 尹龍九, 拜根興), 營(권덕영)
18) 錄(汪鋆), 祿(陸增祥, 周紹良·趙超, 尹龍九, 拜根興, 권덕영)
19) 嗚(汪鋆, 周紹良·趙超, 拜根興, 권덕영), 鳴(陸增祥, 尹龍九),
20) 而(汪鋆, 陸增祥, 周紹良·趙超, 拜根興, 권덕영), 以(尹龍九)
21) 寔(汪鋆, 陸增祥, 尹龍九, 拜根興), 實(周紹良·趙超, 권덕영)
22) 扆(汪鋆, 陸增祥, 周紹良·趙超, 拜根興, 권덕영), 戾(尹龍九)
23) 勅(汪鋆, 陸增祥), 勅(周紹良·趙超, 尹龍九, 권덕영), 敕(拜根興)
24) 贈(汪鋆, 陸增祥, 周紹良·趙超, 尹龍九, 拜根興), 繒(권덕영)
25) 一(汪鋆, 陸增祥, 周紹良·趙超, 尹龍九, 拜根興), 二(권덕영)
26) 贖(汪鋆, 陸增祥, 周紹良·趙超, 尹龍九, 拜根興), 續(권덕영)
27) 忽(汪鋆, 陸增祥, 周紹良·趙超, 尹龍九, 권덕영), 乎(拜根興)
28) 邱(汪鋆, 陸增祥, 尹龍九), 丘(周紹良·趙超, 拜根興, 권덕영)
29) 魂兮魂兮(汪鋆, 陸增祥, 尹龍九), 魂兮(周紹良·趙超, 拜根興, 권덕영)

III. 역주

大唐 故冠軍大將軍[30] 行右衛威將軍[31] 上柱國[32] 金城郡開國公 李公墓誌銘과 서문

공[의 諱는] 仁德이라 하고, 族[姓]은 李氏이다. 그 선조는 대개 樂浪望族이다. 말을 닮은 堯臣[33]과 용과 같았던 周史[34]로부터, 眞裔들이 먼 지방에 흩어져, 성씨를 보전하여 여러 세대를 전하였다. 아버지 甲子[35]는 황실에서 定州別駕[36]를 추증 받았는데, 천상에서 成綸[37]의 은혜를 내렸고, 지하에서 題輿[38]의 총애를 비췄다. 공은 곧 別駕府君의 맏아들이다. 풍채와 기골이 굳세고 뛰어났으며 재주와 능력은 뛰어나고 원대하였다. 지혜를 갑옷과 투구로 삼고 의리를 방패와 창으로 삼았다. 왕의 패업을 말하면 곧 금과 불이 빛을 발하였고, 군사를 이야기하면 곧 깃발과 북이 색을 움직였다. 옛날 中宗께서 晏駕[39]하고 韋氏가 도리를 어지럽혀 장차 백성들을 해치고 종묘를 위태롭게 하려고 할 때, 공은 이에 얼굴에는 의로움을 띠고 마음에는 분발함을 일으켜, 皇明[40]을 발하고 紫闥[41]을 헤쳐서 번개처럼 격렬히 달리니 좌우에 바람이 좇았다. 마음에는 새매[의 용맹함]을 쓰고 손으로는 梟鏡[42]을 베니, 사람들은 거듭 色을 공손히 하고 황제의 집은 더러움을 털고 맑아졌다. 한 사람을 도와 천하를 다스리니 功은 사직에 남고 四履[43]를 맡아 땅을 나누니 봉토는 山河에 굳다. 이로써 공은 雲麾將軍[44] 行右屯衛翊府中郎將 金城縣[45]開國子 食邑3백호에 임명되었다. 낮에는 徼道[46]

---

30) 冠軍大將軍: 정3품의 무산관이다(『唐六典』 卷5, 尙書兵部).

31) 右衛威將軍: 종3품의 직사관이다(『唐六典』 卷24, 諸衛府).

32) 上柱國: 정2품의 훈관이다(『唐六典』 卷2, 尙書吏部).

33) 堯臣 類馬: 堯臣으로서 형상이 馬喙와 같은 皐陶를 가리킨다(『淮南子』 卷19, 脩務訓; 『初學記』 卷12, 職官部下, 大理卿條 所引 「春秋元命包」).

34) 周史 猶龍: 柱下史 벼슬을 지낸 老子를 周史라고도 한다(李商隱, 「贈華陽宋眞人詩」). 孔子는 老子의 위인됨을 가리켜 猶龍이라고 하였다(『史記』 卷63, 老子韓非列傳3).

35) 甲子: '甲子'에 대한 해석은 두 가지가 있을 수 있다. 첫째는 李仁德 考의 이름으로 보는 해석이고, 둘째는 간지로서 甲子年으로 보고 李仁德의 考가 추증 받은 해로 파악하는 해석이다. 단, 후자의 경우 724년이 甲子年에 해당하므로 시기상으로는 가능하지만, 해당시기가 開元연간임을 감안하면 '開元' 없이 간지인 '甲子'만 표기되었을 가능성은 높지 않다는 문제가 지적될 수 있다.

36) 別駕: 漢代 이래 刺史를 보좌하여 州를 순찰하던 관직으로, 別駕從事史의 약칭이다. 별도의 수레를 이용하여 別駕라 불린다. 당에서는 上州의 별가는 종4품하이고, 中州의 별가는 정5품하, 下州의 별가는 종5품상이었다(『唐六典』 卷30, 三府督護州縣官吏).

37) 成綸: 綸은 황제의 뜻을 가리키므로(『禮記』 緇衣), 황제의 뜻을 이룬다는 의미로서, 벼슬로 나아감을 의미한다.

38) 題輿: 어진 사람이 벼슬에 나아가길 바란다는 의미로 사용된다. 後漢代 周景이 豫州刺史가 되어 陳蕃을 別駕로 임용하였으나 응하지 않자 별가의 수레에 '陳仲擧座'라고 쓴 고사에서 유래했다(楊炯, 「從甥梁錡墓誌銘」).

39) 晏駕: 수레가 늦게 출발한다는 뜻으로, 황제의 죽음을 완곡하게 이르는 말이다(『史記』 卷79, 范睢蔡澤列傳19).

40) 皇明: 황제의 밝은 지혜를 의미한다(班固, 「西都賦」).

41) 紫闥: 황제의 궁궐을 의미한다(『後漢書』 卷52, 崔駰列傳42).

42) 梟鏡: 올빼미[梟]는 제 어미를 잡아먹기 때문에 '不孝鳥'라 하였고, '獍(鏡)'은 범과 비슷하게 생긴 사나운 짐승으로 역시 제 아비를 잡아먹는다고 한다. 그래서 古來로 배은망덕하고 흉악한 사람을 梟獍(鏡)이라 하였다(『魏書』 卷93, 列傳81恩倖, 侯剛).

43) 四履: 사방을 말한다(盧照鄰, 『釋疾文』, 粵若).

44) 雲麾將軍: 종3품의 무산관이다(『唐六典』 卷5, 尙書兵部).

45) 金城縣: 隴右道의 蘭州이다.

를 살피고 黃屋[47]을 돌며 정성을 다하였고, 밤에는 殊榮을 입고 紫綬를 차고 총애를 빛내었다. 이로써 공은 右威衛將軍으로 옮기고, 말을 하사받고 은혜를 입어 하루에 천자를 세 번 알현하였으며, 관작으로 귀함을 제어하니 10경이 되어 봉록은 제후와 같았다. 이로써 공에게 冠軍大將軍을 더해주고 開國公으로 봉작을 올렸으며 식[읍] 2천호를 더해주었다. 어찌 昊天은 不憖[48]하는데 머물렀는가. 철인이 시들었으니 山岳은 정신을 거두고 日月은 수명을 가렸다. 홀연히 開元 21년(733) 正月 20일 醴泉里의 사제[49]에서 薨하니 春秋 61세였다. 아 슬프도다. 공은 겸손하게 밟고 조심히 짚어, 軒裳[50]에 기대지 않았고 江海에 한가롭지 않았다. 그의 삶은 영화롭고 그의 죽음은 애통하니, 오래도록 곁에서 푸닥거리지 않고 거리에서 노래를 부르지 않았다. 참으로 역시 負扆[51]가 탄식을 일으키며 조문할 것을 함께 맹세하고, 특별히 勅을 내려 비단 200필과 賻物 100단, 粟米 100석을 내려 喪事에 충당하도록 하였다. 곧 그해 4월 13일에 高陽原[52]에 장사지내니 예에 맞았다. 남쪽으로 郊에 가까이 면하니 三龜[53]로 물으매 하나같이 길하다 하였다. 동쪽으로 顧命을 앞세워 큰 나무를 줄이고 봉분을 작게 하였다. 金玉을 묻지 않으니 경계의 智이고, 琴瑟을 두지 않으니 섬김의 仁이다. 아들이 둘 있는데 큰 아들은 思敬으로 右驍衛中候이고, 둘째 아들은 思讓으로 右驍衛司階이다. 함께 7일 동안 漿을 끊고 5개월을 式으로 삼아 장사를 지냈다. 孺慕[54]는 罔極이요, 손들의 절은 無容이다. 地道를 막아도 변하고 차나니, 幽隧[55]에 天性을 기록하노라. 銘하여 가로되,

생각건대 嶽에 神이 내리니,[56]
冠軍[57]은 仁에 當하네.
忠孝를 허리에 차고,
淸白을 이웃으로 삼았구나.
어찌 그리도 영화로운가,
社稷의 귀한 臣이여.
어찌 그리 슬픈가,

---

46) 徼道: 巡邏하며 경계하는 도로를 가리킨다(班固, 「西都賦」).
47) 黃屋: 노란 비단으로 만든, 천자가 타고 다니는 수레 덮개이다. 곧 황제를 가리키는 말이다(杜甫, 「將適吳楚留別章使君詩」).
48) 不憖: 不憖遺와 같은 말로, 대신이나 훌륭한 사람의 죽음에 대한 애도의 뜻으로 주로 사용된다(『詩經』, 小雅, 十月之交).
49) 醴泉里之私第: 醴泉里는 당 장안성 西市 바로 위에 위치한 坊으로, 당시 소그드계의 집단 거주지였다.
50) 軒裳: 관리가 타고 입는 수레와 의복을 가리키는데, 주로 높은 지위 또는 높은 관직에 있는 사람을 뜻한다 말로 사용된다(沈佺期, 「洛陽道詩」).
51) 負扆: 궁궐에 설치한 병풍을 등진다는 뜻으로, 곧 황제를 가리킨다(『荀子』, 正論).
52) 高陽院: 당 장안성 밖 서남쪽에 위치한 묘역이다.
53) 三龜: 점을 치는 세 가지 방법으로, 玉兆, 瓦兆, 原兆가 그것이다. 三兆라고도 한다(『尙書』, 金縢).
54) 孺慕: 아이가 부모를 그리워하듯이 어버이를 애도하며 추모한다는 뜻이다(『禮記』, 檀弓下).
55) 幽隧: 바람이 나오는 깊고 그윽한 굴로, 여기서는 땅 속 묘실을 말한다.
56) 嶽降神: 사람의 출생이나 탄신을 칭송하는 말이다(『詩經』, 大雅, 崧高).
57) 冠軍: 冠軍大將軍, 즉 李仁德을 가리킨다.

조정과 저자가 슬퍼하는 사람이여.
살아서 이어온 것이 어찌 萬春[58]이 아니겠으며,
죽어서 속죄하는 것은 어찌 百身[59]이 아니겠는가.
살아서 잇지 않고 죽어서 속죄하지 않으면,
고금을 두루 생각한들 누가 바람 앞의 촛불을 면하리오.
사람은 세월을 지내고 세월은 사람을 지내니,
갑작스럽고 갑작스럽게도 한 언덕이 진토가 되고,
배는 골짜기를 저어가고 골짜기는 배를 저으니,
쓸쓸하고 쓸쓸하게도 九原[60]은 가을이로다.
意氣는 다하였고 萬事는 마치었다.
저승의 문이 닫히니 九重[61]이 어둡구나.
슬프고 슬픈데 하늘은 말이 없고,
넋이여 넋이여 어찌 그리도 아득한가.

Ⅳ. 내용 검토

「이인덕 묘지명」에 의하면 이인덕의 가문과 관련된 서술은 후술할 '樂浪望族'외에, 皐陶와 老子의 후손이라는 서술뿐이다. 『通志』에 따르면, 皐陶는 중국 이씨의 시조이고,[62] 老子로 불리는 李耳는 중국 이씨의 顯祖이다.[63] 이를 바꿔 말하면, 사실상 그의 선조 가운데 특기할만한 인물이 없었던 셈이다. 이어지는 "먼 지방에 흩어져, 성씨를 보전하여 여러 세대를 전하였다"는 표현은 이를 방증한다. 대체로 唐代 묘지에서는 망자의 선대 4대조를 밝히는 것이 일반적이지만, 이주민의 경우에는 망자 혹은 그 가문이 당에 귀부하기 이전의 경력을 언급하지 않는 경우도 있었다.[64] 이인덕과 그의 가문을 고구려 유민으로 이해하는 경우, 고구려에서의 전력을 일부러 내세우지 않는다고 보는[65] 반면, 그의 가문을 고구려 유민으로 보지 않는 경우에

58) 萬春: 萬年과 같은 말이다(劉義慶, 『世說新語』, 排調).
59) 百身: 자신을 백 번이라도 바친다는 뜻이다. 이와 관련하여 '百身莫贖'이란 말이 있는데, 이는 자신이 백 번 죽더라도 갚지 못한다는 의미이고(白居易, 「祭崔相公文」), '百身之願'이란 말은 자신을 백 번이라도 바치고자 하는 소원, 곧 훌륭한 사람의 죽음을 안타까워하는 말이다(宋啟榦, 「冲庵集年譜跋」).
60) 九原: 춘추시대 晉의 卿大夫의 무덤 이름이었는데, 후에 묘지를 뜻하는 의미로 사용되었다(晈然, 「短歌行」).
61) 九重: 九重泉의 같은 말이다. 구중천은 아홉 겹의 땅 밑이라는 뜻으로 저승을 일컫는다(『淮南子』, 天文訓).
62) "高陽氏生大業大 業生女華 女華生皐陶 字庭堅 爲堯大理 因官命族爲理氏 夏商之李 有理徵爲翼 中吳伯以直道不容 得罪于紂 其妻契和氏攜子利真逃于伊侯之墟 食木子而得全 遂改理爲李氏" (『通志』 卷28, 氏族略4)
63) "利貞十一代孫老君名耳 字伯陽 以其聃耳 故又號爲老聃 居苦縣賴鄉曲仁里 或言聃六世祖碩宗" (『通志』 卷28, 氏族略4)
64) 李成制, 2014, 「高句麗·百濟遺民 墓誌의 出自 기록과 그 의미」, 『한국고대사연구』 75, p.148.

는 이인덕대에 와서야 비로소 출사했다고 해석한다.[66] 다만, 이인덕 父의 관력이 別駕에 그쳤고, 그 마저도 증직이었다는 점에서 그가 한미한 집안 출신이라는 점은 분명하다.

이인덕의 父에 대한 贈職은 이인덕이 韋氏의 정변(710)을 진압한 공을 근거로 했을 가능성이 높다.[67] 710년 7월, 당시 臨淄王이었던 李隆基(훗날 당 현종)는 황후 韋氏 등이 中宗을 독살하고, 스스로 황제가 되려고 하자, 이에 맞서 위씨 등을 제거하는 정변을 일으켰는데, 묘지에 따르면 이인덕은 이 사건 당시 이융기의 휘하에서 정변에 참여하여 큰 공을 세웠고, 이로써 開國子를 거쳐 開國公까지 되었다. 開元 14년(726)에 唐 玄宗이 泰山 封禪時 친히 쓴 「紀泰山銘」의 뒷면에 '開國功臣李仁德'이 등장하므로, 726년 이전에 李仁德의 공신책봉과 그 父에 대한 추증이 이루어졌을 것으로 보인다. 이인덕의 부가 추증받은 定州別駕는 河北道 定州刺史의 보좌관인데, 보장왕의 손자 高震이 역임한 바 있으므로, 이 관직을 고구려 유민과 무관하지 않다고 보기도 한다.[68] 이인덕을 고구려 유민으로 분류할 수 있는 유일한 단서로서 적극적으로 해석한 것이지만, 단 두 사례만으로 定州別駕와 고구려 유민을 관련짓기에는 무리가 있다.

한편, 한미한 집안 출신의 이인덕이 정2품 훈관인 상주국까지 관력을 높일 수 있었던 계기는 이융기 휘하에서의 황후 위씨 제거 등의 정변에 참여한 것이었다. 「묘지명」에서는 이인덕 관력의 출발을 이 정변의 참여로 보았다. 이와 관련해서는 이인덕과 같이 한미한 집안 출신으로서, 이 정변에 참여하여 공을 세운 결과, 똑같이 종3품의 운휘장군을 제수 받은 劉元貞의 사례가 참고된다.[69] 특히, 「이인덕 묘지명」의 "紫闥(궁궐)을 헤쳐서 번개처럼 격렬히 달리니 좌우에 바람이 좇았다. 마음에는 새매[의 용맹함]을 쓰고 손으로는 梟鏡(위씨 세력)을 베니"와 같은 서술을 통해 이인덕이 정변 당시 궁궐로 들어가 위씨 세력을 직접 제거하는 역할을 수행했다는 사실을 알 수 있다. 정변 당시 이융기가 萬騎라고 불리는 무인 집단을 동원했고, 유원정 역시 萬騎에 소속되어 정변에 참여했다는 점을 고려하면,[70] 이인덕 역시 萬騎 소속으로서 정변에 참여했을 개연성이 있다.

끝으로, 「이인덕 묘지명」에 따르면, 그의 큰 아들의 이름은 思敬이다. 공교롭게 『舊唐書』와 『資治通鑑』에는 8세기 중반의 唐에서 2명의 李思敬이 공히 등장한다. 한 명은 '蕃將/胡將 李思敬'이고,[71] 다른 한 명은 '中人/內侍 李思敬'이다.[72] 이 가운데 한 명이 이인덕의 큰 아들일 것이라는 소극적인 추정도 있었지만,[73] 전자

65) 안정준, 2016, 앞의 논문, p.40.

66) 金秀鎭, 2017a, 앞의 논문, pp.76-77.

67) 姜清波, 2004, 앞의 논문, pp.110-111; 拜根兴, 2012, 앞의 책, p.181.

68) 이문기, 2010, 앞의 논문, p.72.

69) 안정준, 2019, 「唐代 高句麗 遺民 一族인 劉元貞과 그의 부인 王氏 墓誌銘」, 『목간과 문자』 23, pp.290-291. 한편, 이인덕과 유원정 외에도, 710년과 713년 정변에 이융기의 휘하에서 활동했던 인물 가운데, 고구려 유민이었던 王毛仲·王景曜(姜清波, 2004, 앞의 논문, pp.109-110)·高德(이동훈, 2008, 「高句麗遺民 「高德墓誌銘」」, 『한국사학보』 31, pp.37-39) 등이 있다.

70) 안정준, 2019, 앞의 논문, p.290.

71) 『舊唐書』 卷93, 列傳43, 薛訥; 『資治通鑑』 卷211, 玄宗開元2年7月.

72) 『舊唐書』 卷110, 列傳60, 李光弼; 『資治通鑑』 卷220, 肅宗至德2年12月乙丑.

73) 章群, 1986, 앞의 책, p.469.

의 경우, 이미 714년에 참수당했으므로, 733년에 이인덕의 장례를 치른 그의 큰 아들일 수 없고, 후자의 경우, 당의 내시는 어린 나이에 입궁하는 것이 관례라는 점을 감안하여, 733년에 이미 장성한 右驍衛中候가 757년에 內侍일 수 없다는 비판이 있었다.[74] 후자의 경우는 특히, 『舊唐書』 이광필 열전에서는 '中人 李思敬'으로 등장함으로써,[75] 고위관료였던 이인덕의 아들일 수 없었다. 한편, 전자의 경우, 그를 이근행의 아들로 추정하기도 한다.[76] 「이근행 묘지명」에 그의 아들 중 한 명으로 '이사경'이 등장하기 때문이다.[77] 『舊唐書』에서는 '蕃將'으로 지칭된 점, 그가 薛訥 등과 함께 활동했던 지역이 幽州라는 점 등을 고려하면, '호장 이사경'은 이근행의 아들일 가능성이 높다. 다만, 8세기에 사용된 '胡'는 대체로 소그드인을 가리켰다는 견해를 따른다면,[78] '호장 이사경'이 이근행의 아들이 아닐 가능성은 아직 남아 있다.

V. 이인덕의 출자에 관한 해석

쟁점은 李仁德의 出自이다. 「이인덕 묘지명」에 따르면 그의 선조들은 '樂浪望族'이었다. 이외에는 그의 출자 혹은 출신을 직접적으로 알려주는 자료가 없는 상황에서 '樂浪望族'은 이인덕의 출자와 관련된 유일한 근거로 활용되었다. 이에 따라 1995년, 한국학계에 처음 이 묘지명이 소개되었을 당시에는 '樂浪遺民'으로 분류되었다.[79] 북조·수당사회에서 사대문가문으로서 자신들을 분식하는데 확대 이용되었을 가능성도 함께 제기되었다. 일종의 郡望意識이었는데, 묘지명에 나타나듯이 스스로를 중국 李氏의 始祖와 顯祖라 할 皐陶와 老子의 후예로 설정한 것 또한 郡望意識으로 해석될 여지가 있었다. 「왕기 묘지명」에 나타나듯이, 낙랑의 왕씨들이 箕子를 그 遠祖로서 내세운 것도 낙랑군하에서 지배세력으로서의 위치를 정당화하려는 목적의식의 투영일 수 있었기 때문이다.[80]

그러던 중 2004년, 이인덕의 출자에 대한 새로운 해석이 등장하였다. 당 현종의 즉위정변에 개입된 고구려 출신 인물 가운데 王毛仲, 王景曜와 함께 이인덕이 포함된 것이다.[81] 그러나 이인덕을 고구려 출신으로 보았던 근거는 역시 '樂浪望族'이란 기록이 전부였다. 단, 묘지명에서 고구려 유민임을 밝히지 않고 '樂浪望族'이라고 한 것은 망국의 사람임을 숨기는 것이 당시 墓文의 관행이었기 때문이라는 설명이 부기되었다. 이후, 위의 해석에 따라 이인덕을 고구려 유민으로 분류하는 경향이 있었다.[82]

---

74) 姜清波, 2004, 앞의 논문, p.111.

75) 『舊唐書』 卷110, 列傳60, 李光弼.

76) 孫煒冉, 2010, 「李謹行征戰朝鮮半島事迹考論」, 延邊大學 碩士學位論文, pp.10-11.

77) 周紹良 主編·趙超 副主編, 2001, 『唐代墓誌彙編續集』, 上海古籍出版社, pp.282-283.

78) 森安孝夫, 2006, 「당대 불교적 세계지리와 '호'의 실태」, 중앙아시아학회, 『실크로드의 삶과 종교』, 사계절.

79) 尹龍九, 1995, 앞의 논문, pp.9-13.

80) 서영대, 1993, 「금석문 자료 소개:王基 墓誌」, 『한국고대사연구회 회보』 30, p.20.

81) 姜清波, 2004, 앞의 논문, pp.110-111.

82) 李文基, 2010, 앞의 논문, pp.71-72; 권덕영, 2010, 앞의 논문, p.21; 拜根兴, 2012, 앞의 책, pp.180-181; 이동훈, 2014, 앞의

한편, 이처럼 이인덕과 고구려와의 관련성에 주목하는 경향은 이인덕의 선조들이 중국으로 이주한 시점에 대한 해석에 따라 다시 둘로 구분된다. 첫째, 4세기에 이주했다고 보는 해석이다.[83] 313년, 고구려에 의해 낙랑군이 한반도에서 축출됨에 따라 발생했던 中原으로의 대규모 인구 이동과 관련이 있다는 것이다. 그러나 이를 바꿔 말하면, 이인덕은 고구려에 의해 축출된 '낙랑 유민'의 후예인 셈이므로, 위의 논리를 따르더라도 '고구려 移民'으로 분류하기는 어렵다.

둘째, 7세기에 이주했다고 보는 해석이다.[84] 668년, 나당연합에 의해 고구려가 멸망함에 따라 당으로 유입된 유민이라는 것이다. 비록 구체적으로 밝히진 않았지만, 유민이라는 표현을 통해 고구려 멸망 이후의 이주를 암시하기도 했다.[85] 이 경우, 이인덕 부친대 이전의 출사기록이 없는 까닭을 歸唐한 다른 일부 고구려 유민의 경우처럼, 고구려에서의 전력을 내세우지 않은 결과라고 이해했다.[86]

그러나 최근 이인덕의 출자를 알 수 있는 근거로서 묘지명의 '樂浪望族'이 유일한 가운데, 이인덕을 고구려의 후예 혹은 고구려 유민으로 단정하는 것은 무리라는 견해가 제기되었다.[87] 이때의 '낙랑'이 평양에 있던 낙랑군을 가리키는지, 요서 지역 혹은 난하 지역 등으로 교치된 이후의 낙랑군을 가리키는지도 불분명할 뿐만 아니라, 만약 전자라면 언제 중원으로 이주했는지도 알 수 없기 때문이다.

특히, 이인덕은 고구려 유민이 아니라고 확언하는 견해가 주목된다.[88] 이 주장은 두 가지 근거에 기초하는데, 우선 하나는 이인덕이 당 현종의 정변에서 공을 세운 후 받은 작호가 '金城縣 開國子'라는 사실이다. 唐代에는 本籍地封爵이 공공연하게 행해지는 관행 중 하나였다는 점을 고려하면,[89] 隴右道 蘭州로 비정되는 金城은 그의 본적 혹은 조상과 관련된 지역일 가능성이 높았다. 만약 묘지명의 '其先盖樂浪望族也'에서 '盖'가 주는 뉘앙스를 이인덕의 世系에 대한 부정확성으로 이해할 수 있다면,[90] 이인덕의 가문이 누대에 걸쳐 거주했던 '殊方'은 樂浪이 아니라 金城, 즉 오늘날 中國 甘肅省 蘭州 일대일 개연성도 있다.

다른 하나는 이인덕의 사제가 醴泉坊에 위치했다는 사실이다. 당시 5품 이상의 고구려 유민들은 주로 萬

논문, pp.275-276; 곽승훈 외, 2015, 앞의 책, pp.372-375; 안정준, 2016, 앞의 논문, p.40; 정호섭, 2017, 앞의 논문, p.144. 단, 권덕영은 묘지명에서 이인덕의 선대를 '樂浪望族'이라고 한 점을 통해 그가 고구려 출신임을 알 수 있다고 하면서 尹龍九의 글을 인용하였지만(권덕영, 2010, 앞의 논문, p.21), 위에서 언급했듯이 尹龍九는 이인덕을 고구려유민이 아닌 낙랑유민으로 파악하였다(윤용구, 1995, 앞의 논문, pp.9-13).

83) 拜根兴, 2012, 앞의 논문, p.181.

84) 姜清波, 2004, 앞의 논문, p.110; 안정준, 2016, 앞의 논문, p.40; 정호섭, 2017, 앞의 논문, p.144.

85) 권덕영, 2010, 앞의 논문, p.21; 이동훈, 2014, 앞의 논문, pp.275-276; 곽승훈 외, 2015, 앞의 책, pp.372-375. 한편, 4세기에 이주했다고 본 견해에서는 '遺民'이라는 표현에 유의함으로써, '移民'으로 표현할 수밖에 없었다(拜根兴, 2012, 앞의 논문, p.181).

86) 안정준, 2016, 앞의 논문, p.40.

87) 葛繼勇, 2016, 앞의 논문, pp.47-49.

88) 金秀鎭, 2017a, 앞의 논문, pp.76-77.

89) 崔珍烈, 2008, 「隋唐 本籍地封爵의 性格」, 『中國古中世史硏究』 20, p.397.

90) 이동훈, 2014, 앞의 논문, p.275.

年縣, 그 중에서도 장안성의 街東에 거주했던 반면,[91] 이인덕의 사제가 있었던 醴泉坊은 장안성 西市의 바로 북쪽, 즉 長安縣에 위치한다. 특히, 醴泉坊은 소그드계의 집단 거주지였다는 사실을 상기하면,[92] 이인덕은 고구려 유민이 아닐 가능성이 높다고 본 것이다.

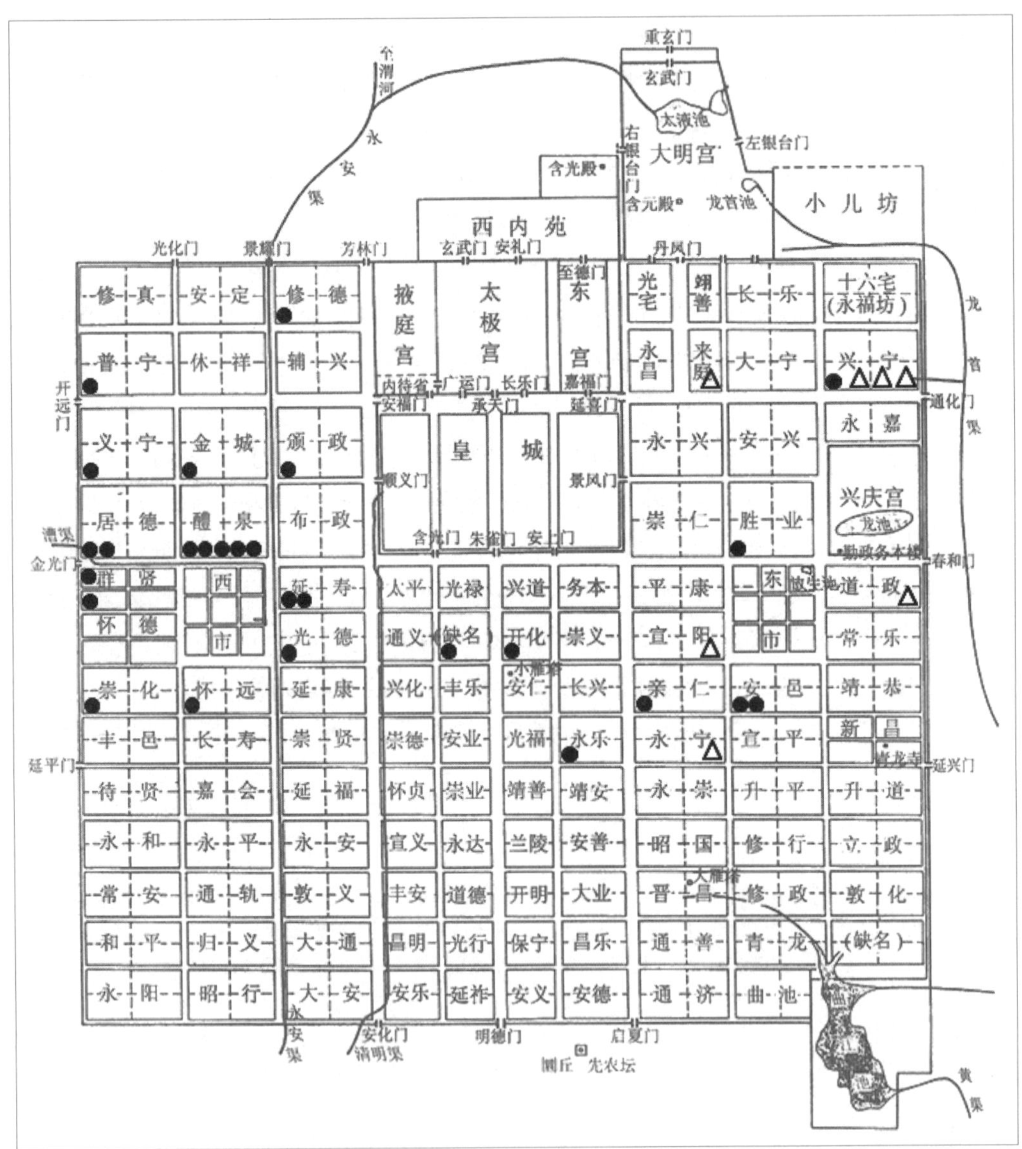

그림 1. 당 장안성 소그드인(●) · 고구려 유민(△)의 사제 위치[93]

91) 고구려 유민들의 당 장안성 및 낙양성 내 사제 분포에 관해서는 김수진, 2017b, 「唐京 高句麗 遺民의 私第와 葬地」, 『사학연구』 127을 참고.

92) 金秀鎭, 2017a, 앞의 논문, pp.193-198.

기왕에는 이인덕의 출자에 관해 오로지 '樂浪望族'에만 집중했던 반면, 위의 견해는 그의 封號로서 기재된 '金城'과 그가 거주했던 '醴泉坊'을 주목함으로써, 새로운 해석의 실마리를 제공한 셈이다. 결국, 그의 가문이 누대에 걸쳐, 서역과의 교통로 상의 요지였던 金城, 즉 蘭州 일대에 거주했을 뿐만 아니라, 종3품 이상의 고위관료였던 이인덕이 소그드계의 집단 거주지였던 醴泉坊에 거주했던 것은 이인덕과 그의 가문이 서역과 관련되었을 개연성을 보여주는 것은 아닐까.

이러한 가설을 뒷받침할 만한 방증으로서 이인덕의 장지 高陽院 역시 주목된다. 高陽院은 장안성의 서남

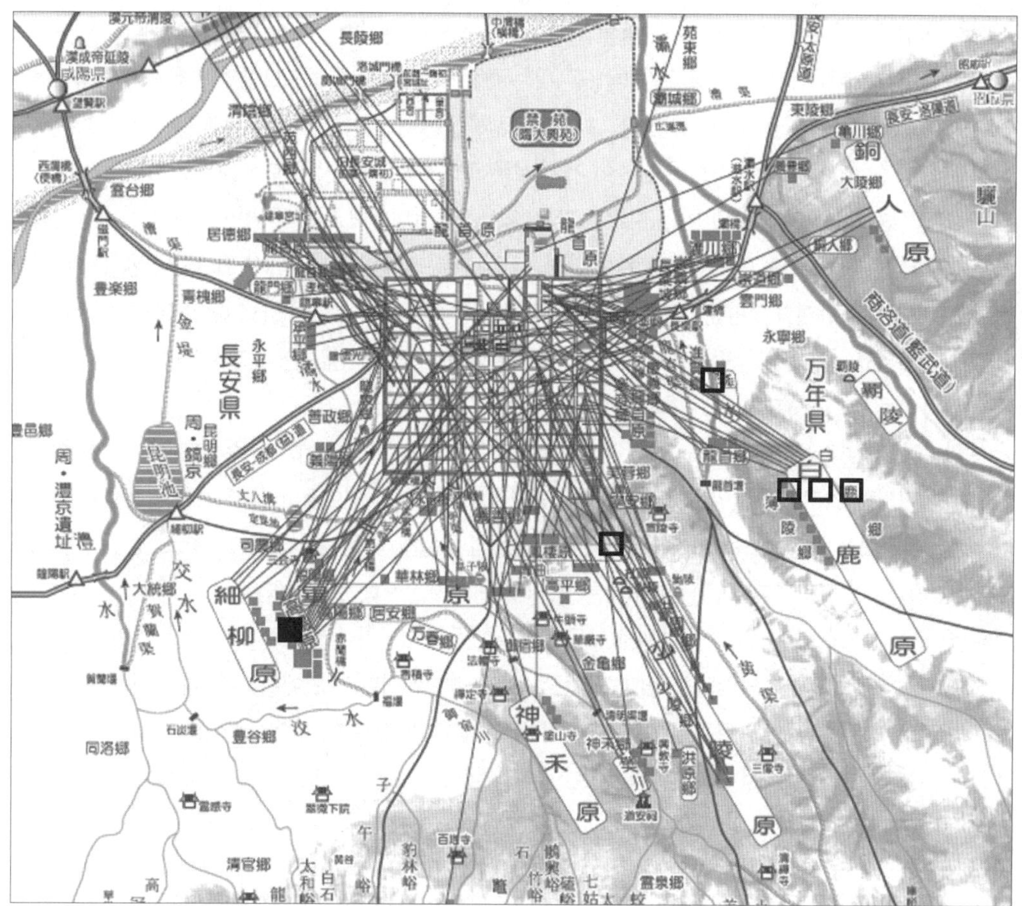

그림 2. 당 장안성 이인덕(■) · 고구려 유민(□) 장지 분포[94]

93) 福島恵, 2017, 『東部ユ-ラシアのソグド人-ソグド人漢文墓誌の研究-』, 汲古書院, p.151과 김수진, 2017b, 앞의 논문, p.274를 참고하여 작성.

94) 그림의 바탕은 妹尾達彦, 2017, 「生前の空間、死後の世界-隋唐長安の官人居住地と埋葬地-」, 『中央大學 文學部紀要 史學』 62, p.106의 「圖12 唐長安の城內居住地と城外埋葬: 第4期 714~763年」이고, 고구려 유민의 장지 분포는 김수진, 2017b, 앞의 논문, pp.291-296을 참고하여 작성. 단, 고구려 유민 가운데 高鐃苗의 경우, 장지가 '城南原'이라고만 되어 있어, 구체적인 위치를 알기 어려우므로 제외한다.

쪽에 위치한 장지로, 西郊에 해당하는데, 西郊에는 대체로 일반민 혹은 중하급 관인의 무덤이 많았고, 특히 서역으로부터 온 非漢人의 무덤이 두드러졌다는 해석을 유의할 필요가 있다.[95] 고구려 유민 가운데 3품 이상의 고위 관료들은 모두 東郊를 장지로 했다는 점[96]에서 이인덕의 장지 선택은 고구려 유민들과는 명백히 달랐다.

다만, 이인덕이 만약 서역계 인물이라면, 묘지명에서 그의 선조를 樂浪望族이라고 한 이유가 설명될 필요가 있다. 왜 樂浪이 선택될 수밖에 없었는가라는 질문인데, 자료의 한계로 명쾌한 답을 내리긴 어렵다. 단지, 현재로선 두 가지 자료를 토대로 추론할 수밖에 없다. 첫째는 당시 소그드인 묘지에 기록된 本貫의 경향성이다. 지금까지 출토된 唐代 소그드인들의 묘지를 통계적으로 분석한 연구에 따르면, 대체로 650년대생까지는 甘州·涼州·原州 등 서역과 장안/낙양을 잇는 주요 교통로 상의 소그드인 식민취락이 형성되었던 도시를 본관으로 하는 자들이 많았던 반면, 그 이후 출생자들은 장안/낙양 이동을 본관으로 하는 경향이 두드러진다.[97] 소그드인 묘지에 기록된 본관이 점차 서쪽에서 동쪽으로 이동했던 셈이다. 이러한 경향은 실제로 소그드인들이 장안/낙양의 이동 지역에 가서 漢人들과 잡거했던 실재의 반영이 아니라, 漢人사회의 명망가와 관련된 땅을 본관으로 택함으로써, 한인중심의 唐 문화에 흡수되려는 허위의식의 반영으로 파악된다.[98] 이와 같은 통계와 경향은 672년생인 이인덕의 묘지에도 실제 본관이 아닌, 장안/낙양 이동의 어느 지역에 가탁되었을 개연성을 뒷받침한다. 이를 바꿔 말하면, 묘지명의 樂浪이 반드시 이인덕 가문의 본관 혹은 그와 관련된 장소여야 하는 것은 아니다.

이와 비슷한 사례로서, 李誕(506~564)·李陀(531~599)·李吁(552~610) 가문이 주목된다.[99] 비록 唐代 인물들은 아니지만, 소그드계 집안으로서, 장안 및 낙양에 거주하던 관인이었고, 李氏 성을 사용했기 때문이다. 특히, 가문에서 처음으로 北周의 중앙관직에 진출한 李誕은 서역 출신임에도 불구하고, '老子의 후손'이자 '趙國 平棘人'을 표방하였다.[100] 平棘李氏는 훗날의 趙郡李氏로서, 唐代 재상을 배출한 17개의 명문가 중 하나였다는 사실을 고려하면,[101] 이탄은 실제 출신과 무관하게 명망가에 가탁한 것으로 볼 수 있다.[102]

둘째는 「이인덕 묘지명」의 '其先盖樂浪望族也'이라는 기재방식이다. 여기에는 두 가지 특이한 표현이 사용되었는데, 하나는 '盖'이고, 다른 하나는 '望族'이다. 우선 '盖'의 경우, 앞서 언급한대로 이 기록이 정확한 정보가 아닐 가능성을 보여준다.[103] 여기서 '盖'는 '대개/아마도'라는 뜻으로 해석되기 때문이다. 묘지의 작

95) 妹尾達彦, 2005, 「唐長安の都市生活と墓域」, 『東アジアの古代文化』 123, p.55.

96) 김수진, 2017b, 앞의 논문, p.297.

97) 福島惠, 2017, 앞의 책, pp.78-81.

98) 福島惠, 2017, 앞의 책, pp.54-55.

99) 세 묘지명 판독과 역주 및 세 인물의 관계 등에 관해서는 福島惠, 2017, 「罽賓李氏一族攷」, 앞의 책 참조.

100) "趙國平棘人, 其先伯陽之後" (「李誕墓誌」)

101) 毛漢光, 1986, 「從士族籍貫遷移看唐代士族之中央化」, 『中國中古社會史論』, 聯經出版事業公司, p.276.

102) 福島惠, 2017, 앞의 책, p.253, 注(5).

103) 이동훈, 2014, 앞의 논문, p.275.

성이 당대 公的 기록물로서 조정에 제출되었던 行狀에 기초했다는 점을 유의하면,[104] '盖'와 같은 불분명한 표현이 기재된 까닭은 기초 자료인 행장에 관련 기록이 누락되었기 때문일 수 있다. 더구나 이 당시 묘지의 찬자가 대개 친인척이었다는 점을 고려하면,[105] 본관에 관한 기록에 '盖'가 사용된 것은 그 정보의 불명확성을 암시한다.

다음 '望族'의 경우, 唐代 묘지에서는 일반적으로 본관을 드러낼 때 '○○人'로 기록했다는 점에서 일반적이지 않다. 唐朝가 632년부터 시작된 세 차례에 걸친 氏族志 편찬을 통해 천하의 씨족을 관품에 따라 9등으로 단계화하고, 이 단계화를 일목요연한 형태로 하나의 책으로 만들어, 전국 各州에 永式으로서의 권위를 부여해 보관하게 했다면,[106] 당시에는 지명과 성씨의 정보만으로 그 가문의 등급을 알 수 있었던 셈이다. 이에 따라 '○○人'이라는 정보만으로 가문이 명망가임을 드러낼 수 있었다. 그러나 「이인덕 묘지명」의 찬자는 그러지 않았다. 혹시 그러지 않았던 것이 아니라, 그럴 수 없었던 것은 아닐까. 다시 말해, 그가 한미한 집안 출신이었기 때문에 당시의 郡望에 가탁할 수 없었던 것은 아닐까. 위에서 확인한대로, 그의 가문은 이인덕대에 와서 처음 출사한 집안이었고, 출사의 계기 역시 정변에서의 군공이었다. 또 그의 사망 시 두 아들의 품계는 정6품상(司階)와 정7품하(中候)로 낮았다. 따라서 한인 문벌사회의 郡望에 가탁하기에는 무리가 있었을 수 있다. 특히, 당시의 묘지는 가족과 친지들만의 전유물이 아니었으므로,[107] 쉽게 용납될 수 없는 정보를 묘지에 적을 수 없었다. 결국 그의 가문이 명망가를 표방할 수 있는 방법은 굳이 '望族'임을 강조하는 것뿐이었다. 현전하는 唐代의 郡望表에서도 樂浪과 관련된 성씨는 보이지 않는다.[108] 즉, 郡望表에 등장하지 않는 지명에 '望族'이라는 표현을 더함으로써, 명망가임을 표방했던 것이다.

요컨대, 서역과 관련이 깊었던 이인덕의 묘지에 樂浪望族이 기재되었던 이유는 한미한 집안 출신으로서 명망가를 표방하기 위한 궁여지책일 수 있었다. 다만, 장안/낙양 이동 지역 가운데 낙랑이 선택된 구체적인 이유에 관한 해석은 새로운 자료 발굴을 기다릴 수밖에 없다.

Ⅵ. 맺음말

이상을 통해서 「이인덕 묘지명」의 판독 및 교감 그리고 역주를 시도했고, 이를 토대로 내용을 검토하고, 쟁점인 이인덕의 출자에 관해 정리했다. 기왕에는 「이인덕 묘지명」의 '樂浪望族'이라는 표현을 근거로 이인덕을 고구려 유민으로 분류해 왔다. 그러나 그 표현은 실제의 반영이 아닌, 당대 사족들이 흔히 갖던 군망

104) 李成制, 2014, 앞의 글, p.144.

105) 이동훈, 2014, 앞의 논문, p.280.

106) 池田溫, 1965, 「唐朝氏族志の一考察」, 『北海道大學文學部紀要』 13-2: 재수록, 2014, 『唐史論攷-氏族制と均田制-』, 汲古書院, p.104.

107) 李成制, 2014, 앞의 글, p.145.

108) 池田溫, 2014, 앞의 책, pp.26-39.

의식의 반영일 가능성이 있었다. 특히, '蓋'자에 주목하여, 해당 내용이 확실한 정보가 아닐 수 있다고 이해했다.

오히려 그의 封號로서 등장하는 '金城'과 그의 거주지였던 '醴泉坊', 그의 장지인 '高陽院' 등을 통해서 서역과의 관련성을 추정할 수 있었다. 서역과의 주요 교통로 상에 위치하는 金城(蘭州)에 누대에 걸쳐 거주하다가, 이인덕이 출사한 이래, 소그드인들의 집단 거주구역인 장안성의 醴泉坊에 살았고, 사망 후에는 서역계 비한인들의 묘역이었던 高陽院을 장지로 택했던 것이다.

다만, 그럼에도 불구하고 '樂浪'이 그의 본관으로서 선택될 수밖에 없었던 이유를 명백히 밝히는 것에는 실패했다. 단지, 당시 소그드인들의 경향에 따라 장안/낙양의 이동 지역 가운데, 郡望表에 등장하지 않던 樂浪이 「이인덕 묘지명」의 찬자가 바랐던 몇 가지 조건을 충족했을 뿐이라는 설명으로 그칠 수밖에 없다.

투고일: 2020. 4. 30.	심사개시일: 2020. 5. 3.	심사완료일: 2020. 5. 19.

참/고/문/헌

1. 보고서 및 자료집

汪鋆, 1875,『十二硯齋金石過眼錄』卷11.

王昶,『金石萃編』卷76 .

陸增祥, 1925,『八瓊室金石補正』卷54.

北京圖書館金石組, 1989,『北京圖書館藏中國歷代石刻拓本滙編』23, 中州古籍出版社.

孫蘭風·胡海帆 主編, 1992,『隋唐五代墓誌滙編: 北京大學卷』1, 天津古籍出版社.

周紹良 主編·趙超 副主編, 1992,『唐代墓誌彙編』, 上海古籍出版社.

于平 編輯, 2000,『中國歷代墓誌選編』4, 天津古籍出版社.

周紹良 主編·趙超 副主編, 2001,『唐代墓誌彙編續集』, 上海古籍出版社.

곽승훈 외, 2015,『중국 소재 한국 고대 금석문』, 한국학중앙연구원출판부 .

2. 논저류

章群, 1986,『唐代蕃將研究』, 聯經出版事業公司 .

毛漢光, 1986,「從士族籍貫遷移看唐代士族之中央化」,『中國中古社會史論』, 聯經出版事業公司 .

孫煒冉, 1990,「李謹行征戰朝鮮半島事迹考論」, 延邊大學 碩士學位論文.

서영대, 1993,「금석문 자료 소개:王基 墓誌」,『한국고대사연구회 회보』30.

尹龍九, 1995,「樂浪遺民의 墓誌 二例」,『仁荷史學』3.

姜清波, 2004,「参与唐玄宗宫廷政变的高丽人事迹考」,『青海社会科学』6.

妹尾達彦, 2005,「唐長安の都市生活と墓域」,『東アジアの古代文化』123.

森安孝夫, 2006,「당대 불교적 세계지리와 '호'의 실태」, 중앙아시아학회,『실크로드의 삶과 종교』, 사계절.

崔珍烈, 2008,「隋唐 本籍地封爵의 性格」,『中國古中世史研究』20.

이동훈, 2008,「高句麗遺民「高德墓誌銘」」,『한국사학보』31.

李文基, 2010,「墓誌로 본 在唐 高句麗 遺民의 祖先意識의 變化」,『大丘史學』100.

孫煒冉, 2010,「李謹行征戰朝鮮半島事迹考論」, 延邊大學 碩士學位論文.

권덕영, 2010,「한국고대사 관련 中國 金石文 조사 연구-唐代 자료를 중심으로-」,『史學研究』97.

拜根兴, 2012,『唐代高丽百济移民研究: 以西安洛陽出土墓志爲中心』, 中國社會科學出版社.

李東勳, 2014,「高句麗·百濟遺民 誌文構成과 撰書者」,『韓國古代史研究』76.

李成制, 2014,「高句麗·百濟遺民 墓誌의 出自 기록과 그 의미」,『한국고대사연구』75.

안정준, 2016,「당대 묘지명에 나타난 중국 기원 고구려 유민일족의 현황과 그 가계 기술」,『역사와 현실』101.

葛繼勇, 2016,「高句麗·百濟人墓誌銘からみる高句麗末期の對外關係」,『アジア遊學』199.

金秀鎭, 2017, 『唐京 高句麗 遺民 研究』, 서울大學校 博士學位論文.
福島恵, 2017, 『東部ユ-ラシアのソグド人-ソグド人漢文墓誌の研究-』, 汲古書院.
妹尾達彦, 2017, 「生前の空間、死後の世界-隋唐長安の官人居住地と埋葬地-」, 『中央大學 文學部紀要 史學』 62.
김수진, 2017, 「唐京 高句麗 遺民의 私第와 葬地」, 『사학연구』 127.
정호섭, 2017, 「高句麗史에 있어서의 이주(migration)와 디아스포라(diaspora)」, 『先史와 古代』 53.
안정준, 2019, 「唐代 高句麗 遺民 一族인 劉元貞과 그의 부인 王氏 墓誌銘」, 『목간과 문자』 23.

〈Abstract〉

Epitaph of Yi-Yindeok and His Origin

Kwon, Soon-hong

The 「Epitaph of Yi Yindeok」 was first introduced to Korea in 1995, and has been recognized as a record of Goguryeo Refugees since Yi Yindeok was classified as a descendent of Goguryeo refugees in 2004. The only basis for the recognition was the description of his ancestors in 「Epitaph of Yi Yindeok」 as "樂浪望族(prestigious family of Nak-rang)".

This article aims at criticizing the existing trend which classified Yi Yindeok as Goguryeo refugee, and at examining the fact that he cannot be classified as Goguryeo refugee. There has already been criticism that it is difficult to classify Yi Yindeok as Goguryeo refugee based on the description "樂浪望族" alone. In addition to this criticism, this article suggests the possibility that Yi Yindoek was rather related to the western regions by actively interpreting "Geumseong(金城, Lanzhou region)", "Yecheonbang(醴泉坊, northern 坊 of Chang'an Xishi(西市) of Tang Dynasty)", and "Goyangwon(高陽院, Suburban burial site in southwest of Chang'an of Tang Dynasty)" in 「Epitaph of Yi Yindeok」. It is because Geumseong, which was located on the main traffic route with the western regions, is likely to be Yi Yindeok's place of family register, and Yecheonbang, where his private residence was, was a colony for Sogdia, and Goyangwon, which was his burial site, was the cemetery that the western origin people who were non-Han Chinese mainly chose as the burial site.

▶ Key words: Yi-Yindeok, Epitaph, Sogdia, Nak-rang, refugee

신출토 문자자료

일본 출토 고대 목간

경산 소월리 목간의 기초적 검토

신출토 문자자료

일본 출토 고대 목간

– 고대 지역 사회에서의 농업경영과 불교활동 –

三上喜孝 著*

오택현 譯**

〈국문초록〉

본고에서는 鳥取県 青谷横木 유적에서 출토된 농업경영과 불교활동이 기록된 木簡에 대해 살펴보고자 한다. 青谷横木 유적은 鳥取県 青谷 평야에 있으며, 고대 官道인 山陰道 유적과 条里制 구조, 많은 목제 제사 용구가 출토되어 주목되는 유적이다. 水陸 교통의 연결 지점이기 때문에 대규모 율령제적 제사가 행해지는 한편 농업경영 및 조세 수취와 관련된 말단 관아가 존재했다고 추정된다. 유적에서는 농업경영과 관련된 木簡이 다수 출토되었다.

먼저 주목할 것은 다양한 종류의 쌀 품종명이 기록된 꼬리표 木簡으로 소위 種子札 木簡이라고 불리는 것이다. 10세기 후반~11세기 전반에 제작된 것으로 생각되는 다수의 種子札이 확인되고 있다. 이들 木簡에서는 「須流女」 「長比子」 「赤稲」 「赤尾木」 「黒稲」 「嶋丸子」 「伊□子」라는 품종명이 확인되며, 이 중에는 다른 지역 유적에서 출토되었던 種子札에서 확인되는 동일한 품종명도 확인되어, 동일한 쌀 품종이 각지에 전해졌다는 것을 알 수 있다.

다음으로 주목되는 것은 농업 노동 편성에 관한 木簡이다. 다양한 품종을 생산하기 위해서는 농업 노동력을 관리해야 했는데, 그 기록이 木簡에 남아 있다. 그중에서 모내기 노동력이 중요시되고 있으며, 최근에

---

* 日本 國立歷史民俗博物館 教授

** 동국대학교 서울캠퍼스 역사교육과 일반연구원

는 각지에서 모내기 노동력을 기록한 木簡이 출토되고 있다. 흥미로운 점은 이 木簡에서 남녀를 나눠 기록하고 있다. 특히 9세기 말 이후가 되면 모내기 노동에 있어서 여성의 비율이 남성에 비해 높게 나타난다는 점이 주목된다.

마지막으로 불교 활동에 관련된 木簡이다. 經典을 서사한 木簡이 출토되고 있는데, 經典을 서사했던 주체가 「宅」이라는 경영 거점을 가진 남녀였던 것도 木簡을 통해 알 수 있다. 농업경영의 거점을 가진 사람들이 그 번영을 기원하는 의미로 불교 활동에 적극적으로 관여하고 있었던 양상을 엿볼 수 있는 것이다.

▶ **핵심어: 青谷横木 유적, 種子札, 농업 노동, 불교 활동**

I. 들어가며

鳥取県 青谷横木 유적은 鳥取県 青谷 평야에 위치하고 있으며, 고대 官道인 山陰道 유적과 條里制 유구, 많은 목제 제사 용구가 출토되고 있어 주목되는 유적이다. 지리적으로 水陸 교통이 연결되는 곳이어서 대규모 율령제적인 제사가 행해지고 있던 한편 농업경영 및 조세 수취에 관한 말단 관아가 있었다고 추정되고 있다. 유적에서는 농업경영에 관한 내용이 기록된 木簡이 다수 출토되고 있어 이를 검토해 보고자 한다.[1)]

II. 쌀의 품종명이 기록된 木簡

우선 주목되는 것이 쌀의 품종명을 기록한 꼬리표 木簡이다(種子札木簡). 青谷横木 유적에서는 10세기 후반~11세기 전반으로 생각되는 다수의 「種子札」이 확인된다. 이 木簡들에서는 「須流女」「長比子」「赤稲」「赤尾木」「黑稲」「嶋丸子」「伊□子」라고 하는 품종명이 확인되고 있다.

이 중 「須流女」와 동일한 품종명이 적혀있는 木簡이 石川県 金沢市의 畝田ナベタ 유적과 西念·南新保 유적에서 출토되고 있다. 또 奈良県 香芝市의 下田東 유적 출토 木簡에서는 「小須流女」라고 표기된 쌀의 품종명이 확인된다. 「小須流女」는 「須流女」를 품종 개량했던 것이 아닐까 생각된다.[2)] 농사 서적인 『清良記 親民鑑月集』(18세기 초 작성)에 의하면 畔越→小畔越, 備前稲→小備前, 大白稲→小白稲 등과 같이 개량된 품종의 명칭은 원래의 품종명에 「小」를 붙이는 것이 일반적이었던 것 같다. 이를 통해 보면 오래전부터 전해진 품종인 「須流女」가 당시 선진지역이었던 畿内에서 품종 개량되었을 가능성을 시사한다.

---

1) 鳥取県埋蔵文化財センター, 2018, 『青谷横木遺跡II 遺物編』, 鳥取県埋蔵文化財センター調査報告書67.

2) 平川南, 2014, 「付 生業-大和の有力者の多角経営-」, 『律令国郡里制の実像 上』, 吉川弘文館.

「長比子」는 福島県 会津若松市의 矢玉 유적에서 출토된 9세기 木簡 중에서 「長非子」라고 기재된 것과 동일한 품종명이다. 「須留女」 「長比子」처럼 쌀의 품종 중에는 한정된 지역이 아니라 전국으로 확산된 것도 있다. 현재까지 대략 30종류 이상의 쌀 품종명이 출토 木簡을 통해 확인되고 있는데, 쌀의 품종이 개발·개량되면서 그 정보는 더욱 빠르게 각지로 전해졌던 것으로 추측된다.

여담이지만 이러한 쌀 품종명은 한반도의 경우 조선시대의 『山林経済』에서도 발견된다. 흔히 볼 수 있는 것은 품종명의 마지막이 「里」로 끝나는 것이다. 그중에서는 「倭子」 「黄金子」 등 「子」로 끝나는 품종명도 보이는데, 이는 일본과의 공통성이 인정된다. 향후 한국에서도 품종명이 기록된 木簡이 출토될 것으로 기대된다.

青谷横木 유적에서 이처럼 다양한 품종명을 기록한 꼬리표 木簡이 출토되고 있는 것은 그 지역에서 고도의 농업경영이 행해지고 있었음을 시사한다. 파종과 모내기, 그리고 추수의 시기는 쌀의 품종에 따라 다르며, 이를 잘 조정하면서 농업 노동을 편성하는 기술이 필요했던 것이다. 다음으로는 농업 노동 편성을 기록한 木簡에 대해서 살펴보고자 한다.

III. 농업 노동 편성을 기록한 木簡

青谷横木 유적에서는 농업 노동 편성을 기록한 木簡이 출토되었다.[3)]

○ 青谷横木遺跡出土65号木簡

「殖女八人
　　西殿三人　徳谷一人 今位三人
　　　即一人
　男三人
　少子一人
今位　宅帰路師　　　預一人
　男四人　少子一人　目代二人
　　[×大]
　已上十七人
　　少子二人 大十五人　　」

長径147㎜×短径138㎜×厚さ8㎜ 061型式

3) 三上喜孝, 2017, 「稲の品種と古代の農業」, 『日本史の研究』 257.

사진 1. 青谷横木遺跡 출토 65号 木簡 적외선 사진(사진제공: 鳥取県埋蔵文化財센터)

이 木簡은 원형으로 된 용기의 바닥을 木簡으로 轉用한 것이다. 木簡의 연대는 10세기로 추정된다.

「殖女」란 모내기 노동을 하는 여성을 나타낸다고 생각된다. 平安時代의 설화집인 『今昔物語集』 巻26 第10에 「모내기를 하는 여성」의 의미로 「殖女」라는 용어가 보이기 때문에, 10세기 당시 「殖女」라는 말이 광범위하게 사용되고 있었던 것을 알 수 있다. 이 밖에 「男」=「大」는 성인 남자, 「少子」는 어린아이를 의미한다.

흥미로운 점은 농업 노동력을 「殖女」 「大」 「少子」로 나누어 기재하고 있다는 점이다. 이것은 필자가 이전에 검토했던 山形県 米沢市의 古志田東 유적 출토 木簡의 기재와도 대응된다.[4)]

古志田東 유적은 고대 河川 유적으로 그 河川 유적의 동쪽을 따라 대형 건물지 1동을 포함해 7동의 건물지가 보인다. 나아가 河川 유적으로 東西 2개의 선착장과 木橋 1개가 확인되었다. 대형 건물지의 존재를 통해 이 지역 유력자의 거점 유적을 확인할 수 있고, 하천을 이용하여 물자의 集積을 행하고 있었던 양상을 알 수 있다. 유적의 연대는 9세기 말부터 10세기 초로 추정된다.

河川 유적에서는 다수의 木簡이 출토되었는데, 이 중에서 2호 木簡과 3호 木簡은 농업 노동력 편성과 관련된 木簡으로 생각된다.[5)]

---

4) 三上喜孝, 2002, 「古志田東木簡からみた古代の農業労働編成」, 『山形県立米沢女子短期大学紀要』 36.

○ 山形県 米沢市 古志田東 유적 출토 2호 木簡

九人 女卌一人

「□田人廿九人 又卅九人

女廿人 男八人

長(256)㎜×幅(19)㎜×厚5㎜ 081型式

○ 山形県 米沢市 古志田東 유적 출토 3호 木簡

〔卅〕

〔二〕 丁二百□

·□百五十八人

小廿人

男廿八人

·卅人

小廿人

長(99)㎜×幅(29)㎜×厚3㎜ 081型式

모두 원형이 아닌 단편으로 남아 있지만, 2호 木簡은 「田人」 즉 모내기 노동의 인원을 여러 차례에 걸쳐 누적해 합산하고 있으며, 인원 아래에 작게 기록한 부분(割書)은 남녀별 인원의 내역을 구분해서 기록한 것이다. 3호 木簡도 2호 木簡과 마찬가지로 인원을 기록한 木簡인데, 인원 아래 작게 기록한 부분은 「丁」(성인남자)과 「小」(소아)의 인원을 나눠서 기록하고 있다. 먼저 전체 인원의 총합을 기록하고(285명), 그 아래에 인원을 여러 차례 나눠 기록하고 있다. 모두 농업 노동 때 징발된 사람들을 기록한 것이라고 생각된다.

大分県 国東町의 飯塚 유적 출토 木簡도 동일한 성격을 가진 것이다. 飯塚 유적은 2×2칸의 総柱 建物 5동을 포함해 모두 14동의 굴립주 건물과 유물을 감싸고 있는 저습지 유적으로, 저습지에서 須恵器·土師器·墨書土器·刻書土器一内黒土器·貿易陶磁器·緑釉椀·大型土錘 등의 토기류와 布目瓦, 石帯, 曲物·桶·皿·椀·糸巻·櫛·木錘·横槌·下駄 등의 목제품, 種子·木의 葉·獣骨 등 다양한 유물이 발견되었다. 출토된 須恵器와 土師器는 8세기 후반~9세기로 파악되고 있다.

출토 木簡은 기재 내용에 따라 (1)논 농사 및 인원과 그 내역에 관한 것, (2)쌀의 수납과 출납에 관한 것, (3)수공업에 관한 것, (4) 신앙·종교에 관한 것, (5)歴名 木簡, (6)그 외의 것으로 구분한다. 그중 한 가지 예를 들면 다음과 같다.[6]

5) 手塚孝·月山隆弘, 2004, 「山形·古志田東遺跡(2003年出土の木簡)」, 『木簡研究』 26.

6) 永松みゆき·舘野和己, 2000, 「大分 飯塚遺跡」, 『木簡研究』 22.

○ 大分県 国東町 飯塚 유적 출토 木簡

殿子七人

·以六月四日作人廿十六人

少十九人

·合廿六人 勘申永岑

長329㎜×幅33㎜×厚4㎜ 011型式

某年 6월 4일 노동에서 「作人」 26인과 그 내역을 기록한 것으로 생각되는데, 내역 부분에서는 「殿子」(성인 남자)와 「少」(어린아이)의 구분이 보인다.

이렇게 농업 노동력은 남녀 혹은 성인 남자와 어린아이처럼 구분하여 파악하는 것이 일반적이며, 아마도 농업 노동의 종류에 따라서 사람을 배분할 필요가 있기 때문에 이러한 방법을 택했을 것이다.

그런데 앞서 소개한 青谷横木 유적에서는 벼 베기 노동을 기록한 木簡도 출토되었다.

○ 鳥取県 青谷横木 유적 출토 46호 木簡

·「九月十五日苅 □□ □□廿四束 殿□ 貞吉卅二束

□田廿七 □□卅四束 □□卅束 真廿□□ □廿束

□□田 □□廿一束 寛丸廿一束 □人 [ ] □[ ]」

·「 二百十六束 」

長380㎜×幅35㎜×厚5㎜ 011型式

○ 鳥取県 青谷横木 유적 출토 木簡

九月十八日前員七十束 辻七十束

廿六横木田 穂一束四把 食料一束

長(230)㎜×幅32㎜×厚5㎜ 081型式

위에 제시한 木簡은 모두 9월에 벼 베기 노동을 기록한 木簡이다. 鳥取県 青谷横木 유적 출토 46호 木簡에는 표면의 윗부분에 벼 베기를 했던 날짜인 「9월 15일」이 기록되어 있고, 그 밑에는 개인의 이름과 束数가 기록되어 있다. 鳥取県 青谷横木 유적 출토 木簡도 날짜로 보면 벼 베기와 관련된 기록일 것이다.

품종을 관리한다는 것은 필연적으로 파종, 모내기, 벼 베기에 이르는 일련의 농업 노동의 일정과 인원을 관리한다는 것을 의미한다. 그것이 木簡의 기재 내용에도 나타나고 있는 것이다.

Ⅳ. 지역 사회의 불교활동

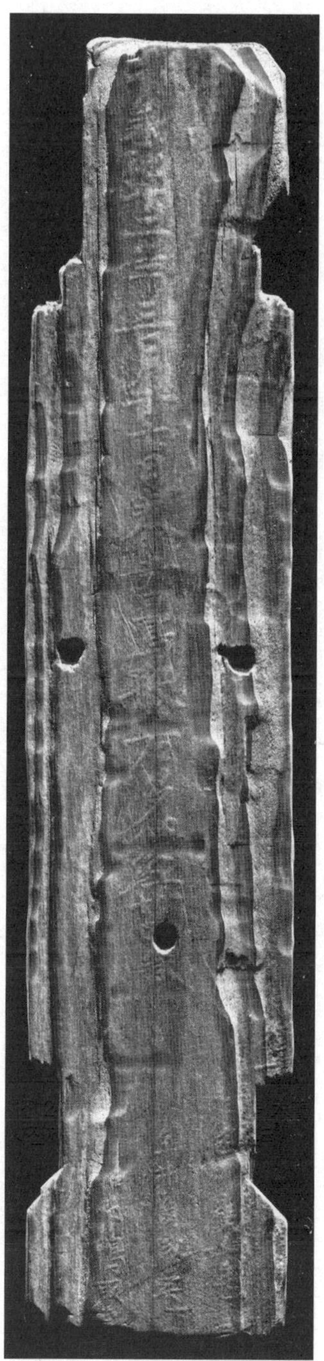
사진 2. 青谷横木遺跡 출토 49号 木簡
(사진제공: 鳥取県埋蔵文化財센터)

青谷横木 유적에서는 불교 활동과 관련해 주목되는 木簡이 출토되고 있다.

○ 青谷横木 유적 출토 49호 木簡

〔糸〕
□□廣女宅
「□ 承和十二年三月十七日奉書写般若多心経卅四巻 糸井廣成宅
□□□□□
〔部鴨取宅〕
長457㎜×幅96㎜×厚14㎜ 061型式

이 木簡은 그 형태로 보아 田下駄(무논에서 일할 때 발이 빠지지 않게 하기 위하여 신는 큰 왜나막신)로 재사용 되었음을 알 수 있다. 내용은 承和十二年(845)에 般若多心経을 서사한 것으로, 「巻数板」라고 불리는 것으로 봐도 좋을 것이다.

法量은 세로가 457㎜로 평균적인 木簡보다는 약간 큰 木簡이다. 木簡의 상태는 문자가 적혀있는 이외의 부분은 풍화가 심하고, 문자 부분이 부풀어 올라있기 때문에 일정 기간 바깥에 게시되어 있었다고 생각된다.

경전 이름과 권 수 아래에는 3명의 이름이 쓰여 있고, 이 경전의 서사에 관련되어있던 인물로 보인다. 이름 아래에는 모두 「宅」이라는 문자가 보인다. 「宅」이라는 경영 거점을 의미한다고 생각되며, 아마도 이들 3명은 「宅」 경영의 번영을 기원하는 목적으로 경전의 서사가 이루어졌을 것이다.

흥미로운 점은 3명 중에서 「□□廣女宅」과 여성의 이름이 보인다는 것이다. 이는 9세기의 지역 사회에서 남성뿐만 아니라 여성도 독립되었던 경영 거점을 가졌고, 경제활동을 행하고 있었을 가능성을 시사한다. 아마도 그중에는 농업경영도 포함되어 있을 것이다. 농업경영을 비롯한 경제활동을 하며, 「宅」이라는 경영 거점을 가진 사람들이 지역사회의 불교활동을 지탱하고 있었던 것이다.

V. 나오며

青谷横木 유적에서는 농업경영에 관한 木簡이 다수 출토되었다. 8세기~10세기 초에 걸쳐 농업경영에 관한 木簡은 최근 일본 각지에서 출토되고 있고, 그 기재 내용은 공통 요소를 가지고 있음이 밝혀지고 있다. 가장 흥미로운 점은 농업 노동에서의 남녀 역할이다. 지금까지 木簡의 사례에서 9세기 중반 이전에는 여성이 모내기 노동에서 두드러진 역할을 하지 못했던 것에 반해 9세기 말 이후가 되면 여성이 모내기 노동의 주체로서 역할을 할 수 있게 된다. 중세 이후는 「早乙女」라고 불리는 여성들이 모내기 노동의 주체가 되어 가는데, 그 연원은 9세기 말이라고 할 수 있을 것이다. 왜 그 시기에 농업 노동에서 남녀의 역할이 바뀌게 된 것인지에 대해서는 앞으로 해결해야 할 과제이다.

또 49호 木簡에 보이는 것처럼 9세기 중반의 지역사회에서 농업경영을 담당하고 있다고 생각되는 남녀가 경전의 서사를 행하고 있었던 사실은 지역사회의 경제활동과 불교활동이 불가분의 관계에 있음을 엿볼 수 있다. 그런 의미로 青谷横木 유적 출토 木簡은 9세기부터 10세기에 걸쳐 지역사회의 실태를 생생하게 보여주는 것이다.

투고일: 2020. 4. 27. 심사개시일: 2020. 5. 3. 심사완료일: 2020. 5. 23.

참/고/문/헌

鳥取県埋蔵文化財センター, 2018,『青谷横木遺跡II 遺物編』, 鳥取県埋蔵文化財センター調査報告書67.

永松みゆき·舘野和己, 2000,「大分 飯塚遺跡」,『木簡研究』22.

三上喜孝, 2002,「古志田東木簡からみた古代の農業労働編成」,『山形県立米沢女子短期大学紀要』36.

手塚孝·月山隆弘, 2004,「山形·古志田東遺跡 (2003年出土の木簡)」,『木簡研究』26.

平川南, 2014,「付 生業 -大和の有力者の多角経営-」,『律令国郡里制の実像 上』, 吉川弘文館.

三上喜孝, 2017,「稲の品種と古代の農業」,『日本史の研究』257.

〈Abstracts〉

Ancient wooden documents in Japan discovered recently

Mikami Yoshitaka

In this article, I would like to talk about mokkan on agriculture and Buddhist activities. Many mokkans have been found in the Ruins of aoyayokogi(青谷横木) that describe agricultural management.

First, a label mokkan with various kinds of rice variety names was found, and second, a label mokkan related to agricultural labor formation was found. Third, mokkan involved in Buddhist activities was also discovered.

Thus, it has been confirmed through mokkan that the Ruins of Aoyayokogi(青谷横木) is a site of diverse character.

▶ Key words: Ruins of Aoyayokogi(青谷横木), mokkan of seed(種子札), agricultural labor(農業労動), Buddhist activities(佛教活動)

경산 소월리 목간의 기초적 검토*

전경효**

<국문초록>

경산 소월리 목간은 5개의 면을 가지고 있으며, 최대 길이 74.2㎝의 원형 목간이다. 표면에는 글자를 작성하기 위해 다듬은 흔적이 있는데 그 면적이나 방향이 불규칙하다. 목간의 글자는 100자 정도가 판독되거나 추정된다. 하지만 실제 글자 수는 더 많았을 것이다.

목간의 내용은 골짜기 단위로 파악한 토지 면적이다. 기록된 형식은 골짜기 이름, 토지 종류, 토지 면적 순서이다. 이와 더불어 제방과 같은 수리시설도 등장한다. 이러한 내용을 작성하기 위해 글자를 연습한 것으로 추정되는 부분도 존재한다. 목간의 형태와 내용 그리고 글자를 쓴 방식 등을 종합했을 때 이 목간은 정식 문서를 작성하기 전에 수집한 기초 자료를 기록한 것으로 추정된다. 이번에 발견된 목간을 통해서 토지 면적을 기준으로 조세를 징수하는 체계가 6세기 신라에서 이미 시행되고 있었다는 점을 알 수 있다.

다만 경산 소월리 목간 연구는 과제도 안고 있다. 목간에 등장하는 지명은 오늘날 경산 지역의 지명 유래를 연구할 수 있는 단서가 된다. 그리고 수리시설과 건설과 관련된 비석이 목간 출토 인근 지역에서 발견될 가능성이 있다. 이러한 측면에서 목간 내용 분석과 출토지에 대한 연구도 이루어져야 한다.

▶ **핵심어: 6세기, 신라 목간, 전답(田畓), 둑(堤), 결부제(結負制)**

* 이 논문은 국립경주문화재연구소가 수행 중인 경주 월성 종합학술연구(NRICH-1805-B04F)의 하나로 진행된 연구임.

** 국립경주문화재연구소 주무관

I. 머리말

최근 경산 소월리 유적에서 사람 얼굴 모양 토기와 목간이 출토되었다는 소식은 공식보도 자료를 통해 이미 알려졌다.[1] 국립경주문화재연구소는 2019년 11월 25일 (재)화랑문화재연구원으로부터 목재 유물 수습 요청을 받았다. 그런데 글자가 기록된 유물이 추가로 발견되어 현장에서 유물 수습과 사진 촬영까지 마쳤다. 이후 두 기관이 함께 2차례의 자문회의를 열어 결과를 정리한 후 추가 보도자료를 내고 목간의 대략적인 내용을 정리하였다. 이러한 내용은 2020년 1월 18일 한국목간학회 정기발표회에서 공식적으로 발표되었으며[2] 그 후 목간의 내용과 서체를 논의한 연구도 추가로 나왔다.[3]

이 글에서는 보도자료와 화랑문화재연구원측의 자료를 통해 목간의 출토 정황을 살펴보고 자문회의 결과와 필자의 견해를 정리하여 판독문으로 제시한다. 그리고 목간의 내용을 토대로 그 용도와 성격을 살펴볼 예정이다.

II. 목간의 형태와 판독

목간이 출토된 곳은 경북 경산 경산지식산업지구 진입도로 개설공사 부지(경산시 와촌면 소월리 1186번지) 내 2구역이다. 이곳은 북서에서 남동으로 이어지는 골짜기의 상류부이며, 근처에 소월지가 위치한다. 조사 지역은 주능선에서 남쪽으로 분기한 해발 79~99m 지점으로 이곳은 2019년 8월 26일부터 (재)화랑문화재연구원에서 Ⅰ구역과 Ⅱ구역으로 나누어 발굴조사를 실시했다. 그 결과 전체적으로 삼국~통일신라시대의 고상 건물지, 수혈, 가마, 주혈군, 고려~조선시대 토광묘, 수혈 등 670여 기의 유구가 발견되었다.

Ⅱ구역의 경우 3개의 토층이 나타나는데, 위쪽부터 Ⅰ층은 현대 경작층, Ⅱ층은 삼국시대 문화층, Ⅲ층은 갱신세층으로 나누어진다. 목간이 발견된 곳은 107호 수혈인데, 수혈의 지름은 1.6m 가량이며, Ⅲ층을 수직에 가까운 사선으로 굴착하여 조성되었다. 그 내부 토층은 갈색 沙質粘土層, 그 아래의 灰青色 泥土層으로 나눌 수 있다. 유물은 지표 아래 30㎝ 지점의 갈색 沙質粘土層에서 완, 개, 고배편이 출토되었으며, 지표 아래 80㎝ 지점의 灰青色 泥土層에서 人面裝飾甕 1점과 시루 1점이 출토되었다.[4]

목간은 人面裝飾甕과 시루 근처에서 출토되었는데, 출토된 층위는 옹과 시루가 출토된 것보다 아래층이

---

1) 문화재청 보도자료, 「경산 소월리 유적에서 5세기 경 의례와 관련된 사람얼굴모양 토기 출토」(2019.12.03.); 「경산 소월리 유적에서 토지 관리 연관된 신라 목간 출토」(2019.12.09.)

2) 韓國木簡學會, 2020, 『2019年 東아시아 新出土 木簡』, 韓國木簡學會 第33回 定期發表會資料集.

3) 손환일, 2020, 「경산 소월리 출토 목간의 내용과 서체」, 『韓國古代史探究』 34.

4) 이상의 내용은 (재)화랑문화재연구원, 2019, 『경산지식산업지구 진입도로 개설공사부지 내 2구역(소월리유물산포지2) 발굴조사 전문가검토회의 자료집』과 (재)화랑문화재연구원, 2019, 『경산지식산업지구 진입도로 개설공사부지 내 2구역(소월리유물산포지2) 발굴조사 현장설명회 자료』를 참조하였다.

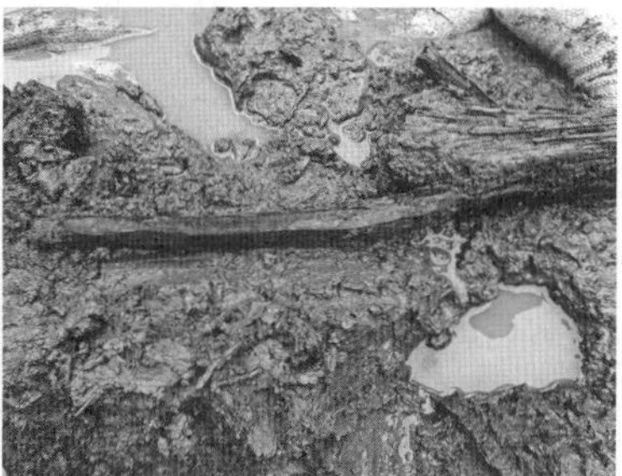

목간 수습 직전 모습

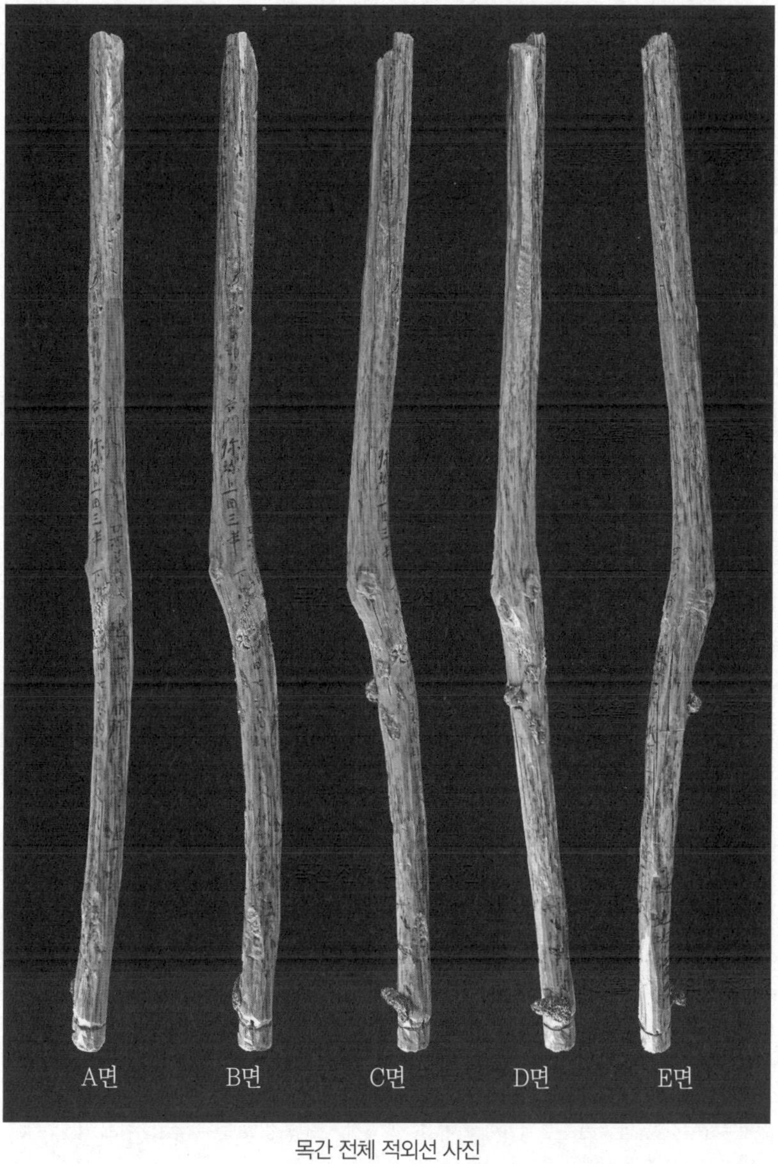

A면 B면 C면 D면 E면

목간 전체 적외선 사진

라고 한다. 그런데 목간과 함께 있었던 것은 싸리나무로 추정되는 다발과 자귀로 추정되는 목제 유물이었다. 목간은 다발과 자귀 아래에서 이들과 나란한 형태로 발견되었는데 목간은 다발 중간 아래에 놓여있고, 그 끝부분이 다발보다 더 길게 노출되어 있었다.

목간의 제원은 최대 길이 74.2㎝, 최대 직경 4.3㎝, 최소 직경 2.8㎝로 막대형이며, 그 단면은 원형이다. 그리고 중간 부분은 약간 휘어져 있으며 알 수 없는 이물질이 붙어있다. 목간의 위쪽은 자연적으로 파손된 것으로 추정되고 아래쪽에는 끈을 묶기 위한 용도로 판 홈이 둘러졌다. 홈 위쪽에는 덩어리 형태의 이물질이 붙어있다. 목간 표면에는 글자를 작성하기 위해 다듬은 흔적이 있는데 일정한 방향으로 가공한 것이 아니어서 다듬은 면적이나 방향이 불규칙하다. 이러한 가공형태로 인해 목간의 글자가 기재된 면을 구분하기 어렵다.

당초 목간의 출토 상황과 홈이 둘러진 형태로 인해 싸리다발 추정 유물과 목간이 서로 연관있을 것으로 여겨졌다. 홈의 존재는 일반적으로 목간이 물품 꼬리표 역할을 했다는 점을 알려주는 흔적이기 때문에 싸리다발이 거기에 묶여 있지 않았을까 막연하게 추측했다. 그런데 목간에는 출토 직후부터 畓, 田, 三, 堤 등의 글자가 육안으로 판독 가능할 정도로 선명하게 남아 있었다. 이에 출토 현장에서는 토지와 연관된 내용을 기재한 문서 목간이라고 추정했다.

목간은 2019년 11월 28일(목)에 수습했다. 그곳에서 적외선 사진을 간단히 촬영하고, 국립경주문화재연구소 신라월성학술조사단으로 유물을 옮긴 후 11월 29일(금)에 1차로 적외선 사진 촬영을 실시했다. 1차 촬영한 사진을 토대로 12월 6일(금)에 첫 번째 판독 자문회의를 개최한 결과 목간의 전체 글자 수는 94자이며, 6면 가운데 2면은 연습한 부분임이 밝혀졌다.[5] 각 면별로 글자 수를 살펴보면 A면은 21자, B면 36자, C면은 11자, D면은 4자, E면 15자, F면 7자이다. 두 번째 판독 자문회의는 2020년 1월 2일(목)에 이루어졌다. 당일에는 2차 적외선 사진을 촬영한 후 1차 촬영 사진, 현장 출토 컬러 사진, 현장에서 찍은 적외선 사진과 비교하여 판독을 실시했다. 그 결과 목간의 면은 5면, 확실하게 판독되었거나 추정한 글자 수는 전체 98자이며, A면 21자, B면 41자, C면 11자, D면 4자, E면 21자가 있는 것이 밝혀졌다.[6]

아래의 내용은 두 차례의 걸친 판독 자문회의 결과를 기초로 하고 이후 필자가 추가 판독한 사항을 정리한 것이다. 본격적인 내용을 서술하기에 앞서 글자별 적외선 사진과[7] 부분 적외선 사진을 제시한다.

---

5) 1차 자문회의에서 도움을 주신 분은 주보돈(경북대학교 명예교수), 이수훈(부산대학교), 김재홍(국민대학교), 윤선태(동국대학교) 교수님 등 네 분이다.

6) 2차 자문회의에서 도움을 주신 분은 주보돈(경북대학교 명예교수), 이수훈(부산대학교), 김재홍(국민대학교), 윤선태(동국대학교) 교수님, 이인희(경일대학교), 윤용구(인천도시공사), 고광의(동북아역사재단), 이용현(국립경주박물관) 선생님 등 여덟 분이다. 이 자문회의에서는 사진·영상 전문가(이인희 교수님)를 모셔서 사진 보정 및 분석 작업을 함께 진행했다.

7) 글자 옆 괄호 안의 숫자는 해당 면에서 같은 글자가 나오는 순서를 표시한 것이다.

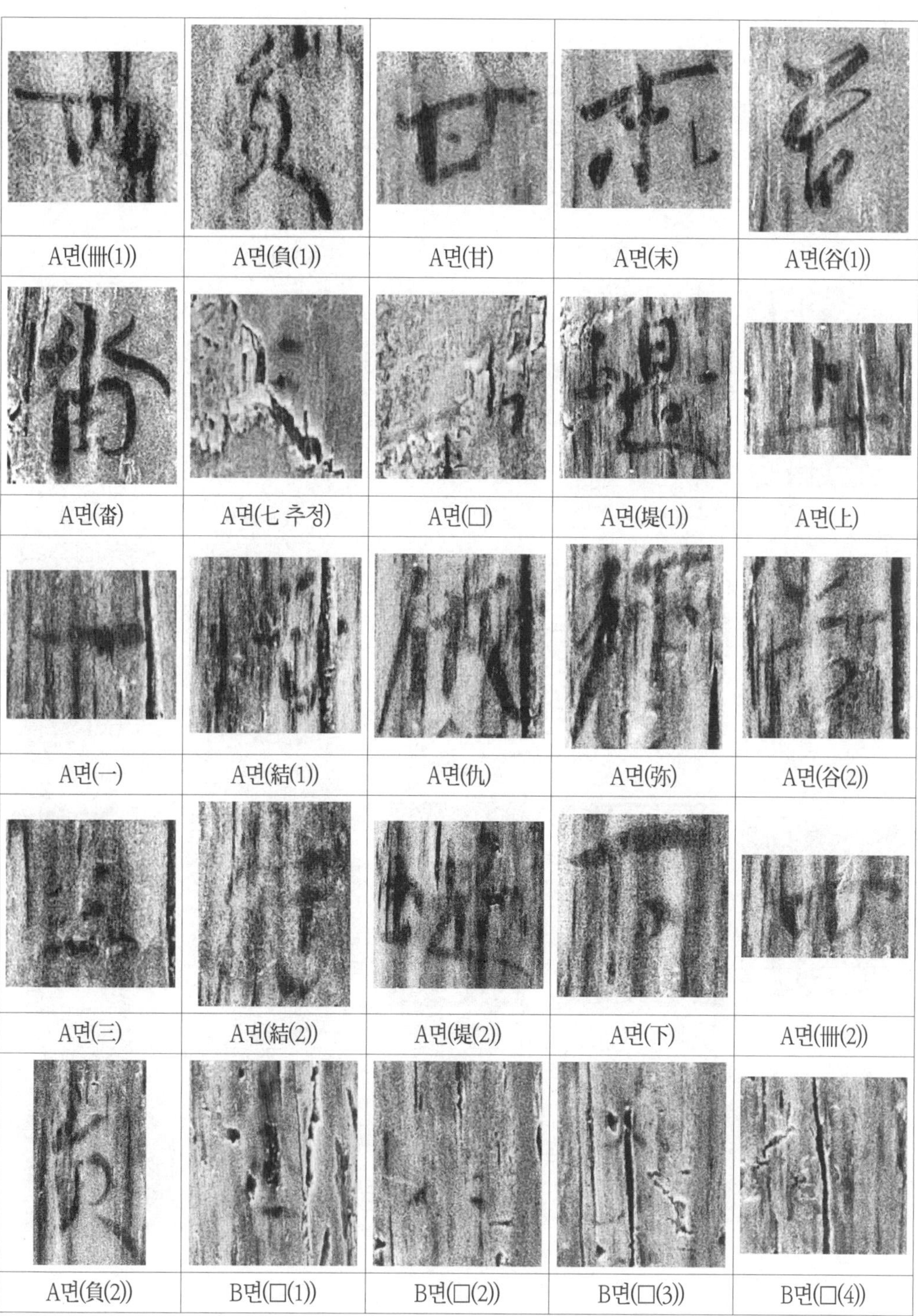
A면(冊(1))
A면(負(1))
A면(甘)
A면(未)
A면(谷(1))
A면(畓)
A면(七 추정)
A면(□)
A면(堤(1))
A면(上)
A면(一)
A면(結(1))
A면(仇)
A면(弥)
A면(谷(2))
A면(三)
A면(結(2))
A면(堤(2))
A면(下)
A면(冊(2))
A면(負(2))
B면(□(1))
B면(□(2))
B면(□(3))
B면(□(4))

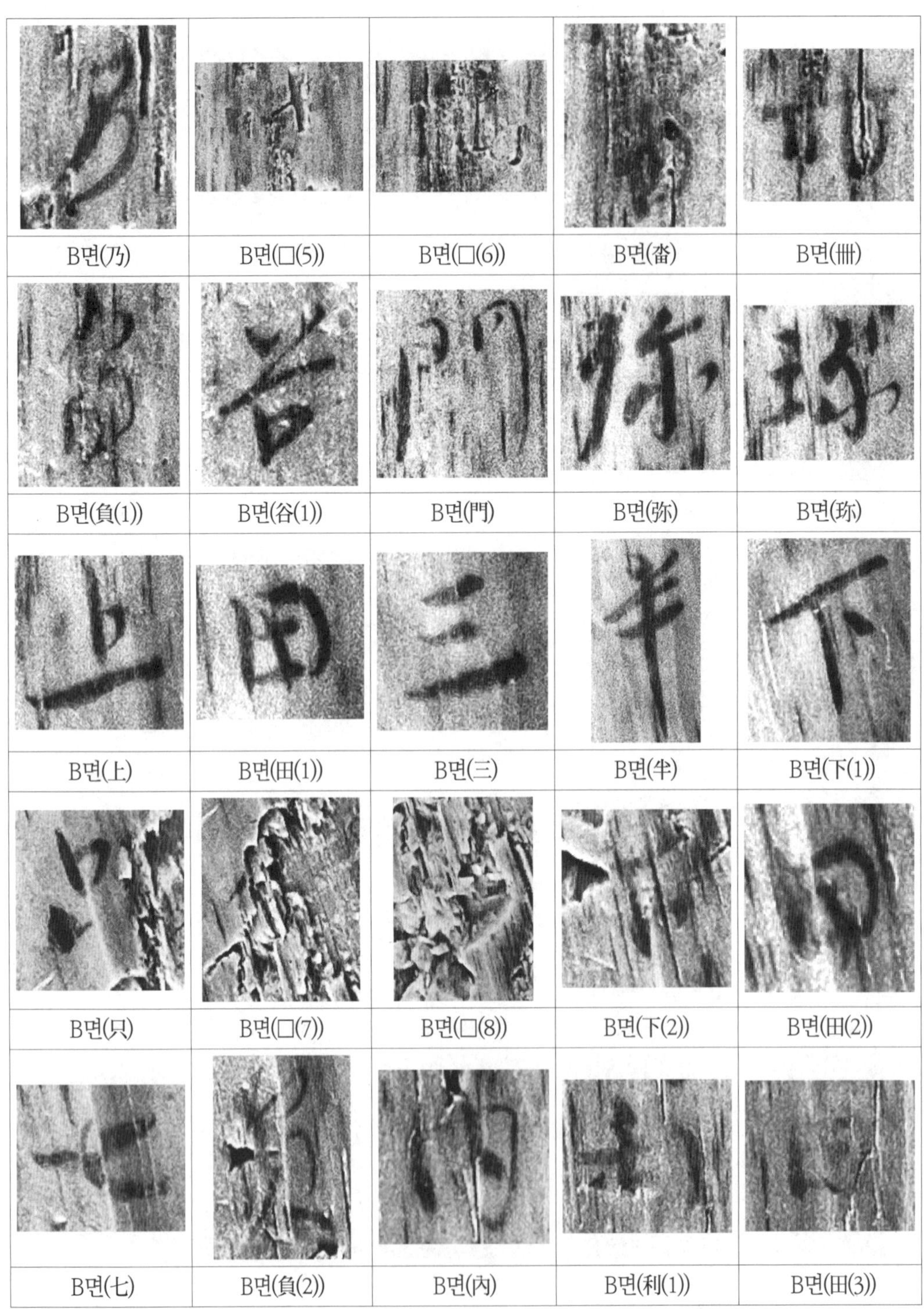
B면(乃)
B면(□(5))
B면(□(6))
B면(畓)
B면(卌)
B면(負(1))
B면(谷(1))
B면(門)
B면(弥)
B면(珎)
B면(上)
B면(田(1))
B면(三)
B면(牟)
B면(下(1))
B면(只)
B면(□(7))
B면(□(8))
B면(下(2))
B면(田(2))
B면(七)
B면(負(2))
B면(內)
B면(利(1))
B면(田(3))

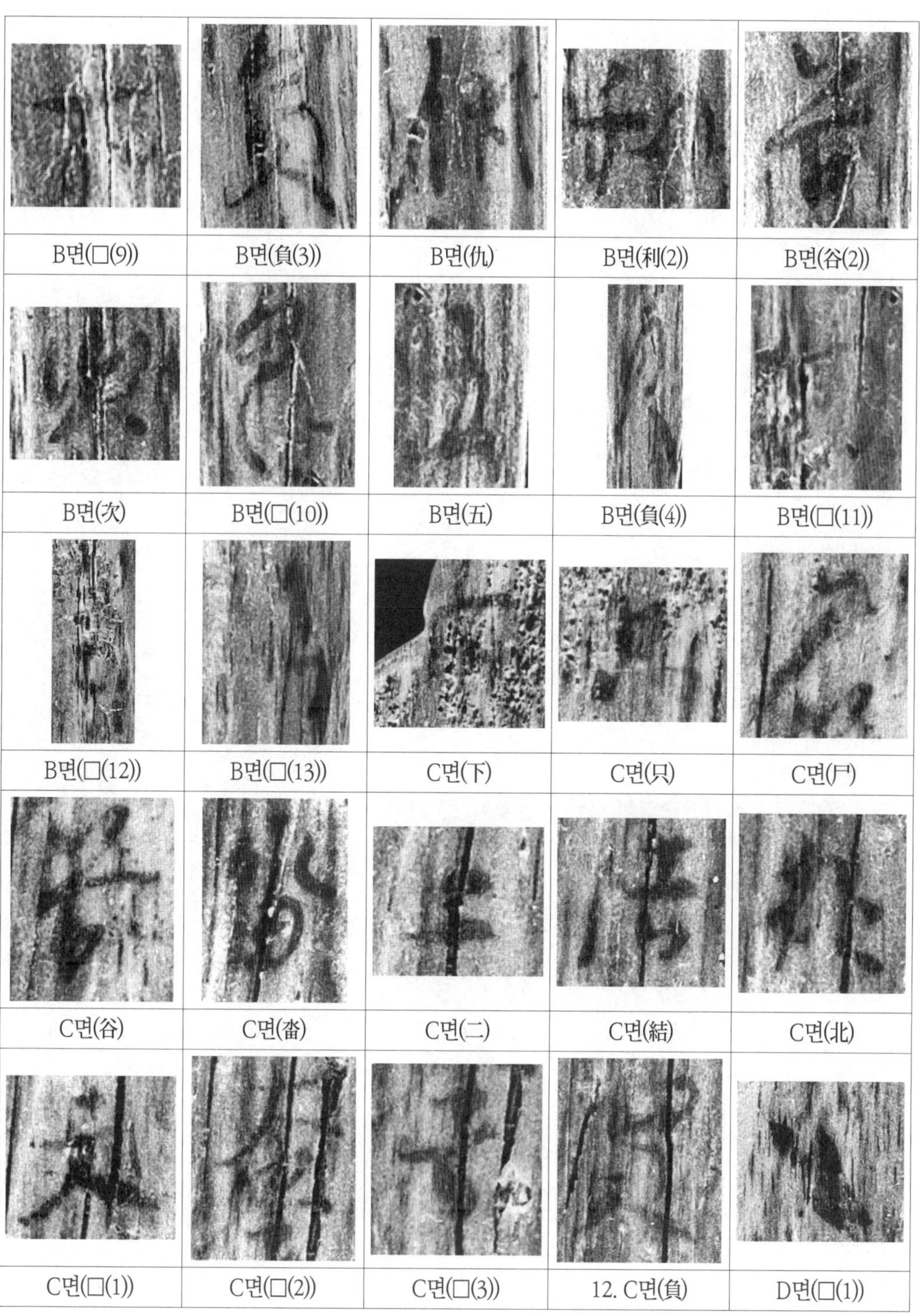

B면(□(9))	B면(負(3))	B면(仇)	B면(利(2))	B면(谷(2))
B면(次)	B면(□(10))	B면(五)	B면(負(4))	B면(□(11))
B면(□(12))	B면(□(13))	C면(下)	C면(只)	C면(尸)
C면(谷)	C면(畓)	C면(二)	C면(結)	C면(北)
C면(□(1))	C면(□(2))	C면(□(3))	12. C면(負)	D면(□(1))

D면(柱(1))	D면(柱(2))	D면(□(2))	E면(畓)	E면(十 추정)
E면(三(1))	E면(結(1))	E면(卌(1))	E면(負(1))	E면(得)
E면(□(1))	E면(□(2))	E면(□(3))	E면(三(2))	E면(結(2))
E면(卌(2))	E면(負(2))	E면(□(4))	E면(堤(1))	E면(堤(2))
E면(堤(3))	E면(四)(1))	E면(四(2))	E면(四(3))	E면(四(4))

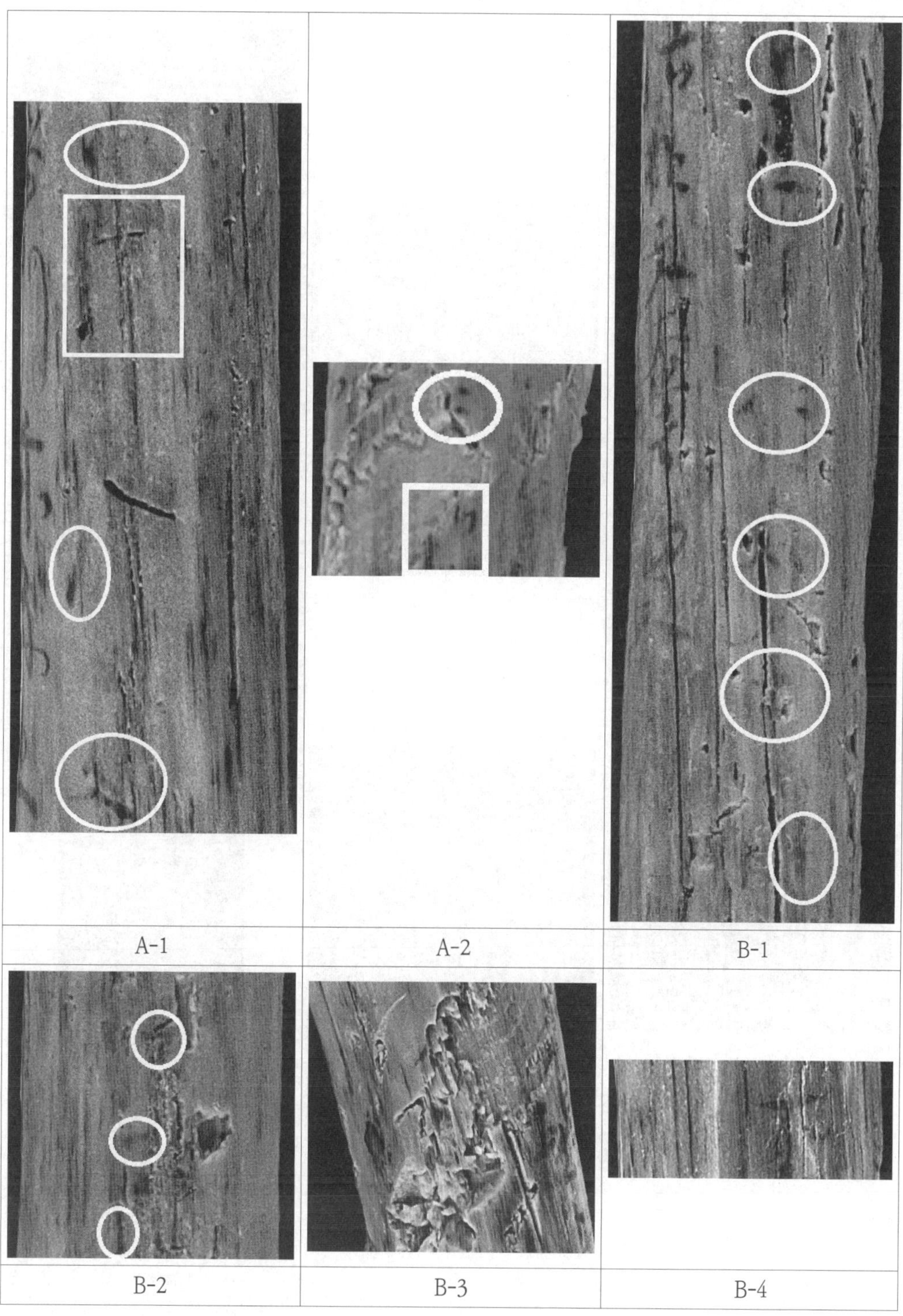

A-1 A-2 B-1

B-2 B-3 B-4

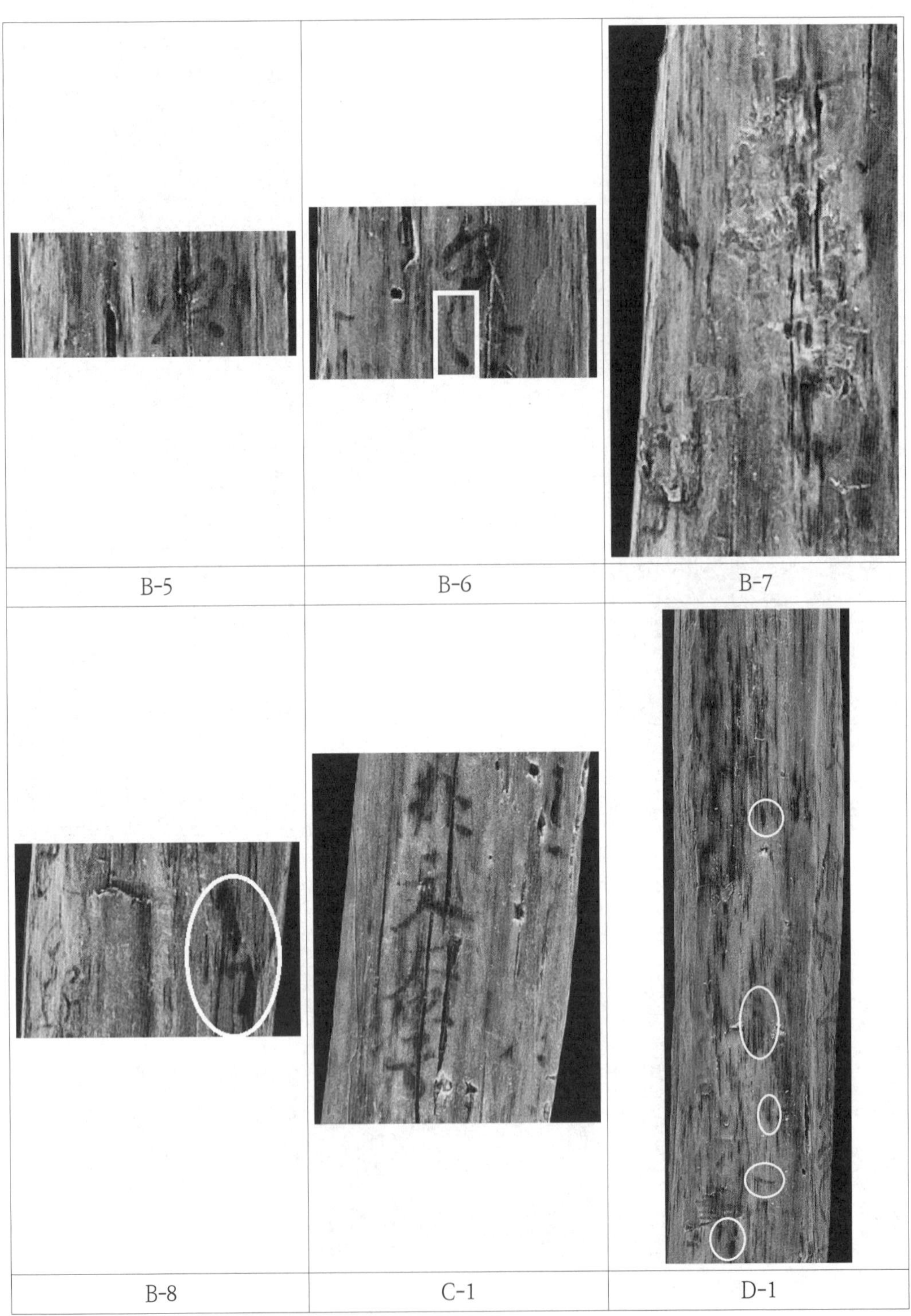
B-5
B-6
B-7
B-8
C-1
D-1

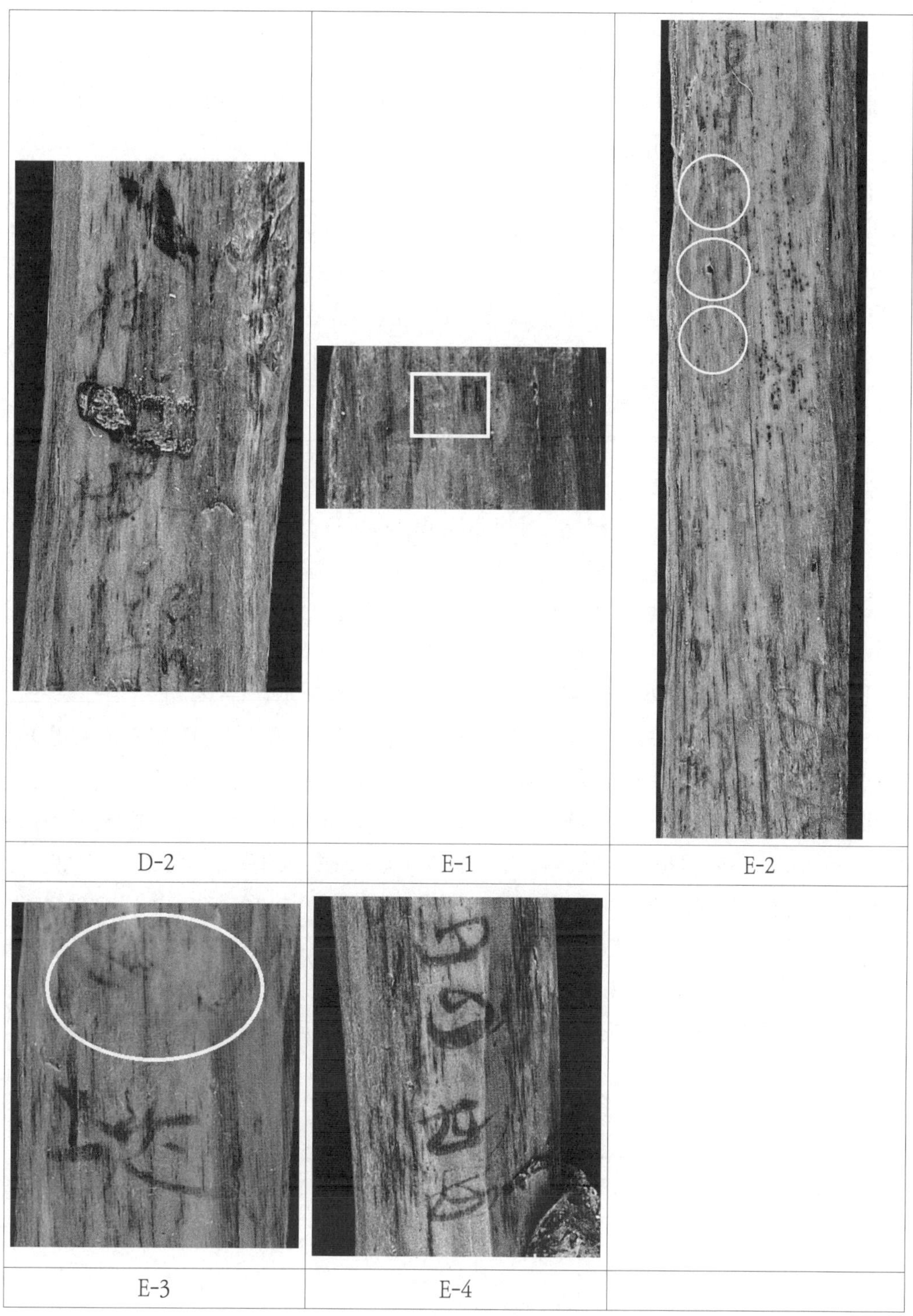

D-2	E-1	E-2
E-3	E-4	

사진 A-1은 A면 윗부분에서 약간 아래쪽으로 내려온 부분이다. 여기에 일부 글자의 획(흰색 원)이 보인다.[8] 다만 구체적인 글자 판독은 어렵고,[9] 흰색 원 표시 외에 글자의 흔적으로 추정되는 부분이 있다. 자문회의에서 이 부분은 글자의 흔적은 있지만 정확한 글자 수를 판독할 수 없다고 결론을 내렸다. 이에 '⊂⊃'라는 기호를 사용하여 판독문에 표시했다.

사진 A-2는 A면 중간 부분으로 이 위쪽에는 畓, 아래쪽에는 堤가 위치한다. 사진에는 두 글자가 있었다고 추정되는데 획이 확실한 것은 흰색 원 내부의 가로 두 획과 사각형 안에 있는 입 구(口)의 위쪽과 오른쪽 획 일부이다.[10] 먼저 가로 두 획은 획의 간격이 좁지만 칠(七)로 추정하고, 확실하지 않다는 의미에서 물음표(?)를 덧붙였다. 그리고 사각형 안 글자의 경우 結로 판독한 견해도 있지만[11] 그 위쪽에 나무 표면이 떨어져 나갔기 때문에 더 이상의 판독은 불가능하다. 따라서 자문회의에서 나온 의견과 마찬가지로 글자는 있으나 판독 불가라는 의미로 사각형(□)으로 표시해둔다.

사진 B-1은 B면 윗부분으로 흰색 원으로 표시한 부분을 중심으로 글자의 흔적이 보인다. 제일 위쪽 원의 경우 획이 뭉개진 흔적으로 추정되는 부분이다. 그 아래에도 여러 글자가 있다고 추정되므로 A-1처럼 '⊂⊃'로 표시했다. 이 사진의 바로 아래는 乃가 이어지는데, 자문회의에서 4글자 정도 있다고 판단했다.[12]

사진 B-2는 B면 위쪽에 있는 乃와 畓 사이 부분이다. 여기에도 획의 일부분으로 추정되는 흔적이 있다.(흰색 원) 자문회의 당시 다른 부분의 글자 크기나 글자 사이의 간격을 고려해서이 부분에는 2글자 정도 있었다고 추정했다.[13]

사진 B-3는 B면 중간에서 약간 아래쪽으로 치우친 부분으로 목간 표면이 파손되었다. 이 부분 위쪽으로 下只, 아래쪽으로는 下田이 나오는데, 최근 C면에 등장하는 下只尸谷을 의식하여 下只(尸谷)이라 추정 판독하는 견해도 있다.[14] 물론 파손된 부분에 尸谷이 위치했을 가능성이 있고 (尸谷)이라고 추정했지만 자문회의에서 나온 의견을 존중하여 이 부분은 판독 불가로 두는 게 좋다고 생각한다. 즉 완전히 파손된 부분에 대한 판독이므로 글자가 있었을 것이라는 표시만 하는 것이 옳다고 여겨지므로 사각형(□)으로 두었다.

사진 B-4는 B면 아래쪽에 위치하며, 위쪽에는 田, 아래쪽에는 負가 있다. 이 글자의 경우 다음에 나오는 負를 감안하면 숫자가 확실하다. 확실한 것은 가로로 그은 획이고 나머지는 불확실하다. 자문회의 당시 一, 七, 十 등으로 견해가 나뉘어졌는데, 필자의 판단으로는 가로획 위쪽을 뚫고 간 흔적이 보이지 않으므로 一일 가능성이 크다고 생각한다. 다만 이 부분은 추가 판독이 필요하다고 생각되므로 사각형(□)으로 표시하고, 자문회의에서 가능성 있는 글자로 거론된 것을 주석으로 표시했다.

---

8) 사진 왼쪽에 보이는 글자는 B면에 있는 것이다.

9) 첫 번째 원과 두 번째 사각형 안의 글자를 八月로 추정 판독하기도 한다(손환일, 2020, 앞의 논문, p.586).

10) 원 내부의 새로 획과 오른쪽 대각선 아래쪽 획으로 보이는 부분은 목간 표면이 파손되면서 그림자가 진 부분이다.

11) 손환일, 2020, 앞의 논문, p.6.

12) 八月十日로 판독하는 견해도 있다(손환일, 2020, 앞의 논문, p.586).

13) 乃刀(谷)으로 판독하는 견해도 있다(손환일, 2020, 앞의 논문, p.586).

14) 손환일, 2020, 앞의 논문, p.586.

사진 B-5는 B-4보다 아래쪽에 위치한다. 바로 윗 글자는 谷이며, 아래쪽은 알 수 없는 글자이다. 자문회의 과정에서 약간의 논란이 있기는 했지만 최종적으로 次로 판독했다. 이에 대해 火로 판독하는 견해도 있다.[15] 즉, 아래에서 설명할 B-6을 田으로 판독한 후, 이를 次田으로 보기 어렵다는 이유를 들어 火田이라 본 것이다. 그런데 이 견해에서도 사진 B-5의 획이 次와 유사하다는 점은 인정했다. 다만 次田으로 보기 어렵다는 것은 B-4의 글자를 火로 보아야 할 충분한 근거가 되지 못한다. 따라서 B-4의 글자는 확실한 다른 근거가 없다면 당분간 次로 보는 것이 타당하다.

사진 B-6은 B-5보다 아래쪽에 위치한다. 위쪽으로 次가 있으며, 아래쪽에는 내용이 두 줄로 나누어진다. 위쪽의 형태만 본다면 왼쪽 세로획이 없는 田과 유사하다. 그런데 아래쪽에 길게 그어진 획의 존재(사각형 표시) 때문에 田으로 보기 어렵다. 일단 판독할 수 없다는 의미에서 사각형(□)으로 두고, 자문회의에서 가능성이 있는 글자로 거론된 色을 주석으로 표시했다.

사진 B-7의 경우 오른쪽에는 五負가 있다.[16] 이 부분은 목간 표면이 약간 파손되어 표면이 고르지 못하다. 그래서 판독의 어려움이 있어 자문회의 당시 글자 수부터 논란이 있었다.[17] 일단 오른쪽의 五負처럼 두 글자가 있는 것으로 의견을 모았고, 글자는 정확하게 판독할 수 없으므로 사각형(□)으로 표시하고, 각각의 글자는 첫 번째 글자는 四 또는 內, 두 번째 글자는 負일 가능성을 주석에 표시했다.

사진 B-8은 B-7과 五負로 나뉘어진 줄이 다시 합쳐지는 부분에 위치한다. 획의 일부(흰색 원)가 남아 있어 글자가 있었음은 확실하다. 다만 자문회의에서도 어떠한 글자인지 알 수 없으므로 판독 불가능한 글자 표시(사각형(□))로 남겨두었다.

사진 C-1은 C면 윗부분인데, 여기에 4자 정도 있는 것으로 추정된다. 이 부분의 글자는 다른 면의 글자와 달리 겹쳐 쓴 것으로 보이기 때문에 자문회의에서도 정확한 글자 수를 판단하기 어려웠다. 다만 최근에 '赴文大舍 定'이라 판독하여 5자로 보는 견해가 나왔다. 이 견해는 人名과 관등까지 판독하고, 농산물 산출을 관장한 사람이 기재된 것으로 보고 있다.[18] 그런데 이 판독을 제시한 논자가 지적했듯이 舍의 경우 일반적인 合字가 아니라는 점, 大와 舍 사이에 획이 있다는 점 등은 판독 결과와 별개로 이 부분을 판독하는데 고려해야 할 요소이다. 자문회의에서 이 부분은 글자가 겹쳐있지만 잠정적으로 4자가 있다고 보고, 첫 번째 글자는 보이는 형태에 따라 北, 두 번째와 세 번째 글자는 판독 미상이라는 의미로 사각형(□), 네 번째 글자는 負로 판독했다. 그런데 새로운 판독을 제시한 연구에서 주장한 大와 舍 사이의 획을 고려하면 자문회의 판독보다 1글자가 더 있을 것으로 추정된다. 이에 자문회의 자문회의 결과에서 판독할 없는 1글자를 더 추가했다.

사진 D-1은 D면 아래 이물질이 붙어 있는 부분의 아래쪽이다. 이 부분은 나뭇결과 표면의 얼룩이 있다.

15) 손환일, 2020, 앞의 논문, p.586 및 p.607.

16) 사진에는 글자가 오른쪽으로 치우쳐 있다.

17) 3자로 추정하기도 한다(손환일, 2020, 앞의 논문, p.586).

18) 손환일, 2020, 앞의 논문, p.586, p.597.

그 가운데 흰색 원으로 표시한 부분에 획으로 여겨지는 것이 있는데, 이러한 점을 토대로 자문회의에서 글자가 있었으나 지워진 것으로 보았다. 그러므로 이 부분은 '⊂⊃'라는 기호로 표시했다.

사진 D-2는 D-1 아래쪽이며 글자 중간에 이물질이 붙어 있다. 여기에는 4글자가 있었다고 추정된다. 즉 중간 두 글자는 柱로 판독하고, 제일 위쪽 글자와 제일 아래쪽 글자는 알 수 없는 글자로 처리했다.[19] 이 부분의 글자를 (神位) 斯로 판독한 견해도 있지만[20] 추정인 만큼 현재로서는 가장 비슷한 형태인 柱로 판독하는 것이 옳다고 생각한다.

사진 E-1은 E면의 두 번째 글자이다. 1차 자문회의 판독에서 中으로 판독되었다가 2차 자문회의 판독에서는 十으로 수정 판독되었다. 그런데 흰 사각형 안에 있는 오른쪽 획이 위아래 분리된 것처럼 보여 中일 가능성도 있다. 다만 앞뒤 문맥으로 본다면 畓十三結이 畓中三結보다 분명한 의미를 지닌다. 그러므로 자문회의 결과를 존중하여 판독문에는 十으로 표시하고 中일 가능성도 각주로 표시해둔다.

사진 E-2는 E면 7번째 글자(得)가 시작되는 부분이다. 전체적으로 8자가 있다고 추정되는데 자문회의에서 得 아래 세 글자의 경우 논란이 있었다.[21] 글자의 크기로 보아 세 글자 정도가 있다고 여겨지며, 정확한 글자를 판독할 수 없으므로 사각형(□)으로 표시하고, 자문회의에서 가능성 있는 글자로 제기된 것을 주석에 표시했다.

사진 E-3은 E면 아래쪽에 있으며, 3개의 堤의 가운데 첫 번째 글자가 시작되는 부분이다. 자문회의에서는 글자 위의 획으로 추정되는 부분(흰색 원)을 살피지 못했는데, 이 부분은 글자가 기재되었다가 지워지고 남은 흔적으로 추정된다. 따라서 자문회의 결과를 보완하여 아래의 판독문에 새롭게 반영했다. 다만 堤 위에 글자가 있었으나 판독할 수 없으므로 사각형(□)으로 두었다.

사진 E-4는 E-3 아래쪽에 있으며, 비슷한 글자가 반복되고 있다. 4개의 글자 형태가 각각 다른데 대체로 위의 두 글자와 아래의 두 글자가 비슷한 형태이다. 1차 자문회의에서는 '心心 四四'로 판독했으나 2차 판독에서 '四四 四四'로 수정했다. 여기서는 2차 자문회의 결과를 따른다. 하지만 위쪽 두 글자를 㦤劃을 사용한 心心, 아래쪽 두 글자를 匹匹로 보는 견해도 있다.[22] 그런데 전자는 일반적인 心의 필법과 다르다고 여겨지고, 후자는 목간에 남겨진 글자 오른쪽이 획으로 막혀 있다고 보인다. 이에 四四 四四로 잠정적으로 정리해 둔다.

이상의 내용을 정리하여 판독문으로 제시하면 다음과 같다.[23]

---

19) 이 글자는 미상으로 처리했지만 오른쪽 부분에 우부 방(阝)이 보인다.

20) 손환일, 2020, 앞의 논문, p.586, p.605.

21) 이를 두 글자(月□)로 판독하기도 한다(손환일, 2020, 앞의 논문, p.586).

22) 손환일, 2020, 앞의 논문, p.586, 609.

23) 목간의 면은 A면을 잠정적으로 정한 다음 그 왼쪽부터 B, C, D, E면 순으로 진행된다. '⊂⊃'는 글자의 흔적은 보이지만 몇 글자있는지 모르는 것을 표시한 것이고, □는 글자의 획이 전부 또는 일부 보이지만 알 수 없는 글자를 표시한 것이다. 아울러 각 면의 글자 크기가 달라서 기재된 글자의 상대적인 위치는 일부 차이가 있다.

<table>
<tr><td>A면</td><td colspan="3">⊂ ⊃卌負 甘末谷畓七(?)□堤上一結 仇弥谷三結 堤下卌負</td></tr>
<tr><td rowspan="2">B면</td><td rowspan="2">⊂ ⊃□□□□乃□□畓卌負谷門弥珎上田三半 下只□□下田七負內利田□[24)負 仇利谷次□[25)</td><td>五負</td><td rowspan="2">□</td></tr>
<tr><td>□[26) □[27)</td></tr>
<tr><td>C면</td><td colspan="3">下只尸谷畓二結北□□□負</td></tr>
<tr><td>D면</td><td colspan="3">⊂ ⊃□柱 柱□</td></tr>
<tr><td>E면</td><td colspan="3">畓十[28)三結卌負 得□[29)□[30)□[31)三結卌負 □堤 堤堤 四四 四四</td></tr>
</table>

소월리 목간 판독문

III. 목간의 내용과 용도

목간의 전반적인 내용은, 잘 정리한 문장이라기보다 단편적인 내용을 기재한 것으로 보인다. 글자의 줄을 맞추지 않았다는 점, B면 말미에 글자가 두 줄로 늘어난다는 점, 그리고 D면과 E면 마지막 부분이 글자를 연습한 곳으로 추정된다는 점 때문이다.

현재 판독되는 부분을 토대로 하면 목간의 내용이 기재된 형식은 '지명+토지 종류+토지 면적'으로 정리된다.[32) 지명은 甘末谷(A면), 仇弥谷(A면), 谷門弥珎(B면), 下只□□(B면), 內利(B면)[33), 仇利谷(B면), 下只尸谷(C면)가 있으며, 토지 종류로는 畓과 田이 보이고, 그 면적으로 結과 負를 사용했다. 이 밖에 堤, 柱 그리고 토지 면적을 표기하거나 연습한 숫자가 있다.

목간에는 등장하는 甘末谷, 仇弥谷, 仇利谷, 下只尸谷 등에 사용된 谷은 문헌기록과 금석문에는 國名이나 地名 그리고 人名으로 사용되었다. 그 사례를 보면 국명은 悉直谷國[34), 지명은 牛谷[35), 烏大谷,[36) 東海谷[37)

24) 또는 一, 七, 十

25) 또는 色

26) 또는 四, 內

27) 또는 負

28) 또는 中

29) 또는 坡

30) 또는 田

31) 또는 入

32) E면은 畓으로 시작하는데, 원래 위쪽에 지명이 있었을 것이라 추정된다. 그렇다면 목간은 현재보다 더 긴 형태였다는 점을 알 수 있다.

33) 內利의 경우 '某某谷'으로 표현된 것과 다른 형태이지만 仇利谷이라는 사례를 고려할 때, 谷이 생략된 것으로 추정된다. 또한 같은 B면에 등장하는 上田, 下田과 달리 단순히 田으로만 표기되었다. 이러한 점과 관련하여 谷처럼 田도 생략한 것이지 여부는 알 수 없다. 다만 內利의 田 전체가 조세 수취 대상이었기에 때문에 上이나 下와 같은 표기를 하지 않았다고 추측할 수도 있다.

34) 『三國史記』 卷1 新羅本紀1 婆娑尼師今 23年.

35) 『三國史記』 卷3 新羅本紀3 訥祇麻立干 3年.

또는 海谷,[38] 牛鳴谷,[39] 梁谷,[40] 인명은 得烏谷(또는 失)[41] 등을 들 수 있다. 이로 보아 谷은 다양한 용법으로 사용했다는 점이 드러난다.

목간에 등장하는 甘末谷 등은 그 가운데 地名으로 사용된 사례이다. 하지만 단순한 자연지명이 아니라는 점은 다음의 사례를 통해서 알 수 있다. 고구려 경우 東海谷 또는 海谷에는 守 또는 太守가 파견되었으며, 梁谷은 광개토왕의 능을 지키는 守墓人이 차출된 여러 집단 가운데 하나였다. 신라의 경우, 551년 무렵 세워진 것으로 추정되는 명활산성작성비에는 성(촌) 단위의 지방관이 파견된 烏大谷을 중심으로 노동력을 동원한 사실이 기재되어 있다.[42] 소월리 목간에는 谷 단위로 토지 면적이 집계되었다.[43] 이러한 토지 면적은 조세 수취와 관련되므로 행정적인 목적을 가지고 그것을 파악했을 것이다. 그러므로 谷은 기본적으로 골짜기를 배경으로 형성된 집단이면서[44] 국가에서 노동력을 동원하거나 조세 수취에 필요한 자료를 수집하는 단위였다.

목간의 내용에 따르면 국가에서 谷 단위로 조세 수취 자료를 수집할 때 파악한 것은 畓과 田의 면적이었다. 그 가운데 畓은 흔히 알고 있듯이 신라 고유의 漢字이다. 이 글자는 창녕신라진흥왕척경비, 신라촌락문서, 삼국유사 등 금석문, 고문서, 역사서 등 다양한 자료에 등장한다. 그 가운데 가장 이른 시점의 자료는 561년에 세워진 창녕신라진흥왕척경비에 등장하는 '海州白田畓'이다. 이러한 점을 토대로 추정한다면 목간 내용도 561년을 전후한 시점에 작성되었을 것이다.

목간에 등장하는 畓은 천수답일 가능성도 있지만 함께 등장하는 堤를 감안할 때 그 물을 이용하는 畓도 있었을 가능성이 있다. 신라에서 堤가 축조되기 시작한 시점을 알 수 없지만[45] 429년에 矢堤를 새롭게 쌓았다는 기록을 볼 때[46] 5세기 전반에 이미 堤의 존재가 확인된다. 536년에 영천의 菁提, 578년에는 대구의 塢가 축조되는데, 6세기 무렵에는 지방에서도 수리 시설이 본격적으로 나타난다. 이러한 수리 시설은 신라 중앙 정부의 관심사였다. 그 축조에 京位를 가진 왕경인이 관여하거나 국왕이 담당 관청에게 제방 수리를

36) 「明活山城作城碑」

37) 『三國史記』 卷15 高句麗本紀3 太祖大王 55年.

38) 『三國史記』 卷17 高句麗本紀5 西川王 19年.

39) 『三國史記』 卷26 百濟本紀4 東城王 14年.

40) 「廣開土王陵碑」

41) 『三國遺事』 卷2 紀異2 孝昭王代竹旨郎. 한편 영남지방에는 골짜기를 '실'이라고 발음하는 전통이 남아 있다.

42) 朱甫暾, 1992, 「明活山城作城碑의 力役動員體制와 村落」, 『西巖趙恒來教授華甲記念 韓國史學論叢』, 아세아문화사: 2002, 『金石文과 新羅史』, 지식산업사, pp.206-209.

43) B면에 등장하는 谷門이 谷과 谷 사이 또는 谷과 谷 이외의 지역을 구분하는 시설물일 가능성도 있다. 한편 風伯에게 지내는 제사 장소로 犬首谷門이 등장하는데(『三國史記』 卷32 雜志1 祭祀) 이것이 城門인지 谷과 관련된 시설물인지 알 수 없다.

44) 고조선의 유민들이 산골짜기 사이에 흩어져 살았다는 기록이나 박혁거세의 출생지가 산자락이라는 기록은 당시 촌락이 산자락이나 구릉 등에 위치했음을 보여준다(李銖勳, 1995, 『新羅 中古期 村落支配 研究』, 釜山大學校 大學院 博士學位論文, pp.30-32). 이는 목간에 등장하는 집단이 谷 단위로 형성되었다는 것과 비슷한 양상이다. 또한 소월리 유적도 골짜기의 상부에 위치했다는 점이 주목된다((재)화랑문화재연구원, 2019, 앞의 자료집, p.7).

45) 144년의 제방 수리 기록과 330년의 벽골지 축조 기사가 있지만, 각각 연대나 위치에 대한 논란이 있다.

46) 『三國史記』 卷3 新羅本紀3 訥祇麻立干 13年.

지시했다는[47] 점에서도 이러한 상황을 엿볼 수 있다. 또한 수리 시설을 통해 자연재해로부터 안전한 田畓이 확보되었을 것이다. 이렇게 확보된 畓의 증대는 수확량과 토지 이용률을 향상시켜[48] 중앙 정부의 재정을 늘리는 효과를 가져왔다.

수리 시설의 축조는 지방 촌락의 경관도 변화시켰을 것이다. A면에 따르면 토지는 堤上, 堤下처럼 둑 또는 제방을 기준으로 그 위치가 기록되었다. 이는 수리 시설이 중요한 기준점이 되었음을 의미한다.[49] 즉 골짜기에 형성된 주거지와 그 아래쪽에 축조된 堤를 중심으로 펼쳐진 田과 畓이라는 오늘날 경산 소월리 인근 지역의 6세기 무렵 경관을 추정할 수 있다.

지금까지 살펴본 각종 변화는 신라 중앙 정부의 지방 통치 체제 강화의 연장선상에서 이해가능하다. 5세기 후반에 시작된 지방관 파견과[50] 지방민을 대상으로 한 각종 역역 동원은 지방에 대한 중앙의 영향력이 강화되었음을 보여주는 사례라는 점은 기존 연구에서도 지적되었다. 특히 소월리 목간은 지방의 谷 단위까지 토지 면적을 파악했다는 점을 보여주는 자료이다.[51] 비록 통일 이후에 작성된 신라 촌락문서처럼 인구나 牛馬의 수, 그 변동을 기록하는 수준에 이르지 못했지만 지방 말단 조직에 대한 토지 현황 조사가 6세기에 이미 이루어지고 있었던 것이다.

토지 현황 조사와 관련해서 주목할 것은 그 면적에 사용된 단위이다. 목간에는 結과 負가 자주 등장한다. 널리 알려졌듯이 이는 우리나라 고유의 단위이다. 토지 면적을 결부 단위로 파악하는 결부제가 제도화된 시점은 일반적으로 7세기 후반 무렵이라 보았는데[52] 이는 結에 대한 기록이 문무왕대부터 나타난다는 점을[53] 주목한 것이다. 그런데 4세기 후반~6세기 전반 사이 신라 내에서 활발하게 진행된 계층분화에 대처하기 위해 국가적으로 양전 사업을 실시했으며, 이를 토대로 6세기 전반에 佃舍法을 정비하고, 1결의 기준을 정하여 국가 차원에서 결부제를 공식적으로 시행했다는 견해도 있다.[54]

---

47) 『三國史記』 卷4 新羅本紀4 法興王 18年.

48) 전덕재, 1990, 「4~6세기 농업생산력의 발달과 사회변동」, 『역사와 현실』 4, pp.28-29.

49) 목간 E면에 堤를 여러 번 쓴 것은 그만큼 자주 쓰는 글자였기 때문에 연습한 흔적이라 추정된다.

50) 朱甫暾, 1989, 「迎日冷水里新羅碑에 대한 基礎的 檢討」, 『新羅文化』 6: 2002, 『금석문과 신라사』, 지식산업사, p.86: 1996, 「麻立干時代 新羅의 地方統治」, 『嶺南考古學』 19: 1998, 『신라 지방통치체제의 정비과정과 촌락』, 신서원, pp.60-67.

51) 조사 주체는 정확히 알 수 없지만 道使의 임무가 조세 수취였다는 점과(姜鳳龍, 1987, 「신라 中古期 州制의 형성과 운영」, 『韓國史論』 16, p.119), 조세 수취가 道使-使人, 村主의 보고를 바탕으로 국가가 촌내의 호구 수와 재산을 파악하여 수취했을 것이라는 점을 참고할 수 있을 것이다(金在弘, 2001, 『新羅 中古期 村制의 成立과 地方社會構造』, 서울大學校 博士學位論文, p.131).

52) 李宇泰, 1989, 「新羅時代의 結負制」, 『泰東古典硏究』 5, pp.66-67: 1992, 「新羅의 量田制 -結負制의 成立과 變遷科程을 중심으로」, 『國史館論叢』 37, pp.33-35; 박찬흥, 2001, 「신라의 결부제와 조의 수취」, 『역사와 현실』 42, pp.60-70: 2010, 「고대 한국과 일본의 양전제 비교 고찰」, 『韓國史學報』 41, pp.21-25.

53) 圓光이 설치한 점찰보에 헌납한 밭 수량이 100결이라는 기록도 있다(『三國遺事』 卷4 義解5 圓光西學). 여기서 100결이 진평왕대에 측량된 것인지 『三國遺事』가 만들어진 고려시기에 측량한 것인지 확실히 알 수 없다(李宇泰, 1992, 앞의 논문, p.34).

54) 전덕재, 2001, 「신라 中古期 結負制의 시행과 그 기능」, 『韓國古代史硏究』 21, pp.274-277. 비록 문무왕대에 結의 사례가 나타나지만 이때 결부제가 국가적으로 사용되었을 가능성은 희박하다고 보는 견해도 있다. 다만 견해를 주장한 논자도 삼국시대에 결부제의 기반이 마련되었다고 하였다(김기흥, 1991, 『삼국 및 통일신라세제의 연구』, 역사비평사, pp.160-162).

결부제 시행 시점과 관련하여 경산 소월리 목간은 그 기록 시점을 6세기 중반 무렵까지 올려볼 수 있는 중요한 자료가 된다. 목간의 내용이 작성된 시점은 干支나 연도를 구체적으로 특정할만한 단서가 없어서 알 수 없다. 논란이 있기는 하지만 목간의 출토 층위나 유물이 6세기대로 추정된다는 점, 비교 자료가 되는 월성 해자 목간의 작성시점이 보통 6세기 중반~7세기 전반 무렵에 작성된 것으로 본다는 점, 앞서 언급한 堤나 畓이 6세기 신라의 농업 경제를 반영하고 있다는 점 등으로 보아 6세기 무렵에 작성된 것으로 여겨진다.

소월리 목간은 오늘날 경산 인근 지역의 토지 현황을 조사한 6세기 문서 목간이라 할 수 있다. 다만 정식 문서는 아니며 그것을 작성하기 위한 기초자료일 가능성이 크다. 그것은 목간의 형태나 내용에서 추정가능하다.

일반적으로 목간은 물품 꼬리표, 글자 연습, 간단한 내용 보고하는 용도로 쓰였다. 소월리 목간은 그 형태를 보면 아래쪽에 끈을 묶었던 것으로 보이는 홈이 있는데 아마도 최초에는 물품의 꼬리표로 사용되었다고 추정된다. 어느 시점에 지금의 용도로 변화했다고 여겨지는데, 표면에 불규칙하게 다듬은 흔적은 재활용 과정에서 나타난 것일 수도 있다. 그리고 표면이 불규칙한 것은 글자를 쓸 수 있는 최소한의 가공만 거쳤기 때문이라 여겨진다.

한편 '지명+토지 종류+토지 면적'이라는 공통된 기재 방식이 나타나는 것은 문서 작성을 위한 최소한의 형식은 있었음을 의미한다. 그런데 기재된 형태가 정연하지 않고 줄 구분이 쉽지 않다는 점에서 그 내용을 즉흥적으로 썼다고 생각한다. 특히 D면과 E면 아래쪽에 있는 글자는 앞에서 언급한 기재 방식과 다르다는 점, 그 위치가 다른 내용과 떨어져 있다는 점, 비슷한 글자가 반복된다는 점 등으로 미루어 보아 중요하거나 자주 사용하는 글자를 연습한 흔적일 것이다. 아마도 중앙에서 파견된 관리가 실제 현장을 둘러보면서 업무용 수첩처럼 사용한 것으로 추정된다. 즉, 경산 소월리 목간은 조세 수취를 위한 현지 조사를 토대로 정식 문서를 작성하기 위한 내용을 기록한 문서 목간이라 할 수 있다.

Ⅳ. 맺음말

경산 소월리 목간은 6세기 무렵 신라 지방 촌락의 구조나 경관 그리고 그곳에 영향력을 행사한 국가의 행정력 등을 보여주는 자료이다. 이와 더불어 甘末谷 등의 지명과 堤는 목간을 다양한 방면으로 연구할 수 있는 계기를 제공한다.

앞에서 언급한 甘末谷, 仇弥谷, 仇利谷, 下只尸谷 등의 정확한 위치는 알 수 없다. 다만 목간이 발견된 인근 지역에 있었던 지명으로 추정된다. 그렇다면 오늘날 경산 인근, 특히 하양지역의 지명 유래를 연구할 수 있는 단서가 될 수 있다.

또한 堤의 경우 목간이 출토된 지역의 주변 상황과 비교할 수 있다. 목간이 출토된 소월리 산60-1번지 주변에는 현재 8개의 크고 작은 저수지가 존재한다. 그런데 1926년 지도에는 현재의 소월지, 진촌지, 동강지 그리고 이름 없는 저수지 2개 등 5개가 보인다. 이들 저수지 가운데 어느 하나가 목간에 등장하는 堤라고 볼 근거는 없다. 다만 목간이 작성된 시대적인 배경을 고려하면 堤의 축조와 관련된 碑가 목간 출토 인근 지역에서 발견될 가능성이 있다. 이러한 측면에서 경산 소월리 목간의 내용 분석과 더불어 출토지와 그 주변 지역에 대한 연구도 추진되어야 할 것이다.

투고일: 2020. 4. 28. 심사개시일: 2020. 5. 3. 심사완료일: 2020. 5. 27.

참/고/문/헌

『三國史記』, 『三國遺事』, 「廣開土王陵碑」, 「明活山城作城碑」

(재)화랑문화재연구원, 2019, 『경산지식산업지구 진입도로 개설공사부지 내 2구역(소월리유물산포지2) 발굴조사 전문가검토회의 자료집』.

(재)화랑문화재연구원, 2019, 『경산지식산업지구 진입도로 개설공사부지 내 2구역(소월리유물산포지2) 발굴조사 현장설명회 자료』.

문화재청 보도자료, 「경산 소월리 유적에서 5세기 경 의례와 관련된 사람얼굴모양 토기 출토」(2019.12.03).

문화재청 보도자료, 「경산 소월리 유적에서 토지 관리 연관된 신라 목간 출토」(2019.12.09).

李銖勳, 1995, 『新羅 中古期 村落支配 硏究』, 釜山大學校 大學院 博士學位論文.

金在弘, 2001, 『新羅 中古期 村制의 成立과 地方社會構造』, 서울大學校 博士學位論文.

김기흥, 1991, 『삼국 및 통일신라세제의 연구』, 역사비평사.

朱甫暾, 1998, 『신라 지방통치체제의 정비과정과 촌락』, 신서원.

朱甫暾, 2002, 『금석문과 신라사』, 지식산업사.

韓國木簡學會, 2020, 『2019年 東아시아 新出土 木簡』, 韓國木簡學會 第33回 定期發表會資料集.

姜鳳龍, 1987, 「신라 中古期 州制의 형성과 운영」, 『韓國史論』 16.

박찬흥, 2001, 「신라의 결부제와 조의 수취」, 『역사와 현실』 42.

박찬흥, 2010, 「고대 한국과 일본의 양전제 비교 고찰」, 『韓國史學報』 41.

손환일, 2020, 「경산 소월리 출토 목간의 내용과 서체」, 『韓國古代史探究』 34.

李宇泰, 1989, 「新羅時代의 結負制」, 『泰東古典硏究』 5.

李宇泰, 1992, 「新羅의 量田制 -結負制의 成立과 變遷科程을 중심으로」, 『國史館論叢』 37.

전덕재, 1990, 「4~6세기 농업생산력의 발달과 사회변동」, 『역사와 현실』 4.

전덕재, 2001, 「신라 中古期 結負制의 시행과 그 기능」, 『韓國古代史硏究』 21.

〈Abstract〉

The fundamental studies on Sowolri wooden slip in Gyeongsan

Jeon, Kyung-hyo

The Sowolri wooden slip in Gyeongsan has 5 sides, and is a circular tree with a maximum length of 74.2㎝. On the surface, there are traces that have been trimmed to create letters, but the area or direction is irregular. The letters of wooden slip are read or estimated to be about 100 characters long. However, the actual number of characters would have been higher.

The content of wooden slip is the land area identified by the valley. Recorded formats are valley name, land type, and land area order. In addition, irrigation facilities such as embankments also appear. There is also a part that is presumed to have practiced letters to write this. When the form, contents, and methods of writing letters were synthesized, this wooden slip is presumed to record the basic data collected before the formal documents were prepared. Through the wooden slip discovered this time, it can be seen that the tax collection system based on the land area was already in place in Silla in the 6th century.

However, there is also a task to study the pasture in Sowol-ri, Gyeongsan. The place name that appears on wooden slip is a clue to study the origin of the place name in today's Gyeongsan area. In addition, it is possible that epitaph related to repair irrigation facilities and construction can be found in the area near the excavation. In this aspect, analysis of wooden slip contents and research on excavation sites should also be conducted.

▶ Key words: 6th century, wooden slip Silla, fields and paddy fields(田畓), embankment(堤), tax collection system(結負制)

〈경산 소월리 목간〉

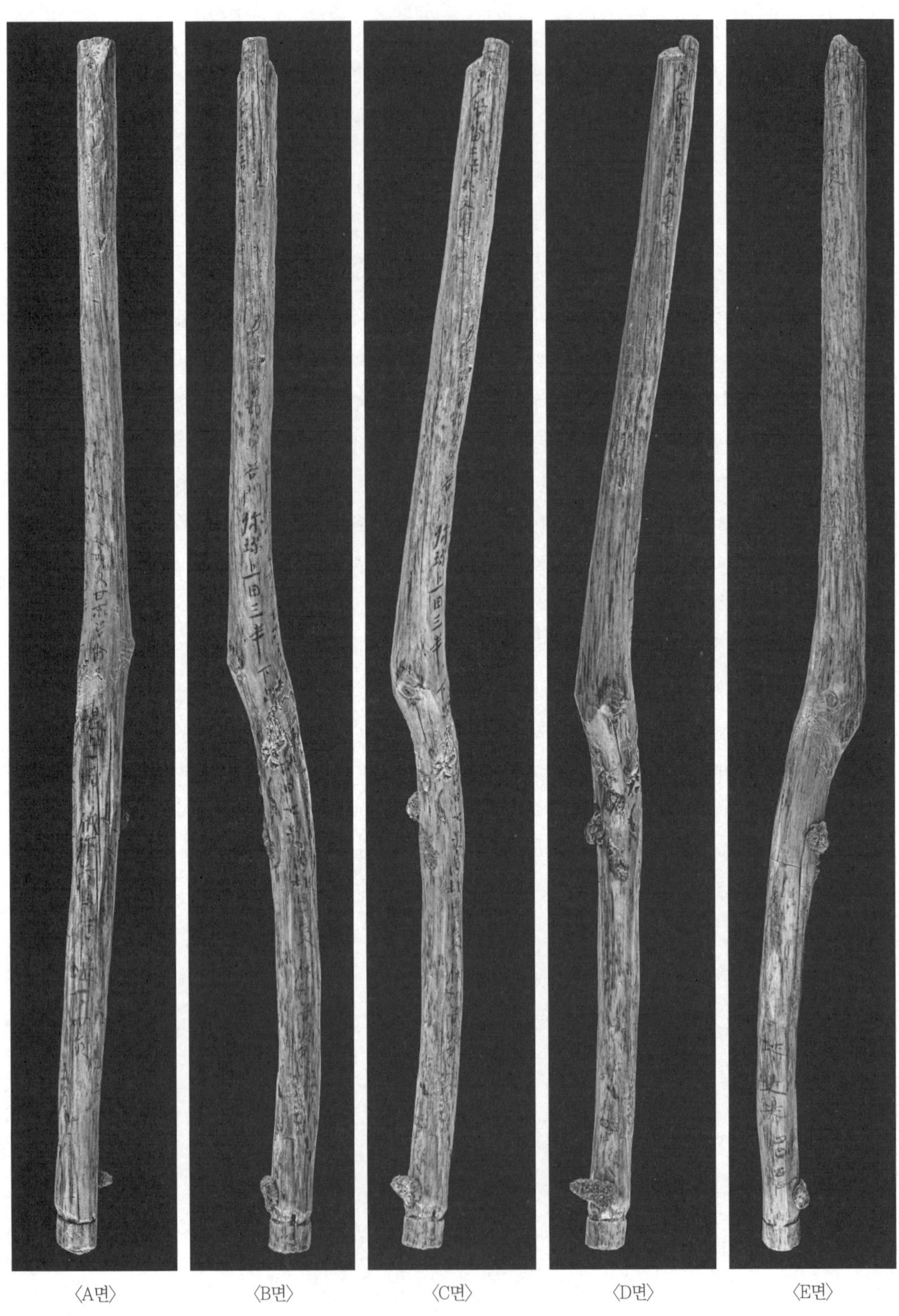

〈A면〉 〈B면〉 〈C면〉 〈D면〉 〈E면〉

해외현장조사

한겨울, 문자를 보기 위해 실크로드로 떠나다

한겨울, 문자를 보기 위해 실크로드로 떠나다

이보라·오택현*

프롤로그

2019년 11월 어느 날, 인터넷 실시간 검색어에 오른 키워드가 있었다. 바로 '중국 흑사병'이었다. 21세기에 흑사병이 웬 말인가! 그것도 한 명도 아니고 두 명이나 발생했다는 소식에 '답사 장소를 변경해야 하나' 싶어 다른 답사 장소를 찾아보기까지 하였다. 그러나 예방주사라도 맞고 가자며 기존에 정해진 실크로드 답사를 그대로 진행하였다(그러나 그보다 더 심각한 코로나19가 기다리고 있을 줄 누가 알았으랴). 답사기를 쓰는 지금에서야 느끼는 것이지만 이때부터 이번 실크로드 답사의 다사다난함은 예견되었던 것이 아닐까 생각된다.

답사기를 진행하면서 이야기하겠지만, 이 답사를 유독 다사다난했다고 느끼는 또 다른 이유 중 하나는 바로 필자 중의 한 명인 이보라의 발목 부상 때문이었다. 본 답사에 앞서 필자들은 3일간 충칭과 청두를 다녀왔는데 그 일정에서 樂山大佛을 보러 갔다가 이보라는 부처님의 뒤통수(!)에서 발목을 겹질리는 사고(!)를 당했다. 이 무슨 부처님의 장난이란 말인가! 걸어 다녀야 하는데 손목도 아닌 발목을 다치다니! 심지어 대불의 발가락은 보지도 못했는데! 이 사고 때문에 답사 기간 내내 김근식 선생님께서 본인이 쓰기 위해 가져온 등산용 스틱은 이보라의 차지가 되었고, 그녀는 등산용 스틱을 가장한 '족쇄'에 묶이게 되었다.

그리고 이 답사를 표현할 수 있는 또 다른 단어는 '이례적'이다. 이번 답사에 참가한 사람은 모두 8명이었는데 그중 여자가 5명, 남자가 3명으로 여성의 비율이 높았다. 이에 대해 여러 선생님들께서 여성의 비율이 높은 답사는 처음이라며 매우 '이례적'이라고 표현하였다. 그리고 또 하나의 이례적이었던 점을 꼽자면 술 대신 '茶'를 즐겼다는 것이다. 답사 기간 내내 茶器를 들고 다닌 두 명의 선생님 덕분에 우리는 茶器를 이용해 차를 즐길 수 있었고, 술보다 차를 마시며 저녁 시간을 보냈다. 이러한 점 또한 이 답사를 계속 생각나게 하는 재미있는 부분이라 생각된다.

* 동국대학교 역사교육과 일반연구원

답사 기간 중 느낀 재미가 글에서 얼마나 느껴질지 모르겠지만 지금부터 다사다난하고도 이례적이었던 2020년 실크로드 답사에 대해 이야기해보겠다.

1. 1일차

첫날 일정은 우루무치로 이동하는 것이 전부였다. 인천에서 우루무치로 가는 직항기는 여름에만 운항하기 때문에 겨울에는 시안을 거쳐 가야 한다. 따라서 먼저 일정을 시작해 충칭에 있었던 선발대 인원들은 후발대 선생님들을 만나기 위해 시안 공항으로 가야 했다.

이때 비행기를 이용해 이동하였는데 사전에 수하물을 신청하지 않아 공항에서 수하물 요금을 내야 했다. 김근식 선생님께서 그 모든 금액을 카드로 지불하고 다른 사람들에게 무게에 따라 돈을 받아갔다. 이로 인해 앞선 3일간 일정에서 돈을 모두 써버려 현금이 거의 없던 김근식 선생님은 의도치 않게 다시 현금 부자가 되었다(그러나 이 돈도 모두 도록을 사는데 사용했다는... 아마도 연구자의 숙명인가보다).

충칭에서 시안까지는 비행기로 대략 2시간 정도 소요되었다. 후발대 선생님들보다 조금 일찍 도착하여 선생님들이 나오실 게이트 앞에서 기다리는 동안 자신을 '박 부장'이라고 불러 달라던 가이드님을 만나 인사를 나누었다. 그리고 얼마 지나지 않아 후발대 선생님들을 만났다. 사실 3일 전 입국 당시 필자 중 한 명인 이보라는 의도치 않게 입국 대기 명령을 받았다(여전히 그 이유에 대해서는 알지 못한다). 그래서 혹여 후발대 선생님들도 입국 대기 명령을 받지 않을까 걱정을 했는데 다행히 아무 일 없이 금방 나오셨다.

드디어 모두가 모여 완전체가 된 답사팀은 우루무치로 가는 중국 국내선 비행기를 타기 위해 움직였다. 여권을 모아 셀프 체크인을 하는데, 이상하게 윤선태 선생님의 여권이 인식되지 않았다. 그 순간 비행기를 예약한 오택현 선생님은 무슨 느낌이라도 온 것인지 부랴부랴 노트북을 꺼내 예약 내역을 확인하였다. 확인한 결과, 윤선태 선생님의 여권번호를 잘못 입력한 것이 확인되었다. 윤선태 선생님은 기존 여권의 기간이 만료되어 답사 전에 여권을 바꾸셨는데, 기존 여권번호로 예약을 한 것이다. 그러니 조회가 될 리가 있나...... 결국 오택현 선생님은 노트북을 들고 박 부장님과 함께 카운터에서 사정을 구구절절 설명해야 했다. 그 사이 짐을 붙이던 원모아 선생님은 캐리어에 넣어둔 우산 때문에 보안팀에 불려가는 해프닝을 겪기도 하였다.

사진 1. 우루무치로 가는 비행기

겨우겨우 출국장으로 들어가 커피와 함께 두 시간 정도 수다를 떨며 한숨 돌리다 비행기를 타러 갔다. 시안에서 우루무치까지의 비행시간은 4시간. 기내식을 먹고 한참을 자도 도착하지 않으니 '정말 멀리 가는구나'라는 생각이 들었다. 자다 지쳐 창밖을 보니 눈 덮인 하얀 산이 시야에 가득 들어왔다. 그 모습을 보는 순간, 영하 20~30℃까지 떨어진다는 말이 과언이 아니구나 싶은 동시에 핫팩을 200여 장 준비한 김근식 선생님이 이해되기 시작했다.

비행기에서 본 풍경 때문에 걱정을 안고 내린 우루무치공항. 공항을 나와 처음 맡은 공기는 걱정했던 것에 비해 괜찮았다. 아니 오히려 시원해서 마음에 들었다. 우리가 도착하기 전에 눈이 온 것인지 길 옆으로 치워져 쌓여있는 눈은 그저 반가웠다. 이유진 선생님도 '생각보다 춥지 않다'며 답사팀 중 가장 어린 면모를 과시하였다(답사를 위해 누빔바지와 핫팩, 롱패딩 등을 준비한 다른 선생님들은 무엇이 되는가).

이미 늦은 시간에 우루무치에 도착했기 때문에 곧바로 숙소로 이동하였다. 숙소에 도착하자마자 오택현 선생님은 노트북이 들어있는 가방을 보지 못했느냐며 여기저기 묻기 시작했다. 가방을 잃어버린 것이다. 그렇게 오택현 선생님의 가방 찾기가 시작되었고 되짚은 끝에 가방을 비행기에 두고 내렸음을 알게 되었다. 아주 첫날부터 문제란 문제를 다 선사해주신 오택현 선생님이셨다. 다시 한 번 박 부장님을 옆에 끼고 통화를 시도하였으나 늦은 시간이라 그런지 전화를 받지 않았다. 그렇게 첫날 일정은 가방을 잃어버린 채로 끝이 났다.

2. 2일차

본격적인 답사가 시작된 이튿날, 우리의 일정은 9시에 시작이 되었다. 일반적으로 답사를 가면 9시 정도에 첫 답사 장소에 도착한다. 따라서 일반적인 답사에 비해 일정이 늦게 시작되었다고 할 수 있다. 그러나 이날 답사팀이 일정을 늦게 시작한 이유는 피곤함 때문이 아니었다. 우루무치는 겨울에 해가 뜨는 시간이 늦기 때문에 박물관 및 상점이 10시 정도에 오픈한다고 한다. 그래서 9시부터 답사를 시작하게 된 것이다.

처음으로 답사를 진행한 곳은 신장 위구르 박물관이었다. 이동하는 동안 항공사와 통화를 한 박 부장님

사진 2. 신장 위구르 박물관

은 비행기 안에서 가방을 발견했다는 소식을 전하며 박물관을 관람하는 동안 본인이 가방을 찾아오겠다고 하였다.

신장 위구르 박물관은 외관이 위구르 양식으로 지어졌으며, 그 전시도 신장 지역의 역사와 각 민족의 풍속에 대한 내용으로 이루어져 있다. 박물관은 총 2층으로 원래 3개의 전시실이 있다고 하는데, 우리가 갔을 때는 어떠한 이유 때문인지 모르겠으나 2개의 전시실만 볼 수 있었다.

1층에는 신장 지역의 역사 문화를 기원전 4000년 무렵의 유물부터 시작하여 清代까지 전시해 두었다. 그리고 2층에는 신장 지역에서 발견된 미라를 전시하고 있었다. 1층의 키질 석굴을 재현한 전시도 인상 깊었으나 그보다 2층에 전시되어 있던 미라가 기억에 남는다. 신장 지역에서는 사막 지역의 건조한 기후 때문에 미라가 많이 발견된다. 그 때문에 전시된 미라만 헤아려도 열 손가락이 차고 넘쳤다. 신장 위구르 박물관에서 가장 유명한 미라는 '누란의 미녀'라는 이름이 붙은 미라인데, 그 피부 및 체모가 완벽히 보존되어 있다. 그녀의 얼굴을 복원한 그림이 전시 패널과 함께 제시되어 있었다. 하지만 그녀보다 이목을 끌었던 미라는 문신한 흔적이 남아 있는 미라였다. 입안에 무언가가 채워져 있어 확인하고자 가까이 다가갔다가 얼굴에 그려진 문신을 확인했다. 신기한 나머지 전시 패널을 자세하게 살펴보니 신장 지역에는 전시된 미라 이외에도 문신을 한 미라가 더 발견되었다는 것을 알 수 있었다.

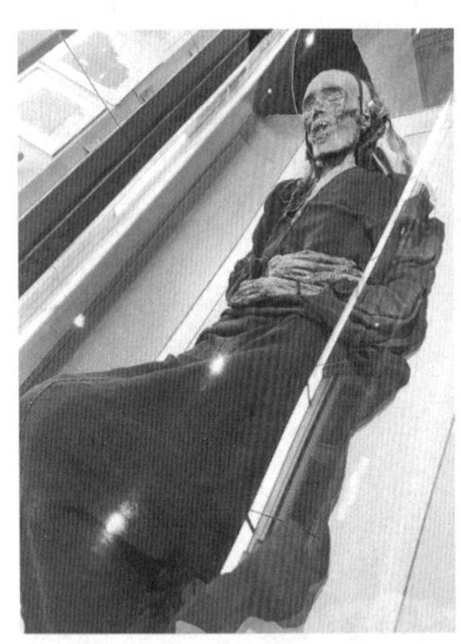

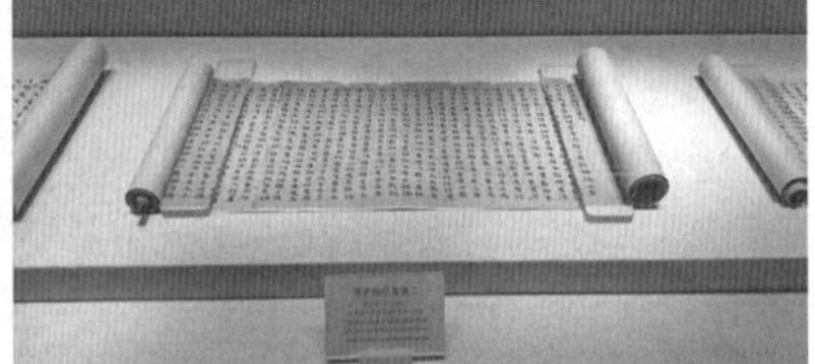

사진 3. 신장 위구르 박물관에 전시된 유물

2시간 정도 박물관을 관람하고 나오자 그동안 공항에 다녀오신 박 부장님께서 오택현 선생님의 가방을 무사히(?) 전달해주셨다. 다음으로 답사팀은 바자르로 이동하였다. 가는 동안 '바자르'가 무슨 뜻인지 궁금해하는 이보라를 위해 이진선 선생님께서 검색을 통해 그것이 시장을 가리키는 말이라는 것을 알려주셨다. 즉 우리는 신장의 전통 시장을 간 것이다. 이른바 시장 구경!

중국에서는 어딘가에 들어갈 때 항상 검색대를 통과해야 했는데, 그것이 시장에까지 적용될 줄은 몰랐다. 바자르에 들어가기 위해 검색대를 지나가야 했기 때문이다. 조금 당황스러웠지만 신장 위구르 지역은 분쟁이 일어날 가능성이 많기 때문에 다른 지역보다 보안검사가 더 철저하게 진행되었다. 보안 검사 후 바자르로 들어가니 입구에 이슬람 모스크 같은 건물이 있고 그 옆엔 높은 탑이 하나 있었다. 우리가 갔던 바자르는 'ㅏ'모양으로 구획되어 있었다. 길을 중심으로 하여 양쪽에 건물이 있고 그 앞에 컨테이너 같은 작은 가게들이 있었다. 다소 현대적인 모습에 아쉽기도 했으나 전통악기 모형이나 과자 등 파는 물건을 구경하는 것이 은근히 재미있었다. 심지어 무심코 들어간 과일가게에서는 몇몇 견과류를 먹어보기도 하였다.

사진 4. 바자르 입구

바자르 구경을 마친 후에는 점심식사를 하고 투루판으로 이동하기 위해 장시간 버스를 탔다. 노래도 듣고, 잠도 자며 각자의 방식으로 긴 이동을 즐기던 와중에 우리는 공안에게 검문을 받게 되었다. 모두가 버스에서 내려 웬 사무소에 들어가 여권 및 비자를 조회 받았으며, 마지막으로 사진도 찍혔다. 답사팀 모두 최대한 '나 착해요'라는 표정으로 어필하며 사진을 찍었다. 대략 4시간 동안 달린 버스는 들판, 雪山, 민둥산 등을 차례로 보여주면서 투루판에 도착하였다.

사진 5. 2일차 티타임

그리고 이날, 저녁을 먹은 후 우리는 김근식·오택현 선생님 방에서 티타임을 가졌다. 청두에서 산 김근식·이진선 선생님의 茶器를 바로 이때 개시한 것이다. 숙소에 구비된 차와 청두에서 산 차를 각각 마시기다가 이진선 선생님의 시도로 차를 블랜딩 해서 마시기도 했다. 그 누구도 취하지 않았지만 아주 즐거운 밤을 보냈다.

3. 3일차

전날에 비해 한 시간 일찍 시작한 3일차의 첫 일정은 高昌故城이었다. 숙소에서 高昌故城으로 가는 길이 火焰山의 남쪽을 따라 이어지고 있었기 때문에 가는 내내 火焰山을 볼 수 있었다. 이 산이 바로 손오공이 芭蕉扇을 빌려 불을 껐다는 『西遊記』의 그 火焰山이다.

이 지역의 火焰山이 『西遊記』에 등장하는 만큼 이 지역은 玄奘과 관련이 있다. 우리가 처음으로 갔던 高昌故城에는 大佛寺터가 있는데 이곳에서 玄奘이 설법을 했다고 한다. 그래서인지 高昌故城 입구에는 拄杖

사진 6. 高昌故城 입구 및 전동차

子를 짚고 있는 玄奘의 동상이 세워져 있다. 답사팀은 모두 신나서 玄奘을 따라 사진을 찍었다.

高昌故城은 성 내부를 전동차를 타고 돌아다니며 주요 건물지에서 내려 조금 더 자세히 볼 수 있도록 되어 있었다. 혹여나 이 글을 읽는 사람 중 누군가 高昌故城을 겨울에 방문하게 된다면 찬바람에 단단히 대비하라고 조언해주고 싶다. 전동차에 바람을 막아줄 장치가 단 하나도 없기 때문이다. 차가 달리는 순간 차가운 공기가 바람으로 바뀌면서 온몸 구석구석 침투하는데 너무 추워서 자동으로 비명이 튀어나왔다. 그러니 꼭 대비하자. 찬바람!

高昌은 漢代에 車師前國을 견제하고자 高昌壁을 건설한 것에서 시작하여 高昌國-高昌縣治-高昌回鶻國 등의 단계를 거치면서 1400여 년 동안 지속되었다. 성은 外城, 內城, 宮城으로 구성되어 있다. 우리는 성의 남문으로 들어가 반시계방향으로 돌면서 차례대로 小佛寺-可汗堡-大佛寺를 보았다. 可汗堡는 왕궁을 의미

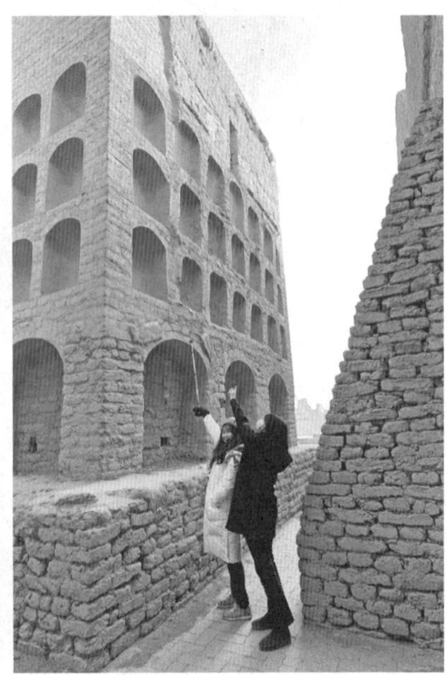

사진 7. 高昌故城 내 可汗堡와 大佛寺 탑

하므로 高昌故城 안에 있었던 궁궐구역이나 관청구역으로 추정된다. 그리고 玄奘이 설법했다는 大佛寺터에는 殿堂 중심에 탑이 남아 있다. 탑의 측면에 작은 龕室이 여러 개 조성되어 있어 萬佛塔이라고도 한다. 현재 佛龕에 佛像은 남아 있지는 않지만, 자세히 보면 佛龕에 光背를 그린 벽화 흔적을 어렴풋이 확인할 수 있다. 이를 통해 본래 佛龕 안에 불상이 봉안되어 있었음을 짐작할 수 있다. 경험상 하나를 발견하면 다음부터는 쉽게 발견할 수 있을 것이다(탑의 왼쪽에 있는 佛龕을 주목하자).

바람을 막아주지 않는 전동차로 인해 꽁꽁 언 몸을 녹이며 아스타나 고분군으로 이동하였다. 위구르어로 '휴식처'라는 뜻을 가진 아스타나 고분군은 西晉에서 唐까지의 고분이 群을 이루고 있다. 일부 고분에서는 벽화가 그려진 모습도 확인되고 있다.

아스타나 고분군 입구에는 伏羲와 女媧가 있었다. 伏羲와 女媧가 여기에 있는 이유는 이 고분군에서 伏羲와 女媧가 그려진 그림이 발견되었기 때문이다. 상반신은 사람, 하반신은 뱀의 모습을 한 伏羲와 女媧는 중국의 천지창조 신화에 등장하는 神으로, 男神인 伏羲는 왼손에 측량을 위한 曲尺을 들고 있고 女神인 女媧는 오른손에 컴퍼스(혹은 가위)를 들고 있다. 독특한 점은 현재 이 그림이 국립중앙박물관에 소장되어 있다는 것이다. 국립중앙박물관에 소장된 이유는 과거 일본이 해당 고분을 도굴하여 伏羲와 女媧가 그려진 그림을 일본으로 가지고 가서 도쿄박물관에 전시하고 있었다. 그러던 중 박물관 유물 순회 전시가 기획되었고, 일본은 당시 식민지였던 한국의 서울에서 순회 전시를 하기로 결정하였다. 그 결과 서울에 伏羲와 女媧가 그려진 벽화가 전시되었고, 전시 도중 해방되면서 해당 벽화가 한국에 남게 된 것이다.

사진 8. 아스타나 고분군

伏羲·女媧와 사진을 찍은 후, 고분군으로 들어가려고 하니, 벽화고분을 전공하시는 김근식 선생님께서 '여기는 내 구역이니 이보라를 잘 부탁해.'라며 족쇄에 묶여 느린 이보라를 또 다른 필자인 오택현 선생님께 떠맡기고 후다닥 가버렸다. 그렇게 필자들이 다른 사람들보다 한 걸음 늦게 고분군으로 들어가니 언덕 같이 높고 잔디를 심어둔 경주의 고분과는 달리 자갈로 이루어진 낮은 봉분들이 보였다. 이 모습이 꽤나 이색적이라 사진을 찍었으나 당시 느낌을 전달하기엔 부족한 듯하다.

우리는 漢代의 벽화고분 3기(210·215·216호분)를 보았다. 고분은 모두 계단을 통해 지하로 내려가는 구조였으며, 215·216호분은 묘실로 들어가면 정면에 벽화가 그려져 있었다. 특히 216호분에는 6帖屛風圖

像이 그려져 있는데, 그중 네 첩은 앞가슴이나 등에 玉人·金人·石人·木人이라는 글자가 쓰여 있어 유교의 가르침을 풀이한 것으로 추정된다. 210호분에는 미라가 있었는데 이 무덤에서 확인된 미라는 우루무치박물관에 전시되어 있다고 한다(힘들게 내려갔는데 레플리카였다니......).

아스타나 고분군을 후다닥 본 후, 베제클리크 천불동으로 이동하였다. 베제클리크 천불동은 위구르어로 '아름답게 장식된 집'이라는 뜻이다. 이 석굴은 실크로드의 대표적인 불교유적으로, 석굴 내부에 벽화가 그려져 있다. 하지만 19세기 말 ~ 20세기 초에 걸쳐 영국·프랑스·러시아·일본 탐험대에 의해 조사되면서 많은 부분이 도굴되고 파손되었다.

주차장에서 내려가 처음 마주한 베제클리크의 모습은 그 주변 경관이 너무 예뻤다. 하지만 석굴 안으로 들어가는 순간, 앞서 이야기한 것처럼 佛像을 뜯어가거나 벽화를 도려내는 등 도굴의 흔적이 너무나도 명확하게 보여 안타까웠다. 그럼에도 불구하고 남아있는 벽화가 아름다워 감탄할 수밖에 없었다. 베제클리크 천불동을 보는 내내 안타까움과 감탄이 지속적으로 교차했다. 안타까움은 제 20굴을 보면서 절정에 달했다. 제 20굴은 벽화가 모두 도굴당해 현재 그 벽화의 모사도 사진만 전시되어 있었기 때문이다. 또 이른바 音樂洞이라고 불리는 제 38굴은 훼손이 심해 개방조차 되지 않았다(기본 입장료 외에 추가 금액을 낸다면 열어준다고 한다).

베제클리크 천불동 석굴 내부는 사진 촬영이 금지되어 있다. 이 때문에 현지인이 석굴의 문을 열어줌과 동시에 사진 촬영 여부를 감시한다. 그런데 우연찮게 석굴에 들어가는 순간 김근식 선생님의 휴대폰 화면이 켜지자, '감시자(!)'가 득달같이 달려와 우리가 알아듣지 못 하는 중국어로 약간의 신경질을 부렸다. 김근식 선생님은 휴대폰 화면이 꺼졌음을 보여주었지만, 우리는 그 뒤로 더욱 더 엄격해진 감시자의 감시를 감

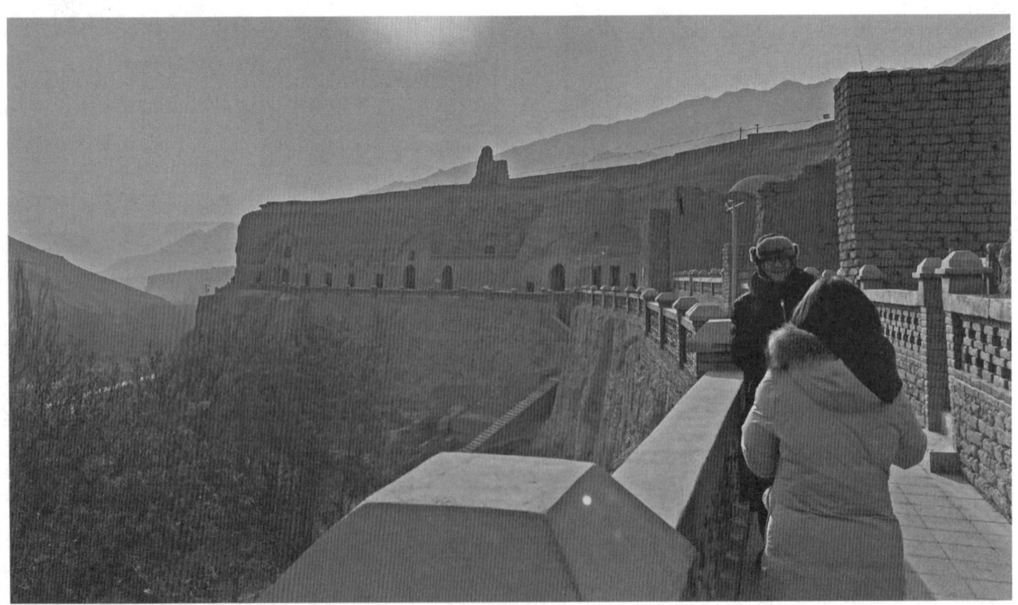

사진 9. 베제크리크 천불동

당해야 했다.

베제클리크 천불동까지 본 후 점심식사를 하고 투루판박물관으로 이동하였다. 투루판박물관에는 공룡도 전시되어 있었으나 모두 공룡에는 관심이 없는지 빠르게 살펴보고 지나갔다. 박물관에는 오전에 본 高昌故城과 아스타나 고분군에서 발견된 유물을 전시하고 있어 나름의 복습이 되었다. 그뿐만 아니라 박물관 다음 일정인 交河故城에 대해서도 전시되어 있었다.

박물관을 한 시간 정도 관람한 뒤 우리는 이날의 마지막 일정인 交河故城을 보러 갔다. 중국에서 가장 잘 남아 있는 도시유적인 이 城은 두 개의 河流가 만나는 벼랑에 위치하고 있어 交河라는 이름을 가지게 되었다. 交河故城에도 高昌故城과 마찬가지로 大佛寺터가 있으며, 佛塔을 확인할 수 있다. 이 탑 역시 高昌故城의 大佛寺 塔과 유사한 모습으로 측면에 佛龕이 조성되어 있다. 다만 高昌故城에서는 확인되지 않는 佛像을 交河故城에서는 확인할 수 있다. 佛像은 佛塔의 각 면에 등을 대고 있어 별도로 조성해 봉안한 것으로 보이는데, 이는 간다라 지역의 불탑에서 확인되는 양식이기에 주목된다. 이러한 이유 때문에 이보라는 交河故城의 大佛寺 塔을 보고 싶어했는데 다친 다리가 발목을 잡았다. 大佛寺가 交河故城의 가장 안쪽(북쪽)에 있기 때문에 주어진 시간 내에 다녀올 수 없었다. 그녀를 대신해 다른 선생님들께서 사진을 많이 찍어주셨지만 그녀의 아쉬움은 쉬이 없어지지 않았다.

사진 10. 交河故城에서의 단체사진 및 大佛寺 탑

일정을 끝낸 후 야간기차를 타고 둔황으로 이동하기 위해 투루판역으로 이동하였다. 역에 들어가기 위해서는 짐 검사를 받아야 했는데, 기차역이어서 그런지는 몰라도 엄격하다 못해 살벌했다. 물을 가지고 탄 선생님들은 그 물을 마셔 독극물이 아님을 증명해야 했으며, 캐리어에 넣어둔 핫팩은 그것이 무엇인지 확인해주어야 했다. 이렇게 짐 검사를 마치고 4인실 침대칸 기차에 탑승하였다. 총 8명의 인원이었기 때문에 두 개의 방에 나누어 자리를 잡고, 씻은 후 수다를 떨다가 잠이 들었다(옆 칸에서는 컵라면을 즐겼다고 한다). 다음날 5시가 채 되지 않

사진 11. 투루판 역

아 유원역에 도착했다. 그곳에서 다시 버스를 타고 둔황으로 이동해야 했는데 5시 이전에는 버스를 운행할 수 없어 기다려야 했다. 운전자 보호법에 따라 5시 이후부터 버스 운행이 가능하며, 5시 이전에 시동을 켜면 그 내역이 중국 당국으로 보고되어 벌금을 물어야 한다고 한다. 깜깜하고, 시동도 켜지 않은 차에서 추위에 떨며 5시를 기다린 기억이 새록새록 떠오른다.

4. 4일차

밤새 야간기차와 버스를 타고 이동하여 아침 일찍 둔황에 도착한 우리는 박 부장님의 배려로 숙소에 빨리 체크인하여 씻고 일정을 시작할 수 있었다.

상쾌한 기분으로 시작한 첫 일정은 鳴沙山과 月牙泉이었다. 鳴沙山은 거대한 모래산으로, 바람이 불면 소리를 내기 때문에 鳴(울 명), 沙(모래 사)를 따서 이름 붙이게 되었다고 한다. 고운 모래가 산을 이루고 있는 모습에 퍽 이국적이라 입이 떡하니 벌어졌다. 젊은 남자 선생님들(김근식·오택현 선생님)은 낙타 라이딩이나 버기카 등의 액티비티를 보고 눈이 초롱초롱해지셨다(물론 시간상 하지는 못했다).

鳴沙山 입구에서 또 한 번의 전동차를 타고 月牙泉으로 이동하였다. 月牙泉은 鳴沙山 안에 있는 초승달 모양의 오아시스이다. 경치가 좋았다는 이야기를 반복하게 되는 것 같아 지양하고 싶으나 月牙泉에서 본 풍경을 이야기하지 않고 넘어갈 수는 없을 것 같다. 月牙泉의 풍경은 왠지 모르게 스위스의 인터라켄을 생각나게 하였다. 학부 시절 스위스 인터라켄을 다녀 왔는데, 그때 본 푸른 하늘과 눈 쌓인 雪山, 푸릇푸릇한 잔디의 조화가 너무 인상이 깊었다. 月牙泉은 그와 다른 색감이지만 꽁꽁 언 오아시스와 그를 감싸고 있는 모래산(鳴沙山), 푸르른 하늘의 조화가 너무 예뻐서 스위스가 생각났다. 특히 月牙泉은 일몰이 질 때 보면 예쁘다고 하는데, 일몰은 아니지만 일출 시간에 가서 일몰이 지는 月牙泉의 풍경을 간접적으로 경험하였다. 정말이지 너무 예뻤다.

사진 12. 鳴沙山과 月牙泉의 모습

답사팀을 제외하고는 아무도 없는 鳴沙山과 月牙泉의 풍경에 빠져 한참을 놀고 있으니, 어느새 박 부장님이 다가와 다음 일정을 재촉하였다. 아쉬움을 뒤로하고 둔황박물관으로 이동하였다.

둔황박물관을 처음 본 느낌은 '네모난 덩어리'였다. 투박하게 생긴 이 건물은 내부가 달팽이 계단 마냥

빙글빙글 돌아 올라가며 3개의 전시실을 볼 수 있도록 되어 있었다. 무엇보다 놀라웠던 건 간략하지만 한글로 쓴 전시 패널이 있다는 점이다. 우리가 갔을 때는 사람이 없었지만, 실크로드 답사의 성수기라고 하는 여름엔 한국인들도 많이 오는 곳이라 생각되었다.

이름에서 확인할 수 있는 것처럼 이 박물관은 둔황 주변에서 발굴된 유물을 다루고 있다. 제 1전시실에는 居延漢簡을 비롯한 목간이 대량 전시되어 있었다. 복제품인 경우도 있었지만 글자가 쓰인 목간뿐만 아니라 그림이 그려진 목간과 封泥를 볼 수 있었다. 제 2전시실에는 北涼塔 및 불상이 전시되어 있었다. 불교사를 전공하는 이유진 선생님은 이때부터 매우 신나게 박물관을 돌아다니며 관람을 하셨다. 그리고 김근식 선생님은 청룡이나 주작이 浮彫된 塼에 관심이 집중되어 사진을 많이 찍으셨다. 제 3전시실에는 둔황 막고굴에서 발견된 문서를 전시하고 있었다. 놀라웠던 것은 그동안 박물관에서 5G 속도 뺨치게 후다닥 관람하던 오택현 선생님이 여기에서만큼은 둔황문서에 꽂혀 한참을 보았다는 점이다.

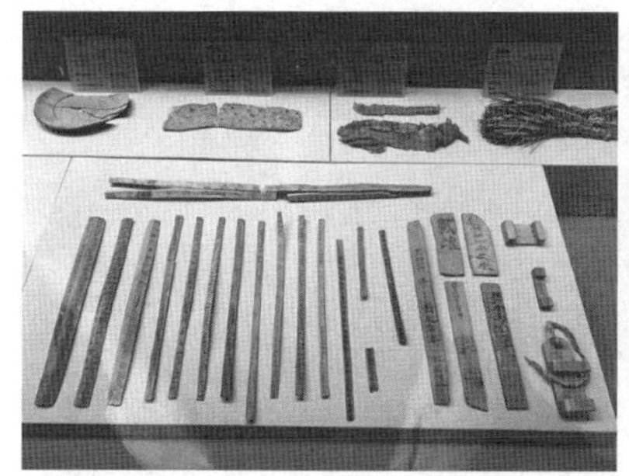

사진 13. 둔황 박물관에서 전시되어 있는 유물

박물관에서 책을 몇 권 산 이후 漢 長城, 河倉城, 玉門關 유적으로 이동하였다. 이동하는 버스 안에서 해당 유적지의 답사지를 작성한 김근식 선생님께 유적지에 대한 설명을 들었는데 그 설명이 이해가 되지 않아 모두 김근식 선생님을 구박하였다.

漢 長城, 河倉城, 玉門關은 한 번에 볼 수는 없지만 가까운 거리에 위치하고 있어 셔틀버스를 타고 왕복하였다. 입구에 있는 전시관을 관람하다가 곧 버스가 출발한다는 말에 모두 서둘러 버스에 올라탔다. 이 버스

사진 14. 겹겹이 쌓인 漢 長城

사진 15. 거대한 河倉城의 모습

를 놓치면 30여 분을 기다려야 했기 때문이다.

실크로드 답사의 성수기는 여름이기 때문에 이번 답사 내내 사람을 구경하기 힘들었는데 이곳만큼은 사람이 넘쳤다. 많은 사람을 태워 다소 왁자지껄한 버스는 먼저 漢 長城으로 10여 분 이동하였다. 漢 長城은 말 그대로 漢代에 지은 長城이다. 정확히는 前漢 시기에 외부적으로 흉노의 침입을 막고, 내부적으로 백성의 안정을 지키기 위해 세운 일종의 방어 시설이다. 셔틀버스에서 내리니 허허벌판에 쭉 펼쳐진 漢 長城이 보였다. 둔황에 있는 漢 長城은 벽돌을 사용하지 않고 땅에 있는 재료들을 사용해서 지어졌다. 그 때문인지 흙과 자갈을 번갈아 가며 겹겹이 쌓여있는 모습이 마치 페스츄리와 같았다.

漢 長城은 보는 것이 전부였기에 금방 보고 다시 버스에 올라타, 왔던 방향으로 다시 거슬러 갔다. 비포장도로를 뚫고 대략 20분 정도를 가니 河倉城이 나타났다. 河倉城은 군사비축성으로, 지금은 거의 다 무너졌지만 북쪽 벽이 비교적 온전하게 남아 있다. 河倉城은 동·서·북으로 호수와 연못에 의해 둘러싸여 있고, 남쪽의 하곡보다 높은 사막의 보호를 받아 위치상 잘 은폐되어 있다고 한다. 그러나 버스에서 내려서 본 河倉城의 모습은 '이게 어디가 은폐된 모습이지?' 싶을 정도로 우뚝 솟은, 존재감이 엄청난 성이었다. 가까이 가서 본 河倉城은 훨씬 더 컸으며, 그 앞을 한 바퀴 도는 것만 해도 어느 정도의 시간이 소요되었다. 河倉城 앞을 한 바퀴 돌고 난 후 다시 버스에 탑승해 출발했던 곳으로 돌아왔다.

처음 출발했던 전시관으로 돌아오니 저 멀리 玉門關이 보였다. 화장실에 간 오택현 선생님을 기다리며, 玉門關 입구에 있는 북을 채로 두드리며 놀았다. 그러다 玉門關으로 가기 위해 발걸음을 옮기려는데, 굳이 갈 필요있겠느냐는 누군가에 말에 따라 玉門關을 그저 멀리서 바라만 보다가 陽關으로 이동하였다(살짝 시간이 늦기도 했다).

둔황을 지나면 실크로드는 서역북로와 서역남로로 갈라지게 되는데, 玉門關과 陽關은 바로 그 길 마지막

에 있는 중국 관문이었다. 그를 지나면 인도나 이란으로 이어지고, 그 너머 유럽으로 나아갈 수 있기 때문에 陽關과 玉門關은 남아시아나 중앙아시아로 가는 출발점이자, 중국인들이 생각하는 서쪽 끝이었다. 陽關은 元代에 홍수로 유실되어 현재는 5~6m 정도 높이의 陽關烽燧臺만 남아 있다.

우리는 2003년에 다시 지은 陽關의 박물관과 성곽 등을 보았다. 앞서 이야기한 것처럼 陽關은 중국의 마지막 관문 중 하나였기 때문에 윤선태 선생님께서는 입국관리자로 변신해 '패스포트(여권)'를 달라고 하셨다. 그러나 이보라는 여권을 제시하지 못해 不通을 받았다. 결국 이보라는 밀출국(?)으로 陽關을 나가 유일

사진 16. 陽關에서 입국관리자로 변신한 윤선태 선생님과 陽關 봉수대

하게 옛 모습이 그대로 남아 있다고 하는 烽燧臺로 갔다. 陽關烽燧臺는 언덕 위에 있었는데, 그 크기가 커서 언덕을 올라가지 않아도 볼 수 있었지만 가까이 볼 겸 그리고 그 너머가 궁금하여 언덕을 올라갔다. 가는 내내 바람이 많이 불어 머리카락이 메두사라도 된 것 마냥 위로 치솟았다가 이리저리 휘날리며 얼굴을 때렸다. 바람을 뚫고 올라가니 바다도 아닌데 탁 트여 속이 시원했다(어쩌면 찬바람 때문에 그렇게 느꼈을지도 모르겠다). 언덕 아래로 보이는 광활한 땅에 다시 한 번 모두가 감탄사를 뱉었다.

陽關까지 보고 나니 어느새 어스름한 저녁이 되었다. 그래서인지 출구조차 조용했다. 우리는 저녁을 먹으러 이동하였고, 다음 날의 막고굴 일정을 기대하며 밤을 보냈다.

5. 5일차

드디어 莫高窟을 보기로 한 5일차가 되었다. 답사팀은 이른 아침부터 莫高窟로 이동하였다. '둔황'하면 '莫高窟'이 떠오를 정도로, 이 석굴이 유명한 석굴이라는 것은 이 글을 읽는 누구나 다 알 것이라 생각한다. 莫高窟은 雲崗石窟, 龍門石窟, 麥積山石窟과 함께 중국의 4대 석굴 중 하나로, 그중 가장 뛰어난 석굴이라 평가받고 있다.

사진 17. 莫高窟 입장권

제 14굴(698년)에 세워진 〈大周李君重修莫高窟佛龕碑〉와 펠리오 문서 2551호 종이 뒷면의 朱書를 볼 때, 莫高窟이 366년(秦 建元 2년) 사문 樂僔에 의해 莫高窟이 개착되기 시작하였음을 알 수 있다. 나아가 『莫高窟記』, 『沙州地志殘卷』 등의 문서에서도 확인할 수 있다.

莫高窟의 석굴은 총 735개로, 조금 더 자세히 이야기하자면 魏窟 32개, 隋窟 110개, 唐窟 247개, 五代窟 36개, 宋窟 45개, 元窟 8개, 시기가 밝혀지지 않은 굴이 8개 있다. 즉 唐代에 만들어진 窟이 가장 많다. 이후 元代에 이르기까지 1000여 년에 걸쳐 莫高窟은 계속 조성되었으나, 北宋 때 둔황이 西夏의 지배하에 들어가면서 그 가치가 하락하여 점차 그 수가 적어지는 것으로 추측된다. 이후 몽골과 이슬람의 침입을 거치면서 둔황은 완전히 쇠퇴하였다.

사진 18. 莫高窟 전경

莫高窟에는 4.5만㎡의 벽화도 남아 있다. 벽화의 양상을 살펴보면 北涼~北魏 시기에는 西域의 영향이 강하게 나타나며, 이후 北周와 隋·唐 시기에 이르러서는 중국적인 모습이 강하게 나타난다.

본격적으로 莫高窟을 보기에 앞서 막고굴영상센터에서 영상을 2편 보았다. 다행히 한국어 오디오 서비스가 제공되어 무리 없이 시청할 수 있었다. 첫 번째 영상은 莫高窟의 위치와 개착에 대한 설명을 담고 있었다. 첫 번째 영상이 끝나고 자리를 옮겨 두 번째 영상을 보았는데, 그 영상에서는 주요 굴에 대한 설명을 해주었다. 다만 두 번째 영상은 시선이 약간 위로 올라가 자연스레 의자에 기대게 되어 나중엔 졸렸다.

영상을 보고 난 뒤 셔틀버스를 타고 이동하니 어느 순간 구멍이 뽕뽕 뚫린 莫高窟이 보이기 시작했다. 우리는 원래 한국어가 가능한 안내원에게 안내를 받기로 하였으나 사정상 불가능하여 박 부장님이 통역가가 되어 대신 설명을 전달해주기로 하였다. 보통은 5~6개의 굴을 확인하고 안내가 끝난다고 하는데, (모두 서술할 수는 없겠지만) 우리는 그 두 배 정도인 11개의 석굴을 보았으니 운이 좋다고 할 수 있을 것 같다. 莫高窟 또한 내부 촬영이 제한되어 있으며, 석굴에는 한 팀씩 들어가 볼 수 있도록 안내를 진행하고 있었다.

莫高窟에서 가장 유명한 석굴은 아마 제 17굴인 藏經洞일 것이다. 藏經洞은 제 16굴로 들어가는 복도 우측 벽에 있다(莫高窟이 남북으로 있기 때문에 북쪽 벽이라고 표현하기도 한다). 藏經洞이 유명해진 이유는 그곳에서 일명 둔황문서라고 불리는 많은 양의 고문서가 발견되었기 때문이다. 藏經洞은 唐 말기 승려 洪辯 문하의 승려들과 그의 본가에서 寺廟의 '廩室(양식을 보관하던 곳)'을 洪辯 기념 사당으로 바꾼 것이다. 11세기에 들어 戰火로 인해 경전과 문서가 훼멸될 것을 우려한 이들에 의해 문서 보관소로 선택되어 그 입구에 벽을 바르고 벽화를 그렸기 때문에 1900년 王圓籙에 의해 발견되기 전까지 그 존재는 은폐되어 있었다.

제 16굴에 들어가 藏經洞을 살펴보니 가슴 정도의 높이를 바닥으로 하여 굴이 뚫려 있었다. 문서는 반출

사진 19. 제 16굴과 제 96굴 앞에서의 단체 사진

되어 없지만, 안에는 洪辯 스님의 塑像이 남아 있다. 그리고 벽화에 侍女 두 명이 그려져 있는데, 한쪽은 하키채 같이 생긴 지팡이를 들고 있고 다른 한쪽은 둥근 부채를 들고 있다. 또 나무도 두 그루 그려져 있으며 각각 가방과 淨瓶이 걸린 모습이었다. 그 내부는 크지는 않았지만(2.5m×2.5m×3m), 5만 점에 가까운 문서가 발견되었다는 점이 신기했다.

조금 더 안으로 들어가면 제 16굴을 볼 수 있는데, 唐代에 만들어져 西夏 때 보수되었다고 한다. 그리고 塑像은 清代에 다시 만들어졌다. 벽화 또한 모두 탈색되어 清代에 다시 그렸다. 그 내부는 사각형으로 중앙에 거대한 塑造像이 봉안되어 있다. 그리고 입구에는 清 말기에 만든 목조 건물이 있다.

제 16굴과 藏經洞을 보고 나오자, 중국 국영 텔레비전방송사인 CCTV에서 사람이 나와 오택현 선생님께 인터뷰를 요청하였다. 그러나 중국어를 못 하기 때문에 그 사안을 박 부장님께 넘겼다. 박 부장님께서 어떠한 내용의 인터뷰를 하였는지는 모르지만, 그 모습을 흥미진진하게 구경하였다.

이후 세계에서 3번째로 크고, 실내 기준으로는 제일 큰 불상이 있는 제 96굴을 보았다. 해당 굴은 唐 則天武后 시기에 개착되었다. 제 96굴에 있는 불상은 그 높이가 35.5m로 北大佛, 北大像이라고도 불린다. 그리고 14.7m의 큰 臥佛이 있는 제 148굴도 보았다. 제 148굴은 盛唐 시기에 조성되었지만, 그 채색과 금은 清代에 입힌 것이라고 한다. 臥佛 뒤로는 孔子의 72제자를 본 뜬 像들이 있다.

다시 막고굴영상센터로 돌아와 간단하게 점심식사를 하였다. 원래는 시내에서 점심식사를 할 예정이었으나 이동 경로나 소요 시간 때문에 포기하고 막고굴영상센터에서 식사를 해결하였다. 점심식사 전, 이진선 선생님께서는 기념품샵에서 폭주(?)를 하셔서 일정 금액 이상을 구매하면 증정해주는 과자를 받아오셨다. 이 과자는 이후 이동하는 시간 동안 요깃거리가 되어 주었다. 그리고 식당에 앉아있던 오택현 선생님은 또 다른 필자(이보라)로부터 파인애플 주스를 사달라는 부탁을 받았다. 선뜻 사주시겠다고 일어난 오택현 선생님은 주문을 하다가 주스 한 잔이 네 잔으로 늘어나는 원치 않는 마법을 경험하였다(인원수 때문에 어쩔 수 없었다고 변명해보겠다).

이날 점심 메뉴는 당나귀 고기와 黃面이었다. 이 음식은 실크로드, 둔황에서 유명하다고 한다. 그런데 현재 이 메뉴의 정체에 대해 긴가민가한 상황이다. 필자들의 기억이 각각 다르기 때문이다. 누구는 당나귀 고기로 알고 먹었으나 누구는 당나귀 고기가 아니었다고 하니 잘 모르겠다. 아무튼 엄청난 양 때문에 반도 먹지 못하였지만 매우 맛있었다.

점심식사 후에는 윤선태 선생님이 '쏘는' 커피타임을 가졌다. 그동안 중국에서 커피를 마시지 못해 커피를 갈망하던 선생님들은 커피를 주문하셨고, 커피를 원

사진 20. 점심으로 먹은 黃面(?)과 커피 주문

하지 않는 선생님은 대추차를 주문했다.

각자 손에 음료를 들고 버스에 올라탄 우리는 다음 목적지인 가욕관으로 이동하였다. 둔황에서 가욕관까지 이동하는데 걸리는 시간은 버스로 5시간 정도였다. 장시간 이동이 어느 정도 익숙해져서인지 가욕관으로 이동하는 동안 그 시간을 충분히 잘 즐겼다. 다른 선생님들과 수다도 떨고 음악도 들었다. 그러다가 휴게소에 들어가 오택현 선생님이 비자발적으로 사주신 간식과 원모아 선생님께서 자발적으로 사주신 귤을 가득 안고 나머지 이동시간을 즐겼다.

2시 무렵 둔황에서 출발하여 7시가 살짝 넘어 가욕관에 도착하였다. 저녁시간에 도착했기 때문에 우리는 숙소에 체크인을 하고 바로 저녁을 먹으러 갔다. 저녁 메뉴는 훠궈였는데 살짝 매운 감도 있었으나 맛있었다. 일반 훠거를 파는 가게와 다를 바가 없었지만 이 곳이 매우 기억에 남는다. 그 이유는 바로 얼음(!)이 제공되었기 때문이다. 추워서인지 아니면 시원한 것을 잘 먹지 않는 것 때문인지 몰라도 시원한 음료가 매우 귀했다. 그런데 이 가게에서는 시원한 음료와 얼음까지. 환상적인 저녁식사였다.

저녁식사 후, 방으로 올라갈 때 숙소 내 가게에서 오택현 선생님이 맥주를 베푸셨다. 이날 '아낌없이 주는 나무'가 되어 (물질적으로) 많이 베푸신 오택현 선생님을 보고 '중국 한정 부자'라고 명명했다. 어쨌든 그동안 미지근한 맥주를 마셨었는데 가게에서 맥주를 냉장고에 넣어둔 덕에 이날 저녁엔 시원한 맥주를 마실 수 있었다.

6. 6일차

이 날은 이른바 '김근식 데이(day)'였다고 할 수 있다. 왜냐하면 벽화고분을 보는 날이었기 때문이다. 김근식 선생님은 이 날에 대해 '오랫동안 보지 못한 애인을 만난 기분이었다'고 표현하였다. 과연 '고분벽화와 사랑에 빠져 청춘을 다 보낸 노총각' 선생님다운 표현이었다(목간과 문자 23호의 이승호 선생님 답사기에 보이는 '고구려 벽화와 사랑에 빠져 청춘을 다 보낸 노총각'이라는 표현이 괜히 나온 게 아닌 듯하다).

먼저 만난 김근식 선생님의 애인은 新城 魏晉壁畵墳이었다. 新城에서 발견된 벽화분은 8기인데, 그중 우리가 본 것은 6호분이었다. 고분 입구에서 墓室로 들어가는 길, 즉 墓道가 매우 길었다. 6호분은 3개의 室(前室, 中室, 玄室)로 되어 있는데, 이러한 3개의 室로 이루어진 무덤은 2,000석 이상의 일급 관리 무덤이라고 한다. 이 3개의 방은 들어갈수록 작아지고 있었다. 즉 들어가자마자 있는 前室이 가장 크고 가장 안쪽에 있는 방이 가장 작았다.

사진 21. 新城 魏晉壁畵墳

이 고분은 塼築墳으로, 塼 하나하나에 그림을 그린 것이 특징이라고 할 수 있다. 前室에 있는 그림은 바

같일(농사, 수렵 등)을 그 내용으로 담고 있으며, 中室에는 안에서 하는 일(손님 접대, 귀부인의 모습 등)을 그리고 있다. 가장 안쪽의 玄室에는 벽화가 그려져 있지 않았다. 이러한 벽화는 실제 생활의 모습을 다루고 있기 때문에, 新城 魏晉壁畵墳은 현실 생활과 관련된 제재가 중심이 되고 있다고 할 수 있다. 반면에 神禽異獸나 歷史古事 등의 내용은 보이지 않는다. 前室 입구 위의 벽에는 十二支神像이 있었다고 하는데 지금은 확인할 수 없었다.

다음으로 酒泉 丁家閘 5號墳을 보러 이동하였는데 이때 정말 웃긴 해프닝이 있었다. 이 고분은 실크루트 박물관에서 관리를 하고 있다고 해 목적지를 실크루트 박물관으로 잡았다. 그런데 도착하고 나서 안 사실이지만 실크루트박물관이 비수기라 휴관함에 따라 박물관은 물론 고분도 볼 수 없었다(3월에서 10월까지만 관람할 수 있다). 그러나 酒泉 丁家閘 5號墳을 간절히 보고 싶어 하는 김근식 선생님 때문에 직접 고분을 찾아보기로 하였다. 각자 저마다 지도를 꺼내 고분을 찾기 시작하였고 간절한 김근식 선생님은 자리에 앉아 있지 못하고 미어캣 마냥 목을 빼고 고분 찾기에 집중하였다. 그러나 지도마다 목적지가 다르게 찍히고 갈수록 점점 박물관에서 멀어졌다. 이에 실크루트박물관에서 관리한다고 하니 그 주변에 있지 않을까 하여 다시 박물관으로 돌아갔다.

그때 박물관 뒤로 차가 들어가서 나오지 않는 것을 오택현 선생님께서 보고 우리도 박물관 뒤로 버스를 몰고 갔다. 그러자 울타리가 쳐진 무언가가 보였다. 입구로 가니 그 앞에 '酒泉 丁家閘 5號墓'라고 쓰인 표지판이 있었다. 보고 싶은 고분을 찾았으나 문제는 울타리가 둘러쳐져 있을 뿐만 아니라, 그 입구는 자물쇠로 굳게 잠겨 있었다. 아쉬운 대로 그래도 왔으니 사진을 찍자고 하며 트와이스의 'TT' 포즈로 사진을 찍었다(분명 아쉬워하며 사진을 찍었는데 왜 다들 표정이 밝은지 모르겠다).

사진 22. 丁家閘 5號墳을 보지 못하는 아쉬움을 담은 'TT'

그 후 이보라를 비롯하여 정현숙·원모아 선생님은 다시 버스에 올라탔다. 하지만 아쉬움이 남아 있었던 선생님들은 酒泉 丁家閘 5號墓 입구를 따라 실크루트 박물관으로 이어지는 길을 무언가에 홀린 듯 걸어갔다. 박물관의 정문은 휴관이라 닫혔다 할지라도 관리자가 사용하는 뒷문은 열려있지 않을까 하여 박물관으로 간 것이다. 박물관 뒤에 도착하니 웬 큰 개 한 마리가 왜 왔냐며 우리를 향해 짖고 있었다.

오택현 선생님께서 그때의 상황을 이야기하기를, 박물관의 뒷문도 닫혀있었다고 한다. 이에 윤선태·김근식 선생님은 또 다른 입구를 찾기 위해 움직였고, 당시 화장실이 급했던 오택현 선생님은 화장실을 가고 싶어 닫힌 그 문을 흔들었다. 그러자 굳게 닫혀 있던 문틈으로 수위실에서 근무하던 숙직 관리자가 매우 언짢은 표정으로 그 즉시 박 부장님을 불러 어필하자 사무동에 있던 직원이 나왔고, 한국에서 어렵게 온 연구자들인데 丁家閘 5號墓를 볼 수 없겠냐며 간곡한 어필을 시작하였다. 윤선태 선생님은 전공자(김근식 선생님)가 왔으니 제발 보게 해달라고 한국어로 이야기했고, 박 부장님은 이를 전해 듣고 이전보다 더욱 간절함을 담아 부탁을 하였다. 진심이 통했던 것인가. 박물관장님과의 통화를 통해 겨우 허가를 받을 수 있었다. 벽화고분을 너무 사랑한 나머지 포기할 수 없었던 김근식 선생님의 간절함과 화장실이 매우 급했던 오택현 선생님의 간절함, 이 다른 두 간절함이 하늘 대신 박물관에 닿아 酒泉 丁家閘 5號墳의 문을 연 것이다. 드라마 '도깨비'에서 '인간의 간절함은 못 여는 문이 없다'고 하더니 과연 그러하였다. 酒泉 丁家閘 5號墳의 문이 열리자 김근식 선생님은 매우 밝은 표정으로 만세를 3번 외쳤다.

사진 23. 丁家閘 5號墓가 열리고 만세를 부르는 김근식 선생님

新城 魏晉壁畵墳과 마찬가지로 酒泉 丁家閘 5號墳 또한 墓道가 매우 길었으며 墓室은 2室구조였다. 이 역시 塼築墳이었는데, 塼으로 墓室을 만든 후 그 위에 전체적으로 회를 발라 그림을 그렸다. 이러한 점은 앞서 본 新城 魏晉壁畵墳이 각 塼에 그림을 그린 것과 차이를 보이는 부분이라 할 수 있다. 인상 깊었던 그림은 東王父와 西王母였다. 두 그림은 모두 前室에 윗부분에 있는데, 西王母는 들어가는 전면에 있고, 東王父는 그 반대, 무덤 입구에 있어 서로 마주 보고 있다. 또한 前室의 각 면에는 용이 한 마리씩 그려져 있었다.

벽화 전공자인 김근식 선생님의 말에 따르면 무덤에 그려진 제재가 고구려와 유사하다고 한다. 고구려와 酒泉은 거리상 멀리 떨어져 있는데 어떻게 이들이 동일한 제재를 사용할 수 있었던 것일까. 이는 앞으로 남겨진 과제로 보인다.

답사팀이 어렵게 본 酒泉 丁家閘 5號墳은 앞으로 실견하는 것이 힘들 것으로 생각된다. 우리가 겪었던 박물관 휴관으로 인한 관람의 제한이 아니라 고분 보존을 위한 관람 제한 때문이다. 일명 프레스코 기법으로 그려진 벽화는 공기와 접촉하게 되면 剝落된다. 즉 고분을 열 때마다 벽화가 훼손된다고 할 수 있다. 이 때문에 벽화 훼손이 우려되어 앞으로 개방하지 않고 봉쇄할 예정이라고 한다. 다만 복원계획이 있다고 하니 복원되기를 기대해본다. 어쨌든 현재로서는 어쩌면 우리가 酒泉 丁家閘 5號墳을 實見한 마지막 답사팀이 될지도 모르겠다.

많은 일을 겪었으나 일정은 아직 끝나지 않았다. 다음으로 우리가 간 곳은 嘉峪关 城樓였다. 嘉峪关 城樓는 萬里長城의 서쪽 끝이자 河西지역 제일의 요충지이기도 했다. 嘉峪关城은 험준한 지세 위에 세워져 웅장한 건축물의 모습을 하고 있다. 그래서 懸板에 '天下第一雄關'이라 쓰여 있었다. 성은 전체적으로 土壁으로 이루어진 內城과 벽돌을 쌓아 만든 外城의 二重 구조로 이루어져 있으며 전체적으로 군사방위체계를 따른 구조로 되어있다. 현재 보존된 성은 1987년에 증축한 것이다. 이때 드는 벽돌의 개수를 계산하여 그에 따라 생산을 했는데 이상하게 하나가 남아 성벽 위에 올려두었다고 박 부장님이 설명해주셨다. 우리는 城樓로 올라가 그를 따라 한 바퀴 돌며 산책을 했다. 그런 후 성 뒤로 나갔다. 참고로 말하자면 앞서 중국인들이 생각하는 서쪽 끝은 陽關이었다고 하였는데 이는 관리의 인식에 따른 기준이었다. 즉 일반인이 생각하는 서쪽 끝은 陽關이 아니었다는 것이다. 일반인들이 생각한 서쪽 끝은 오히려 嘉峪关이었다고 한다(군인은 玉門關을 서쪽 끝으로 인식했다). 즉 嘉峪关을 나가면 일반인의 기준으로 중국을 나갔다고 할 수 있다.

사진 24. '天下第一雄關'이라 쓰인 嘉峪关城

곧바로 다시 중국으로 들어온 우리는 嘉峪关 城樓을 나가면서 그 길에 있는 長城博物館으로 갔다. 이 박물관의 외형은 봉화대를 본떠 만들었으며, 전시내용은 萬里長城으로 이루어져 있다. 長城博物館은 7개의 전시실로 이루어져 있는데 그 테마는 총 4가지로, 春秋·戰國 長城, 秦·漢 長城, 北魏·隋·唐·遼·金代 長城, 明代 長城이다. 이에 맞게 전시실 입구에는 그 시기별 長城을 표시한 지도가 있었는데 매우 인상적이었다. 전시된 유물로는 앞서 본 新城 魏晉壁畵墳, 酒泉 丁家閘 5號墳에서 출토된 유물이 있었는데 대부분 레플리카였다. 그리고 皇太子가 보냈다고 하는 木主(木觚)가 있었는데, 그 이름이나 모양이 꽤나 독특해 기억에 남는다.

이날 우리는 란저우로 이동하기 위해 다시 야간기차를 타야 했다. 저녁식사 후 가욕관역에 도착한 우리

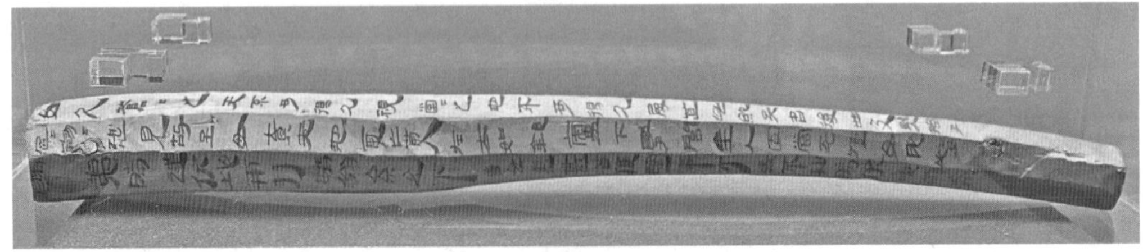
사진 25. 長城 박물관에 있던 木主

는 기차 시간까지 시간이 살짝 남아 역에 있던 안마의자를 이용하였다. 간지러움을 많이 타는 이보라는 싫어하였으나 그녀를 제외한 선생님들은 모두 만족하셨다. 이윽고 기차에 탑승하였는데 이전에 탔던 것보다 오래된 열차라, 윤선태 선생님께서 난방이 되지 않을까 걱정을 하셨다. 하지만 너무 더워서 자다가 새벽에 깰 정도로 난방이 잘 됐다.

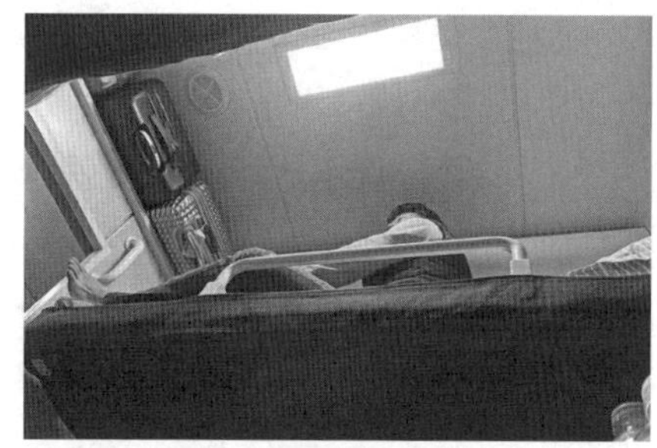

사진 26. 란저우로 이동하는 기차 안

기차에 탄 후 윤선태 선생님은 일찍 주무셨고, 김근식 선생님은 옆 칸에서 컵라면을 공수해오셨다. 그런데 정작 이 라면은 필자들(오택현 · 이보라)이 나눠 먹었다. 라면을 구해온 사람과 먹은 사람이 다른 아이러니한 상황이 전개되었다. 김근식 선생님은 사랑하는 '애인'을 만났으니 먹지 않아도 만족스러웠으리라 생각한다.

우리는 본래 란저우역에서 내릴 예정이었으나 란저우서역에서 내렸다. 란저우서역이 새로 만들어진 역이라 플랫폼과 기차 간 계단이 없어 캐리어를 내리는데 용이했기 때문이다. 이때 이보라는 자신의 캐리어와 함께 윤선태 선생님의 캐리어를 들고 내렸는데 정작 자신의 백팩을 기차에 놓고 내렸다. 그녀는 가방을 챙기기 위해 황급히 다시 기차에 탔다. 다행히 가방도 챙기고 무사히 내렸다. 이 모습을 보고 정현숙 선생님께서는 다리 다 나은 것 같다고 하셨다.

7. 7일차

이날부터 일정의 변화가 시작되었다. 원래 일정은 고고학 연구소를 가는 것이었지만, 고고학 연구소와 사전 협의가 제대로 되지 않았으며 관람할 수 있는 유물도 제한적이었기 때문에 고고학 연구소 일정을 건

사진 27. 劉家峽 댐의 모습

너뛰고 곧장 炳靈寺石窟로 이동하였다. 炳靈寺石窟은 시내에서 멀리 떨어진 곳에 위치하고 있어 대략 2시간 정도 버스를 타고 이동하였다.

한숨 자고 일어나니 劉家峽 댐에 도착했다. 炳靈寺石窟로 들어가기 위해서는 이곳에서 배를 타고 30분 정도를 더 들어가야 했다. 배는 답사팀을 비롯해 박 부장님, 선장님이 타니 빈자리가 없을 정도로 조그마했다. 배가 출발하자 어느 순간 기이한 모양의 砂巖들이 나타나기 시작했다. 炳靈寺石窟 앞은 그 기이한 砂巖들이 절경을 이루고 있었다. 그 모습이 흡사 베트남의 하롱베이와 같았다. 또 학부시절 미술사 선생님께서 왜 그렇게 炳靈寺石窟의 풍경을 자랑했는지 이해가 되었다. 炳靈寺石窟과 함께 기이한 암벽이 만들어낸 절경은 石窟을 더욱 신비하게 느껴지도록 하였다. 우리는 炳靈寺石窟로 곧장 들어가지 않고 사진을 찍으며 천천히 석굴로 들어갔다.

배에서 내려서부터 우리 외에는 아무도 없었기 때문에 우리는 炳靈寺石窟을 마치 전세라도 낸 것 마냥 마음껏 누빌 수 있었다. 정현숙 선생님께서는 이미 炳靈寺石窟을 방문했던 적이 있으셨는데, 그때는 여름에 다녀가셨다고 한다. 炳靈寺石窟의 여름과 겨울을 모두 경험하신 정현숙 선생님께서는 여름보다 겨울이 낫다고 하시며 그 이유로 사람이 없다는 점을 꼽으셨다. 그 정도로 아무도 없다는 것은 큰 장점이 되었다.

炳靈寺石窟의 '炳靈'은 티베트어의 音譯으로 '十萬佛'을 의미하기 때문에, 千佛洞·萬佛洞 등과 같은 뜻이라 할 수 있다. 그 위치는 北魏가 西方과 교역하던 교통로인 河西走廊에 위치한다. 이러한 지리적인 이유로 인해 인도에서 시작된 불교가 중국으로 전파될 때 가장 먼저 들어온 곳이다. 뿐만 아니라 이후 雲崗石窟에 영향을 끼친다는 점에서도 중요하다. 紅砂巖의 바위산에 총 195개의 窟과 龕이 조성되어 있는데, 현재 시대를 알 수 있는 것은 西秦代 窟 2개, 北魏 末期 窟 7개 및 龕 30개, 隋代 窟 4개 및 龕 1개, 初唐 窟 2개와 龕 1개, 盛唐 窟 14개와 龕 104개, 中·晚唐 窟 3개 및 龕 10개, 明 窟 2개와 龕 1개이다. 즉 西秦시대에 조성되기 시작하여 北魏, 北周, 隋·唐을 거쳐 西夏, 元, 明代까지 지속적으로 조성되었음을 의미한다.

사진 28. 炳靈寺石窟 大佛 앞에서

대부분의 石窟(혹은 佛龕)에 문이 달려있었으나 다행히 닫혀있지 않은 경우가 많아 관람에 무리는 없었다. 굴은 입구에서부터 제 1굴이 시작되어 안쪽으로 쭉 이어져 있다. 盛唐시기의 제 3굴, 北周의 동그랗고 풍만한 얼굴을 한 本尊이 있는 제 6굴 등을 볼 수 있었다. 그리고 炳靈寺石窟에 들어서자마자 볼 수 있는 27m의 거대한 미륵보살(唐代)도 볼 수 있다.

하지만 그 무엇보다 炳靈寺石窟에서 유명한 것은 제 169굴이다. 해당 굴에서는 중국에 현존하는 造像記 중 가장 오래된 기년(420년, 西秦 建弘 元年)이 확인되었는데, 둔황 莫高窟에서 발견된 것보다 100년 이상 이르다. 따라서 河西走廊 중 最古로 꼽힌다. 특히 그 안의 7龕 塑造佛立像은 인도 굽타시기(5세기 전반)의 마투라 불상과 유사한 모습을 하고 있는 것이 특징이다. 이러한 점은 문화전파 속도에 있어 주목할 만하다. 하지만 이 굴은 특수 굴로 지정되어 있기 때문에 300위안의 돈을 추가로 더 지불해야 들어갈 수 있었다(심지어 炳靈寺石窟 중 가장 꼭대기에 위치하고 있었다). 석굴의 건너편에서 어렴풋이 제 169굴 내부를 보긴 했으나 보고 싶은 불상(7龕 塑造佛立像)은 보이지 않았다.

그리고 『翰院』의 저자인 張楚金의 이름이 확인되는 석굴도 있었다. 이 문제에 대해서 윤선태 선생님과 오택현 선생님이 관심을 가졌는데 이에 대해 어떻게 해결을 내릴지 추후 연구가 기대된다.

석굴 맞은편에는 臥佛이 있었다. 이 臥佛은 제 16굴에 있던 것으로, 北魏代의 것이다. 처음부터 해당 장소에 있던 것이 아니라 劉家峽 댐을 만들면서 수몰될 상황에 놓이게 되자, 현재 놓인 자리로 옮겨서 안치한 것이라고 한다. 그 크기가 8.64m라 카메라가 한 번에 담아내기 어려웠다. 하지만 이를 가능하게 한 것이 광각 카메라였다(현대기술 만세).

사진 29. 수몰될 뻔한 제 16굴의 臥佛

炳靈寺石窟을 보고 되돌아 나온 후 점심을 먹었다. 오전의 고고학 연구소 일정을 대신해 炳靈寺石窟을 이미 보았기 때문에 오후 일정이 비게 된 것에 대해 오택현 선생님이 다음날 일정을 미리 보는 방법을 제안하셨다. 그 제안을 받아들여 우리는 다음날 일정이었던 中山鐵橋와 白塔山을 보러 갔다.

中山鐵橋는 1907년 독일에 의해 황허에 최초의 만들어진 철교이다. 그래서 다리 옆에는 '黃河第一橋'라고 쓰인 비석이 세워져 있다. 中山鐵橋가 세워지기 전에는 鎭遠橋라고 하는 부교가 있었다고 한다. 그리고 '黃河

사진 30. 中山鐵橋 및 白塔山

第一橋'인 만큼 그 아래에는 황허가 동쪽으로 흐르고 있다. 다만 황허(黃河)라고 하여 누런 강물을 생각했는데, 비가 오지 않아 흙이 뜨지 않은 황허가 흐르고 있었다. 현재 中山鐵橋는 관광지이자 동시에 란저우 시내에 위치하고 있기 때문에 많은 사람을 볼 수 있었다. 다리는 사람들만 건너다닐 수 있게 되어 있다.

中山鐵橋을 지나면 白塔山으로 갈 수 있는데, 白塔山을 올라가는 방법은 걸어 올라가는 방법과 케이블카를 이용해 올라가는 방법이 있다. 우리는 케이블카를 타고 올라가려고 하였으나, 가는 날이 장날이라고 했던가. 케이블카를 운행하지 않았다. 비수기라는 특수성 때문인 듯하다. 이 때문에 올라갈 사람만 올라가기로 하고 나머지 사람들은 中山鐵橋를 왕복한 후에 커피를 마시기로 했다(白塔山을 다녀오는 데는 약 40분 정도가 걸린다고 한다). 이에 이진선·이유진 선생님은 白塔山으로 올라가셨다. 다른 사람들은 후자에 속했다.

中山鐵橋를 왕복하며 황허를 즐긴 후 카페를 찾아 이동하였다. 그러나 근처에 카페가 보이지 않아 서점으로 노선을 바꿨으나 서점조차 보이지 않았다. 카페도 서점도 실패하여 '뭘 해야 하나' 싶은 찰나에 中山鐵橋 앞 푸드트럭 같은 곳에서 음료를 팔고 있는 것을 발견했다. 메뉴를 살펴보니 커피는 없었지만 아쉬운 대로 마시기로 하였다. 그러나 자유시간이었기 때문에 박 부장님이 함께 하지 않아 주문이 난감했다. 정현숙 선생님께서 그나마 중국어를 하실 줄 알았기에 주문을 하셨는데 뜻대로 전달되지 않았다. 하지만 지성이면 감천이라고 했던가. 서툰 우리의 모습을 옆에서 본 중국인 아저씨가 주문을 도와주셨다. 우리가 영어를 섞어 원하는 메뉴를 아저씨에게 알려주면 아저씨가 중국어로 점원에게 전달해주었다. 모르는 사람이지만 너무나 감사했다. 아저씨의 도움으로 우리는 음료를 마시며 이진선·이유진 선생님을 기다릴 수 있었다.

8. 8일차

답사 일정이 슬슬 막바지에 다다르자 돌아가기 싫다는 생각이 들기 시작하였다. 하지만 시간은 계속 흐르고, 일정도 계속 진행되었다. 8일차의 첫 일정은 간쑤성박물관이었다. 간쑤성박물관을 들어가기 위해서는 입장권을 받아야 했는데, 매표소에 여권을 보여주면 티켓을 발권해준다. 모두 일렬로 서서 순서대로 여권을 보여주고 입장권을 받아 박물관으로 들어갔다.

사진 31. 간쑤성 박물관

현재의 간쑤성박물관은 1958년에 지어진 건물로, 과학 및 역사 교육관으로 설립된 종합 박물관이다. 5만여 건의 역사 문물을 소장·전시하고 있음과 동시에 자연 표본 등의 과학 자료도 함께 전시되어 있다. 총 3층 건물로 그 규모도 매우 컸다.

하지만 이번 답사에서 아쉬웠던 것 중 하나는 省 단위 박물관이 생각보다 실망스러웠다는 점이다. 기대를 하지 않았다면 실망을 하지 않았을지도 모른다. 하지만 省 박물관이라는 타이틀과 박물관에 소장되어 있다고 하는 유물 수가 너무 많았기 때문에 기대할 수밖에 없었다. 그러나 모든 박물관이 그러하듯 소장하고 있다고 하여 그것을 모두 전시하지 않는다. 이 때문에 실망이 컸던 것이다. 간쑤성박물관에서의 아쉬움은 또 있었다. 바로 박물관 3층에 있는 불교 전시실이다. 이 전시실에는 둔황 莫高窟이나 麥積山石窟 등을 재현하고 있으며 두 전시실에 걸쳐 불교 유물을 전시하고 있을 정도로 유물도 많았다. 하지만 조도가 밝은 탓인지 진열관의 유리가 너무 반사되어서 사진을 찍는 것이 매우 힘들었다. 이 각도, 저 각도로 열심히 노력하여 찍었지만 반사된 모습이 계속 찍혀 마음에 드는 사진을 찍을 수 없었다. 심지어 찍어도 제대로 확인하기 어려워 포기한 경우도 있었다.

간쑤성박물관에서 유명한 것은 馬踏飛燕의 청동 馬像이다. 이 유물은 漢代의 것으로, 武威 雷台古墓에서 출토되었다. 그 모습은 달린다기보다 공중을 난다고 표현해야 더욱 적절할 만큼 날렵한 모습이다. 그 모습에서 날아가는 제비를 밟고 빠르게 날아가는 듯한 속도감을 느끼게 해주어 馬踏飛燕이라 하는 이유를 깨닫게 한다. 이러한 유물 때문인지 뮤지엄샵에도 말과 관련된 기념품이 많았다.

또 다른 유명 전시실은 '甘肅彩陶'라고 이름 붙은 전시실이다. 여기에는 신석기시대의 仰韶文化를 확인할 수 있는 彩色陶器(彩陶)를 전시하고 있다. 彩陶는 붉은 흙 위에 검은 흙을 발라 독특한 구상 및 반기하학적인 문양을 그려 넣은 토기이다. 仰韶文化 말기(기원전 2000년경)에는 甘肅省 일대의 半山, 馬家窯, 馬廠 등에서 각각 특징적인 지방 양식의 彩陶를 만들어냈는데, 이들을 대표하는 양호한 상태의 彩陶를 볼 수 있다. 또

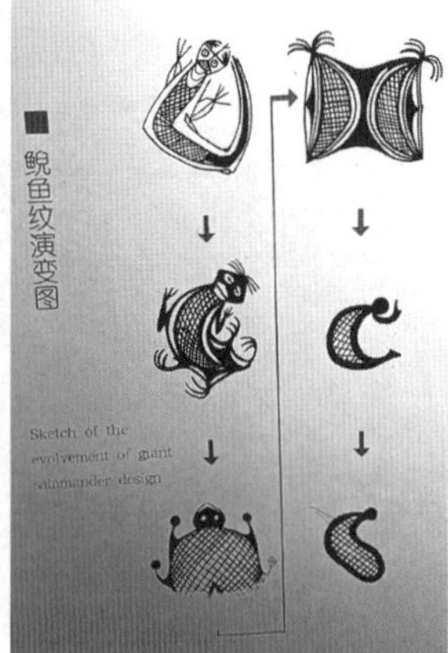

사진 32. 간쑤성 박물관의 馬踏飛燕과 仰韶 문화 전시

한 각 문양이 시간의 흐름에 따라 어떻게 바뀌어 가는지를 보여주는 전시 패널이 있어 그 변천을 이해하는 데 도움이 되었다.

박물관을 둘러보고 나오니 이미 빠른 속도로 박물관을 보신 오택현 선생님께서 박 부장님과 논의하여 오후 일정에 대해 말씀을 해주셨다. 전날 이미 中山鐵橋와 白塔山을 보았기 때문에 오후 일정이 비었으므로 4시로 예정되어 있던 기차 시간을 앞당겨 톈수이로 이동해 麥積山石窟을 보기로 한 것이다. 박 부장님의 빠른 추진력으로 다소 급하긴 했지만 다른 선생님들을 모아 기차역으로 이동하였다.

기차역에 도착한 후 박 부장님이 기차표를 바꿔오시고 기차역에서 햄버거로 간단하게 점심을 먹었다. 이때 윤선태 선생님께서 '버거킹이 아니면 먹지 않겠다'고 하셔서 햄버거를 사러 간 오택현 선생님께 연락해 말했더니 안 그래도 버거킹이라고 하셨다. 이것이 말하지 않아도 통하는 지도 교수와 지도 제자의 관계인 것인가......(하지만 그렇다기엔 윤선태 선생님의 옆자리를 피한 오택현 선생님).

이윽고 기차 시간이 되어 기차를 탔는데 짐을 둘 수 있는 공간이 가득 차서 우리 짐을 놓을 수가 없었다. 우리는 하는 수 없이 복도에 캐리어를 두고 30분마다 교대로 짐을 지키기로 하였다. 먼저 이보라가 나가서 짐을 지키고 있었다. 그러나 그 다음 사람들이 짐의 존재를 잊은 것인지 나오지 않았다고 한다. 이에 두 사람(이보라·이유진)이 짐을 계속 지켰다.

사진 33. 기차 복도에 둔 답사팀의 캐리어

톈수이에 도착한 우리는 곧장 麥積山石窟로 이동하였다. 이때부터 7일 동안 이보라를 제한하던 족쇄(등산용 스틱)이 제 주인을 찾아갔다. 이보라를 제한하던 족쇄가 없어지자 그녀는 麥積山을 뛰어다니며 자유를 만끽하였다. 'FREEDOM!'을 외치며 뛰어다니는 그 모습을 보고 김근식·오택현 선생님은 '망아지'가 생각났다고 한다.

麥積山에 도착해 石窟 입구로 가고 있었는데 이유진 선생님의 옷차림이 눈에 들어왔다. 이유진 선생님은

사진 34. 대조되는 두 선생님의 옷차림과 麥積山石窟

평소에도 옷을 가볍게 입는 편이긴 하지만 이날은 외투도 걸치지 않았기 때문이다. 그 모습이 윤선태 선생님의 옷차림과 극명하게 대조를 이루었다. 다른 선생님들은 보는 사람이 춥다며 '大義'를 위해 외투를 입어주기를 요청하였으나, 외투를 버스에 두고 내려 불가능하였다.

麥積山石窟은 河西走廊에 위치해, 실크로드가 중국 내지로 연결되는 곳이자 불교가 중국 내지로 들어가는 요지이다. 이러한 지리적 입지는 해당 지역에 불교 석굴문화가 이른 시기에 전파될 수 있게 하였으며,

사진 35. 麥積山石窟의 제 13굴과 七佛閣

麥積山石窟을 불교 성지로 만들었다. 麥積山石窟은 北魏, 西魏, 北周, 隋, 唐, 宋, 明에 걸쳐 지속적으로 석불, 조상, 부조, 벽화가 조성되었으며, 현재 그 모습이 거의 완전한 모습으로 보존·중수되어 있다.

麥積山이라는 이름은 산의 모양이 수확한 보리를 쌓아놓은 것과 같다고 하여 붙여진 이름인데, 직접 보니 그 모양이 매우 신기하면서 동시에 그 이름이 와 닿았다. 산은 거의 절벽과도 같았으며, 그러한 산에 무려 197개의 石窟이 조영되어 있다. 산이 절벽과도 같기 때문에 石窟을 이동할 때 덧붙여 만들어진 통로와 계단을 이용해야 했다. 절벽으로 인해 그 계단의 경사가 가팔라 계속 麥積山을 우러러보며 올라가게 되었다.

麥積山石窟도 석굴 앞에 문을 달아두었는데, 아쉽게도 炳靈寺石窟과 달리 모두 닫혀있고, 심지어 내부가 어두워 볼 수 없는 경우가 많았다. 보이지 않는 석굴을 열심히 들여다보며 꼭대기에 있는 七佛閣으로 갔다. 七佛閣은 北周 保定 3년(563)에 大都督 李允信이 亡父를 위해 만든 것으로 추정되고 있다. 상반신이 길고 복부가 완만하게 나온 北周 특징의 불상을 볼 수 있다.

이보라는 제 44굴을 보고 싶어하였는데, 이 굴은 西魏代에 조영되어 西魏시기에 만들어진 것 중 가장 잘 남아 있는 불상이 있는 굴이다. 더불어 제 44굴은 西魏 文帝의 妃인 乙弗氏와 연관되어 있다. 乙弗氏는 皇后로 책봉된 후, 柔然의 침입이 잦자 3년 만에 폐위되어 비구니가 되었다. 이후 皇后가 된 柔然의 여인이 乙弗氏를 시기하자, 乙弗氏에게 자결을 명하였고 乙弗氏는 죽게 되었다. 文帝는 乙弗皇后를 추모하기 위해 麥積山에 조각상을 세웠는데, 그것이 제 44굴이다. 조상의 이유나 불상의 모습 등의 이유로 꼭 보고 싶었으나 길을 잘못 들어 보지 못하고 우리는 출구에 닿게 되었다. 다시 들어가도 되느냐고 안내원에게 물었는데 안된다는 답을 받아 포기할 수 밖에 없었다.

麥積山石窟로 이날의 일정을 끝내고 숙소로 갔다. 이날 숙소 앞에서 오택현 선생님이 김근식·이진선 선생님에 이어 茶器를 사셨다. 茶器를 사자마자 사람들을 불러 또 티타임이 열리게 되었다.

사진 36. 오택현 선생님의 茶器

9. 9일차

앞당긴 일정으로 인한 여파로 우리는 또 기차 시간을 변경해 法門寺를 보러 아침 일찍 셴양시의 陽陵남역으로 이동하였다. 이동하면서 남는 시간에 무엇을 더 볼 것인가를 놓고 투표를 진행하였는데, 보기가 漢景帝의 陽陵과 시안의 大明宮이었다. 윤선태 선생님께서는 大明宮에 가기를 원하셨지만 陽陵에 대해 설명을 잘해주셔서 대부분이 陽陵에 투표를 해 法門寺를 먼저 본 후 陽陵으로 가기로 하였다.

기차에서 내리자 눈이 추적추적 내리고 있었다. 눈이 내리는 것을 보고 선생님들은 입을 모아 '어제 麥積山을 다녀와서 다행이다'라고 이야기하였다. 눈 오는 날 麥積山의 그 계단을 올랐을 것을 생각하면 정말 아찔하다. 눈으로 땅이 젖어 찰박거리긴 하였지만 그래도 다행이라면 이유진 선생님이 다시 외투를 챙겨 입

사진 37. 부처님의 손가락 사리를 옮겨 모셔두었다는 건물

게 되었다는 정도가 되겠다.

法門寺는 後漢代에 창건된 것으로, 阿育王이 세계 각지에 탑을 세우고 佛舍利를 모셨다고 하는데 그중 하나이다. 法門寺에 모셔진 舍利는 부처님의 손가락으로, 그로 인해 황실 사찰로 번성하여 駐錫하던 승려가 5,000여 명이 넘었다고 한다. 또한 新羅의 崔致遠도 이곳에 머물면서 『法藏和尙傳』을 저술하였다. 현재 法門寺는 중국 정부 차원에서 국가 1급 보물로 하여 특별히 관리하고 있다.

먼저 法門寺塔 지하궁전에서 발견된 부처님 사리를 옮겨 모셔둔 새로 지은 엄청난 건물을 시계방향으로 한 바퀴 돌았다. 처음에 생각 없이 반시계방향으로 돌려다가 박 부장님께서 황급히 말리시며 탑돌이를 하듯 돌아야 한다고 하셨다. 건물 안에는 그와 걸맞게 아주 큰 佛像이 있었다.

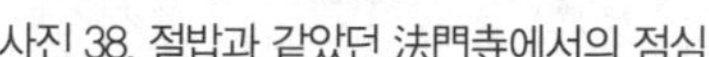

사진 38. 절밥과 같았던 法門寺에서의 점심

그런 후 건물 입구에서 파는 배를 달인 물이나 대추를 달인 물을 사서 건물 안에 있는 식당으로 갔다. 어떻게 보면 절 안에 있는 식당이라 그런지 절밥과 같았다. 반찬으로는 브로콜리를 주재료로 한 것과, 콩을 넣어 끓인 국이 전부였다. 대부분의 선생님들은 밥을 거

의 다 먹었으나(심지어 오택현 선생님은 물로 그릇을 살짝 닦을 정도로 깔끔하게 드셨다), 육식파인 이보라는 밥을 거의 먹지 못하였다.

그런 후 法門寺박물관으로 옮겨갔다. 이 박물관은 '珍寶館'이라고도 부르며, 法門寺塔 아래 지하궁전에서 발견된 보물을 전시하고 있다. 불상을 비롯하여 비석들이 가득했으며, 그 외에 拄杖子나 石函 등도 전시되어 있다. 밀교와 관련된 부분을 전시해 둔 곳도 있었는데, 평소 밀교에 관심이 많은 이유진 선생님이 매우 활기를 띠며 사진 촬영에 여념이 없었다. 윤선태 선생님께서도 매우 만족해하시며 유물 하나하나를 찍으셨다. 그러다 보니 윤선태 선생님의 관람 시간이 길어질 수밖에 없었다. 기다리다가 다음 일정을 위해 선생님을 재촉했더니, 대충 보기엔 아쉬우셨는지 도록을 사자고 하셨다. 그 말에 재빨리 뮤지엄샵으로 가보았으나 아쉽게도 마땅한 도록이 없어서 사지 못하였다.

사진 39. 法門寺 박물관 입구

이미 늦어진 시간으로 우리는 박물관 옆 法門寺塔을 여유롭게 둘러보기로 했다. 法門寺塔은 明代에 조영된 것으로 팔각의 13층(높이 47m) 탑이다. 1981년 폭우로 탑이 무너지면서 이를 다시 복원하기 위해 조사를 실시하였는데, 그 과정에서 1987년에 지하궁전이 발견되었다. 지하궁전은 모두 6개 龕室로 구성되어 있으며, 그 면적은 약 32㎡다. 指骨舍利는 후실의 비밀 龕室에서 여덟 겹으로 된 사리함에서 발견되었다. 이 외에 金·銀器, 유리그릇, 青瓷器, 견직물 등 900여 점에 이르는 유물이 출토되었다.

法門寺를 생각보다 오래 보게 되면서 陽陵을 보기엔 빠듯하여 시안으로 이동해 大明宮을 보기로 하였다(윤선태 선생님의 큰 그림이지 않았을까 하는 음모론을 제기해본다). 버스가 시안 시내로 들어서자 슬슬 차가 밀리기 시작하였다. 역시 시안이었다.

날씨 때문인지는 모르겠지만 체감적으로 늦은 시간에 도착한 大明宮. 박 부장님께서 표를 구매하느라 시간이 조금 더 늦어지기도 하였지만, 관람에는 무리가 없었다. 大明宮은 唐代의 皇宮으로, 1957년에 그 터가 발견되었다. 이후 유적을 보존·복구하려는 움직임이 나타나 발굴·조사되었다. 그 끝에 현재 유적 및 관련

사진 40. 法門寺 탑과 지하궁전

박물관이 사람들에게 공개되고 있다.

우선 大明宮 내의 박물관으로 갔다. 박물관은 大明宮遺址에서 발견된 것들을 전시하고 있다. 처음에는 '이런 게 있구나'하며 보았는데, 마지막 부분 전시 패널 중 唐 玄宗시기에 新羅 사신과 倭 사신이 자리(位)를 놓고 싸우다가 新羅 사신이 首席에서 末席으로 떨어지고 倭의 사신은 末席에서 首席에 앉게 되었다고 설명하고 있는 것을 보게 되었다. 이를 보신 선생님들은 모두 '이런 적은 없는데?'라며 갸우뚱 해하셨다. 이뿐만 아니라 則天武后가 倭 사신을 맞이하는 모습을 표현한 부분도 있어 '일본의 자본이 들어간 것이 아닐까'하는 합리적인(?) 의심을 하고 나왔다.

박물관 옆에는 大明宮을 미니어처로 복원해두었는데 분명 미니어처임에도 불구하고 매우 커서 카메라에 한 번에 담을 수가 없었다. 이어서 전동차를 타고 이동하다가 殿閣의 뼈대만 세워 크기를 가늠할 수 있도록 한 건물도 있었는데 이 또한 매우 컸다. 이 두 가지를 보고 나니 새삼 大明宮이 본래 얼마나 컸을지....... 입이 떡 벌어졌다.

大明宮을 본 후 숙소로 들어와 저녁을 먹었는데, 집이 시안이라는 박 부장님은 우리에게 11가지의 음식이 나올 것이라는 사실을 알려주고 귀가하셨다. 그런데 식사를 하다가 계산상 3개의 메뉴가 아직 나오지 않았는데 더 이상 음식이 나오지 않는 것이다. 그러나 우리는 그저 기다리고 있다가 뒤늦게 단어 나열식으로 말을 전하니, 그제야 음식이 나왔다. 하지만 그들로부터 끝내 미안하다는 말은 듣지 못해 기분이 상했었다.

식사를 마친 후, 나를 포함하여 청두-충칭 일정을 함께 한 선생님들은 회족거리로 갔다. 야시장 구경! 회족거리에 도착하자 휘황찬란한 빛이 눈에 들어왔다. 김근식·오택현 선생님은 그 모습을 보고 자기가 알던

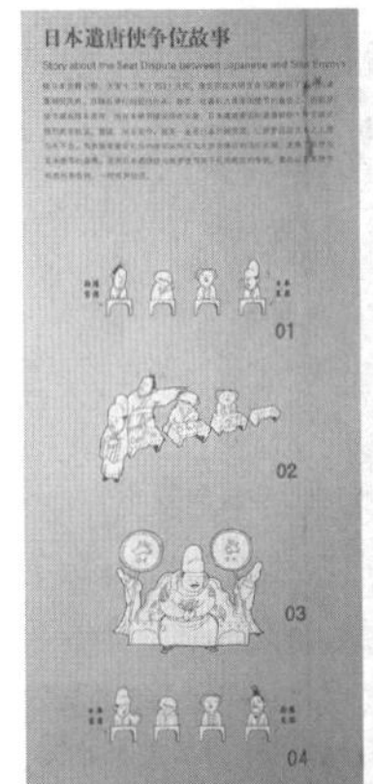

사진 41. 大明宮 박물관의 전시내용과 大明宮 미니어처 복원도

것과 다르다며 많이 바뀌었다고 하셨다. 하지만 처음인 사람들은 마냥 신기하게 보았다. 사람들이 넘쳐났지만 그런 곳은 또 사람들과 부딪혀 가며 다니는 재미 아니겠는가!

저녁을 먹은 지 얼마 지나지 않았지만, 야시장이니만큼 먹거리를 뺄 수 없었다. 이미 와보신 선생님들이 추천해주시는 전병 같은 것도 먹고, 석류 주스도 마시고, 만두도 먹으며

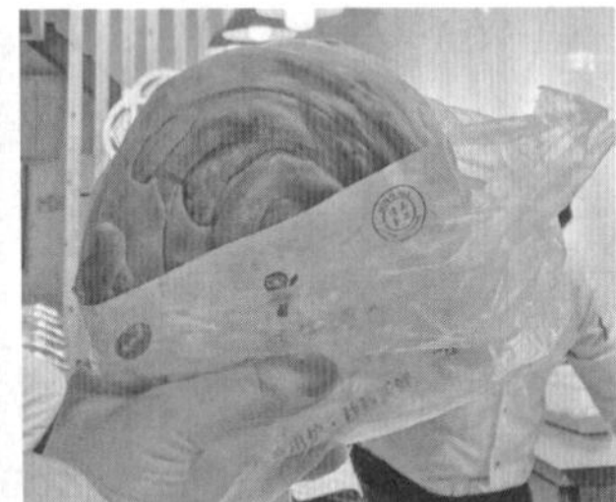

사진 42. 회족거리의 모습과 먹거리

시장을 구경하였다. 그리고 답사 기간 내내 茶器에 꽂혀 있던 이진선 선생님은 茶器가게에 들어갔다가 청두에서 산 茶器를 그곳에서 더 저렴하게 팔고 있는 것을 보고 쓴웃음을 지었다.

'더 이상 茶器는 보지 말자' 하고 우리는 茶를 사러 갔다. 그 가게에 앉아 茶를 試飮하는데 너무 맛있어 눈이 번쩍했다. 한참을 마시며 놀다가 김근식 선생님은 사야겠다는 생각으로 주인아저씨께 시음했던 두 가지의 차를 모두 달라고 하였고 더불어 紫沙壺도 구매하였다. 김근식 선생님도 본인이 생각한 금액에 물건을 살 수 있었고 茶 가게 주인아저씨도 손해 보지 않고 많이 팔아, 두 사람이 모두 만족한 이른바 굿딜(good deal)이 이루어졌다.

茶 가게를 나오자 야시장도 정리하는 분위기였다. 하지만 우리의 먹부림은 끝나지 않았다. 우리는 앞서 먹지 못한 양고기를 먹겠다며 돌아다니다가 양고기뿐만 아니라 오징어까지 먹었다. 심지어 회족거리를 나오니 맥도날드가 보여서 들어가서 또 먹었다. 그렇게 한참 놀고 숙소로 들어오니 이미 자정을 넘긴 시간이었다.

사진 43. 모두가 만족한 茶 시음과 굿딜

10. 10일차

드디어 마지막 날이 되었다. 1시 무렵의 귀국편 비행기를 타기 전 하나를 더 보기 위해 우리는 이날도 일찍 움직였다. 답사를 계획할 당시에는 碑林博物館을 가기로 하여 답사지도 그렇게 준비하였으나, 답사 중 碑林博物館 대신 大唐西市博物館에 가는 것에 찬성하면서 大唐西市博物館으로 갔다. 숙소에서 가까운 거리에 위치한 덕에 금방 도착하여 박물관을 볼 수 있었다.

大唐西市博物館은 2009년에 개관한 실크로드 문화와 상업 문화에 대해 전시하고 있는 民間 박물관이다. 소장하고 있는 유물은 大唐西市 유적에서 출토된 것과 박물관 설립자가 소장해 온 유물이 중심을 이루고 있다.

이 박물관에는 墓誌銘이 많이 보였는데, 실제로 소장하고 있는 墓誌銘이 500여 점에 이른다고 한다. 그 중 한국과 관련된 墓誌銘으로는 金日用 墓誌銘과 陳法子 墓誌銘이 있다. 金日用은 新羅의 王族으로, 713년

사진 44. 大唐西市 박물관

新羅에서 태어났다. 이후 入唐하여 황제를 宿衛하다가 774년, 향년 62세에 長安(시안)에서 죽었다고 한다. 陳法子는 百濟遺民으로, 墓誌銘에 그의 가계에 대해 전하고 있는 것이 특징이다. 하지만 두 墓誌銘은 모두 전시되어 있지 않아 직접 확인할 수는 없었다(金日用 묘지명은 탁본만 전시 패널로 제시되어 있었다).

그 외에도 고대 서양의 화폐나 西域人의 모습을 한 인물상도 많이 확인할 수 있어 실크로드의 시작이라고 하는 大唐西市와 잘 어울린다고 생각하였다. 또한 시장이기 때문에 錘나 주판 같은 유물도 볼 수 있었다.

大唐西市博物館을 나와 우리는 곧바로 공항으로 이동하였다. 공항에 도착하여 짐을 정리하며 일정을 마무리하였다. 그러나 앞서 말한 것처럼 이번 답사는 다사다난하였다. 마지막이라고 다르지 않았다. 이보라는 공항에서 휴대폰을 잃어버렸고(그녀가 두고 간 것을 원모아 선생님께서 챙겨주셨다), 원모아 선생님은

사진 45. 大唐西市 박물관에 전시된 유물

캐리어 안에 넣은 보조배터리로 인해 다시 수하물 검사를 받아야 했다. 그런 후 출국 심사를 받으러 가면서 10일간 고생해주신 박 부장님과 작별을 고했다.

에필로그

실크로드 답사를 다녀온 지 어느덧 3개월이 지났다. 중국에 있는 동안 슬슬 유행의 조짐을 보이던 '코로나19'는 그 사이 팬데믹 상황으로까지 가게 되었다. 우리가 다녀온 지역은 그와 거리가 있긴 했지만, 그래도 무사히 잘 다녀와서 다행이라 생각한다. 다만 헤어질 때 곧 뒤풀이를 하자고 하였지만 '코로나19'로 인해 '사회적 거리 두기'가 이루어지고 있어 우리의 뒤풀이는 有耶無耶되고 있다.

'코로나19' 상황이긴 하지만 가끔 답사를 함께 간 선생님들끼리 소소하게 모여서 같이 티타임을 가지고 있다. 그 티타임으로 인해 3개월이라는 시간 동안 김근식 선생님이 산 '金駿眉'는 이미 동났고, '白茶' 또한 며칠 전에 다 먹었다. 모두가 다시 사러 가고 싶다고 이야기는 하지만, 그 뒤에 다시 異口同聲으로 말하는 것이 '이젠 못가, 언제 갈 수 있을지 몰라'이다.

언제 다시 이번과 같은 답사를 가게 될지 아무도 모르는 상황이 되니 이제 와 새삼 '그때 다녀오길 잘했다'는 생각이 든다. 그러나 한편으로는 다리를 다쳐 보지 못한 樂山大佛과 東方佛都, 交河故城의 大佛寺, 炳靈寺石窟의 제 169굴 등이 많이 아쉽다.

하지만 아쉬움보다는 다행이라는 것에 초점을 두고자 한다. 이번 답사를 통해 나는 그동안 보고 싶었던 石窟들을 볼 수 있었고, 더 이상 보지 못할 수도 있는 酒泉 丁家閘 5號墳도 볼 수 있었다. 유물·유적뿐만 아니라 같이 간 선생님들과 (일방적일지도 모르지만) 심리적으로 가까워진 점은 무엇과도 바꿀 수 없는 부분인 것 같다.

또한 글을 마무리하며 마지막으로 하고 싶은 말은 '실크로드 답사는 겨울이 진리'라는 것이다. 물론 필자들은 여름의 실크로드를 경험하지 못하였다. 하지만 겨울에 가는 실크로드 답사는 '나만 알고 싶은 맛집'이라 할 정도로 추천해주고 싶지만 추천해주기 망설여지는 기분이다. 찬바람은 각오해야겠지만 정현숙 선생님께서도 말씀하신 것처럼 가는 곳마다 사람이 없어 마음껏 누빌 수 있는 것은 매우 큰 장점이었다. 따라서 추위를 각오하고 전세를 낸 것 마냥 실크로드를 마음껏 즐기길 원한다면 겨울 답사를 강력하게 추천하는 바이다.

투고일: 2020. 5. 18.　　　게재확정일: 2020. 5. 25.

휘보

학회소식, 정기발표회, 신년휘호, 자료교환

학회소식, 정기발표회, 신년휘호, 자료교환

1. 학회소식

1) 총무-편집 분야 회의

* 일시 및 장소 : 2020년 4월 16일 충무로
* 제34회 발표회 준비, 코로나19 확산에 따른 하반기 학술회의 개최여부, 목간과문자 간행 관련 논의

2. 정기발표회

1) 제33회 정기발표회

* 소월리 목간 실견조사 (경주문화재연구소 천존고 세미나실) 10:00~12:00

■ 일시: 2020년 1월 18일(토요일) 13:20~17:30
■ 장소: 국립경주문화재연구소 세미나실(지하 1층)
■ 주관: 한국목간학회
■ 주최: 국립경주문화재연구소, 한국목간학회
■ 일정

□ 개회식 13:20~13:30 사회 : 安正俊(서울시립대)
□ 인사말 李成市 (한국목간학회 회장) 李鍾勳 (국립경주문화재연구소 소장)
□ 1부 慶山 所月里 木簡 13:40~15:20 - 사회 : 金昌錫(강원대)
제1주제 : 경산 소월리 유적 발굴보고 - 金相賢(화랑문화재연구원)
제2주제 : 경산 소월리 목간의 기초적 검토 - 全京孝(국립경주문화재연구소)
□ 2부 中國·日本의 新出土 木簡 15:30~17:10 - 사회 : 金慶浩(성균관대)

제3주제 : 2019년 중국 출토 간독자료 - 金珍佑(경북대 인문학술원)

제4주제 : 2019년 일본 출토 목간자료 - 橋本繁(경북대 인문학술원)

□ 신년휘호 (尤齋 文東元) 17:15~17:30 - 진행 : 鄭鉉淑(원광대)

2) 제34회 정기발표회

■ 일시: 2020년 6월 25일(목요일) 13:00~18:10

■ 장소: 한성백제박물관 지하1층 교육실

■ 주최: 한국목간학회

■ 주관: 한성백제박물관, 한국목간학회

■ 일정

□ 1부 고구려 13:00~14:30 - 사회 : 정호섭(고려대)

제1주제: 廣開土太王陵碑 탁본 『惠靜本』의 탁본사적 위치 - 백승옥(국립해양박물관)

제2주제: 集安高句麗碑의 建立 목적과 守墓制 - 안정준(서울시립대학교)

□ 2부 백제 가야 14:40~16:10 - 사회 : 김영심(한성백제박물관)

제3주제: 백제 미륵사지 서탑 출토 사리봉안기의 정치적 성격 - 장미애(고려대)

제4주제: 임나관련 금석문의 재검토 - 최연식(동국대)

□ 3부 신라 16:20~17:50 - 사회 : 홍승우(경북대)

제5주제: 6세기 신라 금석문들의 고유명사 표기자 분석과 의의 - 권인한(성균관대)

제6주제: 신라 文書木簡의 話者와 書者 - 이경섭(경북대)

□ 총평 17:50~18:10 - 주보돈(경북대)

3. 신년휘호

* 2020년 1월 18일
* 尤齋 文東元 先生

求古尋論

庚子年 신년휘호
(尤齋 文東元 先生, 2020. 1. 18 제33회 정기발표회장에서)

4. 자료교환

日本木簡學會와의 資料交換

* 日本木簡學會 『木簡研究』 41호 수령
* 韓國木簡學會 『木簡과 文字』 23호 일본 발송

학회 회칙, 간행예규, 연구윤리규정

학회 회칙

제 1 장 총칙

제 1 조 (명칭) 본회는 한국목간학회(韓國木簡學會, The Korean Society for the Study of Wooden Documents)라 한다.

제 2 조 (목적) 본회는 목간을 비롯한 금석문, 고문서 등 문자자료와 기타 문자유물을 중심으로 한 연구 및 학술조사를 통하여 한국의 목간학 발전에 이바지함을 목적으로 한다.

제 3 조 (사업) 본회는 목적에 부합하는 다음의 사업을 한다.

1. 연구발표회
2. 학보 및 기타 간행물 발간
3. 유적·유물의 답사 및 조사 연구
4. 국내외 여러 학회들과의 공동 학술연구 및 교류
5. 기타 위의 각 사항의 사업을 수행하기 위해 필요한 사업

제 4 조 (회원의 구분과 자격)

① 본회의 회원은 본회의 목적에 동의하여 회비를 납부하는 개인 또는 기관으로서 연구회원, 일반회원 및 학생회원으로 구분하며, 따로 명예회원, 특별회원을 둘 수 있다.

② 연구회원은 평의원 2인 이상의 추천을 받아 평의원회에서 심의, 인준한다.

③ 일반회원은 연구회원과 학생회원이 아닌 사람과 기관 및 단체로 한다.

④ 학생회원은 대학생과 대학원생으로 한다.

⑤ 명예회원은 본회의 발전에 크게 기여한 회원 또는 개인 중에서 운영위원회에서 추천하여 평의원회에서 인준을 받은 사람으로 한다.

⑥ 특별회원은 본회의 활동과 운영에 크게 기여한 개인 또는 기관 중에서 운영위원회에서 추천하여 평의원회에서 인준을 받은 사람으로 한다.

제 5 조 (회원징계) 회원으로서 본회의 명예를 손상시키거나 회칙을 준수하지 않았을 경우 평의원회의 심의와 총회의 의결에 따라 자격정지, 제명 등의 징계를 할 수 있다.

제 2 장 조직 및 기능

제 6 조 (조직) 본회는 총회·평의원회·운영위원회·편집위원회를 두며, 필요한 경우 별도의 위원회를 구성할 수 있다.

제 7 조 (총회)

① 총회는 정기총회와 임시총회로 나누며, 정기총회는 2년에 1회 정기적으로 개최하고 임시총회는 필요한 때에 소집할 수 있다.

② 총회는 회장이나 평의원회의 의결로 소집한다.

③ 총회는 평의원회에서 심의한 학회의 회칙, 운영예규의 개정 및 사업과 재정 등에 관한 보고를 받고 이를 의결한다.

④ 총회는 평의원회에서 추천한 회장, 평의원, 감사를 인준한다. 단 회장의 인준이 거부되었을 때는 평의원회에서 재추천하도록 결정하거나 총회에서 직접 선출한다.

제 8 조 (평의원회)

① 평의원은 연구회원 중 평의원회의 추천을 받아 총회에서 인준한 자로 한다.

② 평의원회는 회장을 포함한 평의원으로 구성한다.

③ 평의원회는 회장 또는 평의원 4분의 1 이상의 요구로써 소집한다.

④ 평의원회는 아래의 사항을 추천, 심의, 의결한다.

1. 회장, 평의원, 감사, 편집위원의 추천
2. 회칙개정안, 운영예규의 심의
3. 학회의 재정과 사업수행의 심의
4. 연구회원, 명예회원, 특별회원의 인준
5. 회원의 자격정지, 제명 등의 징계를 심의

제 9 조 (운영위원회)

① 운영위원회는 회장과 회장이 지명하는 부회장, 총무·연구·편집·섭외이사 등 20명 내외로 구성하고, 실무를 담당할 간사를 둔다.

② 운영위원회는 평의원회에서 심의·의결한 사항을 집행하며, 학회의 제반 운영업무를 담당한다.

③ 부회장은 회장을 도와 학회의 업무를 총괄 지원하며, 회장 유고시에는 회장의 권한을 대행한다.

④ 총무이사는 학회의 통상 업무를 담당, 집행한다.
⑤ 연구이사는 연구발표회 및 각종 학술대회의 기획을 전담한다.
⑥ 편집이사는 편집위원을 겸하며, 학보 및 기타 간행물의 출간을 전담한다.
⑦ 섭외이사는 학술조사를 위해 자료소장기관과의 섭외업무를 전담한다.

제 10 조 (편집위원회)　편집위원회는 학보 발간 및 기타 간행물의 출간에 관한 제반사항을 담당하며, 그 구성은 따로 본회의 운영예규에 정한다.

제 11 조 (기타 위원회)　기타 위원회의 구성과 활동은 회장이 결정하며, 그 내용을 평의원회에 보고한다.

제 12 조 (임원)
① 회장은 본회를 대표하고 총회와 각급회의를 주재하며, 임기는 2년으로 한다.
② 평의원은 제 8 조의 사항을 담임하며, 임기는 종신으로 한다.
③ 감사는 평의원회에 출석하고, 본회의 업무 및 재정을 감사하여 총회에 보고하며, 그 임기는 2년으로 한다.
④ 임원의 임기는 1월 1일부터 시작한다.
⑤ 임원이 유고로 업무를 수행할 수 없게 된 때에는 평의원회에서 보궐 임원을 선출하고 다음 총회에서 인준을 받으며, 그 임기는 전임자의 잔여임기가 1년 미만인 경우는 잔여임기에 규정임기 2년을 더한 기간으로 하고, 잔여임기가 1년 이상인 경우는 잔여기간으로 한다.

제 13 조 (의결)
① 총회에서의 인준과 의결은 출석 회원의 과반수로 한다.
② 평의원회는 평의원 4분의 1 이상의 출석으로 성립하며, 의결은 출석한 평의원 과반수의 찬성으로 한다.

제 3 장 출판물의 발간

제 14 조 (출판물)
① 본회는 매년 6월 30일과 12월 31일에 학보를 발간하고, 그 명칭은 "목간과 문자"(한문 "木簡과 文字", 영문 "Wooden documents and Inscriptions Studies")로 한다.
② 본회는 학보 이외에 본회의 목적에 부합하는 출판물을 발간할 수 있다.
③ 본회가 발간하는 학보를 포함한 모든 출판물의 저작권은 본 학회에 속한다.

제 15 조 (학보 게재 논문 등의 선정과 심사)

① 학보에는 회원의 논문 및 본회의 목적에 부합하는 주제의 글을 게재함을 원칙으로 한다.

② 논문 등 학보 게재물은 편집위원회에서 선정한다.

③ 논문 등 학보 게재물의 선정 기준과 절차는 따로 본회의 운영예규에 정한다.

제 4 장 재정

제 16 조 (재원) 본회의 재원은 회비 및 기타 수입으로 한다.

제 17 조 (회계연도) 본회의 회계연도 기준일은 1월 1일로 한다.

제 5 장 기타

제 18 조 (운영예규) 본 회칙에 명시하지 않은 운영에 필요한 사항은 따로 운영예규에 정한다.

제 19 조 (기타사항) 본 회칙에 규정되지 않은 사항은 일반관례에 따른다

부칙

1. 본 회칙은 2007년 1월 9일부터 시행한다.
2. 본 회칙은 2009년 1월 9일부터 시행한다.
3. 본 회칙은 2012년 1월 18일부터 시행한다.
4. 본 회칙은 2015년 10월 31일부터 시행한다.

편집위원회에 관한 규정

제 1 장 총칙

제 1 조 (명칭) 본 규정은 '편집위원회에 관한 규정'이라 한다.

제 2 조 (목적) 본 규정은 한국목간학회 편집위원회의 조직 및 편집 활동 전반에 관한 세부 사항을 규정하는 것을 목적으로 한다.

제 2 장 조직 및 권한

제 3 조 (구성) 편집위원회는 회칙에 따라 구성한다.

제 4 조 (편집위원의 임명) 편집위원은 세부 전공 분야 및 연구 업적을 감안하여 평의원회에서 추천하며, 회장이 임명한다.

제 5 조 (편집위원장의 선출) 편집위원장은 편집위원 전원의 무기명 비밀투표 방식으로 편집위원 중에서 선출한다.

제 6 조 (편집위원장의 권한) 편집위원장은 편집회의의 의장이 되며, 학회지의 편집 및 출판 활동 전반에 대하여 권한을 갖는다.

제 7 조 (편집위원의 자격) 편집위원은 다음과 같은 조건을 갖춘자로 한다.

1. 박사학위를 소지한 자.
2. 대학의 전임교수로서 5년 이상의 경력을 갖추었거나, 이와 동등한 연구 경력을 갖춘자.
3. 역사학·고고학·보존과학·국어학 또는 이와 관련된 분야에서 연구 업적이 뛰어나고 학계의 명망과 인격을 두루 갖춘자.

4. 다른 학회의 임원이나 편집위원으로 과다하게 중복되지 않은 자.

제 8 조 (편집위원의 임기)　편집위원의 임기는 2년으로 하되, 연임할 수 있다.

제 9 조 (편집자문위원)　학회지 및 기타 간행물의 편집 및 출판 활동과 관련하여 필요시 국내외의 편집자문위원을 둘 수 있다.

제 10 조 (편집간사)　학회지를 비롯한 제반 출판 활동 업무를 원활히 하기 위하여 편집간사 약간 명을 둘 수 있다.

제 3 장 임무와 활동

제 11 조 (편집위원회의 임무와 활동)　편집위원회의 임무와 활동 내용은 다음과 같다.

1. 학회지의 간행과 관련된 제반 업무.
2. 학술 단행본의 발행과 관련된 제반 업무.
3. 기타 편집 및 발행과 관련된 제반 활동.

제 12 조 (편집간사의 임무)　편집간사는 편집위원회의 업무와 활동을 보조하며, 편집과 관련된 회계의 실무를 담당한다.

제 13 조 (학회지의 발간일)　학회지는 1년에 2회 발행하며, 그 발행일자는 6월 30일과 12월 31일로 한다.

제 4 장 편집회의

제 14 조 (편집회의의 소집)　편집회의는 편집위원장이 수시로 소집하되, 필요한 경우에는 3인 이상의 편집위원이 발의하여 회장의 동의를 얻어 편집회의를 소집할 수 있다. 또한 심사위원의 추천 및 선정 등에 필요한 경우에는 전자우편을 통한 의견 수렴으로 편집회의를 대신할 수 있다.

제 15 조 (편집회의의 성립)　편집회의는 편집위원장을 포함한 편집위원 과반수의 출석으로 성립된다.

제 16 조 (편집회의의 의결)　편집회의의 제반 안건은 출석 위원 과반수의 찬성으로 의결하되, 찬반 동수인 경우에는 편집위원장이 결정한다.

제 17 조 (편집회의의 의장) 편집위원장은 편집회의의 의장이 된다. 편집위원장이 참석하지 아니한 경우에는 편집위원 중의 연장자가 의장이 된다.

제 18 조 (편집회의의 활동) 편집회의는 학회지의 발행, 논문의 심사 및 편집, 기타 제반 출판과 관련된 사항에 대하여 논의하고 결정한다.

부칙

제1조 이 규정은 운영위원회의 의결을 거쳐 2007년 11월 24일부터 시행한다.

제2조 이 규정은 운영위원회의 의결을 거쳐 2009년 1월 9일부터 시행한다.

제3조 이 규정은 운영위원회의 의결을 거쳐 2012년 1월 18일부터 시행한다.

학회지 논문의 투고와 심사에 관한 규정

제 1 장 총칙

제 1 조 (명칭) 본 규정은 '학회지 논문의 투고와 심사에 관한 규정'이라 한다.

제 2 조 (목적) 본 규정은 한국목간학회의 학회지인 『목간과 문자』에 수록할 논문의 투고와 심사에 관한 절차를 정하고 관련 업무를 명시함에 목적을 둔다.

제 2 장 원고의 투고

제 3 조 (투고 자격) 논문의 투고 자격은 회칙에 따르되, 당해 연도 회비를 납부한 자에 한한다.

제 4 조 (투고의 조건) 본 학회에서 발표한 논문에 한하여 투고하는 것을 원칙으로 한다.

제 5 조 (원고의 분량) 원고의 분량은 학회지에 인쇄된 것을 기준으로 각종의 자료를 포함하여 20면 내외로 하되, 자료의 영인을 붙이는 경우에는 면수 계산에서 제외한다.

제 6 조 (원고의 작성 방식) 원고의 작성 방식과 요령 등에 관하여는 별도의 내규를 정하여 시행한다.

제 7 조(원고의 언어) 원고는 한국어로 작성함을 원칙으로 하되, 외국어로 작성된 원고의 게재 여부는 편집회의에서 정한다.

제 8 조 (제목과 필자명) 논문 제목과 필자명은 영문으로 附記하여야 한다.

제 9 조 (국문초록과 핵심어) 논문을 투고할 때에는 국문과 외국어로 된 초록과 핵심어를 덧붙여야 한다. 요약문과 핵심어의 작성 요령은 다음과 같다.

1. 국문초록은 논문의 내용과 논지를 잘 간추려 작성하되, 외국어 요약문은 영어, 중국어, 일어 중의 하나로 작성한다.
2. 국문초록의 분량은 200자 원고지 5매 내외로 한다.
3. 핵심어는 논문의 주제 및 내용을 대표할 만한 단어를 뽑아서 요약문 뒤에 행을 바꾸어 제시한다.

제 10 조 (논문의 주제 및 내용 조건) 논문의 주제 및 내용은 다음에 부합하여야 한다.

1. 국내외의 출토 문자 자료에 대한 연구 논문
2. 국내외의 출토 문자 자료에 대한 소개 또는 보고 논문
3. 국내외의 출토 문자 자료에 대한 역주 또는 서평 논문

제 11 조 (논문의 제출처) 심사용 논문은 온라인투고시스템을 이용한다.

제 3 장 원고의 심사

제 1 절 : 심사자

제 12 조 (심사자의 자격) 심사자는 논문의 주제 및 내용과 관련된 분야에서 박사학위를 소지한 자를 원칙으로 하되, 본 학회의 회원 가입 여부에 구애받지 아니한다.

제 13 조 (심사자의 수) 심사자는 논문 한 편당 2인 이상 5인 이내로 한다.

제 14 조 (심사 의뢰) 편집위원장은 편집회의에서 추천·의결한 바에 따라 심사자를 선정하여 심사를 의뢰하도록 한다. 편집회의에서의 심사자 추천은 2배수로 하고, 편집회의의 의결을 거쳐 선정한다.

제 15 조 (심사자에 대한 이의) 편집위원장은 심사자 위촉 사항에 대하여 대외비로 회장에게 보고하며, 회장은 편집위원장에게 이의를 제기할 수 있다. 심사자 위촉에 대한 이의에 대하여는 편집회의를 거쳐 편집위원장이 심사자를 변경할 수 있다. 다만, 편집회의 결과 원래의 위촉자가 재선정되었을 경우 편집위원장은 회장에게 그 사실을 구두로 통지하며, 통지된 사항에 대하여 회장은 이의를 제기할 수 없다.

제 2 절 : 익명성과 비밀 유지

제 16 조 (익명성과 비밀 유지 조건) 심사용 원고는 반드시 익명으로 하며, 심사에 관한 제반 사항은 편집위원장 책임하에 반드시 대외비로 하여야 한다.

제 17 조 (익명성과 비밀 유지 조건의 위배에 대한 조치) 위 제16조의 조건을 위배함으로 인해 심사자에게 중대한 피해를 입혔을 경우에는 편집위원 3인 이상의 발의로써 편집위원장의 동의 없이도 편집회의를 소집할 수 있으며, 다음 각 호에 따라 위배한 자에 따라 사안별로 조치한다. 또한 해당 심사자에게는 편집위원장 명의로 지체없이 사과문을 심사자에게 등기 우송하여야 한다. 편집위원장 명의를 사용하지 못할 경우에는 편집위원 전원이 연명하여 사과문을 등기 우송하여야 한다. 익명성과 비밀 유지 조건에 대한 위배 사실이 학회의 명예를 손상한 경우에는 편집위원 3인의 발의만으로써도 해당 편집위원장 및 편집위원에 대한 징계를 회장에게 요청할 수 있으며, 이 경우 그 처리 결과를 학회지에 공지하여야 한다.

1. 편집위원장이 위배한 경우에는 편집위원장을 교체한다.
2. 편집위원이 위배한 경우에는 편집위원직을 박탈한다.
3. 임원을 겸한 편집위원의 경우에는 회장에게 교체하도록 요청한다.
4. 편집간사 또는 편집보조가 위배한 경우에는 편집위원장이 당사자를 해임한다.

제 18 조 (편집위원의 논문에 대한 심사) 편집위원이 투고한 논문을 심사할 때에는 해당 편집위원을 궐석시킨 후에 심사자를 선정하여야 하며, 회장에게도 심사자의 신원을 밝히지 않는 것을 원칙으로 한다.

제 3 절 : 심사 절차

제 19 조 (논문심사서의 구성 요건) 논문심사서에는 '심사 소견', 그리고 '수정 및 지적사항'을 적는 난이 포함되어야 한다.

제 20 조 (심사 소견과 영역별 평가) 심사자는 심사 논문에 대하여 영역별 평가를 감안하여 종합판정을 한다. 심사 소견에는 영역별 평가와 종합판정에 대한 근거 및 의견을 총괄적으로 기술함을 원칙으로 한다.

제 21 조 (수정 및 지적사항) '수정 및 지적사항'란에는 심사용 논문의 면수 및 수정 내용 등을 구체적으로 지시하여야 한다.

제 22 조 (심사 결과의 전달) 편집간사는 편집위원장의 지시를 받아 투고자에게 심사자의 논문심사서와 심사용 논문을 전자우편 또는 일반우편으로 전달하되, 심사자의 신원이 드러나지 않도록 각별히 유의하여야 한다. 논문 심사서 중 심사자의 인적 사항은 편집회의에서도 공개하지 않는다.

제 23 조 (수정된 원고의 접수) 투고자는 논문심사서를 수령한 후 소정 기일 내에 원고를 수정하여 편집위원장에게 송부하여야 한다. 기한을 넘겨 접수된 수정 원고는 학회지의 다음 호에 접수된 투고 논문과

동일한 심사 절차를 밟되, 논문심사료는 부과하지 않는다.

제 4 절 : 심사의 기준과 게재 여부 결정

제 24 조 (심사 결과의 종류) 심사 결과는 '종합판정'과 '영역별 평가'로 나누어 시행한다.

제 25 조 (종합판정과 등급) 종합판정은 ①揭載 可, ②小幅 修正後 揭載, ③大幅 修正後 再依賴, ④揭載 不可 중의 하나로 한다.

제 26 조 (영역별 평가) 영역별 평가 기준은 다음과 같다.

1. 학계에의 기여도
2. 연구 내용 및 방법론의 참신성
3. 논지 전개의 타당성
4. 논문 구성의 완결성
5. 문장 표현의 정확성

제 27 조 (게재 여부의 결정 기준) 심사용 논문의 학회지 게재 여부는 심사자의 종합판정에 의거하여 이들을 합산하여 시행한다. 게재 여부의 결정은 최종 수정된 원고를 대상으로 한다.

제 28 조 (게재 여부 결정의 조건) 게재 여부 결정의 조건은 다음과 같다.

1. 심사자의 2분의 1 이상이 위 제25조의 '①게재 가'로 판정한 경우에는 게재한다.
2. 심사자의 2분의 1 이상이 위 제25조의 '③게재 불가'로 판정한 경우에는 게재를 불허한다.

제 29 조 (게재 여부에 대한 논의) 위 제28조의 경우가 아닌 논문에 대하여는 편집회의의 토의를 거친 후에 게재 여부를 확정하되, 이 때에는 영역별 평가를 참조한다.

제 30 조 (논문 게재 여부의 통보) 편집위원장은 논문 게재 여부에 대한 최종 확정 결과를 투고자에게 통보하여야 한다.

제 5 절 : 이의 신청

제 31 조 (이의 신청) 투고자는 심사와 논문 게재 여부에 대하여 이의를 신청할 수 있다. 이 때에는 200자 원고지 5매 내외의 이의신청서를 작성하여 심사 결과 통보일 15일 이내에 편집위원장에게 송부하

여야 하며, 편집위원장은 이의 신청 접수일로부터 15일 이내에 이에 대한 처리 절차를 완료하여야 한다.

제 32 조 (이의 신청의 처리)　이의 신청을 한 투고자의 논문에 대해서는 편집회의에서 토의를 거쳐 이의 신청의 수락 여부를 의결한다. 수락한 이의 신청에 대한 조치 방법은 편집회의에서 결정한다.

제 4 장　게재 논문의 사후 심사 및 조치

제 1 절 : 게재 논문의 사후 심사

제 33 조 (사후 심사)　학회지에 게재된 논문에 대하여는 사후 심사를 할 수 있다.

제 34 조 (사후 심사 요건)　사후 심사는 편집위원회의 자체 판단 또는 접수된 사후심사요청서의 검토 결과, 대상 논문이 그 논문이 수록된 본 학회지 발행일자 이전의 간행물 또는 타인의 저작권에 귀속시킬 만한 연구 내용을 현저한 정도로 표절 또는 중복 게재한 것으로 의심되는 경우에 한한다.

제 35 조 (사후심사요청서의 접수)　게재 논문의 표절 또는 중복 게재와 관련하여 사후 심사를 요청하는 사후심사요청서를 편집위원장 또는 편집위원회에 접수할 수 있다. 이 경우 사후심사요청서는 밀봉하고 겉봉에 '사후심사요청'임을 명기하되, 발신자의 신원을 겉봉에 노출시키지 않음을 원칙으로 한다.

제 36 조 (사후심사요청서의 개봉)　사후심사요청서는 편집위원장 또는 편집위원장이 위촉한 편집위원이 개봉한다.

제 37 조 (사후심사요청서의 요건)　사후심사요청서는 표절 또는 중복 게재로 의심되는 내용을 구체적으로 밝혀야 한다.

제 2 절 : 사후 심사의 절차와 방법

제 38 조 (사후 심사를 위한 편집위원회 소집)　게재 논문의 표절 또는 중복 게재에 관한 사실 여부를 심의하고 사후 심사자의 선정을 비롯한 제반 사항을 의결하기 위해 편집위원장은 편집위원회를 소집할 수 있다.

제 39 조 (질의서의 우송)　편집위원회의 심의 결과 표절이나 중복 게재의 개연성이 있다고 판단된 논문에 대해서는 그 진위 여부에 대해 편집위원장 명의로 해당 논문의 필자에게 질의서를 우송한다.

제 40 조 (답변서의 제출)　위 제39조의 질의서에 대해 해당 논문 필자는 질의서 수령 후 30일 이내 편집위원장 또는 편집위원회에 답변서를 제출하여야 한다. 이 기한 내에 답변서가 없을 경우엔 질의서의 내용을 인정한 것으로 판단한다.

제 3 절 : 사후 심사 결과의 조치

제 41 조 (사후 심사 확정을 위한 편집위원회 소집)　편집위원장은 답변서를 접수한 날 또는 마감 기한으로부터 15일 이내에 사후 심사 결과를 확정하기 위한 편집위원회를 소집한다.

제 42 조 (심사 결과의 통보)　편집위원장은 편집위원회에서 확정한 사후 심사 결과를 7일 이내에 사후 심사를 요청한 이 및 관련 당사자에게 통보하여야 한다.

제 43 조 (표절 및 중복 게재에 대한 조치)　편집위원회에서 표절 또는 중복 게재로 확정된 경우에는 회장에게 지체 없이 보고하고, 회장은 운영위원회를 소집하여 다음 각 호와 같은 조치를 집행할 수 있다.

1. 차호 학회지에 그 사실 관계 및 조치 사항들을 기록한다.
2. 학회지 전자판에서 해당 논문을 삭제하고, 학회논문임을 취소한다.
3. 해당 논문 필자에 대하여 제명 조치하고, 향후 5년간 재입회할 수 없도록 한다.
4. 관련 사실을 한국연구재단에 보고한다.

제 4 절 : 제보자의 보호

제 44 조 (제보자의 보호)　표절 및 중복 게재에 관한 이의 및 논의를 제기하거나 사후 심사를 요청한 사람에 대해서는 신원을 절대적으로 밝히지 않고 익명성을 보장하여야 한다.

제 45 조 (제보자 보호 규정의 위배에 대한 조치)　위 제44조의 규정을 위배한 이에 대한 조치는 위 제17조에 준하여 시행한다.

부칙

제1조(시행일자) 본 규정은 2007년 11월 24일부터 시행한다.
제2조(시행일자) 본 규정은 2009년 1월 9일부터 시행한다.
제3조(시행일자) 본 규정은 2015년 10월 31일부터 시행한다.
제4조(시행일자) 본 규정은 2018년 1월 12일부터 시행한다.

학회지 논문의 투고와 원고 작성 요령에 관한 내규

제 1 조 (목적) 이 내규는 본 한국목간학회의 회칙 및 관련 규정에 따라 학회지에 게재하는 논문의 투고와 원고 작성 요령에 대하여 명시하는 것을 목적으로 한다.

제 2 조 (논문의 종류) 학회지에 게재되는 논문은 심사 논문과 기획 논문으로 나뉜다. 심사 논문은 본 학회의 학회지 논문의 투고와 심사에 관한 규정에 따른 심사 절차를 거쳐 게재된 논문을 가리키며, 기획 논문은 편집위원회에서 기획하여 특정의 연구자에게 집필을 위촉한 논문을 가리킨다.

제 3 조 (기획 논문의 집필자) 기획 논문의 집필자는 본 학회의 회원 여부에 구애받지 아니한다.

제 4 조 (기획 논문의 심사) 기획 논문에 대하여도 심사 논문과 동일한 절차의 심사를 시행하는 것을 원칙으로 하되, 편집위원회의 의결을 거쳐 심사를 면제할 수 있다.

제 5 조 (투고 기한) 논문의 투고 기한은 매년 4월 말과 10월 말로 한다.

제 6 조 (수록호) 4월 말까지 투고된 논문은 심사 과정을 거쳐 같은 해의 6월 30일에 발행하는 학회지에 수록하며, 10월 말까지 투고된 논문은 같은 해의 12월 31일에 간행하는 학회지에 수록하는 것을 원칙으로 한다.

제 7 조 (수록 예정일자의 변경 통보) 위 제6조의 예정 기일을 넘겨 논문의 심사 및 게재가 이루어질 경우 편집위원장은 투고자에게 그 사실을 통보해 주어야 한다.

제 8 조 (게재료) 논문 게재의 확정시에는 일반 논문 10만원, 연구비 수혜 논문 30만원의 게재료를 납부하여야 한다.

제 9 조 (초과 게재료) 학회지에 게재하는 논문의 분량이 인쇄본을 기준으로 20면을 넘을 경우에는 1

면 당 2만원의 초과 게재료를 부과할 수 있다.

제 10 조 (원고료) 학회지에 게재되는 논문에 대하여는 소정의 원고료를 필자에게 지불할 수 있다. 원고료에 관한 사항은 운영위원회에서 결정한다.

제 11 조 (익명성 유지 조건) 심사용 논문에서는 졸고 및 졸저 등 투고자의 신원을 드러내는 표현을 쓸 수 없다.

제 12 조 (컴퓨터 작성) 논문의 원고는 컴퓨터로 작성함을 원칙으로 하며, 문장편집기 프로그램은 「훈글」을 사용할 것을 권장한다.

제 13 조 (제출물) 원고 제출시에는 온라인투고시스템을 이용하며, 연구윤리규정과 저작권 이양동의서에 동의하여야 한다.

제 14 조 (투고자의 성명 삭제) 편집간사는 심사자에게 심사용 논문을 송부할 때 반드시 투고자의 성명과 기타 투고자의 신원을 알 수 있는 표현 등을 삭제하여야 한다.

제 15 조 (출토 문자 자료의 표기 범례 등 기타) 출토 문자 자료의 표기 범례를 비롯하여 위에서 정하지 않은 학회지 논문의 투고와 원고 작성 요령 및 용어 사용 등에 관한 사항들은 일반적인 관행에 따르거나 편집위원회에서 결정한다.

부칙

제1조(시행일자) 이 내규는 2007년 11월 24일부터 시행한다.
제2조(시행일자) 이 내규는 2009년 1월 9일부터 시행한다.
제3조(시행일자) 이 내규는 2012년 1월 18일부터 시행한다.
제4조(시행일자) 이 내규는 2015년 10월 31일부터 시행한다.
제5조(시행일자) 이 내규는 2018년 1월 12일부터 시행한다.

韓國木簡學會 研究倫理 規定

제 1 장 총칙

제 1 조 (명칭) 이 규정은 '한국목간학회 연구윤리 규정'이라 한다.

제 2 조 (목적) 이 규정은 한국목간학회 회칙 및 편집위원회 규정에 따른 연구윤리 등에 관한 세부사항을 규정하는 것을 목적으로 한다.

제 2 장 저자가 지켜야 할 연구윤리

제 3 조 (표절 금지) 저자는 자신이 행하지 않은 연구나 주장의 일부분을 자신의 연구 결과이거나 주장인 것처럼 논문이나 저술에 제시하지 않는다.

제 4 조 (업적 인정)

1. 저자는 자신이 실제로 행하거나 공헌한 연구에 대해서만 저자로서의 책임을 지며, 또한 업적으로 인정받는다.
2. 논문이나 기타 출판 업적의 저자나 역자가 여러 명일 때 그 순서는 상대적 지위에 관계없이 연구에 기여한 정도에 따라 정확하게 반영하여야 한다. 단순히 어떤 직책에 있다고 해서 저자가 되거나 제1저자로서의 업적을 인정받는 것은 정당화될 수 없다. 반면, 연구나 저술(번역)에 기여했음에도 공동저자(역자)나 공동연구자로 기록되지 않는 것 또한 정당화될 수 없다. 연구나 저술(번역)에 대한 작은 기여는 각주, 서문, 사의 등에서 적절하게 고마움을 표시한다.

제 5 조 (중복 게재 금지) 저자는 이전에 출판된 자신의 연구물(게재 예정이거나 심사 중인 연구물 포함)을 새로운 연구물인 것처럼 투고하지 말아야 한다.

제 6 조 (인용 및 참고 표시)

1. 공개된 학술 자료를 인용할 경우에는 정확하게 기술하도록 노력해야 하고, 상식에 속하는 자료가

아닌 한 반드시 그 출처를 명확히 밝혀야 한다. 논문이나 연구계획서의 평가 시 또는 개인적인 접촉을 통해서 얻은 자료의 경우에는 그 정보를 제공한 연구자의 동의를 받은 후에만 인용할 수 있다.

2. 다른 사람의 글을 인용하거나 아이디어를 차용(참고)할 경우에는 반드시 註[각주(후주)]를 통해 인용 여부 및 참고 여부를 밝혀야 하며, 이러한 표기를 통해 어떤 부분이 선행연구의 결과이고 어떤 부분이 본인의 독창적인 생각·주장·해석인지를 독자가 알 수 있도록 해야 한다.

제 7 조 (논문의 수정) 저자는 논문의 평가 과정에서 제시된 편집위원과 심사위원의 의견을 가능한 한 수용하여 논문에 반영되도록 노력하여야 하고, 이들의 의견에 동의하지 않을 경우에는 그 근거와 이유를 상세하게 적어서 편집위원(회)에게 알려야 한다.

제 3 장 편집위원이 지켜야 할 연구윤리

제 8 조 (책임 범위) 편집위원은 투고된 논문의 게재 여부를 결정하는 모든 책임을 진다.

제 9 조 (논문에 대한 태도) 편집위원은 학술지 게재를 위해 투고된 논문을 저자의 성별, 나이, 소속 기관은 물론이고 어떤 선입견이나 사적인 친분과도 무관하게 오로지 논문의 질적 수준과 투고 규정에 근거하여 공평하게 취급하여야 한다.

제 10 조 (심사 의뢰) 편집위원은 투고된 논문의 평가를 해당 분야의 전문적 지식과 공정한 판단 능력을 지닌 심사위원에게 의뢰해야 한다. 심사 의뢰 시에는 저자와 지나치게 친분이 있거나 지나치게 적대적인 심사위원을 피함으로써 가능한 한 객관적인 평가가 이루어질 수 있도록 노력한다. 단, 같은 논문에 대한 평가가 심사위원 간에 현저하게 차이가 날 경우에는 해당 분야 제3의 전문가에게 자문을 받을 수 있다.

제 11 조 (비밀 유지) 편집위원은 투고된 논문의 게재가 결정될 때까지는 심사자 이외의 사람에게 저자에 대한 사항이나 논문의 내용을 공개하면 안 된다.

제 4 장 심사위원이 지켜야 할 연구윤리

제 12조 (성실 심사) 심사위원은 학술지의 편집위원(회)이 의뢰하는 논문을 심사규정이 정한 기간 내에 성실하게 평가하고 평가 결과를 편집위원(회)에게 통보해 주어야 한다. 만약 자신이 논문의 내용을 평가하기에 적임자가 아니라고 판단될 경우에는 편집위원(회)에게 지체 없이 그 사실을 통보한다.

제 13 조 (공정 심사) 심사위원은 논문을 개인적인 학술적 신념이나 저자와의 사적인 친분 관계를 떠

나 객관적 기준에 의해 공정하게 평가하여야 한다. 충분한 근거를 명시하지 않은 채 논문을 탈락시키거나, 심사자 본인의 관점이나 해석과 상충된다는 이유로 논문을 탈락시켜서는 안 되며, 심사 대상 논문을 제대로 읽지 않은 채 평가해서도 안 된다.

제 14 조 (평가근거의 명시) 심사위원은 전문 지식인으로서의 저자의 인격과 독립성을 존중하여야 한다. 평가 의견서에는 논문에 대한 자신의 판단을 밝히되, 보완이 필요하다고 생각되는 부분에 대해서는 그 이유도 함께 상세하게 설명해야 한다.

제 15 조 (비밀 유지) 심사위원은 심사 대상 논문에 대한 비밀을 지켜야 한다. 논문 평가를 위해 특별히 조언을 구하는 경우가 아니라면 논문을 다른 사람에게 보여주거나 논문 내용을 놓고 다른 사람과 논의하는 것도 바람직하지 않다. 또한 논문이 게재된 학술지가 출판되기 전에 저자의 동의 없이 논문의 내용을 인용해서는 안 된다.

제 5 장 윤리규정 시행 지침

제 16 조 (윤리규정 서약) 한국목간학회의 신규 회원은 본 윤리규정을 준수하기로 서약해야 한다. 기존 회원은 윤리규정의 발효 시 윤리규정을 준수하기로 서약한 것으로 간주한다.

제 17 조 (윤리규정 위반 보고) 회원은 다른 회원이 윤리규정을 위반한 것을 인지할 경우 그 회원으로 하여금 윤리규정을 환기시킴으로써 문제를 바로잡도록 노력해야 한다. 그러나 문제가 바로잡히지 않거나 명백한 윤리규정 위반 사례가 드러날 경우에는 학회 윤리위원회에 보고할 수 있다. 윤리위원회는 윤리규정 위반 문제를 학회에 보고한 회원의 신원을 외부에 공개해서는 안 된다.

제 18 조 (윤리위원회 구성) 윤리위원회는 회원 5인 이상으로 구성되며, 위원은 평의원회의 추천을 받아 회장이 임명한다.

제 19 조 (윤리위원회의 권한) 윤리위원회는 윤리규정 위반으로 보고된 사안에 대하여 제보자, 피조사자, 증인, 참고인 및 증거자료 등을 통하여 폭넓게 조사를 실시한 후, 윤리규정 위반이 사실로 판정된 경우에는 회장에게 적절한 제재조치를 건의할 수 있다.

단, 사안이 학회지 게재 논문의 표절 또는 중복 게재와 관련된 경우에는 '학회지 논문의 투고와 심사에 관한 규정'에 따라 편집위원회에 조사를 의뢰하고 사후 조치를 취한다.

제 20 조 (윤리위원회의 조사 및 심의) 윤리규정 위반으로 보고된 회원은 윤리위원회에서 행하는 조

사에 협조해야 한다. 이 조사에 협조하지 않는 것은 그 자체로 윤리규정 위반이 된다.

제 21 조 (소명 기회의 보장)　윤리규정 위반으로 보고된 회원에게는 충분한 소명 기회를 주어야 한다.

제 22 조 (조사 대상자에 대한 비밀 보호)　윤리규정 위반에 대해 학회의 최종적인 징계 결정이 내려질 때까지 윤리위원은 해당 회원의 신원을 외부에 공개해서는 안 된다.

제 23 조 (징계의 절차 및 내용)　윤리위원회의 징계 건의가 있을 경우, 회장은 이사회를 소집하여 징계 여부 및 징계 내용을 최종적으로 결정한다. 윤리규정을 위반했다고 판정된 회원에 대해서는 경고, 회원자격정지 내지 박탈 등의 징계를 할 수 있으며, 이 조처를 다른 기관이나 개인에게 알릴 수 있다.

제 6 장 보칙

제 24 조 (규정의 개정)

1. 편집위원장 또는 편집위원 3인 이상이 규정의 개정을 發議할 수 있다.
2. 재적 편집위원 3분의 2 이상의 찬성으로 개정하며, 총회의 인준을 얻어야 효력이 발생한다.

제 25 조 (보칙)　이 규정에 정해지지 않은 사항은 학회의 관례에 따른다.

부칙

제1조(시행일자) 이 규정은 2007년 11월 24일부터 시행한다.

Wooden Documents and Inscriptions Studies No. 24. **June. 2020**

[Contents]

The Korean Society for the Study of Wooden Documents

木簡과 文字 연구 23

엮은이 | 한국목간학회
펴낸이 | 최병식
펴낸날 | 2020년 7월 30일
펴낸곳 | 주류성출판사
서울시 서초구 강남대로 435
전화 | 02-3481-1024 / 전송 | 02-3482-0656
www.juluesung.co.kr
e-mail | juluesung@daum.net

책 값 | 20,000원
ISBN 978-89-6246-422-1 94910
세트 978-89-6246-006-3 94910

* 이 책은 『木簡과 文字』 24호의 판매용 출판본입니다.